TRANSPORT – LOGISTIQUE
LEXIQUE

Français / Anglais
Anglais / Français

Éditions d'Organisation
1, rue Thénard
75240 Paris Cedex 05
www.editions-organisation.com

 Le code de la propriété intellectuelle du 1er juillet 1992 interdit en effet expressément la photocopie à usage collectif sans autorisation des ayants droit. Or, cette pratique s'est généralisée notamment dans l'enseignement, provoquant une baisse brutale des achats de livres, au point que la possibilité même pour les auteurs de créer des œuvres nouvelles et de les faire éditer correctement est aujourd'hui menacée.
En application de la loi du 11 mars 1957, il est interdit de reproduire intégralement ou partiellement le présent ouvrage, sur quelque support que ce soit, sans autorisation de l'Éditeur ou du Centre Français d'Exploitation du Droit de copie, 20, rue des Grands-Augustins, 75006 Paris.

© Éditions d'Organisation, 1995, 1999, 2003
ISBN : 2-7081-2966-X

Patrick J.-P. BOUYER
Enseignant-Chercheur à l'IUT d'Evry,
Ex-Directeur du Département
Gestion-Logistique et Transport
Senior Member of the Society of
Logistics Engineers

Brendan Mc CORMICK
Enseignant à
l'IUT d'Évry
Enseignant à l'Ecole doctorale
de l'école Polytechnique

TRANSPORT – LOGISTIQUE LEXIQUE

Français / Anglais
Anglais / Français

Troisième édition

Éditions
d'Organisation

*À nos familles, amis,
ce résultat de tout le temps que nous n'avons
pas pu leur consacrer.*
*À nos partenaires professionnels et à nos étudiants ce résultat du temps que
nous avons pu et su mettre à leur profit.*

REMERCIEMENTS

Nous tenons à remercier les professionnels intervenant au département Gestion Logistique et Transport d'avoir bien voulu répondre à nos questions et de nous avoir toujours prodigué de judicieux conseils.
Tous nos remerciements vont également à **M. Bertrand DROPSY**, notre informaticien qui a développé le logiciel de traitement de nos données et au **Pr Yves KAMINSKY** qui a su lui donner une vie nouvelle.
Merci aussi à notre équipe de lecteurs-correcteurs, **MM. les Professeurs Renaud PONSAUD** et **Pierre SAINT-LOUIS-AUGUSTIN**.

En collaboration pour la mise à jour logistique avec :
Sacha A.BOUYER
Ingénieur Organisation et Programme
Chez SDVP (groupe Amaury)

Préface à cette édition

Le monde du Transport et de la Logistique est en constante évolution à la fois dans ses métiers et dans la terminologie qui les accompagnent.

Les deux premières éditions, sous le titre **« Le Lexique du Transport International et de la Logistique »**, ont été rapidement épuisées.

L'insertion de cette édition dans une nouvelle collection, permettra de mieux toucher les acteurs de la profession parmi lesquels nous incluons les étudiants de ce domaine.

Cet ouvrage mis à jour tient compte des remarques qui nous ont été faites par les professionnels. Par ailleurs nous avons inséré un grand nombre de nouvelles entrées correspondant aux évolutions du secteur d'activité, notamment en Logistique.

Ainsi, fidèles à notre philosophie, nous avons opté pour des choix qui reflètent la réalité des différentes conceptions des professionnels, bien que celles-ci ne soient pas toujours stabilisées.

Nous remercions à nouveau nos lecteurs de nous faire part de leurs remarques dans l'espoir de répondre aux besoins de la profession et des étudiants qui s'y préparent.

Les auteurs

AVANT-PROPOS

Cet ouvrage est fondé sur vingt années de recherches universitaires dans le domaine de la lexicologie afférent au monde professionnel du transport et de la logistique.

Nous avons toujours axé notre enseignement, au sein de l'IUT d'Evry et de la Chambre de Commerce de Paris (Negocia), sur une langue outil permettant à nos étudiants d'être rapidement opérationnels en anglais dans leur futur milieu professionnel.

Il est de fait que les entreprises ont un besoin croissant de collaborateurs sachant évoluer dans un contexte international. Ce besoin peut être constaté, à la fois au travers des offres d'emploi et des préoccupations des associations professionnelles.

Le référentiel des métiers de la logistique s'est grandement élargi ces dernières années. Les fonctions concernées ne cessent d'augmenter dans la mesure où la logistique est reconnue comme un pivot de la vie économique.

Le développement des échanges internationaux nécessitait à la fois un corpus de la terminologie logistique utilisée et un accès pratique à la langue véhiculaire privilégiée qu'est l'anglais.

C'est un manque que nous avons constaté au travers des efforts de nos étudiants pour retrouver les termes anglais dont ils avaient besoin pour leurs travaux et pour la traduction de leurs rapports de stages en entreprise.

Pour pallier ce manque, nous leur avons fourni pendant plus de dix ans des fiches thématiques de terminologie transport-logistique issue de nos recherches dans les revues et documents professionnels internationaux.

Ces fiches ont représenté la base du présent ouvrage.

Ce support pédagogique, bien que comportant au départ environ 2 000 termes, s'est révélé insuffisant face aux besoins des étudiants et des professionnels qui nous questionnaient. C'est pourquoi nous avions décidé d'étoffer ce premier recueil terminologique et de faire une somme actualisée qui réponde aussi largement que possible aux demandes des uns et des autres.

Ce lexique bilingue s'adresse donc à tous les professionnels du monde du transport et de la logistique, ainsi qu'aux étudiants qui ont besoin d'accéder à la terminologie de ce secteur clé des échanges internationaux :
– ceux des IUT Transport-Logistique, des IUT Techniques de Commercialisation, des BTS Exploitation des Transports, des Ecoles de Commerce, des IUP, du baccalauréat professionnel Exploitation des Transports...

Nous avons voulu fournir un outil qui permette aux utilisateurs d'évoluer dans la langue effectivement pratiquée, même si certains termes peuvent parfois choquer les linguistes puristes. Nous nous en sommes tenus à l'existant, au travers des documents quotidiennement utilisés par la profession et des revues spécialisées.

Nous nous sommes refusés à porter tout jugement de valeur académique dans la mesure où nous voulions privilégier la langue outil réellement utilisée dans les échanges professionnels.

Nous nous sommes donc bornés à ne corriger que certaines erreurs, notamment orthographiques, qui circulent dans des documents émis par des entreprises non anglophones. De nombreuses LTA comportent la mention « not negociable », que nous avons bien sûr transformée en « not negotiable ».

Notre point de départ étant la documentation en langue anglaise, et notre lexique étant destiné à un public francophone, nous avons donné la priorité à l'explication des termes anglais, et avons expliqué certains termes en fonction du contexte français.

Ex. : « Export Credits Guarantee Department » ⇢ Compagnie Française d'Assurance pour le Commerce Extérieur (équiv.) (COFACE).

De même, pour les termes relevant du domaine « général », nous avons sélectionné le sens le plus « utile ».

De ce fait, il pourra par exemple paraître curieux de ne trouver qu'une traduction au verbe « prévoir » : « to anticipate ». Cependant, il était important qu'au terme anglais « to anticipate » fréquemment utilisé dans les documents compulsés, corresponde la traduction « prévoir ».

L'accès aux termes généraux peut aisément se faire dans les ouvrages appropriés. Nous avons néanmoins inséré un grand nombre de termes généraux qui sont des mots outils de la langue de l'entreprise logistique et transport.

Notre objectif est de faire un lexique et non un dictionnaire. Toutefois, nous avons voulu donner une valeur ajoutée aux termes en précisant systématiquement leur **domaine d'utilisation**, les traductions pouvant varier d'un domaine à l'autre.

Exemple :

« **bay** » ⇢ « **position** (dans une soute) » en aérien.

⇢ « **quai subsidiaire** » en ferroviaire.

⇢ « **bief** » en fluvial.

⇢ « **travée** (dans un entrepôt) » en logistique.

⇢ « **baie / golfe** » en maritime.

Des explications entre parenthèses affinent, selon les besoins, le sens du terme.

INTRODUCTION

Le domaine d'utilisation de chaque terme du lexique est précisé : douze domaines spécifiques au monde de la logistique et du transport, et un domaine général. Le stockage et l'entreposage auraient pu apparaître dans des domaines spécifiques ; nous avons choisi, pour éviter la dispersion et pour faciliter la lisibilité du lexique, de les regrouper dans celui de la logistique.

Liste des domaines

1. Logistique [**LOG**]
2. Logistique de soutien [**LS**]
3. Manutention [**MT**]
4. Aérien [**AER**]
5. Ferroviaire [**FER**]
6. Fluvial [**FLV**]
7. Maritime [**MAR**]
8. Routier [**ROUT**]
9. Conteneurs [**CONT**]
10. Intermodal [**INTM**]
11. Assurance [**ASS**]
12. Douane [**DN**]
13. Général [**GEN**]

Il est parfois malaisé de catégoriser un terme dans un domaine précis. Nous nous sommes toujours efforcés de rattacher chaque terme au domaine spécifique le plus utile aux utilisateurs de cet ouvrage.

Certains domaines, tels que l'aérien ou le ferroviaire sont facilement cernables, mais d'autres demandent quelques explications complémentaires pour mieux guider l'utilisateur dans sa recherche.

INTERMODAL [INTM] : n'est pas pris dans son acception professionnelle classique mais, par souci de facilité de lecture, indique que le terme est utilisé dans au moins deux modes de transport.

Ex. : DECK (pont, étage) s'utilise en maritime, aérien, routier, ferroviaire.

MANUTENTION [MT] : recouvre les engins de manutention, les activités d'emballage et de conditionnement, à l'exception des techniques et des installations fixes de stockage qui sont classées dans le domaine [LOG].

LOGISTIQUE [LOG] : recouvre le stockage, l'entreposage, la gestion des flux et des stocks, la palettisation.

LOGISTIQUE DE SOUTIEN [LS] : recouvre la logistique de production, la maintenabilité, la fiabilité, la qualité, les flux d'information électronique, les normes...

MARITIME [MAR] : recouvre tout ce qui concerne l'activité maritime, y compris l'assurance spécifiquement maritime.

Ex. : « cargo insurance » a deux traductions :
    1/ « assurance sur marchandises » ⇢ [ASS]
    2/ « assurance sur facultés » ⇢ [MAR]

ASSURANCE [ASS] : recouvre principalement les documents et les procédures relatifs à des dommages, à l'exception du maritime.

GENERAL [GEN] : recouvre la terminologie non spécifique faisant partie de la langue outil d'une entreprise (économique, commerciale, négociation, organisation...).

Un terme ayant un sens général et un sens professionnel précis sera classé dans le domaine professionnel. Ex. : alors que « reliable » (fiable) apparaît dans le domaine [GEN], « reliability » (fiabilité) apparaît dans le domaine [LOG] du fait de sa spécificité dans ce domaine.

[GEN] regroupe également les termes couvrant deux domaines dont aucun des deux n'est spécifiquement transport, ex. : « random check » (contrôle par sondage) recouvre [DN] et [LOG].

Principe de la double-entrée

Un terme composé de plusieurs éléments peut, dans de nombreux dictionnaires ou lexiques, occasionner des recherches multiples avant que l'entrée appropriée soit trouvée.

Afin de réduire ce temps de recherche, nous avons opté pour un système de **double-entrée** : chaque terme composé peut être trouvé, non seulement au premier mot qui le compose, mais aussi au mot-clé de la suite de la locution.

Ce principe, qui nous est apparu essentiel dans la partie anglais-français, est appliqué de façon moins systématique dans la partie français-anglais dans la mesure où cet ouvrage s'adresse à des utilisateurs francophones.

Exemple

On trouvera le terme « reel carrier trailer » à :
    ⇢ **trailer,** reel carrier ~
et à   ⇢ **reel** carrier trailer.

le terme « flight information board » à :
    ⇢ **board,** flight information ~
et à   ⇢ **flight** information board.

le terme « wagon à double bascule » à :
> ⇢ **bascule,** wagon à double ~

et à ⇢ **wagon** à double bascule.

le terme « gestion intégrée des flux » à :
> ⇢ **flux,** gestion intégrée des ~

et à ⇢ **gestion** intégrée des flux.

Ce principe est appliqué de façon systématique en anglais, excepté
- pour des locutions dont les éléments sont indissociables, exemple : « null and void », « no cure no pay »
- pour des locutions habituellement utilisées sous forme de sigles, exemple : « electronic data interchange standard for administration, commerce and transport » (EDIFACT)
- pour le nom des institutions et les incotermes qui figurent sous le premier terme.

Ordre de classement

Nous avons décidé de ne pas adopter un ordre strictement alphabétique par **lettre**, car il aurait l'inconvénient de séparer les termes appartenant à la même « famille ».

Exemple : toutes les entrées du type « hand-operated... » seraient séparées des autres entrées en « hand » par toutes les entrées en « handling... ».

De même, en français, toutes les entrées en « stock » jusqu'à « stock théorique » seraient séparées de l'entrée « stock » par les 25 entrées en « stockage ».

Pour faciliter la recherche, nous avons donc opté pour un classement alphabétique par **mot générique**[1].

Exemple : toutes les entrées qui commencent par « air », y compris « air waybill », sont classées avant celles qui commencent par « aircraft ».

De même, en français, toutes les entrées en « charge » jusqu'à « charge utile », sont classées avant celles qui commencent par « chargement ».

N. B. Quand un mot a une traduction différente au pluriel, ce pluriel possède sa propre entrée. Exemple : « **réserves,** signature sans ~ »

---

[1]. Quand plusieurs termes sont listés sous un même mot, nous appelons ce mot « générique ».

Termes composés

1. ANGLAIS

La structure de l'anglais veut normalement que le déterminant précède le déterminé.

Cependant, le principe de la double entrée génère des structures du type suivant :

mot générique suivi d'un déterminant, ex : « **air, compressed~** » où le mot générique est « **air** » et « **compressed** » le déterminant. Nous avons donc regroupé ce type de structure à la suite du mot générique seul. En revanche, dans la structure « **air brake** » « **air** » est le déterminant du mot « **brake** ». En conséquence la structure mot générique en tant que déterminant + mot déterminé sera classée après.

Ce qui donne pour les entrées qui commencent par le même mot, le schéma suivant :
- mot générique seul
- mot générique**,** déterminant~
- mot générique-déterminant **+** mot déterminé

À l'intérieur de ces structures, le classement est purement alphabétique, et ne tient pas compte des traits d'union. Lorsqu'un terme complexe comprend une structure verbale, il est à noter que le signe de l'infinitif « to » est exclu du classement alphabétique.

Exemple d'ordre de classement :
- air
- air**,** compressed ~
- air-bag
- air brake
- air waybill

puis, à nouveau :
- aircraft
- aircraft**,** executive ~
- aircraft**,** to ground an ~
- aircraft gate

2. FRANÇAIS

La structure du français diffère de celle de l'anglais en ceci que le déterminant peut être placé avant ou après le mot générique.

Un terme composé est systématiquement placé sous son premier mot, et lorsqu'il y a double entrée, il est aussi placé sous le mot-clé de la suite du terme.

Transport – logistique
Lexique

Les entrées qui commencent par un même mot sont classées dans l'ordre suivant :
- mot générique seul
- locutions en double entrée où le mot générique constitue le mot-clé
- locutions où le mot générique constitue le premier mot

Exemple :
- carburant
- carburant, dépôt de ~
- carburant, économe en ~
- carburant, indicateur de niveau de ~
- carburant au décollage
- carburant de roulage

Signes et abréviations

PARENTHÈSES

Chaque fois que nous avons estimé que l'utilisation d'un terme pouvait prêter à confusion, nous avons donné une précision entre-parenthèses :
• une contextualisation du terme.
• des indications grammaticales.

(**adj.**) ⤳ adjectif.
(**adv.**) ⤳ adverbe.
(**Brit.**) ⤳ terme spécifiquement britannique.
(**équiv.**) ⤳ équivalent ; indique, non pas une traduction, mais un terme d'usage équivalent dans l'autre langue.
(**ex.**) ⤳ exemple.
(**fam.**) ⤳ familier ; indique un usage familier du terme.
(**n.**) ⤳ nom.
(**plur.**) ⤳ pluriel irrégulier.
(**tda**) ⤳ traduction des auteurs ; donne une explication lorsque le terme n'est d'usage que dans une seule langue.
(**to**) • signe de l'infinitif.
(**US**) • terme spécifiquement américain.

Les parenthèses sont également utilisées pour indiquer le sigle éventuel du terme :
(SIGLE)
[ ] ⤳ indique le domaine.
/ ⤳ indique une alternative.

© Éditions d'Organisation

INTRODUCTION

Transport – logistique
Lexique

Cet ouvrage couvrant des domaines particulièrement riches et évolutifs, nous avons nécessairement dû opérer des choix dans la terminologie que nous pensions devoir y figurer.

Nous serions reconnaissants à tout lecteur ayant des remarques ou suggestions à nous communiquer quant au contenu de ce lexique de nous écrire :

C/O Éditions d'Organisation
1 rue Thénard
75240 PARIS Cedex 05

Français/Anglais

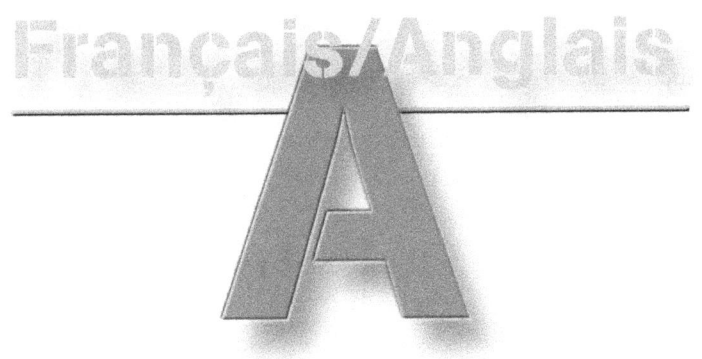

À BORD	[INTM]	**À TERRE**	[MAR]
aboard		*ashore*	
on board		**À VOIE UNIQUE**	[FER]
À DESTINATION DE	[INTM]	*single track*	
bound for		**ABONNÉ**	[INTM]
À DEUX ÉTAGES	[INTM]	*card holder*	
double deck		*season ticket holder*	
double-decker		**ABONNEMENT**	[INTM]
À DISTANCE	[GEN]	*season ticket*	
remote		**ABONNEMENT, CARTE D' ~**	[FER]
À DOUBLE VOIE	[FER]	*rail card*	
double track		**ABONNEMENT, POLICE D' ~**	[ASS]
À L'ARRIVÉE	[INTM]	*open policy*	
inbound		**ABORDAGE**	[MAR]
incoming		*collision*	
inward		**ABOUT, PAROI D' ~**	[ROUT]
À L'ENVERS	[GEN]	*end of body*	
upside down		*end wall*	
À L'EXPORTATION	[GEN]	**ABRI**	[GEN]
outward		*shelter*	
À L'IMPORT	[INTM]	**ABRI, SOUS ~**	[GEN]
inward		*under cover*	
À LA DEMANDE	[GEN]	**ABRI-BUS**	[ROUT]
as required		*bus shelter*	
À QUAI (INCOTERM)	[INTM]	**ABRITER**	[GEN]
ex quay		*shelter (to)*	
À QUAI NON DÉDOUANNÉ (INCOTERM)	[INTM]	**ACCASTILLAGE**	[MAR]
ex quay duties on buyer's account		*superstructure*	

© Éditions d'Organisation

ACCÉLÉRATEUR	[INTM]	**ACCOMPAGNEMENT, DOCUMENT D' ~**	[INTM]
throttle		*accompanying document*	
ACCÉLÉRATEUR	[ROUT]	**ACCOMPAGNEMENT, LETTRE D' ~**	[GEN]
accelerator		*accompanying letter*	
ACCEPTATION AU TRANSPORT	[INTM]	**ACCOMPLIR**	[GEN]
acceptance for carriage		*achieve (to)*	
ACCEPTATION DE RISQUES	[ASS]	**ACCORD**	[GEN]
acceptance		*agreement*	
ACCÈS	[GEN]	**ACCORD AÉRIEN**	[AER]
access		*air transport agreement*	
ACCÈS, BRETELLE D' ~	[ROUT]	**ACCORD BILATÉRAL**	[GEN]
on ramp		*bilateral agreement*	
slip road		**ACCORD D'ASSISTANCE EN ESCALE**	[AER]
ACCÈS, TEMPS D' ~	[LOG]	*ground handling agreement*	
access time		**ACCORD DE PARTAGE**	[AER]
ACCÈS INTERDIT	[GEN]	*code-sharing agreement*	
no entry		**ACCORD DE RÉSERVATION**	
ACCESSIBILITÉ	[GEN]	**DE CAPACITÉ**	[AER]
accessibility		*block space agreement*	
ACCESSIBLE	[GEN]	**ACCORD GÉNÉRAL SUR LES TARIFS**	
accessible		**DOUANIERS ET LE COMMERCE**	[DN]
ACCESSOIRE (n.)	[GEN]	*General Agreement on Tariffs*	
accessory		*and Trade (GATT)*	
attachment		**ACCORDER (ex. UNE PERMISSION,**	
fitting		**UNE SUBVENTION...)**	[GEN]
ACCESSOIRE DE PRÉHENSION	[MT]	*grant (to)*	
gripping device		**ACCOSTAGE, POSTE D' ~**	[MAR]
ACCIDENT	[GEN]	*berth*	
accident		**ACCOTEMENT NON STABILISÉ**	[ROUT]
ACCIDENT, DÉCLARATION D' ~	[ASS]	*soft shoulder (US)*	
notice of accident		*soft verge (Brit.)*	
ACCIDENT DE PERSONNE	[INTM]	**ACCOTEMENT STABILISÉ**	[ROUT]
casualty		*hard shoulder (US)*	
ACCIDENT DU TRAVAIL	[ASS]	*hard verge (Brit.)*	
industrial injury		**ACCOUDOIR**	[INTM]
ACCIDENTÉ (n.)	[GEN]	*arm rest*	
injured person		**ACCOUPLEMENT, TÊTE D'~**	
victim		**(SUR SEMI-REMORQUE)**	[ROUT]
ACCIDENTÉ (n.)	[INTM]	*electrical connection*	
casualty		**ACCROCHAGE, POINT D' ~**	[CONT]
ACCISE, DROITS D' ~	[DN]	*hooking point*	
excise duty		**ACCROCHER (ex. UNE REMORQUE)**	[INTM]
ACCOMPAGNATEUR, SIÈGE ~	[AER]	*hitch (to)*	
attendant seat		*hook up (to)*	
ACCOMPAGNEMENT, BULLETIN D' ~	[INTM]	**ACCUEIL**	[GEN]
accompanying document		*reception*	

Transport – logistique
Lexique

ADRESSE (D'UN ARTICLE EN ENTREPÔT) [LOG]

ACCUEIL, AGENT D' ~	[AER]
flight receptionist	
ground receptionist	
ACCUEIL, HÔTESSE D' ~	[GEN]
receptionist	
ACCUMULATION	[GEN]
accumulation	
ACCUMULATION, STOCKAGE PAR ~	[LOG]
compact storage	
drive-in storage	
drive-through storage	
ACCUSÉ DE RÉCEPTION	[INTM]
acknowledgement	
proof of receipt	
ACCUSER RÉCEPTION	[INTM]
acknowledge receipt (to)	
ACHAT, ORDRE D' ~	[GEN]
purchase order	
ACHAT FORFAITAIRE	[GEN]
package deal	
ACHATS, SERVICE DES ~	[GEN]
procurement department	
ACHEMINÉ, MAL ~	[INTM]
misdirected	
misrouted	
ACHEMINER	[INTM]
route (to)	
ACHETER	[GEN]
buy (to)	
purchase (to)	
ACHETER EN GROS	[GEN]
buy in bulk (to)	
ACHETEUR	[GEN]
buyer	
ACHÈVEMENT	[GEN]
completion	
ACHEVER	[GEN]
complete (to)	
ACIER	[GEN]
steel	
ACIER, CONTENEUR EN ~	[CONT]
steel container	
ACIER INOXYDABLE	[GEN]
stainless steel	
ACON / ACCON	[MAR]
lighter	
ACONAGE / ACCONAGE	[MAR]
stevedoring	
ACONIER / ACCONIER (ZONE MED.)	[MAR]
stevedore	
ACQUÉRIR	[GEN]
acquire (to)	
ACQUISITION	[GEN]
acquisition	
procurement (US)	
ACTE DE DIEU	[ASS]
Act of God	
ACTE DE NATIONALITÉ	[INTM]
certificate of registry	
ACTION CORRECTIVE	[LS]
corrective measure	
ACTUEL	[GEN]
current	
AD VALOREM, DROIT ~	[DN]
ad valorem duty	
ADAPTABILITÉ	[GEN]
flexibility	
versatility	
ADAPTER (ex. AUX BESOINS, À LA CLIENTÈLE)	[GEN]
tailor (to)	
ADÉQUAT	[GEN]
suitable	
ADÉQUATION	[GEN]
matching	
ADHÉRENCE, PERTE D' ~	[FER]
loss of traction	
ADMISSION, SOUPAPE D' ~	[INTM]
inlet valve	
ADMISSION D'AIR	[INTM]
air intake	
ADMISSION EN FRANCHISE	[DN]
exemption from duty	
ADMISSION TEMPORAIRE	[DN]
temporary admission	
temporary importation	
ADRESSE (POSTALE)	[GEN]
address	
ADRESSE (D'UN ARTICLE EN ENTREPÔT)	[LOG]
address	
location (US)	

© Éditions d'Organisation

ADRESSE INCOMPLÈTE [GEN]

ADRESSE INCOMPLÈTE [GEN]	
insufficient address	
AÉRATEUR [GEN]	
ventilator	
AÉRATION [GEN]	
ventilation	
AÉRATION, ORIFICE D' ~ [INTM]	
vent	
AÉRATION, OUVERTURE D' ~ [CONT]	
aperture for ventilation	
AÉRATION FORCÉE [GEN]	
forced ventilation	
AÉRER [GEN]	
air (to)	
AÉRIEN, TRANSPORT ~ [AER]	
air transport	
AÉRODROME [AER]	
aerodrome	
airdrome (US)	
AÉROFREIN [AER]	
air brake	
AÉROGARE [AER]	
terminal	
AÉROGARE DE FRET [AER]	
cargo terminal	
AÉROGLISSEUR [MAR]	
hovercraft	
skimmer	
AÉROGLISSIÈRE [MT]	
air slide	
AÉRONEF [AER]	
aircraft	
AÉRONEFS, VISITE DES ~ [DN]	
rummaging of aircraft	
AÉROPORT [AER]	
airport	
AÉROPORT DE BOUT DE LIGNE [AER]	
turnround airport	
AÉROPORT DE DÉGAGEMENT [AER]	
alternate airport	
AÉROPORT DE DÉLESTAGE [AER]	
relief airport	
AÉROPORT DE FRET [AER]	
cargo airport	
AÉROPORT FRANC [AER]	
free airport	

AÉROPORT INTERNATIONAL [AER]	
international gateway	
AÉROPORTÉ [AER]	
airborne	
AÉROVILLE [AER]	
airport city	
AFFECTATION [GEN]	
allotment	
AFFECTATION (ex. DU PERSONNEL) [GEN]	
assignment	
AFFECTATION, BASE D' ~ [AER]	
home base	
AFFECTER (ex. DES CRÉDITS) [GEN]	
allocate (to)	
AFFECTER [GEN]	
assign (to)	
AFFICHER [GEN]	
display (to)	
AFFLUENT [FLV]	
tributary	
AFFRÉTÉ (n.) [ROUT]	
sub-contractor	
AFFRÉTÉ, VOL ~ [AER]	
charter flight	
non-scheduled flight	
AFFRÈTEMENT [INTM]	
chartering	
AFFRÈTEMENT [MAR]	
freightage	
AFFRÈTEMENT (ACCORD POUR TRANSPORT DE VRAC SUR NAVIRE CHOISI PAR LE TRANSPORTEUR PENDANT UNE PÉRIODE DONNÉE) [MAR]	
affreightment	
AFFRÈTEMENT, TONNEAU D' ~ [MAR]	
freight ton	
register ton	
shipping ton	
AFFRÈTEMENT À BUT COMMUN [INTM]	
common purpose charter	
AFFRÈTEMENT À RÉSERVATION ANTICIPÉE [INTM]	
advance booking charter	
AFFRÈTEMENT À TEMPS [MAR]	
time charter	
AFFRÈTEMENT À TERME [MAR]	
forward charter	

Transport - logistique
Lexique

AIDE À L'ATTERRISSAGE [AER]

AFFRÈTEMENT AU VOYAGE	[MAR]	**AGENT DE LIGNE**	[MAR]
voyage charter		*liner agent*	
AFFRÈTEMENT EN COQUE NUE	[MAR]	**AGENT DE MAÎTRISE**	[GEN]
bare-boat charter		*supervisor*	
AFFRÈTEMENT		**AGENT DE PISTE**	[AER]
PAR UN SEUL ORGANISME	[AER]	*ramp agent*	
single entity charter		**AGENT DES VOLS**	[AER]
AFFRÈTEMENT PARTAGE	[AER]	*flight dispatcher*	
split charter		**AGENT DU PASSAGE**	[AER]
AFFRÈTEMENT PARTIEL	[AER]	*passenger service agent*	
split charter		**AGENT EN DOUANE**	[INTM]
AFFRÈTEMENT SPOT	[MAR]	*customs broker*	
spot charter		**AGENT EXCLUSIF**	[GEN]
AFFRÉTER (PRENDRE À FRET)	[INTM]	*sole agent*	
charter (to)		**AGENT MARITIME**	[MAR]
AFFRÉTEUR		*liner agent*	
(QUI PREND EN LOCATION)	[INTM]	*ship's agent*	
charterer		*shipping agent*	
AFFRÉTEUR ROUTIER	[ROUT]	**AGENT PAYEUR**	[ASS]
haulage contractor		*settling agent*	
road freighter		**AGENT SOUSCRIPTEUR**	[ASS]
road haulage agent		*underwriting agent*	
AFNOR (équiv.)	[GEN]	**AGGLOMÉRATION (URBAINE)**	[ROUT]
American National Standards Institute (ANSI)		*built-up area*	
AGENCEMENT	[GEN]	**AGGRAVER**	[GEN]
layout		*compound (to)*	
AGENT	[GEN]	**AGILITÉ**	**[LOG]**
agent		*agility*	
AGENT À L'EMBARQUEMENT	[AER]	**AGRAFE**	[GEN]
gate agent		*staple*	
AGENT BORD À BORD	[AER]	**AGRAFER**	[MT]
ramp transhipment agent		*staple (to)*	
AGENT D'ACCUEIL	[AER]	**AGRÉÉ, CONTENEUR ~**	[CONT]
flight receptionist		*registered container*	
ground receptionist		**AGRÉER**	[GEN]
AGENT D'ASSURANCE	[ASS]	*approve (to)*	
insurance agent		**AGRÉGATS**	[GEN]
AGENT D'OPÉRATIONS	[AER]	*aggregates*	
flight dispatcher		**AGRÉMENT (PAR UN ORGANISME)**	[GEN]
AGENT DE CONDUITE	[FER]	*approval*	
driver		**AGRÈS**	[MT]
AGENT DE CONSIGNATION	[MAR]	*tackle*	
water clerk		**AIDE À L'APPROCHE**	[AER]
AGENT DE FRET	**[AER]**	*approach aid*	
freight agent		**AIDE À L'ATTERRISSAGE**	[AER]
		landing aid	

© Éditions d'Organisation

A

AIDE À LA NAVIGATION [INTM]   Transport - logistique
Lexique

AIDE À LA NAVIGATION *navigational aid*	[INTM]
AIGUILLAGE *shunting switching (US)*	[FER]
AIGUILLAGE, POSTE D' ~ *signal box*	[FER]
AIGUILLAGE ÉLECTRONIQUE (SUR UN CONVOYEUR) *scanner-operated diverter*	[MT]
AIGUILLE, MOTEUR D' ~ *point motor*	[FER]
AIGUILLE, VERROU D' ~ *point lock*	[FER]
AIGUILLE DE DÉRAILLEMENT *runaway switch*	[FER]
AIGUILLER *shunt (to) switch (to) (US)*	[FER]
AIGUILLES *points (Brit.) switches (US)*	[FER]
AIGUILLEUR *pointsman (Brit.)*	[FER]
AIGUILLEUR *switchman (US)*	[FER]
AIGUILLEUR DU CIEL *air traffic controller*	[AER]
AILE *wing*	[GEN]
AILE, SAUMON D' ~ *wing tip*	[AER]
AILE ARRIÈRE (SUR HYDROPTÈRE) *rear foil*	[MAR]
AILE AVANT (SUR HYDROPTÈRE) *front foil*	[MAR]
AILE IMMERGÉE (SUR HYDROPTÈRE) *submerged foil*	[MAR]
AILERON *aileron*	[AER]
AILERON DE STABILISATEUR *stabilizer fin*	[MAR]
AILETTE *winglet*	[AER]
AIR COMPRIMÉ *compressed air*	[GEN]

AIR CONDITIONNÉ *air-conditioning*	[GEN]
AIR-SOL, COMMUNICATIONS ~ *air-to-ground communications*	[AER]
AIRE D'ATTENTE *holding area*	[AER]
AIRE DE CHARGEMENT *loading ramp*	[AER]
AIRE DE MANOEUVRE *apron*	[AER]
AIRE DE SERVICE *motorway services*	[ROUT]
AIRE DE STATIONNEMENT (SUR BAS-CÔTÉ) *lay-by*	[ROUT]
AIRE DE STATIONNEMENT DES AVIONS *apron*	[AER]
AIRE DE TRAFIC *apron*	[AER]
AJUSTABLE *adjustable*	[GEN]
AJUTAGE *nozzle*	[GEN]
ALCOOTEST *breath testing Breathalyser®*	[ROUT]
ALÉATOIRE *random*	[GEN]
ALERTE, NIVEAU D' ~ *reorder level*	[LOG]
ALERTE À LA BOMBE *bomb scare*	[GEN]
ALERTE À LA BOMBE, FAUSSE ~ *bomb hoax*	[GEN]
ALIMENTATION AUTOMATIQUE, DISPOSITIF D' ~ *automatic feeding device*	[MT]
ALIMENTER *feed (to)*	[GEN]
ALIMENTER, POLICE À ~ *floating policy*	[ASS]
ALIMENTS RÉFRIGÉRÉS *chilled foods*	[GEN]
ALIZÉS, VENTS ~ *trade winds*	[MAR]

Transport – logistique
Lexique

AMORTISSEMENT (COMPTABLE)
[GEN]

ALLÉE [GEN]
lane

ALLÉE, SERVIR UNE ~ [MT]
service a lane (to)

ALLÉE CENTRALE
(ex. TRAIN, AVION) [INTM]
aisle

ALLÉES TRÈS ÉTROITES
(EN ENTREPÔT) [LOG]
very narrow aisles (VNA)

ALLÈGE [MAR]
lighter

ALLÈGE, FRAIS D' ~ [MAR]
lighterage charges

ALLÈGE, RISQUES D' ~ [MAR]
craft risks

ALLER CHERCHER EN STOCK [MT]
retrieve (to)

ALLER DE X % À Y % [GEN]
range from x % to y % (to)

ALLER-RETOUR (BILLET) [INTM]
return
round trip (US)

ALLER-RETOUR (DANS LA JOURNÉE) [INTM]
day trip

ALLER-SIMPLE [INTM]
one-way ticket
single ticket

ALLIANCE AÉRIENNE [AER]
airline alliance

ALLONGER (UN NAVIRE) [MAR]
jumboize (to)

ALLOTISSEMENT
(CLASSEMENT PAR LOTS) [INTM]
allotment

ALLUMAGE [ROUT]
ignition

ALLUMAGE, AVANCE À L' ~ [ROUT]
ignition timing

ALLUMER [GEN]
switch on (to)

ALLUMEUR [ROUT]
distributor

ALTERNATEUR [ROUT]
alternator

ALTITUDE [AER]
altitude

ALVÉOLE (DE STOCKAGE) [LOG]
cell

AMARRAGE, DROITS D' ~ [MAR]
berthage

AMARRAGE, POSTE D' ~ [MAR]
berth

AMARRE [MAR]
hawser
mooring line

AMARRES, LARGUER LES ~ [MAR]
cast off (to)

AMARRE DE BOUT [MAR]
bow rope

AMARRER [MAR]
moor (to)

ÂME (ex.D'UN LONGERON,
D'UN RAIL) [INTM]
web

AMÉLIORATION [GEN]
improvement
upgrading

AMÉLIORER [GEN]
ameliorate (to)
enhance (to)
improve (to)
revamp (to)
upgrade (to)

AMÉNAGEMENT [GEN]
fitting-up

AMÉNAGEMENTS (CONFORT) [GEN]
amenities

AMENDE [GEN]
fine (n.)

AMENDE, AVOIR UNE ~ [GEN]
to be fined

AMENDER [GEN]
amend (to)

AMONT, EN ~ [FLV]
upriver
upstream

AMONT, ESCALE EN ~ [AER]
upline station

AMONT, LOGISTIQUE ~ [LOG]
inbound logistics

AMORTISSEMENT (COMPTABLE) [GEN]
depreciation

A — AMORTISSEUR [INTM]

Transport – logistique
Lexique

FRANÇAIS/ANGLAIS

AMORTISSEUR [INTM]
  shock absorber
AMOVIBLE [GEN]
  detachable
  interchangeable
AMOVIBLE,
GROUPE FRIGORIFIQUE ~ [CONT]
  clip-on refrigeration unit
AMPOULE [GEN]
  bulb
ANALOGIQUE [GEN]
  analogue
ANALYSE [GEN]
  analysis (plur. ~ es)
ANALYSE D'ÉCARTS [LS]
  variance analysis
  variation analysis
ANALYSE DES DANGERS POINTS CRITIQUES
POUR LEUR MAÎTRISE [LOG]
  hazard analysis critical control point
  (HACCP)
ANALYSE DES MODES DE DÉFAILLANCE,
DE LEURS EFFETS ET DE LEUR
CRITICITÉ (AMDEC) [LS]
  failure mode, effects and criticality
  analysis (FMECA)
ANALYSE DU COÛT GLOBAL
DE POSSESSION (tda) [LOG]
  life cycle cost analysis (LCCA)
ANALYSE DU NIVEAU OPTIMUM
DE RÉPARATION (tda) [LS]
  optimum repair level analysis (ORLA)
ANALYSE DU SOUTIEN
LOGISTIQUE (ASL) [LS]
  logistic support analysis (LSA)
ANALYSE FONCTIONNELLE [LOG]
  systems analysis
ANALYSE ORGANIQUE [LS]
  systems design
ANALYSE QUANTITATIVE,
MÉTHODES D' ~ [LOG]
  quantitative analysis methods
ANALYSER [GEN]
  analyse (to)
ANCRAGE [MT]
  mooring
ANCRE [MAR]
  anchor

ANCRE, JETER L' ~ [MAR]
  drop anchor (to)
ANCRE, LEVER L'~ [MAR]
  weigh anchor (to)
ANCRE DE BOSSOIR [MAR]
  bower anchor
ANCRE FLOTTANTE [MAR]
  sea anchor
ANCRE SANS JAS [MAR]
  stockless anchor
ANCRER [MAR]
  anchor (to)
ANGLE, MONTANT D' ~ [CONT]
  corner post
ANIMALERIE [AER]
  animal hostel
ANIMAUX VIVANTS [GEN]
  livestock
ANIMAUX VIVANTS, RÉGLEMENTATION
POUR LE TRANSPORT D'~ [AER]
  live animals regulations (LAR)
ANNEAU [GEN]
  ring
ANNEAU D'ARRIMAGE [AER]
  tie-down ring
ANNEAU D'ARRIMAGE [INTM]
  securing ring
ANNEAU D'ATTELAGE [ROUT]
  tow ring
ANNEAU DE SAISISSAGE [CONT]
  bull ring
ANNEAU DE SAISISSAGE [INTM]
  lashing ring
ANNÉE CIVILE [GEN]
  legal year
ANNÉE FISCALE [GEN]
  financial year
ANNUEL [GEN]
  yearly
ANNULATION [GEN]
  cancellation
ANNULATION (ex. D'UNE DÉCISION) [GEN]
  revocation
ANNULER [GEN]
  annul (to)
  cancel (to)

**Transport – logistique
Lexique**

APPROCHE CONTRÔLÉE PAR LE SOL
[AER]

ANNULER (ex. UNE DÉCISION)	[GEN]
revoke (to)	
ANTENNE DE RADAR	[INTM]
radar scanner	
ANTI-BLOCAGE DES ROUES, SYSTÈME ~	[ROUT]
antilock braking system (ABS)	
ANTI-CHOC	[GEN]
shock-absorbing	
ANTI-GIVRE, LIQUIDE ~	[AER]
anti-icing fluid	
ANTI-INCENDIE, SERVICE ~	[AER]
fire-fighting service	
ANTI-POUSSIÈRE	[GEN]
dustproof	
ANTI-ROUILLE	[GEN]
rustproof	
ANTI-SOUFFLE, BARRIÈRE ~	[AER]
blast fence	
ANTIBROUILLARD, PHARES ~	[ROUT]
fog lights	
ANTICHEMINANT	[FER]
rail anchor	
ANTICHUTE DE CHARGES	[MT]
load arrestor	
ANTIDATER	[GEN]
antedate (to)	
backdate (to)	
ANTIDÉFLAGRANT	[GEN]
flameproof	
ANTIGEL	[ROUT]
antifreeze	
APÉRITEUR	[MAR]
leading insurer	
APPAREIL	[AER]
aircraft	
APPAREIL	[GEN]
apparatus	
APPAREIL CONVENTIONNEL	[AER]
conventional aircraft	
narrow-bodied aircraft	
APPAREIL D'ÉLÉVATION DE CHARGES	[MT]
levelling device	
APPAREIL DE CHARGEMENT DE NAVIRES À FONCTIONNEMENT CONTINU	[MT]
ship loader	

APPAREIL DE LEVAGE	[MT]
loading gear	
loading tackle	
APPAREIL DE MISE À NIVEAU	[MT]
levelling equipment	
APPAREIL DE RÉSERVE	[AER]
standby aircraft	
APPAREILLAGE DE MESURE DE LA DISTANCE	[AER]
Distance Measuring Equipment (DME)	
APPAREILLAGE DE SÉCURITÉ	[GEN]
safety appliance	
APPAREILLER	[MAR]
get under way (to)	
APPARIER	[GEN]
match (to)	
APPEL D'OFFRES	[GEN]
call for tenders	
invitation for tenders	
invitation to tender	
APPLIQUER UN TAUX	[GEN]
apply a rate (to)	
APPONTEMENT	[MAR]
jetty	
pier	
quay	
APPORT, COMPAGNIE D' ~	[AER]
feeder airline	
APPORT, NAVIRE D' ~	[MAR]
feeder vessel	
APPORT, VOL D' ~	[AER]
feeder flight	
APPOSER DES SCELLEMENTS DOUANIERS	[DN]
affix customs seals (to)	
APPROCHE, AIDE À L' ~	[AER]
approach aid	
APPROCHE, COULOIR D' ~	[AER]
approach path	
APPROCHE, GUIDAGE D' ~	[AER]
approach guidance	
APPROCHE, TRANSPORT D' ~	[INTM]
approach transport	
APPROCHE CONTRÔLÉE PAR LE SOL	[AER]
ground-controlled approach (GCA)	

© Éditions d'Organisation

APPROCHER, S' ~ [AER]
nose in (to)

APPROFONDISSEMENT [MAR]
dredging

APPROVISIONNEMENT [GEN]
provision
provisioning
supply

APPROVISIONNEMENT [LOG]
sourcing

APPROVISIONNEMENT [MAR]
shipchandling

APPROVISIONNEMENT, GESTION DE L' ~ [LOG]
supply management

APPROVISIONNEMENT, QUANTITÉ ÉCONOMIQUE D' ~ [LOG]
economic order quantity (EOQ)

APPROVISIONNEMENT, RUPTURE D' ~ [LOG]
stockout

APPROVISIONNEMENT, SERVICE ~ [MAR]
shipchandling department

APPROVISIONNER [GEN]
feed (to)
provision (to)
supply (to)

APPROVISIONNEUR DE LA MARINE [MAR]
ship chandler
ship's chandler

APPUI [GEN]
support

APRÈS-VENTE, SERVICE ~ (SAV) [LS]
after-sales service

AQUAPLANAGE [ROUT]
aquaplaning

ARBORESCENCE DES FLUX [LOG]
flow chart

ARBRE À CAMES [INTM]
camshaft

ARBRE D'HÉLICE [MAR]
propeller shaft

ARBRE DE PANNES [LS]
fault diagnosis chart

ARBRE DE TEST [LS]
troubleshooting chart

ARBRE DE TRANSMISSION [INTM]
shaft

ARCEAU (SUPPORTANT LA BÂCHE D'UN CONTENEUR À TOIT OUVRANT) [CONT]
roof bow

ARCHITECTURE DES SYSTÈMES [LS]
systems engineering

ARCHIVES [GEN]
records

ARMATEUR (OU SON REPRÉSENTANT, ex. LE CAPITAINE) [MAR]
shipowner

ARMATEUR DE PAPIER [INTM]
Non Vessel Operator Common Carrier (NVOCC)

ARMATEUR GÉRANT [MAR]
managing owner

ARMATEUR SANS NAVIRE [INTM]
Non Vessel Operator Common Carrier (NVOCC)

ARMATURE (STRUCTURE) [GEN]
frame

ARMEMENT [AER]
provisioning

ARMEMENT [MAR]
commission
fitting out

ARMEMENT, SERVICE DE L' ~ [MAR]
crew and manning division

ARMEMENT FLUVIO-MARITIME [INTM]
sea-river company

ARMEMENT HÔTELIER [INTM]
catering
commissary (US)

ARMER UN NAVIRE [MAR]
commission a ship (to)
equip a ship (to)
fit out a ship (to)

ARMOIRE DE COMMANDE [INTM]
control box

ARMOIRE DE STOCKAGE [LOG]
storage cabinet

ARRÊT [INTM]
stop

ARRÊTÉ DE FRET [MAR]
booking note

ARRÊTÉ DE RÉSERVATION DE FRET [MAR]
booking note

Transport - logistique
Lexique

ARTICLES EN VRAC [MT]

ARRÊTER (ex. UN SERVICE) [GEN]
discontinue (to)

ARRHES [GEN]
deposit

ARRIÈRE [GEN]
rear

ARRIÈRE (AVION, NAVIRE) [INTM]
aft (adj. et adv.)

ARRIÈRE (DU NAVIRE) [MAR]
stern

ARRIÈRE, CHARGEMENT PAR L' ~ [AER]
tail loading

ARRIÈRE, CHARGEMENT PAR L' ~ [MAR]
stern loading

ARRIÈRE, MOUVEMENT VERS L' ~ [GEN]
backward movement

ARRIÈRE-BASSIN [MAR]
inner dock

ARRIÈRE-PAYS PORTUAIRE [INTM]
hinterland

ARRIÈRE-PORT [MAR]
inner harbour

ARRIMAGE [MT]
lashing
mooring
securing
stowage

ARRIMAGE, ANNEAU D' ~ [AER]
tie-down ring

ARRIMAGE, ANNEAU D' ~ [INTM]
securing ring

ARRIMAGE, DISPOSITIF D' ~ [MT]
lashing device

ARRIMAGE, OEILLETON D' ~ [CONT]
securing eye

ARRIMAGE, PION D' ~ [AER]
lashing ring

ARRIMAGE, PLAN D' ~ [MAR]
tier

ARRIMAGE, POINT D' ~ [INTM]
anchor point

ARRIMAGE, TONNE D' ~ [MAR]
measurement ton

ARRIMER [MT]
lash (to)
make fast (to)
secure (to)
stow (to)

**ARRIMER LA MARCHANDISE
(ex. DANS UN CONTENEUR)** [MT]
restrain cargo (to)

ARRIMEUR [MAR]
stevedore

ARRIVÉE [GEN]
arrival

ARRIVÉE, À L' ~ [INTM]
inbound
incoming
inward

ARRIVÉE, AVIS D' ~ [INTM]
advice of arrival

ARRIVÉE, HEURE / DATE PRÉVUE D' ~ [INTM]
estimated time of arrival (ETA)

ARRIVÉE, MARCHANDISES À L' ~ [INTM]
incoming goods

ARRIVÉE, ROULAGE À L' ~ [AER]
taxi-in

ARRIVÉE, SALLE D' ~ [AER]
arrivals lounge

ARRIVER [GEN]
arrive (to)

ARRONDIR (UN CHIFFRE) [GEN]
round off (to)

ARRONDIR À L'UNITÉ INFÉRIEURE [GEN]
round down (to)

ARRONDIR À L'UNITÉ SUPÉRIEURE [GEN]
round up (to)

ARSENAL MARITIME [MAR]
naval dockyard

ARTICLE [GEN]
item

ARTICLE RÉCUPÉRABLE [LS]
recoverable item

ARTICLE RÉPARABLE [LS]
repairable item

ARTICLE TRANSPORTÉ [INTM]
piece of cargo

ARTICLES EN VRAC [MT]
loose articles

ASPHALTE [ROUT]

ASPHALTE [ROUT]
asphalt

ASPIRATION [GEN]
suction

ASSEMBLABLE, CONTENEUR ~ [CONT]
joinable container

ASSEMBLAGE [GEN]
assembly

ASSEMBLAGE, CHARIOT D' ~ [MT]
assembling truck

ASSISTANCE (D'UNE COMPAGNIE PAR UNE AUTRE) [AER]
handling

ASSISTANCE EN ESCALE, ACCORD D' ~ [AER]
ground handling agreement

ASSISTANCE OPÉRATIONNELLE [LS]
operational assistance

ASSISTANCE TECHNIQUE SUR PLACE [LS]
field service assistance

ASSOCIATION [GEN]
society

ASSOCIATION BRITANNIQUE DE NORMALISATION (équiv. AFNOR) [GEN]
British Standards Institute (BSI)

ASSOCIATION DES INGÉNIEURS EN LOGISTIQUE [LOG]
Society of Logistics Engineers (SOLE)

ASSOCIATION EUROPÉENNE DE LIBRE ECHANGE (AELE) [GEN]
European Free Trade Association (EFTA)

ASSOCIATION EUROPÉENNE DE L'INGÉNIERIE CONCOURANTE (tda) [LS]
European Society of Concurrent Engineering (ESoCE)

ASSOCIATION EUROPÉENNE DES CONSTRUCTEURS DE MATÉRIEL AÉROSPATIAL (AECMA) [GEN]
European association of aerospace equipment manufacturers (tda)

ASSOCIATION FRANÇAISE DE NORMALISATION (AFNOR) [GEN]
French standards institute (equiv. BSI)

ASSOCIATION FRANÇAISE POUR LA LOGISTIQUE (ASLOG) [LOG]
French society of logisticians (tda)

ASSOCIATION INTERNATIONALE DES PROPRIÉTAIRES DE PÉTROLIERS INDÉPENDANTS (tda) [MAR]
International Association of Independent Tanker Owners (INTERTANKO)

ASSOCIATION INTERNATIONALE DES SOCIÉTÉS DE CLASSIFICATION [MAR]
international association of classification societies (IACS)

ASSOCIATION INTERNATIONALE DES TRANSPORTEURS AÉRIENS (AITA) [AER]
International Air Transport Association (IATA)

ASSORTIR [GEN]
match (to)

ASSOURDIR (UN BRUIT) [GEN]
muffle (to)

ASSUJETTI À, ÊTRE ~ [GEN]
be subject to (to)

ASSUJETTI À DES DROITS DE DOUANE [DN]
liable to customs duties

ASSURANCE [ASS]
insurance

ASSURANCE, AGENT D' ~ [ASS]
insurance agent

ASSURANCE, ATTESTATION D' ~ [ASS]
insurance certificate

ASSURANCE, CERTIFICAT D' ~ [ASS]
insurance certificate (I/C)

ASSURANCE, COMPAGNIE D' ~ [ASS]
insurance company

ASSURANCE, CONTRACTER UNE ~ [ASS]
take out a insurance policy (to)

ASSURANCE, COUVERTURE D' ~ [ASS]
insurance cover

ASSURANCE, POLICE D' ~ [ASS]
insurance policy

ASSURANCE, PRIME D' ~ [ASS]
insurance premium

ASSURANCE, TARIF D' ~ [ASS]
insurance rate

ASSURANCE AU TIERS [ASS]
third-party insurance

ASSURANCE COMPRISE [ASS]
insurance included

ASSURANCE CRÉDIT	[ASS]		**ASSURÉ, L' ~**	[ASS]
credit insurance			*insured*	
ASSURANCE DÉFENSE ET RECOURS	[ASS]		*insured party*	
legal protection insurance			*policy holder*	
ASSURANCE FLOTTANTE	[ASS]		**ASSURER (MARITIME, VIE)**	[ASS]
floater policy insurance			*assure (to)*	
floating policy insurance			**ASSURER**	[ASS]
ASSURANCE FLUVIALE	[ASS]		*insure (to)*	
inland waterway insurance			**ASSURER (ex. LA SÉCURITÉ)**	[GEN]
ASSURANCE FRET	[ASS]		*ensure (to)*	
freight insurance			**ASSURER LE SERVICE APRÈS-VENTE DE ...**	[LS]
ASSURANCE MARITIME	[MAR]		*service (to)*	
marine assurance			**ASSURER UN RISQUE**	[ASS]
marine insurance			*underwrite a risk (to)*	
ASSURANCE MAUVAIS TEMPS	[ASS]		**ASSUREUR**	[ASS]
weather insurance			*insurer*	
ASSURANCE MULTIRISQUES	[ASS]		*underwriter*	
comprehensive insurance			**ATELIER**	[GEN]
ASSURANCE PERTE D'EXPLOITATION	[ASS]		*shop*	
operating loss insurance			*workshop*	
ASSURANCE QUALITÉ	[LOG]		**ATELIER DE PEINTURE**	[INTM]
quality assurance			*paintshop*	
quality control			**ATMOSPHÉRIQUE, MOTEUR ~**	[ROUT]
ASSURANCE RESPONSABILITÉ PROFESSIONNELLE	[ASS]		*naturally aspirated engine*	
professional liability insurance			**ATOUT**	[GEN]
ASSURANCE SUR CORPS	[MAR]		*asset*	
hull insurance			**ATTACHE**	[GEN]
ASSURANCE SUR FACULTÉS	[MAR]		*clip*	
cargo insurance			**ATTACHE**	[MT]
ASSURANCE SUR MARCHANDISES	[ASS]		*clamp*	
cargo insurance			*fastener*	
ASSURANCE TEMPORAIRE	[ASS]		**ATTACHE, PORT D' ~**	[MAR]
term insurance			*home port*	
ASSURANCE TOUS RISQUES	[ASS]		*port of registry*	
all-in policy			**ATTACHE DE PALETTIER**	[LOG]
all-risks insurance			*connector*	
all-risks policy			**ATTACHE DE PORTE**	[INTM]
fully comprehensive insurance			*door tieback*	
ASSURANCE VÉHICULES À MOTEUR	[ASS]		**ATTACHER**	[GEN]
motor vehicle insurance			*fasten (to)*	
ASSURANCE VOL	[ASS]		**ATTACHER**	[MT]
burglary insurance			*secure (to)*	
theft insurance			**ATTAQUER À UN PROBLÈME, S' ~**	[GEN]
ASSURÉ AUPRÈS DE, ÊTRE ~	[ASS]		*address a problem (to)*	
be insured with (to)			**ATTEINDRE LA MOYENNE DE ...**	[GEN]
			average (to)	

ATTELAGE [INTM]

ATTELAGE [INTM]
coupling

ATTELAGE, ANNEAU D' ~ [ROUT]
tow ring

ATTELAGE, BARRE D' ~ [INTM]
tow bar

ATTELAGE, BARRE D' ~ [ROUT]
drawbar

ATTELAGE, CHEVILLE D' ~ [ROUT]
king-pin

ATTELAGE, CROCHET D' ~ [INTM]
coupler

ATTELAGE, CROCHET D' ~ [ROUT]
pintle hook

ATTELAGE, DISPOSITIF D' ~ [INTM]
coupling system

ATTELAGE, MÂCHOIRE D' ~ [FER]
coupler knuckle

ATTELAGE, PIVOT D' ~ [ROUT]
trailer king-pin

ATTELAGE, TÊTE D' ~ [FER]
coupler head

ATTELAGE COURT, REMORQUE À ~ [ROUT]
close-coupled trailer

ATTELER [INTM]
couple (to)
hook up (to)

ATTENDUS (RÉAPPROVISIONNEMENT NON ENCORE LIVRÉ À L'ENTREPÔT) [LOG]
stock on order

ATTENTE, CIRCUIT D' ~ [AER]
holding pattern

ATTENTE, EN ~ [GEN]
on standby

ATTENTE, FAISCEAU D' ~ [FER]
hold yard

ATTERRIR [AER]
land (to)

ATTERRISSAGE [AER]
landing

ATTERRISSAGE, AIDE À L' ~ [AER]
landing aid

ATTERRISSAGE, LIMITATION À L' ~ [AER]
landing weight limitation

ATTERRISSAGE, MASSE À L' ~ [AER]
landing weight (LAW)

ATTERRISSAGE, PHARES D' ~ [AER]
landing lights

ATTERRISSAGE, PISTE D' ~ [AER]
airstrip
landing strip
runway

ATTERRISSAGE, TAXE À L' ~ [AER]
landing fee

ATTERRISSAGE, TRAIN D' ~ [AER]
landing gear
undercarriage

ATTERRISSAGE, VOLET D' ~ [AER]
landing flap

ATTERRISSAGE EN CATASTROPHE [AER]
crash landing

ATTERRISSAGE TOUT TEMPS (ATT) [AER]
all-weather capability

ATTESTATION [GEN]
certificate

ATTESTATION D'ASSURANCE [ASS]
insurance certificate

ATTESTATION DE CAPACITÉ [ROUT]
Certificate of Professional Competence (CPC)

ATTESTATION DE CONFORMITÉ [MAR]
document of compliance

ATTESTATION DE L'EXPÉDITEUR [AER]
shipper's certification

ATTESTATION DE PRISE EN CHARGE DU TRANSITAIRE (APC) [INTM]
forwarding agent certificate of receipt (FCR)

ATTRIBUTION DES SIÈGES [AER]
seat allocation

AU LARGE [MAR]
offshore

AU PAS [INTM]
dead slow

AU PLUS TARD [GEN]
at the latest

AU PLUS TÔT [GEN]
at the earliest

AU REPOS (MACHINES) [GEN]
idle

AUBE (ex. D'UNE TURBINE) [GEN]
blade

Transport – logistique
Lexique

AUXILIAIRE DE TRANSPORT [INTM]

AUBERON [CONT]
cam keeper

AUBETTE [ROUT]
bus shelter

AUGMENTATION [GEN]
increase

AUGMENTATION INATTENDUE [GEN]
surge

AUGMENTER [GEN]
augment (to)
boost (to)
increase (to)

AUTO-ÉCHAUFFEMENT, À ~ [GEN]
self-heating

AUTO-ÉTANCHE [GEN]
self-sealing

AUTOBUS, COULOIR D' ~ [GEN]
bus lane

AUTOBUS À IMPÉRIALE [ROUT]
double-decker bus

AUTOCAR [ROUT]
coach

AUTOCARISTE [ROUT]
coach operator

AUTOCOLLANTE, ÉTIQUETTE ~ [GEN]
sticker

AUTOFINANCEMENT [GEN]
self-financing

**AUTOFINANCEMENT,
MARGE BRUTE D' ~ (M.B.A.)** [GEN]
cash flow (CF)

AUTOMATE [MT]
automaton

AUTOMATISATION [GEN]
automation

AUTOMATISÉ, MONORAIL ~ [MT]
automated electrified monorail (AEM)

AUTOMATISER [GEN]
automate (to)

AUTOMOTEUR (adj.) [INTM]
self-propelled
self-propelling

AUTOMOTEUR, CHARIOT ~ [MT]
power-operated truck

AUTONOME (ex. APPAREIL) [GEN]
self-contained

AUTOPONT [ROUT]
flyover

AUTORAIL [FER]
railcar

AUTORISATION [GEN]
authorization
clearance
permission

AUTORISATION (DOCUMENT) [GEN]
permit

**AUTORISATION D'EXPLOITER
UNE LIGNE AÉRIENNE** [AER]
air-route licensing

AUTORISER [GEN]
authorize (to)
clear (to)
permit (to)

AUTORISER À DÉCOLLER [AER]
clear for take-off (to)

**AUTORITÉ RÉGISSANT L'AVIATION
CIVILE BRITANNIQUE (tda)** [AER]
Civil Aviation Authority (CAA)

AUTORITÉS PORTUAIRES [MAR]
port authorities

AUTOROUTE [ROUT]
expressway (US)
freeway (US)
highway (US)
motorway (Brit.)
speedway (US)

AUTOROUTE À PÉAGE [ROUT]
turnpike (US)

**AUTOROUTE ÉLECTRONIQUE (ÉCHANGE
DE DONNÉES INFORMATISÉES)** [LOG]
electronic highway
information highway

AUTOROUTE FERROVIAIRE [INTM]
iron highway (US)
rolling road

AUTOVIREUR, ESSIEU ~ [ROUT]
self-steering axle
self-tracking axle

AUXILIAIRE, COÛT ~ [GEN]
ancillary cost

AUXILIAIRE, SERVICE ~ [GEN]
ancillary service

AUXILIAIRE DE TRANSPORT [INTM]
transport facilitator

AVAL, EN ~	[FLV]	**AVARIE**	[ASS]
downriver		*spoilage*	
downstream		**AVARIE**	[INTM]
AVAL, ESCALE EN ~	[AER]	*damage*	
downline station		**AVARIE, COMMISSAIRE D' ~**	[MAR]
AVAL, LOGISTIQUE ~	[LOG]	*average agent*	
outbound logistics		*average surveyor*	
AVALANCHE	[GEN]	**AVARIE, COMPROMIS D' ~**	[MAR]
avalanche		*average bond*	
AVALANT	[FLV]	**AVARIE, CONSTAT D' ~**	[MAR]
downstream traffic		*survey report*	
AVANCE, EN ~	[GEN]	**AVARIE, DISPACHE D' ~**	[MAR]
ahead of schedule		*average adjustment*	
AVANCE À L'ALLUMAGE	[ROUT]	**AVARIE, PROCÈS-VERBAL D' ~**	[ASS]
ignition timing		*factual report*	
AVANCÉE DE SELLETTE	[ROUT]	**AVARIE, RAPPORT D' ~**	
fifth wheel advance		**(SUR LE CONTENEUR)**	[CONT]
AVANT (adj.)	[GEN]	*equipment damage report (EDR)*	
fore		**AVARIE, RÉPARTITEUR D' ~**	[MAR]
AVANT (LE DÉPART)	[INTM]	*average adjuster*	
prior to (departure)		**AVARIÉ**	[GEN]
AVANT (DU NAVIRE)	[MAR]	*spoilt*	
bow		**AVARIÉ (NAVIRE, MARCHANDISE)**	[INTM]
AVANT, MOUVEMENT VERS L' ~	[GEN]	*damaged*	
forward movement		**AVARIÉ, VALEUR À L'ÉTAT ~**	[ASS]
AVANT À BULBE	[MAR]	*damage value*	
bulbous bow		**AVARIE COMMUNE**	[MAR]
AVANT À GUIBRE	[MAR]	*general average (G.A.)*	
clipper bow		**AVARIE EN COURS DE ROUTE**	[INTM]
AVANT-BASSIN	[MAR]	*damage in transit*	
outer basin		**AVARIE OCCULTE**	[ASS]
AVANT-BEC (SUR PORTIQUE)	[MT]	*hidden damage*	
front boom		**AVARIE PARTICULIÈRE**	[MAR]
AVANT-PAYS	[INTM]	*particular average (P.A.)*	
foreland		**AVARIE PARTICULIÈRE, AVEC ~**	[MAR]
AVANT-PORT	[MAR]	*with particular average (W.P.A.)*	
outer harbour		**AVARIE PARTICULIÈRE,**	
AVANT-PROJET	[LOG]	**FRANC D' ~ (F.A.P.)**	[MAR]
draft project		*free of particular average (F.P.A.)*	
AVANT-TRAIN TOURNANT	[ROUT]	**AVARIER**	[GEN]
king-pin type axle		*deteriorate (to)*	
AVANTAGE	[GEN]	**AVEC AVARIE PARTICULIÈRE**	[MAR]
advantage		*with particular average (W.P.A.)*	
asset		**AVENANT**	[ASS]
benefit		*amendment*	
		endorsement	

Transport – logistique Lexique

AXE ROUTIER [ROUT]

AVENANT [GEN]
additional clause

AVERTISSEMENT [GEN]
warning

AVERTISSEUR (KLAXON) [ROUT]
horn

AVIATION [AER]
aviation

AVION [AER]
aircraft
airplane
plane

**AVION À DÉCOLLAGE
ET ATTERRISSAGE COURTS (ADAC)** [AER]
Short Take-off and Landing (STOL)

**AVION À DÉCOLLAGE
ET ATTERRISSAGE HORIZONTAL** [AER]
Horizontal take-off and landing (HOTOL)

**AVION À DÉCOLLAGE ET ATTERRISSAGE
VERTICAUX (ADAV)** [AER]
Vertical Take-off and Landing (VTOL)

AVION À RÉACTION [AER]
jet
jet plane

AVION CARGO [AER]
freighter

AVION COMBINÉ [AER]
mix(ed) aircraft

AVION CONVERTIBLE [AER]
quick-change aircraft

AVION D'AFFAIRES [AER]
corporate aircraft (US)
executive aircraft (Brit.)

AVION DE LIGNE [AER]
airliner

AVION DE RAVITAILLEMENT [AER]
tanker aircraft

AVION IMMOBILISÉ [AER]
aircraft on ground (AOG)

AVION MIXTE [AER]
combi-aircraft

AVION TAXI [AER]
taxi plane

AVION TOUT CARGO [AER]
all-cargo aircraft

AVION TRANSBORDEUR [AER]
air ferry

AVIONIQUE (n.) [AER]
avionics

AVIONNÉ, FRET ~ [AER]
air cargo

AVIS [GEN]
advice

AVIS (LE DOCUMENT) [GEN]
notice

AVIS, LETTRE D' ~ [INTM]
advice note

AVIS D'ARRIVÉE [INTM]
advice of arrival

AVIS DE LIVRAISON [INTM]
delivery advice
delivery note

AVITAILLEMENT [INTM]
catering

AVITAILLEMENT, ENTREPRISE D' ~ [INTM]
caterer

AVITAILLER [INTM]
cater (to)

AVOIR BESOIN DE [GEN]
need (to)

AVOIR EN STOCK [LOG]
carry in stock (to)

AXE [GEN]
axis (plur. axes)

AXE, GRAND ~ [ROUT]
trunk road

AXE DE CHARNIÈRE [GEN]
hinge pin

AXE DE TRAVERSE [CONT]
rail axis

AXE ROUGE [ROUT]
red route

AXE ROUTIER [ROUT]
arterial road

© Éditions d'Organisation

BABORD [INTM]
port
BAC À FOND MOBILE [LOG]
drop-bottom bin
BAC DE MANUTENTION [MT]
tote basket
tote pan
BAC DE STOCKAGE [LOG]
bin
BAC DE STOCKAGE [MT]
tote box
BÂCHAGE [INTM]
sheeting
BÂCHE [GEN]
tarpaulin / tarp
tilt (US)
BÂCHER [INTM]
sheet (to)
BACHOT [MAR]
skiff
BADIN [AER]
airspeed indicator
BAGAGE, UN ~ [GEN]
bag
piece of baggage (US)
piece of luggage (Brit.)
BAGAGES [GEN]
baggage (US)
luggage (Brit.)

BAGAGES, LIVRAISON DES ~ [AER]
baggage claim
baggage reclaim
BAGAGES, SUBSTITUTION DE ~ [AER]
baggage switch
BAGAGES À MAIN [INTM]
hand baggage (US)
hand luggage (Brit.)
BAGAGES ACCOMPAGNÉS [INTM]
accompanied baggage (US)
accompanied luggage (Brit.)
BAGAGES DE SOUTE [AER]
hold baggage
BAGAGES NON ACCOMPAGNÉS [INTM]
unaccompanied baggage (US)
unaccompanied luggage (Brit.)
BAGAGISTE [AER]
baggage handler
baggage loader
BAIE [MAR]
bay
BAIL, PRENEUR À ~ [GEN]
lessee
BAIL D'EXPLOITATION [GEN]
operating lease
BAILLEUR [GEN]
lessor
BAJOYER (D'UNE ÉCLUSE) [FLV]
side-wall

B BALAI (D'ESSUIE-GLACE) [INTM]

Transport – logistique
Lexique

BALAI (D'ESSUIE-GLACE) *wiper blade*	[INTM]	**BANQUE D'ENREGISTREMENT** *check-in counter* *check-in desk*	[AER]
BALAYAGE RADAR *radar scan*	[INTM]	**BANQUE DE DONNÉES** *data bank*	[GEN]
BALISAGE (MARQUAGE AU SOL) *ground markings*	[AER]	**BANQUE ÉMETTRICE** *issuing bank*	[GEN]
BALISE *ground light*	[AER]	**BANQUE EUROPÉENNE POUR LA RECONSTRUCTION ET LE DÉVELOPPEMENT (BRED)** *European Bank for Reconstruction and Development (EBRD)*	[GEN]
BALISE *beacon*	[INTM]		
BALISE DE RADIOGUIDAGE *homing beacon*	[AER]	**BANQUE NOTIFICATRICE** *advising bank*	[GEN]
BALISE FLOTTANTE *buoy*	[MAR]	**BARATERIE (DOMMAGES VOLONTAIRES)** *barratry*	[MAR]
BALISE NON DIRECTIONNELLE *non directional beacon (NDB)*	[AER]	**BARÊME DES PRIX** *schedule of charges*	[GEN]
BALLAST *ballast*	[INTM]	**BARGE** *lighter*	[MAR]
BALLAST, PLAFOND DE ~ *tank top*	[CONT]	**BARIL DE PÉTROLE (159 l)** *barrel (bbl)*	[GEN]
BALLE (DE MARCHANDISES) *bale*	[MT]	**BARRAGE** *dam*	[FLV]
BALLOT *bundle*	[MT]	**BARRE (SABLE)** *bar*	[MAR]
BANALISÉ, STOCKAGE ~ *no-dedication storage* *random storage*	[LOG]	**BARRE (TIMON)** *helm*	[MAR]
BANC D'ESSAI *test bench*	[LS]	**BARRE D'ATTELAGE** *tow bar*	[INTM]
BANDE, DONNER DE LA ~ *list (to)*	[MAR]	**BARRE D'ATTELAGE** *drawbar*	[ROUT]
BANDE ADHÉSIVE (RACCORD PROVISOIRE) *sealing tape*	[CONT]	**BARRE D'ATTELAGE, SANS ~** *towbarless*	[INTM]
BANDE DE ROULEMENT *tread*	[ROUT]	**BARRE DE FERMETURE** *locking bar*	[CONT]
BANDES MÉTALLIQUES (POUR L'ARRIMAGE À L'INTÉRIEUR DU CONTENEUR) *tracks*	[CONT]	**BARRIÈRE ANTI-SOUFFLE** *blast fence*	[AER]
		BARRIÈRE DE DÉGEL *thaw barrier*	[ROUT]
BANLIEUE *suburban area* *suburbs*	[GEN]	**BARRIÈRE DE PASSAGE À NIVEAU** *level crossing gate*	[FER]
BANLIEUE, TRAIN DE ~ *commuter train*	[FER]	**BARRIÈRES DOUANIÈRES** *customs barriers* *tariff barriers* *tariff walls*	[DN]

BAS	[GEN]	**BASSIN D'ÉCHOUAGE (SOUMIS AUX FLUCTUATIONS DE LA MARÉE)**	[MAR]
bottom		*tidal dock*	
BAS (SUR UN EMBALLAGE)	[MT]	**BASSIN D'ÉVITAGE**	[MAR]
bottom		*turning basin*	
down		**BASSIN DE CARÉNAGE**	[MAR]
BASCULE, PONT À ~	[ROUT]	*careening basin*	
weigh-bridge		**BASSIN DE DESSERTE**	[MAR]
BASCULE, WAGON À ~	[FER]	*docking basin*	
dump wagon		**BASSIN DE MANŒUVRE**	[MAR]
dumping truck (Brit.)		*turning basin*	
tip truck		**BASSIN DE RADOUB**	[MAR]
BASCULE, WAGON À DOUBLE ~	[FER]	*dry dock*	
double-side tipping wagon		*graving dock*	
BASCULER	[GEN]	**BASSINÉE**	[FLV]
tilt (to)		*locking through*	
BASCULER, FAIRE ~	[GEN]	*passing through a lock*	
tilt (to)		**BASTINGAGE**	[MAR]
BASCULEUR PRÉSENTOIR	[MT]	*rail*	
tipper		*ship's rail*	
BASCULEUR VIDEUR	[MT]	**BATARDEAU**	[FLV]
tipper		*cofferdam*	
BASE, RETOUR À LA ~	[AER]	*pile-plank*	
homing		**BATEAU**	[MAR]
BASE D'AFFECTATION	[AER]	*boat*	
home base		**BATEAU-FEU**	[MAR]
BASE D'ÉVALUATION	[DN]	*lightship*	
valuation basis		**BATEAU-PHARE**	[MAR]
BASE DE DONNÉES	[GEN]	*lightship*	
data base (DB)		**BATEAU-PILOTE**	[MAR]
BASE DE DONNÉES COMMUNE (tda)	[LOG]	*pilot boat*	
common source database (CSDB)		**BATEAU-PORTE**	[MAR]
BASE DE DONNÉES INTÉGRÉES	[LS]	*caisson*	
integrated database		**BATELIER**	[FLV]
BASE DE RÉFÉRENCE	[LOG]	*boatman*	
benchmark		*waterman*	
BASSIN	[MAR]	**BATELLERIE**	[FLV]
basin		*inland waterway transport*	
dock		*river and canal craft*	
BASSIN, DROITS DE ~	[MAR]	**BÂTIMENT**	[MAR]
dock dues		*ship*	
dockage		*vessel*	
quayage		**BÂTI MOTEUR**	[AER]
BASSIN À FLOT	[MAR]	*engine cradle*	
locked basin		**BATTERIE**	[GEN]
wet dock		*battery*	

BATTRE PAVILLON [MAR]

Transport – logistique
Lexique

BATTRE PAVILLON	[MAR]	**BESOIN DE, AVOIR ~**	[GEN]
fly a flag (to)		*need (to)*	
BAU	[MAR]	**BÉTAILLÈRE**	[FER]
beam		*stock car (US)*	
BAUX, NAVIRE À LARGES ~	[MAR]	**BÉTAILLÈRE**	[INTM]
beamy ship		*cattle truck*	
BAVETTE	[ROUT]	*livestock truck*	
mudguard		**BÉTON**	[GEN]
BAVETTE GARDE-BOUE	[ROUT]	*concrete*	
mud flap		**BI-DIRECTIONNEL**	[GEN]
BEC DE BORD D'ATTAQUE	[AER]	*bi-directional*	
wing slat		**BI-MODAL**	[INTM]
BÉNÉFICE	[GEN]	*bi-modal*	
profit		**BI-MOTEUR (AVION)**	[AER]
BÉNÉFICIAIRE (ex. D'UN CHÈQUE)	[GEN]	*twin-engined aircraft*	
payee		**BICORPS**	[ROUT]
BÉNÉFICIAIRE D'UNE POLICE	[ASS]	*hatchback*	
beneficiary of a policy		**BIDON**	[GEN]
BENNE	[MT]	*can*	
skip		*drum*	
BENNE, CAMION ~	[ROUT]	*jerrycan*	
dump truck		**BIEF**	[FLV]
tipper		*bay*	
BENNE PRENEUSE	[MT]	*reach*	
clamshell bucket		**BIEF D'AMONT**	[FLV]
grab		*head bay*	
BÉQUILLE (D'HYDROPTÈRE)	[MAR]	**BIEF D'AVAL**	[FLV]
strut		*tail bay*	
BÉQUILLE	[ROUT]	**BIEF DE PARTAGE DES EAUX**	[FLV]
dolly wheel		*summit level (of a canal)*	
jack leg		**BIELLE**	[FER]
landing gear		*connecting rod*	
trailer support		**BIELLE**	[ROUT]
BÉQUILLE RELEVABLE (SEMI-REMORQUES, CONTENEURS FLEXI-VAN)	[INTM]	*track rod*	
landing gear support		**BIENS DE CONSOMMATION**	[GEN]
BERCEAU DE CARROSSERIE	[ROUT]	*consumer goods*	
subframe		**BIGUE**	[MT]
BERCEAU GERBABLE	[LOG]	*heavy lift derrick*	
cradle		*jumbo derrick*	
stacking stillage		*shear legs*	
BERGE	[FLV]	**BILAN (COMPTABLE)**	[GEN]
bank		*balance sheet*	
BESOIN	[GEN]	**BILATÉRAL, ACCORD ~**	[GEN]
need		*bilateral agreement*	
		BILLET (TITRE DE TRANSPORT)	[INTM]
		ticket	

BILLET À ORDRE	[GEN]	**BOBINE**	[MT]
promissory note (P/N)		*coil (ex. feuilles d'acier)*	
BILLET À TARIF RÉDUIT	[INTM]	*reel*	
concession fare		**BOGIE**	[FER]
BILLET DE BORD	[MAR]	*bogey*	
mate's receipt (M / R)		*bogie*	
BILLET ET CARTE D'EMBARQUEMENT		*bogie-truck*	
AUTOMATIQUES (tda)	[AER]	*bogy*	
automatic ticket and boarding		**BOGIE, CHÂSSIS DE ~**	[FER]
pass / card (ATB)		*bogie frame*	
BILLET OUVERT	[AER]	**BOGIE SURBAISSÉ**	[FER]
open ticket		*low track force bogie*	
BILLETS, RETRAIT DES ~	[AER]	**BOIS (NON PRÉPARÉ)**	[GEN]
ticket pickup		*timber*	
BILLETTERIE AUTOMATIQUE	[INTM]	**BOIS DE CHARPENTE**	[GEN]
coin-operated ticket machine		*lumber*	
BIMODAL, TRANSPORT ~	[INTM]	**BOIS DUR**	[GEN]
bimodal transport		*hardwood*	
BIP (APPAREIL DE RADIO-MESSAGE)	[GEN]	**BOIS TENDRE**	[GEN]
pager		*softwood*	
BIRAIL	[GEN]	**BOISSONS**	[GEN]
double rail		*beverages*	
BITTE D'AMARRAGE	[MAR]	**BOÎTE**	[CONT]
bollard		*container*	
BITUME	[ROUT]	**BOÎTE**	[GEN]
bitumen		*box*	
BLÉ	[GEN]	**BOÎTE AUTOMATIQUE**	[ROUT]
corn (Brit.)		*automatic gear box*	
BLÉ	[GEN]	**BOÎTE AUTOMATIQUE, LEVIER DE ~**	[ROUT]
wheat		*selector lever*	
BLESSÉ (n.)	[GEN]	**BOÎTE DE CONSERVE**	[GEN]
injured person		*can*	
BLESSURE	[GEN]	*tin*	
injury		**BOÎTE DE VITESSES**	[ROUT]
BLOC, POLICE EN ~	[ASS]	*gear box*	
blanket policy		**BOÎTE D'ESSIEU**	[FER]
BLOC AUTOMATIQUE		*journal box*	
À SYSTÈME LUMINEUX (BAL)	[FER]	**BOÎTE MÉTALLIQUE**	[GEN]
block system		*canister*	
BLOC-CYLINDRES	[INTM]	**BOÎTE NOIRE**	[AER]
engine block		*black box*	
BLOCUS	[INTM]	*cockpit voice recorder (CVR)*	
blockade		*flight data recorder (FDR)*	
BLOCUS, FORCER LE ~	[INTM]	**BOITIER DE DIRECTION**	[ROUT]
run the blockade (to)		*steering box*	
		BOÎTIER DE PHARE	[ROUT]
		headlight housing shell	

BOÎTIER DE PROTECTION (D'UN MÉCANISME) [GEN]

BOÎTIER DE PROTECTION (D'UN MÉCANISME) *housing*	[GEN]
BON (n.) *voucher*	[GEN]
BON À ENLEVER (BAE) *routing order (R/O)*	[ROUT]
BON D'EMBARQUEMENT *shipping order*	[MAR]
BON D'ENLÈVEMENT *routing order (R/O)*	[ROUT]
BON DE CHARGEMENT *mate's receipt (M/R)*	[MAR]
BON DE LIVRAISON *delivery note* *delivery order (D/O)*	[INTM]
BON DE QUAI *wharfinger's receipt*	[MAR]
BON ÉTAT DE MARCHE, EN ~ *roadworthy*	[ROUT]
BONIFICATION *percentage of depreciation*	[ASS]
BONNE FOI *bona fides* *good faith*	[GEN]
BONUS *no claims bonus*	[ASS]
BORD *edge*	[GEN]
BORD, À ~ *aboard* *on board*	[INTM]
BORD, LE LONG DU ~ *alongside ship (A.S.)*	[MAR]
BORD À BORD *ramp transhipment*	[AER]
BORD À BORD *alongside*	[MAR]
BORD À BORD, AGENT ~ *ramp transhipment agent*	[AER]
BORD À BORD, CORRESPONDANCE ~ *plane to plane connection* *tarmac connection*	[AER]
BORD À BORD, DE ~ (B.A.B.) *free in and out (F.I.O.)*	[MAR]
BORD À SOUS PALAN, DE ~ *free in (F.I.)*	[MAR]
BORD ARRIMÉ *free in and out stowed (F.I.O.S.)*	[MAR]
BORD D'ATTAQUE *leading edge*	[AER]
BORD D'ATTAQUE, BEC DE ~ *wing slat*	[AER]
BORD DE FUITE *trailing edge*	[AER]
BORD DE FUITE, VOLET DE ~ *trailing edge flap*	[AER]
BORD DU QUAI *quayside*	[MAR]
BORDÉ EXTÉRIEUR *shellplating*	[CONT]
BORDEREAU *docket*	[GEN]
BORDEREAU D'EXPÉDITION *shipment note*	[INTM]
BORDEREAU DE LIVRAISON *delivery note*	[INTM]
BORDURE DE TROTTOIR *curb (US)* *kerb (Brit.)*	[ROUT]
BORNE KILOMÉTRIQUE *milestone*	[ROUT]
BOSSE (POUR TRIAGE DES TRAINS) *hump*	[FER]
BOSSOIR, ANCRE DE ~ *bower anchor*	[MAR]
BOUCHON *cap*	[GEN]
BOUCHON (LONGUEUR DU ~) *tailback*	[ROUT]
BOUCHON DE REMPLISSAGE *filler cap*	[CONT]
BOUCHON FILETÉ *threaded dust cap*	[CONT]
BOUCLE *loop*	[GEN]
BOUCLE, FAIRE UNE ~ *loop (to)*	[GEN]
BOUE *mud*	[GEN]
BOUÉE *buoy*	[MAR]

Transport – logistique
Lexique

BULLETIN D'ACCOMPAGNEMENT [INTM]

B

BOUÉE À CLOCHE *bell buoy*	[MAR]	**BRAS DE HALAGE, TREUIL À ~** *hand-operated pulling winch*	[MT]
BOUÉE À SIFFLET *whistle buoy*	[MAR]	**BRAS DE LEVAGE, TREUIL À ~** *hand-operated lifting winch*	[MT]
BOUÉE BALISE *leading buoy*	[MAR]	**BRASSE (1m 829)** *fathom*	[MAR]
BOUÉE CONIQUE *can buoy*	[MAR]	**BRETELLE D'ACCÈS** *on ramp* *slip road*	[ROUT]
BOUÉE DE CHENAL *fairway buoy*	[MAR]	**BRIDE DE CAME** *locking bar bracket*	[CONT]
BOUÉE DE SAUVETAGE *life buoy*	[MAR]	**BRIDE DE TUBE** *locking bar guide*	[CONT]
BOUÉE LUMINEUSE *light buoy*	[MAR]	**BRISE-LAMES (DANS UN WAGON OU UN CAMION CITERNES)** *baffle*	[INTM]
BOUÉE TONNE *barrel buoy* *cask buoy*	[MAR]	**BRISE-LAMES** *breakwater* *mole*	[MAR]
BOUGIE (D'ALLUMAGE) *spark / sparking plug*	[INTM]	**BROUILLARD** *fog*	[GEN]
BOULON *bolt*	[GEN]	**BROUILLÉ, MESSAGE ~** *garbled message*	[GEN]
BOULON D'ÉCLISSE *fishplate bolt*	[FER]	**BRUIT** *noise*	[GEN]
BOUSSOLE *compass*	[GEN]	**BRÛLER UN FEU ROUGE** *go through a red light (to)* *jump the lights (to)*	[ROUT]
BOUT DE LIGNE, AÉROPORT DE ~ *turnround airport*	[AER]	**BRUME** *mist*	[GEN]
BOUT EN BOUT *door-to-door*	[MAR]	**BRUT (PÉTROLE)** *crude (oil)*	[GEN]
BOUT EN BOUT, TARIF DE ~ *through rate*	[INTM]	**BRUT** *gross*	[GEN]
BOUT EN BOUT, TRANSPORT DE ~ *through carriage*	[INTM]	**BUÉE, DÉGÂTS OCCASIONNÉS PAR LA ~** *sweat damage*	[ASS]
BOUT EN BOUT, TRANSPORT DE MARCHANDISES DE ~ *line-haul (US)*	[FER]	**BUÉE DE CALE** *ship's sweat*	[MAR]
BOUTIQUE HORS TAXES *duty-free shop* *tax-free shop*	[INTM]	**BULBE, AVANT À ~** *bulbous bow*	[MAR]
BRANCHER *plug in (to)*	[GEN]	**BULLES, FILM À ~** *bubblewrap*	[LOG]
BRAS D'ESSUIE-GLACE *wiper arm*	[INTM]	**BULLETIN** *docket*	[GEN]
BRAS DE FOURCHE, RALLONGE DE ~ *fork extender*	[MT]	**BULLETIN D'ACCOMPAGNEMENT** *accompanying document*	[INTM]

BULLETIN DE DÉPÔT [INTM]

Transport – logistique
Lexique

BULLETIN DE DÉPÔT [INTM]	
warehouse warrant	
BULLETIN DE LIVRAISON [INTM]	
delivery note	
BULLETIN MÉTÉOROLOGIQUE [GEN]	
weather report	
BUREAU, TRAVAIL DE ~ [GEN]	
clerical work	
BUREAU D'ÉTUDES [GEN]	
design office	
research and development department (R&D)	
BUREAU DE DOUANE [DN]	
customs office	
customs station	
BUREAU DE TRI [GEN]	
sorting office	

BUREAU INTERNATIONAL DES CONTENEURS (BIC) [CONT]
International Container Bureau (ICB)

BUREAUCRATIE [GEN]
officialdom

BUTANIER [MAR]
butane tanker

BUTÉE [GEN]
stop

BUTÉE DE PORTE [GEN]
door stop

BUTINAGE [MT]
order picking

BUTOIR [FER]
buffer

BUTTE (POUR TRIAGE DES TRAINS) [FER]
hump

CABESTAN	[MAR]	**CABINE DE PEINTURE**	[INTM]
capstan		*spray bake oven*	
CABINE	[INTM]	**CABINE DOUBLE**	[ROUT]
cabin		*crew cab*	
CABINE, CHEF DE ~	[AER]	**CABINE ÉTROITE**	[ROUT]
purser		*cab alongside engine*	
CABINE À CAPOT LONG	[ROUT]	*half cab*	
cab behind engine		**CABINE HAUTE**	[ROUT]
CABINE À COUCHETTE INTÉGRÉE	[ROUT]	*high cab*	
integral sleeper conventional cab		**CABINE LONGUE**	[ROUT]
CABINE AVANCÉE	[ROUT]	*club cab*	
cab-over-engine		**CABINE SEMI-AVANCÉE**	[ROUT]
CABINE AVANCÉE COURTE	[ROUT]	*cab forward*	
cab-over-engine non sleeper		*short conventional cab*	
CABINE AVANCÉE COURTE AVEC COUCHETTE INTÉGRÉE AU-DESSUS DU POSTE DE CONDUITE	[ROUT]	**CÂBLAGE**	[GEN]
		wiring	
top sleeper cab		**CÂBLE DE REMORQUE**	[MAR]
CABINE AVANCÉE LONGUE	[ROUT]	*hawser*	
cab-over-engine sleeper		**CÂBLIER**	[MAR]
CABINE BASCULABLE	[ROUT]	*cable ship*	
tilt cab		**CABOTAGE (ROUTIER, AÉRIEN, FLUVIAL, MARITIME)**	[INTM]
CABINE BASSE	[ROUT]	*cabotage*	
low cab-over-engine		**CABOTAGE (NAVIGATION CÔTIÈRE)**	[MAR]
CABINE CONVENTIONNELLE	[ROUT]	*coastal navigation*	
conventional cab		*coastal shipping*	
CABINE DE CONDUITE	[ROUT]	*tramping*	
cab		**CABOTEUR**	[MAR]
		coaster	

CADRAN	[GEN]
dial	
CADRE (POUR TRANSFORMER UN CONTENEUR EN SEMI-REMORQUE)	[CONT]
frame	
CADRE	[GEN]
frame	
CADRE DE CHÂSSIS	[ROUT]
chassis frame	
CADRE DE PRÉHENSION MÉCANIQUE (SUR PORTIQUE)	[MT]
gripping frame	
CADRE D'EXTRÉMITÉ	[CONT]
end frame	
CAGEOT	[INTM]
crate	
CAHIER DES CHARGES (PRODUCTION)	[LOG]
specifications	
CAILLEBOTIS	[GEN]
grating	
CAISSE	[GEN]
case	
CAISSE (D'UN VÉHICULE, WAGON...)	[INTM]
body	
CAISSE À CLAIRE-VOIE	[INTM]
crate	
CAISSE AMOVIBLE	[ROUT]
demountable body	
CAISSE MOBILE	[INTM]
swapbody	
swopbody	
CAISSE MOBILE CITERNE	[INTM]
swoptank	
CAISSE-PALETTE	[LOG]
box-pallet	
stacking pallet	
CAISSE-PALETTE EN FIL MÉTALLIQUE	[LOG]
wire-mesh box-pallet	
CAISSE-PALETTE EN TÔLE	[LOG]
metal box-pallet	
CALAGE	[INTM]
dunnage	
fixing	
steadying	
wedging	
CALAISON	[MAR]
load draught	

CALANDRE	[ROUT]
grill	
CALCUL	[GEN]
computation	
CALCULER	[GEN]
calculate (to)	
compute (to)	
CALCULER UNE PRIME	[ASS]
assess a premium (to)	
CALE (DE ROUE)	[INTM]
chock	
CALE (BASSIN)	[MAR]
dock	
CALE	[MAR]
hold	
CALE, BUÉE DE ~	[MAR]
ship's sweat	
CALE, EN ~	[MAR]
under hatch	
CALE, PANNEAU DE ~	[MAR]
hatchcover	
CALE À FLOT	[MAR]
wet dock	
CALE ARRIÈRE	[MAR]
aft hold	
CALE AVANT	[MAR]
forward hold	
CALE EN BOIS	[INTM]
wedge	
CALE SÈCHE	[MAR]
dry dock	
CALENDRIER (PLANNING)	[GEN]
schedule	
CALER (POUR UN MOTEUR)	[INTM]
stall (to)	
CALER	[MT]
block (to)	
chock (to)	
wedge (to)	
CALIBRAGE	[GEN]
sizing	
CALIBRER	[GEN]
size (to)	
CALORIFIQUE, CONTENEUR ~	[CONT]
heated container	
CAMBRIOLAGE	[GEN]
burglary	

CAPOTAGE (D'UN MOTEUR) [AER]

CAME, BRIDE DE ~ [CONT]
locking bar bracket

CAMION [ROUT]
heavy goods vehicle >3.5T (HGV)
light goods vehicle < 3.5T (LGV)
lorry
truck (US)

CAMION BENNE [ROUT]
dump truck
tipper

CAMION-CITERNE [ROUT]
bowser
fuel truck (US)
tank truck
tanker (Brit.)
tanker lorry

CAMION COMMISSARIAT [AER]
catering vehicle

CAMION ÉLÉVATEUR [AER]
Hi-lift truck

CAMION FOU [ROUT]
runaway truck

CAMION PORTEUR [ROUT]
lorry
rigid (n.)
straight truck (US)

CAMION-SILO [ROUT]
silo truck

CAMION SURBAISSÉ [ROUT]
deeploader

CAMION VIDE-TOILETTES [AER]
toilet truck

CAMIONNAGE [ROUT]
cartage (Brit.)
truckage (US)
trucking (US)

CAMIONNETTE [ROUT]
delivery van

CAMIONNEUR [ROUT]
lorry driver

CANAL [FLV]
canal

CANAL RADIO [INTM]
radio channel

CANALISER [GEN]
funnel (to)

CANALISER [LOG]
channel (to)

CANDIDATURE, FORMULAIRE DE ~ [GEN]
application form

CANIVEAU [ROUT]
gutter

**CANNIBALISER
(PRÉLEVER DES PIÈCES)** [GEN]
cannibalize (to)

CANOT [MAR]
launch

CANOT DE SAUVETAGE [MAR]
lifeboat

CAP [AER]
heading

CAP DE RALLIEMENT [AER]
homing vector

CAPACITÉ [GEN]
capacity
volume

CAPACITÉ, ATTESTATION DE ~ [ROUT]
Certificate of Professional
Competence (CPC)

**CAPACITÉ CUBIQUE
DU CONTENEUR** [CONT]
cube

CAPACITÉ D'ACCUEIL EN HANGAR [AER]
hangarage

CAPACITÉ DE CHARGE [INTM]
load capacity

CAPACITÉ DE TRANSPORT [ROUT]
operator's licence

CAPACITÉ EN SOUTE [AER]
under floor capacity

CAPACITÉ TOUT TEMPS [INTM]
all-weather capability

CAPACITÉ UTILE [INTM]
loading capacity

CAPITAINE [MAR]
captain
master

CAPITAINE DE PORT [MAR]
harbour master

CAPITAINERIE [MAR]
harbour master's office

CAPOT [ROUT]
bonnet (Brit.)
hood (US)

CAPOTAGE (D'UN MOTEUR) [AER]
engine cowling

CAPTEUR	[GEN]	**CARGO**	[MAR]
sensor		cargo ship	
CAR	[ROUT]	freighter	
coach		**CARISTE**	[MT]
CARACTÉRISTIQUES	[GEN]	fork lift truck operator	
characteristics		**CARLINGUE**	[AER]
features		cabin	
specifications		fuselage	
CARAMBOLAGE	[ROUT]	**CARLINGUE**	[CONT]
pile-up		girder	
CARBOGLACE	[GEN]	**CARLINGUE**	[MAR]
dry ice		keelson	
CARBURANT	[GEN]	**CARNET DE COMMANDES**	[GEN]
fuel		order book	
CARBURANT, DÉPÔT DE ~	[INTM]	**CARNET DE ROUTE**	[ROUT]
fuel dump		logbook	
tank farm		**CARNET DE VOL**	[AER]
CARBURANT, ÉCONOME EN ~	[INTM]	logbook	
fuel-efficient		**CARNET TIR**	[ROUT]
CARBURANT, INDICATEUR DE NIVEAU DE ~	[INTM]	TIR carnet	
fuel indicator		**CARREFOUR**	[ROUT]
CARBURANT, LARGAGE DE ~	[AER]	crossroads (a)	
fuel dumping		junction	
CARBURANT, RAVITAILLEMENT EN ~	[INTM]	**CARROSSERIE**	[INTM]
refuelling		bodywork	
CARBURANT, RAVITAILLER EN ~	[INTM]	coachwork	
refuel (to)		**CARROSSERIE, BERCEAU DE ~**	[ROUT]
CARBURANT, REPRISE DE ~	[AER]	subframe	
defuelling		**CARROSSERIE, SUPPORT DE ~**	[ROUT]
CARBURANT AU DÉCOLLAGE	[AER]	body bracket	
take-off fuel		body support	
CARBURANT DE ROULAGE	[AER]	**CARROUSEL**	[MT]
taxi fuel		carousel / carrousel	
CARBURATEUR	[ROUT]	**CARTE (MARINE, AÉRONAUTIQUE)**	[INTM]
carburettor		chart	
CARBURÉACTEUR	[AER]	**CARTE À CODE**	[GEN]
jet fuel		code-card	
CARCASSE RADIALE, PNEU À ~	[ROUT]	**CARTE À MÉMOIRE**	[GEN]
radial tyre		smart card	
CARÉNAGE, BASSIN DE ~	[MAR]	**CARTE D'ABONNEMENT**	[FER]
careening basin		rail card	
CARÈNE, PROFONDEUR DE ~	[MAR]	**CARTE D'EMBARQUEMENT**	[AER]
draught		boarding card /pass	
CARGAISON	[INTM]	**CARTE FORFAITAIRE**	[FER]
cargo		season ticket	
freightage			
lading (obsolescent)			

CARTE GRISE	[ROUT]
logbook	
registration book	
registration document	
CARTE MÉTÉOROLOGIQUE	[GEN]
weather chart	
CARTE ROUTIÈRE	[ROUT]
road map	
CARTE VERTE	[ROUT]
green card (Brit.)	
CARTEL	[GEN]
cartel	
CARTER	[ROUT]
oil sump	
oilpan (US)	
CARTON (MATIÈRE)	[GEN]
cardboard	
CARTON (EMBALLAGE)	[MT]
carton	
CARTON ONDULÉ	[GEN]
corrugated cardboard	
CAS DE FORCE MAJEURE	[ASS]
Act of God	
CASIER	[GEN]
pigeon-hole	
CASIER	[LOG]
bin	
CASIER, ÉCHELLE DE ~	[LOG]
frame	
CASIER JUDICIAIRE VIERGE	[GEN]
clean record	
CASIER NORIA	[LOG]
vertical carousel	
CASSE	[GEN]
breakage	
CASSER	[GEN]
break (to)	
CATALYTIQUE, POT ~	[ROUT]
catalytic converter	
CATAMARAN	[MAR]
catamaran	
CATÉNAIRE	[FER]
catenary	
overhead wire	
CAUTION	[GEN]
bond	
deposit	

CAVALIER, CHARIOT ~	[MT]
straddle truck	
CEINTURE DE SÉCURITÉ	[AER]
safety belt	
CEINTURE DE SÉCURITÉ	[INTM]
seat belt	
CELLULAIRE, NAVIRE ~	[MAR]
cellular ship	
CELLULE (ex. SUR NAVIRE PORTE CONTENEURS)	[GEN]
cell	
CELLULE SUR NAVIRE PORTE-CONTENEURS (= 1EVP)	[MAR]
slot	
CELLULE D'AVION	[AER]
airframe	
CENTIMÈTRE CUBE	[GEN]
cubic centimetre (c.c.)	
CENTRAGE	[AER]
balance	
load distribution	
trim	
weight and balance computation	
CENTRAGE, FEUILLE DE ~	[AER]
balance chart	
trim sheet	
CENTRALE ÉLECTRIQUE	[GEN]
power station	
CENTRE	[GEN]
center (US)	
centre (Brit.)	
CENTRÉ ARRIÈRE	[AER]
tail heavy	
CENTRÉ AVANT	[AER]
nose heavy	
CENTRE COMMERCIAL	[GEN]
shopping centre	
CENTRE DE CONTRÔLE AÉRIEN	[AER]
air traffic control centre (ATCC)	
CENTRE DE GRAVITÉ	[GEN]
centre of gravity	
CENTRE DE PROFIT	[LOG]
business unit	
CENTRE DE TRAITEMENT FERROVIAIRE	[FER]
Train Operating Centre (TOC)	
CENTRE RÉGIONAL DE DÉDOUANEMENT (CRD)	[DN]
inland clearance depot	

C

CENTRER [AER]

CENTRER	[AER]	**CERTIFIER**	[GEN]
trim (to)		approve (to)	
CERCLAGE	[MT]	certify (to)	
metal strapping		**CESSER (ex. UN SERVICE)**	[GEN]
CERCLE DE QUALITÉ	[LOG]	discontinue (to)	
quality circle		**CHAÎNE**	[GEN]
CERCLER	[MT]	chain	
strap (to)		**CHAÎNE DE MONTAGE**	[GEN]
CÉRÉALES	[GEN]	assembly line	
cereals		**CHAÎNE LOGISTIQUE**	[LOG]
grain		supply chain	
CÉRÉALIER, NAVIRE ~	[MAR]	**CHAÎNE LOGISTIQUE INTÉGRÉE (tda)**	[LOG]
grain ship		integrated supply chain	
CERTIFICAT	[GEN]	**CHALAND**	[FLV]
certificate		barge	
CERTIFICAT D'ASSURANCE	[ASS]	scow	
insurance certificate (I/C)		**CHALAND, LOCATION DE ~**	[FLV]
CERTIFICAT D'ENTREPÔT	[INTM]	barge rent	
warehouse warrant		**CHALAND CITERNE**	[FLV]
CERTIFICAT D'INSPECTION	[ASS]	tank barge	
certificate of survey		**CHALEUR, RÉSISTANT À LA ~**	[GEN]
CERTIFICAT D'ORIGINE	[DN]	heatproof	
certificate of origin (C/O)		**CHALOUPE**	[MAR]
CERTIFICAT DE CIRCULATION DES MARCHANDISES	[DN]	launch	
movement certificate		**CHAMBRE À AIR**	[ROUT]
CERTIFICAT DE CONFORMITÉ	[GEN]	inner tube	
certificate of compliance		**CHAMBRE À AIR, SANS ~**	[ROUT]
CERTIFICAT DE COURTAGE	[MAR]	tubeless (adj.)	
brokerage certificate		**CHAMBRE DE CHAUFFE**	[MAR]
CERTIFICAT DE GESTION DE LA SÉCURITÉ	[MAR]	boiler room	
safety management certificate		**CHAMBRE DE COMMERCE INTERNATIONALE (CCI)**	[GEN]
CERTIFICAT DE SALUBRITÉ	[INTM]	International Chamber of Commerce (ICC)	
sanitary certificate		**CHAMBRE FROIDE**	[AER]
CERTIFICAT DE SANTÉ	[INTM]	refrigerator room	
bill of health		**CHAMBRE FROIDE**	[LOG]
CERTIFICAT DE TONNAGE	[MAR]	cold room	
bill of tonnage		cold store	
CERTIFICAT DE TRANSPORT	[INTM]	**CHAMBRE FROIDE, STOCKAGE EN ~**	[LOG]
forwarder certificate of transport (F.C.T.)		cold storage	
CERTIFICAT PHYTOPATHOLOGIQUE	[DN]	**CHAMBRE INTERNATIONALE DE LA MARINE MARCHANDE**	[MAR]
phytopathological certificate		International Chamber of Shipping (I.C.S.)	
CERTIFICAT SANITAIRE	[GEN]	**CHAMPIGNON (D'UN RAIL)**	[FER]
certificate of health		head	
CERTIFICATION	[GEN]		
certification			

Transport - logistique
Lexique

CHARGE UTILE [INTM]

CHANGE (MONÉTAIRE)	[GEN]	**CHARGE, LIMITEUR DE ~**	[MT]
exchange		*load limiting device*	
CHANGE, CORRECTIF DE ~	[INTM]	**CHARGE, MÂT DE ~**	[MT]
currency adjustment factor (CAF)		*loading mast*	
CHANGE, LETTRE DE ~	[GEN]	**CHARGE, RÉSERVOIR EN ~**	[ROUT]
bill of exchange		*gravity feed tank*	
CHANGE, TAUX DE ~	[GEN]	**CHARGE, RUPTURE DE ~**	[INTM]
rate of exchange		*break load*	
CHANGEMENT	[GEN]	*break loading*	
shift		*break of bulk*	
CHANGEMENT DE VITESSE	[ROUT]	*intermediate handling*	
gearshift		**CHARGE, TIRANT D'EAU EN ~**	[MAR]
CHANGER	[GEN]	*load draught*	
change (to)		**CHARGE, UNITÉ DE ~**	[AER]
shift (to)		*unit load device (ULD)*	
CHANGER DE VITESSE	[ROUT]	**CHARGE, UNITÉ DE ~**	[INTM]
change gear (to)		*unit load*	
CHANTIER	[FER]	**CHARGÉ**	[INTM]
rail terminal		*laden*	
CHANTIER	[GEN]	**CHARGE À L'ESSIEU**	[ROUT]
site		*axle load*	
CHANTIER (SUPPORT DE TONNEAUX)	[LOG]	**CHARGE COMPLÈTE**	[INTM]
stand (for barrels)		*complete load*	
CHANTIER NAVAL	[MAR]	*full load*	
dockyard		**CHARGE DE GERBAGE**	[CONT]
shipyard		*superimposed load*	
CHAPE (D'UN PNEU)	[ROUT]	**CHARGE DE TRAVAIL**	[GEN]
tread		*workload*	
CHAPE DE DÉPANNAGE	[ROUT]	**CHARGE ISOLÉE**	[INTM]
towing clevis		*unit load*	
CHAPEAU D'ANGLE	[FER]	**CHARGE MARCHANDE**	[AER]
corner cap		*payload*	
CHARBON	[GEN]	**CHARGE NOMINALE**	[INTM]
coal		*rated capacity*	
CHARGE	[INTM]	**CHARGE OFFERTE**	[AER]
lading (obsolescent)		*allowed traffic load*	
load		**CHARGE RÉELLE**	[INTM]
CHARGE, CAPACITÉ DE ~	[INTM]	*actual payload*	
load capacity		**CHARGE RÉSIDUELLE**	[AER]
CHARGE, DÉPLACEMENT EN ~	[MAR]	*underload*	
displacement loaded		**CHARGE TRANSPORTÉE**	[AER]
CHARGE, ÉTAT DE ~ (DOCUMENT)	[AER]	*total traffic load*	
load sheet		**CHARGE UNITAIRE**	[INTM]
CHARGE, INDICATEUR DE ~ (ÉLECTRIQUE)	[ROUT]	*unit load*	
alternator indicator		**CHARGE UTILE**	[INTM]
CHARGE, LIGNE DE ~	[MAR]	*carrying capacity*	
load line		*payload*	

© Éditions d'Organisation

CHARGEMENT [INTM]

Transport – logistique
Lexique

CHARGEMENT [INTM]	CHARGEMENT PAR L'ARRIÈRE [AER]
lading (obsolescent)	*tail loading*
CHARGEMENT (CONTENU) [INTM]	CHARGEMENT PAR L'ARRIÈRE [MAR]
load	*stern loading*
CHARGEMENT [INTM]	CHARGEMENT PARTIEL [INTM]
loading	*part load*
CHARGEMENT, AIRE DE ~ [AER]	CHARGEMENT SUFFISANT
loading ramp	POUR REMPLIR UN CONTENEUR [CONT]
CHARGEMENT, BON DE ~ [MAR]	*container load*
mate's receipt (M / R)	CHARGER [INTM]
CHARGEMENT, FEUILLE DE ~ [AER]	*load (to)*
load sheet	*on-load (to)*
CHARGEMENT, LISTE DE ~ [INTM]	CHARGES, CAHIER DES ~ (production) [LOG]
loading list	*specifications*
CHARGEMENT, OMIS AU ~ [INTM]	CHARGES LONGUES, STOCKAGE DE ~ [LOG]
shortshipped	*cantilever storage*
CHARGEMENT, PLAN DE ~ [AER]	CHARGEUR [INTM]
loading instructions	*shipper*
CHARGEMENT, QUAI DE ~ [INTM]	CHARGEUR, CHEF ~ [AER]
loading platform	*load master*
loading ramp	CHARGEUR DE VÉHICULE (ENGIN) [MT]
CHARGEMENT, SURFACE DE ~ [INTM]	*vehicle loader*
loading surface	CHARIOT [MT]
CHARGEMENT, TÉLÉGRAMME DE ~ [AER]	*cart*
load message (LDM)	*trolley*
CHARGEMENT, TRAPPE DE ~ [INTM]	*truck*
loading hatch	CHARIOT À CONDUCTEUR À PIED [MT]
CHARGEMENT AU COUP PAR COUP [INTM]	*man-down truck*
piecemeal loading	CHARIOT À CONDUCTEUR PORTÉ [MT]
CHARGEMENT AU TERMINAL [CONT]	*man aloft truck*
terminal handling loading (THL)	*man-up truck*
CHARGEMENT DU CONTENEUR	CHARIOT À DÉPLACEMENT
(SUR SON MOYEN DE TRANSPORT) [MT]	MULTIDIRECTIONNEL [MT]
container loading	*multidirectional travelling truck*
CHARGEMENT FRET DEBOUT [AER]	CHARIOT À DOSSERET(S) [MT]
upright loading	*platform truck with end member(s)*
CHARGEMENT FRET INCLINÉ [AER]	CHARIOT À ÉTAGÈRES [MT]
tilted loading	*shelf truck*
CHARGEMENT HORS GABARIT [INTM]	CHARIOT À FOURCHE RÉTRACTABLE [MT]
oversized load	*retractable fork lift truck*
CHARGEMENT INCOMPLET [INTM]	*retractable fork reach truck*
short shipment	CHARIOT À GLISSIÈRE [MT]
CHARGEMENT LATÉRAL [INTM]	*rack truck*
side loading	CHARIOT À MÂT RÉTRACTABLE [MT]
CHARGEMENT MIXTE, À ~ (PALETTE) [INTM]	*retractable mast reach truck*
co-loaded	CHARIOT À PLATEAU [MT]
	tray-lift truck

**CHARIOT À POSTE
DE CONDUITE ÉLEVABLE** [MT]
 raisable driver's station truck
CHARIOT À PRISE LATÉRALE [MT]
 side-loading truck
 side set truck
CHARIOT À RIDELLE(S) [MT]
 platform truck with side member(s)
CHARIOT À TIMON DE MANOEUVRE [MT]
 platform truck with steering tiller
CHARIOT AUTOMOTEUR [MT]
 power-operated truck
CHARIOT CAISSES [MT]
 crate truck
CHARIOT CAVALIER [MT]
 straddle carrier
 straddle truck
CHARIOT D'ASSEMBLAGE [MT]
 assembling truck
CHARIOT DE MANUTENTION [MT]
 handling cart
CHARIOT DE PISTE [AER]
 apron cart
CHARIOT DE TRANSFERT [MT]
 transfer dolly
CHARIOT ÉLÉVATEUR À FOURCHE [MT]
 fork lift truck (flt)
 fork-lifter
**CHARIOT ÉLÉVATEUR À FOURCHE,
EN PORTE-À-FAUX** [MT]
 counterbalanced fork lift truck
**CHARIOT ÉLÉVATEUR
À FOURCHE RECOUVRANTE** [MT]
 pallet stacker
**CHARIOT ÉLÉVATEUR
À PORTÉE VARIABLE** [MT]
 variable reach fork lift truck
CHARIOT EMBOÎTABLE [MT]
 fit-in truck
CHARIOT GERBEUR (À ALLONGE) [MT]
 reach stacker
CHARIOT PORTE-CONTENEUR [MT]
 container dolly
CHARIOT PORTE-PALETTE [MT]
 pallet dolly
CHARIOT PORTEUR [MT]
 platform truck

CHARIOT POUR ALLÉES ÉTROITES [MT]
 narrow-aisle truck
**CHARIOT POUR MANUTENTION
LATÉRALE** [MT]
 side loader
CHARIOT SANS CONDUCTEUR [MT]
 driverless tractor
CHARIOT TRACTEUR [MT]
 tractor
CHARIOT TRANSBORDEUR [MT]
 transfer truck
CHARIOT TRIDIRECTIONNEL [MT]
 fork lift truck with swivelling mast
 turret truck
CHARIOTS FILOGUIDÉS [MT]
 automatic guided vehicles (AGVs)
CHARNIÈRE [GEN]
 hinge
CHARNIÈRE, AXE DE ~ [GEN]
 hinge pin
CHARTE-PARTIE [MAR]
 charter-party (C/P)
CHARTE-PARTIE À TEMPS [MAR]
 time charter-party
CHARTE-PARTIE AU VOYAGE [MAR]
 trip charter-party
 voyage charter-party
CHARTE-PARTIE DE LONGUE DURÉE [MAR]
 demise charter-party
CHARTER, COMPAGNIE ~ [AER]
 charter operator
CHÂSSIS [INTM]
 chassis
CHÂSSIS, CADRE DE ~ [ROUT]
 chassis frame
**CHÂSSIS, LONGUEUR DE ~
(D'UN CONTENEUR)** [CONT]
 length of underframe
CHÂSSIS À COL DE CYGNE [ROUT]
 gooseneck chassis
CHÂSSIS-CABINE DE REMPLACEMENT [ROUT]
 glider kit
CHÂSSIS DE BOGIE [FER]
 bogie frame
CHÂSSIS NU [INTM]
 bare chassis
 undercarriage
 underframe

CHÂSSIS PORTE CONTENEUR (À ESSIEUX FIXES) [INTM]

Transport – logistique
Lexique

CHÂSSIS PORTE CONTENEUR (À ESSIEUX FIXES) [INTM]
fixed chassis

CHÂSSIS PORTE-CONTENEUR (UTILISÉ AU TERMINAL) [MT]
yard chassis

CHÂSSIS PORTE-CONTENEUR [ROUT]
skeletal chassis

CHAUFFAGE [GEN]
heating

CHAUFFE, CHAMBRE DE ~ [MAR]
boiler room

CHAUFFEUR ROUTIER [ROUT]
lorry driver
teamster (US)
trucker (US)

CHAUSSÉE (ARTIFICIELLE) [MAR]
causeway

CHAUSSÉE [ROUT]
carriageway
pavement (US)
roadway

CHAUX [GEN]
lime

CHAVIRER [MAR]
capsize (to)

CHEF [GEN]
chief
head

CHEF CHARGEUR [AER]
load master

CHEF D'ESCALE [AER]
station manager

CHEF DE BUREAU [GEN]
senior clerk

CHEF DE CABINE [AER]
purser

CHEF DE FILE [AER]
senior clerk

CHEF DE GARE [FER]
station master

CHEF DE GROUPE [AER]
supervisor

CHEF DE PERMANENCE [INTM]
duty officer

CHEF DE PROJET [GEN]
project manager

CHEF DE TRAIN [FER]
conductor (US)
guard (Brit.)

CHEF DE TRAIN, FOURGON DU ~ [FER]
guard's van

CHEF DE TRIAGE [FER]
yardmaster (US)

CHEF D'ÉQUIPE [GEN]
charge hand
foreman

CHEMIN CRITIQUE [LS]
critical path

CHEMIN DE FER [FER]
railroad (US)
railway (Brit.)

CHEMIN DE FER À CRÉMAILLÈRE [FER]
rack railway

CHEMINÉE (CAMIONS, NAVIRES, USINES) [INTM]
stack

CHEMINÉE D'ÉCHAPPEMENT [ROUT]
exhaust stack

CHEMINÉE DE NAVIRE [MAR]
funnel

CHENAL [MAR]
channel
fairway

CHENILLES, SUR ~ [MT]
caterpillar-mounted

CHENILLES, VÉHICULE À ~ [ROUT]
tracked vehicle

CHERCHER [GEN]
hunt for (to)
look for (to)
search for (to)

CHEVAL EFFECTIF [ROUT]
brake horse-power (b.h.p.)

CHEVAUCHER (ex. GRUE À PORTIQUE) [MT]
span (to)

CHEVILLE D'ATTELAGE [ROUT]
king-pin

CHICANE [ROUT]
chicane

CHIFFRE (DE 0 À 9) [GEN]
digit

CHIFFRE (ex. STATISTIQUES...) [GEN]
figure

CHIFFRE D'AFFAIRES [GEN]
turnover

Transport ~ logistique
Lexique

CLAYETTE [LOG]

CHIMIQUE, PRODUIT ~	[GEN]
chemical product	
CHOC, ESSAI DE ~	[INTM]
crash test	
CHOCS, RÉSISTANT AUX ~	[GEN]
shockproof	
CHOISIR	[GEN]
select (to)	
CHOIX	[GEN]
selection	
CHRONOTACHYGRAPHE	[ROUT]
tachograph	
CIC, NORME ~	[CONT]
Container Inspection Criteria (CIC)	
CIF DÉBARQUÉ	[MAR]
CIF landed	
CINTRE	[GEN]
clothes hanger	
CINTRES, TRANSPORT DE VÊTEMENTS SUR ~	[INTM]
hanging garment transport	
CIRCUIT D'ATTENTE	[AER]
holding pattern	
CIRCUIT D'ATTENTE, METTRE LES AVIONS EN ~	[AER]
stack (to)	
CIRCUIT FERMÉ, TÉLÉVISION EN ~	[GEN]
closed circuit television	
CIRCUIT IMPRIMÉ	[GEN]
printed circuit	
CIRCUIT ROUGE	[DN]
red channel	
CIRCUIT VERT	[DN]
green channel	
CIRCULATION	[INTM]
traffic	
CIRCULATION, FEUX DE ~	[ROUT]
traffic lights	
traffic signals	
CIRCULATION, LIMITATION DE ~	[INTM]
restriction of traffic	
CIRCULATION À CONTRESENS (SUR AUTOROUTE)	[ROUT]
contraflow	
CIRCULATION À DOUBLE SENS	[ROUT]
two-way traffic	
CIRCULATION DENSE	[ROUT]
dense traffic	
heavy traffic	
CIRCULATION DES MARCHANDISES	[INTM]
movement of goods	
CIRCULATION FLUIDE	[ROUT]
light traffic	
CITERNE	[GEN]
tank	
CITERNE, CAISSE MOBILE ~	[INTM]
swoptank	
CITERNE, CONTENEUR ~	[CONT]
tank container	
CITERNE, NAVIRE ~	[MAR]
tanker ship (T/S)	
CLAIRANCE	[INTM]
clearance	
CLAIRE-VOIE, CONTENEUR À ~	[CONT]
lattice-sided container	
skeleton container	
CLAPET	[GEN]
valve	
CLASSE AFFAIRES	[AER]
business class	
CLASSE ÉCONOMIQUE	[INTM]
economy class	
CLASSE TARIFAIRE	[INTM]
class rate	
CLASSE TOURISTE	[INTM]
tourist class	
CLASSIQUE	[GEN]
conventional	
CLAUSE À ORDRE	[ASS]
endorsement of order	
CLAUSE DE DÉSISTEMENT	[ASS]
waiver clause	
CLAUSE DE RESPONSABILITÉ RÉCIPROQUE EN CAS D'ABORDAGE	[ASS]
both to blame collision clause	
CLAUSE SPÉCIALE (PERMET D'AVANCER LES FONDS AU BÉNÉFICIAIRE D'UN CREDOC)	[GEN]
red clause	
CLAVIER	[GEN]
keyboard	
CLAYETTE	[LOG]
tray	

© Éditions d'Organisation

CLEF	[GEN]	**CODE À BARRES, LECTEUR DE ~**	[LOG]
key		*bar code reader (BCR)*	
CLEF DE CONTACT	[ROUT]	*bar code scanner*	
ignition key		**CODE BARRES**	[LOG]
CLEFS EN MAIN	[GEN]	*bar code*	
turnkey		**CODE BARRES, AVEC ~**	[LOG]
CLIENT	[GEN]	*bar-coded*	
client		**CODE DE COMMERCE**	[GEN]
customer		*commercial code*	
CLIENT (ATTITRÉ)	[GEN]	**CODE DE CONDUITE**	
patron		**DES CONFÉRENCES MARITIMES**	[MAR]
CLIENT CAPTIF	[LOG]	*liner conference code*	
captive customer		**CODE DE LA ROUTE**	[ROUT]
CLIENT FINAL	[GEN]	*highway code*	
end user		**CODER**	[GEN]
CLIENTÈLE	[GEN]	*code (to)*	
clientele		**COEFFICIENT DE PÉNÉTRATION**	
patronage		**DANS L'AIR (CX)**	[INTM]
CLIGNOTANT (n.)	[ROUT]	*coefficient of drag (CD)*	
direction indicator		**COEFFICIENT DE REMPLISSAGE**	[AER]
CLIGNOTER	[GEN]	*load factor*	
blink (to)		**COFFRE (D'UNE VOITURE)**	[ROUT]
CLIMATISÉ	[GEN]	*boot (Brit.)*	
climate-controlled		*trunk (US)*	
CLOISON	[GEN]	**COFFRE À TIROIRS**	[LOG]
partition		*rack cabinet*	
CLOISON ÉCRAN	[INTM]	**COFFRE-FORT**	[GEN]
bulkhead		*safe (n.)*	
CLOISON ÉTANCHE	[INTM]	**COIFFE D'EXTRÉMITÉ**	[CONT]
bulkhead		*door header*	
CLOU	[GEN]	**COIN (DE CALAGE)**	[INTM]
nail		*wedge*	
CO-CONTRACTANT (n.)	[ASS]	**COIN, PIÈCE DE ~**	[CONT]
co-contracting party		*corner casting*	
CO-ENTREPRISE	[GEN]	*corner fitting*	
joint venture		**COIN ISO**	[CONT]
CO-PILOTE	[AER]	*corner casting*	
co-pilot		*corner fitting*	
first officer		**COINCER**	[GEN]
COASSURANCE	[ASS]	*jam (to)*	
coinsurance		**COKE**	[GEN]
COCHE DE PLAISANCE	[FLV]	*coke*	
houseboat		**COL DE CYGNE**	[ROUT]
COCHER		*gooseneck*	
(ex. DES NOMS SUR UNE LISTE)	[GEN]	**COL DE CYGNE, TÔLE ~**	[CONT]
tick off (to)		*gooseneck plate*	

Transport – logistique
Lexique

COMMANDES PRÉVISIONNELLES
[LOG]

COLIS	[GEN]	**COMMANDANT DE BORD**	[AER]
package		*captain*	
parcel		*pilot in command*	
COLIS, DÉPOSER UN ~	[INTM]	**COMMANDE**	[GEN]
hand in a parcel (to)		*order*	
COLIS ÉGARÉ	[INTM]	**COMMANDE, DISPOSITIF DE ~**	[GEN]
mislaid parcel		*actuator*	
COLIS LOURD	[INTM]	**COMMANDE, ENREGISTRER UNE ~**	[GEN]
heavy lift		*book an order (to)*	
COLISAGE, LISTE DE ~	[INTM]	**COMMANDE, MANCHE DE ~**	[AER]
packing list		*control column*	
COLLATIONNER	[GEN]	*joystick*	
collate (to)		*stick*	
		yoke	
COLLECTE	[INTM]	**COMMANDE, MANETTE DE ~**	[AER]
collection		*control lever*	
pickup		**COMMANDE, PASSER UNE ~**	[GEN]
COLLECTER (ex. DES MARCHANDISES)	[INTM]	*place an order (to)*	
collect (to)		**COMMANDE AUTOMATIQUE, À ~**	[MT]
pick up (to)		*push-button*	
COLLECTEUR D'ÉCHAPPEMENT	[ROUT]	**COMMANDE D'ESSUIE-GLACE**	[INTM]
exhaust manifold		*wiper switch*	
COLLIMATEUR DE PILOTAGE	[AER]	**COMMANDE NUMÉRIQUE**	[LS]
head-up display (HUD)		*numerical control*	
COLLISION	[INTM]	**COMMANDE NUMÉRIQUE, MACHINE À ~**	[LS]
collision		*numerically-controlled machine*	
COLLISION FORTUITE	[INTM]	**COMMANDE NUMÉRIQUE DIRECTE**	[LS]
accidental collision		*direct numerical control (DNC)*	
COLONNE DE DIRECTION	[ROUT]	**COMMANDE NUMÉRIQUE**	
steering column		**PAR CALCULATEUR (CNC)**	[LS]
COMBINÉ, TRANSPORT ~	[INTM]	*computer numerical control (CNC)*	
combined transport (CT)		**COMMANDER**	[GEN]
COMBIRAIL	[INTM]	*order (to)*	
semi-rail		**COMMANDER UNE ÉTUDE**	[GEN]
COMBUSTION SPONTANÉE	[GEN]	*commission a study (to)*	
spontaneous combustion		**COMMANDES, PRÉPARATEUR DE ~**	[MT]
COMITÉ DE PILOTAGE		*picker*	
DE PROJETS (tda)	[GEN]	**COMMANDES, PRÉPARATION DE ~**	[MT]
industry steering group (ISG)		*order picking*	
COMITÉ EUROPÉEN DE NORMALISATION		*order preparation*	
(CEN)	[GEN]	**COMMANDES, TRAITEMENT DE ~**	[LOG]
European Committee		*order processing*	
for Standardization		**COMMANDES DE VOL ÉLECTRIQUES**	[AER]
COMITÉ INTER CONFÉRENCES (tda)	[MAR]	*fly-by-wire*	
Inter-Conference Committee (I.C.C.)		**COMMANDES FERMES**	[LOG]
COMMANDANT	[MAR]	*orders on hand*	
captain		**COMMANDES PRÉVISIONNELLES**	[LOG]
master		*forecast orders*	

COMMERÇANT	[GEN]	COMMUNAUTÉ ÉCONOMIQUE	
trader		EUROPÉENNE (CEE)	[GEN]
COMMERCE	[GEN]	*European Economic Community (EEC)*	
trade		COMMUNAUTÉ EUROPÉENNE (CE)	[GEN]
COMMERCE, PORT DE ~	[MAR]	*European Community (EC)*	
trading port		COMMUNICATIONS AIR-SOL	[AER]
COMMERCE AÉRIEN	[AER]	*air-to-ground communications*	
air trade		COMPAGNIE AÉRIENNE	[AER]
COMMERCE ÉLECTRONIQUE	[LOG]	*airline*	
electronic commerce (EC)		COMPAGNIE ASSISTANTE	[AER]
COMMERCE MARITIME	[MAR]	*handling airline*	
sea-borne trade		COMPAGNIE CHARTER	[AER]
COMMETTANT (n.)	[GEN]	*charter operator*	
principal (n.)		*unscheduled airline*	
COMMIS DE CONSIGNATION	[INTM]	COMPAGNIE D'APPORT	[AER]
shipping clerk		*feeder airline*	
COMMISSAIRE D'AVARIE	[MAR]	COMPAGNIE D'ASSURANCE	[ASS]
average agent		*insurance company*	
average surveyor		COMPAGNIE DE NAVIGATION	[MAR]
COMMISSAIRE DE BORD	[MAR]	*shipping line*	
purser		COMPAGNIE FERROVIAIRE AMÉRICAINE	[FER]
COMMISSARIAT, CAMION ~	[AER]	*Consolidated Rail Corporation (CONRAIL)*	
catering vehicle		COMPAGNIE FERROVIAIRE AMÉRICAINE	
COMMISSION	[GEN]	(PASSAGERS)	[FER]
commission		*National Railroad Passenger Corporation (AMTRAK)*	
COMMISSION (AU) TRANSITAIRE (C.T.)	[INTM]	COMPAGNIE FRANÇAISE D'ASSURANCE	
forwarding agent's commission (F.A.C.)		POUR LE COMMERCE EXTÉRIEUR	
COMMISSION FÉDÉRALE MARITIME		(équiv.) (COFACE)	[ASS]
(tda)	[MAR]	*Exports Credits Guarantee Department*	
Federal Maritime Commission (US) (F.M.C.)		COMPAGNIE HORS-CONFÉRENCE	[MAR]
COMMISSION SUR FRET	[INTM]	*non-conference operator*	
freight commission		COMPAGNIE MARITIME	[MAR]
COMMISSIONNAIRE	[INTM]	*shipping company*	
commission agent		COMPAGNIE NATIONALE	[AER]
forwarding agent		*flag carrier*	
COMMISSIONNAIRE EN DOUANE	[INTM]	COMPARTIMENT ARRIÈRE	[AER]
customs agent		*after compartment*	
customs broker		COMPARTIMENT AVANT	[AER]
COMMUN, EN ~	[GEN]	*forward compartment*	
jointly owned		COMPARTIMENT	
COMMUN, TRANSPORTS EN ~	[INTM]	DE RANGEMENT CABINE	[AER]
public transport		*overhead baggage compartment*	
COMMUNAUTAIRE, ORIGINE ~	[DN]	COMPAS	[MAR]
community origin		*compass*	

Transport – logistique
Lexique

CONCEPTION DE SYSTÈMES [LS]

C

COMPENSATEUR DE CHARGES [MT]	
load balancer	
COMPENSATION [ASS]	
compensation	
indemnity	
COMPENSER [GEN]	
compensate (to)	
COMPENSER (ex. DES PERTES) [GEN]	
offset (to)	
COMPÉTENCE [GEN]	
expertise	
skill	
COMPÉTITIVITÉ [GEN]	
competitiveness	
COMPLAISANCE, PAVILLON DE ~ [MAR]	
flag of convenience	
COMPLÉMENT DE PLEIN [INTM]	
top-up	
COMPLET [GEN]	
complete	
comprehensive	
full	
COMPLÉTER (ex. UN DOCUMENT) [GEN]	
complete (to)	
COMPOSANT (n.) [GEN]	
component	
COMPOSÉ ÉCHANGEABLE EN ATELIER [LS]	
shop replaceable unit (SRU)	
COMPOSÉ ÉCHANGEABLE SUR SITE [LS]	
line replaceable unit (LRU)	
COMPOSÉ LOGISTIQUE [LS]	
logistic unit	
COMPOSER UN TRAIN [FER]	
make up a train (to)	
COMPOSITION (D'UN TRAIN) [FER]	
make-up	
COMPOSITION, FEUILLE DE ~ (DU TRAIN) [FER]	
train consist report	
COMPOSTER [INTM]	
punch (to)	
COMPRENDRE (INCLURE) [GEN]	
include (to)	
COMPRESSION (DE PERSONNEL) [GEN]	
downsizing	
COMPRIS, TOUT ~ [GEN]	
inclusive terms	

COMPROMIS [GEN]
compromise
trade-off (US)
COMPROMIS D'AVARIE [MAR]
average bond
COMPTABILITÉ [GEN]
accounts
COMPTAGE [GEN]
numbering
COMPTE [GEN]
account
COMPTE D'AUTRUI, TRANSPORTEUR POUR ~ [ROUT]
common carrier
COMPTE D'ESCALE [MAR]
disbursement account
COMPTE PROPRE, POUR ~ [INTM]
for own account
COMPTE PROPRE, TRANSPORTEUR POUR ~ [ROUT]
private carrier
COMPTE TENU DES VARIATIONS SAISONNIÈRES [GEN]
adjusted for seasonal variations
COMPTE-TOURS [INTM]
rev / revolution counter
tachometer
COMPTEUR DE VITESSE [INTM]
speedometer
COMPTEUR KILOMÉTRIQUE [INTM]
odometer
COMPTOIR DE VENTE DE BILLETS [AER]
ticket counter
CONCATÉNER [GEN]
concatenate (to)
CONCEPTION [GEN]
design
CONCEPTION, INGÉNIERIE DE ~ [LS]
design engineering
CONCEPTION ASSISTÉE PAR ORDINATEUR (CAO) [LS]
computer-aided design (CAD)
CONCEPTION ET FABRICATION ASSISTÉES PAR ORDINATEUR (CFAO) [LS]
computer-aided design and manufacturing (CAD-CAM)
CONCEPTION DE SYSTÈMES [LS]
systems design

CONCEPTION EN PARALLÈLE [LS]

CONCEPTION EN PARALLÈLE [LS]
  concurrent engineering (CE)
CONCEPTION SIMULTANÉE [LS]
  concurrent engineering (CE)
CONCESSION [GEN]
  concession
CONCESSIONNAIRE [GEN]
  concessionaire
  distributor
CONCURRENCE [GEN]
  competition
CONCURRENCER [GEN]
  compete with (to)
CONCURRENCIEL [GEN]
  competitive
CONCURRENT (n.) [GEN]
  competitor
CONDENSATION [GEN]
  condensation
CONDENSATION, POINT DE ~ [GEN]
  dew point
CONDITIONNEMENT [GEN]
  packaging
CONDITIONNEMENT À FAÇON [LOG]
  co-packing
  customized packaging
CONDITIONNER [GEN]
  package (to)
CONDITIONS DE LA CONFÉRENCE [MAR]
  conference terms (CT)
CONDITIONS DE PAIEMENT [GEN]
  conditions
  terms
  terms of payment
**CONDITIONS
DES LIGNES RÉGULIÈRES** [MAR]
  liner terms
CONDUCTEUR [INTM]
  driver
CONDUCTEUR À PIED, CHARIOT À ~ [MT]
  man-down truck
CONDUCTEUR À PIED, TRACTEUR À ~ [MT]
  pedestrian-controlled tractor
CONDUCTEUR PORTÉ, CHARIOT À ~ [MT]
  man aloft truck
  man-up truck
CONDUCTEUR PORTÉ, TRACTEUR À ~ [MT]
  rider-controlled tractor

CONDUIRE [INTM]
  drive (to)
CONDUIT [GEN]
  duct
CONDUIT D'AÉRATION [GEN]
  air duct
CONDUIT D'AÉRATION AU PLAFOND [CONT]
  ceiling air duct
CONDUIT D'AÉRATION AU PLANCHER [CONT]
  floor air duct
CONDUITE [INTM]
  driving
CONDUITE, AGENT DE ~ [FER]
  driver
CONDUITE, ROBINET DE ~ [CONT]
  drain cock
CONDUITE, TEMPS DE ~ [ROUT]
  driving time
CONDUITE, TRANSPORT PAR ~ [GEN]
  carriage by pipeline
CONDUITE À DROITE (VÉHICULE À ~) [ROUT]
  right hand drive (adj.)
CONDUITE À GAUCHE (VÉHICULE À ~) [ROUT]
  left hand drive (adj.)
CONDUITE DE PROJET [LOG]
  project management
CONDUITE EN ÉTAT D'IVRESSE [ROUT]
  driving under the influence (DUI)
CONFÉRENCE [MAR]
  conference
CONFÉRENCE, CONDITIONS DE LA ~ [MAR]
  conference terms (CT)
CONFÉRENCE, HORS ~ [MAR]
  outsider
CONFÉRENCE, TAUX DE LA ~ [MAR]
  conference rate
CONFÉRENCE DE FRET [MAR]
  freight conference
**CONFÉRENCE DE L'AVIATION CIVILE
EUROPÉENNE (tda)** [AER]
  European Civil Aviation
  Conference (ECAC)
CONFIGURATION [GEN]
  configuration
  layout
CONFIGURATION, GESTION DE ~ [LS]
  configuration management

CONFISCATION [DN]
forfeiture

CONFISQUER [GEN]
impound (to)

CONFLIT [GEN]
dispute

CONFORME À... [GEN]
compliant with

CONFORMER À, SE ~ [GEN]
comply with (to)

CONFORMITÉ, CERTIFICAT DE ~ [GEN]
certificate of compliance

CONFORMITÉ À... [GEN]
compliance with

CONGÉ DE NAVIGATION [MAR]
clearance certificate

CONGELATION [GEN]
freezing

CONGELÉ [GEN]
frozen

CONGELER [GEN]
freeze (to)

CONGÈRE [GEN]
snowdrift

CONNAISSEMENT [MAR]
bill of lading (B/L)

CONNAISSEMENT À BORD [MAR]
on board bill of lading
shipped bill of lading

CONNAISSEMENT À EMBARQUER [MAR]
Free Alongside Ship bill of lading

CONNAISSEMENT À ORDRE [MAR]
to order bill of lading

**CONNAISSEMENT
À PERSONNE DÉNOMMÉE** [MAR]
straight bill of lading

CONNAISSEMENT ABRÉGÉ [MAR]
short form bill of lading

CONNAISSEMENT AU PORTEUR [MAR]
bearer bill of lading

CONNAISSEMENT AVEC RÉSERVES [MAR]
clausé bill of lading
dirty bill of lading
foul bill of lading
unclean bill of lading

CONNAISSEMENT CLAUSÉ [MAR]
clausé bill of lading
dirty bill of lading
foul bill of lading
unclean bill of lading

CONNAISSEMENT COMPLET [MAR]
long form bill of lading
through bill of lading (T.B.L)

CONNAISSEMENT DE BOUT EN BOUT [INTM]
through / transport bill of lading
(T.B.L.)

**CONNAISSEMENT DE TRANSPORT
COMBINÉ (C.T.C.)** [INTM]
combined bill of lading

**CONNAISSEMENT DE TRANSPORT
FLUVIAL** [FLV]
barge bill of lading
inland waterway bill of lading

**CONNAISSEMENT DIRECT
(TRANSPORT MIXTE)** [INTM]
through / transport bill of lading

CONNAISSEMENT EMBARQUÉ [MAR]
on board bill of lading
shipped bill of lading

**CONNAISSEMENT ÉMIS
PAR UN TRANSITAIRE** [MAR]
forwarder's bill of lading
forwarding agent's bill of lading
house bill of lading

**CONNAISSEMENT ÉTABLI
AU NOM DE ...** [MAR]
bill of lading consigned to...

**CONNAISSEMENT ÉTABLI AUX CONDITIONS
"VOYAGE DE RETOUR"** [MAR]
homeward bill of lading

**CONNAISSEMENT FIATA
POUR TRANSPORT COMBINÉ** [INTM]
*FIATA combined transport bill
of lading (FBL)*

CONNAISSEMENT GROUPÉ [MAR]
groupage bill of lading

CONNAISSEMENT NÉGOCIABLE [MAR]
negotiable bill of lading

CONNAISSEMENT NET [MAR]
clean bill of lading

CONNAISSEMENT NON CLAUSÉ [MAR]
clean bill of lading

CONNAISSEMENT PÉRIMÉ [MAR]
stale bill of lading

C

CONNAISSEMENT POUR MARCHANDISES TRANSPORTÉES SOUS CHARTE-

CONNAISSEMENT POUR MARCHANDISES TRANSPORTÉES SOUS CHARTE-PARTIE [MAR]
charter-party bill of lading

CONNAISSEMENT POUR TOUS MODES DE TRANSPORT [INTM]
common carrier bill of lading

CONNAISSEMENT POUR TOUS MODES DE TRANSPORT TERRESTRE AUX USA [INTM]
inland bill of lading (US)

CONNAISSEMENT PRINCIPAL [MAR]
master bill of lading

CONNAISSEMENT REÇU À QUAI [MAR]
Free Alongside Ship bill of lading

CONNAISSEMENT REÇU POUR EMBARQUEMENT [MAR]
received for shipment bill of lading

CONNAISSEMENT ROUTIER [INTM]
truck bill of lading (US)

CONNAISSEMENT SANS RÉSERVES [MAR]
clean bill of lading

CONNAISSEMENT SANS TRANSBORDEMENT [MAR]
direct bill of lading

CONNAISSEMENTS, JEU COMPLET DE ~ [MAR]
full set of bills of lading

CONNECTER [INTM]
link (to)

CONSEIL(S) [GEN]
advice

CONSEIL EN LOGISTIQUE [LOG]
consulting services in logistics logistics adviser

CONSERVE, BOÎTE DE ~ [GEN]
tin

CONSIGNATAIRE [INTM]
consignee

CONSIGNATION [GEN]
deposit

CONSIGNATION, AGENT DE ~ [MAR]
water clerk

CONSIGNATION, COMMIS DE ~ [INTM]
shipping clerk

CONSIGNATION EN ESPÈCES [GEN]
cash deposit

CONSIGNE [AER]
baggage room

CONSIGNE (À BAGAGES) [INTM]
checkroom (US) left-luggage

CONSIGNE AUTOMATIQUE [INTM]
left-luggage locker

CONSIGNÉE, PALETTE ~ [LOG]
returnable pallet

CONSOLE [GEN]
console

CONSOLE DE VISUALISATION [GEN]
visual display unit (VDU)

CONSOMMABLES, LES ~ [LOG]
expendables

CONSOMMATEUR [GEN]
consumer

CONSOMMATION [GEN]
consumption

CONSOMMATION, BIENS DE ~ [GEN]
consumer goods

CONSOMMATION, METTRE À LA ~ [DN]
clear for home use (to)

CONSOMMATION, TAXE À LA ~ [DN]
excise duty

CONSOMMATION DE CARBURANT EN VOL [AER]
fuel depletion

CONSOMMER [GEN]
consume (to)

CONSTAT [ASS]
accident report

CONSTAT D'AVARIE [MAR]
survey report

CONSTITUER (ex. UN CONTENEUR COMPLET, UNE PALETTE) [LOG]
build up (to)

CONSTITUTION DE STOCKS [LOG]
stockpiling

CONSTRUCTION NAVALE [MAR]
shipbuilding industry

CONSTRUIT SPÉCIALEMENT [GEN]
purpose-built

CONSULAIRE, FACTURE ~ [INTM]
consular invoice

CONTACT, CLEF DE ~ [ROUT]
ignition key

CONTENANCE [GEN]
capacity volume

Transport - logistique
Lexique

CONTENEUR ORDINAIRE (SANS AC-
CESSOIRES SOUS LE PLANCHER)

CONTENEUR [CONT]
box
container
van

CONTENEUR, OSSATURE DU ~ [CONT]
structure of container

CONTENEUR, ROLL ~ [MT]
roll container
roll-on cage

CONTENEUR 20 PIEDS [CONT]
twenty footer

**CONTENEUR 35 OU 40 PIEDS
À TUNNEL** [CONT]
tunnel T.P.P.E. container

CONTENEUR 40 PIEDS [CONT]
forty footer

CONTENEUR À BESTIAUX [CONT]
livestock container

CONTENEUR À CLAIRE-VOIE [CONT]
lattice-sided container
skeleton container

CONTENEUR À DOUBLE PLANCHER [CONT]
double-deck container

**CONTENEUR À OUVERTURE
LATÉRALE** [CONT]
open side container

CONTENEUR À PAROIS OUVRANTES [CONT]
open wall container

CONTENEUR À PULVÉRULENTS [CONT]
dry bulk freight container

**CONTENEUR À TEMPÉRATURE
DIRIGÉE** [CONT]
temperature-controlled container
thermal container

**CONTENEUR À TOIT AMOVIBLE
RIGIDE** [CONT]
hard top container
open hard top container

CONTENEUR À TOIT BÂCHÉ [CONT]
open soft top container

**CONTENEUR À TOIT OUVERT
(BÂCHABLE)** [CONT]
open top container

**CONTENEUR À TOIT OUVERT
BENNABLE** [CONT]
open top tilting container

CONTENEUR AGRÉÉ [CONT]
registered container

CONTENEUR ASSEMBLABLE [CONT]
joinable container

CONTENEUR CALORIFIQUE [CONT]
heated container

CONTENEUR CITERNE [CONT]
tank container

CONTENEUR COMPLET [CONT]
full container load (FCL)

CONTENEUR DE GROUPAGE [CONT]
less than container load (LCL)

CONTENEUR DÉCOUVRABLE [CONT]
roll-top container

CONTENEUR DEMI-HAUTEUR [CONT]
half / half height container

CONTENEUR DÉMONTABLE [CONT]
collapsible container

CONTENEUR D'USAGE GÉNÉRAL [CONT]
general purpose container

CONTENEUR EN ACIER [CONT]
steel container

CONTENEUR EN FIL [CONT]
wire container

**CONTENEUR FLEXI VAN (TRANSFORMABLE
EN REMORQUE ROUTIÈRE)** [CONT]
flexi van

CONTENEUR FRIGORIFIQUE [CONT]
reefer container

CONTENEUR GRANDE CAPACITÉ [CONT]
high capacity container

CONTENEUR HOMOGÈNE [CONT]
unitized container

CONTENEUR HORS-COTES (HC) [CONT]
high cube (HC)

CONTENEUR IGLOO [AER]
igloo container

CONTENEUR ISOTHERME [CONT]
insulated container

**CONTENEUR MARCHANDISES
GÉNÉRALES** [CONT]
general cargo container

CONTENEUR MILITAIRE [CONT]
ISO Logistics container

CONTENEUR NON NORMALISÉ [CONT]
odd container

**CONTENEUR ORDINAIRE (SANS
ACCESSOIRES SOUS LE PLANCHER)** [CONT]
straight box

CONTENEUR PLAT À EXTRÉMITÉS FIXES [CONT]

Transport – logistique
Lexique

CONTENEUR PLAT À EXTRÉMITÉS FIXES [CONT]
fixed flatrack

CONTENEUR PLAT À EXTRÉMITÉS REPLIABLES [CONT]
folding flatrack

CONTENEUR PLATE-FORME (MAXI-PALETTE) [CONT]
bolster

CONTENEUR PLATE-FORME [CONT]
flat container
flatainer
platform container

CONTENEUR POUR EURO-PALETTES (2,50 m DE LARGE AU LIEU DE 8 PIEDS) [CONT]
Euro-pallet container

CONTENEUR POUR MARCHANDISES SÈCHES [CONT]
dry freight container

CONTENEUR POUR VRAC [CONT]
bulk container

CONTENEUR PRESSURISÉ [CONT]
pressurized container

CONTENEUR RÉFRIGÉRANT [CONT]
refrigerated container

CONTENEUR REMPLI EN POIDS ET EN VOLUME [CONT]
full weight and capacity (FWC)

CONTENEUR REPLIABLE [CONT]
collapsible container
folding container

CONTENEUR SPÉCIAL [CONT]
named cargo container

CONTENEUR SPÉCIAL HORS-COTES (SHC) [CONT]
super high cube (SHC)

CONTENEUR SUR WAGON [INTM]
container on flat car (US) (COFC)

CONTENEUR TOUTES MARCHANDISES NON LIQUIDES [CONT]
dry van

CONTENEUR TYPE PLATE-FORME (IDENTIQUE À "FLAT", MAIS AVEC RIDELLES RABATTABLES) [CONT]
tilt container

CONTENEUR VENTILÉ [CONT]
ventilated container

CONTENEURISATION [CONT]
containerization

CONTENEURISER [CONT]
containerize (to)

CONTENEURS, TERMINAL À ~ [CONT]
container terminal
container yard (CY)

CONTENIR [GEN]
accomodate (to)
contain (to)
hold (to)

CONTENTIEUX, SERVICE DU ~ [GEN]
legal department

CONTENU (n.) [GEN]
contents

CONTESTER [GEN]
dispute (to)

CONTINENTALE, FRANCE ~ [GEN]
mainland France

CONTINGENTAIRE, MONTANT ~ [DN]
amount of the quota

CONTINGENTEMENT [GEN]
quota

CONTINU [GEN]
continuous

CONTOURNER (ex. UNE VILLE) [ROUT]
by-pass (to)

CONTRACTER UNE ASSURANCE [ASS]
take out a insurance policy (to)

CONTRAT [GEN]
contract

CONTRAT GLOBAL [GEN]
package

CONTRAVENTION [ROUT]
fine
ticket

CONTRAVENTION, AVOIR UNE ~ [GEN]
to be fined

CONTRE-FLÈCHE [MT]
counterjib

CONTRE-MESURE [GEN]
countermeasure

CONTRE-RAIL [FER]
check-rail
guide rail

CONTRE-REMBOURSEMENT [INTM]
cash-on-delivery (COD)

Transport – logistique
Lexique

COQUE [MAR]

CONTRE-SELLETTE [ROUT]
pick up plate
upper coupler
upper plate

CONTRE-VÉRIFIER [GEN]
cross-check (to)

CONTREBANDE [DN]
contraband

CONTREMAÎTRE [GEN]
foreman

CONTREPLAQUÉ [GEN]
plywood

CONTREPOIDS [GEN]
counterweight

CONTRETEMPS [GEN]
mishap

CONTRÔLE [GEN]
check
supervision

CONTRÔLE, ÉCRAN DE ~ [GEN]
monitor

CONTRÔLE, PRENDRE LE ~ [GEN]
take control (to)

CONTRÔLE, TOUR DE ~ [AER]
control tower

CONTRÔLE AÉRIEN [AER]
air traffic control (ATC)

CONTRÔLE AÉRIEN, CENTRE DE ~ [AER]
air traffic control centre (ATCC)

CONTRÔLE AÉRIEN, SYSTÈME DE ~ [AER]
navigation and ranging (NAVAR)

CONTRÔLE AÉRIEN EUROPÉEN [AER]
Eurocontrol

CONTRÔLE AUX RAYONS X [AER]
X-ray inspection system

CONTRÔLE D'ENTRÉE [LS]
incoming inspection

CONTRÔLE DE SÉCURITÉ [AER]
security screening

CONTRÔLE DES CHANGES [DN]
currency control

CONTRÔLE DES FLUX [LOG]
flow control
flow monitoring

CONTRÔLE DIRECT [GEN]
hands-on control

CONTRÔLE DIRECT [LOG]
on-line control

CONTRÔLE PAR SONDAGE [GEN]
random check
spot check

CONTRÔLE PERMANENT [LOG]
continuous monitoring

CONTRÔLE QUALITÉ [LOG]
quality control

CONTRÔLE TECHNIQUE (PÉRIODIQUE) [ROUT]
Ministry of Transport test (Brit.)
(M.O.T. test)

CONTRÔLE TOTAL DE QUALITÉ [LOG]
total quality management (TQM)

CONTRÔLER (ex. PASSAGERS, BAGAGES) [AER]
screen (to)

CONTRÔLER [GEN]
check (to)
monitor (to)

CONTRÔLEUR AÉRIEN [AER]
air traffic controller

CONVENIR (ex. D'UNE DATE) [GEN]
arrange (to)

CONVENTIONNEL, NAVIRE ~ [MAR]
breakbulk ship

CONVERTISSEUR POUR PALETTE [MT]
pallet converter

CONVICTION, PIÈCE À ~ [GEN]
evidence

CONVOI POUSSÉ [FLV]
pushed convoy

CONVOYEUR À BANDE [MT]
belt conveyor
cargo belt loader
conveyor belt

CONVOYEUR À BANDE MÉCANISÉ [MT]
powered belt conveyor

CONVOYEUR À BANDE TÉLESCOPIQUE [MT]
telescopic belt conveyor

CONVOYEUR À CHAINE [MT]
chain conveyor

CONVOYEUR À ROULEAUX [MT]
roller conveyor

CONVOYEUR À ROULEAUX PAR GRAVITÉ [MT]
gravity roller conveyor

COQUE [MAR]
hull

COQUE, DOUBLE ~ [MAR]

COQUE, DOUBLE ~	[MAR]
double hull	
COQUE NUE, AFFRÈTEMENT EN ~	[MAR]
bare-boat charter	
CORBEAU	[MT]
knee support	
CORBILLARD	[ROUT]
hearse	
CORDAGE	[GEN]
rope	
CORDE	[GEN]
rope	
CORDON	[GEN]
cord	
CORPORELS, DOMMAGES ~	[ASS]
personal injuries	
CORPS, ASSURANCE SUR ~	[MAR]
hull insurance	
CORPS, POLICE SUR ~	[MAR]
hull policy	
CORPS DE NAVIRE	[MAR]
body	
hull	
CORPS ET BIENS, PERDU ~	[MAR]
lost with all hands	
CORPS ÉTRANGER	[GEN]
foreign object	
CORPS-MORT	[MAR]
anchor buoy	
mooring	
mooring buoy	
CORPUS RÉGLEMENTAIRE	[GEN]
body of regulations	
CORRECTIF DE CHANGE	[INTM]
currency adjustment factor (CAF)	
CORRECTIVE, ACTION ~	[LS]
corrective measure	
CORRESPONDANCE	[INTM]
connection	
transfer	
CORRESPONDANCE, ESCALE DE ~	[AER]
transfer station	
CORRESPONDANCE, POINT DE ~	[AER]
connecting point	
CORRESPONDANCE, VOL EN ~	[AER]
connecting flight	
onward flight	

CORRESPONDANCE BORD À BORD	[AER]
plane to plane connection	
tarmac connection	
CORRESPONDANCE INTER-COMPAGNIES	[AER]
interline connection	
CORRESPONDANCE MANQUÉE	[AER]
misconnection	
CORRESPONDANCE MÊME COMPAGNIE	[AER]
intraline connection	
CORRIDOR	[FER]
rail freightway	
CORROSION	[GEN]
corrosion	
CORROSION, PROTECTION CONTRE LA ~	[GEN]
corrosion prevention	
CORROSIVE, MATIÈRE ~	[GEN]
corrosive material	
COTATION	[GEN]
quotation	
CÔTE	[MAR]
coast	
CÔTE	[ROUT]
gradient	
CÔTÉ	[GEN]
side	
CÔTÉ PISTE	[AER]
airside	
CÔTÉ VILLE	[AER]
land side	
COTER	[GEN]
quote (to)	
CÔTIÈRE, NAVIGATION ~	[MAR]
short sea navigation	
COTISATION	[ASS]
contribution	
COUCHE	[GEN]
layer	
COUCHETTE	[INTM]
berth	
bunk	
COUCHETTE, MODULE ~	[ROUT]
sleeper box	
COULAGE	[ASS]
leakage	
pilferage	

Transport – logistique
Lexique

COÛT DE POSSESSION (DU STOCK) [LOG]

COULER *sink (to)*	[MAR]
COULEURS DE L'ENTREPRISE (SUR UN CAMION) *livery*	[ROUT]
COULISSANT *sliding*	[GEN]
COULOIR *corridor* *passageway*	[GEN]
COULOIR, SIÈGE ~ *aisle seat*	[INTM]
COULOIR AÉRIEN *air lane*	[AER]
COULOIR D'APPROCHE *approach path*	[AER]
COULOIR D'AUTOBUS *bus lane*	[GEN]
COULOIR DE FRET *freight corridor*	[FER]
COULOIR DE NAVIGATION *sea lane* *shipping lane*	[MAR]
COULOIR DE PÉAGE *toll lane*	[ROUT]
COULOIR MARITIME *sea lane*	[MAR]
COUP PAR COUP, CHARGEMENT AU ~ *piecemeal loading*	[INTM]
COUPÉE (n.) *gangway*	[MAR]
COUPÉE, ÉCHELLE DE ~ *accomodation ladder*	[MAR]
COUPLE (D'UN MOTEUR) *torque*	[INTM]
COUPLEUR *fifth wheel*	[ROUT]
COUPLEUR (POUR ASSEMBLER DEUX CONTENEURS 20 PIEDS) *coupler*	[CONT]
COURANT (AIR, EAU) *stream*	[GEN]
COURANT ATMOSPHÉRIQUE *air current*	[AER]
COURANT-JET *jet stream*	[AER]
COURRIER *mail*	[GEN]
COURRIER ÉLECTRONIQUE *electronic mail*	[LOG]
COURROIE *belt*	[ROUT]
COURSIER *courier* *messenger*	[ROUT]
COURT-CIRCUIT *short circuit*	[GEN]
COURT-COURRIER (AVION) *short range aircraft*	[AER]
COURT-COURRIER, VOL ~ *short-haul flight*	[AER]
COURTAGE *brokerage* *broking*	[GEN]
COURTAGE, CERTIFICAT DE ~ *brokerage certificate*	[MAR]
COURTE DISTANCE *short haul*	[ROUT]
COURTIER *broker*	[GEN]
COURTIER AÉRIEN *air broker*	[AER]
COURTIER EN ASSURANCES *insurance broker*	[ASS]
COURTIER EN DOUANE *customs broker*	[INTM]
COURTIER MARITIME *shipbroker*	[MAR]
COUSSINET DE GLISSEMENT *slide chair*	[FER]
COÛT *cost*	[GEN]
COÛT, ASSURANCE ET FRET *Cost, Insurance, Freight (CIF)*	[MAR]
COÛT AU VOYAGE *per trip cost*	[INTM]
COÛT AUXILIAIRE *ancillary cost*	[GEN]
COÛT DE LANCEMENT *set-up cost*	[LOG]
COÛT DE PASSATION DE COMMANDE *ordering cost*	[GEN]
COÛT DE POSSESSION (DU STOCK) *carrying cost* *cost of ownership* *holding cost*	[LOG]

COÛT DIFFÉRENTIEL [LOG]

Transport – logistique
Lexique

COÛT DIFFÉRENTIEL [LOG]
  incremental cost
COÛT DIRECT DE MAINTENANCE [LS]
  direct maintenance cost (DMC)
COÛT ET FRET [MAR]
  Cost and Freight (CFR)
COÛT GLOBAL DE POSSESSION [LOG]
  life cycle cost (LCC)
COÛT INDIRECT DE MAINTENANCE [LS]
  indirect maintenance cost (IMC)
COÛT TOTAL DE MAINTENANCE [LS]
  life support cost (LSC)
COÛTS D'EXPLOITATION [GEN]
  operational costs
COUVERCLE [GEN]
  lid
COUVERT, STOCKAGE ~ [LOG]
  indoor storage
COUVERTURE [ASS]
  coverage
COUVERTURE D'ASSURANCE [ASS]
  insurance cover
COUVERTURE RADAR [INTM]
  radar cover
COUVRIR (ex. UNE DISTANCE, UN RISQUE…) [GEN]
  cover (to)
COVOITURAGE [ROUT]
  car pooling
  car sharing
  ride sharing
CRAINT LA CHALEUR (SUR UN EMBALLAGE) [MT]
  keep in a cool place
CRAINT L'HUMIDITÉ (SUR UN EMBALLAGE) [MT]
  do not store in a damp place
  keep dry
CRAMPON [FER]
  spike
CRAYON OPTIQUE [GEN]
  light-pen
CRÉDIT [GEN]
  credit
CRÉDIT, NOTE DE ~ [GEN]
  credit note
CRÉDIT DOCUMENTAIRE (CREDOC) [INTM]
  documentary credit

CRÉDIT DOCUMENTAIRE ADOSSÉ [INTM]
  back to back credit
CRÉDIT DOCUMENTAIRE CONFIRMÉ [INTM]
  confirmed documentary credit
CRÉDIT DOCUMENTAIRE IRRÉVOCABLE [INTM]
  irrevocable documentary credit
CRÉDIT DOCUMENTAIRE RENOUVELABLE [INTM]
  revolving documentary credit
CRÉDIT DOCUMENTAIRE RÉVOCABLE [INTM]
  revocable documentary credit
CRÉDIT DOCUMENTAIRE TRANSFÉRABLE [INTM]
  transferable documentary credit
CRÉER (UNE SOCIÉTÉ) [GEN]
  set up (to)
CRÉER UN EMBOUTEILLAGE [ROUT]
  cause an obstruction (to)
CRÉMAILLÈRE, LOCOMOTIVE À ~ [FER]
  rack engine
CRÉMONE [CONT]
  bar
CRÉMONE, GUIDE DE ~ [INTM]
  rod guide
CRÉMONE, PALIER DE ~ [CONT]
  cam end guide
CRÉMONE DE VERROUILLAGE [CONT]
  locking bar
CRÉNEAU D'ATTERRISSAGE [AER]
  landing slot
CRÉNEAU HORAIRE (ATTRIBUÉ À UNE COMPAGNIE) [AER]
  time slot
CRÉPUSCULE [GEN]
  dusk
CREUSE, HEURE ~ [INTM]
  slack time
CREUSE, PÉRIODE ~ [INTM]
  off-peak period
CREVAISON [INTM]
  puncture
CRIC [ROUT]
  jack
CRITÈRE D'ÉVALUATION [GEN]
  yardstick

CRITICITÉ	[LS]	**CRUE**	[FLU]
criticality		*flood (inondation)*	
CRITIQUE, CHEMIN ~	[LS]	*rise in the water level*	
critical path		**CUBE (adj.)**	[GEN]
CROCHET	[MT]	*cubic*	
hook		**CUBIQUE**	[GEN]
CROCHET D'ATTELAGE	[INTM]	*cubic*	
coupler		**CULASSE**	[INTM]
CROCHET D'ATTELAGE	[ROUT]	*cylinder head*	
pintle hook		**CULBUTAGE AUTOMATIQUE,**	
CROCHET DE REMORQUAGE	[ROUT]	**WAGON À ~**	[FER]
tow hook		*self-dumping wagon*	
CROCODILE	[FER]	**CULBUTAGE LATÉRAL, WAGON À ~**	[FER]
ramp		*side-dump wagon*	
CROISEMENT	[GEN]	*side-tipping truck*	
crossing		**CULBUTEUR**	[ROUT]
CROISEMENT DE VOIES	[FER]	*rocker*	
frog		**CYCLE DE VIE (D'UN PRODUIT)**	[LS]
CROISER	[GEN]	*life cycle*	
cross (to)		**CYCLE MOYEN ENTRE DÉMONTAGES**	
CROISIÈRE	[MAR]	**NON PROGRAMMÉS**	[LS]
cruise		*mean cycle between unscheduled*	
CROISIÈRE, VITESSE DE ~	[INTM]	*removals (MCUR)*	
cruising speed		**CYLINDRE**	[INTM]
CROISSANCE	[GEN]	*cylinder*	
growth		**CYLINDRE DE FREIN**	[INTM]
CROIX DE SAINT-ANDRÉ		*brake cylinder*	
(SUR PASSAGE À NIVEAU)	[FER]		
level crossing sign			

DANGER	[GEN]
danger	
hazard	
DANGEREUX	[GEN]
dangerous	
hazardous	
DARSE	[MAR]
dock	
DATE D'ÉCHÉANCE	[GEN]
date of payment	
due date	
DATE D'ÉMISSION	[GEN]
date of issue	
DATE DE PÉREMPTION	[GEN]
expiry date	
DATE HISTORIQUE	[GEN]
milestone	
DDP À L'EXCLUSION DE LA TVA ET /	
OU DE TOUTE AUTRE TAXE	[INTM]
DDP Exclusive of VAT and / or taxes	
DDU DÉDOUANÉ	[INTM]
DDU cleared	
DÉBALLER	[MT]
unpack (to)	
DÉBARCADÈRE	[MAR]
jetty	
pier	
DÉBARDEUR	[MAR]
dock worker	
docker	
longshoreman (US)	
stevedore	
DÉBARQUEMENT, FRAIS DE ~	[MAR]
landing charges	
DÉBARQUER (PASSAGERS)	[AER]
deplane (to)	
DÉBARQUER (PASSAGERS)	[INTM]
disembark (to)	
DÉBARQUER	[MAR]
land (to)	
DÉBARRASSER DE, SE ~	[GEN]
dispose of (to)	
DÉBIT	[GEN]
debit	
throughput	
DÉBIT	[LOG]
flow	
rate	
DÉBIT, NOTE DE ~	[GEN]
debit note (D/N)	
DÉBLAI	[GEN]
spoil	
DÉBOGUER	[GEN]
debug (to)	
DÉBOÎTABLE, ESSIEU ~	[ROUT]
attachable-detachable axle	

DÉBOÎTER	[ROUT]	**DÉCHIRER UN NAVIRE**	[MAR]
pull out (to)		*break up a ship (to)*	
DÉBOURS	[ASS]	**DÉCHIRURE (SUR UN CONTENEUR,**	
layouts		**UNE BÂCHE...)**	[CONT]
DÉBOURS	[GEN]	*rent*	
disbursement		**DÉCHIRURE**	[GEN]
DEBOUT	[GEN]	*rip*	
upright		*tear*	
DÉBRANCHEMENT PAR GRAVITÉ	[FER]	**DÉCIDEUR**	[GEN]
gravity shunting		*decision maker*	
DÉBRAYER	[ROUT]	*policy-maker*	
declutch (to)		**DÉCISION (ex. DE JUSTICE)**	[GEN]
DÉBRIS (APRÈS ACCIDENT)	[INTM]	*ruling*	
wreckage		**DÉCLARANT EN DOUANE**	[INTM]
DÉCALAGE	[GEN]	*customs agent*	
shift		*customs broker*	
DÉCALAGE		*customs declarant*	
(ENTRE DEUX OPÉRATIONS)	[GEN]	**DÉCLARATION**	[DN]
time lag		*entry*	
DÉCALAGE HORAIRE	[AER]	**DÉCLARATION**	[GEN]
jet lag		*statement*	
DÉCALAGE HORAIRE	[GEN]	**DÉCLARATION, FAUSSE ~**	[ASS]
time difference		*misrepresentation*	
DÉCALAGE HORAIRE, SOUFFRIR DU ~	[AER]	**DÉCLARATION D'ACCIDENT**	[ASS]
jet lagged (to be)		*notice of accident*	
DÉCAPAGE (AU SABLE)	[GEN]	**DÉCLARATION D'ENTRÉE**	[DN]
sandblasting		*bill of entry*	
DÉCHARGEMENT AU TERMINAL	[CONT]	**DÉCLARATION D'EXPÉDITION**	[AER]
terminal handling discharge (THD)		*instructions for the dispatch of goods (IDG)*	
DÉCHARGEMENT DU CONTENEUR		**DÉCLARATION D'EXPÉDITION**	[AER]
(DE SON MOYEN DE TRANSPORT)	[MT]	*shipper's letter of instruction (SLI)*	
container unloading		**DÉCLARATION DE MARCHANDISES**	[DN]
DÉCHARGEMENT PAR GRAVITÉ	[INTM]	*entry of goods*	
gravity unloading		**DÉCLARATION DE PERTE**	[INTM]
DÉCHARGEMENT PULSÉ	[INTM]	*notification of loss*	
pressure discharge		**DÉCLARATION DE SINISTRE**	[ASS]
DÉCHARGER	[INTM]	*notice of claim*	
discharge (to)		**DÉCLARATION DE VALEUR, PAS DE ~**	[INTM]
off-load (to)		*no value declaration (NVD)*	
unload (to)		**DÉCLARATION DÉFINITIVE**	[DN]
DÉCHARGER (PAR GRAVITÉ)	[INTM]	*perfect entry*	
dump (to)		**DÉCLARATION EN DOUANE**	[DN]
DÉCHET(S)	[GEN]	*customs declaration*	
waste		*customs entry*	
DÉCHIRER	[GEN]	**DÉCLARATION PROVISOIRE**	[DN]
rip (to)		*entry by bill of sight*	
tear (to)			

DÉGIVRAGE [INTM]

DÉCLARER SOUS LE RÉGIME D'ENTREPÔT DOUANIER [DN]
enter for warehousing (to)

DÉCLINER TOUTE RESPONSABILITÉ [GEN]
decline any responsibility (to)

DÉCOLLAGE [AER]
take-off

DÉCOLLAGE, LIMITATION AU ~ [AER]
take-off weight limitation

DÉCOLLAGE, MASSE AU ~ [AER]
take-off weight (TOW)

DÉCOLLER [AER]
take-off (to)

DÉCOLLER, AUTORISER À ~ [AER]
clear for take-off (to)

DÉCONTENEURISER [MT]
break down a container (to)

DÉCOUPAGE (MISE EN SÉQUENCE) [LOG]
sequencing

DÉCOUVERT [ASS]
non-insured quota

DÉCOUVRABLE, CONTENEUR ~ [CONT]
roll-top container

DÉDOMMAGEMENT [ASS]
compensation

DÉDOUANÉ, PRIX ~ [DN]
duty paid price

DÉDOUANEMENT [DN]
customs clearance

DÉDOUANEMENT, CENTRE RÉGIONAL DE ~ (CRD) [DN]
inland clearance depot

DÉDOUANEMENT À L'EXPORTATION [DN]
clearance outwards

DÉDOUANEMENT À L'IMPORTATION [DN]
clearance inwards

DÉDOUANEMENT INTÉRIEUR FERROVIAIRE, BUREAU DE ~ [DN]
inland rail clearance depot

DÉDOUANER [INTM]
clear through customs (to)

DÉDOUANER SUR VÉHICULE [DN]
clear on wheels (to)

DÉDOUANNÉ [DN]
cleared

DÉFAILLANCE (ex. MÉCANIQUE) [GEN]
failure

DÉFAILLANCE, TAUX DE ~ [LS]
failure rate

DÉFAILLANCE, TEMPS DE ~ [LS]
down time

DÉFAILLANT (PASSAGER QUI NE SE PRÉSENTE PAS AU DÉPART) [AER]
no-show passenger

DÉFAIRE UN TRAIN [FER]
break up a train (to)

DÉFAUT [GEN]
defect
fault

DÉFECTUEUX [GEN]
defective
faulty

DÉFENSE ET RECOURS, ASSURANCE ~ [ASS]
legal protection insurance

DÉFINITION TECHNIQUE DE DOCUMENT (MODÈLE CODÉ EN SGML) [LS]
document type definition (DTD)

DÉFLECTEUR [ROUT]
wind deflector

DÉFORMATION [GEN]
deformation

DÉFORMÉ (ex. CONTENEUR) [GEN]
bent

DÉGAGEMENT, AÉROPORT DE ~ [AER]
alternate airport

DÉGAGEMENT, PISTE DE ~ [AER]
turn-off strip

DÉGAGER (ex. UNE ROUTE) [GEN]
clear (to)

DÉGÂTS [GEN]
damage

DÉGÂTS OCCASIONNÉS PAR LA BUÉE [ASS]
sweat damage

DÉGÂTS OCCASIONNÉS PAR LA MOUILLE [ASS]
deterioration through wetting

DÉGAZAGE [MAR]
degassing
gas-freeing

DÉGEL, BARRIÈRE DE ~ [ROUT]
thaw barrier

DÉGELER [GEN]
thaw (to)

DÉGIVRAGE [INTM]
de-icing

DÉGIVRER [INTM]
de-ice (to)

DÉGIVREUR DE PARE-BRISE [INTM]
windscreen defroster

DÉGROUPAGE [INTM]
deconsolidation

DÉGROUPAGE, PLATE-FORME DE ~ [INTM]
deconsolidation platform

DÉGROUPER [INTM]
break bulk (to)
deconsolidate (to)

DÉGROUPEUR [INTM]
break bulk agent

DÉLAI [GEN]
period
time

DÉLAI, DERNIER ~ [GEN]
deadline

DÉLAI D'EXÉCUTION
(ex. D'UNE COMMANDE) [LOG]
lead time

DÉLAI DE LIVRAISON [INTM]
delivery time

DÉLAI DE MER [MAR]
transit time (T/T)

DÉLAI DE MISE EN PRODUCTION [LOG]
lead time

DÉLAI DE RÉALISATION [LOG]
lead time

DÉLAI DE RÉAPPROVISIONNEMENT [LOG]
lead time

DÉLAI DE X JOURS, DANS UN ~ [GEN]
within X days

DÉLAI ENTRE CONCEPTION
ET COMMERCIALISATION (tda) [LOG]
product-to-market time
time-to-market

DÉLAISSEMENT [ASS]
abandonment

DÉLESTAGE (CARBURANT CONSOMMÉ EN VOL) [AER]
trip fuel

DÉLESTAGE, ITINÉRAIRE DE ~ [INTM]
relief route

DÉLIT [GEN]
offence

DÉLIT DE FUITE [ROUT]
hit and run offence

DÉLIVRANCE DU CERTIFICAT
DE NAVIGABILITÉ [AER]
certification of aircraft

DEMANDE (DE RENSEIGNEMENTS) [GEN]
enquiry
inquiry
query

DEMANDE [GEN]
request

DEMANDE, À LA ~ [GEN]
as required

DEMANDE, FORMULAIRE DE ~ [GEN]
application form

DEMANDE, OFFRE (L') ET LA ~ [GEN]
supply and demand

DEMANDE, PAYABLE SUR ~ [GEN]
payable on demand

DEMANDE D'INDEMNITÉ [ASS]
claim

DEMANDE DE PAIEMENT [GEN]
claim

DEMANDE MAXIMALE
RAISONNABLEMENT PRÉVISIBLE [LOG]
maximum reasonable demand (MRD)

DEMANDE MOYENNE MENSUELLE [LOG]
average monthly demand (AMD)

DEMANDER (ex. UNE AUTORISATION) [GEN]
apply for (to)

DÉMARCHE (PROCESSUS À SUIVRE) [GEN]
procedure

DÉMARCHER [GEN]
canvass (to)

DÉMARRER [GEN]
start (to)

DÉMARRER (TRAIN) [FER]
pull out (to)

DÉMARREUR [INTM]
starter

DÉMÉNAGEMENT [INTM]
removal

DÉMÉNAGER [ROUT]
move house (to)

DÉMÉNAGEUR [INTM]
furniture remover
removal contractor

DÉPOSER UN PLAN DE VOL [AER]

DEMI-ESSIEU [ROUT]
half-axle
split axle
stub axle

DÉMONTABLE [GEN]
dismountable
knockdown
removable

DÉMONTABLE, CONTENEUR ~ [CONT]
collapsible container

DÉMONTABLE, PAROI ~ [CONT]
dismountable side

DÉMONTER [GEN]
dismantle (to)
dismount (to)

DÉMONTER (ex. UN MOTEUR) [GEN]
strip down (to)

DÉNONCER (UN CONTRAT) [ASS]
terminate (to)

DENRÉES [GEN]
commodities

DENRÉES ALIMENTAIRES [GEN]
foodstuffs

DENRÉES ALIMENTAIRES LIQUIDES [GEN]
liquid foodstuffs

DENRÉES PÉRISSABLES [GEN]
perishable foodstuffs

DENSE, CIRCULATION ~ [ROUT]
dense traffic

DENSITÉ [GEN]
density

DENT DE FOURCHE [MT]
prong

DÉPALETTISEUR [MT]
pallet unloader

DÉPANNAGE, CHAPE DE ~ [ROUT]
towing clevis

DÉPANNAGE, GOUPILLE DE ~ [ROUT]
tow pin

DÉPANNEUSE [ROUT]
breakdown van (Brit.)
tow-truck (US)

DÉPART [INTM]
departure

DÉPART [MAR]
sailing

DÉPART, HEURE / DATE PRÉVUE DE ~ [INTM]
estimated time of departure (ETD)

DÉPART, PORT DE ~ [MAR]
port of sailing

DÉPART, ROULAGE AU ~ [AER]
taxi-out

DÉPART, SALLE DE ~ [AER]
departure lounge

DÉPART USINE [INTM]
Ex-Works (EXW)

DÉPART USINE CHARGÉ [INTM]
Ex-Works loaded

**DÉPARTEMENTS ET TERRITOIRES
D'OUTRE-MER (DOM-TOM)** [GEN]
*French overseas departments
and territories*

DÉPASSER [GEN]
overtake (to)

DÉPAVILLONNEMENT [MAR]
flagging out

DÉPENSE [GEN]
expenditure

DÉPENSES D'INVESTISSEMENT [GEN]
capital expenditures

DÉPLACEMENT [GEN]
shift

DÉPLACEMENT [MAR]
displacement

DÉPLACEMENT, FRAIS DE ~ [GEN]
travel expenses

**DÉPLACEMENT CENTIMÈTRE
PAR CENTIMÈTRE** [MT]
inching

DÉPLACEMENT EN CHARGE [MAR]
displacement loaded

DÉPLACEMENT LÈGE [MAR]
displacement light

DÉPLACER [GEN]
move (to)
shift (to)

DÉPLACER, SE ~ [GEN]
shift (to)

DÉPORTEUR [AER]
spoiler

DÉPOSER [GEN]
deposit (to)

DÉPOSER UN COLIS [INTM]
hand in a parcel (to)

DÉPOSER UN PLAN DE VOL [AER]
file a flight plan (to)

DÉPOSSESSION	[ASS]	**DERNIER DÉLAI**	[GEN]
deprivation		*deadline*	
DÉPÔT	[FER]	**DERNIER ENTRÉ, PREMIER SORTI**	
depot		**(DEPS)**	[LOG]
DÉPÔT	[LOG]	*last in first out (LIFO)*	
depot		**DÉROULEMENT DES OPÉRATIONS**	[LOG]
DÉPÔT, BULLETIN DE ~	[INTM]	*work flow*	
warehouse warrant		**DÉROUTEMENT (CLAUSE DE ~)**	[ASS]
DÉPÔT DE CARBURANT	[INTM]	*deviation clause*	
fuel dump		**DÉROUTER**	[INTM]
tank farm		*divert (to)*	
DÉPOTAGE	[CONT]	*reroute (to)*	
destuffing		**DÉSARRIMAGE (CARGAISON)**	[INTM]
devanning		*shifting*	
stripping		**DÉSARRIMER, SE ~ (CARGAISON)**	[INTM]
unpacking		*shift (to)*	
unstuffing		**DESCENDRE DU TRAIN**	[FER]
DÉPOTER	[CONT]	*detrain (to) (US)*	
destuff (to)		**DÉSEMBUER**	[INTM]
devan (to)		*demist (to)*	
strip (to)		**DÉSINFECTION**	[GEN]
unpack (to)		*sanitization*	
unstuff (to)		**DÉSISTEMENT, CLAUSE DE ~**	[ASS]
DÉPOUILLE MORTELLE	[INTM]	*waiver clause*	
human remains		**DESSERRÉ**	[GEN]
DÉPRÉCIATION	[GEN]	*loose*	
depreciation		*slack*	
DÉPRÉCIATION	[ASS]	**DESSERRER**	[GEN]
percentage of depreciation		*loosen (to)*	
DEQ DROITS À LA CHARGE		**DESSERTE**	[INTM]
DE L'ACHETEUR	[MAR]	*service*	
DEQ duties on buyer's account		**DESSERTE, BASSIN DE ~**	[MAR]
DÉRAILLEMENT	[FER]	*docking basin*	
derailment		**DESSERVIR**	[INTM]
DÉRAILLEMENT, AIGUILLE DE ~	[FER]	*connect (to)*	
runaway switch		*link (to)*	
DÉRAILLER	[FER]	*serve (to)*	
derail (to)		**DESTINATAIRE**	[GEN]
DÉRAPER	[ROUT]	*addressee*	
skid (to)		**DESTINATAIRE**	[INTM]
DÉRÉGLEMENTATION	[INTM]	*consignee*	
deregulation		**DESTINATAIRE, GARE ~**	[FER]
DÉRIVE	[AER]	*destination station*	
fin		**DESTINATAIRE, RÉCÉPISSÉ AU ~**	[INTM]
DÉRIVÉ (PRODUIT)	[GEN]	*consignee's receipt*	
by-product		**DESTINATION, PAYS DE ~**	[INTM]
DÉRIVER	[MAR]	*country of destination*	
drift (to)			

DESTINATION, PORT DE ~ [MAR]
port of destination

DESTINATION DE, À ~ [INTM]
bound for

DESTINÉ À [GEN]
intended for

DESTRUCTION [GEN]
disposal

DÉTACHÉES, PIÈCES ~ [GEN]
spare parts

DÉTAIL, VENTE AU ~ [GEN]
retail

DÉTAILLANT [GEN]
retailer

DÉTELER [INTM]
uncouple (to)

DÉTELER EN MARCHE [FER]
slip a wagon (to)

DÉTENIR UN PERMIS [ROUT]
hold a licence (to)

DÉTÉRIORATION [GEN]
damage

DÉTERMINER AVEC PRÉCISION [GEN]
pinpoint (to)

**DÉTOURNEMENT
(D'UN AVION PAR LA FORCE)** [AER]
skyjacking

**DÉTOURNEMENT
(D'UN VÉHICULE PAR LA FORCE)** [INTM]
hijacking

DÉTOURNER (PIRATER) [AER]
skyjack (to)

DÉTOURNER (D'UN ITINÉRAIRE) [INTM]
divert (to)

DÉTOURNER (PIRATER) [INTM]
hijack (to)

DÉTRESSE, FEUX DE ~ [ROUT]
*warning lights
warning signal*

DÉTROIT [MAR]
strait(s)

DÉTRUIRE [GEN]
destroy (to)

DETTE, RECONNAISSANCE DE ~ [GEN]
*I owe you
(n'existe que sous forme de sigle IOU)*

DIMENSIONNEMENT [GEN]

**DÉVELOPPEMENT INTÉGRÉ
D'UN PRODUIT (tda)** [LOG]
integrated product development (IPD)

DÉVERSEMENT (ACCIDENTEL) [GEN]
spillage

DÉVIATION [INTM]
diversion

DÉVIDOIR [MT]
reel

DÉVIER (ex. LA CIRCULATION) [GEN]
divert (to)

DÉVIER [INTM]
detour (to)

DEVIS [GEN]
estimate

DEVISE [GEN]
currency

DÉVOYÉ [INTM]
misdirected

DIABLE [MT]
hand truck

DIABOLO [ROUT]
dolly

DIABOLO TRACTÉ [ROUT]
jeep adaptor dolly

DIAGNOSTIC [GEN]
diagnosis

DIAGRAMME DES FLUX [LOG]
flow chart

DIAMÈTRE [GEN]
diameter

DIESEL [INTM]
diesel

DIFFÉRER [GEN]
*defer (to)
postpone (to)*

DIFFUSER (PAR RADIO) [GEN]
broadcast (to)

DIGUE [MAR]
*dyke
jetty
mole*

DILATATION, JEU DE ~ [FER]
expansion space

DIMENSION NON COURANTE [GEN]
odd size

DIMENSIONNEMENT [GEN]
sizing

DIMENSIONNER	[GEN]	**DISPACHE, ÉTABLIR LA ~**	[MAR]
size (to)		*adjust the average (to)*	
DIMENSIONS	[GEN]	**DISPACHE D'AVARIE**	[MAR]
measurements		*average adjustment*	
DIMENSIONS D'ENCOMBREMENT HORS TOUT	[INTM]	**DISPACHEUR**	[MAR]
overall external dimensions		*average adjuster*	
DIMENSIONS INTÉRIEURES LIBRES	[INTM]	**DISPONIBILITÉ**	[LOG]
internal unobstructed dimensions		*availability*	
DIMINUER	[GEN]	*readiness*	
decrease (to)		**DISPONIBILITÉ TOTALE (tda)**	[LOG]
DIMINUTION	[GEN]	*ready availability*	
decrease		**DISPONIBLE**	[GEN]
DIPLÔME PROFESSIONNEL DE LOGISTICIEN (tda)	[LOG]	*available*	
Certified Professional Logistician (CPL)		**DISPONIBLE (ex. STOCK)**	[LOG]
		on hand	
DIRECTEUR DE PROGRAMME	[LOG]	**DISPONIBLE, EMPLACEMENT ~**	[LOG]
programme manager		*vacant slot*	
DIRECTEUR LOGISTIQUE	[LOG]	**DISPONIBLE POTENTIEL LOGISTIQUE (EXISTANTS PHYSIQUES + ATTENDUS – OBLIGATIONS)**	[LOG]
logistics manager		*available stock*	
DIRECTION (SYSTÈME DE ~)	[ROUT]	**DISPOSER (ORGANISER)**	[GEN]
steering		*arrange (to)*	
DIRECTION, BOITIER DE ~	[ROUT]	**DISPOSITIF**	[GEN]
steering box		*device*	
DIRECTION, COLONNE DE ~	[ROUT]	**DISPOSITIF D'ALIMENTATION AUTOMATIQUE**	[MT]
steering column		*automatic feeding device*	
DIRECTION, GOUVERNAIL DE ~	[AER]	**DISPOSITIF D'ARRIMAGE**	[MT]
rudder		*lashing device*	
DIRECTION, INDICATEUR DE ~	[ROUT]	**DISPOSITIF D'ATTELAGE**	[INTM]
direction indicator		*coupling system*	
DIRECTION ASSISTÉE	[ROUT]	**DISPOSITIF DE BLOCAGE DES CONTENEURS À BORD D'UN NAVIRE**	[CONT]
power steering		*stacking fitting*	
DIRECTION DE L'AVIATION CIVILE (tda)	[AER]	**DISPOSITIF DE COMMANDE**	[GEN]
Federal Aviation Administration (US) (FAA)		*actuator*	
DIRIGEABLE (n.)	[AER]	**DISPOSITIF DE FERMETURE**	[GEN]
airship		*fastening*	
DIRIGER (UNE ENTREPRISE)	[GEN]	**DISPOSITIF DE REMPLISSAGE**	[INTM]
run (to)		*filling device*	
DIRIGER (UN VÉHICULE)	[INTM]	**DISPOSITIF DE VERROUILLAGE**	[GEN]
steer (to)		*locking device*	
DIRIGER VERS, SE ~	[GEN]	**DISPOSITIF DE VIDANGE**	[INTM]
head for (to)		*emptying device*	
DISCONTINU	[GEN]	**DISPOSITION**	[GEN]
intermittent		*arrangement*	
DISPACHE	[MAR]	*disposal*	
claim adjustment file			

DISPOSITION (D'UNE LOI) [GEN]
provision

DISPOSITION, AVOIR À ~ [GEN]
dispose of (to)

DISPOSITION DE, TENIR À LA ~ [GEN]
hold at the disposal of (to)

DISQUE (DU CHRONOTACHYGRAPHE) [ROUT]
chart
disc

**DISQUE (ENREGISTREMENT
DE TEMPÉRATURE SUR UN CONTENEUR
RÉFRIGÉRÉ)** [CONT]
thermograph disc

DISQUE DUR [GEN]
hard disk / disc

DISQUETTE [GEN]
disk / disc

DISQUETTE, LECTEUR DE ~ [GEN]
disc drive

DISTANCE [GEN]
distance
range

DISTANCE, À ~ [GEN]
remote

DISTANCE, COURTE ~ [ROUT]
short haul

DISTANCE, LONGUE ~ [ROUT]
long haul

DISTANCE, MOYENNE ~ [ROUT]
medium haul

DISTANCE, PARCOURIR UNE ~ [GEN]
cover a distance (to)

DISTANCE ENTRE DEUX TRAINS [FER]
headway

**DISTANCE MAXIMALE ENTRE L'ÉCOUTILLE
ET LA LIGNE DE FLOTTAISON** [MAR]
*waterline to top of hatch coaming
(WLTOHC)*

**DISTANCE MAXIMALE ENTRE
LES EXTRÉMITÉS DES CALES AVANT
ET ARRIÈRE** [MAR]
*maximum distance between ends
of fore and aft holds (EOFAH)*

DISTRIBUTEUR AÉRIEN DE PALETTES [MT]
overhead pallet storer and retriever

DISTRIBUTEUR AUTOMATIQUE [GEN]
dispenser (Brit.)
vending machine (US)

DISTRIBUTEUR MÉCANIQUE [MT]
mechanical feeder

DISTRIBUTION PHYSIQUE [LOG]
physical distribution

DIT CONTENIR [INTM]
said to contain

DIT PESER [INTM]
said to weigh

DIVERS [GEN]
miscellaneous

DIVISER [GEN]
divide (to)

DOCK FLOTTANT [MAR]
floating dock

DOCKER [MAR]
dock worker
docker
longshoreman (US)
stevedore

**DOCUMENT ADMINISTRATIF UNIQUE
(DAU)** [DN]
Single Administrative Document (SAD)

DOCUMENT D'ACCOMPAGNEMENT [INTM]
accompanying document

DOCUMENTIQUE [LS]
*interactive electronic technical
manuals (IETM)*

DOCUMENTS [GEN]
documentation

DOCUMENTS, FALSIFICATION DE ~ [GEN]
forgery of documents

DOCUMENTS CONTRE ACCEPTATION [GEN]
documents against acceptance (D/A)

DOCUMENTS CONTRE PAIEMENT [GEN]
documents against payment (D/P)

DOCUMENTS D'EXPÉDITION [INTM]
shipping documents

DOCUMENTS DE TRANSPORT [INTM]
transportation documents

**DOCUMENTS DE TRANSPORT,
ÉTABLIR LES ~** [INTM]
document freight (to)

DOCUMENTS INFORMATISÉS [LOG]
*computerized documentation
(COMDOC)*

DOMICILE, LIVRAISON À ~ [ROUT]
home delivery

DOMICILE À DOMICILE, DE ~	[INTM]	**DOS D'ÂNE**	[ROUT]
house to house (HH)		*road hump*	
DOMICILE À QUAI, DE ~	[INTM]	**DOSSERET (SUR CHARIOT ÉLÉVATEUR)**	[MT]
house to pier (HP)		*load backrest*	
DOMICILE-DOMICILE	[INTM]	**DOSSERET(S), CHARIOT À ~**	[MT]
door-to-door		*platform truck with end member(s)*	
DOMMAGES	[ASS]	**DOSSIER**	[GEN]
damage		*file*	
DOMMAGES, ÉVALUER LES ~	[ASS]	**DOTATION EN PERSONNEL**	[GEN]
assess the damage (to)		*staffing*	
DOMMAGES CORPORELS	[ASS]	**DOUANE**	[DN]
personal injuries		*customs*	
DOMMAGES ET INTÉRÊTS	[ASS]	**DOUANE, BUREAU DE ~**	[DN]
damages		*customs office*	
DOMMAGES INDIRECTS	[ASS]	*customs station*	
consequential damage		**DOUANE, COMMISSIONNAIRE EN ~**	[DN]
DOMMAGES PAR EAU DE MER	[ASS]	*customs agent*	
damage by sea water		*customs broker*	
DOMMAGES PAR EAU DOUCE	[ASS]	**DOUANE, DÉCLARANT EN ~**	[INTM]
damage by fresh water		*customs declarant*	
DONNÉES (n.)	[GEN]	**DOUANE, DÉCLARATION EN ~**	[DN]
data		*customs entry*	
DONNÉES, BANQUE DE ~	[GEN]	**DOUANE, DROITS DE ~**	[DN]
data bank		*customs duties*	
DONNÉES, BASE DE ~	[GEN]	**DOUANE, ENTREPÔT DE ~**	[DN]
data base (DB)		*customs warehouse*	
DONNÉES, SAISIR DES ~	[GEN]	**DOUANE, FACTURE DE ~**	[DN]
enter data (to)		*customs invoice*	
key in data (to)		**DOUANE, FICHE DE ~**	[DN]
DONNÉES, TRANSMISSION DE ~	[LOG]	*customs slip*	
data transfer		**DOUANE, FRAUDER EN ~**	[DN]
DONNÉES INFORMATISÉES, ÉCHANGE DE ~ (E.D.I.)	[LOG]	*defraud customs (to)*	
electronic data interchange (E.D.I.)		**DOUANE, JAUGE DE ~**	[MAR]
DONNÉES TECHNIQUES, ÉCHANGE DE ~	[LS]	*register / registered tonnage*	
technical data interchange (TDI)		**DOUANE, PLOMB DE ~**	[DN]
DONNÉES TECHNIQUES, SYSTÈME DE GESTION DES ~ (SGDT)	[LOG]	*customs seal*	
technical data management system		**DOUANE, REMBOURSEMENT DES FRAIS DE ~**	[DN]
DONNER DE LA BANDE	[MAR]	*drawback*	
list (to)		**DOUANE, VALEUR EN ~**	[DN]
DONNER DES INSTRUCTIONS	[GEN]	*customs value*	
brief (to)		*dutiable value*	
DONNER UN PRÉAVIS	[GEN]	**DOUANE, VISA DE LA ~**	[DN]
give notice (to)		*customs endorsement*	
DONNEUR D'ORDRE	[GEN]	*customs stamp*	
contractor		**DOUANIER (adj.)**	[DN]
principal (n.)		*customs*	

DOUANIER	[DN]	**DROITS CONSULAIRES**	[INTM]
customs officer		*consular fees*	
DOUANIER, PORT ~	[MAR]	**DROITS COUTUMIERS**	[DN]
port of entry		*customary rights*	
DOUANIER, RÉGIME ~	[DN]	**DROITS D'ACCISE**	[DN]
customs procedure		*excise duty*	
DOUANIER, SCELLEMENT ~	[DN]	**DROITS D'AMARRAGE**	[MAR]
customs seal		*berthage*	
DOUBLE (n.)	[GEN]	**DROITS DE BASSIN**	[MAR]
copy		*dock dues*	
DOUBLE COQUE	[MAR]	*dockage*	
double hull		*quayage*	
DOUBLE EXEMPLAIRE, EN ~	[GEN]	**DROITS DE DOUANE**	[DN]
in duplicate		*customs duties*	
DOUBLE FILE, STATIONNER EN ~	[ROUT]	**DROITS DE DOUANE, ASSUJETTI À DES ~**	[DN]
double-park (to)		*liable to customs duties*	
DOUBLE SENS, À ~	[GEN]	**DROITS DE DOUANE, PASSIBLE DE ~**	[DN]
two-way		*liable to customs duties*	
DOUBLER	[ROUT]	**DROITS DE MAIN D'OEUVRE**	[MAR]
overtake (to)		*porterage dues*	
DOUILLE	[CONT]	**DROITS DE MOUILLAGE**	[MAR]
bush		*anchorage dues*	
DRAGAGE	[MAR]	*groundage*	
dredging		**DROITS DE PORT**	[MAR]
DRAGUER	[MAR]	*harbour dues*	
dredge (to)		*port billing*	
DRAGUEUR	[MAR]	*port dues*	
dredger		**DROITS DE QUAI**	[MAR]
DRAINAGE	[GEN]	*quay dues*	
drainage		*quay rent*	
DROIT (LE)	[GEN]	*quayage*	
law		*wharfage*	
		wharfage charges	
DROIT AD VALOREM	[DN]	**DROITS DE SURVOL**	[AER]
ad valorem duty		*flyover rights*	
DROIT COMMERCIAL	[GEN]	**DROITS DE TONNAGE**	[MAR]
commercial law		*tonnage dues*	
DROIT COMMERCIAL	[GEN]	**DROITS DE TRAFIC**	[AER]
mercantile law		*traffic rights*	
DROIT SPÉCIFIQUE	[DN]	**DROITS INTÉRIEURS**	[INTM]
specific duty		*inland duty*	
DROITS	[DN]	**DROMADAIRE, TRACTEUR ~**	[ROUT]
duties		*dromedary tractor*	
DROITS	[GEN]	**DROPPAGE**	[AER]
fee		*air dropping*	
DROITS, PERCEVOIR DES ~	[DN]	**DÛ**	[GEN]
collect duties (to)		*due*	

DUC D'ALBE [MAR]
  dolphin
  mooring post

DURÉE DE BON FONCTIONNEMENT [LS]
  up time (UT)

DURÉE DE VIE [GEN]
  life span

DURÉE DE VIE (UTILISATION) [LOG]
  service life

DURÉE DE VIE (EN STOCKAGE) [LOG]
  shelf life

DURÉE DEPUIS INSTALLATION [LS]
  time since installation (TSI)

DURÉE DEPUIS RÉNOVATION [LS]
  time since overhaul (TSO)

**DURÉE D'IMMOBILISATION
DUE À LA LOGISTIQUE** [LS]
  down time due to logistics (DTL)

DURITE [INTM]
  hose connection

DYNAMIQUE, STOCKAGE ~ [LOG]
  dynamic storage
  live storage

DYNAMOMÈTRE [MT]
  dynamometer

DYSFONCTIONNEMENT [GEN]
  malfunction

DYSFONCTIONNEMENT, TAUX DE ~ [LS]
  failure rate

DYSFONCTIONNEMENT DE SYSTÈME [LS]
  systems failure

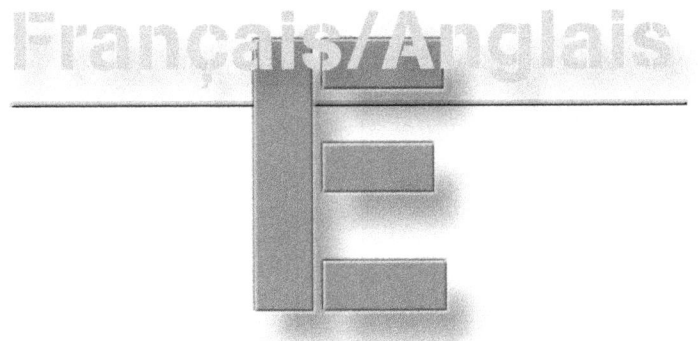

EAU DE CALE	[MAR]	ÉCARTEMENT DES ESSIEUX	[ROUT]
bilge		*axle spread*	
EAU DE MER	[MAR]	ÉCARTEMENT DES VOIES	[FER]
sea water		*track gauge*	
EAU DE MER, DOMMAGES PAR ~	[ASS]	ÉCARTEMENT ÉTROIT	[FER]
damage by sea water		*narrow gauge*	
EAU DOUCE	[MAR]	ÉCARTEMENT LARGE	[FER]
fresh water		*broad gauge*	
EAU DOUCE, DOMMAGES PAR ~	[ASS]	*wide gauge*	
damage by fresh water		ÉCARTS, ANALYSE D' ~	[LS]
EAU MAIGRE	[MAR]	*variance analysis*	
shallow water		*variation analysis*	
EAU SALÉE	[MAR]	ÉCHAFAUDAGE, TREUIL D' ~	[MT]
salt water		*scaffolding winch*	
EAU SAUMÂTRE	[MAR]	ÉCHANGE, LIBRE ~	[GEN]
brackish water		*free trade*	
EAUX PROFONDES, PORT EN ~	[MAR]	ÉCHANGE DE DONNÉES	
deep water port		INFORMATISÉ (E.D.I.)	[LOG]
EAUX TERRITORIALES	[MAR]	*electronic data interchange (E.D.I.)*	
home waters		ÉCHANGE DE DONNÉES PRODUIT (tda)	[LS]
territorial waters		*product data exchange*	
ÉBOULEMENT	[GEN]	ÉCHANGE DE DONNÉES SUR	
landslide		LES ÉQUIPEMENTS DE CONTENEURS	[CONT]
ÉCART-TYPE	[LOG]	*Container Equipment Data Exchange*	
standard deviation		*(CEDEX)*	
ÉCARTEMENT	[GEN]	ÉCHANGE DE DONNÉES TECHNIQUES	[LS]
spacing		*technical data interchange (TDI)*	
ÉCARTEMENT, ENTRETOISE D' ~	[INTM]	ÉCHANTILLON	[GEN]
spacer		*sample*	

ÉCHANTILLONNER	[GEN]	ÉCLATEMENT, PLATE-FORME D' ~	[INTM]
sample (to)		deconsolidation platform	
ÉCHAPPEMENT, CHEMINÉE D' ~	[ROUT]	ÉCLISSE	[FER]
exhaust stack		fishplate	
ÉCHAPPEMENT, COLLECTEUR D' ~	[ROUT]	ÉCLISSE, BOULON D' ~	[FER]
exhaust manifold		fishplate bolt	
ÉCHAPPEMENT, GAZ D' ~	[ROUT]	ÉCLUSE	[FLV]
exhaust fumes		lock	
ÉCHAPPEMENT, POT D' ~	[ROUT]	sluice	
muffler (US)		ÉCLUSÉE	[FLV]
silencer (Brit.)		locking through	
ÉCHAPPEMENT, SOUPAPE D' ~	[INTM]	passing through a lock	
exhaust valve		ÉCLUSE, VANNE D' ~	[FLV]
outlet valve		sluice gate	
ÉCHAPPEMENT, TUYAU D' ~	[ROUT]	ÉCLUSE ROTATIVE	[MT]
exhaust-pipe		rotary feeder	
ÉCHÉANCE, DATE D' ~	[GEN]	ÉCLUSIER	[FLV]
date of payment		lock-keeper	
due date			
ÉCHÉANCE, VENIR À ~	[GEN]	ÉCONOME EN CARBURANT	[INTM]
fall due (to)		fuel-efficient	
ÉCHELLE	[GEN]	ÉCONOMIES D'ÉCHELLES	[GEN]
ladder		economies of scale	
ÉCHELLE (DE MESURE)	[GEN]	ÉCONOMIQUE	[GEN]
scale		economic	
ÉCHELLE DE CASIER	[LOG]	ÉCONOMIQUE (PEU COÛTEUX)	[GEN]
frame		economical	
ÉCHELLE DE COUPÉE	[MAR]	ÉCONOMISER	[GEN]
accommodation ladder		save (to)	
ÉCHELLE DE VISITE	[AER]	ÉCOULEMENT	[GEN]
servicing steps		drainage	
ÉCHELLES, ÉCONOMIES D' ~	[GEN]	ÉCOULEMENT, OUVERTURE D' ~	[CONT]
economies of scale		aperture for drainage	
ÉCHO RADAR	[INTM]	ÉCOULER DES STOCKS	[LOG]
radar echo		work down inventories (to)	
ÉCHOUAGE, BASSIN D'~ (SOUMIS AUX FLUCTUATIONS DE LA MARÉE)	[MAR]	ÉCOUTILLE	[MAR]
tidal dock		hatch	
ÉCHOUÉ	[MAR]	ÉCRAN	[GEN]
stranded		screen	
ÉCHU	[GEN]	ÉCRAN DE CONTRÔLE	[GEN]
due		monitor	
ÉCLAIR, POINT D' ~	[GEN]	ÉCRAN RADAR	[INTM]
flash point		radar scope	
ÉCLAIRAGE	[GEN]	ÉCRAN TACTILE	[GEN]
lighting		touch screen	
ÉCLATEMENT (D'UN PNEU)	[INTM]	ÉCROU	[GEN]
blow-out		nut	

EMBARQUEMENT [INTM]

EFFACER [GEN]
erase (to)

EFFECTUER (ex. DES FORMALITÉS) [GEN]
carry out (to)
effect (to)
perform (to)

EFFETS PERSONNELS DES MEMBRES DE L'ÉQUIPAGE [INTM]
crew's effects

EFFICACE [GEN]
efficient

EFFICACITÉ [GEN]
efficiency

EFFICACITÉ ET RÉACTIVITÉ AU SERVICE DU CONSOMMATEUR [LOG]
efficient consumer response (ECR)

EFFORT STATIQUE [CONT]
static load

ÉGARER (ex. UN COLIS) [INTM]
mislay (to)

ÉLECTRO-AIMANT DE LEVAGE [MT]
lifting magnet

ÉLECTROGÈNE, GROUPE ~ [GEN]
electrical power unit
generator set

ÉLECTROPORTEUR [MT]
lifting magnet

ÉLÉMENTAIRES, TEMPS ~ [LOG]
time standards

ÉLÉVATEUR, CAMION ~ [AER]
Hi-lift truck

ÉLÉVATEUR À GODETS [MT]
bucket elevator

ÉLÉVATEUR DE PERSONNEL, À NACELLE [MT]
maintenance cradle

ÉLÉVATION DE CHARGES, APPAREIL D' ~ [MT]
levelling device

ÉLÉVATION MANUELLE [MT]
hand-operated lift

ÉLÉVATION MOTORISÉE [MT]
power-operated lift

ÉLÉVATRICE, TABLE ~ [MT]
lift table

ÉLIMINER PROGRESSIVEMENT [GEN]
phase out (to)

ÉLINGUE [INTM]
sling

ÉMANATIONS [GEN]
fumes

EMBALLAGE [MT]
packing

EMBALLAGE, SERVICE ~ [GEN]
packing department

EMBALLAGE PAR RÉTRACTION [MT]
shrink-wrapping

EMBALLAGE SOUS FILM [MT]
stretch-wrapping

EMBALLAGE TRANSPARENT [LOG]
blister pack

EMBALLAGE TYPE MARITIME [MT]
export packing

EMBALLER (SOUS CARTON, TOILE) [MT]
pack (to)

EMBALLER (SOUS PAPIER, FILM) [MT]
wrap (to)

EMBALLER EN CAGEOTS [MT]
crate (to)

EMBALLER SOUS FILM PLASTIQUE THERMORÉTRACTABLE [MT]
shrink-wrap (to)

EMBALLER SOUS VIDE [LOG]
vacuum pack (to)

EMBALLEUR [MT]
packer

EMBALLOTTER [MT]
bale (to)

EMBARCADÈRE [MAR]
jetty
pier

EMBARCATION [MAR]
craft

EMBARGO [GEN]
embargo

EMBARQUÉ, TERMINAL RADIO ~ [ROUT]
Radio Data Terminal (RDT)

EMBARQUÉE, INFORMATION ~ [INTM]
on-board information

EMBARQUÉE, INFORMATION ~ [ROUT]
in-cab information

EMBARQUEMENT [INTM]
boarding

EMBARQUEMENT, AGENT À L' ~ [AER]

Transport – logistique
Lexique

EMBARQUEMENT, AGENT À L' ~ [AER] gate agent	EMBRAYER [ROUT] let out the clutch (to)
EMBARQUEMENT, BON D' ~ [MAR] shipping order	ÉMETTRE (ex. UN DOCUMENT) [GEN] issue (to)
EMBARQUEMENT, CARTE D' ~ [AER] boarding pass	ÉMETTRICE, BANQUE ~ [GEN] issuing bank
EMBARQUEMENT, NUMÉRO D' ~ [AER] boarding number (BN)	ÉMISSION (ex. D'UN DOCUMENT) [GEN] issuance
EMBARQUEMENT, PERMIS D' ~ [MAR] shipping note	ÉMISSION, DATE D' ~ [GEN] date of issue
EMBARQUEMENT, PORTE D' ~ [AER] gate	EMPATTEMENT [ROUT] wheel-base
EMBARQUER (PASSAGERS) [AER] emplane (to)	EMPÊCHEMENT À LA LIVRAISON [INTM] hindrance to delivery
EMBARQUER (PASSAGERS) [INTM] board (to)	EMPÊCHEMENT AU TRANSPORT [INTM] circumstances preventing carriage
EMBARQUER [INTM] embark (to)	EMPÊCHER [GEN] prevent (to)
EMBASE (ex. DE PALETTIER) [GEN] base plate bearing plate	EMPENNAGE [AER] fin tail assembly tail unit
EMBOÎTABLE, CHARIOT ~ [MT] fit-in truck	EMPILEUR ET DISTRIBUTEUR DE PALETTES [MT] pallet storer and retriever
EMBOÎTER (LES UNS DANS LES AUTRES) [MT] nest (to)	EMPLACEMENT [GEN] location site
EMBOUT (DE TUYAU D'ÉCHAPPEMENT) [ROUT] tail pipe extension	EMPLACEMENT (DANS UN ENTREPÔT) [LOG] slot
EMBOUTEILLAGE [INTM] hold-up	EMPLACEMENT DE STATIONNEMENT [ROUT] parking bay
EMBOUTEILLAGE (MISE EN BOUTEILLES)[MT] bottling	EMPLACEMENT DISPONIBLE [LOG] vacant slot
EMBOUTEILLAGE [ROUT] traffic jam	EMPLOI, MODE D' ~ [GEN] instructions for use
EMBOUTEILLAGE, CRÉER UN ~ [ROUT] cause an obstruction (to)	EMPLOI DU TEMPS [GEN] timetable
EMBOXAGE [MT] boxing	EMPLOYÉ (n.) [GEN] employee
EMBRANCHEMENT [FER] branch line spur	EMPLOYÉ DE BUREAU [GEN] clerk
EMBRANCHEMENT PARTICULIER (obsolète) [FER] private siding	EMPLOYEUR [GEN] employer
EMBRAYAGE [ROUT] clutch	EMPOTAGE [CONT] packing stuffing vanning

EMPOTAGE / DÉPOTAGE, FRAIS D'~ (GROUPAGE) *LCL charges*	[CONT]	**EN SOUFFRANCE** *undelivered*	[INTM]
EMPOTER *pack (to)* *stuff (to)* *van (to)*	[CONT]	**EN-TÊTE** *heading*	[GEN]
		EN TRANSIT *in transit*	[DN]
EN AMONT *upriver* *upstream*	[FLV]	**EN VIGUEUR** *in force*	[GEN]
		ENCADREMENT, PERSONNEL D' ~ *supervisory personnel*	[GEN]
EN ATTENTE *on standby*	[GEN]	**ENCAISSEMENT** *collection*	[GEN]
EN AVAL *downriver* *downstream*	[FLV]	**ENCAISSER** *collect (to)*	[GEN]
EN AVANCE *ahead of schedule*	[GEN]	**ENCEINTE (n.)** *precinct*	[GEN]
EN CALE *under hatch*	[MAR]	**ENCODAGE** *bar coding*	[LOG]
EN COMMUN *jointly*	[GEN]	**ENCOMBRANT** *bulky*	[GEN]
EN-COURS *work in process (WIP)*	[LOG]	**ENCOMBRÉ** *congested*	[INTM]
EN COURS DE ROUTE *en route* *in transit* *on the way*	[INTM]	**ENCOMBREMENT (DENSITÉ DE TRAFIC)** *congestion*	[INTM]
EN DIRECTION DE L'EST *eastbound*	[INTM]	**ENCOMBREMENT, SURTAXE D' ~** *congestion surcharge*	[MAR]
EN DIRECTION DE L'OUEST *westbound*	[INTM]	**ENCOMBREMENT, TONNE D' ~** *measurement ton*	[MAR]
EN DIRECTION DU NORD *northbound*	[INTM]	**ENCOMBREMENT, VOLUME D' ~** *displacement*	[CONT]
EN DIRECTION DU SUD *southbound*	[INTM]	**ENCOURIR** *incur (to)*	[GEN]
EN FONCTIONNEMENT *in use*	[GEN]	**ENDOMMAGER** *damage (to)*	[GEN]
EN PARTANCE *outbound* *outgoing* *outward*	[INTM]	**ENDOSSER (ex. UN CHÈQUE)** *endorse (to)*	[GEN]
		ÉNERGIE MOTRICE *motive power*	[INTM]
EN PARTANCE POUR *bound for*	[INTM]	**ENFONCEMENT** *draught*	[MAR]
EN RÈGLE *in order*	[GEN]	**ENFONCEMENT (SUR UN CONTENEUR)** *dent*	[CONT]
EN RETARD *behind schedule*	[GEN]		
EN RETARD *overdue*	[INTM]	**ENFÛTER** *drum (to)*	[MT]

ENGAGEMENT [GEN] | commitment | undertaking
ENGAGEMENT DE FRET [INTM] | booking note
ENGAGER, S' ~ [GEN] | commit oneself (to)
ENGIN [GEN] | apparatus
ENGRAIS [GEN] | fertilizer
ENJOLIVEUR DE ROUE [ROUT] | hub cap
ENLÈVEMENT (ex. DES MARCHANDISES) [INTM] | collection | lifting
ENLÈVEMENT, BON D' ~ [ROUT] | routing order (R/O)
ENLÈVEMENT DE MARCHANDISES PAR UNE LAME DE MER [MAR] | washing overboard
ENLEVER (ÔTER) [GEN] | remove (to)
ENLEVER (ex. DES MARCHANDISES) [INTM] | collect (to) | lift (to)
ENQUÊTE [GEN] | enquiry | inquiry | investigation
ENQUÊTER [GEN] | investigate (to)
ENREGISTREMENT [AER] | checking-in
ENREGISTREMENT [GEN] | registration
ENREGISTREMENT, BANQUE D' ~ [AER] | check-in counter | check-in desk
ENREGISTREMENT, HEURE LIMITE D' ~ [AER] | close-out time
ENREGISTREMENT DE L'ANALYSE DU SOUTIEN LOGISTIQUE [LS] | logistic support analysis record (LSAR)
ENREGISTRER [AER] | check-in (to)

ENREGISTRER (ex. DANS UN LIVRE DE BORD) [GEN] | log (to)
ENREGISTRER [GEN] | record (to)
ENREGISTRER LES BAGAGES [INTM] | check baggage (to)
ENREGISTRER UNE COMMANDE [GEN] | book an order (to)
ENREGISTREUR [AER] | check-in agent
ENREGISTREUR DE TEMPÉRATURE [GEN] | temperature recorder
ENREGISTREUR DE VOL [AER] | cockpit voice recorder | flight data recorder
ENRICHISSEUR [ROUT] | choke
ENSABLEMENT [MAR] | silting
ENSACHAGE [MT] | bagging | sacking
ENSEMBLIER [LOG] | systems integrator
ENSEMBLIERS, TRANSITICIENS ET ~ [LOG] | installers
ENTIÈREMENT RÉPARABLE [LS] | fully repairable
ENTRE-DEUX, ENTREPOSAGE ~ [LOG] | intermediate warehousing
ENTRÉE [GEN] | entry
ENTRÉE, CONTRÔLE D' ~ [LS] | incoming inspection
ENTRÉE, DÉCLARATION D' ~ [DN] | bill of entry
ENTRÉE D'AIR [CONT] | air inlet
ENTREPONT (POUR CAMIONS) [MAR] | trailer deck
ENTREPONT [MAR] | tween-decks
ENTREPOSAGE [LOG] | warehousing
ENTREPOSAGE ENTRE-DEUX [LOG] | intermediate warehousing

Transport – logistique
Lexique

ENVERGURE [GEN]

ENTREPOSITAIRE [LOG]
warehouse keeper

ENTREPÔT [LOG]
depot
warehouse

ENTREPÔT, CERTIFICAT D' ~ [INTM]
warehouse warrant

ENTREPÔT, MANUTENTIONNAIRE D' ~ [AER]
shed handler

ENTREPÔT, MISE EN ~ [DN]
admission into warehouse

ENTREPÔT, RÉCÉPISSÉ D' ~ [INTM]
warehouse receipt

ENTREPÔT AUTOMATISÉ [LOG]
automated warehouse

ENTREPÔT CAPTIF [LOG]
captive warehouse

ENTREPÔT DE DOUANE [DN]
customs warehouse

ENTREPÔT DOUANIER,
DÉCLARER SOUS LE RÉGIME D'~ [DN]
enter for warehousing (to)

ENTREPÔT EXTÉRIEUR (EN LOCATION) [LOG]
outside warehouse

ENTREPÔT INFORMATISÉ [LOG]
computerized warehouse

ENTREPÔT SOUS DOUANE [DN]
bonded warehouse

ENTREPRENDRE UNE ACTION [GEN]
embark on a course of action (to)

ENTREPRENEUR [GEN]
contractor

ENTREPRENEUR DE MANUTENTION [MAR]
stevedore

ENTREPRENEUR DE TRANSPORT
COMBINÉ (ETC) [INTM]
combined transport operator (CTO)

ENTREPRENEUR DE TRANSPORT
ROUTIER [ROUT]
cartage contractor
haulage contractor

ENTREPRISE [GEN]
company
concern
enterprise
firm
undertaking

ENTREPRISE D'AVITAILLEMENT [INTM]
caterer

ENTREPRISE DE CAMIONNAGE [ROUT]
haulage contractor
trucking company (US)

ENTREPRISE DE TRANSPORT PUBLIC [ROUT]
common carrier

ENTREPRISE FERROVIAIRE [FER]
railway undertaking

ENTREPRISE VIRTUELLE [LOG]
Agile Manufacturing

ENTREPRISES, PETITES ET MOYENNES ~
(PME) [GEN]
small and medium-sized enterprises

ENTRER [GEN]
enter (to)

ENTRER (DES DONNÉES) [GEN]
input (to)

ENTRER EN GARE [FER]
pull in (to)

ENTRER EN SERVICE [GEN]
enter service (to)

ENTRER EN VIGUEUR [GEN]
come into effect (to)
come into force (to)

ENTRETENIR
(ex. MACHINE, VÉHICULE...) [GEN]
service (to)

ENTRETIEN [GEN]
maintenance
upkeep

ENTRETIEN COURANT
(ex. MACHINE, VÉHICULE...) [GEN]
servicing

ENTRETIEN EN ESCALE [AER]
line maintenance

ENTRETIEN MÉCANIQUE [INTM]
engineering services

ENTRETOISE (DE TRAVERSE) [FER]
tie-bar (US)

ENTRETOISE [GEN]
strut

ENTRETOISE D'ÉCARTEMENT [INTM]
spacer

ÉNUMÉRER [GEN]
list (to)

ENVASEMENT [MAR]
silting

ENVERGURE [GEN]
span

ENVERS, À L' ~	[GEN]	**ÉQUIPE DE NUIT**	[GEN]
upside down		*night shift*	
ENVOI	[INTM]	**ÉQUIPEMENT (D'USINE)**	[GEN]
consignment		*plant*	
shipment		**ÉQUIPEMENT AU SOL**	[AER]
ENVOI EXPRESS	[INTM]	*ground equipment*	
express consignment		**ÉQUIPEMENT DE TEST AUTOMATIQUE**	[LS]
ENVOL, PISTE D' ~	[AER]	*automatic test equipment (ATE)*	
runway		**ÉQUIPEMENT DE TEST INTÉGRÉ**	[LS]
ENVOYER	[GEN]	*built-in test equipment (BITE)*	
send (to)		**ÉQUIPEMENT POUR GROSSE**	
ENVOYER À LA FERRAILLE	[GEN]	**MANUTENTION**	[MT]
scrap (to)		*heavy handling equipment*	
ÉPAVE (DÉBRIS FLOTTANTS)	[MAR]	**ÉQUIPEMENTS**	[GEN]
flotsam		*fittings*	
ÉPAVE (DÉBRIS ÉCHOUÉS)	[MAR]	**ÉQUIPEMENTS DE MANUTENTION**	[MT]
jetsam		*handling gear*	
ÉPAVE	[MAR]	**ÉQUIPEMENTS SPÉCIAUX**	[GEN]
wreck		*special fittings*	
ÉPREUVE	[GEN]	**ÉQUIPER**	[GEN]
test		*equip (to)*	
ÉPREUVES, VÉRIFIER PAR ~	[DN]	**ÉQUIVALENT QUARANTE**	
make checks on a selective basis (to)		**PIEDS (EQP)**	[INTM]
ÉPROUVER	[GEN]	*forty equivalent unit (FEU)*	
test (to)		**ÉQUIVALENT VINGT PIEDS (E.V.P.)**	[INTM]
ÉQUILIBRE	[GEN]	*twenty equivalent unit (T.E.U.)*	
balance		**ERGONOMIE**	[GEN]
ÉQUIPAGE	[INTM]	*ergonomics*	
crew		**ERREUR, SAUF ~**	[GEN]
ÉQUIPAGE, RÔLE D' ~	[MAR]	*errors excepted (E.E.)*	
crew manifest		**ERREUR OU OMISSION, SAUF ~**	[GEN]
ÉQUIPAGE COMMERCIAL	[AER]	*errors and omissions*	
cabin crew		*excepted (E.& O.E.)*	
ÉQUIPAGE DE RELÈVE	[INTM]	**ESCABEAU**	[GEN]
relief crew		*step ladder*	
ÉQUIPAGES, MISE EN PLACE DES ~	[AER]	**ESCABEAU PASSAGERS**	[AER]
positioning		*gangway*	
ÉQUIPE (DE RELAIS)	[GEN]	**ESCALE**	[AER]
shift		*stopover*	
ÉQUIPE	[GEN]	**ESCALE**	[MAR]
team		*call*	
ÉQUIPE	[INTM]	**ESCALE, CHEF D' ~**	[AER]
crew		*station manager*	
ÉQUIPE, TRAVAIL D' ~	[GEN]	**ESCALE, COMPTE D' ~**	[MAR]
teamwork		*disbursement account*	
ÉQUIPE DE JOUR	[GEN]	**ESCALE, ENTRETIEN EN ~**	[AER]
day shift		*line maintenance*	

Transport – logistique
Lexique

ESSIEU MÉDIAN [ROUT]

ESCALE, FAIRE ~	[MAR]	**ESSAI, SOUFFLERIE D' ~**	[GEN]
call (to)		*wind tunnel*	
ESCALE, PORT D' ~	[MAR]	**ESSAI DE CHOC**	[INTM]
port of call		*crash test*	
ESCALE DE CORRESPONDANCE	[AER]	**ESSAI EN MER**	[MAR]
transfer station		*sea trial*	
ESCALE EN AMONT	[AER]	**ESSAI EN USINE**	[LS]
upline station		*bench test*	
ESCALE EN AVAL	[AER]	**ESSAYER**	[GEN]
downline station		*test (to)*	
ESCALE, FAIRE ~	[INTM]	*try (to)*	
make a call (to)		**ESSENCE**	[ROUT]
ESCALE TECHNIQUE	[AER]	*gas (US)*	
operational stop		*gasoline (US)*	
refuelling stop		*petrol (Brit.)*	
technical stop		**ESSENCE SANS PLOMB**	[ROUT]
ESCALIER MÉCANIQUE	[GEN]	*lead-free petrol*	
escalator		*unleaded petrol*	
ESCAMOTABLE	[GEN]	**ESSIEU**	[INTM]
retractable		*axle*	
ESCOMPTE	[GEN]	**ESSIEU, CHARGE À L' ~**	[ROUT]
discount		*axle load*	
ESPACE	[GEN]	**ESSIEU, HAUTEUR À L' ~**	[ROUT]
room		*axle clearance*	
space		**ESSIEU, POIDS À L' ~**	[ROUT]
ESPACE AÉRIEN	[AER]	*axle weight*	
airspace		**ESSIEU À VOIE LARGE**	[ROUT]
ESPACE AUX COUDES	[INTM]	*wide track axle*	
elbow room		**ESSIEU AUTOVIREUR**	[ROUT]
ESPACE DE FRET	[INTM]	*self-steering axle*	
freight space		*self-tracking axle*	
ESPACE DISPONIBLE		**ESSIEU AVANT**	[ROUT]
POUR LE CHARGEMENT	[INTM]	*forward axle*	
loading space		*front axle*	
ESPACE LIBRE (ENTRE UN VÉHICULE		**ESSIEU AVANT RIGIDE**	[ROUT]
ET UN OBSTACLE)	[INTM]	*I beam front axle*	
clearance		**ESSIEU AVANT SURÉLEVÉ**	[ROUT]
ESPACE LIBRE EN HAUTEUR	[GEN]	*raised front axle*	
headroom clearance		**ESSIEU CENTRAL**	[ROUT]
ESPACE POUR LES JAMBES	[INTM]	*belly axle*	
leg room		**ESSIEU DE BOGIE**	[FER]
ESPACEMENT	[GEN]	*bogie-axle*	
spacing		**ESSIEU DÉBOÎTABLE**	[ROUT]
ESPÉRANCE MATHÉMATIQUE	[LOG]	*attachable-detachable axle*	
expectation		**ESSIEU DIRECTEUR**	[ROUT]
ESSAI	[GEN]	*steering axle*	
test		**ESSIEU MÉDIAN**	[ROUT]
		pusher axle	

ESSIEU MOTEUR [ROUT]

Transport – logistique
Lexique

ESSIEU MOTEUR	[ROUT]
drive axle	
driven axle	
live axle	
powered axle	
ESSIEU MOTO-DIRECTEUR	[ROUT]
front driving axle	
ESSIEU ORIENTABLE	[ROUT]
steerable axle	
ESSIEU PORTEUR	[ROUT]
dead axle	
non-driven axle	
non-powered axle	
ESSIEU PORTEUR TRAINARD	[ROUT]
tag axle	
trailing axle	
ESSIEU RELEVABLE	[ROUT]
lift axle	
ESSIEU SIMPLE	[ROUT]
single axle	
ESSIEU TANDEM	[ROUT]
dual axle	
tandem axle	
ESSIEU TANDEM À GRAND ÉCARTEMENT	[ROUT]
wide spread tandem axle	
ESSIEU TRIDEM	[ROUT]
tri-axle	
ESSIEUX, ÉCARTEMENT DES ~	[ROUT]
axle spread	
ESSIEUX, WAGON À ~	[FER]
non-bogie wagon	
two-axle wagon	
ESSUIE-GLACE	[INTM]
windscreen wiper	
windshield wiper (US)	
ESSUIE-GLACE, BRAS D' ~	[INTM]
wiper arm	
ESSUIE-GLACE, COMMANDE D' ~	[INTM]
wiper switch	
EST, EN DIRECTION DE L' ~	[INTM]
eastbound	
ESTARIES	[MAR]
lay-days	
ESTIMER	[GEN]
estimate (to)	
ÉTABLIR AU NOM DE...	[GEN]
make out to the order of (to)	

ÉTABLIR LA DISPACHE	[MAR]
adjust the average (to)	
ÉTABLIR LES DOCUMENTS DE TRANSPORT	[INTM]
document freight (to)	
ÉTAGE (ex. AUTOBUS)	[INTM]
deck	
ÉTAGE, À UN SEUL ~	[INTM]
single deck	
ÉTAGÈRE	[GEN]
shelf (plur. shelves)	
ÉTAGÈRES, STOCKER EN ~	[LOG]
shelve (to)	
ÉTAGÈRES DE STOCKAGE	[LOG]
storage shelving	
ÉTAGES, À DEUX ~	[INTM]
double deck	
double-decker	
ÉTALE DE LA MARÉE	[MAR]
slack water	
ÉTANCHE (À L'AIR)	[GEN]
airproof	
airtight	
ÉTANCHE	[GEN]
leakproof	
ÉTANCHE (À L'EAU)	[GEN]
waterproof	
watertight	
ÉTANCHE	[GEN]
weatherproof	
ÉTANCHÉITÉ	[GEN]
watertightness	
ÉTAPE (D'UN PARCOURS)	[INTM]
leg	
ÉTAPES, PROCÉDER PAR ~	[GEN]
phase (to)	
ÉTAT (ex. DES MARCHANDISES)	[GEN]
condition	
ÉTAT	[GEN]
state	
status	
ÉTAT DE CHARGE (DOCUMENT)	[AER]
load sheet	
ÉTAT DE FONCTIONNEMENT	[ROUT]
running order	
ÉTAT DE L'ART	[GEN]
state-of-the-art	

ÉTAT DE MARCHE	[ROUT]	ÉTRANGER, À L' ~	[INTM]
running order		*overseas (Brit.)*	
ÉTAT DE NAVIGABILITÉ	[AER]	ÉTRAVE	[MAR]
airworthiness		*bow*	
ÉTAT DE NAVIGABILITÉ	[MAR]	*stem*	
seaworthiness		ÉTRAVE, LAME D' ~	[MAR]
ÉTAT DE ROULER	[ROUT]	*bow wave*	
roadworthiness		ÊTRE ASSUJETTI À	[GEN]
ÉTAT DES ROUTES	[ROUT]	*be subject to (to)*	
road conditions		ÉTUDE	[GEN]
ÉTAT D'IVRESSE, CONDUITE EN ~	[ROUT]	*survey*	
driving under the influence (DUI)		ÉTUDE, FAIRE UNE ~	[GEN]
ÉTAT DU STOCK	[LOG]	*research into (to)*	
stock position		ÉTUDE DES PANNES	
ÉTEINDRE	[GEN]	ET DE LEURS EFFETS (tda)	[LS]
switch off (to)		*failure mode and effect*	
ÉTENDRE, S' ~	[GEN]	*analysis (FMEA)*	
stretch (to)		ÉTUDE DU RAPPORT COÛTS /	
ÉTHYLOMÈTRE	[ROUT]	AVANTAGES	[LOG]
breathalyser ®		*cost benefit analysis*	
ÉTIAGE	[MAR]	ÉTUDES, BUREAU D' ~	[GEN]
low water		*design office*	
ÉTINCELLE	[GEN]	*research and development department*	
spark		ÉTUDES DE FAISABILITÉ, DE CONCEPTION,	
ÉTIQUETAGE	[GEN]	DE DÉVELOPPEMENT	
labelling		ET DE PRODUCTION	[LS]
ÉTIQUETAGE, MAUVAIS ~	[INTM]	*acquisition*	
mistagging		ÉVALUATION	[GEN]
ÉTIQUETER	[GEN]	*assessment*	
label (to)		*estimate*	
tag (to)		*valuation*	
ÉTIQUETTE (COLLÉE À LA PAROI		ÉVALUATION, BASE D' ~	[DN]
DU CONTENEUR)	[CONT]	*valuation basis*	
decal		ÉVALUATION DES COÛTS	[LOG]
ÉTIQUETTE	[GEN]	*costing*	
label		ÉVALUER	[GEN]
tag		*assess (to)*	
ÉTIQUETTE AUTOCOLLANTE	[GEN]	*estimate (to)*	
sticker		ÉVALUER LES DOMMAGES	[ASS]
ÉTIRER, S' ~	[GEN]	*assess the damage (to)*	
stretch (to)		ÉVÉNEMENT	[GEN]
ÉTOFFES	[GEN]	*event*	
fabrics		ÉVENTUALITÉ	[GEN]
ÉTOUFFER (UN BRUIT)	[GEN]	*contingency*	
muffle (to)		*eventuality*	
ÉTRANGER, À L' ~	[GEN]	*possibility*	
abroad		ÉVITAGE, BASSIN D' ~	[MAR]
		turning basin	

ÉVITEMENT, VOIE D' ~ [FER] siding
ÉVITER [GEN] avoid (to)
EXAMINER [GEN] review (to)
EXCÉDENT [GEN] excess
EXCÉDENTAIRE, STOCK ~ [LOG] surplus stock
EXCÈS [GEN] excess
EXCÈS DE VITESSE [ROUT] speeding
EXCLURE [GEN] exclude (to)
EXÉCUTER (ex. UN ORDRE) [GEN] carry out (to)
EXÉCUTER (ex. UN CONTRAT) [GEN] implement (to)
EXÉCUTION, DÉLAI D' ~
(ex. D'UNE COMMANDE) [LOG] lead time
EXHAUSTEUR, RÉSERVOIR À ~ [ROUT] vacuum feed tank
EXHAUSTIF [GEN] comprehensive
EXIGENCE [GEN] requirement
EXIGIBLE [GEN] due
EXISTANT PHYSIQUE [LOG] stock on hand
EXPÉDIER (ex. UNE TÂCHE) [GEN] expedite (to)
EXPÉDIER [INTM]
  consign (to)
  despatch (to)
  dispatch (to)
  forward (to)
  send (to)
  ship (to)
EXPÉDITEUR [INTM]
  consignor
  sender
  shipper
EXPÉDITEUR, RÉCÉPISSÉ À L' ~ [INTM] consignor's receipt

EXPÉDITION [INTM]
  consignment
  shipment
EXPÉDITION, BORDEREAU D' ~ [INTM] shipment note
EXPÉDITION, DÉCLARATION D' ~ [AER]
  instructions for the dispatch
  of goods (IDG)
  shipper's letter of instruction (SLI)
EXPÉDITION, DOCUMENTS D' ~ [INTM] shipping documents
EXPÉDITION, LIEU D' ~ [INTM] place of despatch
EXPÉDITION, POINT D' ~ [INTM] forwarding point
EXPÉDITION PARTIELLE [INTM]
  part consignment
  part shipment
EXPÉDITION PONCTUELLE [INTM] spot shipment
EXPÉDITIONS, SERVICE DES ~ [INTM]
  despatch department
  forwarding department
EXPÉDITRICE, GARE ~ [FER] forwarding station
EXPÉRIENCE, RETOUR D' ~ [LS] experience feedback
EXPERT [ASS] surveyor
EXPERT, RAPPORT D' ~ [ASS] expert's report
EXPERTISE [ASS] expert's report
EXPERTISE, HONORAIRES D' ~ [ASS] survey fees
EXPERTISE, RAPPORT D' ~ [ASS] survey report
EXPIRATION, VENIR À ~ [ASS]
  expire (to)
  lapse (to)
EXPLOITATION (MISE EN VALEUR) [GEN] exploitation
EXPLOITATION (ex. SERVICE D' ~) [GEN] operation
EXPLOITATION, COÛTS D' ~ [GEN] operational costs
EXPLOITER (TIRER LE MAXIMUM DE) [GEN] exploit (to)

EXPLOITER (ex. UNE LIGNE)	[INTM]	**EXPRÈS**	[INTM]
operate (to)		*express*	
EXPLOSIBLE, MATIÈRE ~	[GEN]	**EXPRESS**	[INTM]
explosive matter		*express*	
EXPLOSIFS	[GEN]	**EXPRESS, LIVRAISON ~**	[INTM]
explosives		*express delivery*	
EXPLOSION, MOTEUR À ~	[ROUT]	**EXPRESS, SERVICE ~**	[INTM]
internal combustion engine		*express parcel service*	
EXPORT, SERVICE ~	[GEN]	*next day service*	
outward freight department		*overnight service*	
EXPORTATEUR	[INTM]	**EXPRESS, VOIE ~**	[ROUT]
exporter		*clearway (Brit.)*	
EXPORTATION	[INTM]	*throughway (US)*	
export		*thruway (US)*	
EXPORTATION, À L' ~	[GEN]	**EXTERNALISATION**	[LOG]
outward		*outsourcing*	
EXPORTATION, DÉDOUANEMENT À L' ~	[DN]	**EXTINCTEUR**	[GEN]
clearance outwards		*fire extinguisher*	
EXPORTATION, LICENCE D' ~	[INTM]	**EXTRACTION (ex. D'UN STOCK OU D'UNE BANQUE DE DONNÉES)**	[GEN]
export licence		*retrieval*	
export permit			
EXPORTER	[INTM]	**EXTRÉMITÉ**	[GEN]
export (to)		*end*	

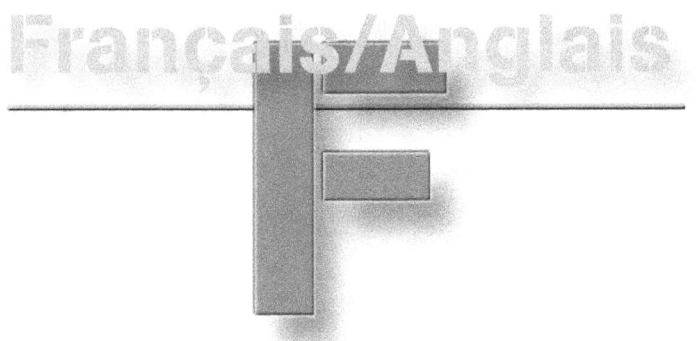

Français/Anglais

F

FABRICANT [GEN]
manufacturer
**FABRICATION ASSISTÉE
PAR ORDINATEUR** [LS]
computer-aided manufacturing (CAM)
FABRIQUER [GEN]
manufacture (to)
FABRIQUER À LA COMMANDE [LOG]
make to order (to) (MTO)
FABRIQUER POUR DU STOCK [LOG]
make to stock (to) (MTS)
FACE AVANT [MT]
obverse
FACTAGE [INTM]
porterage
FACTEUR DE SOUS-CHARGE [AER]
low-load factor
FACTURE [GEN]
bill
invoice
FACTURE CONSULAIRE [INTM]
consular invoice
FACTURE DE DOUANE [DN]
customs invoice
FACTURE DE FRET [INTM]
freight note
FACTURE DE RAPPEL [GEN]
follow-up invoice

FACTURE PRO-FORMA [GEN]
interim invoice (US)
pro-forma invoice
FACTURER [GEN]
bill (to)
invoice (to)
FACULTATIF [GEN]
optional
FACULTÉS [MAR]
cargo
FACULTÉS, ASSURANCE SUR ~ [MAR]
cargo insurance
FACULTÉS, POLICE SUR ~ [MAR]
cargo policy
**FAIBLE VALEUR AJOUTÉE,
MARCHANDISES À ~** [LOG]
low-value commodities
FAIBLESSE [GEN]
weakness
FAIRE BASCULER [GEN]
tilt (to)
FAIRE ESCALE [MAR]
call (to)
**FAIRE FACE
(ex. À DES ENGAGEMENTS)** [GEN]
meet (to)
**FAIRE FONCTIONNER
(ex. UNE MACHINE)** [GEN]
operate (to)

FAIRE L'INVENTAIRE [LOG]

FAIRE L'INVENTAIRE [LOG]
  take inventory (to)
  take stock (to)

FAIRE LA GRÈVE DU ZÈLE [GEN]
  work to rule (to)

FAIRE LA LISTE [GEN]
  list (to)

FAIRE LA NAVETTE [INTM]
  ply (to)
  shuttle (to)

FAIRE LE PLEIN [INTM]
  fill up (to)

FAIRE LE PLEIN DE CARBURANT [AER]
  fuel up (to)

FAIRE MARCHE ARRIÈRE [ROUT]
  back up (to)
  reverse (to)

FAIRE PIVOTER [MT]
  slew (to)

FAIRE RESPECTER (ex. UNE LOI) [GEN]
  enforce (to)

FAIRE SUIVRE [INTM]
  redirect (to)

FAIRE TOURNER [GEN]
  rotate (to)

FAIRE UN RAPPORT [GEN]
  report (to)

FAIRE UNE BOUCLE [GEN]
  loop (to)

FAIRE UNE ÉTUDE [GEN]
  research into (to)

FAIRE UNE RECHERCHE (sur qch.) [GEN]
  enquire (to)

FAISABILITÉ [LOG]
  feasibility

**FAISABILITÉ INDUSTRIELLE
INTÉGRÉE À LA CONCEPTION** [LS]
  design for manufacturability (DFM)

FAISCEAU (LUMINEUX) [GEN]
  beam

FAISCEAU D'ATTENTE [FER]
  hold yard

FAISCEAU DE RÉCEPTION [FER]
  receiving yard

FALSIFICATION DE DOCUMENTS [GEN]
  forgery of documents

FARDAGE [INTM]
  dunnage

FAUSSE ALERTE À LA BOMBE [GEN]
  bomb hoax

FAUSSE DÉCLARATION [ASS]
  misrepresentation

FAUTEUIL ROULANT [INTM]
  wheelchair (WHLCH)

FAUX FRET [MAR]
  dead freight

**FÉDÉRATION DES ASSOCIATIONS
NATIONALES DES COURTIERS
ET AGENTS MARITIMES (tda)** [MAR]
  Federation of National Associations
  of Ship Brokers and Agents
  (FONASBA)

**FÉDÉRATION FRANÇAISE DES
ORGANISATEURS COMMISSIONNAIRES
DE TRANSPORT (équiv.) (FFOCT)** [INTM]
  Institute of Freight Forwarders (IFF)

**FÉDÉRATION INTERNATIONALE
DES ASSOCIATIONS DE TRANSITAIRES
ET ASSIMILÉS (FIATA)** [INTM]
  International Federation
  of Freight Forwarders Associations

FENÊTRE [GEN]
  window

FENÊTRE, PLACE ~ [FER]
  window seat

FENTE [GEN]
  slot

FER [GEN]
  iron

FERCAM, SYSTÈME ~ (FERCAM) [INTM]
  rail transport of trailers

FERDOM, SYSTÈME ~ (FERDOM) [INTM]
  road transport of wagons

FERMER (ex. UN AÉROPORT) [GEN]
  close down (to)

FERMER À CLEF [GEN]
  lock (to)

FERMETURE, DISPOSITIF DE ~ [GEN]
  fastening

**FERMETURE DE VOIE
DE CIRCULATION** [ROUT]
  lane closure

FERMOIR [GEN]
  hasp

FERRAILLE [GEN]
  scrap

Transport - logistique
Lexique

FICHE DE RECHERCHE [INTM]

F

FERRAILLE, ENVOYER À LA ~ [GEN]
scrap (to)

FERREUX, MINERAIS ~ [GEN]
ferrous ores

FERROUTAGE [INTM]
piggy-back (US)

FERROUTAGE [INTM]
rail-road transport (Brit.)

FERROUTER [INTM]
piggy-back (to)

FERROVIAIRE, TRANSPORT ~ [FER]
rail / railway transport
railroad transport (US)

FEU ROUGE, BRÛLER UN ~ [ROUT]
go through a red light (to)
jump the lights (to)

FEUILLARD [MT]
metal strap

FEUILLE [GEN]
sheet

FEUILLE D'OPÉRATIONS [LOG]
work-sheet

FEUILLE DE CENTRAGE [AER]
balance chart
trim sheet

FEUILLE DE CHARGEMENT [AER]
load sheet

FEUILLE DE COMPOSITION (DU TRAIN) [FER]
train consist report

FEUILLE DE POINTAGE [INTM]
tally card
tally sheet

FEUILLE DE ROUTE [ROUT]
waybill (WB)

FEUX ARRIÈRES [ROUT]
tail-lights

FEUX CLIGNOTANTS [INTM]
flashing lights

FEUX DE CIRCULATION [ROUT]
traffic lights
traffic signals

FEUX DE CROISEMENT [ROUT]
dipped headlights

FEUX DE CROISEMENT, METTRE EN ~ (SE) [ROUT]
dip headlights (to)

FEUX DE DÉTRESSE [ROUT]
warning lights
warning signal

FEUX DE GABARIT [ROUT]
clearance lights

FEUX DE GABARIT ROUGES [ROUT]
red marker lights

FEUX DE NAVIGATION [INTM]
navigation lights

FEUX DE POSITION [ROUT]
sidelights

FEUX DE RECUL [ROUT]
backup lights (US)
reversing lights

FEUX DE ROUTE [ROUT]
headlamps
headlights

FEUX DE STATIONNEMENT [ROUT]
parking lights

FEUX DE STOP [ROUT]
brake lights

FIABILITÉ [LOG]
reliability

FIABILITÉ ET MAINTENABILITÉ [LS]
reliability and maintainability (R&M)

FIABILITÉ, MAINTENABILITÉ, DISPONIBILITÉ (FMD) [LS]
reliability, availability, maintainability (RAM)

FIABILITÉ, MAINTENABILITÉ, DISPONIBILITÉ, SÉCURITÉ (FMDS) [LS]
reliability, availability, maintainability, safety (RAMS)

FIABILITÉ PRÉVISIONNELLE [LS]
reliability prediction

FIABLE [GEN]
reliable

FIBRE DE BOIS [GEN]
wood fibre

FIBRE DE VERRE [GEN]
glassfibre

FICHE (DE COURANT) [GEN]
plug

FICHE DE DOUANE [DN]
customs slip

FICHE DE RECHERCHE [INTM]
tracer

FICHE TECHNIQUE [GEN]

Transport - logistique
Lexique

FICHE TECHNIQUE	[GEN]	**FISSIBLE, MATIÈRE ~**	[GEN]
specification sheet		*fissile material*	
FICHIER	[GEN]	**FISSURE**	[GEN]
card index		*crack*	
FIL DE FER	[GEN]	**FIXATION**	[MT]
wire		*mooring*	
FIL ÉLECTRIQUE	[GEN]	**FIXATION, POINT DE ~**	[MT]
wire		*securing point*	
FILE	[GEN]	**FIXER**	[GEN]
line		*fasten (to)*	
FILET	[MT]	**FIXER UN ITINÉRAIRE**	[INTM]
net		*route (to)*	
FILET À SANGLES	[MT]	**FIXER UN OBJECTIF**	[GEN]
strap net		*set a target (to)*	
FILET DE SÉPARATION	[MT]	**FIXER UN PRIX**	[GEN]
divider net		*price (to)*	
FILETAGE	[GEN]	*quote (to)*	
thread		**FLÈCHE**	[ROUT]
FILIALE	[GEN]	*tongue*	
affiliate (US)		**FLÈCHE DE GRUE**	[MT]
subsidiary (Brit.)		*boom*	
FILM, EMBALLAGE SOUS ~	[MT]	*jib*	
stretch-wrapping		**FLÈCHE TÉLESCOPIQUE**	[MT]
FILM À BULLES	[LOG]	*telescopic boom*	
bubblewrap		**FLEUVE**	[FLV]
FILM PLASTIQUE	[MT]	*river*	
plastic film		**FLEXI VAN, CONTENEUR ~**	
plastic sheeting		**(TRANSFORMABLE**	
FILM THERMORÉTRACTABLE	[MT]	**EN REMORQUE ROUTIÈRE)**	[CONT]
shrink-wrap		*flexi van*	
FILMAGE (D'UNE PALETTE)	[MT]	**FLEXIBILITÉ**	[GEN]
shrink-wrapping		*flexibility*	
stretch-wrapping		**FLEXIBLE**	[GEN]
FILMER (UNE PALETTE)	[MT]	*modulable*	
shrink-wrap (to)		**FLOTTAISON, LIGNE DE ~**	[MAR]
FILOGUIDÉ	[MT]	*waterline*	
wire-guided		**FLOTTAISON EN CHARGE, LIGNE DE ~**	[MAR]
FILOGUIDÉS, CHARIOTS ~	[MT]	*Plimsoll line*	
automatic guided vehicles (AGVs)		**FLOTTANTE, ASSURANCE ~**	[ASS]
FILTRE	[GEN]	*floater policy insurance*	
filter		*floating policy insurance*	
FIN DU RISQUE	[ASS]	**FLOTTANTE, POLICE ~**	[ASS]
cessation of risk		*floater policy*	
FINANCIER, SERVICE ~	[GEN]	*floating policy*	
accounts department		*open policy*	
FIOUL	[GEN]	**FLOTTE (AVIONS, NAVIRES)**	[INTM]
fuel oil		*fleet*	

Transport – logistique
Lexique

FORMAT [GEN]

FLOTTE DE COMMERCE	[MAR]
merchant fleet	
FLUVIAL, PORT ~	[FLV]
inland port	
riverine port	
FLUVIAL, TRANSPORT ~	[FLV]
inland waterway transport	
FLUVIALE, ASSURANCE ~	[ASS]
inland waterway insurance	
FLUVIO-MARITIME, ARMEMENT ~	[INTM]
sea-river company	
FLUX	[GEN]
flow	
FLUX, ARBORESCENCE DES ~	[LOG]
flow chart	
FLUX, CONTRÔLE DES ~	[LOG]
flow monitoring	
FLUX, DIAGRAMME DES ~	[LOG]
flow chart	
FLUX, GESTION INTÉGRÉE DES ~	[LOG]
integrated logistics	
FLUX, INVERSER UN ~	[LOG]
reverse a flow (to)	
FLUX, MODÈLE DE ~	[LOG]
flow pattern	
FLUX, PILOTAGE DES ~	[LOG]
flow monitoring	
FLUX INFORMATIFS	[LOG]
information flow	
FLUX PHYSIQUE	[LOG]
physical flow	
FLUX RÉGULIER	[GEN]
steady flow	
FLUX TENDUS	[LOG]
just-in-time (JIT)	
FLUX TIRÉS	[LOG]
just-in-time (JIT)	
FOB ARRIMÉ	[MAR]
FOB stowed	
FONCTIONNELLE, ANALYSE ~	[LOG]
systems analysis	
FONCTIONNEMENT, DURÉE DE BON ~	[LS]
up time (UT)	
FONCTIONNEMENT, EN ~	[GEN]
in use	
FONCTIONNEMENT, ÉTAT DE ~	[ROUT]
running order	
FONCTIONNER	[GEN]
operate (to)	
run (to)	
work (to)	
FOND	[GEN]
bottom	
FOND MOBILE, BAC À ~	[LOG]
drop-bottom bin	
FONDS MONÉTAIRE INTERNATIONAL (FMI)	[GEN]
International Monetary Fund (IMF)	
FONGIBLE	[GEN]
fungible	
FORCE	[GEN]
strength	
FORCE DE TRACTAGE	[ROUT]
drawbar pull	
FORCE MAJEURE, CAS DE ~	[ASS]
Act of God	
FORCER LE BLOCUS	[INTM]
run the blockade (to)	
FORFAIT	[GEN]
flat rate	
lump sum	
FORFAIT, VOYAGE À ~	[INTM]
package	
FORFAITAIRE, ACHAT ~	[GEN]
package deal	
FORFAITAIRE, MONTANT ~	[GEN]
lump sum	
FORFAITAIRE, TARIF ~	[GEN]
flat rate	
lump sum rate	
uniform rate	
FORFAITAIRE, TARIF ~	[INTM]
through rate	
FORFAITAIRE, VOYAGE À PRIX ~	[INTM]
package tour	
FORMALISER	[GEN]
formalize (to)	
FORMALITÉS	[GEN]
formalities	
FORMALITÉS DOUANIÈRES	[DN]
customs formalities	
FORMAT	[GEN]
format	
size	

F FORMATION (EX. PROFESSIONNELLE) [GEN]

FORMATION (ex. PROFESSIONNELLE) [GEN]	
training	
FORMATION INTERNE [GEN]	
in-house training	
FORMATION SUR SITE [GEN]	
on-the-job training	
FORME [GEN]	
shape	
FORME [MAR]	
dock	
FORME DE RADOUB [MAR]	
dry dock	
FORMULAIRE [GEN]	
form	
FORMULAIRE, REMPLIR UN ~ [GEN]	
fill in / up / out a form (to)	
FORMULAIRE DE CANDIDATURE [GEN]	
application form	
FORMULAIRE DE DEMANDE [GEN]	
application form	
FORMULER [GEN]	
formulate (to)	
FORTUNES DE GUERRE [MAR]	
war risks	
FORTUNES DE MER [MAR]	
perils of the seas	
risks of the seas	
FOUILLE [GEN]	
search	
FOUILLER [GEN]	
search (to)	
FOURCHE [MT]	
fork	
FOURCHE, DENT DE ~ [MT]	
prong	
FOURCHE, PASSAGE DE ~ [MT]	
fork lift entry	
fork lift pocket	
FOURCHE RÉTRACTABLE, CHARIOT À ~ [MT]	
retractable fork reach truck	
FOURCHE SUSPENDUE [MT]	
crane fork	
FOURGON [FER]	
box wagon (Brit.)	
FOURGON [INTM]	
van	

Transport – logistique
Lexique

FOURGON À FREIN	[FER]
brake van	
FOURGON DE QUEUE	[FER]
caboose (US)	
guard's van (Brit.)	
FOURGON DU CHEF DE TRAIN	[FER]
guard's van	
FOURGON MORTUAIRE	[ROUT]
hearse	
FOURNIR	[GEN]
provide (to)	
supply (to)	
FOURNISSEUR	[GEN]
supplier	
FOURNISSEUR D'APPLICATIONS	
HÉBERGÉES (FAH)	[LOG]
application service provider (ASP)	
FOURRIÈRE	[ROUT]
pound	
FOURRIÈRE, METTRE EN ~	[ROUT]
impound a car (to)	
tow away (to)	
FRACTIONNER	[GEN]
split (to)	
FRAGILE	[GEN]
breakable	
fragile	
FRAGILE (SUR UN EMBALLAGE)	[MT]
handle with care	
FRAIS (n.)	[GEN]
charges	
FRAIS CONFORMES	
AUX USAGES LOCAUX	[INTM]
customary charges	
FRAIS D'ALLÈGE	[MAR]
lighterage charges	
FRAIS D'EMPOTAGE / DÉPOTAGE	
(GROUPAGE)	[CONT]
LCL charges	
FRAIS D'HÉBERGEMENT	[GEN]
accommodation expenses	
FRAIS D'IMMOBILISATION	[INTM]
demurrage costs	
FRAIS DE DÉBARQUEMENT	[MAR]
landing charges	
FRAIS DE DÉPLACEMENT	[GEN]
travel expenses	

Transport – logistique
Lexique

FREIN À DISQUE [INTM]

FRAIS DE MANUTENTION	[CONT]		**FRANCHISE, ADMISSION EN ~**	[DN]
container service charge (CSC)			*exemption from duty*	
FRAIS DE MANUTENTION	[INTM]		**FRANCHISE BAGAGES**	[AER]
handling charges			*baggage allowance*	
FRAIS DE MANUTENTION AU TERMINAL	[CONT]		**FRANCHISE DE PRÉLÈVEMENT, EN ~**	[DN]
terminal handling charges (THC)			*exempt from levy*	
FRAIS DE PASSAGE PORTUAIRE	[CONT]		**FRANCHISE, EN ~**	[DN]
terminal handling charges (THC)			*duty-free*	
FRAIS DE PILOTAGE	[MAR]		**FRANCHISEUR**	[GEN]
pilotage dues			*franchisor*	
FRAIS DE PORT	[INTM]		**FRANCO (DE PORT)**	[INTM]
freight			*franco* / *free* / *prepaid*	
FRAIS DE SAUVETAGE	[ASS]		**FRANCO BORD**	[MAR]
salvage costs			*Free On Board (FOB)*	
FRAIS DE SOUTE	[MAR]		**FRANCO DE TOUS FRAIS**	[INTM]
bunker adjustment factor (BAF)			*charges prepaid (ch.ppd)* / *free of (all) charges*	
FRAIS DE STATIONNEMENT D'UN WAGON	[FER]		**FRANCO DOMICILE**	[INTM]
wagon demurrage charges			*free to customer's premises*	
FRAIS DE SURESTARIES	[CONT]		**FRANCO FRONTIÈRE**	[INTM]
container detention charges			*price free border*	
FRAIS GÉNÉRAUX	[GEN]		**FRANCO LE LONG DU NAVIRE**	[MAR]
overheads			*Free Alongside Ship (FAS)*	
FRAIS PORTUAIRES	[MAR]		**FRANCO-TRANSPORTEUR**	[INTM]
port charges / *port costs*			*Free-Carrier (FCA)*	
FRAIS, RISQUES ET PÉRILS DU CHARGEUR, AUX ~	[INTM]		**FRAUDE, PASSER EN ~**	[DN]
on account and risk of shipper			*smuggle (to)*	
FRANC D'AVARIE PARTICULIÈRE (F.A.P.)	[MAR]		**FRAUDE DOUANIÈRE**	[DN]
free of particular average (F.P.A.)			*customs fraud*	
FRANC D'AVARIE PARTICULIÈRE SAUF..	[MAR]		**FRAUDER EN DOUANE**	[DN]
free of particular average unless			*defraud customs (to)*	
FRANCE CONTINENTALE	[GEN]		**FREIN**	[INTM]
mainland France			*brake*	
FRANCHE, ZONE ~	[INTM]		**FREIN, CYLINDRE DE ~**	[INTM]
free trade area			*brake cylinder*	
FRANCHIR	[GEN]		**FREIN, MÂCHOIRE DE ~**	[INTM]
cross (to)			*brake shoe*	
FRANCHISAGE	[GEN]		**FREIN, PLAQUETTE DE ~**	[INTM]
franchising			*brake pad*	
FRANCHISE	[GEN]		**FREIN, TAMBOUR DE ~**	[ROUT]
franchise			*brake drum*	
FRANCHISE	[MAR]		**FREIN À AIR COMPRIMÉ**	[ROUT]
deductible			*air-brake*	
FRANCHISÉ	[GEN]		**FREIN À DISQUE**	[INTM]
franchisee			*disc brake*	

FREIN À MAIN	[ROUT]	**FRET AU LONG COURS**	[MAR]
hand-brake		ocean freight	
FREIN À MAIN, LEVIER DE ~	[ROUT]	**FRET AVIONNÉ**	[AER]
brake lever		air cargo	
FREIN À MAIN, VOLANT DE ~	[FER]	**FRET BORD**	[MAR]
hand brake wheel		free in and out (F.I.O.)	
FREIN À TAMBOUR	[ROUT]	**FRET DE RETOUR**	[INTM]
drum brake		back freight	
FREIN À VIDE	[INTM]	backload / backloading	
vacuum brake		home freight	
		return freight	
FREIN PNEUMATIQUE	[ROUT]	**FRET DE RETOUR**	[ROUT]
air brake		back haul	
FREINAGE	[INTM]	**FRET DEBOUT, CHARGEMENT ~**	[AER]
braking		upright loading	
FREINER	[INTM]	**FRET GRATUIT**	[AER]
brake (to)		non-revenue cargo	
FREINS, GARNITURE DE ~	[INTM]	**FRET INCLINÉ, CHARGEMENT ~**	[AER]
brake lining		tilted loading	
FREINS, LIQUIDE DE ~	[ROUT]	**FRET MARITIME**	[MAR]
brake fluid		seafreight	
FREINTE (DE ROUTE)	[ROUT]	**FRET PAYABLE À DESTINATION**	[INTM]
loss in weight		freight payable at destination (FPAD)	
FRÉQUENCE	[GEN]	**FRET PAYANT**	[AER]
frequency		revenue cargo	
FRET	[INTM]	**FRET RÉGLEMENTÉ**	[AER]
freight		restricted cargo	
freightage		**FRET SENSIBLE**	[INTM]
FRET, AÉROGARE DE ~	[AER]	sensitive freight	
cargo terminal		**FRET SERVICE**	[AER]
FRET, ASSURANCE ~	[ASS]	service cargo	
freight insurance		**FRET SUR LE VIDE**	[MAR]
FRET, ENGAGEMENT DE ~	[INTM]	dead freight	
booking note		**FRÉTER (DONNER À FRET)**	[MAR]
FRET, ESPACE DE ~	[INTM]	freight (to)	
freight space		**FRÉTEUR (QUI DONNE EN LOCATION)**	[MAR]
FRET, FACTURE DE ~	[INTM]	freighter	
freight note		**FRETEXPRESS**	[FER]
FRET, MANIFESTE DE ~	[INTM]	fast goods service	
cargo manifest		**FRIGORIFÈRE**	[CONT]
FRET, TONNEAU DE ~	[MAR]	aircooler	
freight ton		**FRIGORIFIQUE, CONTENEUR ~**	[CONT]
FRET À FORFAIT	[INTM]	reefer container	
through freight		**FRIGORIFIQUE, GROUPE ~**	[GEN]
FRET AÉRIEN	[AER]	refrigeration unit	
air cargo		**FRIGORIFIQUE, NAVIRE ~**	[MAR]
air freight		reefer ship	
		refrigerator ship	

FRIGORIFIQUE, WAGON ~	[FER]	**FUMÉE**	[GEN]
reefer wagon		*smoke*	
refrigerated van		**FUSEAU HORAIRE**	[GEN]
refrigerated wagon		*time zone*	
FROID, GROUPE ~	[GEN]	**FUSÉE**	[ROUT]
refrigerating unit		*journal*	
FRONT DE MER	[MAR]	**FUSELAGE**	[AER]
seafront		*fuselage*	
FRONTIÈRE	[GEN]	**FUSIBLE**	[GEN]
border		*fuse*	
boundary		**FUSION (D'ENTREPRISES)**	[GEN]
frontier		*merger*	
FRONTIÈRE, GARE DE ~	[FER]	**FUSIONNER**	[GEN]
frontier station		*merge (to)*	
FRONTIÈRE INTÉRIEURE	[DN]	**FÛT**	[GEN]
internal frontier		*barrel*	
FUITE	[GEN]	**FÛT (EN BOIS)**	[GEN]
leak		*cask*	
FUITE, DÉLIT DE ~	[ROUT]	**FÛT (EN MÉTAL)**	[GEN]
hit and run offence		*drum*	

Français/Anglais — G

GABARE / GABARRE *lighter*	[MAR]	GÂCHIS *waste*	[GEN]
GABARES, LOYER DE ~ *barge hire*	[FLV]	GAGNANT-GAGNANT *win-win*	[LOG]
GABARIT (DU VÉHICULE) *gauge*	[INTM]	GAGNER (TEMPS, ARGENT) *gain (to)*	[GEN]
GABARIT (ENCOMBREMENT) *overall measurements*	[INTM]	GAIN *gain*	[GEN]
GABARIT, FEUX DE ~ *clearance lights*	[ROUT]	GAINE *duct*	[GEN]
GABARIT, HORS ~ (POUR UN VÉHICULE) *out of gauge*	[INTM]	GAINE DE DISTRIBUTION D'AIR *air supply duct*	[CONT]
GABARIT, HORS ~ (ex. COLIS) *out of profile* *outsize*	[INTM]	GAINE DE RANCHER *stake pocket*	[INTM]
		GAINE DE REPRISE D'AIR *return air duct*	[CONT]
GABARIT ANGLAIS *English gauge*	[FER]	GALET DE TRANSLATION *live roller*	[MT]
GABARIT CONTINENTAL *continental gauge*	[FER]	GALET PIVOTANT *caster / castor*	[MT]
GABARIT DE CHARGEMENT *gauge*	[INTM]	GAMME (DE PRODUITS) *range*	[GEN]
GABARIT DE VÉRIFICATION *checking template*	[GEN]	GARAGE, VOIE DE ~ *siding* *stabling track*	[FER]
GÂCHE *clasp*	[CONT]		
GÂCHER *spoil (to)* *waste (to)*	[GEN]	GARANT *guarantor* *warrantor*	[GEN]

GARANTIE [GEN]

GARANTIE [GEN]
guarantee
warranty

GARANTIE (ex. BANCAIRE) [GEN]
security

GARANTIE, TITRE DE ~ [DN]
guarantee voucher

GARANTIE DE BONNE EXÉCUTION [GEN]
performance bond

GARANTIES [ASS]
benefits

GARANTIR
(ex. UNE QUALITÉ DE SERVICE) [GEN]
ensure (to)

GARANTIR [GEN]
guarantee (to)
warrant (to)

GARDE AU SOL [INTM]
ground clearance

GARDE-MEUBLES [LOG]
furniture depository
furniture store

GARDEZ LA GAUCHE [ROUT]
keep to the left

GARDIEN DE PHARE [MAR]
lighthouse keeper

GARE [FER]
depot (US)
station

GARE, CHEF DE ~ [FER]
station master

GARE AUTOMATIQUE [FER]
unmanned station

GARE COMMUNE (EXPLOITÉE PAR DEUX RÉSEAUX) [FER]
joint station

GARE DE FRONTIÈRE [FER]
frontier station

GARE DE MARCHANDISES [FER]
freight house (US)
freight yard
goods depot (US)
goods yard

GARE DE TRIAGE [FER]
classification yard (US)
marshalling yard (Brit.)
switching yard (US)

GARE DESTINATAIRE [FER]
destination station

Transport – logistique
Lexique

GARE EXPÉDITRICE [FER]
forwarding station

GARE HABITÉE [FER]
manned station

GARE MARITIME [FER]
harbour station

GARE ROUTIÈRE [ROUT]
bus / coach station
haulage depot

GARNITURE DE FREINS [INTM]
brake lining

GAS-OIL [ROUT]
derv (diesel-engined road vehicle)

GASPILLAGE [GEN]
waste

GASPILLER [GEN]
waste (to)

GAZ, METTRE LES ~ [INTM]
open the throttle (to)

GAZ CHIMIQUE [GEN]
chemical gas

GAZ D'ÉCHAPPEMENT [ROUT]
exhaust fumes

GAZ DE PÉTROLE LIQUÉFIÉ (GPL) [ROUT]
liquid petroleum gas (LPG)

GAZ LIQUIDE [GEN]
liquefied gas

GAZ NATUREL [GEN]
natural gas

GAZ NATUREL LIQUÉFIÉ (GNL) [GEN]
liquefied natural gas (LNG)

GAZ TOXIQUES [GEN]
fumes
toxic gases

GAZODUC [GEN]
pipeline

GEL, QUI CRAINT LE ~ [GEN]
freezable

GELER [GEN]
freeze (to)

GENDARME COUCHÉ [ROUT]
sleeping policeman

GÉNÉRATRICE PRINCIPALE [FER]
main generator

GENS DE MER [MAR]
seafarers

Transport – logistique
Lexique

GONDOLE (EX. DANS UN SUPERMAR-
CHÉ) [LOG]

GÉRANCE D'UN NAVIRE	[MAR]
husbanding	
GERBABLE	[LOG]
stackable	
GERBAGE	[LOG]
stacking	
GERBAGE, CHARGE DE ~	[CONT]
superimposed load	
GERBER	[MT]
pile (to)	
stack (to)	
GERBEUR	[MT]
stacker	
stacking truck	
GERBEUR À DÉPLACEMENT MANUEL	[MT]
hand-operated stacker	
GÉRER	[GEN]
manage (to)	
run (to)	
GESTION	[GEN]
management	
GESTION, OUTIL DE ~	[LOG]
management tool	
GESTION DE CONFIGURATION	[LS]
configuration management	
GESTION DE LA RELATION CLIENT (GRC)	[LOG]
customer relationship management (CRM)	
GESTION DE L'APPROVISIONNEMENT	[LOG]
supply management	
GESTION DE MAINTENANCE ASSISTÉE PAR ORDINATEUR (GMAO)	[LS]
computer-aided maintenance control	
GESTION DE PRODUCTION	[LOG]
production management	
GESTION DE PRODUCTION ASSISTÉE PAR ORDINATEUR (GPAO)	[LOG]
computer-aided production control	
GESTION DES STOCKS	[LOG]
inventory control	
stock control	
GESTION DES STOCKS POUR COMPTE	[LOG]
third-party inventory management	
GESTION GLOBALE DES RESSOURCES	[LOG]
supply chain management (SCM)	
GESTION INFORMATISÉE DE LA LOGISTIQUE	[LOG]
computer-aided logistics management	
GESTION INTÉGRÉE DES FLUX	[LOG]
integrated logistics	
GESTION LOGISTIQUE RETARDÉE	[LOG]
postponement	
GESTION PARTAGÉE DES APPROVISIONNEMENTS (GPA)	[LOG]
co-managed inventory (accord formel) (CMI)	
vendor-managed inventory (accord tacite) (VMI)	
GICLEUR	[INTM]
jet	
GILET DE SAUVETAGE	[INTM]
life jacket	
GÎTER	[MAR]
list (to)	
GIVRE	[INTM]
icing	
rime ice	
GLACE	[GEN]
ice	
GLISSER	[GEN]
slide (to)	
GLISSIÈRE	[MT]
chute	
GLISSIÈRE DE SÉCURITÉ	[ROUT]
crash barrier	
GLOBAL	[GEN]
comprehensive	
global	
overall	
GMT, HEURE ~	[GEN]
Greenwich Mean Time (GMT)	
GODET	[MT]
bucket	
GODETS, ÉLÉVATEUR À ~	[MT]
bucket elevator	
GODETS, PELLETEUSE À ~	[MT]
bucket loader	
GOLFE	[MAR]
bay	
GOLFE DE GASCOGNE	[MAR]
Bay of Biscay	
GOND	[GEN]
pintle	
GONDOLE (ex. DANS UN SUPERMARCHÉ)	[LOG]
gondola	
shelf	

© Éditions d'Organisation

GONFLER (ex. UN PNEU)	[GEN]
inflate (to)	
GOULET D'ÉTRANGLEMENT	[GEN]
bottleneck	
GOUPILLE DE DÉPANNAGE	[ROUT]
tow pin	
GOUSSET D'ANGLE	[ROUT]
gusset	
GOUTTIÈRE	[GEN]
gutter	
GOUVERNAIL	[INTM]
rudder	
GOUVERNAIL DE DIRECTION	[AER]
rudder	
GOUVERNAIL DE PROFONDEUR	[AER]
elevator	
GOUVERNES	[AER]
control surfaces	
GPS	[INTM]
global positioning system	
GRACIEUX, À TITRE ~	[GEN]
complimentary	
GRAISSE	[GEN]
grease	
GRAISSER	[GEN]
grease (to)	
GRAND AXE	[ROUT]
trunk road	
GRANDE BANLIEUE	[GEN]
commuter belt	
GRANDE CAPACITÉ, DE ~	[INTM]
jumbo	
GRANDE LEVÉE, À ~	[MT]
high-lift	
GRANDE LIGNE	[FER]
main line	
trunk line	
GRANDE LIGNE, TRAIN DE ~ (MARCHANDISES)	[FER]
long-haul train	
GRAPHIQUE (N.)	[GEN]
chart	
graph	
GRAPPIN	[MAR]
grapnel	
GRAPPIN	[MT]
grab	

GRATUIT	[GEN]
free	
free of charge	
GRAVIER	[GEN]
gravel	
GRAVITÉ, CENTRE DE ~	[GEN]
centre of gravity	
GRAVITÉ, DÉBRANCHEMENT PAR ~	[FER]
gravity shunting	
GRAVITÉ, DÉCHARGEMENT PAR ~	[INTM]
gravity unloading	
GRÉ À GRÉ, DE ~	[GEN]
by private agreement	
GRÉAGE	[MAR]
rigging	
GRÉEMENT	[MAR]
rig	
GRÊLE	[GEN]
hail	
GRÊLON	[GEN]
hailstone	
GRÈVE	[GEN]
strike	
GRÈVE D'AVERTISSEMENT	[GEN]
token strike	
GRÈVE DU ZÈLE, FAIRE LA ~	[GEN]
work to rule (to)	
GRÈVE PERLÉE	[GEN]
selective strike	
GRÈVE SAUVAGE	[GEN]
wildcat strike	
GRÈVE, SE METTRE EN ~	[GEN]
go on strike (to)	
GRÈVE SUR LE TAS	[GEN]
sit-in strike	
GRÈVE SURPRISE	[GEN]
lightning strike	
GRÈVES, ÉMEUTES, MOUVEMENTS POPULAIRES	[ASS]
strikes, riots,	
and civil commotions (SR&CC)	
GRILLAGE	[GEN]
wire mesh	
GROS, ACHETER EN ~	[GEN]
buy in bulk (to)	
GROS, VENTE EN ~	[GEN]
wholesale	

GROS PORTEUR (AVION)	[AER]	**GROUPEMENT INDUSTRIEL**	
high capacity aircraft		**EUROPÉEN CALS (tda)**	[LS]
GROS PORTEUR (AVION)	[AER]	*European CALS industry group (EUCIG)*	
jumbo jet		**GROUPER**	[INTM]
wide-bodied aircraft		*consolidate (to)*	
GROSSISTE	[GEN]	*group (to)*	
wholesaler		**GROUPEUR**	[INTM]
GROUPAGE	[INTM]	*consolidator*	
consolidation		*groupage agent*	
groupage		*grouping agent*	
GROUPAGE, CONTENEUR DE ~	[CONT]	**GRUE**	[MT]
less than container load (LCL)		*crane*	
GROUPAGE, LTA DE ~	[AER]	**GRUE, FLÈCHE DE ~**	[MT]
house air waybill (HAWB)		*boom*	
GROUPAGE, MAGASIN DE ~	[CONT]	**GRUE À EMPILAGE MULTIPLE**	[MT]
container freight station (CFS)		*multiple stacking crane*	
GROUPAGE, PLATE-FORME DE ~	[INTM]	**GRUE À ROTATION MANUELLE**	[MT]
consolidation platform		*hand-rotated crane*	
GROUPAGE, WAGON DE ~	[FER]	**GRUE D'ATELIER**	[MT]
less than truckload (LTT)		*workshop crane*	
GROUPE, CHEF DE ~	[AER]	**GRUE DE BORD**	[MAR]
supervisor		*deck crane*	
GROUPE AUXILIAIRE DE BORD	[AER]	**GRUE DE PARC**	[MT]
auxiliary power unit (APU)		*stockyard jib crane*	
GROUPE DE TRAVAIL	[GEN]	**GRUE EN T**	[MT]
task force		*T-lift crane*	
GROUPE ÉLECTROGÈNE	[GEN]	**GRUE MONTÉE SUR RAILS**	[MT]
electrical power unit		*rail mounted crane*	
generator set		**GRUE MONTÉE SUR ROUES**	[MT]
GROUPE ÉLECTROGÈNE AMOVIBLE		*trailer mounted crane*	
(POUR CONTENEUR FRIGO)	[CONT]	**GRUE PIVOTANTE**	[MT]
clip-on generator set		*rotary crane*	
GROUPE ÉLECTROGÈNE DE PARC	[AER]	**GRUE POTENCE**	[MT]
ground power unit (GPU)		*jib crane*	
GROUPE FRIGORIFIQUE	[GEN]	**GRUE POTENCE SUR CAMION**	[MT]
refrigeration unit		*lorry-mounted jib crane*	
GROUPE FRIGORIFIQUE AMOVIBLE	[CONT]	**GRUMIER**	[MAR]
clip-on refrigeration unit		*log carrier*	
GROUPE FROID	[GEN]	**GRUTIER**	[MT]
refrigerating unit		*crane operator*	
GROUPE MOTEUR	[INTM]	**GUERRE, RISQUES DE ~**	[MAR]
powerplant		*war risks (W.R.)*	
GROUPEMENT INDUSTRIEL		**GUERRE, ZONE DE ~**	[GEN]
BRITANNIQUE CALS (tda)	[LS]	*war zone*	
UK CALS Industry Council (UKCIC)		**GUIBRE, AVANT À ~**	[MAR]
		clipper bow	

GUICHET UNIQUE [FER]

Transport – logistique
Lexique

GUICHET UNIQUE [FER]
one-stop shop
GUIDAGE D'APPROCHE [AER]
approach guidance
GUIDAGE ÉLECTRONIQUE [INTM]
electronic guidance

GUIDE DE CRÉMONE [INTM]
rod guide
GUINDEAU [MAR]
windlass

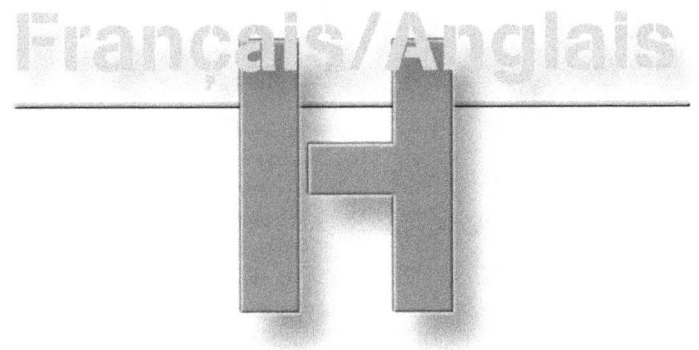

Français/Anglais

HABILLAGE TRANSPARENT	[LOG]	**HAUTE MER**	[MAR]
blister pack		*deep sea (adj.)*	
HABITACLE	[ROUT]	*high seas*	
cab interior		*open seas*	
HALL	[AER]	**HAUTE MER, NAVIRE DE ~**	[MAR]
concourse		*ocean-going vessel*	
HALL	[GEN]	**HAUTE VALEUR AJOUTÉE,**	
hall		**MARCHANDISES À ~**	[LOG]
HANDICAPÉ	[GEN]	*high-value commodities*	
disabled		**HAUTE VALEUR AJOUTÉE, PIÈCE À ~**	[LOG]
HANGAR	[AER]	*high cost part*	
hangar		**HAUTEUR**	[GEN]
HANGAR	[GEN]	*height*	
shed		**HAUTEUR À L'ESSIEU**	[ROUT]
HANGAR, CAPACITÉ D'ACCUEIL EN ~	[AER]	*axle clearance*	
hangarage		**HAUTEUR D'EAU MOYENNE À MARÉE BASSE EN PÉRIODE DE MORTES-EAUX**	[MAR]
HARASSE	[INTM]	*mean low water neap tide (MLWNT)*	
crate		**HAUTEUR D'EAU MOYENNE À MARÉE BASSE EN PÉRIODE DE VIVES-EAUX**	[MAR]
HARMONISER	[GEN]	*mean low water spring tide (MLWST)*	
harmonize (to)		**HAUTEUR D'EAU MOYENNE À MARÉE HAUTE EN PÉRIODE DE MORTES-EAUX**	[MAR]
HAUT (SUR UN EMBALLAGE)	[MT]	*mean high water neap tide (MHWNT)*	
this side up		**HAUTEUR D'EAU MOYENNE À MARÉE HAUTE EN PÉRIODE DE VIVES-EAUX**	[MAR]
top		*mean high water spring tide (MHWST)*	
up		**HAUTEUR LIBRE**	[GEN]
HAUT LE PIED, TRACTEUR ~ (CIRCULANT SANS SEMI-REMORQUE)	[ROUT]	*headroom*	
bobtail		*overhead clearance*	

HAUTEUR LIMITE (SUR PANNEAU DE SIGNALISATION) [ROUT]

Transport - logistique
Lexique

HAUTEUR LIMITE (SUR PANNEAU DE SIGNALISATION) *maximum headroom*	[ROUT]
HAUTEUR LIMITÉE *low headroom*	[ROUT]
HAUTURIER *deep sea (adj.)*	[MAR]
HAYON (SUR CONTENEUR TYPE PLATE-FORME) *headboard*	[CONT]
HAYON ÉLÉVATEUR *liftgate (US)* *tail lift* *tailboard lift*	[ROUT]
HEBDOMADAIRE *weekly*	[GEN]
HÉBERGEMENT, FRAIS D' ~ *accommodation expenses*	[GEN]
HÉLICE *prop*	[AER]
HÉLICE *propeller*	[INTM]
HÉLICE *screw*	[MAR]
HÉLICE, ARBRE D' ~ *propeller shaft*	[MAR]
HÉLICOPTÈRE *helicopter*	[AER]
HÉLIPORT *heliport*	[AER]
HÉLISTATION *helistop*	[AER]
HERMÉTIQUE *airproof (US)* *airtight*	[GEN]
HEURE *time*	[GEN]
HEURE / DATE PRÉVUE D'ARRIVÉE *estimated time of arrival (ETA)*	[INTM]
HEURE / DATE PRÉVUE DE DÉPART *estimated time of departure (ETD)*	[INTM]
HEURE CREUSE *off-peak hour* *slack time*	[INTM]
HEURE DE POINTE *peak hour* *rush hour*	[INTM]

HEURE DE PRÉSENTATION *reporting time*	[AER]
HEURE D'ÉTÉ *daylight saving time*	[GEN]
HEURE GMT *Greenwich Mean Time (GMT)*	[GEN]
HEURE LÉGALE *standard time*	[GEN]
HEURE LIMITE D'ENREGISTREMENT *close-out time*	[AER]
HEURE LOCALE *local time*	[GEN]
HEURES SUPPLÉMENTAIRES *overtime*	[GEN]
HEURES SUPPLÉMENTAIRES, FAIRE DES ~ *work overtime (to)*	[GEN]
HEURTOIR *buffer*	[FER]
HILOIRE *coaming*	[MAR]
HILOIRE DE PANNEAU *hatch-coaming*	[MAR]
HIPPODROME *holding pattern*	[AER]
HISSER *hoist (to)*	[MT]
HISTORIQUE (n.) *history*	[GEN]
HOMOGÈNE, CONTENEUR ~ *unitized container*	[CONT]
HOMOLOGATION *certification*	[GEN]
HOMOLOGUER *certify (to)*	[GEN]
HONORAIRES *fee*	[GEN]
HONORAIRES D'EXPERTISE *survey fees*	[ASS]
HORAIRE (PLANNING) *schedule* *timetable*	[GEN]
HORAIRES FLEXIBLES *flex / flexi / flexible time*	[GEN]
HORS CONFÉRENCE *outsider*	[MAR]

HORS-CONFÉRENCE, COMPAGNIE ~	[MAR]	**HOUSSEUSE**	[MT]
non-conference operator		*covering equipment*	
HORS DOUANE	[DN]	**HUBLOT**	[AER]
out of bond		*window*	
HORS GABARIT (POUR UN VÉHICULE)	[INTM]	**HUBLOT**	[MAR]
out of gauge		*porthole*	
HORS GABARIT (ex. COLIS)	[INTM]	**HUBLOT, SIÈGE ~**	[AER]
out of profile		*window seat*	
outsize			
HORS GABARIT, CHARGEMENT ~	[INTM]	**HUILE**	[GEN]
oversized load		*oil*	
HORS SERVICE	[GEN]	**HUILE, INDICATEUR DE NIVEAU D' ~**	[INTM]
out of order		*oil indicator*	
HORS TAXES, BOUTIQUE ~	[INTM]	**HUILE DE VIDANGE**	[INTM]
duty-free shop		*waste oil*	
tax-free shop		**HUMIDE**	[GEN]
HORS-TOUT	[GEN]	*damp*	
overall		**HUMIDITÉ**	[GEN]
HORS-TOUT, LONGUEUR ~	[INTM]	*damp*	
length overall (L.O.A.)		*dampness*	
HÔTESSE D'ACCUEIL	[GEN]	*moisture*	
receptionist		**HYDRAULIQUE**	[GEN]
HÔTESSE DE L'AIR	[AER]	*hydraulic*	
air hostess		**HYDRAVION**	[AER]
stewardess		*seaplane*	
HOUACHE	[MAR]	**HYDROCARBURES**	[GEN]
wake		*hydrocarbons*	
wash		**HYDROPTÈRE**	[MAR]
HOULE	[MAR]	*hydrofoil boat*	
swell		**HYGIÈNE ET SÉCURITÉ**	[LOG]
HOUSSE	[GEN]	*Essential Health and Safety (EH&S)*	
cover			

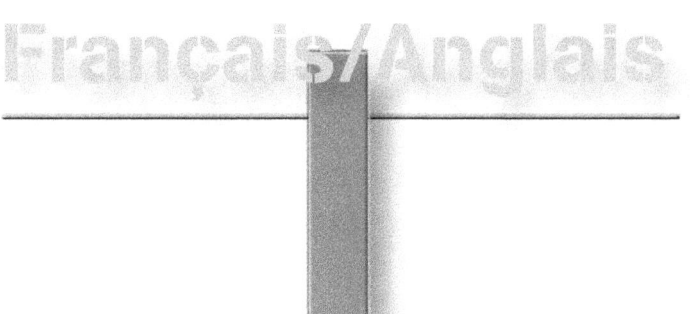

IDENTIFICATION	[GEN]	**IMPLANTATION (CHOIX D'UN SITE)**	[LOG]
identification		*siting*	
IDENTIFICATION AUTOMATIQUE	[LOG]	**IMPLANTER (CHOISIR UN SITE)**	[LOG]
bar code identification		*site (to)*	
IDENTIFIER	[GEN]	**IMPORT, À L' ~**	[INTM]
identify (to)		*inward*	
IGLOO, CONTENEUR ~	[AER]	**IMPORT, SERVICE ~**	[GEN]
igloo container		*import department*	
IGNIFUGÉ	[GEN]	*inward freight department*	
fireproof		**IMPORTATEUR**	[INTM]
ILLISIBLE	[GEN]	*importer*	
illegible		**IMPORTATION**	[INTM]
IMMATRICULATION	[INTM]	*import*	
registration		**IMPORTATION, DÉDOUANEMENT À L' ~**	[DN]
IMMOBILISATION, FRAIS D' ~	[INTM]	*clearance inwards*	
demurrage costs		**IMPORTER**	[INTM]
IMMOBILISATION, TEMPS D' ~	[INTM]	*import (to)*	
turnaround time (TAT)		**IMPOSABLE, POIDS ~**	[DN]
IMMOBILISATION, TEMPS D' ~	[LS]	*dutiable weight*	
down time (DT)		**IMPÔT**	[GEN]
IMMOBILISATION AU SOL, TEMPS D' ~	[AER]	*tax*	
apron occupancy time		**IMPRIMANTE**	[GEN]
IMMOBILISER UN APPAREIL AU SOL	[AER]	*printer*	
ground an aircraft (to)		**INADÉQUAT**	[GEN]
IMPAIR (CHIFFRE)	[GEN]	*unsuitable*	
odd		**INCENDIE**	[GEN]
IMPÉRIALE, AUTOBUS À ~	[ROUT]	*fire*	
double-decker bus		**INCIDENT TECHNIQUE**	[INTM]
		technical hitch	

Transport - logistique
Lexique

INTÉRIEUR, À L' ~ [INTM]

INGÉNIERIE ASSISTÉE PAR ORDINATEUR [LS]
computer-aided engineering

INGÉNIERIE CONCOURANTE [LS]
concurrent engineering (CE)

INGÉNIERIE DE CONCEPTION [LS]
design engineering

INGÉNIERIE DE MAINTENANCE [LS]
maintenance engineering

INGÉNIERIE INTÉGRÉE [LS]
concurrent engineering (CE)

INGÉNIERIE SIMULTANÉE [LS]
concurrent engineering (CE)

INGÉNIERIE SYSTÈME [LS]
systems engineering (SE)

INGÉNIEUR [GEN]
engineer

INGÉNIEUR SYSTÈME [LOG]
systems engineer

ININFLAMMABLE [GEN]
non-flammable (US)
non-inflammable (Brit.)

INJECTION, MOTEUR À ~ [ROUT]
injection engine

INJECTION, POMPE D' ~ [ROUT]
injection pump

INONDATION [GEN]
flooding

INOXYDABLE, ACIER ~ [GEN]
stainless steel

INSCRIPTION [GEN]
registration

INSIGNE (n.) [GEN]
badge

INSPECTER [GEN]
inspect (to)

INSPECTION, CERTIFICAT D' ~ [ASS]
certificate of survey

INSTABLE [GEN]
unsteady

INSTALLATION, DURÉE DEPUIS ~ [LS]
time since installation (TSI)

INSTALLATION FIXE [LOG]
fixture

**INSTALLATION TERMINALE
EMBRANCHÉE (I.T.E.)** [FER]
private siding

INSTALLATIONS [GEN]
equipment
facilities
installations

INSTALLER [GEN]
install (to)
set up (to)

INSTALLER, S' ~ [GEN]
set up (to)

**INSTITUT NATIONAL DES NORMES
ET DE LA TECHNOLOGIE (tda)** [GEN]
*National Institute for Standards
and Technology (US) (NIST)*

INSTRUCTIONS, SELON LES ~ [GEN]
as instructed

INTÉGRATEUR [INTM]
integrator

**INTÉGRATION DES PROCESSUS
(TRADUCTION AFNOR)** [LS]
concurrent engineering (CE)

**INTÉGRATION DU SOUTIEN LOGISTIQUE
PAR L'INFORMATIQUE (1RE GÉNÉRATION
DE CALS)** [LS]
*computer-aided logistic support
(CALS 1st generation) (CALS)*

INTÉGRÉ, TRANSPORT ~ [INTM]
integrated transport

INTÉGRÉS, SYSTÈMES ~ [LS]
integrated systems

INTER-URBAIN [INTM]
inter-city

INTERCALAIRE, PIÈCE ~ [CONT]
planking

INTERCHANGE, LETTRE D' ~ [CONT]
equipment interchange receipt (EIR)

INTERDICTION [GEN]
prohibition

INTERDIRE [GEN]
ban (to)
forbid (to)
prohibit (to)

INTERFACE [GEN]
interface

**INTÉRIEUR
(SUR LE TERRITOIRE NATIONAL)** [INTM]
domestic
inland

INTÉRIEUR, À L' ~ [INTM]
inboard

© Éditions d'Organisation

INTERMÉDIAIRE (ADJ.) [GEN] — Transport – logistique — Lexique

INTERMÉDIAIRE (adj.) [GEN]
intermediate

INTERMÉDIAIRE (n.) [GEN]
middleman

INTERMODAL, TRANSPORT ~ [INTM]
intermodal transport

INTEROPÉRABILITÉ [FER]
interoperability

INTERROGER UN ORDINATEUR [GEN]
query a computer (to)

INTERROMPRE (ex. UNE SÉRIE) [GEN]
discontinue (to)

INTERRUPTEUR [GEN]
switch

INTERRUPTION [GEN]
break

INTRA (SUR LE LIEU DE TRAVAIL) [GEN]
in-plant

INTRODUIRE PROGRESSIVEMENT [GEN]
phase in (to)

INVENTAIRE [LOG]
inventory
stocktake
stocktaking

INVENTAIRE, FAIRE L' ~ [LOG]
take inventory (to)
take stock (to)

INVENTAIRE COMPTABLE [LOG]
book inventory

INVENTAIRE PERPÉTUEL [LOG]
perpetual inventory

INVENTAIRE TOURNANT [LOG]
rotating inventory

INVERSER UN FLUX [LOG]
reverse a flow (to)

INVERSION DE LA POUSSÉE [AER]
reverse thrust

INVESTISSEMENT, DÉPENSES D' ~ [GEN]
capital expenditures

INVESTISSEMENT, RETOUR SUR (RSI) ~ [GEN]
return on investment (ROI)

**INVIOLABLE
(ex. UN SYSTÈME DE SÉCURITÉ)** [GEN]
tamper-proof

**IRRÉGULARITÉ
(ex. DANS DES CHIFFRES)** [GEN]
discrepancy

ISO, COIN ~ [CONT]
corner casting
corner fitting

ISOLATION [GEN]
insulation

ISOLATION PHONIQUE [GEN]
sound-proofing

ISOLÉ PHONIQUEMENT [GEN]
sound-proofed

ISOLÉ, WAGON ~ [FER]
single wagon

ISOLÉE, CHARGE ~ [INTM]
unit load

**ISOLER (THERMIQUEMENT /
PHONIQUEMENT)** [GEN]
insulate (to)

ISOTHERME, CONTENEUR ~ [CONT]
insulated container

ISOTHERME, WAGON ~ [FER]
insulated wagon

ITINÉRAIRE [INTM]
route

ITINÉRAIRE, FIXER UN ~ [INTM]
route (to)

ITINÉRAIRE, MODIFIER UN ~ [INTM]
re-route (to)

ITINÉRAIRE, PRESCRIPTION D' ~ [INTM]
routing instructions

Français/Anglais
J

JANTE	[ROUT]
rim	
JAS	[MAR]
anchor stock	
JAS, ANCRE SANS ~	[MAR]
stockless anchor	
JAUGE (POUR MESURER	
UN NIVEAU DE LIQUIDE)	[GEN]
dipstick	
JAUGE	[INTM]
gauge	
JAUGE (CAPACITÉ D'UN NAVIRE)	[MAR]
burden	
tonnage	
JAUGE, TONNAGE DE ~	[MAR]
register / registered tonnage	
JAUGE, TONNEAU DE ~	[MAR]
freight ton	
gross ton	
JAUGE DE DOUANE	[MAR]
register / registered tonnage	
JAUGE DE REGISTRE	[MAR]
register / registered tonnage	
JAUGE INTERNATIONALE,	
TONNEAU DE ~ (2,831 m³)	[MAR]
register ton	
JAUGE NETTE	[MAR]
net registered tonnage (NRT)	
JAUGE NETTE, TONNEAU DE ~ (TJN)	[MAR]
net tonnage	
JAUGE OFFICIELLE	[MAR]
register / registered tonnage	
JETABLE, PALETTE ~	[LOG]
disposable pallet	
JETÉE (PORT, AÉROGARE)	[INTM]
pier	
JETÉE	[MAR]
jetty	
JETER L'ANCRE	[MAR]
drop anchor (to)	
JETER PAR DESSUS BORD	[MAR]
jettison (to)	
JETTE-SABLE	[FER]
sandbox	
JEU COMPLET DE CONNAISSEMENTS	[MAR]
full set of bills of lading	
JEU DE DILATATION	[FER]
expansion space	
JOINT	[GEN]
coupling	
gasket	
JONCTION	[INTM]
junction	
JOUR A JOUR B, SERVICE ~	[INTM]
next day service	
overnight service	
JOUR AU LENDEMAIN, DU ~	[INTM]
overnight	
overnite (US)	

© Éditions d'Organisation

J

JOUR B, LIVRAISON ~ [INTM]

JOUR B, LIVRAISON ~	[INTM]
overnight delivery	
JOURNALIER	[GEN]
daily	
JOURS DE PLANCHE	[MAR]
lay-days	
JOURS OUVRABLES	[GEN]
working days	
JUMELÉ	[GEN]
twin (adj.)	
JUPE (SUR CONTENEUR FLEXI-VAN)	[CONT]
skirt	
JUPE SOUPLE (SUR AÉROGLISSEURS)	[MAR]
flexible skirt	
JURIDICTION COMPÉTENTE	[ASS]
competent jurisdiction	
JUSANT	[MAR]
ebb	
JUSTE À TEMPS DES CONNAISSANCES	[LOG]
Just In Time of Knowledge (JITK)	
JUSTE À TEMPS, LE ~ (JAT)	[LOG]
just-in-time (JIT)	
JUSTIFICATIVES, PIÈCES ~	[GEN]
supporting documents	
JUSTIFIER UNE RÉCLAMATION	[ASS]
substantiate a claim (to)	

KANBAN (MÉTHODE JAPONAISE DU JAT) [LOG]
kanban
KANGOUROU, TRANSPORT ~ [INTM]
piggy-back (US)
rail-road transport (Brit.)
KÉROSÈNE [AER]
aviation fuel
jet fuel
kerosene

KILOMÉTRAGE [INTM]
mileage
KILOMÉTRAGE ÉLECTRIFIÉ [FER]
electrified mileage
KILOMÈTRES / HEURE (km/h) [INTM]
miles per hour (m.p.h.)
km-PASSAGERS [AER]
passenger-miles

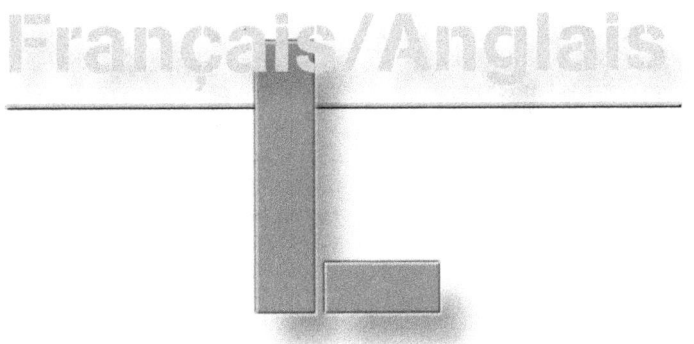

LAINE	[GEN]	**LARGEUR**	[GEN]
wool		*breadth*	
LAINE DE VERRE	[GEN]	*width*	
glass wool		**LARGEUR AU FORT**	[MAR]
LAMANAGE	[MAR]	*extreme beam*	
boatage		*extreme width*	
inshore pilotage		**LARGEUR D'UN NAVIRE**	[MAR]
LAMANEUR	[MAR]	*beam*	
inshore pilot		**LARGUER (LE CARBURANT)**	[AER]
LAME D'ÉTRAVE	[MAR]	*jettison (to)*	
bow wave		**LARGUER LES AMARRES**	[MAR]
LAMÉLLÉ COLLÉ	[GEN]	*cast off (to)*	
laminated wood		**LATENCE, TEMPS DE ~**	[LOG]
LAMPE TÉMOIN	[INTM]	*lead time*	
warning light		**LATÉRAL**	[GEN]
LANCEMENT, COÛT DE ~	[LOG]	*sideways*	
set-up cost		**LATÉRAL, MOUVEMENT ~**	[GEN]
LANCER (ex. UN NAVIRE,		*sideways movement*	
UN PRODUIT...)	[GEN]	**LATÉRALEMENT**	[GEN]
launch (to)		*sideways*	
LARGAGE (MODE DE LIVRAISON		**LATTES DE VAIGRAGE**	[CONT]
AVEC OU SANS PARACHUTE)	[AER]	*battens*	
air dropping		**LAVE-GLACE**	[INTM]
LARGAGE DE CARBURANT	[AER]	*windscreen washer*	
fuel dumping		**LE LONG DE**	[GEN]
LARGE	[GEN]	*alongside*	
broad		**LE LONG DU BORD**	[MAR]
wide		*alongside ship (A.S.)*	
LARGE, AU ~	[MAR]		
offshore			

LECTEUR DE CODE À BARRES [LOG]

Transport – logistique
Lexique

LECTEUR DE CODE À BARRES [LOG]
bar code reader (BCR)
bar code scanner

LECTEUR DE DISQUETTE [GEN]
disc drive

LECTURE OPTIQUE DES CARACTÈRES [LOG]
optical character recognition (OCR)

LÈGE [MAR]
on ballast

LÈGE, DÉPLACEMENT ~ [MAR]
displacement light

LÈGE, LIGNE DE FLOTTAISON ~ [MAR]
light waterline

LÈGE, TIRANT D'EAU EN ~ [MAR]
light draught

LÉGER (POIDS) [GEN]
light / lightweight

LÉGER (FAIBLE) [GEN]
slight

LÉGER (ex. VÉHICULE À FAIBLE CAPACITÉ) [INTM]
light

LENT [GEN]
slow

LEST [INTM]
ballast

LEST, NAVIGUER SUR ~ [MAR]
sail in ballast (to)

LEST, RÉSERVOIR À ~ [MAR]
ballast tank

LEST, SUR ~ [MAR]
on ballast

LETTRE D'ACCOMPAGNEMENT [GEN]
accompanying letter

LETTRE D'AVIS [INTM]
advice note

LETTRE D'INTERCHANGE [CONT]
equipment interchange receipt (EIR)

LETTRE DE CHANGE [GEN]
bill of exchange

LETTRE DE CRÉDIT [GEN]
letter of credit (L/C)

LETTRE DE MER [MAR]
clearance certificate

LETTRE DE TRANSPORT AÉRIEN (LTA) [AER]
air consignment note (ACN)
air waybill (AWB)

LETTRE DE TRANSPORT MARITIME [MAR]
sea waybill (SWB)

LETTRE DE VOITURE (CANADA) [ROUT]
bill of lading

LETTRE DE VOITURE (CMR) [ROUT]
CMR note
consignment note

LETTRE DE VOITURE [ROUT]
waybill (WB)

LETTRE DE VOITURE FERROVIAIRE (C.I.M.) [FER]
rail consignment note
rail waybill

LETTRE RECOMMANDÉE [GEN]
registered letter

LEVAGE [MT]
lifting

LEVAGE, APPAREIL DE ~ [MT]
loading gear
loading tackle

LEVAGE, ÉLECTRO-AIMANT DE ~ [MT]
lifting magnet

LEVAGE, MATÉRIELS DE ~ [MT]
lifting appliances

LEVAGE, OEILLETON DE ~ [MT]
lifting eye

LEVÉE [FLV]
dyke
levee

LEVER [MT]
hoist (to)
lift (to)

LEVER ICI (SUR UN EMBALLAGE) [MT]
lift here

LEVER L'ANCRE [MAR]
weigh anchor (to)

LEVIER [GEN]
lever

LEVIER, RETENUE DE ~ [CONT]
handle catch retainer

LEVIER DE BOÎTE AUTOMATIQUE [ROUT]
selector lever

LEVIER DE COMMANDE À MAIN (SUR UN AIGUILLAGE) [FER]
point lever

LEVIER DE FREIN À MAIN [ROUT]
brake lever

Transport – logistique
Lexique

LEVIER DE VITESSE		[ROUT]
gear lever		
LIAISON		[INTM]
connection		
link		
LIAISON, PONT DE ~		[ROUT]
levelling platform		
LIAISON FERROVIAIRE PROPRE (ex. POUR UN AÉROPORT)		[FER]
dedicated rail link		
LIBÉRALISATION DE L'ESPACE AÉRIEN		[AER]
open skies		
LIBERTÉ DE L'AIR		[AER]
freedom of the air		
LIBRE (NON OCCUPÉ)		[GEN]
free		
LIBRE CIRCULATION		[GEN]
free circulation		
LIBRE ÉCHANGE		[GEN]
free trade		
LIBRE IMMATRICULATION		[MAR]
open registry		
LIBRE PRATIQUE		[DN]
free circulation		
LIBRE PRESTATION DE SERVICES (LPS)		[INTM]
cabotage		
LICENCE		[GEN]
licence		
permit		
LICENCE D'EXPORTATION		[INTM]
export licence		
export permit		
LIEN FIXE		[INTM]
fixed link		
LIEU		[GEN]
place		
LIEU D'EXPÉDITION		[INTM]
place of despatch		
LIGNE		[GEN]
line		
LIGNE (PARCOURS FIXE)		[INTM]
route		
LIGNE, AGENT DE ~		[MAR]
liner agent		
LIGNE, AVION DE ~		[AER]
airliner		

LIMITATION À LA MISE EN ROUTE [AER]

LIGNE, TRACTEUR DE ~		[ROUT]
line-haul tractor (US)		
LIGNE AÉRIENNE		[AER]
airline		
LIGNE CONTINUE		[ROUT]
solid line		
LIGNE DE CHARGE		[MAR]
load line		
LIGNE DE FLOTTAISON		[MAR]
waterline		
LIGNE DE FLOTTAISON EN CHARGE		[MAR]
deep waterline		
load waterline		
Plimsoll line		
LIGNE DE FLOTTAISON LÈGE		[MAR]
light waterline		
LIGNE DE PRODUITS		[GEN]
product line		
LIGNE DE STOCK		[LOG]
line of stock		
LIGNE DISCONTINUE		[ROUT]
dotted line		
LIGNE MARITIME		[MAR]
shipping line		
LIGNE MEMBRE (D'UNE CONFÉRENCE)		[MAR]
member line		
LIGNE PRINCIPALE		[INTM]
trunk line		
LIGNE RÉGULIÈRE		[INTM]
scheduled service		
LIGNE RÉGULIÈRE		[MAR]
liner service		
LIGNE SECONDAIRE		[FER]
branch line		
LIGNE SECONDAIRE (QUI ALIMENTE UN RÉSEAU PRINCIPAL)		[INTM]
feeder line		
LIGNES RÉGULIÈRES, CONDITIONS DES ~		[MAR]
liner terms		
LIMITATEUR DE VITESSE (SUR UN CONVOYEUR À BANDE)		[MT]
retarding device		
LIMITATION À L'ATTERRISSAGE		[AER]
landing weight limitation		
LIMITATION À LA MISE EN ROUTE		[AER]
taxi weight limitation		

© Éditions d'Organisation

LIMITATION AU DÉCOLLAGE [AER]

LIMITATION AU DÉCOLLAGE	[AER]		**LISTE DÉTAILLÉE**	[GEN]
take-off weight limitation			*itemized list*	
LIMITATION DE CIRCULATION	[INTM]		**LISTER**	[GEN]
restriction of traffic			*list (to)*	
LIMITATION DE VITESSE	[INTM]		**LISTING**	[GEN]
speed limit			*printout*	
LIMITATION SANS CARBURANT	[AER]		**LITIGE**	[GEN]
zero fuel weight limitation			*litigation*	
LIMITATION UTILE	[AER]		**LITIGES, SERVICE DES ~**	[GEN]
allowed take-off weight			*claims department*	
LIMITE	[GEN]		**LITRES, 3,785 ~**	[GEN]
boundary			*gallon (US)*	
LIMITE DE CHARGE	[INTM]		**LITRES, 4,546 ~**	[GEN]
load limit			*gallon (Brit.)*	
LIMITER	[GEN]		**LITRES AU CENT**	[ROUT]
restrict (to)			*miles per gallon (mpg)*	
LIMITEUR DE CHARGE	[MT]		**LITTORAL**	[MAR]
load limiting device			*seaboard*	
LIQUÉFIÉ	[GEN]		*shoreline*	
liquefied			**LIVET DE PONT**	[MAR]
LIQUIDE (n. et adj.)	[GEN]		*beam line*	
liquid			**LIVRAISON**	[INTM]
LIQUIDE ANTI-GIVRE	[AER]		*delivery*	
anti-icing fluid			**LIVRAISON, AVIS DE ~**	[INTM]
LIQUIDE DE FREINS	[ROUT]		*delivery advice*	
brake fluid			*delivery note*	
LIRE (ex. UN CODE À BARRES)	[GEN]		**LIVRAISON, BON DE ~**	[INTM]
scan (to)			*delivery note*	
LISSE	[FER]		*delivery order (D/O)*	
level crossing gate			**LIVRAISON, BORDEREAU DE ~**	[INTM]
LISSE DE CASIER	[LOG]		*delivery note*	
beam			**LIVRAISON, BULLETIN DE ~**	[INTM]
LISTAGE	[GEN]		*delivery note*	
printout			**LIVRAISON, DÉLAI DE ~**	[INTM]
LISTE, FAIRE LA ~	[GEN]		*delivery time*	
list (to)			**LIVRAISON, EMPÊCHEMENT À LA ~**	[INTM]
LISTE À SERVIR	[MT]		*hindrance to delivery*	
picking list			**LIVRAISON, PREUVE DE ~**	[INTM]
LISTE DE CHARGEMENT	[INTM]		*proof of delivery (POD)*	
loading list			**LIVRAISON, RETARD DE ~**	[INTM]
LISTE DE COLISAGE	[INTM]		*delay in delivery*	
packing list			**LIVRAISON, TOURNÉE DE ~**	[ROUT]
LISTE DE CONTRÔLE	[GEN]		*delivery round*	
check-list			**LIVRAISON À DOMICILE**	[ROUT]
LISTE DES PIÈCES DE RECHANGE RECOMMANDÉES	[LS]		*home delivery*	
recommended spare parts list (RSPL)			**LIVRAISON DE NUIT**	[ROUT]
			night delivery	

Transport – logistique
Lexique

LOGISTIQUE DE SOUTIEN [LS]

LIVRAISON DES BAGAGES	[AER]
baggage claim	
baggage reclaim	
LIVRAISON EXPRESS	[INTM]
express delivery	
LIVRAISON JOUR B	[INTM]
overnight delivery	
LIVRAISON PARTIELLE	[INTM]
part delivery	
LIVRAISON PORTE À PORTE	[ROUT]
door-to-door delivery	
LIVRAISON SOUS RÉSERVE	[INTM]
delivery with reserves	
LIVRAISON SYNCHRONE	[LOG]
just-in-time delivery	
LIVRE (0,453 kg)	[GEN]
pound (lb)	
LIVRE DE BORD	[MAR]
logbook	
LIVRER	[INTM]
deliver (to)	
LIVRET	[GEN]
booklet	
LLOYD, REGISTRE DE LA ~	[MAR]
Lloyd's Register of Shipping	
LOCALISATION	[GEN]
location	
LOCALISATION D'UNE PANNE	[LS]
troubleshooting	
LOCALISER	[GEN]
locate (to)	
LOCATION	[GEN]
rental	
LOCATION (À LONG TERME)	[INTM]
leasing	
LOCATION AVEC ÉQUIPAGE	[AER]
wet lease	
LOCATION DE CHALAND	[FLV]
barge rent	
LOCATION DE VÉHICULES INDUSTRIELS	[ROUT]
truck rental	
LOCATION SANS ÉQUIPAGE	[AER]
dry lease	
LOCAUX (n.)	[GEN]
premises	
LOCH	[MAR]
log	
LOCOMOTIVE	[FER]
engine	
locomotive / loco	
LOCOMOTIVE À BOGIE	[FER]
bogie-locomotive	
LOCOMOTIVE DE MANOEUVRE	[FER]
shunting engine (Brit.)	
LOCOMOTIVE DE MANOEUVRE	[FER]
switch engine (US)	
LOCOMOTIVE DIESEL-ÉLECTRIQUE	[FER]
diesel-electric locomotive	
LOGEMENT DE TRAIN D'ATTERRISSAGE	[AER]
wheel bay	
LOGER	[GEN]
accommodate (to)	
LOGICIEL	[GEN]
software	
LOGISTICIEN	[LOG]
logistician	
LOGISTIQUE (adj.)	[LOG]
logistic	
LOGISTIQUE (n.)	[LOG]
logistics	
LOGISTIQUE, CHAÎNE ~	[LOG]
supply chain	
LOGISTIQUE, PROCESSUS ~	[LS]
logistic process	
LOGISTIQUE, SERVICE ~	[LOG]
logistic service (prestation externalisée)	
logistics department	
LOGISTIQUE AMONT	[LOG]
inbound logistics	
LOGISTIQUE ASSISTÉE PAR ORDINATEUR	[LOG]
computer-aided logistics	
LOGISTIQUE AVAL	[LOG]
outbound logistics	
LOGISTIQUE DE PRODUCTION	[LOG]
production logistics	
LOGISTIQUE DE LA RÉCUPÉRATION ET DU RECYCLAGE	[LOG]
reverse logistics	
LOGISTIQUE DE SOUTIEN	[LS]
support logistics	

© Éditions d'Organisation

LOGISTIQUE GLOBALE [LOG]

Transport - logistique
Lexique

LOGISTIQUE GLOBALE [LOG]	
global logistics	
LOGISTIQUE INTÉGRÉE [LOG]	
integrated logistics	
LOI [GEN]	
law	
LOI D'ORIENTATION DES TRANSPORTS [GEN]	
Transport Act (Brit.)	
LOI DOUANIÈRE [DN]	
customs law	
LONG-COURRIER (AVION) [AER]	
long range aircraft	
LONG-COURRIER, NAVIRE ~ [MAR]	
deep sea vessel (DSV)	
LONG-COURRIER, VOL ~ [AER]	
long-haul flight	
LONG COURS (adj.) [MAR]	
deep-sea (adj.)	
LONG COURS, FRET AU ~ [MAR]	
ocean freight	
LONG DE, LE ~ [GEN]	
alongside	
LONG DU QUAI (LE ~) [MAR]	
dockside	
LONGERON [CONT]	
rail	
LONGERON [ROUT]	
frame rail	
LONGERON INFÉRIEUR [CONT]	
bottom rail	
LONGERON INFÉRIEUR LATÉRAL [CONT]	
bottom side rail	
LONGERON SUPÉRIEUR [CONT]	
top rail	
LONGERON SUPÉRIEUR LATÉRAL [CONT]	
top side rail	
LONGUE DISTANCE [ROUT]	
long haul	

LONGUEUR [GEN]	
length	
LONGUEUR DE CHÂSSIS	
(D'UN CONTENEUR) [CONT]	
length of underframe	
LONGUEUR HORS-TOUT [INTM]	
length overall (L.O.A.)	
LONGUEUR INTÉRIEURE UTILISABLE [INTM]	
inside length of floor	
LOQUET [GEN]	
latch	
LOT (ex. DE MARCHANDISES) [GEN]	
batch	
LOTS, TRAITEMENT PAR ~ [MT]	
batch handling	
LOUER [GEN]	
rent (to)	
LOUER (À COURT TERME) [INTM]	
hire (to)	
LOUER À BAIL [GEN]	
lease (to)	
LOURD [GEN]	
heavy	
LOYER [GEN]	
rent	
rental	
LOYER DE GABARES [FLV]	
barge hire	
LTA DE GROUPAGE [AER]	
house air waybill (HAWB)	
LTA-MÈRE [AER]	
master air waybill (MAWB)	
LTA TRANSITAIRE [AER]	
house air waybill (HAWB)	
LUBRIFIANT [GEN]	
lubricant	
LUBRIFIER [GEN]	
lubricate (to)	
LUNETTE ARRIÈRE [ROUT]	
rear window	

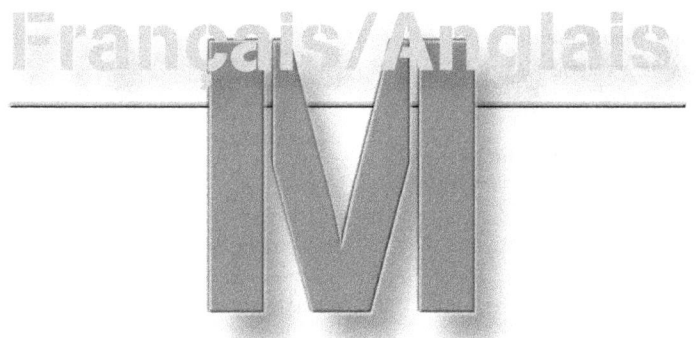

M

MÂCHEFER	[GEN]	**MAILLON**	[GEN]
clinker		*link*	
MACHINE À COMMANDE NUMÉRIQUE	[LS]	**MAIN-COURANTE**	[GEN]
numerically-controlled machine		*handrail*	
MACHINES, SALLE DES ~	[MAR]	**MAIN DE RESSORT**	[ROUT]
engine room		*spring bracket*	
MÂCHOIRE D'ATTELAGE	[FER]	**MAIN D'OEUVRE**	[GEN]
coupler knuckle		*labour*	
MÂCHOIRE DE FREIN	[INTM]	*manpower*	
brake shoe		*work force*	
MÂCHOIRES	[MT]	**MAIN D'OEUVRE, DROITS DE ~**	[MAR]
jaws		*porterage dues*	
MAGASIN	[LOG]	**MAINTENABILITÉ**	[LS]
depot		*maintainability*	
store		**MAINTENANCE**	[GEN]
MAGASIN À MAGASIN, DE ~	[INTM]	*maintenance*	
warehouse to warehouse		**MAINTENANCE, COÛT DIRECT DE ~**	[LS]
MAGASIN DE GROUPAGE	[CONT]	*direct maintenance cost (DMC)*	
container freight station (CFS)		**MAINTENANCE, COÛT INDIRECT DE ~**	[LS]
MAGASIN DE STOCKAGE AUTOMATISÉ	[LOG]	*indirect maintenance cost (IMC)*	
automated warehouse		**MAINTENANCE, COÛT TOTAL DE ~**	[LS]
MAGASIN D'USINE	[GEN]	*life support cost (LSC)*	
factory outlet		**MAINTENANCE, INGÉNIERIE DE ~**	[LS]
MAGASIN SOUS DOUANE	[DN]	*maintenance engineering*	
bonded store		**MAINTENANCE CENTRÉE SUR LA FIABILITÉ**	[LS]
MAGASINIER	[LOG]	*reliability-centered maintenance (RCM)*	
store-keeper		**MAINTENANCE CORRECTIVE**	[LS]
warehouseman		*corrective maintenance*	

MAINTENANCE COURANTE	[LS]	**MANCHE DE COMMANDE**	[AER]
routine maintenance		control column	
MAINTENANCE PRÉVENTIVE	[LS]	joystick	
preventive maintenance		stick	
MAINTENANCE PROGRAMMÉE	[LS]	yoke	
scheduled maintenance		**MANCHON**	[GEN]
MAINTENANCE TOTALE DES		coupling	
ÉQUIPEMENTS DE PRODUCTION (tda)	[LS]	**MANDANT (n.)**	[GEN]
total productive maintenance (TPM)		client	
MAÏS	[GEN]	mandator	
corn (US)		principal (n.)	
maize (Brit.)		**MANETTE DE COMMANDE**	[AER]
MAÎTRE-BAU	[MAR]	control lever	
midship beam		**MANIABILITÉ (D'UN VÉHICULE)**	[INTM]
MAÎTRE DE QUAI	[MAR]	manoeuverability	
wharfinger		**MANIEMENT (ex. D'UN OUTIL)**	[GEN]
wharfmaster		handling	
MAÎTRE D'ÉQUIPAGE	[MAR]	**MANIFESTE (n.)**	[INTM]
boatswain		freight manifest	
		manifest	
MAÎTRE D'OEUVRE	[GEN]	**MANIFESTE (n.)**	[MAR]
project manager		ship's manifest	
MAÎTRE D'OUVRAGE	[GEN]	**MANIFESTE AÉRIEN**	[AER]
prime contractor		aircraft manifest	
MAÎTRISE, AGENT DE ~	[GEN]	**MANIFESTE DE FRET**	[INTM]
supervisor		cargo manifest	
MAL ACHEMINÉ	[INTM]	**MANIPULATEUR UNIVERSEL**	[MT]
misdirected		universal manipulator	
misrouted		**MANIPULER AVEC PRÉCAUTION**	[MT]
MALLE	[GEN]	handle with care (to)	
trunk		**MANIVELLE**	[GEN]
MALUS	[ASS]	crank	
loaded premium		**MANŒUVRE, AIRE DE ~**	[AER]
MANAGEMENT	[GEN]	apron	
management		**MANŒUVRE, BASSIN DE ~**	[MAR]
MANAGEMENT DE PROJET	[LOG]	turning basin	
project management		**MANŒUVRE, LOCOMOTIVE DE ~**	[FER]
MANAGEMENT DES RESSOURCES		shunting engine (Brit.)	
DE LA PRODUCTION (tda)	[LOG]	switch engine (US)	
manufacturing resources planning		**MANŒUVRE, TRACTEUR DE ~**	[MT]
(MRP II)		shunter	
MANAGEMENT DES RISQUES	[LS]	yard mule	
risks management		yard tractor	
MANCHE À AIR	[AER]	**MANŒUVRER**	[INTM]
wind sock		maneuver / manoeuver / manoeuvre	
		(to)	
MANCHE À BALAI	[AER]	**MANOMÈTRE**	[INTM]
joystick		pressure gauge	

MARCHANDISES, TRAIN DE ~ [FER]

MANQUANT (adj.)	[GEN]
missing	
MANQUANT (n.)	[INTM]
missing package	
missing parcel	
MANQUANTE, MARCHANDISE ~	[MAR]
short-landing	
MANQUANTS	[INTM]
shortages	
MANQUANTS, AVOIR X ~	[INTM]
short, to be x parcels ~	
MANQUE	[GEN]
lack	
MANQUEMENT	
(ex. À DES ENGAGEMENTS)	[GEN]
failure	
MANQUER	[GEN]
miss (to)	
MANQUER DE	[GEN]
lack (to)	
run out of (to)	
MANUEL (D'UTILISATION)	[GEN]
handbook	
MANUTENTION	[MAR]
stevedoring	
MANUTENTION	[MT]
handling	
MANUTENTION, BAC DE ~	[MT]
tote pan	
MANUTENTION, ÉQUIPEMENT	
POUR GROSSE ~	[MT]
heavy handling equipment	
MANUTENTION, ÉQUIPEMENTS DE ~	[MT]
handling gear	
MANUTENTION, FRAIS DE ~	[CONT]
container service charge (CSC)	
MANUTENTION, FRAIS DE ~	[INTM]
handling charges	
MANUTENTION, POIGNÉE DE ~	[MT]
handling grip	
MANUTENTION, REPÈRE DE ~	[CONT]
mark for handling	
MANUTENTION AUTOMATIQUE	[MT]
hands-off handling	
MANUTENTION CONTINUE	[MT]
continuous handling	
MANUTENTION HORIZONTALE	[MT]
horizontal handling	

MANUTENTION LATÉRALE,	
CHARIOT POUR ~	[MT]
side loader	
MANUTENTION LOURDE	[MT]
mechanical handling	
MANUTENTION MÉCANIQUE	[MT]
mechanical handling	
MANUTENTION VERTICALE	[MT]
lift-on / lift-off (LO-LO)	
vertical handling	
MANUTENTIONNAIRE	[MAR]
stevedore	
MANUTENTIONNAIRE	[MT]
handler	
MANUTENTIONNAIRE D'ENTREPÔT	[AER]
shed handler	
MANUTENTIONNAIRE DE PISTE	[AER]
ramp handler	
MANUTENTIONNER	[MT]
handle (to)	
MAQUETTE	[GEN]
mock-up	
MARCHAND	[GEN]
merchant	
trader	
MARCHANDISAGE	[GEN]
merchandising	
MARCHANDISE, ARRIMER LA ~	
(ex. DANS UN CONTENEUR)	[MT]
restrain cargo (to)	
MARCHANDISE MANQUANTE	[MAR]
short-landing	
MARCHANDISES	[GEN]
commodities	
goods	
merchandise	
MARCHANDISES, ASSURANCE SUR ~	[ASS]
cargo insurance	
MARCHANDISES, CIRCULATION DES ~	[INTM]
movement of goods	
MARCHANDISES, GARE DE ~	[FER]
freight house (US)	
freight yard	
goods yard	
MARCHANDISES, TARIF ~	[INTM]
freight rate	
MARCHANDISES, TRAIN DE ~	[FER]
goods train	

© Éditions d'Organisation

MARCHANDISES, WAGON DE ~	[FER]	**MARÉE DE MORTES-EAUX**	[MAR]
goods truck		*neap tide*	
MARCHANDISES À FAIBLE		**MARÉE DE VIVES-EAUX**	[MAR]
VALEUR AJOUTÉE	[LOG]	*spring tide*	
low-value commodities		**MARÉE DESCENDANTE**	[MAR]
MARCHANDISES À HAUTE		*ebb tide*	
VALEUR AJOUTÉE	[LOG]	**MARÉE HAUTE**	[MAR]
high-value commodities		*high tide*	
MARCHANDISES À L'ARRIVÉE	[INTM]	**MARÉE MONTANTE**	[MAR]
incoming goods		*flood tide*	
MARCHANDISES DANGEREUSES	[INTM]	**MARGE (DE BÉNÉFICE)**	[GEN]
dangerous goods (DG)		*mark-up*	
hazardous goods		**MARGE BRUTE D'AUTOFINANCEMENT**	
MARCHANDISES DE VALEUR	[GEN]	**(M.B.A.)**	[GEN]
valuables		*cash flow (CF)*	
MARCHANDISES DIVERSES	[INTM]	**MARIE-SALOPE**	[MAR]
general cargo		*dredger*	
MARCHANDISES EN SOUFFRANCE		*hopper barge*	
(SUR LE QUAI)	[MAR]	*mud dredger*	
goods in demurrage		**MARIN (n.)**	[MAR]
MARCHANDISES NON DÉDOUANÉES	[DN]	*seafarer*	
uncleared goods		*seaman*	
MARCHANDISES NON UNITISÉES	[INTM]	**MARIN DE LA MARINE MARCHANDE**	[MAR]
breakbulk cargo		*merchant seaman*	
MARCHANDISES PASSIBLES DE DROITS	[DN]	**MARINE MARCHANDE**	[MAR]
dutiable goods		*merchant marine (US)*	
MARCHANDISES PÉRISSABLES	[GEN]	*merchant navy (Brit.)*	
perishable goods		**MARITIME, ASSURANCE ~**	[MAR]
MARCHANDISES SÈCHES	[INTM]	*marine insurance*	
dry cargo		**MARITIME, TRANSPORT ~**	[MAR]
MARCHANDISEUR	[GEN]	*maritime transport*	
merchandiser		*sea transport*	
MARCHE ARRIÈRE	[ROUT]	*shipping*	
reverse		**MARQUAGE**	[GEN]
MARCHE ARRIÈRE, FAIRE ~	[ROUT]	*marking*	
back up (to)		**MARQUAGE, PLAQUE DE ~**	[CONT]
reverse (to)		*data plate*	
MARCHÉ UNIQUE	[GEN]	**MARQUAGE ISO**	[CONT]
Single European Market (S.E.M.)		*ISO decal*	
MARCHEPIED	[INTM]	**MARQUE (D'UN PRODUIT**	
step / steps		**DE CONSOMMATION)**	[GEN]
MARÉE	[MAR]	*brand*	
tide		**MARQUE (D'UN VÉHICULE)**	[ROUT]
MARÉE, ÉTALE DE LA ~	[MAR]	*make*	
slack water		**MARQUER AU POCHOIR**	[GEN]
MARÉE BASSE	[MAR]	*stencil (to)*	
low tide		**MARQUES**	[GEN]
		marks	

MASSE	[GEN]	**MATÉRIELS DE LEVAGE**	[MT]
weight		*lifting appliances*	
MASSE, STOCKAGE DE ~	[LOG]	**MATIÈRE CORROSIVE**	[GEN]
block stacking		*corrosive material*	
MASSE À L'ATTERRISSAGE	[AER]	**MATIÈRE EXPLOSIBLE**	[GEN]
landing weight (LAW)		*explosive matter*	
MASSE À VIDE	[AER]	**MATIÈRE FISSIBLE**	[GEN]
weight empty		*fissile material*	
MASSE AU DÉCOLLAGE	[AER]	**MATIÈRE INFLAMMABLE**	[GEN]
take-off weight (TOW)		*flammable material (US)*	
MASSE BRUTE	[INTM]	*inflammable material (Brit.)*	
actual gross weight (AGW)		**MATIÈRE OXYDANTE**	[GEN]
MASSE BRUTE MAXIMALE	[INTM]	*oxidizing material*	
maximum gross weight (MGW)		**MATIÈRE PREMIÈRE**	[GEN]
MASSE DE BASE	[AER]	*raw material*	
basic weight		**MATIÈRE RADIOACTIVE**	[GEN]
MASSE DE BASE CORRIGÉE	[AER]	*radioactive material*	
dry operating weight		**MATIÈRES DANGEREUSES**	[INTM]
MASSE EN OPÉRATIONS	[AER]	*hazardous materials (HAZMATS)*	
operating weight		**MAUVAIS ÉTIQUETAGE**	[INTM]
MASSE INDIVISIBLE	[INTM]	*mistagging*	
indivisible load		**MAUVAIS TEMPS, ASSURANCE ~**	[ASS]
indivisible mass		*weather insurance*	
MASSE SANS CARBURANT	[AER]	**MAUVAISE VISIBILITÉ**	[GEN]
zero fuel weight (ZFW)		*low visibility*	
MASTODONTE (GROS CAMION)	[ROUT]	**MAXIMISER**	[LOG]
juggernaut		*maximize (to)*	
MÂT	[GEN]	**MAZOUT LOURD**	[MAR]
mast		*bunker oil*	
MÂT DE CHARGE	[MT]	**MÉCANICIEN (CONDUCTEUR DU TRAIN)**	[FER]
derrick		*driver*	
loading mast		*engineer (US)*	
MÂT DE CHARGE FLOTTANT	[MT]	**MÉCANICIEN**	[INTM]
floating derrick		*mechanic*	
MÂT RÉTRACTABLE, CHARIOT À ~	[MT]	**MÉCANICIEN NAVIGANT**	[AER]
retractable mast reach truck		*flight engineer*	
MÂT ROTATIF	[MT]	**MÉCANIQUE (adj.)**	[GEN]
rotating mast		*mechanical*	
MÂT TÉLESCOPIQUE	[MT]	**MÉCANIQUE, ENTRETIEN ~**	[INTM]
telescopic mast		*engineering services*	
MATÉRIEL FIXE	[LOG]	**MÉDICAMENTS**	[GEN]
fixed plant		*medicines*	
MATÉRIEL INFORMATIQUE	[GEN]	**MEILLEURES PRATIQUES**	[LOG]
hardware		*best practice*	
MATÉRIEL ROULANT	[FER]	**MEMBRURE**	[CONT]
rolling stock		*frame*	

MEMBRURE MÉTALLIQUE [CONT]

MEMBRURE MÉTALLIQUE [CONT] *structural member*	
MÉMOIRE, CARTE À ~ [GEN] *smart card*	
MENSUEL [GEN] *monthly*	
MER, NAVIRE DE ~ [MAR] *sea-going vessel*	
MER, PORT DE ~ [MAR] *sea port*	
MER, TONNEAU DE ~ [MAR] *freight ton*	
MERCATIQUE [GEN] *marketing*	
MESSAGE BROUILLÉ [GEN] *garbled message*	
MESSAGE VARIABLE, PANNEAU À ~ (PMV) [INTM] *variable message sign (VMS)*	
MESSAGERIE(S) [INTM] *parcel(s) delivery* *parcel(s) service*	
MESSAGERIE ÉLECTRONIQUE [LOG] *messaging*	
MESURE (AU BANC) [LOG] *benchmarking*	
MÉTHANIER [MAR] *methane carrier*	
MÉTHODE D'ORDONNANCEMENT [LOG] *sequencing model*	
MÉTHODE DE CALCUL DES BESOINS NETS EN PRODUCTION (tda) [LOG] *material requirements planning (MRP)*	
MÉTHODE PERT [LOG] *programme evaluation and review techniques (PERT)*	
MÉTHODES D'ANALYSE QUANTITATIVE [LOG] *quantitative analysis methods*	
MÈTRE CUBE [GEN] *cubic metre*	
MÈTRE CUBE, 0,028 ~ [GEN] *cubic foot (cu.ft)*	
MÉTRO [FER] *subway (US)*	
MÉTRO (LONDONIEN) [FER] *tube*	
MÉTRO [FER] *underground (Brit.)*	

METTRE À JOUR [GEN] *update (to)*	
METTRE À LA CONSOMMATION [DN] *clear for home use (to)*	
METTRE AU REBUT [GEN] *discard (to)*	
METTRE EN COMMUN (ex. DES INFORMATIONS, DES RESSOURCES...) [GEN] *pool (to)*	
METTRE EN FEUX DE CROISEMENT (SE) [ROUT] *dip headlights (to)*	
METTRE EN FOURRIÈRE [ROUT] *impound a car (to)*	
METTRE EN OEUVRE [GEN] *implement (to)*	
METTRE EN PLACE [GEN] *position (to)* *set up (to)*	
METTRE EN VIGUEUR AVEC EFFET RÉTROACTIF [ASS] *backdate (to)*	
METTRE LES AVIONS EN CIRCUIT D'ATTENTE [AER] *stack (to)*	
METTRE LES GAZ [INTM] *open the throttle (to)*	
METTRE SENS DESSUS DESSOUS [GEN] *turn upside down (to)*	
MEZZANINE, STOCKAGE EN ~ [LOG] *raised storage*	
MI-TEMPS [GEN] *part-time*	
MIGRANT JOURNALIER [INTM] *commuter*	
MILLE (1609,34 M) [GEN] *mile*	
MILLE MARIN (1852 M) [INTM] *nautical mile*	
MILLIARD [GEN] *billion (US)* *thousand million (Brit.)*	
MINERAI [GEN] *ore*	
MINERAIS FERREUX [GEN] *ferrous ores*	
MINERAL (adj. et n.) [GEN] *mineral*	

Transport – logistique
Lexique

MONOMODAL (ADJ.) [INTM]

M

MINÉRALIER [MAR]
 ore carrier

MINÉRALIER / PÉTROLIER [MAR]
 Ore / Oiler (O/O)

MINÉRALIER / VRAQUIER / PÉTROLIER [MAR]
 Ore / Bulk / Oiler (OBO)

MINÉRALOGIQUE, NUMÉRO ~ [ROUT]
 registration number

MINÉRALOGIQUE, PLAQUE ~ [ROUT]
 license plate (US)
 number plate (Brit.)

MINES, PASSER UN VÉHICULE AUX ~ [ROUT]
 licence a vehicle for use (to)

MINIMISER [LOG]
 minimize (to)

MINISTÈRE DE LA DÉFENSE [GEN]
 Department of Defense (US) (DoD)
 Ministry of Defence (Brit.) (MoD)

MINISTRE DES TRANSPORTS [GEN]
 Secretary of State for Transport (Brit.)

MISE À NIVEAU, APPAREIL DE ~ [MT]
 levelling equipment

MISE AU REBUT [GEN]
 disposal

MISE EN ENTREPÔT [DN]
 admission into warehouse

MISE EN OEUVRE [GEN]
 implementation

**MISE EN OEUVRE DE LA FONCTION
QUALITÉ (tda)** [LS]
 quality function deployment (QFD)

MISE EN PLACE DES ÉQUIPAGES [AER]
 positioning

MISE EN PLACE, VOL DE ~ [AER]
 deadhead flight

MISE EN PRODUCTION, DÉLAI DE ~ [LOG]
 lead time

**MISE EN PRODUCTION
D'UNE COMMANDE** [LOG]
 fulfillment

MISE EN RISQUE [ASS]
 attachment of risk
 commencement of risk

MISE EN ROUTE, LIMITATION À LA ~ [AER]
 taxi weight limitation

MISE EN SOUTE DU CARBURANT [MAR]
 bunkering

MISE EN STOCK [LOG]
 put away

MOBILE [GEN]
 mobile
 movable

MOBILE, STOCKAGE ~ [LOG]
 mobile storage

MODE D'EMPLOI [GEN]
 instructions for use

MODE DE TRANSPORT [INTM]
 mode of conveyance

MODÈLE [GEN]
 pattern

MODÈLE DE FLUX [LOG]
 flow pattern

MODÉLISATION [LOG]
 modelling

MODIFIABLE PAR L'UTILISATEUR [LOG]
 user modifiable

MODIFICATION [GEN]
 alteration

MODIFIER [GEN]
 alter (to)

MODIFIER, SE ~ [GEN]
 shift (to)

MODIFIER UN ITINÉRAIRE [INTM]
 re-route (to)

MODULAIRE [GEN]
 modular

MODULE COUCHETTE [ROUT]
 sleeper box

MÔLE [MAR]
 jetty
 mole

MONDIAL [GEN]
 worldwide

MONITEUR [GEN]
 monitor

MONNAIE NATIONALE [GEN]
 currency

MONO-COLIS [INTM]
 single package

MONOCORPS [ROUT]
 one-box

MONOMODAL (adj.) [INTM]
 single mode

MONOPOLE [GEN]

Transport - logistique
Lexique

MONOPOLE [GEN]
monopoly

MONOPOLE DE PAVILLON [MAR]
flag monopoly

MONORAIL [GEN]
monorail

MONORAIL AUTOMATISÉ [MT]
automated electrified monorail (AEM)

MONOSPACE [ROUT]
minivan

MONTAGE [GEN]
assembly

MONTAGE, CHAÎNE DE ~ [GEN]
assembly line

MONTANT (QUANTITÉ) [GEN]
amount

MONTANT (n.) [GEN]
post
upright

MONTANT COMPENSATOIRE MONÉTAIRE (MCM) [DN]
monetary compensatory amount (MCA)

MONTANT CONTINGENTAIRE [DN]
amount of the quota

MONTANT D'ANGLE [CONT]
corner post

MONTANT FORFAITAIRE [GEN]
lump sum

MONTE-CHARGE [MT]
goods lift
hoist
load elevator

MONTER À BORD [INTM]
board (to)

MORAILLON [GEN]
hasp

MORTES-EAUX, MARÉE DE ~ [MAR]
neap tide

MOTEUR [GEN]
engine

MOTEUR, GROUPE ~ [INTM]
powerplant

MOTEUR, PYLÔNE DU ~ [AER]
engine pylon

MOTEUR, RÉGLAGE D'UN ~ [INTM]
tuning

MOTEUR, RÉGLER UN ~ [INTM]
tune up (to)

MOTEUR À EXPLOSION [ROUT]
internal combustion engine

MOTEUR À INJECTION [ROUT]
injection engine

MOTEUR À QUATRE TEMPS [ROUT]
four-stroke engine

MOTEUR À RÉACTION [AER]
jet engine

MOTEUR À TURBO-COMPRESSEUR [ROUT]
turbo-charged engine

MOTEUR ATMOSPHÉRIQUE [ROUT]
naturally aspirated engine

MOTEUR D'AIGUILLE [FER]
point motor

MOTORISÉ [GEN]
power-driven
power-operated

MOTRICE (n.) [FER]
motor carriage (Brit.)
power car (US)

MOTRICE, ÉNERGIE ~ [INTM]
motive power

MOTRICITÉ DIESEL, À ~ [INTM]
diesel-powered

MOTRICITÉ ÉLECTRIQUE, À ~ [INTM]
electric-powered

MOUCHARD [ROUT]
tachograph

MOUFLE [MT]
pulley block

MOUILLAGE [MAR]
anchorage
berthing

MOUILLAGE (EMPLACEMENT) [MAR]
anchoring berth
berthage

MOUILLAGE (SUR CORPS-MORT) [MAR]
mooring

MOUILLAGE, POSTE DE ~ [MAR]
berth

MOUILLAGE EN EAUX PROFONDES [MAR]
deep water berthing

MOUILLE (LA) [ASS]
wet damage
wetting

Transport – logistique
Lexique

MOUILLE, DÉGÂTS OCCASIONNÉS PAR LA ~ [ASS]
deterioration through wetting

MOUILLER [MAR]
lie at anchor (to)
moor (to)

MOUVEMENT DE STOCK [LOG]
stock transaction

MOUVEMENT LATÉRAL [GEN]
sideways movement

MOUVEMENT VERS L'ARRIÈRE [GEN]
backward movement

MOUVEMENT VERS L'AVANT [GEN]
forward movement

MOYEN (adj.) [GEN]
average
mean

MOYEN (n.) [GEN]
means

MUNITIONS [GEN]

MOYEN-COURRIER (AVION) [AER]
medium range aircraft

MOYEN-COURRIER, VOL ~ [AER]
medium-haul flight

MOYEN DE TRANSPORT [INTM]
means of conveyance
means of transportation

MOYEN DE TRANSPORT À X PLACES [INTM]
seater, an X ~

MOYENNE (n.) [GEN]
average

MOYENNE DISTANCE [ROUT]
medium haul

MOYEU [INTM]
hub

MULTIRISQUES, ASSURANCE ~ [ASS]
comprehensive insurance

MUNITIONS [GEN]
munitions

NATIONAL	[GEN]
nationwide	
NATIONALISÉ	[GEN]
publicly-owned	
NAUFRAGE	[MAR]
shipwreck	
NAUFRAGE, RISQUES DE ~	[MAR]
wreck risks	
NAVAL, CHANTIER ~	[MAR]
shipyard	
NAVETTE	[INTM]
shuttle	
NAVETTE, FAIRE LA ~	[INTM]
ply (to)	
shuttle (to)	
NAVETTE ÉQUIPAGE	[AER]
crew shuttle bus	
NAVETTEUR	[INTM]
commuter	
NAVIGABILITÉ, DÉLIVRANCE DU CERTIFICAT DE ~	[AER]
certification of aircraft	
NAVIGABILITÉ, ÉTAT DE ~	[AER]
airworthiness	
NAVIGABILITÉ, ÉTAT DE ~	[MAR]
seaworthiness	
NAVIGABLE	[MAR]
navigable	
NAVIGANT, MÉCANICIEN ~	[AER]
flight engineer	
NAVIGANT, PERSONNEL ~	[AER]
flight personnel	
NAVIGANT, PERSONNEL ~	[MAR]
sea-going personnel	
NAVIGATION	[MAR]
shipping	
NAVIGATION, AIDE À LA ~	[INTM]
navigational aid	
NAVIGATION, COMPAGNIE DE ~	[MAR]
shipping line	
NAVIGATION, COULOIR DE ~	[MAR]
sea lane	
shipping lane	
NAVIGATION, FEUX DE ~	[INTM]
navigation lights	
NAVIGATION, VOIE DE ~	[MAR]
sea lane	
shipping lane	
NAVIGATION CÔTIÈRE	[MAR]
coastal navigation	
short sea navigation	
NAVIGATION SANS ITINÉRAIRE FIXE	[MAR]
tramping	
NAVIGATION VAGABONDE	[MAR]
tramping	
NAVIGUER	[MAR]
sail (to)	

NAVIGUER SOUS PAVILLON [MAR]

Transport – logistique
Lexique

NAVIGUER SOUS PAVILLON [MAR]	
sail under a flag (to)	
NAVIGUER SUR LEST [MAR]	
sail on ballast (to)	
NAVIRE [MAR]	
ship	
vessel	
NAVIRE, ARMER UN ~ [MAR]	
commission a ship (to)	
equip a ship (to)	
fit out a ship (to)	
NAVIRE, DÉCHIRER UN ~ [MAR]	
break up a ship (to)	
NAVIRE, GÉRANCE D'UN ~ [MAR]	
husbanding	
NAVIRE, PROPRIÉTAIRE DE ~ [MAR]	
shipowner	
NAVIRE À FAIBLE TIRANT D'EAU [MAR]	
shallow-draught ship	
NAVIRE À GRAND TIRANT D'EAU [MAR]	
deep-draught ship	
NAVIRE À LARGES BAUX [MAR]	
beamy ship	
NAVIRE À MOTEUR (DIESEL) [MAR]	
motor ship (MS)	
motor vessel (MV)	
NAVIRE À VAPEUR [MAR]	
steam ship (SS)	
NAVIRE CELLULAIRE [MAR]	
cellular ship	
NAVIRE CÉRÉALIER [MAR]	
grain ship	
NAVIRE CHARBONNIER [MAR]	
collier	
NAVIRE CITERNE [MAR]	
tanker ship (T/S)	
NAVIRE CONVENTIONNEL [MAR]	
breakbulk ship	
NAVIRE D'APPORT [MAR]	
feeder vessel	
NAVIRE DE CHARGE [MAR]	
freighter	
NAVIRE DE CHARGE RÉGULIER [MAR]	
cargo liner	
NAVIRE DE CONFÉRENCE [MAR]	
conference liner	
NAVIRE DE HAUTE MER [MAR]	
ocean-going vessel	

NAVIRE DE LIGNE [MAR]	
liner	
NAVIRE DE MER [MAR]	
sea-going vessel	
NAVIRE DE TRAMPING [MAR]	
tramp ship	
NAVIRE FRIGORIFIQUE [MAR]	
reefer ship	
refrigerator ship	
NAVIRE FRUITIER [MAR]	
fruit carrier	
NAVIRE GIGOGNE [MAR]	
seabee	
NAVIRE LONG-COURRIER [MAR]	
deep sea vessel (DSV)	
NAVIRE MARCHAND [MAR]	
merchant ship	
merchantman	
NAVIRE MÈRE [MAR]	
mother ship	
NAVIRE MIXTE (ex. OBO, PROBO) [MAR]	
combination carrier	
NAVIRE MIXTE (MARCHANDISES EN CONTENEURS OU NON) [MAR]	
combination / combined vessel (COMBO)	
NAVIRE PORTE-CONTENEURS [MAR]	
container carrier	
container ship	
NAVIRE PORTE PÉNICHE [INTM]	
barge-carrying ship	
NAVIRE POUR TRANSPORT DE VOITURES NEUVES [MAR]	
pure car carrier (PCC)	
NAVIRE POUR TRANSPORT DE VOITURES ET CAMIONS NEUFS [MAR]	
pure car / truck carrier (PCTC)	
NAVIRE RO-RO / LO-LO [MAR]	
ROLO-ship (ROLO)	
NAVIRE ROULIER [MAR]	
RO-RO vessel	
NAVIRE TRANSPORTEUR DE PRODUITS "NOIRS" [MAR]	
dirty ship	
NAVIRES [MAR]	
shipping	
NE PAS STOCKER À PLAT (SUR UN EMBALLAGE) [MT]	
keep upright	

NÉCESSITÉ	[GEN]	**NIVELER**	[GEN]
requirement		level (to)	
NÉCESSITER	[GEN]	**NOEUD (1,852 km/h)**	[INTM]
require (to)		knot	
NÉGOCIABLE	[GEN]	**NOLISER**	[INTM]
negotiable		charter (to)	
NÉGOCIANT	[GEN]	**NOM DE..., ÉTABLIR AU ~**	[GEN]
merchant		make out to the order of (to)	
trader		**NOM DE QUELQU'UN, AU ~**	[GEN]
NÉGOCIER	[GEN]	on somebody's behalf	
negotiate (to)		**NOMBRE**	[GEN]
NEIGE	[GEN]	number	
snow		**NOMBRE DE PLACES ASSISES**	[INTM]
NEIGE, TEMPÊTE DE ~	[GEN]	seating capacity	
snowstorm		**NOMENCLATURE**	[GEN]
NEIGE CARBONIQUE	[GEN]	nomenclature	
foam		**NOMENCLATURE GÉNÉRALE**	
NEIGE FONDANTE	[GEN]	**DES PRODUITS (NGP)**	[INTM]
slush		nomenclature of goods	
NEIGE FONDUE	[GEN]	**NOMINALE, CHARGE ~**	[INTM]
sleet		rated capacity	
NET	[GEN]	**NON COMPRIS**	[GEN]
net		excluded	
NETTOYER	[GEN]	**NON EMBALLÉ**	[GEN]
clean (to)		unpacked	
NEZ (DE L'AVION)	[AER]	**NON RÉCLAMÉ**	[GEN]
nose		unclaimed	
NICHE (CRÉNEAU MARKETING)	[GEN]	**NON RÉPARABLE**	[LS]
niche		non repairable	
NID D'ABEILLES	[LOG]	unrepairable	
honeycomb		**NORD, EN DIRECTION DU ~**	[INTM]
NID DE POULE	[ROUT]	northbound	
pothole		**NORIA**	[LOG]
NIDS D'ABEILLES, STOCKAGE ~	[LOG]	vertical carousel	
pigeon-hole racking		**NORMALISATION**	[GEN]
NIVEAU	[GEN]	standardization	
level		**NORMALISÉ**	[GEN]
NIVEAU (ex. D'UNE ORGANISATION, D'UN SYSTÈME)	[LOG]	standard (adj.)	
tier		**NORMALISER**	[GEN]
NIVEAU D'ALERTE	[LOG]	standardize (to)	
reorder level		**NORME**	[GEN]
NIVEAU DE RÉFÉRENCE	[LOG]	norm	
minimum stock level		standard	
reorder level		**NORME CIC**	[CONT]
NIVEAU DE SÉCURITÉ	[LOG]	Container Inspection Criteria (CIC)	
safety level			

N

NORME EDI POUR LE COMMERCE,
L'ADMINISTRATION ET LE TRANSPORT

**NORME EDI POUR LE COMMERCE,
L'ADMINISTRATION ET LE TRANSPORT
(tda)** [LS]
*electronic data interchange standard
for administration, commerce
and transpor (EDIFACT)*

NORMES, INFÉRIEUR AUX ~ [GEN]
substandard

NORMES INDUSTRIELLES JAPONAISES [GEN]
Japan Industrial Standards (JIS)

**NORME POUR L'ÉCHANGE DE DONNÉES
FABRICATION (ISO 10303) (tda)** [LS]
*standard for the exchange
of product data (STEP)*

**NORMES POUR LES DONNÉES DE
SOUTIEN LOGISTIQUE INTÉGRÉ (tda)** [LS]
military standards (US) (MIL-STD)

NOTE DE CRÉDIT [GEN]
credit note

NOTE DE DÉBIT [GEN]
debit note (D/N)

NOTE DE FRAIS [INTM]
account of charges

NOTICE (D'UTILISATION) [GEN]
directions for use

**NOTIFICATION AU COMMANDANT
DE BORD (AVIS DE TRANSPORT
DE MATIÈRES DANGEREUSES)** [AER]
notification to captain (NOTOC)

NOTIFICATRICE, BANQUE ~ [GEN]
advising bank

NOTIFIER [GEN]
notify (to)

NUISANCE [GEN]
nuisance

NUIT, ROULER DE ~ [INTM]
run overnight (to)

NUL (ex. UN CONTRAT) [GEN]
void

NUL, RENDRE ~ [GEN]
void (to)

NUL, TAUX ~ [GEN]
zero rate

NUL ET NON AVENU [GEN]
null and void

NUL ET NON AVENU, RENDRE ~ [GEN]
nullify (to)

NULLITÉ [ASS]
*invalidity
nullity*

NUMÉRIQUE [GEN]
digital

NUMÉRIQUE, COMMANDE ~ [LS]
numerical control

NUMÉRO [GEN]
number

NUMÉRO D'EMBARQUEMENT [AER]
boarding number (BN)

NUMÉRO DE SÉRIE [GEN]
serial number

NUMÉRO MINÉRALOGIQUE [ROUT]
registration number

NUMÉRO VERT [GEN]
toll free number

NUMÉROTAGE [GEN]
numbering

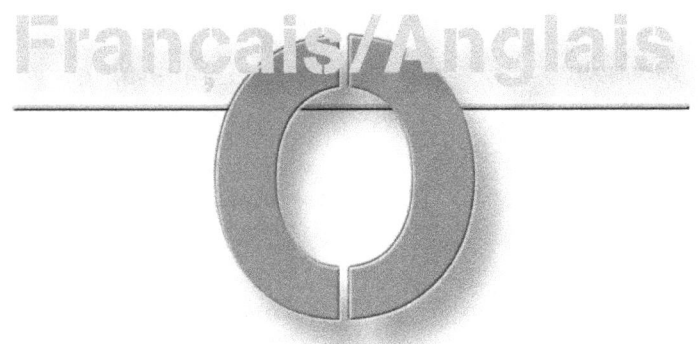

OBJECTIF, FIXER UN ~	[GEN]	**ŒIL DE REMORQUAGE**	[ROUT]
set a target (to)		*tow eye*	
OBJETS SAUVÉS (APRÈS NAUFRAGE,		**ŒILLET (ex. DE BÂCHE)**	[INTM]
INCENDIE)	[ASS]	*eyelet*	
salvage		**ŒILLETON**	[GEN]
OBJETS TROUVÉS	[INTM]	*eye*	
lost and found (US)		**ŒILLETON D'ARRIMAGE**	[CONT]
lost property (Brit.)		*securing eye*	
OBLIGATIONS (COMMANDES CLIENT		**ŒILLETON DE LEVAGE**	[MT]
ENCORE EN ENTREPÔT)	[LOG]	*lifting eye*	
back orders		**OFFICE**	[AER]
OBLIGATOIRE	[GEN]	*galley*	
compulsory		**OFFICIEL (adj.)**	[GEN]
mandatory		*formal*	
OBSOLESCENCE	[GEN]	*official*	
obsolescence		**OFFICIEL (UN ~)**	[GEN]
OBSOLÈTE	[GEN]	*official*	
obsolete		**OFFICIEUX**	[GEN]
OBSTACLE	[GEN]	*unofficial*	
hindrance		**OFFRE (EN RÉPONSE**	
obstacle		**À UN APPEL D' ~)**	[GEN]
OBSTRUCTION	[GEN]	*bid*	
obstruction		**OFFRE**	[GEN]
OCCUPER DE, S' ~	[GEN]	*offer*	
handle (to)		**OFFRE (L') ET LA DEMANDE**	[GEN]
OCÉANIQUE, PORT ~	[MAR]	*supply and demand*	
ocean port		**OFFRES, APPEL D' ~**	[GEN]
ODOMÈTRE	[INTM]	*call for tenders*	
odometer		*invitation for tenders*	
		invitation to tender	

© Éditions d'Organisation

OLÉAGINEUX	[GEN]	**ORDONNANCEMENT**	[AER]
oil seeds		*load planning*	
OLÉODUC	[GEN]	**ORDONNANCEMENT**	[LOG]
pipeline		*scheduling*	
OMIS AU CHARGEMENT	[INTM]	**ORDONNANCEMENT, MÉTHODE D' ~**	[LOG]
shortshipped		*sequencing model*	
OMNIBUS, TRAIN ~	[FER]	**ORDONNANCEMENT, SERVICE ~**	[LOG]
stopping train		*production control department*	
ONCE (28,35 G)	[GEN]	**ORDRE, DONNEUR D' ~**	[GEN]
ounce (oz)		*contractor*	
OPÉRATEUR	[GEN]	*principal (n.)*	
operative		**ORDRE D'ACHAT**	[GEN]
operator		*purchase order*	
OPÉRATEUR DE TRANSPORT MULTIMODAL (O.T.M.)	[INTM]	**ORGANIGRAMME**	[GEN]
Multimodal Transport Operator (M.T.O)		*organization chart*	
		ORGANISATION	[GEN]
OPÉRATEUR ET COORDINATEUR DES FLUX (tda)	[LOG]	*organization*	
lead logistics provider (LLP)		**ORGANISATION (AGENCEMENT)**	[GEN]
		set-up	
OPÉRATEUR PHYSIQUE DES FLUX (3 PL)	[LOG]	**ORGANISATION INTERNATIONALE DE NORMALISATION**	[GEN]
third party logistics		*International Standardization Organization (ISO)*	
OPÉRATION	[GEN]		
operation		**ORGANISATION POUR L'AVIATION CIVILE INTERNATIONALE (OACI)**	[AER]
OPÉRATIONNEL	[GEN]	*International Civil Aviation Organization (ICAO)*	
operational			
OPÉRATIONNELS, LES ~	[GEN]	**ORGANISER**	[GEN]
field personnel		*organize (to)*	
OPÉRATIONS, AGENT D' ~	[AER]	**ORGANISME AMÉRICAIN DE NORMALISATION (équiv. AFNOR/BSI)**	[GEN]
flight dispatcher		*American Standards Association (ASA)*	
OPÉRATIONS, FEUILLE D' ~	[LOG]		
work-sheet		**ORGANISME FERROVIAIRE FÉDÉRAL (tda)**	[FER]
OPPORTUN	[GEN]	*Federal Railroad Administration (US) (FRA)*	
timely			
OPTIMISER	[LOG]	**ORGANISME RÉGULATEUR**	[GEN]
optimize (to)		*regulatory body*	
ORAGE	[GEN]	**ORIENTABLE (ex. ROUE, VÉHICULE)**	[INTM]
storm		*steerable*	
ORDINAIRE (ESSENCE)	[ROUT]	**ORIFICE D'AÉRATION**	[INTM]
regular (US)		*vent*	
two star petrol (Brit.)		**ORIGINE, CERTIFICAT D' ~**	[DN]
ORDINATEUR	[GEN]	*certificate of origin (C/O)*	
computer			
ORDINATEUR EMBARQUÉ	[INTM]	**ORIGINE, PAYS D' ~**	[DN]
on-board computer		*country of origin*	
ORDINATEUR PORTABLE	[GEN]		
laptop computer			

ORIGINE, PREUVES DOCUMENTAIRES DE L' ~ [DN]
documentary evidence of origin

ORIGINE COMMUNAUTAIRE [DN]
community origin

OSSATURE DU CONTENEUR [CONT]
structure of container

OUEST, EN DIRECTION DE L' ~ [INTM]
westbound

OUTIL DE GESTION [LOG]
management tool

OUTRE-MER [INTM]
overseas

OUVERTURE [GEN]
aperture

OUVERTURE D'AÉRATION [CONT]
aperture for ventilation

OUVERTURE D'ÉCOULEMENT [CONT]
aperture for drainage

OUVRAGE D'ART [INTM]
civil engineering structure

OUVRIR DE CE CÔTÉ (SUR UN EMBALLAGE) [MT]
open this side

OUVRIR ICI (SUR UN EMBALLAGE) [MT]
open here

OXYDANTE, MATIÈRE ~ [GEN]
oxidizing material

PAIEMENT, CONDITIONS DE ~	[GEN]	**PALETTE**	[LOG]
conditions		*pallet*	
terms		**PALETTE, POSITION ~**	[LOG]
terms of payment		*pallet place*	
PAIEMENT, DEMANDE DE ~	[GEN]	**PALETTE À AILES**	[LOG]
claim		*wing pallet*	
PAIEMENT À LA COMMANDE	[GEN]	**PALETTE À QUATRE ENTRÉES**	[LOG]
cash with order (CWO)		*four-way entry pallet*	
PAIEMENT DU FRET, REÇU DE ~	[INTM]	**PALETTE À SIMPLE ENTRÉE**	[LOG]
freight release		*one-way pallet*	
PAIR (CHIFFRE)	[GEN]	**PALETTE AS**	[LOG]
even		*four-way entry pallet*	
PALAN	[MT]	**PALETTE AVION**	[AER]
hoist		*aircraft pallet*	
tackle		**PALETTE COMPLÈTE**	[LOG]
PALAN À BRAS	[MT]	*pallet load*	
hand-operated pulley block		**PALETTE CONSIGNÉE**	[LOG]
PALAN ANTIDÉFLAGRANT	[MT]	*returnable pallet*	
flameproof hoist		**PALETTE DOUBLE FACE**	[LOG]
PALAN ÉLECTRIQUE À CABLE	[MT]	*double face pallet*	
electric wire-rope hoist		**PALETTE EUROPÉENNE**	[LOG]
PALAN ÉLECTRIQUE À CHAÎNE	[MT]	*four-way entry pallet*	
electric chain hoist		**PALETTE JETABLE**	[LOG]
PALAN PNEUMATIQUE	[MT]	*disposable pallet*	
pneumatic hoist		**PALETTE PERDUE**	[LOG]
PALANQUÉE	[MAR]	*disposable pallet*	
crane load		**PALETTE RÉVERSIBLE**	[LOG]
PALE	[GEN]	*double face pallet*	
blade			

PALETTE SUR PATINS [LOG]

PALETTE SUR PATINS [LOG]
skid
PALETTES, DISTRIBUTEUR
AÉRIEN DE ~ [MT]
overhead pallet storer and retriever
PALETTIER [LOG]
rack
PALETTISABLE [LOG]
palletizable
PALETTISER [LOG]
palletize (to)
PALETTISEUR [MT]
pallet loader
palletizer
palletizing machine
PALIER DE CRÉMONE [CONT]
cam end guide
PALONNIER [MT]
lifting beam
lifting tongs
load bar
rocking lever
spreader
swing bar
PALPLANCHE [FLV]
pile-plank
PANAMAX (NAVIRE AU GABARIT DU CANAL DE PANAMA : 32,30 m DE LARGE) [MAR]
panamax
PANIER [GEN]
basket
PANIER DE MANUTENTION EN FIL [MT]
wiremesh basket
PANNE [INTM]
breakdown
PANNE, LOCALISATION D'UNE ~ [LS]
troubleshooting
PANNEAU [GEN]
panel
PANNEAU À MESSAGE VARIABLE (PMV) [INTM]
variable message sign (VMS)
PANNEAU AVANT (CONTENEURS, SEMI-REMORQUES...) [INTM]
front wall
PANNEAU COULISSANT [INTM]
sliding panel
PANNEAU DE CALE [MAR]
hatchcover

PANNEAU DE SIGNALISATION [ROUT]
road sign
PANNEAU INDICATEUR [ROUT]
traffic sign
PANNES, ARBRE DE ~ [LS]
fault diagnosis chart
PANTOGRAPHE [FER]
pantograph
PAPERASSERIE [GEN]
paperwork
red tape
PAPIER GOMMÉ [GEN]
gummed paper
PAQUET [GEN]
pack
package
PARC (DE VÉHICULES) [ROUT]
fleet
PARCOURIR UNE DISTANCE [GEN]
cover a distance (to)
PARCOURS [INTM]
run
PARCOURS TERRESTRE ENTRE DEUX TRAJETS MARITIMES [INTM]
land bridge
PARE-BRISE [INTM]
windscreen (Brit.)
windshield (US)
PARE-BRISE, DÉGIVREUR DE ~ [INTM]
windscreen defroster
PARE-CHOCS [ROUT]
bumper (Brit.)
fender (US)
PARE-SOLEIL [ROUT]
sun visor
PARKING [ROUT]
car park (Brit.)
parking lot (US)
PAROI [CONT]
wall panel
PAROI, RAIDISSEUR DE ~ [CONT]
side post
PAROI D'ABOUT [ROUT]
end of body
end wall
PAROI DÉMONTABLE [CONT]
dismountable side

Transport – logistique
Lexique

PASSER UNE VITESSE [ROUT]

PAROI D'EXTRÉMITÉ
(ex. CONTENEURS) [INTM]
end wall

PAROI LATÉRALE [INTM]
side wall

PAROI LATÉRALE, RÉSISTANCE DE ~ [CONT]
side wall strength

PAROI RABATTABLE [INTM]
drop side

PART [GEN]
share

PARTAGE, ACCORD DE ~ [AER]
code-sharing agreement

PARTANCE, EN ~ [INTM]
outbound
outgoing
outward

PARTANCE POUR, EN ~ [INTM]
bound for

PARTENARIAT [GEN]
partnership

PARTICULIER, WAGON DE ~ [FER]
privately owned wagon (PO)

PARTIE CONTRACTANTE [ASS]
contracting party

PARTIEL [GEN]
part

PARTIELLE, EXPÉDITION ~ [INTM]
part shipment

PARTIELLEMENT RÉPARABLE [LS]
partially repairable

PARTIR [GEN]
depart (to)
leave (to)

PARTIR [MAR]
sail (to)

PAS, AU ~ [INTM]
dead slow

PAS DE MANUTENTION AUX CROCS
(SUR UN EMBALLAGE) [MT]
use no hooks

PAS DE RÉSULTAT, PAS DE PAIEMENT [MAR]
no cure no pay

PASSAGE [GEN]
gangway
passageway

PASSAGE, AGENT DU ~ [AER]
passenger service agent

PASSAGE, SERVICE ~ [AER]
passenger service

PASSAGE À NIVEAU [FER]
grade crossing (US)
level crossing (Brit.)

PASSAGE À NIVEAU, BARRIÈRE DE ~ [FER]
level crossing gate

PASSAGE DE FOURCHE [MT]
fork lift entry
fork lift pocket

PASSAGE PIÉTON [ROUT]
pedestrian crossing
zebra crossing

PASSAGE SOUTERRAIN [GEN]
subway
underpass (Brit.)

PASSAGER [AER]
passenger (PAX)

PASSAGER (n.) [INTM]
passenger

PASSAGER GRATUIT [AER]
guest passenger (personnel de la compagnie) (GP)
non-revenue passenger (free-miles)

PASSAGER PAYANT [AER]
revenue passenger

PASSAGER RÉGULIER [AER]
frequent flyer

PASSAGER SANS GARANTIE [AER]
standby passenger

PASSATION DE COMMANDE,
COÛT DE ~ [GEN]
ordering cost

PASSAVANT [MAR]
fore and aft gangway

PASSE [MAR]
fairway

PASSER EN FRAUDE [DN]
smuggle (to)

PASSER UN VÉHICULE AUX MINES [ROUT]
licence a vehicle for use (to)

PASSER UNE COMMANDE [GEN]
place an order (to)

PASSER UNE VITESSE [ROUT]
engage a gear (to)
put into a gear (to)

PASSERELLE [AER]

Transport – logistique
Lexique

PASSERELLE [AER]	
boarding bridge	
finger	
jetway	
steps	
PASSERELLE	
(POUR TRAVERSER LA VOIE) [FER]	
footbridge	
PASSERELLE (WAGON, CONTENEUR CITERNE, CAMION-CITERNE...) [GEN]	
catwalk	
PASSERELLE (DE COMMANDEMENT) [MAR]	
bridge	
PASSERELLE [MAR]	
gangway	
walkway	
PASSERELLE TÉLÉSCOPIQUE [AER]	
telescopic corridor	
PASSIBLE DE DROITS DE DOUANE [DN]	
liable to customs duties	
PÂTE À PAPIER [GEN]	
wood pulp	
PATIN (DE RAIL) [FER]	
base	
flange	
PATIN [INTM]	
skid	
PATIN DE FREIN [INTM]	
brake block	
PATINS, PALETTE SUR ~ [LOG]	
skid	
PAUSE [GEN]	
break	
PAVILLON [MAR]	
flag	
PAVILLON, BATTRE ~ [MAR]	
fly a flag (to)	
PAVILLON, MONOPOLE DE ~ [MAR]	
flag monopoly	
PAVILLON, NAVIGUER SOUS ~ [MAR]	
sail under a flag (to)	
PAVILLON, PRÉFÉRENCE DE ~ [MAR]	
cargo preference	
PAVILLON DE COMPLAISANCE [MAR]	
flag of convenience	
PAYABLE SUR DEMANDE [GEN]	
payable on demand	

PAYER, FAIRE ~ [GEN]	
charge (to)	
PAYER-PRENDRE [GEN]	
cash and carry	
PAYS D'ORIGINE [DN]	
country of origin	
PAYS DE DESTINATION [INTM]	
country of destination	
PAYS DE L'EST [GEN]	
Central European countries	
PAYS EN VOIE DE DÉVELOPPEMENT (PVD) [GEN]	
developing country	
PAYS EXPORTATEUR [GEN]	
exporting country	
PAYS INDUSTRIALISÉ [GEN]	
industrialised country	
PAYS TIERS [DN]	
third country	
PÉAGE [ROUT]	
toll	
PÉAGE, AUTOROUTE À ~ [ROUT]	
turnpike (US)	
PÉAGE, COULOIR DE ~ [ROUT]	
toll lane	
PÉDALE [INTM]	
pedal	
PÉDALE DE FREIN [ROUT]	
foot-brake	
PEINTURE, ATELIER DE ~ [INTM]	
paintshop	
PEINTURE, CABINE DE ~ [INTM]	
spray bake oven	
PELLE À BENNE TRAÎNANTE [MT]	
dragline	
PELLETEUSE À GODETS [MT]	
bucket loader	
PÉNALITÉ [GEN]	
penalty	
PENDULAIRE, DÉPLACEMENT ~ [INTM]	
commuting	
PENDULAIRE, TRAIN ~ [FER]	
pendular train	
PÉNÉTRATION DANS L'AIR, COEFFICIENT DE ~ (CX) [INTM]	
coefficient of drag (CD)	

PÉNICHE [FLV]
barge

PÉNICHE (D'UN PORT EN LOURD MOYEN DE 300 T) [FLV]
spit

PENTE [GEN]
slope

PENTES ET RAMPES [FER]
gradients

PÉNURIE [GEN]
shortage

PERCER (ex. UN TUNNEL) [GEN]
bore (to)

PERCEVOIR DES DROITS [DN]
collect duties (to)

PERDRE [GEN]
lose (to)

PERDU [GEN]
lost

PERDU (GÂCHÉ) [GEN]
waste (adj.)

PERDU CORPS ET BIENS [MAR]
lost with all hands

PÉREMPTION, DATE DE ~ [GEN]
expiry date

PERFECTIONNÉ [GEN]
sophisticated

PERFECTIONNEMENT ACTIF [DN]
inward processing

PERFECTIONNEMENT PASSIF [DN]
outward processing

PERFORMANT [GEN]
high-performance (adj.)

PÉRIMÉ [GEN]
out of date

PÉRIMÈTRE [GEN]
perimeter

PÉRIODE CREUSE [INTM]
off-peak period

PÉRIODE DE POINTE [INTM]
peak period

PÉRIODE TRANSITOIRE [GEN]
transitional period

PÉRIODICITÉ [GEN]
frequency

PÉRIPHÉRIQUE (VOIE) [ROUT]
beltway (US)
orbital road
ring road (Brit.)

PÉRISSABLES (n.) [GEN]
perishables

PÉRISSABLES, DENRÉES ~ [GEN]
perishable foodstuffs

PÉRISSABLES, MARCHANDISES ~ [GEN]
perishable goods

PERMANENCE, CHEF DE ~ [INTM]
duty officer

PERMANENCE DES PROCESSUS D'ACQUISITION ET DE SOUTIEN PENDANT LA VIE DU PRODUIT (3e GÉNÉRATION DE CALS) [LS]
continuous acquisition and life cycle support (CALS 3rd generation) (CALS)

PERMETTRE [GEN]
authorize (to)
permit (to)

PERMIS [GEN]
permit

PERMIS, DÉTENIR UN ~ [ROUT]
hold a licence (to)

PERMIS D'EMBARQUEMENT [MAR]
shipping note

PERMIS DE CONDUIRE [ROUT]
driver's license (US)

PERMIS DE CONDUIRE [ROUT]
driving licence (Brit.)

PERMIS DE CONDUIRE, RETIRER UN ~ [ROUT]
revoke a driving licence (to)

PERMIS DE CONDUIRE, RETRAIT DE ~ [ROUT]
disqualification from driving

PERROQUET [MT]
knee support

PERSONNALISATION [GEN]
customization

PERSONNALISER
(ex. UN PRODUIT, UN SERVICE) [GEN]
customize (to)

PERSONNALITÉ [GEN]
Very Important Person (VIP)

PERSONNE MORALE [GEN]
legal entity
legal person

PERSONNEL (n.)	[GEN]	**PESAGE, PRIS AVEC ~**	[INTM]
personnel		*accepted weighed*	
staff		**PESER**	[GEN]
PERSONNEL, DOTATION EN ~	[GEN]	*weigh (to)*	
staffing		**PETITE LEVÉE, À ~**	[MT]
PERSONNEL, ROTATION DU ~	[GEN]	*low-lift*	
staff turnover		**PETITES ET MOYENNES ENTREPRISES**	
PERSONNEL AU SOL (RAMPANTS)	[AER]	**(PME)**	[GEN]
ground staff		*small and medium-sized enterprises*	
PERSONNEL D'ENCADREMENT	[GEN]	**PÉTROLE**	[GEN]
supervisory personnel		*oil*	
PERSONNEL DE PISTE	[AER]	*petroleum*	
ground crew		**PÉTROLE, TONNE ÉQUIVALENT ~ (TEP)**	[GEN]
ramp personnel		*ton oil equivalent (TOE)*	
PERSONNEL NAVIGANT	[AER]	**PÉTROLE RAFFINÉ**	[GEN]
flight personnel		*refined oil*	
sea-going personnel	[MAR]	**PÉTROLIER (FOURNISSEUR)**	[GEN]
PERSONNEL NAVIGANT COMMERCIAL		*fuel supplier*	
(PNC)	[AER]	**PÉTROLIER**	[MAR]
cabin crew		*oil tanker*	
flight attendants		**PÉTROLIER / VRAQUIER**	[MAR]
PERSONNEL NAVIGANT TECHNIQUE		*Oil products / Bulk /*	
(PNT)	[AER]	*Crude Oil Carrier (PROBO)*	
cockpit crew		**PEU PROFOND**	[GEN]
flight crew		*shallow*	
PERSONNEL SAISONNIER	[GEN]	**PHARE**	[MAR]
seasonal personnel		*lighthouse*	
PERT, MÉTHODE ~	[LOG]	**PHARE, BOÎTIER DE ~**	[ROUT]
programme evaluation and review		*headlight housing shell*	
techniques		**PHARE, GARDIEN DE ~**	[MAR]
(PERT)		*lighthouse keeper*	
PERTE	[GEN]	**PHARES (DE VÉHICULE)**	[ROUT]
loss		*headlamps*	
PERTE, DÉCLARATION DE ~	[INTM]	*headlights*	
notification of loss		**PHARES ANTIBROUILLARD**	[ROUT]
PERTE D'ADHÉRENCE	[FER]	*fog lights*	
loss of traction		**PHARES D'ATTERRISSAGE**	[AER]
PERTE D'EXPLOITATION, ASSURANCE ~	[ASS]	*landing lights*	
operating loss insurance		**PHARES DE ROULEMENT**	[AER]
PERTE PARTIELLE	[INTM]	*taxi lights*	
partial loss		**PHARMACEUTIQUES, PRODUITS ~**	[GEN]
PERTE TOTALE	[INTM]	*pharmaceutical products*	
total loss		**PHASAGE**	[LOG]
PERTINENT	[GEN]	*sequencing*	
relevant		**PHONIQUE, ISOLATION ~**	[GEN]
PERTURBATIONS ATMOSPHÉRIQUES	[GEN]	*sound-proofing*	
atmospheric disturbances		**PHOTOCOMMANDE, SYSTÈME DE ~**	[GEN]
PESAGE	[GEN]	*infra-red beam system*	
weighing			

Transport - logistique
Lexique

PISTOLET (DE POMPE À ESSENCE)
[INTM]

PHOTOSTYLE [GEN]
light-pen

PHYTOPATHOLOGIQUE, CERTIFICAT ~ [DN]
phytopathological certificate

PIÈCE (MÉCANIQUE) [GEN]
part

PIÈCE À CONVICTION [GEN]
evidence

PIÈCE À HAUTE VALEUR AJOUTÉE [LOG]
high cost part

PIÈCE DE COIN [CONT]
corner casting
corner fitting

PIÈCE DE SAISISSAGE [CONT]
top fitting

**PIÈCE DE VERROUILLAGE
(PORTES DE CONTENEURS)** [CONT]
cam end

PIÈCE INTERCALAIRE [CONT]
planking

PIÈCES DE RECHANGE [GEN]
spare parts

PIÈCES DÉTACHÉES [GEN]
spare parts
spares

PIÈCES JUSTIFICATIVES [GEN]
supporting documents

PIÉTON [GEN]
pedestrian

PIÉTON (PASSAGER SANS VÉHICULE) [MAR]
foot passenger

PIÉTONNE, ZONE ~ [ROUT]
pedestrian precinct

PILLAGE [ASS]
pilferage

PILOTAGE [INTM]
pilotage

PILOTAGE, COLLIMATEUR DE ~ [AER]
head-up display (HUD)

PILOTAGE, FRAIS DE ~ [MAR]
pilotage dues

PILOTAGE, POSTE DE ~ [AER]
cockpit
flight deck

PILOTAGE AUTOMATIQUE [AER]
automatic piloting system

PILOTAGE DES FLUX [LOG]
flow control
flow monitoring

PILOTAGE INFORMATIQUE [GEN]
computer control system

PILOTE [INTM]
pilot

PILOTE AUTOMATIQUE [AER]
automatic pilot
autopilot

PINARDIER [MAR]
wine tanker

PINCE [MT]
clamp
nipper

PINCE, SABOT DE ~ [MT]
nipper shoe

PINCES [MT]
tongs

PION D'ARRIMAGE [AER]
lashing ring

PIRATERIE AÉRIENNE [AER]
airpiracy
hijacking
skyjacking

PISTE, AGENT DE ~ [AER]
ramp agent

PISTE, MANUTENTIONNAIRE DE ~ [AER]
ramp handler

PISTE, PERSONNEL DE ~ [AER]
ramp personnel

PISTE, TRACTEUR DE ~ [AER]
tow tractor

PISTE D'ATTERRISSAGE [AER]
airstrip
landing strip
runway

PISTE D'ENVOL [AER]
runway

PISTE DE DÉGAGEMENT [AER]
turn-off strip

PISTE DE ROULAGE [AER]
taxiway

PISTE DE STATIONNEMENT [AER]
parking area
ramp

PISTOLET (DE POMPE À ESSENCE) [INTM]
nozzle

PISTON [INTM]
piston

PISTON, SEGMENT DE ~ [INTM]
piston-ring

PIVOT [INTM]
hub

PIVOT CENTRAL [FER]
king-pin

PIVOT D'ATTELAGE [ROUT]
trailer king-pin

PIVOT DU BOGIE [FER]
bogie-pin

PIVOTER [GEN]
revolve (to)
swivel (to)

PIVOTER [MT]
slew (to)

PIVOTER, FAIRE ~ [MT]
slew (to)

PLACE, METTRE EN ~ [GEN]
position (to)
set up (to)

PLACE ASSISE [INTM]
seat

PLACE DE STATIONNEMENT [INTM]
parking slot

PLACE FENÊTRE [FER]
window seat

PLACES ASSISES, NOMBRE DE ~ [INTM]
seating capacity

PLACES DISPONIBLES, DANS LA LIMITE DES ~ [AER]
on a space available basis

PLAFOND DE BALLAST [CONT]
tank top

PLAFOND ET VISIBILITÉ OK [AER]
ceiling and visibility OK (CAVOK)

PLAFOND PRATIQUE [AER]
service ceiling

PLAFOND THÉORIQUE [AER]
absolute ceiling

PLAINDRE, SE ~ [GEN]
complain (to)

PLAINTE [GEN]
complaint

PLAN (HORAIRE) [GEN]
schedule

PLAN D'ARRIMAGE [MAR]
tier

PLAN DE CABINE [AER]
seating chart

PLAN DE CHARGE (DE TRAVAIL) [GEN]
workload

PLAN DE CHARGEMENT [AER]
loading instructions

PLAN DE MISE EN ŒUVRE DE CALS (tda) [LS]
CALS implementation plan (CALSIP)

PLAN DE SOUTE [AER]
loading chart

PLAN DE VOL [AER]
flight plan

PLAN DE VOL, DÉPOSER UN ~ [AER]
file a flight plan (to)

PLAN DIRECTEUR [GEN]
master plan

PLAN INCLINÉ [MT]
inclined slide

PLAN URBAIN [ROUT]
street map

PLANCHE [GEN]
plank

PLANCHE, JOURS DE ~ [MAR]
lay-days

PLANCHER [GEN]
floor

PLANCHER, TRAVERSE DE ~ [CONT]
bottom cross member

PLANCHER EN BOIS DUR [GEN]
hardwood floor

PLANCHER EN BOIS TENDRE [GEN]
softwood floor

PLANIFICATION [GEN]
planning

PLANIFICATION SOUS CONTRAINTES [LOG]
constraint-based planning (CBP)

PLAQUE [GEN]
plate

PLAQUE DE MARQUAGE [CONT]
data plate

PLAQUE MINÉRALOGIQUE [ROUT]
license plate (US)
number plate (Brit.)

Transport – logistique
Lexique

POIDS ÉQUIVALENT À 50,8 KG [GEN]

PLAQUE TOURNANTE [INTM]
hub
turntable

PLAQUE TRANSIT INTERNATIONAL ROUTIER [ROUT]
TIR plate

PLAQUETTE DE FREIN [INTM]
brake pad

PLASTIQUE ARMÉ [GEN]
glassfibre reinforced polyester (G.R.P)

PLATE-FORME (CONTENEUR PLAT MAXI-PALETTE) [CONT]
bolster

PLATE-FORME [INTM]
hub

PLATE-FORME [LOG]
distribution centre

PLATE-FORME (SUPPORT) [LOG]
stillage

PLATE-FORME, CONTENEUR ~ [CONT]
flat container
flatainer
platform container

PLATE-FORME D'ÉCLATEMENT [INTM]
deconsolidation platform

PLATE-FORME DE DÉGROUPAGE [INTM]
deconsolidation platform

PLATE-FORME DE GROUPAGE [INTM]
consolidation platform

PLATE-FORME ÉLÉVATRICE [MT]
lifting platform

PLATE-FORME PÉTROLIÈRE [MAR]
oil rig

PLATEAU (ex. REMORQUE) [INTM]
flat bed

PLATEAU, CHARIOT À ~ [MT]
tray-lift truck

PLATEAU FIXE, REMORQUE ~ [ROUT]
fixed bed trailer

PLEIN [GEN]
full

PLEIN (VÉHICULE) [INTM]
fully laden

PLEIN, COMPLÉMENT DE ~ [INTM]
top-up

PLEIN, FAIRE LE ~ [INTM]
fill up (to)

PLEIN AIR, STOCKAGE EN ~ [LOG]
outdoor storage

PLEIN DE CARBURANT, FAIRE LE ~ [AER]
fuel up (to)

PLEINE MER (n.) [MAR]
high water

PLOMB DE DOUANE [DN]
customs seal

PLOMBAGE [INTM]
sealing

PLOMBER [INTM]
seal (to)

PLUIE [GEN]
rain

PNEU [INTM]
tire (US)
tyre (Brit.)

PNEU À CARCASSE RADIALE [ROUT]
radial tyre

PNEU À PLAT [INTM]
flat tyre

PNEU CREVÉ [INTM]
flat tyre

PNEU ÉCLATÉ [INTM]
burst tyre

PNEU RECHAPPÉ [ROUT]
remould
retread

PNEUMATIQUE (adj.) [GEN]
pneumatic

PNEUMATIQUE, SUSPENSION ~ [ROUT]
air suspension

PNEUMATIQUES, SUR ~ [INTM]
rubber-tyred

PNEUS, PRESSION DES ~ [INTM]
tyre pressure

POCHOIR, MARQUER AU ~ [GEN]
stencil (to)

POIDS [GEN]
weight (wt)

POIDS À L'ESSIEU [ROUT]
axle weight

POIDS BRUT [INTM]
gross weight (GW)

POIDS ÉQUIVALENT À 50,8 kg [GEN]
hundredweight (Brit.) (cwt)

© Éditions d'Organisation

POIDS IMPOSABLE [DN]   Transport – logistique
                        Lexique

POIDS IMPOSABLE	[DN]	**POINTE, PÉRIODE DE ~**	[INTM]
dutiable weight		peak period	
POIDS LOURD (VÉHICULE)	[ROUT]	**POINTER (SUR UNE LISTE)**	[GEN]
heavy goods vehicle (HGV)		tick off (to)	
POIDS MORT	[INTM]	**POINTEUR**	[INTM]
deadweight		tally clerk	
POIDS NET	[GEN]	**POLICE**	[ASS]
net weight (N.W.)		policy	
POIDS RÉEL	[INTM]	**POLICE, BÉNÉFICIAIRE D'UNE ~**	[ASS]
actual weight (ACT.WT)		beneficiary of a policy	
POIDS TAXABLE	[INTM]	**POLICE, RÉSILIER UNE ~**	[ASS]
chargeable weight		surrender a policy (to)	
POIDS TOTAL AUTORISÉ EN CHARGE (PTAC)	[ROUT]	**POLICE À ALIMENTER**	[ASS]
gross laden weight		floating policy	
POIGNÉE	[GEN]	**POLICE À TEMPS**	[MAR]
handle		time policy	
POIGNÉE (ex. OUVERTURE D'UN CONTENEUR, D'UNE REMORQUE)	[INTM]	**POLICE À TERME**	[MAR]
lever		time policy	
		POLICE AU TEMPS ET AU VOYAGE	[MAR]
POIGNÉE DE MANUTENTION	[MT]	mixed policy	
handling grip		**POLICE AU VOYAGE**	[MAR]
POINT D'ACCROCHAGE	[CONT]	voyage policy	
hooking point		**POLICE D'ABONNEMENT**	[ASS]
POINT D'ARRIMAGE	[INTM]	open policy	
anchor point		**POLICE D'ASSURANCE**	[ASS]
POINT D'ÉCLAIR	[GEN]	insurance policy	
flash point		**POLICE EN BLOC**	[ASS]
POINT D'EXPÉDITION	[INTM]	blanket policy	
forwarding point		**POLICE FLOTTANTE**	[ASS]
POINT DE CONDENSATION	[GEN]	floater policy	
dew point		floating policy	
POINT DE CORRESPONDANCE	[AER]	open policy	
connecting point		**POLICE OUVERTE**	[ASS]
POINT DE FIXATION	[MT]	open cover	
securing point		**POLICE PROVISOIRE**	[ASS]
POINT DE VENTE (PDV)	[GEN]	covering note	
outlet		**POLICE SUR CORPS**	[MAR]
point of sale (POS)		hull policy	
POINT MORT	[LOG]	**POLICE SUR FACULTÉS**	[MAR]
break-even point		cargo policy	
POINT MORT	[ROUT]	**POLICE TOUS RISQUES CHANTIER**	[ASS]
neutral		contractor's all risks policy	
POINTAGE, FEUILLE DE ~	[INTM]	**POLITIQUE (UNE)**	[GEN]
tally card		policy	
tally sheet		**POLITIQUE AGRICOLE COMMUNE (PAC)**	[GEN]
POINTE, HEURE DE ~	[INTM]	Common Agricultural Policy (CAP)	
peak hour			

PORT DE COMMERCE [MAR]

POLITIQUE DE STOCKAGE [LOG]
inventory policy

POLLUANTS (n.) [GEN]
pollutants

POLLUER [GEN]
pollute (to)

POLLUTION [GEN]
pollution

POLYVALENT [GEN]
general-purpose (adj.)
multipurpose (adj.)

POMPE [GEN]
pump

POMPE D'INJECTION [ROUT]
injection pump

PONCTUELLE, EXPÉDITION ~ [INTM]
spot shipment

PONDÉREUX (n.) [INTM]
heavy goods

PONT [GEN]
bridge

PONT (NAVIRE, AVION) [INTM]
deck

PONT À BASCULE [ROUT]
weigh-bridge

PONT AÉRIEN [AER]
airlift

PONT BASCULANT [ROUT]
bascule bridge

PONT DE LIAISON [ROUT]
levelling platform

PONT DE TONNAGE [MAR]
tonnage deck

PONT ÉCHANGEUR (AUTOROUTE) [ROUT]
cloverleaf crossover

PONT ÉLÉVATEUR [MT]
hydraulic ramp

PONT GERBEUR [MT]
overhead stacker crane
overhead travelling stacker crane

PONT INFÉRIEUR [INTM]
lower deck

PONT LEVANT [ROUT]
lift bridge

PONT MOBILE [ROUT]
movable bridge

PONT MOTEUR [ROUT]
driven axle
live axle
powered axle

PONT-PASSERELLE À DEUX NIVEAUX [MAR]
two-tier linkspan

PONT-PASSERELLE MOBILE [MAR]
linkspan

PONT PRINCIPAL [INTM]
main deck

PONT ROULANT [MT]
overhead crane
overhead travelling crane

PONT ROUTIER (CROISEMENT PAR ~) [ROUT]
crossover

PONT SUPÉRIEUR [INTM]
upper deck

PONT TOURNANT [ROUT]
swing bridge

PONTÉE [MAR]
deck cargo
deckload

PONTÉE, TONNE DE ~ [MAR]
ton burden

PONTET [CONT]
eye ring

PONTON [MAR]
floating platform

PORT (SITE INDUSTRIEL) [INTM]
port

PORT (TRANSPORT) [INTM]
portage

PORT (SITE GÉOGRAPHIQUE) [MAR]
harbour

PORT, CAPITAINE DE ~ [MAR]
harbour master

PORT, DROITS DE ~ [MAR]
harbour dues
port dues

PORT, QUITTER LE ~ [MAR]
clear port (to)

PORT D'ATTACHE [MAR]
home port
port of registry

PORT D'ESCALE [MAR]
port of call

PORT DE COMMERCE [MAR]
trading port

PORT DE DÉPART	[MAR]	**PORTE À PORTE**	[INTM]
port of sailing		*door-to-door*	
PORT DE DESTINATION	[MAR]	**PORTE À PORTE, LIVRAISON ~**	[ROUT]
port of destination		*door-to-door delivery*	
PORT DE MER	[MAR]	**PORTE À QUAI, DE ~**	[INTM]
sea port		*door-to-pier*	
PORT DOUANIER	[MAR]	**PORTE ARRIÈRE**	[MAR]
port of entry		*stern door*	
PORT DÛ	[INTM]	**PORTE AVANT**	[MAR]
carriage forward		*bow door*	
freight collect		**PORTE-BAGAGES**	[FER]
		luggage rack	
PORT EN EAUX PROFONDES	[MAR]	**PORTE BARGES**	[MAR]
deep water port		*Lighter Aboard Ship (L.A.S.H.)*	
PORT EN LOURD	[MAR]	**PORTE-CONTENEUR, CHARIOT ~**	[MT]
deadweight		*container dolly*	
PORT EN LOURD, TONNE DE ~ (TPL)	[MAR]	**PORTE-CONTENEUR, CHÂSSIS ~**	[ROUT]
deadweight tonne (DWT)		*skeletal chassis*	
PORT FLUVIAL	[FLV]	**PORTE-CONTENEUR, CHÂSSIS ~**	
inland port		**(UTILISÉ AU TERMINAL)**	[MT]
riverine port		*yard chassis*	
PORT FRANC	[MAR]	**PORTE-CONTENEURS, NAVIRE ~**	[MAR]
free port		*container carrier*	
		container ship	
PORT OCÉANIQUE	[MAR]	**PORTE D'EMBARQUEMENT**	[AER]
ocean port		*gate*	
PORT PAYÉ	[INTM]	**PORTE EN BOUT**	[ROUT]
Carriage Paid (C/P)		*end door*	
freight paid		**PORTE-ÉTIQUETTES**	
prepaid freight		**(SUR CONTENEUR)**	[CONT]
PORT PAYÉ ASSURANCE COMPRISE, JUSQU'À ...	[INTM]	*placard holder*	
Carriage Insurance Paid to... (CIP)		**PORTE LATÉRALE**	[GEN]
PORT PAYÉ JUSQU'À...	[INTM]	*side door*	
Carriage Paid To (CPT)		**PORTE-PALETTE, CHARIOT ~**	[MT]
PORTABLE	[GEN]	*pallet dolly*	
portable		**PORTE PÉNICHE, NAVIRE ~**	[INTM]
PORTAGE	[INTM]	*barge-carrying ship*	
portage		**PORTÉE (ENTRE DEUX APPUIS)**	[GEN]
PORTANT DE VÊTEMENTS	[GEN]	*span*	
clothes rack		**PORTÉE (D'UN ENGIN DE MANUTENTION)**	[MT]
PORTE	[GEN]	*reach*	
gateway		*span*	
PORTE, ATTACHE DE ~	[INTM]		
door tieback		**PORTÉE ARRIÈRE**	[MT]
PORTE, BUTÉE DE ~	[GEN]	*backreach*	
door stop		**PORTÉE AVANT**	[MT]
PORTE-À-FAUX, EN ~	[GEN]	*outreach*	
cantilever			

POSTE DE PILOTAGE [AER]

PORTÉE AVANT MAXIMALE
DES ENGINS DE MANUTENTION [MT]
maximum outreach of equipment

PORTÉE EN LOURD, TONNEAU DE ~ [MAR]
freight ton

PORTÉE VISUELLE DE PISTE (PVP) [AER]
runway visual range (RVR)

PORTEUR (ex. D'UNE TRAITE) [GEN]
bearer

PORTEUR, CAMION ~ [ROUT]
lorry
rigid (n.)
straight truck (US)

PORTEUR, CHARIOT ~ [MT]
platform truck

PORTEUR REMORQUEUR [ROUT]
drawbar tractor

PORTEUR REMORQUEUR
(UTILISÉ SANS REMORQUE) [ROUT]
solo

PORTIQUE [MT]
gantry
gantry crane

PORTIQUE À POUTRES JUMELÉES [MT]
twin-girder gantry

PORTIQUE D'ATELIER [MT]
workshop gantry

PORTIQUE FERROVIAIRE [MT]
railway gantry

PORTIQUE LÉGER [MT]
lightweight gantry

PORTIQUE MOBILE [MT]
travelling gantry crane

PORTIQUE ROULANT [MT]
straddle crane

POSE DES RAILS [FER]
track laying

POSER [GEN]
lay (to)

POSITION (DANS UNE SOUTE) [AER]
bay

POSITION [GEN]
status

POSITION, FEUX DE ~ [ROUT]
sidelights

POSITION, RELEVÉ DE ~ [INTM]
bearing

POSITION PALETTE [LOG]
pallet place

POSITION TARIFAIRE [DN]
tariff heading

POSITIONNEMENT (ACHEMINEMENT DU
CONTENEUR VIDE POUR EMPOTAGE) [CONT]
positioning

POSITIONNEMENT ARRIÈRE [AER]
nose out positioning

POSITIONNEMENT AVANT [AER]
nose in positioning

POSITIONNEMENT PARALLÈLE [AER]
parallel positioning

POSSESSION (LE FAIT D'ÊTRE
PROPRIÉTAIRE) [GEN]
ownership

POSSESSION (DU STOCK), COÛT DE ~ [LOG]
carrying cost
cost of ownership
holding cost

POSSESSION, COÛT GLOBAL DE ~ [LOG]
life cycle cost (LCC)

POSSESSIONS [GEN]
belongings

POST-ACHEMINEMENT [INTM]
post-carriage

POSTAL, WAGON ~ [FER]
mail van

POSTE, VENIR À ~ [MAR]
berth (to)

POSTÉ, TRAVAIL ~ [GEN]
shift work

POSTE (LA) [GEN]
Royal Mail (Brit.)

POSTE À QUAI [MAR]
berth

POSTE D'ACCOSTAGE [MAR]
berth

POSTE D'AIGUILLAGE [FER]
signal box

POSTE D'AMARRAGE [MAR]
berth

POSTE DE MOUILLAGE [MAR]
berth

POSTE DE PILOTAGE [AER]
cockpit
flight deck

POSTE DE TRAFIC [AER]

Transport – logistique
Lexique

POSTE DE TRAFIC	[AER]	**POUTRE (PIÈCE CENTRALE**	
aircraft gate		**D'UN ESSIEU PORTEUR)**	[ROUT]
POSTE DE TRAVAIL	[GEN]	*beam*	
station		**PRATICABLE (n.)**	[LOG]
work station		*cradle*	
POSTE TÉLÉPHONIQUE	[GEN]	*stacking stillage*	
extension		**PRATIQUE**	[GEN]
POT CATALYTIQUE	[ROUT]	*convenient*	
catalytic converter		**PRATIQUE**	[GEN]
POT D'ÉCHAPPEMENT	[ROUT]	*handy*	
muffler (US)		**PRATIQUE, LIBRE ~**	[DN]
silencer (Brit.)		*free circulation*	
POTEAU	[GEN]	**PRÉ-ACHEMINEMENT**	[INTM]
post		*pre-carriage*	
POTEAU INDICATEUR	[ROUT]	**PRÉ-CONDITIONNÉ**	[MT]
signpost		*prepackaged*	
POULIE	[MT]	**PRÉ-EMBALLÉ**	[MT]
pulley		*prepacked*	
POUPE	[MAR]	**PRÉAVIS**	[GEN]
stern		*notice*	
POUR COMPTE PROPRE	[INTM]	**PRÉAVIS, DONNER UN ~**	[GEN]
for own account		*give notice (to)*	
POURRI	[GEN]	**PRÉCIS**	[GEN]
rotten		*accurate*	
POURRIR	[GEN]	*precise*	
rot (to)		**PRÉCISION**	[GEN]
POURRISSEMENT	[ASS]	*accuracy*	
rotting		*precision*	
POURSUITE JUDICIAIRE	[GEN]	**PRÉFÉRENCE DE PAVILLON**	[MAR]
lawsuit		*cargo preference*	
POURVOIR À	[GEN]	**PRÉFÉRENTIEL, TAUX ~**	[GEN]
make provision for (to)		*preferential rate*	
POUSSÉE (D'UN RÉACTEUR)	[AER]	**PRÉHENSEUR**	[MT]
thrust		*grip*	
POUSSÉE, INVERSION DE LA ~	[AER]	**PRÉHENSION, ACCESSOIRE DE ~**	[MT]
reverse thrust		*gripping device*	
POUSSER	[GEN]	**PRÉJUDICE CORPOREL**	[ASS]
push (to)		*bodily injury*	
POUSSEUR	[FLV]	**PRÉLEVER UNE TAXE**	[DN]
pusher		*levy a duty (to)*	
POUSSEUR D'AVIONS	[AER]	**PREMIER ENTRÉ,**	
push-back vehicle		**PREMIER SORTI (PEPS)**	[LOG]
POUSSIÈRE	[GEN]	*first in first out (FIFO)*	
dust		**PREMIÈRE CLASSE**	[INTM]
POUTRE	[GEN]	*first class*	
beam		**PREMIERS SOINS**	[GEN]
girder		*first aid*	

Transport – logistique
Lexique

PRISE D'EFFET D'UNE POLICE [ASS]

P

PRENDRE (ex. DU FRÊT,
DES PASSAGERS) [INTM]
take on (to)

PRENDRE DE LA VITESSE [INTM]
gather speed (to)

PRENDRE LE CONTRÔLE [GEN]
take control (to)

PRENEUR À BAIL [GEN]
lessee

PRÉPARATEUR DE COMMANDES [MT]
picker

PRÉPARATION DE COMMANDES [MT]
order picking
order preparation

PRÉPARATION DE COMMANDES,
ZONE DE ~ [MT]
picking area

PRESCRIPTION D'ITINÉRAIRE [INTM]
routing instructions

PRÉSENTATION, HEURE DE ~ [AER]
reporting time

PRÉSENTER, SE ~
(POUR RENDRE COMPTE) [GEN]
report (to)

PRÉSENTOIR, BASCULEUR ~ [MT]
tipper

PRÉSERVER [GEN]
secure (to)

PRESSION [GEN]
pressure

PRESSION ATMOSPHÉRIQUE [GEN]
air pressure

PRESSION DES PNEUS [INTM]
tyre pressure

PRESSURISATION [GEN]
pressurization

PRESSURISÉ [GEN]
pressurized

PRESSURISÉ, CONTENEUR ~ [CONT]
pressurized container

PRESTATAIRE DE SERVICE [GEN]
service provider

PRESTATION [GEN]
service

PRESTATION DE SERVICE [GEN]
provision of a service

PRÊT (adj.) [GEN]
ready

PREUVE [GEN]
evidence
proof

PREUVE DE LIVRAISON [INTM]
proof of delivery (POD)

PREUVES DOCUMENTAIRES
DE L'ORIGINE [DN]
documentary evidence of origin

PRÉVENTION [MAR]
loss prevention

PRÉVISION [GEN]
forecast

PRÉVISIONNELLES, COMMANDES ~ [LOG]
forecast orders

PRÉVISIONS MÉTÉOROLOGIQUES [GEN]
weather forecast

PRÉVOIR [GEN]
anticipate (to)

PRÉVU, ÊTRE ~ [GEN]
due (to be)

PRIME [ASS]
premium

PRIME [GEN]
bonus

PRIME, CALCULER UNE ~ [ASS]
assess a premium (to)

PRIME D'ASSURANCE [ASS]
insurance premium

PRIME DE SAUVETAGE [MAR]
salvage

PRINCIPAL [GEN]
main

PRIORITÉ [GEN]
priority

PRIORITÉ (CODE DE LA ROUTE) [ROUT]
right of way

PRIS AVEC PESAGE [INTM]
accepted weighed

PRISE [MT]
hold

PRISE D'AIR [INTM]
vent

PRISE DE COURANT [GEN]
socket

PRISE D'EFFET D'UNE POLICE [ASS]
attachment

PRISE LATÉRALE, CHARIOT À ~	[MT]	**PROCESSUS D'ACQUISITION**	
side-loading truck		**ET DE FABRICATION RAPIDES (tda)**	[LS]
side set truck		*rapid acquisition and manufacturing*	
PRIVÉ	[GEN]	*(RAM)*	
private		**PROCESSUS LOGISTIQUE**	[LS]
PRIVÉ (ex. ENTREPRISE)	[GEN]	*logistic process*	
privately owned		**PROCESSUS SÉQUENTIEL**	[LS]
privately run		*sequential process*	
PRIX (D'UN SERVICE)	[GEN]	**PRODUCTION**	[GEN]
charge		*output*	
PRIX	[GEN]	*production*	
price		**PRODUCTION, GESTION DE ~**	[LOG]
quotation		*production management*	
PRIX (DU TITRE DE TRANSPORT		**PRODUCTION, LOGISTIQUE DE ~**	[LOG]
PASSAGERS)	[INTM]	*production logistics*	
fare		**PRODUCTION ET INGÉNIERIE**	
PRIX, FIXER UN ~	[GEN]	**INFORMATISÉES (tda)**	[LS]
price (to)		*computer-integrated manufacturing*	
PRIX BRUT	[GEN]	*and engineering (CIME)*	
gross price		**PRODUCTION INFORMATISÉE**	[LS]
PRIX DE REVIENT	[GEN]	*computer-integrated manufacturing*	
cost price		*(CIM)*	
PRIX DÉDOUANÉ	[DN]	**PRODUCTION INFORMATISÉE**	
duty paid price		**FLEXIBLE (tda)**	[LS]
PRIX FIXE, SOUTIEN À ~	[LS]	*flexible computer-integrated*	
fixed price support		*manufacturing (FCIM)*	
PRIX GLOBAL	[GEN]	**PRODUCTIQUE**	[LOG]
inclusive price		*automated production technology*	
PRIX NET	[GEN]	**PRODUCTIQUE**	[LS]
net price		*computer-integrated*	
PRIX SOUS DOUANE	[INTM]	*manufacturing (CIM)*	
in bond prices		**PRODUCTIVITÉ**	[GEN]
PRO-FORMA, FACTURE ~	[GEN]	*productivity*	
interim invoice (US)		**PRODUIRE**	[GEN]
pro-forma invoice		*produce (to)*	
PROBLÈME (À DÉBATTRE)	[GEN]	**PRODUIT (INDUSTRIEL)**	[GEN]
issue		*product*	
PROCÉDER PAR ÉTAPES	[GEN]	**PRODUIT CHIMIQUE**	[GEN]
phase (to)		*chemical product*	
PROCÉDURE	[GEN]	**PRODUIT DE REFROIDISSEMENT**	[INTM]
procedure		*coolant*	
PROCÉDURE DOUANIÈRE SIMPLIFIÉE	[DN]	**PRODUIT DE REMPLACEMENT**	[GEN]
simplified customs procedure		*substitute*	
PROCÈS-VERBAL D'AVARIE	[ASS]	**PRODUIT FINI**	[GEN]
factual report		*finished product*	
PROCESSUS, INTÉGRATION DES ~		*manufactured product*	
(TRADUCTION AFNOR)	[LS]	**PRODUIT SEMI-FINI**	[GEN]
concurrent engineering (CE)		*semi-manufactured product*	

PRODUITS, LIGNE DE ~ [GEN]
product line

PRODUITS AGRICOLES [GEN]
farm products (US)
produce

PRODUITS BLANCS [GEN]
white goods

PRODUITS CHIMIQUES [GEN]
chemicals

PRODUITS CHIMIQUES NON DANGEREUX [INTM]
non dangerous chemicals (NDC)

PRODUITS CHIMIQUES PULVÉRULENTS [GEN]
powdered chemicals

PRODUITS MANUFACTURÉS [GEN]
manufactured goods

PRODUITS "NOIRS", NAVIRE TRANSPORTEUR DE ~ [MAR]
dirty ship

PRODUITS PHARMACEUTIQUES [GEN]
pharmaceutical products

PROFESSION [GEN]
occupation

PROFOND [GEN]
deep

PROFOND, PEU ~ [GEN]
shallow

PROFONDEUR [GEN]
depth

PROFONDEUR DE CARÈNE [MAR]
draught

PROGICIEL DE GESTION INTÉGRÉE (PGI) [LOG]
enterprise ressource planning (ERP)

PROGRAMMATION [GEN]
planning

PROGRAMME [GEN]
program (US)
programme

PROGRAMME (PLANNING) [GEN]
schedule

PROGRAMME, DIRECTEUR DE ~ [LOG]
programme manager

PROGRAMMER [GEN]
schedule (to)

PROHIBITION [GEN]
prohibition

PROJECTEUR [GEN]
spotlight

PROJET, CHEF DE ~ [GEN]
project manager

PROJET, CONDUITE DE ~ [LOG]
project management

PROJET D'HARMONISATION ET D'INTÉGRATION DU CONTRÔLE AÉRIEN EUROPÉEN (tda) [AER]
European Air Traffic Control Harmonisation and Integration Project (EATCHIP)

PROJET, MANAGEMENT DE ~ [LOG]
project management

PROJET PILOTE [GEN]
pilot scheme

PROLONGATION [GEN]
extension

PROLONGER [GEN]
extend (to)

PROPRIÉTAIRE DE NAVIRE [MAR]
shipowner

PROPRIÉTAIRE DE NAVIRE, SOCIÉTÉ ~ [MAR]
corporate owner

PROPRIÉTAIRE EFFECTIF [MAR]
beneficial owner

PROPRIÉTAIRE RÉEL [MAR]
true owner

PROPRIÉTÉ, TITRE DE ~ [GEN]
document of title

PROPULSER [GEN]
propel (to)

PROPULSION [GEN]
propulsion

PROPULSION [ROUT]
rear-wheel drive

PROROGATION [GEN]
extension

PROROGER [GEN]
extend (to)

PROSPECTER [GEN]
canvass (to)

PROTECTION, BOÎTIER DE ~ (D'UN MÉCANISME) [GEN]
housing

PROTECTION, TOIT DE ~ (SUR UN CHARIOT ÉLÉVATEUR) [MT]
overhead guard

PROTECTION CONTRE LA CORROSION [GEN]

Transport – logistique
Lexique

**PROTECTION
CONTRE LA CORROSION** [GEN]
corrosion prevention

PROTÉGÉ, STOCKAGE ~ [LOG]
custody storage

PROTÉGER [GEN]
secure (to)

PROUE [MAR]
*bow
prow
stem*

PUBLIC (adj.) [GEN]
public

**PUBLICATION ASSISTÉE
PAR ORDINATEUR (PAO)** [GEN]
desk-top publishing (DTP)

PUISSANCE EN CHEVAUX [INTM]
*horse-power (4500 kilogrammètres
/ minute) (h.p.)*

PULSÉ, DÉCHARGEMENT ~ [INTM]
pressure discharge

PULVÉRULENT [GEN]
pulverulent (adj.)

PULVÉRULENTS, CONTENEUR À ~ [CONT]
dry bulk freight container

**PULVÉRULENTS,
PRODUITS CHIMIQUES ~** [GEN]
powdered chemicals

PUPITRE [GEN]
console

**PUPITRE (POUR STOCKAGE
DE MARCHANDISES PLANES)** [LOG]
stand

PYLÔNE DU MOTEUR [AER]
engine pylon

QUADRIMOTEUR (AVION)	[AER]
four-engined aircraft	
QUAI (DE GARE)	[FER]
platform	
QUAI	[MAR]
dock	
pier	
quay	
wharf (plur.wharves)	
QUAI (DE CHARGEMENT)	[ROUT]
quay	
QUAI, BON DE ~	[MAR]
wharfinger's receipt	
QUAI, BORD DU ~	[MAR]
quayside	
QUAI, DROITS DE ~	[MAR]
quay dues	
quay rent	
quayage	
wharfage	
QUAI, LONG DU ~ (LE)	[MAR]
dockside	
QUAI, MAÎTRE DE ~	[MAR]
wharfinger	
wharfmaster	
QUAI, POSTE À ~	[MAR]
berth	
QUAI, VENIR À ~	[MAR]
berth (to)	
come alongside (to)	
dock (to)	
QUAI À CONTENEURS	[INTM]
container berth	
QUAI À DOMICILE, DE ~	[INTM]
pier to house (PH)	
QUAI À QUAI, DE ~	[MAR]
pier to pier (PP)	
quay to quay	
QUAI AJUSTABLE	[ROUT]
dock leveller	
QUAI DE CHARGEMENT	[INTM]
loading bay	
loading dock	
loading platform	
loading ramp	
QUAI DE LIVRAISON	[ROUT]
delivery bay	
QUAI EN BOUT	[ROUT]
end-loading ramp	
QUAI SUBSIDIAIRE	[FER]
bay	
QUAIS, STATUT DES ~ (PUBLIC OU PRIVÉ)	[MAR]
berth status	
QUAIS, VOIE DES ~	[FER]
dock siding	
QUALITÉ, ASSURANCE ~	[LOG]
quality assurance	
QUALITÉ, CONTRÔLE TOTAL DE ~	[LOG]
total quality management (TQM)	

QUALITÉ, MISE EN ŒUVRE DE LA
FONCTION ~ (TDA) [LS]

Transport - logistique
Lexique

**QUALITÉ, MISE EN ŒUVRE
DE LA FONCTION ~ (tda)** [LS]
quality function deployment (QFD)

QUALITÉ COURANTE [INTM]
fair average quality

QUALITÉ TOTALE [LOG]
total quality

**QUANTITÉ ÉCONOMIQUE
D'APPROVISIONNEMENT** [LOG]
economic order quantity (EOQ)

QUARANTAINE [GEN]
quarantine

QUART DE BRASSE (457 mm) [MAR]
quarter

QUASI-COLLISION [AER]
air-miss

4x4 [ROUT]
four-wheel-drive (FWD)

QUATRE TEMPS, MOTEUR À ~ [ROUT]
four-stroke engine

QUEUE (DE L'AVION) [AER]
tail

QUILLE [MAR]
keel

QUINZE JOURS [GEN]
fortnight

QUIRAT [MAR]
joint ownership

QUIRATAIRE [MAR]
joint owner

QUITTANCE [GEN]
receipt

QUITTER LE PORT [MAR]
clear port (to)

QUOTA [GEN]
quota

QUOTE-PART [GEN]
share

QUOTIDIEN [GEN]
daily

Français/Anglais R

RABAIS	[GEN]		**RADIER (D'UNE ÉCLUSE)**	[FLV]
discount			*canal bed*	
RABATTABLE, PAROI ~	[INTM]		**RADIOACTIVE, MATIÈRE ~**	[GEN]
drop side			*radioactive material*	
RACCORD	[GEN]		**RADIOALTIMÈTRE**	[AER]
coupling			*radioaltimeter*	
RACCOURCIR	[GEN]		**RADIOCOMMANDE**	[GEN]
shorten (to)			*radio remote control*	
RADAR	[INTM]		**RADIOGONIOMÈTRE**	[AER]
radar			*automatic direction finder (ADF)*	
RADAR, ANTENNE DE ~	[INTM]		**RADIOGUIDAGE, BALISE DE ~**	[AER]
radar scanner			*homing beacon*	
RADAR, BALAYAGE ~	[INTM]		**RADIOMESSAGERIE**	[INTM]
radar scan			*radio message service*	
RADAR, COUVERTURE ~	[INTM]		**RADIOPHARE D'ATTERRISSAGE**	[AER]
radar cover			*landing beacon*	
RADAR, ÉCRAN ~	[INTM]		**RADÔME**	
radar scope			**(CARTER D'ANTENNE DE RADAR)**	[INTM]
RADAR, SUIVRE AU ~	[INTM]		*radome*	
track by radar (to)			**RADOUB, BASSIN DE ~**	[MAR]
RADAR MÉTÉOROLOGIQUE	[AER]		*dry dock*	
weather radar			*graving dock*	
RADE	[MAR]		**RADOUB, FORME DE ~**	[MAR]
roads			*dry dock*	
RADEAU DE SAUVETAGE	[INTM]		**RAFALE (DE VENT)**	[GEN]
life raft			*gust*	
RADIATEUR D'HUILE	[ROUT]		**RAFFINERIE**	[GEN]
oil cooler			*refinery*	

RAIDISSEUR [CONT]

Transport – logistique
Lexique

RAIDISSEUR *roof bow*	[CONT]	**RAMPE AJUSTABLE** *adjustable ramp*	[MT]
RAIDISSEUR DE PAROI *side post*	[CONT]	**RAMPE EN BÉTON** *concrete linkspan*	[MAR]
RAIL *rail*	[FER]	**RANCHER** *stake stanchion*	[INTM]
RAIL, SELLE DE ~ *tie plate (US) sole plate (Brit.)*	[FER]	**RANCHER, GAINE DE ~** *stake pocket*	[INTM]
RAIL À ORNIÈRE *grooved rail*	[CONT]	**RANGÉE** *row*	[GEN]
RAIL MARITIME *sea lane*	[MAR]	**RAPIDE** *swift*	[GEN]
RAIL SOUDÉ *welded rail*	[FER]	**RAPILÈGE** *fast light train (tda)*	[FER]
RAIL SOUS TENSION *live rail*	[FER]	**RAPPEL, FACTURE DE ~** *follow-up invoice*	[GEN]
RAILS, POSE DES ~ *track laying*	[FER]	**RAPPORT (QUOTIENT)** *ratio*	[GEN]
RAILS, SUR ~ *rail-mounted*	[MT]	**RAPPORT** *report*	[GEN]
RAINURE *groove*	[GEN]	**RAPPORT, FAIRE UN ~** *report (to)*	[GEN]
RALENTI (MOTEUR) *idling*	[ROUT]	**RAPPORT COÛTS /AVANTAGES, ÉTUDE DU ~** *cost benefit analysis*	[LOG]
RALENTIR *slow down (to)*	[INTM]	**RAPPORT D'AVARIE (SUR LE CONTENEUR)** *equipment damage report (EDR)*	[CONT]
RALENTISSEUR (DISPOSITIF EMBARQUÉ) *retarder*	[ROUT]	**RAPPORT D'EXPERT** *expert's report*	[ASS]
RALENTISSEUR *road hump*	[ROUT]	**RAPPORT D'EXPERTISE** *survey report*	[ASS]
RALLIEMENT *homing*	[AER]	**RAPPORT QUALITÉ-PRIX** *price-quality ratio value for money*	[GEN]
RALLIEMENT, CAP DE ~ *homing vector*	[AER]	**RATIO** *ratio*	[GEN]
RALLONGE DE BRAS DE FOURCHE *fork extender*	[MT]	**RATIONALISATION (D'UNE PROCÉDURE)** *streamlining*	[LOG]
RAMASSAGE *collection*	[INTM]	**RAVITAILLEMENT, AVION DE ~** *tanker aircraft*	[AER]
RAMASSER (ex. DES MARCHANDISES) *collect (to) pick up (to)*	[INTM]	**RAVITAILLEMENT EN CARBURANT** *refuelling*	[INTM]
RAME *set (of coaches)*	[FER]	**RAVITAILLER (EN PROVISIONS)** *victual (to)*	[MAR]
RAMPE *handrail ramp*	[GEN]		

**Transport – logistique
Lexique** RECETTE (FINANCIÈRE) [GEN]

R

RAVITAILLER EN CARBURANT [INTM]
refuel (to)

RAYON (LUMINEUX) [GEN]
beam

RAYON (D'UNE ROUE) [GEN]
spoke

RAYON D'ACTION [GEN]
range

RAYONNAGE DE STOCKAGE [LOG]
storage rack (s/r)

RAYONNAGE PROFOND [LOG]
deep shelving

RAYONS X, CONTRÔLE AUX ~ [AER]
X-ray inspection system

RÉ-EXPÉDIER [INTM]
reforward (to)

**RÉ-INGÉNIERIE DES PROCESSUS
DE L'ENTREPRISE** [LS]
business process reengineering (BPR)

RÉA [MT]
sheave

RÉACHEMINER [INTM]
re-route (to)

RÉACTEUR À DOUBLE FLUX [AER]
fan jet

RÉACTIF (adj.) [GEN]
responsive

RÉACTION, AVION À ~ [AER]
jet
jet plane

RÉACTION, MOTEUR À ~ [AER]
jet engine

RÉALISATION, DÉLAI DE ~ [LOG]
lead time

RÉALISER [GEN]
achieve (to)

**RÉAMÉNAGEMENT (REQUÊTE
FORMULÉE PAR LE CLIENT) (RFC)** [AER]
request for change (RFC)

RÉAPPROVISIONNEMENT [LOG]
replenishment
restocking

RÉAPPROVISIONNEMENT, DÉLAI DE ~ [LOG]
lead time

RÉAPPROVISIONNEMENT, SEUIL DE ~ [LOG]
order point

RÉAPPROVISIONNEMENT EN CONTINU [LOG]
*Continuous Replenishment
System (CRP)*

RÉAPPROVISIONNER [LOG]
replenish (to)
restock (to)

RÉASSORTIMENT [LOG]
replenishment
restocking

RÉASSORTIR [LOG]
replenish (to)
restock (to)

RÉASSURANCE [ASS]
reinsurance

RÉASSURER [ASS]
reinsure (to)
underwrite (to)

RÉASSURER CONTRE UN RISQUE, SE ~ [ASS]
underwrite a risk (to)

RÉASSUREUR [ASS]
reinsurer

REBUT [LS]
reject

REBUT, METTRE AU ~ [GEN]
discard (to)

REBUT, MISE AU ~ [GEN]
disposal

RECALER UN VOL [AER]
reschedule (to)

RÉCÉPISSÉ [GEN]
receipt

RÉCÉPISSÉ À L'EXPÉDITEUR [INTM]
consignor's receipt

RÉCÉPISSÉ AU DESTINATAIRE [INTM]
consignee's receipt

RÉCÉPISSÉ D'ENTREPÔT [INTM]
warehouse receipt

RÉCEPTION (ex. DES MARCHANDISES) [LOG]
reception

RÉCEPTION, ACCUSÉ DE ~ [INTM]
proof of receipt

RÉCEPTION, FAISCEAU DE ~ [FER]
receiving yard

RÉCEPTIONNER (DES MARCHANDISES) [LOG]
check and sign for (to)
take delivery of (to)

RECETTE (FINANCIÈRE) [GEN]
revenue

RECETTE EMBARQUÉE, TRAIN AVEC ~ [FER] *pay train*		**RECOURS** [GEN] *appeal* *recourse*	
RECEVEUR D'AUTOBUS [ROUT] *conductor*		**RECOURS** [ASS] *recovery*	
RECEVOIR (ex. DU FRET, **DES PASSAGERS)** [GEN] *accommodate (to)*		**RECTIFICATION DE DERNIÈRE MINUTE** [AER] *last minute change (LMC)*	
RECEVOIR [GEN] *receive (to)*		**RECUL, FEUX DE ~** [ROUT] *backup lights (US)* *reversing lights*	
RECHANGE, PIÈCES DE ~ [GEN] *spare parts*		**RÉCUPÉRABLE, ARTICLE ~** [LS] *recoverable item*	
RECHAPPÉ, PNEU ~ [ROUT] *remould* *retread*		**RÉCUPÉRATION, VALEUR DE ~** [GEN] *break-up value* *salvage value*	
RECHERCHE (ÉTUDE) [GEN] *research*		**RÉCUPÉRER (UN OBJET)** [GEN] *retrieve (to)*	
RECHERCHE (ex. D'UN COLIS PERDU) [GEN] *search*		**REDEVANCE** [GEN] *charge* *tax*	
RECHERCHE, FAIRE UNE ~ (SUR QCH.) [GEN] *enquire (to)*		**REDEVANCE AÉROPORTUAIRE** [AER] *airport service charge*	
RECHERCHE, FICHE DE ~ [INTM] *tracer*		**REDONDANT** [GEN] *redundant*	
RECHERCHE ET DÉVELOPPEMENT [GEN] *research and development (R & D)*		**RÉDUCTION** [GEN] *discount* *rebate* *reduction*	
RECHERCHER [GEN] *search for (to)*			
RÉCLAMANT (N.) [ASS] *claimant*		**RÉDUIRE** [GEN] *curtail (to)* *reduce (to)* *shorten (to)*	
RÉCLAMATION [GEN] *complaint*			
RÉCLAMATION, JUSTIFIER UNE ~ [ASS] *substantiate a claim (to)*		**RÉEL (adj.)** [GEN] *actual*	
RÉCLAMATIONS [ASS] *claims*		**RÉEMBALLER** [MT] *repack (to)*	
RÉCLAMÉ, NON ~ [GEN] *unclaimed*		**RÉEXPÉDITION** [INTM] *reforwarding*	
RÉCLAMER [GEN] *claim (to)*		**RÉFACTION** [ASS] *percentage of depreciation*	
RECOMMANDÉE, LETTRE ~ [GEN] *registered letter*		**RÉFÉRENCE (DANS UN STOCK)** [LOG] *item*	
RECONDITIONNEMENT [MT] *repackaging*		**RÉFÉRENCE (D'UNE PIÈCE)** [LOG] *part number (PN)*	
RECONDITIONNEMENT DES PRODUITS **DONT L'EMBALLAGE EST ENDOMMAGÉ** [LOG] *broken-case handling*		**RÉFÉRENCE, BASE DE ~** [LOG] *benchmark*	
RECONNAISSANCE DE DETTE [GEN] *I owe you (n'existe que sous forme* *de sigle) (IOU)*		**RÉFÉRENCE, NIVEAU DE ~** [LOG] *minimum stock level* *reorder level*	

RÉFÉRENCE, TARIF DE ~	[GEN]		RÈGLEMENT	[GEN]
basic rate			*rule*	
REFLUX	[MAR]		RÈGLEMENT (D'UN LITIGE,	
ebb			D'UNE FACTURE)	[GEN]
REFOULER			*settlement*	
(FAIRE RECULER L'APPAREIL)	[AER]		RÉGLEMENTATION	[GEN]
push back (to)			*regulation*	
REFOULER (UN TRAIN)	[FER]		RÉGLEMENTATION DOUANIÈRE	[DN]
back (to)			*customs regulations*	
RÉFRIGÉRANT, CONTENEUR ~	[CONT]		RÉGLEMENTATION POUR LE TRANSPORT	
refrigerated container			D'ANIMAUX VIVANTS	[AER]
RÉFRIGÉRÉ, STOCKAGE ~	[LOG]		*live animals regulations (LAR)*	
refrigerated storage			RÉGLER (ex. UNE FACTURE,	
RÉFRIGÉRER	[GEN]		UN LITIGE...)	[GEN]
refrigerate (to)			*settle (to)*	
RÉFRIGÉRÉS, ALIMENTS ~	[GEN]		RÉGLER AVEC PRÉCISION	
chilled foods			(ex. UN MOTEUR)	[GEN]
REFROIDI PAR AIR	[ROUT]		*fine-tune (to)*	
air cooled			RÉGLER UN MOTEUR	[INTM]
REFROIDISSEMENT, PRODUIT DE ~	[INTM]		*tune up (to)*	
coolant			RÉGLER UN SINISTRE	[ASS]
REFUGE	[ROUT]		*adjust a claim (to)*	
lay-by			RÈGLES DE YORK ET D'ANVERS	[MAR]
REFUGE POUR PIÉTONS	[ROUT]		*York-Antwerp rules (Y/A)*	
traffic island			RÈGLES DES CONFÉRENCES	
RÉGIME ACCÉLÉRÉ (R.A.)	[FER]		(POUR PRÉ ET POST-ACHEMINEMENT)	[INTM]
fast goods service			*inland rules*	
RÉGIME COMMUNAUTAIRE	[DN]		RÉGLETTE	[GEN]
intra-community treatment			*guide strip*	
RÉGIME DOUANIER	[DN]		RÉGULATION	[FER]
customs procedure			*control system (Brit.)*	
RÉGIME ORDINAIRE (R.O.)	[FER]		*dispatching (US)*	
slow goods service			RÉGULATION DES VOLS	[AER]
RÉGIONAL, VOL ~	[AER]		*flight dispatch*	
local flight			RÉGULIER (UNIFORME)	[GEN]
REGISTRE, JAUGE DE ~	[MAR]		*even*	
register / registered tonnage			REHAUSSE POUR PALETTE	[MT]
REGISTRE, TONNEAU DE ~	[MAR]		*pallet collar*	
register ton			REJOINDRE	[GEN]
REGISTRE DE LA LLOYD	[MAR]		*join (to)*	
Lloyd's Register of Shipping			REJOINDRE, SE ~	
RÉGLAGE D'UN MOTEUR	[INTM]		(ex. DEUX AUTOROUTES)	[INTM]
tuning			*merge (to)*	
RÈGLE	[GEN]		RELAI	[GEN]
rule			*relay*	
RÈGLE, EN ~	[GEN]		RELANCE (DE LA CLIENTÈLE)	[GEN]
in order			*follow-up*	

RELANCER (EX. L'ÉCONOMIE) [GEN]   Transport – logistique
                                                    Lexique

RELANCER (ex. L'ÉCONOMIE)	[GEN]
boost (to)	
RELANCER (LA CLIENTÈLE)	[GEN]
follow up (to)	
RELATIF À	[GEN]
related to	
RELEVAGE, TEMPS DE ~ (SUR PORTIQUE)	[MT]
derricking time	
RELÈVE, ÉQUIPAGE DE ~	[INTM]
relief crew	
RELEVÉ DE POSITION	[INTM]
bearing	
RELÈVE D'ÉQUIPAGE	[AER]
crew change	
RELIER	[INTM]
connect (to)	
link (to)	
REMARQUER	[GEN]
notice (to)	
REMARQUES ANNEXES	[GEN]
additional observations (ADOS)	
REMBLAI	[GEN]
landfill	
REMBLAI	[FER]
embankment	
REMBOURRAGE	[GEN]
cushioning	
padding	
REMBOURSEMENT	[GEN]
refund	
REMBOURSEMENT DES FRAIS DE DOUANE	[DN]
drawback	
REMBOURSER	[GEN]
refund (to)	
REMETTRE (À PLUS TARD)	[GEN]
postpone (to)	
REMISE	[GEN]
discount	
REMORQUAGE	[INTM]
towage	
towing	
REMORQUAGE, CROCHET DE ~	[ROUT]
tow hook	
REMORQUAGE, OEIL DE ~	[ROUT]
tow eye	

REMORQUE	[ROUT]
full trailer	
trailer	
REMORQUE, CABLE DE ~	[MAR]
hawser	
REMORQUE À ATTELAGE COURT	[ROUT]
close-coupled trailer	
REMORQUE À TOIT OUVERT (BÂCHABLE)	[ROUT]
open top trailer	
REMORQUE ACCOMPAGNÉE	[INTM]
accompanied trailer	
REMORQUE GRANDE CAPACITÉ	[ROUT]
jumbo trailer	
REMORQUE NON-ACCOMPAGNÉE	[INTM]
unaccompanied trailer	
REMORQUE PLATEAU FIXE	[ROUT]
fixed bed trailer	
REMORQUE PORTE TOURETS	[ROUT]
reel carrier trailer	
REMORQUE SQUELETTE (POUR TRANSPORT DE CONTENEURS)	[ROUT]
skeleton trailer	
REMORQUE PORTE WAGON	[INTM]
wagon carrying trailer	
REMORQUE SEMI-PORTÉE	[ROUT]
balanced full trailer	
REMORQUE SUR WAGON	[INTM]
trailer on flat car (US) (TOFC)	
REMORQUE SURBAISSÉE	[ROUT]
low-loader trailer	
REMORQUE TYPE TAUTLINER	[ROUT]
curtainsider	
REMORQUE VALISE (DERNIER VÉHICULE D'UN TRAIN DOUBLE)	[ROUT]
pup trailer	
REMORQUER	[INTM]
tow (to)	
REMORQUEUR	[MAR]
tug boat	
REMORQUEUR, PORTEUR ~	[ROUT]
drawbar tractor	
REMPLACEMENT	[GEN]
replacement	
REMPLACEMENT, PRODUIT DE ~	[GEN]
substitute	
REMPLACEMENT, VOL DE ~	[AER]
alternate flight	

		RÉPONDRE (EX. À DES EXIGENCES)
		[GEN]

REMPLACER [GEN]
replace (to)

REMPLIR UN FORMULAIRE [GEN]
fill in / up / out a form (to)

REMPLISSAGE, BOUCHON DE ~ [CONT]
filler cap

REMPLISSAGE, COEFFICIENT DE ~ [AER]
load factor

REMPLISSAGE, DISPOSITIF DE ~ [INTM]
filling device

REMPLISSAGE, TAUX DE ~ [INTM]
filling rate

RENDEMENT [GEN]
output
productivity

RENDRE NUL [GEN]
void (to)

RENDRE NUL ET NON AVENU [GEN]
nullify (to)

RENDU À QUAI [MAR]
Delivered Ex Quay (DEQ)

RENDU DROITS ACQUITTÉS [INTM]
Delivered Duty Paid (DDP)

RENDU DROITS NON ACQUITTÉS [INTM]
Delivered Duty Unpaid (DDU)

RENDU EX SHIP [MAR]
Delivered Ex Ship (DES)

RENDU FRONTIÈRE [INTM]
Delivered At Frontier (DAF)

RENFORCER [GEN]
strengthen (to)

RENFORT (EN PERSONNEL) [GEN]
back-up

RÉNOVATION, DURÉE DEPUIS ~ [LS]
time since overhaul (TSO)

RÉNOVER [GEN]
refurbish (to)

RENSEIGNEMENTS [GEN]
information

RENSEIGNER (SUR QCH.), SE ~ [GEN]
enquire (to)

RENTABILITÉ [GEN]
cost effectiveness
profitability

RENTABILITÉ, SEUIL DE ~ [LOG]
break-even point (BEP)

RENTABLE [GEN]
cost effective
profitable
revenue earning
viable

RENTRER LE TRAIN [AER]
retract the landing gear (to)

RENVERSER (POUDRE, LIQUIDE) [GEN]
spill (to)

RÉPARABLE, ARTICLE ~ [LS]
repairable item

RÉPARABLE, ENTIÈREMENT ~ [LS]
fully repairable

RÉPARABLE, NON ~ [LS]
nonrepairable
unrepairable

RÉPARABLE, PARTIELLEMENT ~ [LS]
partially repairable

RÉPARATION [GEN]
repair

RÉPARATION, EN ~ [GEN]
under repair

RÉPARER [GEN]
repair (to)

RÉPARTIR ("DISPATCHER") [GEN]
distribute (to)

RÉPARTITEUR D'AVARIE [MAR]
average adjuster

RÉPARTITION [GEN]
allotment

RÉPARTITION ("DISPATCHING") [GEN]
distribution

RÉPARTITION DES CARGAISONS [MAR]
cargo sharing

RÉPARTITION DES MASSES PAR SOUTE [AER]
distribution of weights

RÉPARTITION DES PASSAGERS [AER]
seating conditions

REPÈRE DE MANUTENTION [CONT]
mark for handling

REPÉRER [GEN]
spot (to)

REPLIABLE, CONTENEUR ~ [CONT]
collapsible container
folding container

RÉPONDRE (ex. À DES EXIGENCES) [GEN]
meet (to)

REPOS	[GEN]	**RÉSERVOIR EN CHARGE**	[ROUT]
rest		*gravity feed tank*	
REPOS, AU ~ (MACHINES)	[GEN]	**RÉSERVOIR INDÉPENDANT**	
idle		**(ex. SUR UN MÉTHANIER)**	[MAR]
REPOS, TEMPS DE ~	[ROUT]	*free-standing tank*	
rest period		**RÉSERVOIR VENTRAL**	[AER]
REPOSE-PIEDS	[INTM]	*belly tank*	
foot rest		**RÉSIDUELLE, CHARGE ~**	[AER]
REPRÉSENTANT (DE COMMERCE)	[GEN]	*underload*	
rep (fam.)		**RÉSIDUELLE, VALEUR ~**	[GEN]
representative		*salvage value*	
REPRISE DE CARBURANT	[AER]	**RÉSILIATION**	[ASS]
defuelling		*cancellation*	
REPRODUIRE (UN DOCUMENT)	[GEN]	**RÉSILIER**	[ASS]
duplicate (to)		*annul (to)*	
RÉSEAU	[GEN]	*cancel (to)*	
network		*terminate (to)*	
RÉSEAU FERRÉ DE FRANCE (RFF)	[FER]	**RÉSILIER UNE POLICE**	[ASS]
Network Rail(equiv.)		*surrender a policy (to)*	
(since October 2002)		**RÉSISTANCE DE PAROI LATÉRALE**	[CONT]
Railtrack (equiv.)		*side wall strength*	
RÉSEAU FERROVIAIRE INTERNE		**RÉSISTANCE DU TOIT**	[CONT]
(À L'ENTREPRISE)	[FER]	*roof strength*	
intraplant railroad (US)		**RÉSISTANCE PLANCHER**	[INTM]
RÉSERVATION	[INTM]	*floorload limitation*	
booking		**RÉSISTANT**	[GEN]
reservation		*heavy duty (adj.)*	
RÉSERVATION DE CAPACITÉ,		**RÉSISTANT À LA CHALEUR**	[GEN]
ACCORD DE ~	[AER]	*heatproof*	
block space agreement		**RÉSISTANT À L'ÉCRASEMENT**	[GEN]
RÉSERVE	[ASS]	*crushproof*	
reservation		**RÉSISTANT AUX CHOCS**	[GEN]
RÉSERVE, APPAREIL DE ~	[AER]	*shockproof*	
standby aircraft		**RÉSOUDRE**	[GEN]
RÉSERVE, LIVRAISON SOUS ~	[INTM]	*solve (to)*	
delivery with reserves		**RESPECTER**	
RÉSERVER	[INTM]	**(ex. UNE RÉGLEMENTATION)**	[GEN]
book (to)		*comply with (to)*	
reserve (to)		*observe (to)*	
RÉSERVES, SIGNATURE SANS ~	[INTM]	**RESPECTER, FAIRE ~ (ex. UNE LOI)**	[GEN]
clean signature		*enforce (to)*	
RÉSERVOIR	[GEN]	**RESPONSABILITÉ (LÉGALE)**	[GEN]
tank		*liability*	
RÉSERVOIR À EXHAUSTEUR	[ROUT]	**RESPONSABILITÉ**	[GEN]
vacuum feed tank		*responsibility*	
RÉSERVOIR À LEST	[MAR]	**RESPONSABILITÉ, DÉCLINER TOUTE ~**	[GEN]
ballast tank		*decline any responsibility (to)*	

Transport – logistique
Lexique

RÉTROVISEUR D'AILE [ROUT]

RESPONSABILITÉ CIVILE [ASS]
civil liability
third-party liability

RESPONSABILITÉ LIMITÉE [GEN]
limited liability

RESPONSABILITÉ PROFESSIONNELLE [ASS]
professional liability

RESPONSABLE (n.) [GEN]
person in charge

RESPONSABLE (adj.) [GEN]
responsible

RESSORT [GEN]
spring

RESSORTS, WAGON À ~ [FER]
spring wagon

RESSORTS, WAGON SANS ~ [FER]
springless wagon

RESTER [GEN]
remain (to)

RESTRICTION [GEN]
restriction

RETARD [GEN]
delay
hold-up
lag

RETARD, EN ~ [GEN]
behind schedule

RETARD, EN ~ [INTM]
overdue

RETARD CAUSE ATTENTE [AER]
holding delay

RETARD DE LIVRAISON [INTM]
delay in delivery

RETARDATAIRE (n.) [GEN]
latecomer

RETARDATEUR [FER]
retarder

RETARDER [GEN]
delay (to)

RETARDER UN VOL [AER]
hold a flight (to)

RETENUE DE LEVIER [CONT]
handle catch retainer

RETIREMENT [MAR]
removal of wreck

RETIRER DU SERVICE [GEN]
withdraw from service (to)

RETIRER UN PERMIS DE CONDUIRE [ROUT]
revoke a driving licence (to)

RETOUR [GEN]
return

RETOUR, VOYAGE DE ~ [INTM]
return journey
return trip

RETOUR À LA BASE [AER]
homing

RETOUR À LA BASE (ÉQUIPAGE OU APPAREIL POUR UN AUTRE VOL) [AER]
repositioning

RETOUR À VIDE [INTM]
empty run

RETOUR D'EXPÉRIENCE [LS]
experience feedback

RETOUR D'INFORMATION [GEN]
feedback

RETOUR SUR INVESTISSEMENT (RSI) [GEN]
return on investment (ROI)

RETOURNÉ (COLIS) [INTM]
returned (retd)

RETOURS (MARCHANDISES) [INTM]
returns

RÉTRACTION, EMBALLAGE PAR ~ [MT]
shrink-wrapping

RETRAIT (ex. D'UN PERMIS) [GEN]
revocation

RETRAIT DE PERMIS DE CONDUIRE [ROUT]
disqualification from driving

RETRAIT DES BILLETS [AER]
ticket pickup

RÉTRÉCIR [GEN]
shrink (to)

RÉTRÉCISSEMENT [GEN]
shrinkage

RÉTROACTIF, AVEC EFFET ~ [GEN]
backdated (adj.)

RETROUVABLE [LOG]
traceable

RETROUVER (ex. UN MANQUANT) [LOG]
trace (to)

RÉTROVISEUR [ROUT]
rear view mirror

RÉTROVISEUR D'AILE [ROUT]
wing mirror

R RÉTROVISEUR EXTÉRIEUR [ROUT]

Transport – logistique
Lexique

RÉTROVISEUR EXTÉRIEUR	[ROUT]	
door mirror		
REÇU (n.)	[GEN]	
receipt		
REÇU (n.)	[INTM]	
proof of acceptance		
REÇU DE BORD	[MAR]	
board certificate		
mate's receipt (M / R)		
REÇU DE PAIEMENT DU FRET	[INTM]	
freight release		
REVENIR	[GEN]	
return (to)		
REVENU (n.)	[GEN]	
income		
revenue		
REVENU PAR KM PASSAGER	[AER]	
revenue per passenger mile (RPM)		
REVÊTEMENT INTÉRIEUR	[GEN]	
lining		
REVÊTEMENT PROTECTEUR	[GEN]	
protective coating		
REVÊTIR INTÉRIEUREMENT		
(ex. UN CONTENEUR)	[GEN]	
line (to)		
RÉVISER (ex. MACHINE, VÉHICULE...)	[GEN]	
overhaul (to)		
RÉVISION COMPLÈTE	[GEN]	
overhaul		
RÉVISIONS, TEMPS ENTRE LES ~	[LS]	
time between overhauls (TBO)		
RIDELLE	[INTM]	
slatted side		
RIDELLE(S), CHARIOT À ~	[MT]	
platform truck with side member(s)		
RIPAGE	[INTM]	
inching		
shifting		
RIPER (UNE CARGAISON)	[INTM]	
inch (to)		
shift (to)		
RISQUE	[GEN]	
risk		
RISQUE, ASSURER UN ~	[ASS]	
underwrite a risk (to)		
RISQUE, FIN DU ~	[ASS]	
cessation of risk		

RISQUE, MISE EN ~	[ASS]	
attachment of risk		
commencement of risk		
RISQUE DE MER	[MAR]	
marine risk		
maritime risk		
sea risk		
RISQUE DE SÉJOUR À TERRE	[MAR]	
shore risk		
RISQUES, MANAGEMENT DES ~	[LS]	
risks management		
RISQUES D'ALLÈGE	[MAR]	
craft risks		
RISQUES DE GUERRE	[MAR]	
war risks (W.R.)		
RISQUES DE GUERRE ET ASSIMILÉS	[MAR]	
war risks and allied perils		
RISQUES DE GUERRE SEULEMENT	[MAR]	
war risks only (W.R.O.)		
RISQUES DE NAUFRAGE	[MAR]	
wreck risks		
RISQUES ET PÉRILS		
DU DESTINATAIRE, AUX ~	[INTM]	
owner's risk, at ~ (O.R.)		
RISQUES MIXTES MARITIMES		
ET TERRESTRES	[MAR]	
mixed sea and land risks		
RISQUES ORDINAIRES	[ASS]	
risks of transit		
RISTOURNE	[GEN]	
discount		
rebate		
refund		
RISTOURNE POUR CONTENEUR		
COMPLET	[CONT]	
container allowance		
RIVE	[FLV]	
bank		
RIVET	[GEN]	
rivet		
RIVIÈRE	[FLV]	
river		
ROBINET	[GEN]	
cock		
valve		
ROBINET DE CONDUITE	[CONT]	
drain cock		
ROBOT	[MT]	
robot		

Transport – logistique
Lexique

ROULIS [INTM]

ROBOT PORTIQUE DE SURFACE [MT]	
surface robotized gantry	
ROBOT PORTIQUE LINÉAIRE [MT]	
linear robotized gantry	
ROBOTIQUE [GEN]	
robotics	
ROBOTISATION [GEN]	
automation	
ROBOTISER [GEN]	
automate (to)	
ROCADE [ROUT]	
by-pass	
RODAGE [ROUT]	
running-in	
RODER (UN MOTEUR) [ROUT]	
run in (to)	
RÔLE D'ÉQUIPAGE [MAR]	
crew manifest	
ROLL CONTENEUR [MT]	
roll container	
roll-on cage	
ROND-POINT [ROUT]	
roundabout	
ROTATIF, STOCKAGE ~ [LOG]	
rotating storage	
ROTATION (DES AVIONS) [AER]	
turnover (of aircraft)	
ROTATION [GEN]	
rotation	
ROTATION [INTM]	
turnround	
ROTATION, TAUX DE ~	
(ex. DES STOCKS) [LOG]	
turnover rate	
ROTATION, TEMPS DE ~ [INTM]	
turnround time	
ROTATION D'ÉQUIPAGE [AER]	
crew change	
ROTATION DES STOCKS [LOG]	
stock turnover	
ROTATION DU PERSONNEL [GEN]	
staff turnover	
ROTATION MOTORISÉE, À ~ [MT]	
powered slewing	
ROUE [INTM]	
wheel	

ROUE À TIGE [MT]	
caster / castor	
ROUE DE SECOURS [ROUT]	
spare wheel	
ROUE-PELLE [MT]	
bucket-wheel	
ROUES MOTRICES [INTM]	
drive wheels	
ROUILLE [GEN]	
rust	
ROUILLER [GEN]	
rust (to)	
ROULAGE [AER]	
taxiing	
ROULAGE, PISTE DE ~ [AER]	
taxiway	
ROULAGE À L'ARRIVÉE [AER]	
taxi-in	
ROULAGE AU DÉPART [AER]	
taxi-out	
ROULAGE (ENTRÉE ET SORTIE DES VÉHICULES DU FERRY PAR LEURS PROPRES MOYENS) [INTM]	
drive-on / drive-off (DO-DO)	
ROULAGE (SUR UN FERRY, MANUTENTION HORIZONTALE PAR TRACTEUR SPÉCIAL) [INTM]	
roll-on / roll-off (RO-RO)	
ROULEMENT, PHARES DE ~ [AER]	
taxi lights	
ROULEMENT, TRAIN DE ~ [ROUT]	
running gear	
ROULEMENT À BILLES [GEN]	
ball bearing	
ROULER [AER]	
taxi (to)	
ROULER [GEN]	
run (to)	
ROULER DE NUIT [INTM]	
run overnight (to)	
ROULETTE [MT]	
caster / castor	
ROULETTES DE SEUIL [AER]	
sill rollers	
ROULIER, NAVIRE ~ [MAR]	
RO-RO vessel	
ROULIS [INTM]	
rolling	

© Éditions d'Organisation

ROULIS, STABILISATEUR DE ~	[MAR]	**ROUTE ROULANTE**	[INTM]
stabilizer		*rolling road*	
ROUTAGE	[INTM]	**ROUTE SECONDAIRE**	[ROUT]
routing		*non-trunk road*	
ROUTE (AÉRIENNE, MARITIME)	[INTM]	*side road*	
route		**ROUTIER (n.)**	[ROUT]
ROUTE	[ROUT]	*lorry driver*	
highway (Brit.)		**ROUTIER, TRANSPORT ~**	[ROUT]
road		*road transport*	
ROUTE, EN COURS DE ~	[INTM]	**RUE BARRÉE**	[ROUT]
en route		*no thoroughfare*	
in transit		**RUPTURE**	[GEN]
on the way		*break*	
ROUTE, TENUE DE ~	[ROUT]	**RUPTURE D'APPROVISIONNEMENT**	[LOG]
road holding		*stockout*	
ROUTE À QUATRE VOIES	[ROUT]	**RUPTURE DE CHARGE**	[INTM]
dual carriageway		*break load*	
ROUTE DÉPARTEMENTALE (CD / D)	[ROUT]	*break loading*	
B-class road (Brit.) (B)		*break of bulk*	
non-trunk road		*intermediate handling*	
ROUTE MARITIME	[MAR]	**RUPTURE DE CHARGE, FAIRE UNE ~**	[INTM]
seaway		*break load (to)*	
ROUTE NATIONALE (RN / N)	[ROUT]	**RUPTURE DE STOCK**	[LOG]
A-class road (Brit) (A)		*stock shortage*	
ROUTE NATIONALE	[ROUT]	**RUPTURE DE STOCK, EN ~**	[LOG]
trunk road		*out of stock*	
ROUTE PRINCIPALE	[ROUT]	**RUPTURE DES SCELLEMENTS DOUANIERS**	[DN]
main road		*breakage of customs seals*	
ROUTE-RAIL (COMBITRANS)	[INTM]		
road-rail			

Français/Anglais

SABLE	[GEN]	**SAISIE (ex. MARCHANDISES,**	
sand		**NAVIRES...)**	[GEN]
SABLER	[INTM]	seizure	
sand (to)		**SAISIR**	[GEN]
SABOT (SUR BÉQUILLE		seize (to)	
DE SEMI-REMORQUE)	[ROUT]	**SAISIR (PAR PINCES)**	[MT]
sand shoe		grab (to)	
SABOT (DE DENVER)	[ROUT]	**SAISIR**	[MT]
wheel clamp		grasp (to)	
SABOT DE FREIN	[INTM]	grip (to)	
brake block		**SAISIR DES DONNÉES**	[GEN]
SABOT DE PINCE	[MT]	enter data (to)	
nipper shoe		key in data (to)	
SAC	[GEN]	**SAISISSAGE, ANNEAU DE ~**	[CONT]
bag		bull ring	
SAC (EMBALLAGE)	[MT]	lashing ring	
sack		**SAISISSAGE, PIÈCE DE ~**	[CONT]
SAC GONFLABLE (POUR CALER		top fitting	
LA MARCHANDISE)	[CONT]	**SAISONNIER (adj.)**	[GEN]
air-bag		seasonal	
SAC GONFLABLE ("AIRBAG")	[ROUT]	**SAISONNIER, PERSONNEL ~**	[GEN]
airbag		seasonal personnel	
SACOCHE DOCUMENTS FRET	[AER]	**SALAIRE**	[GEN]
cargo documents satchel		wages	
SACOCHE TRANSPORT	[AER]	**SALLE D'ARRIVÉE**	[AER]
traffic documents satchel		arrivals lounge	
SAISIE (ENTRÉE DE DONNÉES		**SALLE DE DÉPART**	[AER]
INFORMATIQUES)	[GEN]	departure lounge	
entry		**SALLE DES MACHINES**	[MAR]
		engine room	

SALON DE L'AVIATION	[AER]		**SAUMÂTRE, EAU ~**		[MAR]
air show			*brackish water*		
SALON DE PLAISANCE	[MAR]		**SAUMON D'AILE**		[AER]
boat show			*wing tip*		
SALON D'HONNEUR	[AER]		**SAUMURE**		[GEN]
VIP lounge			*brine*		
SALON MOBILE	[AER]		**SAUVER (UN NAVIRE OU DES BIENS)**		
mobile lounge			**APRÈS NAUFRAGE OU INCENDIE...**		[ASS]
SALUBRITÉ, CERTIFICAT DE ~	[INTM]		*salvage (to)*		
sanitary certificate			**SAUVETAGE (NAVIRE, MARCHANDISES)**		[ASS]
SALUBRITÉ PUBLIQUE	[GEN]		*salvage*		
public health			**SAUVETAGE, CANOT DE ~**		[MAR]
SANGLE	[MT]		*lifeboat*		
lifting belt			**SAUVETAGE, FRAIS DE ~**		[ASS]
strap			*salvage costs*		
SANGLES, FILET À ~	[MT]		**SAUVETAGE, GILET DE ~**		[INTM]
strap net			*life jacket*		
SANITAIRE, CERTIFICAT ~	[GEN]		**SAUVETAGE, PRIME DE ~**		[MAR]
certificate of health			*salvage*		
SANS BARRE D'ATTELAGE	[INTM]		**SAUVETAGE, RADEAU DE ~**		[INTM]
towbarless			*life raft*		
SANS CONDUCTEUR, CHARIOT ~	[MT]		**SAUVETAGE EN MER**		
driverless tractor			**(PAR HÉLICOPTÈRE)**		[AER]
SANS ISSUE, VOIE ~	[ROUT]		*air sea rescue*		
no through road			**SAUVETEUR (MARITIME)**		[ASS]
SANS PLOMB, ESSENCE ~	[ROUT]		*salvor / salver*		
lead-free petrol			**SAVOIR-FAIRE**		[GEN]
unleaded petrol			*know-how*		
SANS VALEUR COMMERCIALE (SVC)	[DN]		**SAVOYARDE**		[ROUT]
no commercial value (NCV)			*tilt trailer*		
SANS VALEUR DÉCLARÉE	[DN]		**SCELLEMENT DOUANIER**		[DN]
no value declared (NVD)			*customs seal*		
SANTÉ, CERTIFICAT DE ~	[INTM]		**SCELLEMENTS DOUANIERS,**		
bill of health			**APPOSER DES ~**		[DN]
SAPEURS-POMPIERS	[GEN]		*affix customs seals (to)*		
fire brigade			**SCELLER**		[INTM]
SAS (D'UNE ÉCLUSE)	[FLV]		*seal (to)*		
lock-chamber			**SCHÉMA**		[GEN]
SATELLITE	[GEN]		*pattern*		
satellite			**SCHÉMA DIRECTEUR**		[GEN]
SAUF BONNE FIN	[GEN]		*master plan*		
under usual reserve (UUR)			**SCINDER**		[GEN]
SAUF ERREUR	[GEN]		*split (to)*		
errors excepted (E.E.)			**SECOND (COMMANDANT EN ~)**		[MAR]
SAUF ERREUR OU OMISSION	[GEN]		*first mate*		
errors and omissions excepted (E. & O.E.)			**SECOURS, ROUE DE ~**		[ROUT]
			spare wheel		

SÉPARER, SE ~ (EX. DEUX AUTOROU-
TES) [INTM]

SECOURS, SORTIE DE ~ [GEN]
emergency exit

SECOUSSE [GEN]
jerk
jolt

SECTION (1,5 km) [FER]
section

SÉCURITÉ (PROTECTION CONTRE LE CRIME, LE TERRORISME...) [GEN]
security

SÉCURITÉ (PROTECTION CONTRE LES ACCIDENTS) [GEN]
safety

SÉCURITÉ, CONTRÔLE DE ~ [AER]
security screening

SÉCURITÉ, STOCK DE ~ [LOG]
safety stock

SEGMENT DE PISTON [INTM]
piston-ring

SEGMENTATION [GEN]
segmentation

SÉJOUR À TERRE, RISQUE DE ~ [MAR]
shore risk

SELLE DE RAIL [FER]
soleplate (Brit.)
tie plate (US)

SELLERIE [INTM]
upholstery

SELLETTE, AVANCÉE DE ~ [ROUT]
fifth wheel advance

SELLETTE D'ATTELAGE [ROUT]
fifth wheel

SELLETTE D'ATTELAGE À DOUBLE OSCILLATION [ROUT]
double oscillating fifth wheel

SELLETTE D'ATTELAGE À RÉGLAGE MANUEL [ROUT]
manual slide fifth wheel

SELLETTE D'ATTELAGE À RÉGLAGE PNEUMATIQUE [ROUT]
air slide fifth wheel

SELLETTE D'ATTELAGE ÉLÉVATRICE [ROUT]
elevating fifth wheel
lifting fifth wheel

SELLETTE D'ATTELAGE FIXE [ROUT]
fixed fifth wheel

SELLETTE D'ATTELAGE RÈGLABLE [ROUT]
sliding fifth wheel

SELON LES INSTRUCTIONS [GEN]
as instructed

SEMI (REMORQUE) [ROUT]
artic (fam.)

SEMI-FINI [GEN]
semi-finished

SEMI-PORTÉE, REMORQUE ~ [ROUT]
balanced full trailer

SEMI-RAIL (REMORQUE SUR BOGIES) [INTM]
Road-Railer
semi-rail

SEMI-REMORQUE [ROUT]
articulated lorry
semi-trailer

SEMI-REMORQUE À POUTRE TÉLESCOPIQUE [ROUT]
pole trailer

SENS DE LA LARGEUR, DANS LE ~ [GEN]
crosswise

SENS DE LA LONGUEUR, DANS LE ~ [GEN]
lengthways
lengthwise
longways on

SENS DES AIGUILLES D'UNE MONTRE, DANS LE ~ [GEN]
clockwise

SENS DESSUS DESSOUS, METTRE ~ [GEN]
turn upside down (to)

SENS DEVANT DERRIÈRE [GEN]
back to front
wrong way round, the ~

SENS INVERSE DES AIGUILLES D'UNE MONTRE, DANS LE ~ [GEN]
anticlockwise (Brit.)
counterclockwise (US)

SENS UNIQUE [ROUT]
one-way traffic

SENSIBLE À LA TEMPÉRATURE [INTM]
temperature-sensitive

SENSIBLE, FRET ~ [INTM]
sensitive freight

SÉPARATION, FILET DE ~ [MT]
divider net

SÉPARER [GEN]
divide (to)

SÉPARER, SE ~ (ex. DEUX AUTOROUTES) [INTM]
diverge (to)

SÉQUENCE [GEN]

SÉQUENCE	[GEN]
sequence	
SÉQUENCE FIXE, À ~	[MT]
fixed sequence	
SÉQUENCE VARIABLE, À ~	[MT]
variable sequence	
SÉQUENTIEL	[LOG]
sequential	
SÉQUENTIEL, PROCESSUS ~	[LS]
sequential process	
SÉRIE, NUMÉRO DE ~	[GEN]
serial number	
SERRE	[CONT]
web stringer	
SERRER LA CÔTE	[MAR]
hug the coast (to)	
SERRURE	[GEN]
lock	
SERVICE (D'UNE ENTREPRISE)	[GEN]
department	
SERVICE, ENTRER EN ~	[GEN]
enter service (to)	
SERVICE INTER-CITY (DESSERTE RAPIDE DE GRANDES VILLES)	[FER]
Inter-City (Brit.)	
SERVICE, PRESTATAIRE DE ~	[GEN]
service provider	
SERVICE, PRESTATION DE ~	[GEN]
provision of a service	
SERVICE, RETIRER DU ~	[GEN]
withdraw from service (to)	
SERVICE, TABLEAU DE ~	[GEN]
roster	
rota	
SERVICE 24H SUR 24	[GEN]
non-stop service	
round the clock service	
twenty-four hour service	
SERVICE ANTI-INCENDIE	[AER]
fire-fighting service	
SERVICE APPROVISIONNEMENT	[MAR]
shipchandling department	
SERVICE APRÈS-VENTE (SAV)	[LS]
after-sales service	
SERVICE AUXILIAIRE	[GEN]
ancillary service	
SERVICE DE L'ARMEMENT	[MAR]
crew and manning division	

SERVICE DES ACHATS	[GEN]
procurement department	
SERVICE DES EXPÉDITIONS	[INTM]
despatch department	
forwarding department	
SERVICE DES LITIGES	[GEN]
claims department	
SERVICE DES SINISTRES	[ASS]
claims department	
SERVICE D'INFORMATION AUTOMATIQUE (tda)	[AER]
Automatic Terminal Information Service (ATIS)	
SERVICE DU CONTENTIEUX	[GEN]
legal department	
SERVICE EMBALLAGE	[GEN]
packing department	
SERVICE EN VOL	[AER]
in-flight service	
SERVICE EXPORT	[GEN]
outward freight department	
SERVICE EXPRESS	[INTM]
express parcel service	
next day service	
overnight service	
SERVICE FINANCIER	[GEN]
accounts department	
SERVICE IMPORT	[GEN]
import department	
inward freight department	
SERVICE JOUR A JOUR B	[INTM]
next day service	
overnight service	
SERVICE LOGISTIQUE	[LOG]
logistic service (prestation externalisée)	
logistics department	
SERVICE ORDONNANCEMENT	[LOG]
production control department	
SERVICE PASSAGE	[AER]
passenger service	
SERVICE SECONDAIRE (QUI ALIMENTE UN RÉSEAU PRINCIPAL)	[INTM]
feeder service	
SERVICE TÉLÉMATIQUE TRANSPORT	[INTM]
transport telematics	
SERVICE TRANSIT	[INTM]
forwarding department	

Transport – logistique
Lexique

SERVICE VÉTÉRINAIRE [INTM]
veterinary service

SERVIR UNE ALLÉE [MT]
service a lane (to)

SERVO-FREIN [ROUT]
servo-assisted brake

SEUIL, ROULETTES DE ~ [AER]
sill rollers

SEUIL, TÔLE DE ~ [CONT]
threshold plate

SEUIL DE RÉAPPROVISIONNEMENT [LOG]
order point

SEUIL DE RENTABILITÉ [LOG]
break-even point (BEP)

SIÈGE [GEN]
seat

SIÈGE ACCOMPAGNATEUR [AER]
attendant seat

SIÈGE CENTRAL [INTM]
middle seat

SIÈGE COULOIR [INTM]
aisle seat

SIÈGE HUBLOT [AER]
window seat

SIÈGE SERVICE [AER]
jumpseat

SIÈGES, ATTRIBUTION DES ~ [AER]
seat allocation

SIÈGES KILOMÈTRES OFFERTS [AER]
seat kilometres offered (SKO)

SIGNALER [GEN]
report (to)

SIGNALISATION [GEN]
signalling

SIGNALISATION, PANNEAU DE ~ [ROUT]
road sign

SIGNATURE SANS RÉSERVES [INTM]
clean signature

SIGNIFICATIF [GEN]
relevant

SILENCIEUX (n.) [ROUT]
muffler (US)
silencer (Brit.)

SILLAGE [MAR]
wake

SILLON [FER]
train path

SOL (EXTÉRIEUR) [GEN]

SILO [GEN]
silo

SIMPLIFIÉE, PROCÉDURE DOUANIÈRE ~ [DN]
simplified customs procedure

SIMULATEUR DE VOL [AER]
flight simulator

SINISTRE [ASS]
accidental event
casualty

SINISTRE, DÉCLARATION DE ~ [ASS]
notice of claim

SINISTRE, RÉGLER UN ~ [ASS]
adjust a claim (to)

SINISTRES, SERVICE DES ~ [ASS]
claims department

SIRÈNE [GEN]
siren

SITE [GEN]
site

SITE, FORMATION SUR ~ [GEN]
on-the-job training

SITE PROPRE [INTM]
own site

SITUATION (GÉOGRAPHIQUE) [GEN]
location

SITUATION [GEN]
status

SITUER (ex. UN COLIS, UN VÉHICULE) [GEN]
establish the whereabouts (to)

SOCIÉTÉ ANONYME À RESPONSABILITÉ LIMITÉE (S.A.R.L.) [GEN]
private limited company

SOCIÉTÉ ANONYME (S.A.) [GEN]
incorporated company (US) (Inc.)
public limited company (PLC / plc)

SOCIÉTÉ ANONYME (équiv.) [GEN]
Limited (Ltd)

SOCIÉTÉ DE PERSONNES [GEN]
partnership

SOCIÉTÉ NATIONALE DES CHEMINS DE FER FRANÇAIS (SNCF) [FER]
French National Railway

SOCLE ROULANT [MT]
dolly

SOL (EXTÉRIEUR) [GEN]
ground

SOL, ÉQUIPEMENT AU ~ [AER]

Transport – logistique
Lexique

SOL, ÉQUIPEMENT AU ~ [AER]	
ground equipment	
SOLDE [GEN]	
balance	
SOLUTIONNER [GEN]	
solve (to)	
SOLVABILITÉ [GEN]	
credit status	
financial status	
SOLVANT [GEN]	
solvent	
SOMBRER [MAR]	
sink (to)	
SONDAGE, CONTRÔLE PAR ~ [GEN]	
random check	
spot check	
SONDE, TROU DE ~	
(CONTENEUR CITERNE) [CONT]	
dipping hole	
SORTIE [GEN]	
exit	
way out	
SORTIE D'AIR [CONT]	
air outlet	
SORTIE DE SECOURS [GEN]	
emergency exit	
SORTIE DU STOCK [MT]	
retrieval	
SORTIR LE TRAIN [AER]	
lower the landing gear (to)	
SOUBASSEMENT [ROUT]	
underbody	
SOUCHE (ex. DE CHÈQUE,	
DE QUITTANCE) [GEN]	
counterfoil	
SOUDURE [GEN]	
welding	
SOUDURE CONTINUE [GEN]	
continuous welding	
SOUDURE EN CHAÎNETTE [GEN]	
stitch welding	
SOUDURE MEULÉE ET POLIE	
(ex. CONTENEUR CITERNE) [GEN]	
flush welding	
SOUDURE PAR POINTS [GEN]	
spot welding	
SOUFFLANTE (n.) [MT]	
blower	

SOUFFLERIE D'ESSAI [GEN]	
wind tunnel	
SOUFFRANCE, EN ~ [INTM]	
undelivered	
SOUFFRANCE, EN ~ (ex. UNE AFFAIRE) [GEN]	
pending	
SOUFFRANCE, MARCHANDISES EN ~	
(SUR LE QUAI) [MAR]	
goods in demurrage	
SOUFFRIR DU DÉCALAGE HORAIRE [AER]	
jet lagged (to be)	
SOUILLER [GEN]	
stain (to)	
SOUMISSION [GEN]	
tender	
SOUMISSION CAUTIONNÉE [DN]	
customs bond	
SOUMISSIONNER [GEN]	
tender for (to)	
SOUPAPE [GEN]	
valve	
SOUPAPE D'ADMISSION [INTM]	
inlet valve	
SOUPAPE D'ÉCHAPPEMENT [INTM]	
exhaust valve	
outlet valve	
SOUS ABRI [GEN]	
under cover	
SOUS ABRI, STOCKAGE ~ [LOG]	
covered storage	
SOUS-CHARGE, FACTEUR DE ~ [AER]	
low-load factor	
SOUS-COTER [GEN]	
underquote (to)	
SOUS DOUANE [DN]	
bonded	
in bond	
SOUS DOUANE, ENTREPÔT ~ [DN]	
bonded warehouse	
SOUS DOUANE, MAGASIN ~ [DN]	
bonded store	
SOUS DOUANE, PRIX ~ [INTM]	
in bond prices	
SOUS-ESTIMER [GEN]	
underestimate (to)	
SOUS-FRÉTER [INTM]	
sublet (to)	

SOUS PALAN À BORD, DE ~	[MAR]	**SOUTIEN**	[GEN]
free out (F.O.)		*back-up*	
SOUS PALAN À SOUS PALAN, DE ~	[MAR]	*support*	
from under the ship's tackle		**SOUTIEN, LOGISTIQUE DE ~**	[LS]
to under the ship's tackle		*support logistics*	
SOUS-PRODUIT	[GEN]	**SOUTIEN À PRIX FIXE**	[LS]
by-product		*fixed price support*	
SOUS-STOCKER	[LOG]	**SOUTIEN ET ACQUISITION ASSISTÉS**	
understock (to)		**PAR ORDINATEUR (2ᵉ GÉNÉRATION**	
SOUS TENSION, RAIL ~	[FER]	**DE CALS)**	[LS]
live rail		*computer-aided acquisition*	
SOUS-TRAITANCE	[GEN]	*and logistic support*	
subcontracting		*(CALS 2nd generation) (CALS)*	
SOUS-TRAITANT	[GEN]	**SOUTIEN LOGISTIQUE, ANALYSE DU ~**	
sub-contractor		**(ASL)**	[LS]
SOUS-TRAITER	[GEN]	*logistic support analysis (LSA)*	
contract out (to)		**SOUTIEN LOGISTIQUE, ENREGISTREMENT**	
subcontract (to)		**DE L'ANALYSE DU ~**	[LS]
SOUSCRIPTEUR, AGENT ~	[ASS]	*logistic support analysis record*	
underwriting agent		*(LSAR)*	
SOUSCRIRE	[ASS]	**SOUTIEN LOGISTIQUE INTÉGRÉ (SLI)**	[LS]
underwrite (to)		*integrated logistic support (ILS)*	
SOUTAGE	[MAR]	**SOUTIEN LOGISTIQUE PENDANT**	
bunkering		**LA DURÉE DE VIE (tda)**	[LS]
SOUTE	[AER]	*through-life support*	
hold		**SPÉCIALISÉ (ÉQUIPEMENT)**	[GEN]
SOUTE	[MAR]	*dedicated*	
bunker		**SPÉCIFICATION DE CHANGEMENT**	
SOUTE, CAPACITÉ EN ~	[AER]	**NOTIFIÉ (SCN)**	[AER]
under floor capacity		*master change (MC)*	
SOUTE, FRAIS DE ~	[MAR]	*specification change notice (SCN)*	
bunker adjustment factor (BAF)		**SPÉCIFICATIONS**	[GEN]
SOUTE ARRIÈRE	[AER]	*specifications*	
aft hold		**STABILISATEUR**	[AER]
SOUTE AVANT	[AER]	*horizontal stabilizer*	
forward hold		*tailplane*	
SOUTE CONTENEURISÉE	[AER]	**STABILISATEUR, AILERON DE ~**	[MAR]
containerized hold		*stabilizer fin*	
SOUTE INFÉRIEURE	[AER]	**STABILISATEUR DE ROULIS**	[MAR]
lower hold		*stabilizer*	
SOUTE SUPÉRIEURE	[AER]	**STABILISER**	[GEN]
upper hold		*steady (to)*	
SOUTE VENTRALE	[AER]	**STABLE**	[GEN]
belly compartment		*steady*	
SOUTERRAIN, PASSAGE ~	[GEN]	**STALLE (CONTENEUR POUR CHEVAUX)**	[AER]
underpass (Brit.)		*stall*	
		STANDARDISTE	[GEN]
		operator	

STANDARDS, TEMPS ~	[LOG]	STATIQUE, STOCKAGE ~	[LOG]
time standards		*static storage*	
STANDARDS DE TEMPS DU MOUVEMENT	[LOG]	STATISTIQUES	[GEN]
motion time standards (MTS)		*statistics*	
STANDARD INTERNATIONAL (ISO 8879) POUR LES DONNÉES DE DOCUMENTIQUE (tda)	[LS]	STATORÉACTEUR	[AER]
		ramjet	
		STATUT	[GEN]
standard generalized markup language (SGML)		*status*	
		STATUT DES QUAIS (PUBLIC OU PRIVÉ)	[MAR]
STARIES	[MAR]	*berth status*	
lay-days		STEVEDORE (ZONE ATLANTIQUE)	[MAR]
STARTER	[ROUT]	*stevedore*	
choke		STEWARD	[INTM]
STATION SERVICE	[ROUT]	*steward*	
filling station		STIMULER	[GEN]
STATIONNEMENT	[INTM]	*boost (to)*	
parking		STOCK	[LOG]
STATIONNEMENT, AIRE DE ~ (SUR BAS-CÔTÉ)	[ROUT]	*inventory*	
		stock	
lay-by		*stockpile*	
STATIONNEMENT, EMPLACEMENT DE ~	[ROUT]	STOCK, AVOIR EN ~	[LOG]
		carry in stock (to)	
parking bay		STOCK, ÉTAT DU ~	[LOG]
STATIONNEMENT, FEUX DE ~	[ROUT]	*stock position*	
parking lights		STOCK, LIGNE DE ~	[LOG]
STATIONNEMENT, PISTE DE ~	[AER]	*line of stock*	
parking area		STOCK, MOUVEMENT DE ~	[LOG]
ramp		*stock transaction*	
STATIONNEMENT, PLACE DE ~	[INTM]	STOCK, RUPTURE DE ~	[LOG]
parking slot		*stock shortage*	
STATIONNEMENT AUTORISÉ, TEMPS DE ~	[ROUT]	STOCK, SORTIE DU ~	[MT]
		retrieval	
waiting limits		STOCK DE SÉCURITÉ	[LOG]
STATIONNEMENT DES AVIONS, AIRE DE ~	[AER]	*safety stock*	
		STOCK DISPONIBLE	[LOG]
apron		*stock on hand*	
STATIONNEMENT INTERDIT	[ROUT]	STOCK EXCÉDENTAIRE	[LOG]
no parking		*surplus stock*	
no waiting		STOCK RÉEL	[LOG]
STATIONNEMENT SUR LA VOIE PUBLIQUE	[ROUT]	*stock on hand*	
		STOCK TAMPON	[LOG]
on-street parking		*buffer stock*	
STATIONNER	[INTM]	STOCK THÉORIQUE	[LOG]
park (to)		*available stock*	
STATIONNER EN DOUBLE FILE	[ROUT]	STOCKABLE	[LOG]
double-park (to)		*storable*	
STATIQUE, EFFORT ~	[CONT]		
static load			

SUBSTITUTION DE BAGAGES [AER]

STOCKAGE	[LOG]
stocking	
storage	
STOCKAGE, ÉTAGÈRES DE ~	[LOG]
storage shelving	
STOCKAGE, POLITIQUE DE ~	[LOG]
inventory policy	
STOCKAGE, RAYONNAGE DE ~	[LOG]
storage rack (s/r)	
STOCKAGE À TERRE	[CONT]
ground storage	
STOCKAGE ALÉATOIRE	[LOG]
no-dedication storage	
random storage	
STOCKAGE BANALISÉ	[LOG]
no-dedication storage	
random storage	
STOCKAGE COUVERT	[LOG]
indoor storage	
STOCKAGE DE CHARGES LONGUES	[LOG]
cantilever storage	
STOCKAGE DE MASSE	[LOG]
block stacking	
STOCKAGE DYNAMIQUE	[LOG]
dynamic storage	
live storage	
STOCKAGE EN CASIERS	[LOG]
pigeon-hole racking	
STOCKAGE EN CHAMBRE FROIDE	[LOG]
cold storage	
STOCKAGE EN MEZZANINE	[LOG]
raised storage	
STOCKAGE EN PLEIN AIR	[LOG]
outdoor storage	
STOCKAGE EN TIROIRS	[LOG]
drawer storage	
STOCKAGE LATÉRAL	[LOG]
side storage	
single-depth racking	
STOCKAGE MOBILE	[LOG]
mobile storage	
STOCKAGE NIDS D'ABEILLES	[LOG]
pigeon-hole racking	
STOCKAGE PAR ACCUMULATION	[LOG]
compact storage	
drive-in storage	
drive-through storage	
STOCKAGE PROTÉGÉ	[LOG]
custody storage	
STOCKAGE RÉFRIGÉRÉ	[LOG]
refrigerated storage	
STOCKAGE ROTATIF	[LOG]
rotating storage	
STOCKAGE SOUS ABRI	[LOG]
covered storage	
STOCKAGE STATIQUE	[LOG]
static storage	
STOCKAGE SUR GRANDE HAUTEUR	[LOG]
high rise storage	
STOCKAGE SUR PLUSIEURS RANGS	[LOG]
multiple deep storage	
STOCKAGE TRANSCASIER	[LOG]
gravity storage	
STOCKER	[LOG]
stock (to)	
store (to)	
STOCKER AU FRAIS	[MT]
keep in a cool place	
STOCKER EN ÉTAGÈRES	[LOG]
shelve (to)	
STOCKER SUR TROIS RANGS	[LOG]
stock three deep (to)	
STOCKEUR ROTATIF	[LOG]
vertical carousel	
STOCKS, CONSTITUTION DE ~	[LOG]
stockpiling	
STOCKS, ÉCOULER DES ~	[LOG]
work down inventories (to)	
STOCKS, ROTATION DES ~	[LOG]
stock turnover	
STOCKS, TENUE DES ~	[LOG]
stock keeping	
STOP, FEUX DE ~	[ROUT]
brake lights	
STRAPONTIN	[GEN]
jumpseat	
SUBSIDIAIRE	[GEN]
subsidiary (adj.)	
SUBSONIQUE	[AER]
subsonic	
SUBSTITUTION DE BAGAGES	[AER]
baggage switch	

SUBVENTION [GEN]

Transport – logistique
Lexique

SUBVENTION	[GEN]	**SUPPORT DE CARROSSERIE**	[ROUT]
grant		*body bracket*	
subsidy		*body support*	
SUBVENTIONNER	[GEN]	**SUPPORTABILITÉ (tda)**	[LS]
subsidise (to)		*supportability*	
SUCCURSALE	[GEN]	**SUPPRIMER**	[GEN]
branch		*delete (to)*	
SUD, EN DIRECTION DU ~	[INTM]	**SUPPRIMER (SE PASSER DE)**	[GEN]
southbound		*dispense with (to)*	
SUIVI (n.)	[GEN]	**SÛR (SANS DANGER)**	[GEN]
follow-up		*safe (adj.)*	
SUIVI EN TEMPS RÉEL		**SUR CHENILLES**	[MT]
(ex. D'UN ENVOI)	[LOG]	*caterpillar-mounted*	
tracking		**SUR-FRET**	[INTM]
SUIVI LOGISTIQUE D'UNE COMMANDE	[LOG]	*extra freight*	
tracing		**SUR LEST**	[MAR]
SUIVRE (ex. UN DOSSIER)	[GEN]	*in ballast*	
follow up (to)		**SUR PLACE**	[GEN]
SUIVRE (ex. UN ENVOI)	[LOG]	*on-site*	
track (to)		**SURBAISSÉ (VÉHICULE)**	[INTM]
SUIVRE, FAIRE ~	[INTM]	*low-loader*	
redirect (to)		**SURBAISSÉ, CAMION ~**	[ROUT]
SUIVRE AU RADAR	[INTM]	*deeploader*	
track by radar (to)		**SURBAISSÉ, WAGON ~**	[FER]
SUIVRE LA TRACE	[LOG]	*low-loader wagon*	
trace (to)		**SURBAISSÉE, REMORQUE ~**	[ROUT]
SUPER (ESSENCE)	[ROUT]	*low-loader trailer*	
four star petrol (Brit.)		**SURBAU**	[MAR]
premium (US)		*hatch-coaming*	
SUPERFICIE	[GEN]	**SURCAPACITÉ**	[LOG]
area		*overcapacity*	
SUPÉRIEUR (NIVEAU)	[GEN]	**SURCHARGE**	[INTM]
upper		*overload*	
SUPERPÉTROLIER (ENTRE 150.000		*overweight*	
ET 299.990 TPL)	[MAR]	**SURCLASSEMENT**	[AER]
Very Large Crude Carrier (VLCC)		*upgrading*	
SUPERPÉTROLIER (> 300.000 TPL)	[MAR]	**SURCOTER**	[GEN]
Ultra Large Crude Carrier (ULCC)		*overquote (to)*	
SUPERSONIQUE, TRANSPORT ~ (TSS)	[AER]	**SURESTARIES**	[MAR]
supersonic transport (SST)		*demurrage*	
SUPERVISEUR	[GEN]	**SURESTARIES, FRAIS DE ~**	[CONT]
supervisor		*container detention charges*	
SUPPLÉMENT	[GEN]	**SÛRETÉ**	[GEN]
extra		*security*	
SUPPLÉMENTAIRE	[GEN]	**SURFACE**	[GEN]
additional		*area*	
extra			

SYSTÈME DE PHOTOCOMMANDE [GEN]

SURFACE (ex. POUR STOCKAGE DE CONTENEURS) [INTM]
hard standing

SURFACE, TRANSPORT DE ~ [INTM]
surface transport

SURFACE DE CHARGEMENT [INTM]
loading surface

SURGELÉ [GEN]
deep frozen
quick-frozen

SURGELER [GEN]
deep-freeze (to)

SURPRIME [ASS]
additional premium

SURRÉSERVATION [AER]
overbooking

SURSTOCKER [LOG]
overstock (to)

SURTAXE [GEN]
surcharge

SURTAXE D'ENCOMBREMENT [MAR]
congestion surcharge

SURTAXE POUR COLIS LOURD [INTM]
heavy lift surcharge

SURTAXER [GEN]
overcharge (to)

SURVEILLANCE [GEN]
surveillance

SURVEILLANCE RADAR SECONDAIRE (tda) [AER]
secondary surveillance radar (SSR)

SURVOL [AER]
overflight

SURVOL, DROITS DE ~ [AER]
flyover rights

SUS, EN ~ [GEN]
extra

SUSPENSION [GEN]
suspension

SUSPENSION PNEUMATIQUE [ROUT]
air suspension

SYNCHRONE, LIVRAISON ~ [LOG]
just-in-time delivery

SYNCHRONISER [LOG]
synchronize (to)

SYNDICAT [GEN]
trade union

SYNDICAT INTERNATIONAL DES TRANSPORTEURS ROUTIERS (tda) [ROUT]
International Road Transport Union (IRU)

SYSTÈME, DYSFONCTIONNEMENT DE ~ [LS]
systems failure

SYSTÈME, INGÉNIERIE ~ [LS]
systems engineering (SE)

SYSTÈME, INGÉNIEUR ~ [LOG]
systems engineer

SYSTÈME ASSURANCE QUALITÉ DE L'OTAN [LS]
Allied Quality Assurance Procedure (AQAP)

SYSTÈME AUTOMATIQUE À CHARIOTS SANS CONDUCTEUR [MT]
automatic guided vehicle system (AGVS)

SYSTÈME D'AIDE À LA NAVIGATION PAR SATELLITE (tda) [AER]
Global Orbiting Navigation Satellite System (GLONASS)

SYSTÈME D'ATTERRISSAGE AUX INSTRUMENTS (tda) [AER]
Instrument Landing System (ILS)

SYSTÈME D'ATTERRISSAGE PAR MICRO-ONDES (tda) [AER]
Microwave Landing System (MLS)

SYSTÈME DE CIRCULATION À TRAJECTOIRE ALÉATOIRE (ENTREPÔT) [MT]
flexible-path system

SYSTÈME DE CIRCULATION À TRAJECTOIRE FIXE (ENTREPÔT) [MT]
fixed-path system

SYSTÈME DE CONCENTRATION ET DE RAYONNEMENT (FRET, PASSAGERS) [INTM]
hubs and spokes

SYSTÈME DE CONTRÔLE AÉRIEN [AER]
navigation and ranging (NAVAR)

SYSTÈME DE GESTION DES DONNÉES TECHNIQUES (SGDT) [LOG]
technical data management system

SYSTÈME DE GESTION INFORMATISÉ [FER]
total operations processing system (TOPS)

SYSTÈME DE PHOTOCOMMANDE [GEN]
infra-red beam system

Transport – logistique
Lexique

SYSTÈME DE PRÉPARATION DE COM-
MANDES INFORMATISÉ (TDA) [LOG]

**SYSTÈME DE PRÉPARATION
DE COMMANDES INFORMATISÉ (tda)** [LOG]
*computer-aided picking
system (CAPS)*

**SYSTÈME DE STOCKAGE ET
DÉSTOCKAGE AUTOMATIQUE (tda)** [LOG]
*automatic storage and retrieval
system (AS / RS)*

**SYSTÈME DE TRANSPORT
À CAPACITÉ MOYENNE** [FER]
*intermediate capacity transit
system (ICTS)*

**SYSTÈME DE TRANSPORT RAPIDE
(SUR RAIL)** [FER]
rapid transit system

**SYSTÈME D'INFORMATIONS
SANS PAPIER** [LOG]
electronic library system (ELS)

**SYSTÈME DISCONTINU
PAR REFOULEMENT** [MT]
intermittent blowing system

**SYSTÈMES ÉVOLUÉS D'ACHAT
ET DE LOGISTIQUE (tda)** [LOG]
*advanced procurement
and logistics system (APLS)*

SYSTÈME FERCAM (FERCAM) [INTM]
rail transport of trailers

SYSTÈME FERDOM (FERDOM) [INTM]
road transport of wagons

SYSTÈME LOGISTIQUE INTÉGRÉ [LOG]
integrated logistic system (ILS)

SYSTÈMES, ARCHITECTURE DES ~ [LS]
systems engineering

SYSTÈMES, CONCEPTION DE ~ [LS]
systems design

SYSTÈMES INTÉGRÉS [LS]
integrated systems

Français/Anglais

TABLE ÉLÉVATRICE [MT]	
lift table	
TABLEAU [GEN]	
board	
chart	
TABLEAU D'AFFICHAGE DES VOLS [AER]	
flight information board	
TABLEAU DE BORD [AER]	
instrument panel	
TABLEAU DE BORD [LOG]	
management chart	
performance chart	
performance indicator	
TABLEAU DE BORD [ROUT]	
dash-board	
TABLEAU DE SERVICE [GEN]	
roster	
rota	
TABLEAU DES DISTANCES [INTM]	
distance table	
TACHE [GEN]	
stain	
TACHER [GEN]	
stain (to)	
TAILLE [GEN]	
size	
TALKIE-WALKIE [GEN]	
walkie-talkie	

TALON (ex. DE CHÈQUE, DE QUITTANCE) [GEN]	
counterfoil	
TALUS [FER]	
embankment	
TAMBOUR DE FREIN [ROUT]	
brake drum	
TAMPON [FER]	
buffer	
TAMPON, STOCK ~ [LOG]	
buffer stock	
TAMPON DATEUR [GEN]	
date stamp	
TANGUER [INTM]	
pitch (to)	
TAPIS ROULANT [MT]	
belt conveyor	
conveyor belt	
TAPIS ROULANT POUR BAGAGES [AER]	
baggage conveyor system	
TARAGE [GEN]	
taring	
TARD, AU PLUS ~ [GEN]	
at the latest	
TARE [INTM]	
tare	
TARE (ex. POIDS DU CONTENEUR À VIDE) [INTM]	
tare weight (T.W.)	

T

TARE NETTE [INTM]   Transport – logistique / Lexique

TARE NETTE	[INTM]
actual tare	
TARIF	[GEN]
price list	
quotation	
rate	
tariff	
TARIF D'ASSURANCE	[ASS]
insurance rate	
TARIF DE BOUT EN BOUT	[INTM]
through rate	
TARIF DE RÉFÉRENCE	[GEN]
basic rate	
TARIF DÉGRESSIF	[INTM]
tapering charges	
TARIF DIRECT	[INTM]
through rate	
TARIF DOUANIER	[DN]
tariff	
TARIF DOUANIER COMMUN (TDC)	[DN]
common customs tariff (CCT)	
TARIF FORFAITAIRE	[GEN]
flat rate	
lump sum rate	
uniform rate	
TARIF FORFAITAIRE	[INTM]
through rate	
TARIF GÉNÉRAL	[AER]
general cargo rate (GCR)	
TARIF IATA (LE)	[AER]
air cargo tariff (the) (TACT)	
TARIF MARCHANDISES	[INTM]
freight rate	
TARIF RÉDUIT	[INTM]
reduced rate	
TARIF RÉDUIT, BILLET À ~	[INTM]
concession fare	
TARIF SPÉCIAL (FRET)	[AER]
corate	
special commodity rate (SCR)	
TARIF SPÉCIAL	[INTM]
cut-rate	
discounted ticket (US)	
TARIFAIRE, POSITION ~	[DN]
tariff heading	
TARIFICATION	[INTM]
pricing	
tariffing	

TAUTLINER (SEMI-REMORQUE DÉCOUVRABLE POUR CHARGEMENT LATÉRAL)	[ROUT]
Tautliner	
TAUX	[GEN]
rate	
TAUX, APPLIQUER UN ~	[GEN]
apply a rate (to)	
TAUX DE CHANGE	[GEN]
rate of exchange	
TAUX DE DÉFAILLANCE	[LS]
failure rate	
TAUX DE DYSFONCTIONNEMENT	[LS]
failure rate	
TAUX DE LA CONFÉRENCE	[MAR]
conference rate	
TAUX DE REMPLISSAGE	[INTM]
filling rate	
TAUX DE ROTATION (ex. DES STOCKS)	[LOG]
turnover rate	
TAUX FORFAITAIRE MARITIME	[MAR]
freight all kinds rate (FAK)	
TAUX NUL	[GEN]
zero rate	
TAUX PRÉFÉRENTIEL	[GEN]
preferential rate	
TAXABLE	[DN]
dutiable	
TAXABLE, POIDS ~	[INTM]
chargeable weight	
TAXATION AU POIDS	[INTM]
weight charge	
TAXE	[DN]
duty	
TAXE	[GEN]
fee	
tax	
TAXE, PRÉLEVER UNE ~	[DN]
levy a duty (to)	
TAXE À L'ATTERRISSAGE	[AER]
landing fee	
TAXE À LA CONSOMMATION	[DN]
excise duty	
TAXE AÉROPORTUAIRE	[AER]
airport fee	
TAXE SUR LA VALEUR AJOUTÉE (T.V.A.)	[GEN]
value added tax (V.A.T)	

TEMPS MOYEN AVANT DÉMONTAGES NON PROGRAMMÉS [LS]

TAXER [GEN]
charge (to)
tax (to)

TAXI [ROUT]
cab

TECHNIQUE DE CHANGEMENT RAPIDE D'OUTILS (tda) [LS]
single minute exchange die (system) (SMED)

TECHNIQUES D'ÉVALUATION ET DE RÉVISION DES PROGRAMMES [LOG]
programme evaluation and review techniques (PERT)

TECHNOLOGIE, TRANSFERT DE ~ [LS]
technology transfer (TT)

TECHNOLOGIE DE L'INFORMATION [GEN]
information technology (IT)

TÉLÉ-COMMANDE [GEN]
remote control

TÉLÉGRAMME DE CHARGEMENT [AER]
load message (LDM)

TÉLÉMANIPULATEUR [MT]
telemanipulator

TÉLÉMATIQUE TRANSPORT, SERVICE ~ [INTM]
transport telematics

TÉLESCOPIQUE [GEN]
telescopic

TÉLÉSCRIPTEUR [GEN]
teleprinter

TÉLÉVISION EN CIRCUIT FERMÉ [GEN]
closed circuit television (CCTV)

TÉLEX [GEN]
telex

TÉMOIN, LAMPE ~ [INTM]
warning light

TEMPÉRATURE, ENREGISTREUR DE ~ [GEN]
temperature recorder

TEMPÉRATURE, SENSIBLE À LA ~ [INTM]
temperature-sensitive

TEMPÉRATURE AMBIANTE [GEN]
ambient temperature

TEMPÉRATURE DIRIGÉE, CONTENEUR À ~ [CONT]
temperature-controlled container
thermal container

TEMPÊTE [GEN]
storm

TEMPÊTE DE NEIGE [GEN]
snowstorm

TEMPS, POLICE À ~ [MAR]
time policy

TEMPS D'ACCÈS [LOG]
access time

TEMPS D'IMMOBILISATION [INTM]
turnaround time (TAT)

TEMPS D'IMMOBILISATION [LS]
down time (DT)

TEMPS D'IMMOBILISATION AU SOL [AER]
apron occupancy time

TEMPS DE CONDUITE [ROUT]
driving time

TEMPS DE CORRESPONDANCE MINIMAL [AER]
minimum connecting time

TEMPS DE DÉFAILLANCE [LS]
down time (DT)

TEMPS DE LATENCE [LOG]
lead time

TEMPS DE RELEVAGE (SUR PORTIQUE) [MT]
derricking time

TEMPS DE REPOS [ROUT]
rest period

TEMPS DE ROTATION [INTM]
turnround time

TEMPS DE STATIONNEMENT AUTORISÉ [ROUT]
waiting limits

TEMPS DU MOUVEMENT, STANDARDS DE ~ [LOG]
motion time standards (MTS)

TEMPS ÉLÉMENTAIRES [LOG]
time standards

TEMPS ENTRE LES RÉVISIONS [LS]
time between overhauls (TBO)

TEMPS-MORT (ARRÊT MACHINE) [LS]
idle time

TEMPS MOYEN AVANT DÉFAILLANCE [LS]
mean time to failure (MTTF)

TEMPS MOYEN AVANT DÉMONTAGES NON PROGRAMMÉS [LS]
mean time before unscheduled removals (MTBUR)

T

TEMPS MOYEN DE BON FONCTIONNE-
MENT [LS]

Transport – logistique
Lexique

TEMPS MOYEN DE BON
FONCTIONNEMENT [LS]
  mean time between failures (MTBF)
  mean up time (MUT)
TEMPS MOYEN DE RÉPARATION [LS]
  mean time to repair (MTTR)
TEMPS MOYEN D'ÉCHANGE [LS]
  mean time to exchange (MTTE)
TEMPS MOYEN ENTRE DÉFAILLANCES [LS]
  mean time between failures (MTBF)
TEMPS MOYEN ENTRE DÉMONTAGES [LS]
  mean time between removals (MTBR)
TEMPS MOYEN ENTRE DÉMONTAGES
NON PROGRAMMÉS [LS]
  mean time between unscheduled
  removals (MTUR)
TEMPS PARTIEL, À ~ [GEN]
  part-time
TEMPS PLEIN, À ~ [GEN]
  full-time
TEMPS RÉEL [GEN]
  real-time
TEMPS STANDARDS [LOG]
  time standards
TENDANCE [GEN]
  trend
TENIR À LA DISPOSITION DE [GEN]
  hold at the disposal of (to)
TENUE DE ROUTE [ROUT]
  road holding
TENUE DES STOCKS [LOG]
  stock keeping
TERME, POLICE À ~ [MAR]
  time policy
TERMINAL [AER]
  air terminal
TERMINAL (n.) [INTM]
  terminal
TERMINAL, CHARGEMENT AU ~ [CONT]
  terminal handling loading (THL)
TERMINAL, DÉCHARGEMENT AU ~ [CONT]
  terminal handling discharge (THD)
TERMINAL À CONTENEURS [CONT]
  container terminal
  container yard (CY)
TERMINAL FERROVIAIRE [FER]
  railhead

TERMINAL RADIO EMBARQUÉ [ROUT]
  Radio Data Terminal (RDT)
TERMINER [GEN]
  complete (to)
  end (to)
  terminate (to)
TERMINUS [INTM]
  terminal
  terminus
TERRAIN D'AVIATION [AER]
  airfield
TERRE, À ~ [MAR]
  ashore
TERRE-PLEIN [ROUT]
  center divider strip (US)
  central reservation (Brit.)
TERRESTRE, TRANSPORT ~ [INTM]
  ground transportation (US)
  land carriage
  overland transport
TERTIAIRE, LE ~ [GEN]
  service industry
TEST [GEN]
  test
TEST DE PERFORMANCE [LOG]
  benchmark
TEST, ARBRE DE ~ [LS]
  troubleshooting chart
TEST AUTOMATIQUE, ÉQUIPEMENT DE ~ [LS]
  automatic test equipment (ATE)
TESTABILITÉ [LS]
  testability
TESTER [GEN]
  test (to)
TÊTE AMONT (D'UNE ÉCLUSE) [FLV]
  upper level
TÊTE AVAL (D'UNE ÉCLUSE) [FLV]
  lower level
TÊTE D'ACCOUPLEMENT
(SUR SEMI-REMORQUE) [ROUT]
  electrical connection
TÊTE D'ATTELAGE [FER]
  coupler head
TÊTE DE MÂT [MAR]
  masthead
TEXTILES [GEN]
  textiles

THERMOMÈTRE D'EAU	[ROUT]	**TIRER**	[FER]
temperature indicator		*haul (to)*	
THERMORÉTRACTABLE, FILM ~	[MT]	**TIRER**	[GEN]
shrink-wrap		*pull (to)*	
THERMOSENSIBLE	[INTM]	**TIREUR (ex. D'UNE TRAITE)**	[GEN]
temperature-sensitive		*drawer*	
TIERS (TIERCE PERSONNE)	[GEN]	**TIROIRS, STOCKAGE EN ~**	[LOG]
third-party		*drawer storage*	
TIERS, ASSURANCE AU ~	[ASS]	**TISSUS**	[GEN]
third-party insurance		*fabrics*	
TIMON	[MAR]	**TITRE DE GARANTIE**	[DN]
helm		*guarantee voucher*	
TIMON	[ROUT]	**TITRE DE PROPRIÉTÉ**	[GEN]
drawbar		*document of title*	
TIMON DE MANOEUVRE, CHARIOT À ~	[MT]	**TITRE DE TRANSPORT UNIQUE**	[DN]
platform truck with steering tiller		*single transport document*	
TIMON RELEVABLE	[ROUT]	**TOBOGGAN (ÉVACUATION D'URGENCE)**	[AER]
raisable drawbar		*emergency slide*	
TIMONERIE	[MAR]	**TOBOGGAN**	[MT]
pilothouse		*chute*	
wheelhouse		**TOBOGGAN**	[ROUT]
TINS	[MAR]	*flyover (Brit.)*	
stocks		*overpass (US)*	
TIR, CARNET ~	[ROUT]	**TOILE**	[GEN]
TIR carnet		*canvas*	
TIRANT D'AIR	[GEN]	**TOILE D'EMBALLAGE**	[GEN]
headroom		*burlap*	
TIRANT D'AIR	[MAR]	**TOIT**	[GEN]
air draught		*roof*	
overhead clearance		**TOIT, RÉSISTANCE DU ~**	[CONT]
TIRANT D'EAU	[MAR]	*roof strength*	
draft (US)		**TOIT DE PROTECTION (SUR UN CHARIOT**	
draught (Brit.)		**ÉLÉVATEUR)**	[MT]
TIRANT D'EAU, NAVIRE À FAIBLE ~	[MAR]	*overhead guard*	
shallow-draught ship		**TOIT OUVERT, À ~**	[INTM]
TIRANT D'EAU, NAVIRE À GRAND ~	[MAR]	*open top (OT)*	
deep-draught ship		**TOIT OUVRANT**	[CONT]
TIRANT D'EAU EN CHARGE	[MAR]	*opening roof*	
load draught		**TÔLE COL DE CYGNE**	[CONT]
TIRANT D'EAU EN LÈGE	[MAR]	*gooseneck plate*	
light draught		**TÔLE DE SEUIL**	[CONT]
TIRÉ (ACCEPTEUR D'UNE TRAITE)	[GEN]	*threshold plate*	
drawee		**TÔLE ONDULÉE**	[GEN]
TIRE-CABLE	[MT]	*corrugated iron*	
cable-grip		**TOMBEREAU, WAGON ~**	[FER]
TIRE-FORT	[MT]	*open truck (Brit.)*	
winch			

TONNAGE [MAR]

Transport – logistique
Lexique

TONNAGE [MAR]	
tonnage	
TONNAGE, CERTIFICAT DE ~ [MAR]	
bill of tonnage	
TONNAGE, DROITS DE ~ [MAR]	
tonnage dues	
TONNAGE, PONT DE ~ [MAR]	
tonnage deck	
TONNAGE DE JAUGE [MAR]	
register / registered tonnage	
TONNAGE NET [MAR]	
register / registered tonnage	
TONNAGE RÉEL [MAR]	
deadweight tonnage	
TONNAGE SOUS LE PONT [MAR]	
underdeck tonnage	
TONNE COURTE (907,18 kg.) [GEN]	
net ton	
short ton	
TONNE D'ARRIMAGE [MAR]	
measurement ton	
TONNE D'ENCOMBREMENT [MAR]	
measurement ton	
TONNE DE PONTÉE [MAR]	
ton burden	
TONNE DE PORT EN LOURD (TPL) [MAR]	
deadweight tonne (DWT)	
TONNE ÉQUIVALENT PÉTROLE (TEP) [GEN]	
ton oil equivalent (TOE)	
TONNE KILOMÉTRIQUE [INTM]	
tonne-kilometre	
TONNE LONGUE (1016 kg.) [GEN]	
gross ton	
long ton (l.t.)	
TONNE MÉTRIQUE [GEN]	
metric tonne	
TONNE MILLÉNAIRE [INTM]	
ton-mile	
TONNEAU [GEN]	
barrel	
TONNEAU D'AFFRÈTEMENT [MAR]	
freight ton	
register ton	
shipping ton	
TONNEAU DE FRET [MAR]	
freight ton	

TONNEAU DE JAUGE [MAR]	
freight ton	
gross ton	
TONNEAU DE JAUGE BRUTE (TJB) [MAR]	
Gross Registered Ton (GRT)	
TONNEAU DE JAUGE INTERNATIONALE	
(2,831 m3) [MAR]	
register ton	
TONNEAU DE JAUGE NETTE (TJN) [MAR]	
net tonnage	
TONNEAU DE MER [MAR]	
freight ton	
TONNEAU DE PORTÉE EN LOURD [MAR]	
freight ton	
TONNEAU DE REGISTRE [MAR]	
register ton	
TÔT, AU PLUS ~ [GEN]	
at the earliest	
TOUCHE (ex. D'UN CLAVIER) [GEN]	
key	
TOUCHÉE [AER]	
touch down	
TOUEUR [MAR]	
tug boat	
TOUR (D'UNE GRUE) [MT]	
tower mast	
TOUR DE CONTRÔLE [AER]	
control tower	
TOUR DU MONDE CONTENEUR [MAR]	
round-the-world container service	
TOURET [MT]	
reel	
TOURETS, REMORQUE PORTE ~ [ROUT]	
reel carrier trailer	
TOURNÉE DE LIVRAISON [ROUT]	
delivery round	
TOURNER, FAIRE ~ [GEN]	
rotate (to)	
TOURS MINUTE [INTM]	
revolutions per minute (r.p.m.)	
TOUS RISQUES [ASS]	
against all risks (AAR)	
TOUS RISQUES, ASSURANCE ~ [ASS]	
all-in policy	
all-risks insurance	
all-risks policy	
fully comprehensive insurance	

Transport – logistique
Lexique

TRAIN À TRÈS GRANDE VITESSE (TGV)
[FER]

TOUS RISQUES CHANTIER, POLICE ~ [ASS]
contractor's all risks policy

TOUS USAGES [GEN]
general-purpose (adj.)
multipurpose (adj.)

TOUT COMPRIS [GEN]
inclusive terms
net all in

TOXIQUE [GEN]
poisonous

TRAÇABLE [LOG]
traceable

TRAÇAGE [LOG]
tracing

TRACE, SUIVRE LA ~ [LOG]
trace (to)

TRACER [LOG]
trace (to)

TRACTABLE [INTM]
towable

TRACTAGE, FORCE DE ~ [ROUT]
drawbar pull

TRACTEUR [ROUT]
tractor

TRACTEUR, CHARIOT ~ [MT]
tractor

TRACTEUR À CONDUCTEUR À PIED [MT]
pedestrian-controlled tractor

TRACTEUR À CONDUCTEUR PORTÉ [MT]
rider-controlled tractor

TRACTEUR COURTE DISTANCE [ROUT]
local tractor (US)
short haul tractor (US)

TRACTEUR D'AVIONS [AER]
tow tug

TRACTEUR DE LIGNE [ROUT]
line-haul tractor (US)

TRACTEUR DE MANOEUVRE [MT]
shunter
yard mule

TRACTEUR DE MANOEUVRE [MT]
yard tractor

TRACTEUR DE PISTE [AER]
tow tractor

TRACTEUR DROMADAIRE [ROUT]
dromedary tractor

TRACTEUR GRAND ROUTIER [ROUT]
long distance tractor (US)

TRACTEUR HAUT LE PIED (CIRCULANT SANS SEMI-REMORQUE) [ROUT]
bobtail

TRACTEUR PORTUAIRE [MT]
dock-side tractor
yard tractor

TRACTEUR POUR TRANSPORT LOURD [ROUT]
float tractor

TRACTION [GEN]
traction

TRACTION [ROUT]
front-wheel drive

TRAFIC [INTM]
traffic

TRAFIC, AIRE DE ~ [AER]
apron

TRAFIC, DROITS DE ~ [AER]
traffic rights

TRAFIC, POSTE DE ~ [AER]
aircraft gate

TRAFIC AÉRIEN [AER]
air traffic

**TRAFIC DE PASSAGE
(ex. DANS UNE VILLE)** [ROUT]
through traffic

TRAFIC DE VOYAGEURS [INTM]
passenger traffic

TRAFIC INTERNE [INTM]
interior traffic
internal traffic

TRAFIC TIERS [MAR]
cross-trade

TRAIN [INTM]
train

TRAIN, COMPOSER UN ~ [FER]
make up a train (to)

TRAIN, DÉFAIRE UN ~ [FER]
break up a train (to)

TRAIN, RENTRER LE ~ [AER]
retract the landing gear (to)

TRAIN, SORTIR LE ~ [AER]
lower the landing gear (to)

TRAIN AVANT [AER]
nose landing gear
nosewheel

TRAIN À TRÈS GRANDE VITESSE (TGV) [FER]
very high speed train

TRAIN AVEC RECETTE EMBARQUÉE
[FER]

TRAIN AVEC RECETTE EMBARQUÉE [FER]
pay train

TRAIN-BLOC [FER]
block train

TRAIN-BLOC [FER]
freightliner

TRAIN BLOC PORTE-CONTENEURS [INTM]
block train
freightliner

TRAIN COMPLET [FER]
trainload

TRAIN D'ATTERRISSAGE [AER]
landing gear
undercarriage

TRAIN DE BANLIEUE [FER]
commuter train

TRAIN DE GRANDE LIGNE (MARCHANDISES) [FER]
long-haul train

TRAIN DE MARCHANDISES [FER]
goods train

TRAIN DE NUIT [FER]
overnight train

TRAIN DE PÉNICHES [FLV]
string of barges

TRAIN DE ROULEMENT [ROUT]
bogie
running gear

TRAIN DIRECT [FER]
non-stop train

TRAIN DOUBLE [ROUT]
double road train
doubles

TRAIN INTER-CITY À MOTRICITÉ DIESEL [FER]
Inter-City 125 (Brit.)

TRAIN INTER-CITY À MOTRICITÉ ÉLECTRIQUE [FER]
Inter-City 225 (Brit.)

TRAIN OMNIBUS [FER]
stopping train

TRAIN PENDULAIRE [FER]
pendular train

TRAIN PORTEUR (À SELLETTE) [ROUT]
dolly

TRAIN PRINCIPAL [AER]
main wheels

TRAIN RAPIDE [FER]
express train
High Speed Train (Brit.) (HST)

TRAIN ROULANT (ESSIEUX, FUSÉES, ROUES ET PNEUS) [ROUT]
running gear

TRAIN ROULANT COULISSANT [ROUT]
sliding bogie

TRAIN ROUTIER [ROUT]
road train

TRAIN SAUVAGE [FER]
spot train

TRAIN SPONTANÉ [FER]
spot train

TRAITE À VUE [GEN]
sight draft

TRAITE BANCAIRE [GEN]
bank draft

TRAITE DOCUMENTAIRE [GEN]
documentary bill
documentary draft

TRAITÉ NON PROPORTIONNEL [MAR]
non proportional treaty

TRAITEMENT DE COMMANDES [LOG]
order processing

TRAITEMENT DE TEXTE [GEN]
word processing

TRAITEMENT PAR LOTS [MT]
batch handling

TRAITER [GEN]
process (to)

TRAITER (ex. DES PASSAGERS...) [INTM]
handle (to)

TRAJECTOIRE DE VOL [AER]
flight path

TRAJET (DISTANCE PARCOURUE) [INTM]
ride (n.)

TRAJET [INTM]
run

TRAJET RÉGULIER DOMICILE-TRAVAIL, FAIRE UN ~ [INTM]
commute (to)

TRAMPING, NAVIRE DE ~ [MAR]
tramp ship

TRAMWAY, VOIE DE ~ [FER]
tramway

TRAMWAY / TRAM	[FER]	**TRANSITAIRE**	[INTM]
streetcar (US)		forwarding agent	
tram		freight forwarder	
tramcar (Brit.)		**TRANSITAIRE, LTA ~**	[AER]
TRANCHÉE	[FER]	house air waybill (HAWB)	
cutting		**TRANSITAIRE AÉRIEN**	[AER]
TRANS-MANCHE	[INTM]	airfreight forwarder	
cross-Channel		**TRANSITICIENS ET ENSEMBLIERS**	[LOG]
TRANSBORDEMENT	[INTM]	installers	
transhipment		**TRANSITIQUE**	[MT]
transhipping		automated handling	
TRANSBORDER	[INTM]	**TRANSLATEUR BUTINEUR**	[MT]
ferry (to)		retriever crane	
transfer (to)		stacker crane	
tranship (to)		stacker-retriever	
TRANSBORDEUR	[AER]	**TRANSLATION, GALET DE ~**	[MT]
passenger transfer vehicle		live roller	
TRANSBORDEUR	[INTM]	**TRANSMISSION**	[GEN]
car ferry		transmission	
ferry-boat		**TRANSMISSION, ARBRE DE ~**	[INTM]
train ferry		shaft	
TRANSBORDEUR, AVION ~	[AER]	**TRANSMISSION DE DONNÉES**	[LOG]
air ferry		data transfer	
TRANSBORDEUR, CHARIOT ~	[MT]	**TRANSPALETTE**	[MT]
transfer truck		pallet truck	
TRANSBORDEUR DE WAGONS	[MT]	**TRANSPALETTE À MAIN**	[MT]
wagon tipper		manual pallet truck	
TRANSCASIER	[LOG]	**TRANSPALETTE AUTOMOTRICE**	[MT]
gravity flow rack		power-driven pallet truck	
TRANSCASIER, STOCKAGE ~	[LOG]	**TRANSPONDEUR**	[AER]
gravity storage		transponder	
TRANSFERT	[GEN]	**TRANSPORT**	[INTM]
transfer		bringing	
TRANSFERT, CHARIOT DE ~	[MT]	carriage	
transfer dolly		carrying	
TRANSFERT DE TECHNOLOGIE	[LS]	conveyance	
technology transfer (TT)		conveying	
TRANSFORMER (ex. DES PRODUITS)	[GEN]	freightage	
process (to)		moving	
TRANSIGER	[GEN]	transit (US)	
compound (to)		transport	
TRANSIT, EN ~	[DN]	transportation (US)	
in transit		**TRANSPORT**	[ROUT]
TRANSIT, SERVICE ~	[INTM]	cartage (Brit.)	
forwarding department		haulage (Brit.)	
TRANSIT INTERNATIONAL ROUTIER (TIR)	[ROUT]	**TRANSPORT, DOCUMENTS DE ~**	[INTM]
TIR		transportation documents	
		TRANSPORT, MOYEN DE ~	[INTM]
		means of transportation	

TRANSPORT AÉRIEN [AER]

TRANSPORT AÉRIEN [AER]
 air transport
TRANSPORT BIMODAL [INTM]
 bimodal transport
TRANSPORT COMBINÉ [INTM]
 combined transport (CT)
**TRANSPORT COMBINÉ,
ENTREPRENEUR DE ~ (ETC)** [INTM]
 combined transport operator (CTO)
TRANSPORT D'APPROCHE [INTM]
 approach transport
TRANSPORT DE BOUT EN BOUT [INTM]
 through carriage
**TRANSPORT DE MARCHANDISES
DE BOUT EN BOUT** [FER]
 line-haul (US)
TRANSPORT DE SURFACE [INTM]
 surface transport
**TRANSPORT DE VÊTEMENTS
SUR CINTRES** [INTM]
 hanging garment transport
TRANSPORT EXCEPTIONNEL [ROUT]
 exceptional transport
TRANSPORT FERROVIAIRE [FER]
 rail / railway transport
 railroad transport (US)
TRANSPORT FLUVIAL [FLV]
 inland waterway transport
**TRANSPORT FLUVIAL, CONNAISSEMENT
DE ~** [FLV]
 barge bill of lading
TRANSPORT INTÉGRÉ [INTM]
 integrated transport
TRANSPORT INTÉRIEUR [INTM]
 domestic traffic
 inland carriage
 inland traffic
 inland transport
TRANSPORT INTERMODAL [INTM]
 intermodal transport
**TRANSPORT INTERMODAL,
UNITÉ DE ~** [INTM]
 Intermodal Transport Unit (ITU)
TRANSPORT KANGOUROU [INTM]
 piggy-back (US)
 rail-road transport (Brit.)

TRANSPORT MARITIME [MAR]
 maritime transport
 sea transport
 shipping
**TRANSPORT MARITIME
À LA DEMANDE** [MAR]
 tramping
**TRANSPORT MULTIMODAL, OPÉRATEUR
DE ~ (O.T.M.)** [INTM]
 Multimodal Transport Operator (M.T.O)
TRANSPORT PAR CONDUITE [GEN]
 carriage by pipeline
TRANSPORT PAR VOIE D'EAU [FLV]
 inland navigation
 inland waterway transport
**TRANSPORT PRIVÉ (POUR COMPTE
D'AUTRUI)** [ROUT]
 public haulage
**TRANSPORT PUBLIC, ENTREPRISE
DE ~** [ROUT]
 common carrier
TRANSPORT ROUTIER [ROUT]
 road transport
TRANSPORT SUPERSONIQUE (TSS) [AER]
 supersonic transport (SST)
TRANSPORT TERRESTRE [INTM]
 ground transportation (US)
 land carriage
 overland transport
**TRANSPORT TERRESTRE EFFECTUÉ
PAR LE CHARGEUR (ET NON PAR
LE TRANSPORTEUR MARITIME)** [INTM]
 merchant haulage
**TRANSPORT TERRESTRE EFFECTUÉ
PAR LE TRANSPORTEUR MARITIME** [INTM]
 carrier haulage
TRANSPORTS URBAINS [INTM]
 urban mass transit (US)
TRANSPORTER [AER]
 fly (to)
TRANSPORTER [INTM]
 carry (to)
 convey (to)
 drive (passengers) (to)
 move (to)
 ship (to)
 transport (to)
TRANSPORTEUR [INTM]
 carrier

Transport – logistique
Lexique

TRAVERSE SUPÉRIEURE AVANT [CONT]

TRANSPORTEUR [ROUT]
carter
haulier
trucker (US)

TRANSPORTEUR À BANDE [MT]
belt conveyor
conveyor belt

TRANSPORTEUR À CHAÎNE [MT]
chain conveyor

TRANSPORTEUR À COURROIE [MT]
belt conveyor
conveyor belt

**TRANSPORTEUR À COURROIE,
MOBILE (SAUTERELLE)** [MT]
portable belt conveyor (grasshopper)

TRANSPORTEUR À ROUES [MT]
wheel conveyor

TRANSPORTEUR À ROULEAUX [MT]
roller conveyor

**TRANSPORTEUR À ROULEAUX
PAR GRAVITÉ** [MT]
gravity roller conveyor

TRANSPORTEUR AÉRIEN [AER]
air carrier

**TRANSPORTEUR DE PRODUITS
" NOIRS "** [MAR]
dirty ship

**TRANSPORTEUR POUR COMPTE
D'AUTRUI** [ROUT]
common carrier

**TRANSPORTEUR POUR COMPTE
PROPRE** [ROUT]
private carrier

TRANSPORTS EN COMMUN [INTM]
public transport

TRANSTOCKEUR [MT]
retriever crane
stacker crane
stacker-retriever (S/R)
storage and retrieval machine (S/R)

TRAPPE [GEN]
hatch
trap

TRAPPE DE CHARGEMENT [INTM]
loading hatch

TRAQUAGE [LOG]
tracking

TRAVAIL, POSTE DE ~ [GEN]
station
work station

TRAVAIL D'ÉQUIPE [GEN]
teamwork

TRAVAIL DE BUREAU [GEN]
clerical work

TRAVAIL EN COURS [GEN]
work in hand

TRAVAIL EN RETARD [GEN]
backlog

TRAVAIL POSTÉ [GEN]
shift work

TRAVAILLER [GEN]
work (to)

TRAVAUX (SUR LA VOIE PUBLIQUE) [ROUT]
road works

TRAVÉE [GEN]
row

TRAVÉE (DANS UN ENTREPÔT) [LOG]
aisle
bay

TRAVERSE [CONT]
beam
cross member

TRAVERSE [FER]
cross-tie (US)
sleeper (Brit.)
tie (US)

TRAVERSE [ROUT]
frame cross member

TRAVERSE, AXE DE ~ [CONT]
rail axis

TRAVERSE ARRIÈRE [CONT]
bottom rear cross member

TRAVERSE DE PLANCHER [CONT]
bottom cross member

TRAVERSE D'EXTRÉMITÉ SUPÉRIEURE [CONT]
cross rail

TRAVERSE INFÉRIEURE [CONT]
sill

TRAVERSE INFÉRIEURE ARRIÈRE [CONT]
rear sill

TRAVERSE INFÉRIEURE AVANT [CONT]
bottom front cross member
front sill

TRAVERSE INFÉRIEURE D'EXTRÉMITÉ [CONT]
bottom end member

TRAVERSE SUPÉRIEURE AVANT [CONT]
front header

© Éditions d'Organisation

TRAVERSÉE [GEN]

Transport – logistique
Lexique

TRAVERSÉE [GEN]	
crossing	
TRAVERSER [GEN]	
cross (to)	
TRÉMIE, WAGON À ~ [FER]	
hopper wagon	
TREUIL [MT]	
winch	
TREUIL À BRAS DE HALAGE [MT]	
hand-operated pulling winch	
TREUIL À BRAS DE LEVAGE [MT]	
hand-operated lifting winch	
TREUIL D'ÉCHAFAUDAGE [MT]	
scaffolding winch	
TRI [GEN]	
sortation	
sorting	
TRI, BUREAU DE ~ [GEN]	
sorting office	
TRI-MOTEUR (AVION) [AER]	
three-engined aircraft	
TRIAGE [GEN]	
sorting	
TRIAGE, CHEF DE ~ [FER]	
yardmaster (US)	
TRIAGE, GARE DE ~ [FER]	
classification yard (US)	
marshalling yard (Brit.)	
switching yard (US)	
TRIBORD [INTM]	
starboard	
TRIBUNAL DE COMMERCE [GEN]	
commercial court	
TRICORPS [ROUT]	
notchback	
TRIDIRECTIONNEL, CHARIOT ~ [MT]	
fork lift truck with swivelling mast	
turret truck	
TRIER (ex. LE COURRIER) [GEN]	
sort (to)	
TRIER (ex. DES WAGONS, DES CONTENEURS...) [INTM]	
marshal (to)	
TRIMESTRE [GEN]	
quarter	
TRIMESTRIEL [GEN]	
quarterly	

TRINGLE DE COMMANDE (SUR UN AIGUILLAGE) [FER]	
pull rod	
TRINQUEBALLE [LOG]	
timber-coat	
TRIPLE EXEMPLAIRE, EN ~ [GEN]	
in triplicate	
TROIS-HUIT, LES ~ [GEN]	
three shift system	
TRONÇON [FER]	
segment	
TRONÇON (ex. DE ROUTE) [INTM]	
stretch	
TROP, EN ~ [GEN]	
in excess	
TROTTOIR [ROUT]	
pavement (Brit.)	
sidewalk (US)	
TROTTOIR, BORDURE DE ~ [ROUT]	
curb (US)	
kerb (Brit.)	
TROTTOIR MÉCANIQUE [GEN]	
travelator	
TROU [GEN]	
hole	
TROU D'AIR [AER]	
air pocket	
TROU DE SONDE (CONTENEUR CITERNE) [CONT]	
dipping hole	
TROU D'HOMME [GEN]	
manhole	
TUBE, BRIDE DE ~ [CONT]	
locking bar guide	
TUNNEL SOUS LA MANCHE [INTM]	
Channel Tunnel	
Chunnel	
TURBINE [INTM]	
turbine	
TURBO-COMPRESSEUR [INTM]	
turbo-charger	
TURBO-COMPRESSEUR, MOTEUR À ~ [ROUT]	
turbo-charged engine	
TURBOPROPULSEUR [AER]	
turboprop	
TURBORÉACTEUR (À DOUBLE FLUX) [AER]	
turbofan	

Transport – logistique
Lexique

TURBORÉACTEUR (À SIMPLE FLUX) [AER]
turbojet
TURBULENCE [AER]
turbulence
TUYAU D'ÉCHAPPEMENT [ROUT]
exhaust-pipe

TUYÈRE [AER]
nozzle
TYPE [GEN]
type

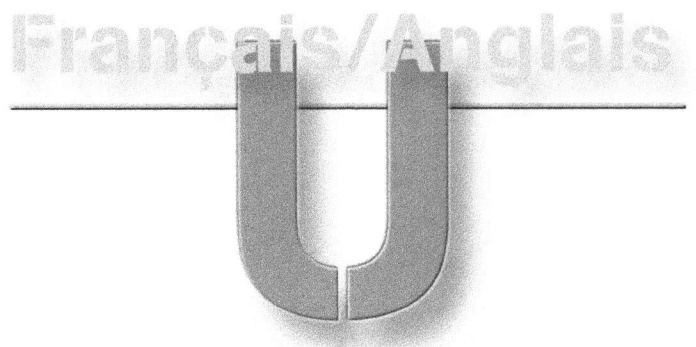

ULTRA MODERNE	[GEN]	**URBAIN**	[GEN]
state-of-the-art		*urban*	
UNION DOUANIÈRE (UD)	[DN]	**URGENCE**	[GEN]
customs union		*emergency*	
UNION EUROPÉENNE (UE)	[GEN]	**USAGER**	[INTM]
European Union (EU)		*user*	
UNION INTERNATIONALE		**USER**	[GEN]
D'ASSURANCE TRANSPORT	[MAR]	*wear out (to)*	
International Union		**USINE**	[GEN]
of Marine Insurance (IUMI)		*factory*	
UNITAIRE, CHARGE ~	[INTM]	*plant*	
unit load		*works*	
UNITÉ CENTRALE (ORDINATEUR)	[GEN]	**USINE, ESSAI EN ~**	[LS]
central processing unit (CPU)		*bench test*	
UNITÉ DE CHARGEMENT	[AER]	**USURE**	[GEN]
unit load device (ULD)		*wear*	
UNITÉ DE CHARGE	[INTM]	**USURE NORMALE**	[GEN]
unit load		*fair wear and tear*	
UNITÉ DE TRANSPORT INTERMODAL		**UTILISATION**	[GEN]
(UTI)	[INTM]	*utilization*	
Intermodal Transport Unit		**UTILISATION INTENSIVE, À ~**	[GEN]
UNITÉ MONÉTAIRE EUROPÉENNE	[GEN]	*heavy duty (adj.)*	
European Currency Unit (ECU)		**UTILISER**	[GEN]
UNITISER	[INTM]	*use (to)*	
unitize (to)		*utilize (to)*	

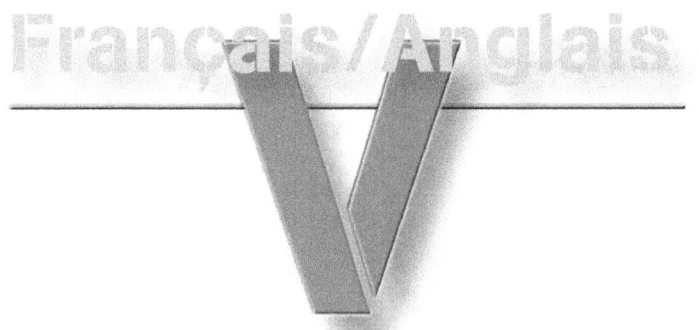

VACCINATION		[GEN]
inoculation		
vaccination		
VAGABONDE, NAVIGATION ~		[MAR]
tramping		
VAIGRAGE, LATTES DE ~		[CONT]
battens		
VALABLE (ex. UN DOCUMENT)		[GEN]
valid		
VALEUR		[GEN]
value		
VALEUR, MARCHANDISES DE ~		[GEN]
valuables		
VALEUR À L'ÉTAT AVARIÉ		[ASS]
damage value		
VALEUR AJOUTÉE		[GEN]
added value		
VALEUR COMMERCIALE, SANS ~ (SVC)		[DN]
no commercial value (NCV)		
VALEUR DE RÉCUPÉRATION		[GEN]
break-up value		
salvage value		
VALEUR DÉCLARÉE		[DN]
declared value		
VALEUR DÉCLARÉE, SANS ~		[DN]
no value declared (NVD)		
VALEUR EN DOUANE		[DN]
customs value		
dutiable value		
VALEUR RÉELLE		[DN]
actual value		
VALEUR RÉSIDUELLE		[GEN]
salvage value		
VALEUR VÉNALE		[GEN]
current value		
VALIDATION		[GEN]
validation		
VALIDE (ex. PIÈCE D'IDENTITÉ)		[GEN]
valid		
VALISE		[GEN]
suitcase		
VANNE		[FLV]
sluice		
VANNE D'ÉCLUSE		[FLV]
sluice gate		
VANNE DE VIDANGE (SUR CONTENEUR CITERNE)		[CONT]
slippered outlet		
VANNELLE (D'UNE PORTE D'ÉCLUSE)		[FLV]
paddle (of a lock-gate)		
VANTAIL (PORTE D'ÉCLUSE)		[FLV]
leaf (plur. leaves)		
VAPEUR		[GEN]
steam		
VAPEUR, NAVIRE À ~		[MAR]
steam ship (SS)		
VAPEURS TOXIQUES		[GEN]
fumes		

VARANGUE	[MAR]	**VENT CONTRAIRE**	[INTM]
floor		*headwind*	
VARIATION SAISONNIÈRE	[GEN]	**VENT DEBOUT**	[MAR]
seasonal variation		*headwind*	
VARIATIONS SAISONNIÈRES,		**VENT TRAVERSIER**	[INTM]
COMPTE TENU DES ~	[GEN]	*crosswind*	
adjusted for seasonal variations		**VENTE**	[GEN]
VEDETTE (GARDE-CÔTES)	[DN]	*sale*	
customs cutter		**VENTE, POINT DE ~**	[GEN]
revenue cutter		*outlet*	
VEDETTE	[MAR]	**VENTE AU DÉTAIL**	[GEN]
launch		*retail*	
VÉHICULE	[GEN]	**VENTE EN GROS**	[GEN]
vehicle		*wholesale*	
VÉHICULE À CHENILLES	[ROUT]	**VENTILATEUR**	[GEN]
tracked vehicle		*fan*	
VÉHICULE AU SOL	[AER]	**VENTILATION (ex. DES VENTES)**	[GEN]
ground vehicle		*breakdown*	
VÉHICULE AUTOMATIQUE LÉGER (VAL)	[FER]	**VENTILATION FORCÉE**	[GEN]
lightweight automatic vehicle		*forced ventilation*	
VÉHICULE ÉLECTRIQUE	[INTM]	**VENTOUSE (DE LEVAGE)**	[MT]
battery-powered vehicle		*vacuum lifting unit*	
electric-powered vehicle		**VENTRAL, RÉSERVOIR ~**	[AER]
VÉHICULE POMPIERS	[AER]	*belly tank*	
aircraft rescue and fire-fighting vehicle (ARFF)		**VENTS ALIZÉS**	[MAR]
		trade winds	
VÉHICULES À MOTEUR, ASSURANCE ~	[ASS]	**VERGLAS**	[ROUT]
motor vehicle insurance		*black-ice*	
VÉHICULES INDUSTRIELS, LOCATION DE ~	[ROUT]	**VÉRIFICATION**	[GEN]
truck rental		*check*	
VÉNALE, VALEUR ~	[GEN]	**VÉRIFICATION, GABARIT DE ~**	[GEN]
current value		*checking template*	
VENDEUR	[GEN]	**VÉRIFICATION PÉRIODIQUE**	[GEN]
vender / vendor		*routine inspection*	
VENIR À ÉCHÉANCE	[GEN]	**VÉRIFIER**	[GEN]
fall due (to)		*check (to)*	
VENIR À EXPIRATION	[ASS]	**VÉRIFIER PAR ÉPREUVES**	[DN]
expire (to)		*make checks on a selective basis (to)*	
lapse (to)		**VÉRIN**	[MT]
VENIR À POSTE	[MAR]	*jack*	
berth (to)		**VERRE SÉCURITÉ**	[ROUT]
VENIR À QUAI	[MAR]	*splinterproof glass*	
berth (to)		**VERROU**	[GEN]
come alongside (to)		*bolt*	
dock (to)		**VERROU D'AIGUILLE**	[FER]
VENT ARRIÈRE	[INTM]	*point lock*	
tailwind			

Transport – logistique
Lexique

VERROU PIVOTANT	[INTM]	**VIDE (MAINTENU POUR PERMETTRE**	
swivelling bolt		**L'EXPANSION DU LIQUIDE**	
VERROU RABATTABLE	[CONT]	**TRANSPORTÉ)**	[INTM]
folding lock		*ullage*	
VERROU TOURNANT (S'ADAPTANT		**VIDE, EMBALLER SOUS ~**	[LOG]
AUX COINS DE CONTENEURS)	[CONT]	*vacuum pack (to)*	
twist lock		**VIDE, VOYAGE À ~**	[INTM]
VERROUILLAGE	[GEN]	*empty running*	
fastening		**VIDER (ex. UNE CUVE)**	[GEN]
VERROUILLAGE, DISPOSITIF DE ~	[GEN]	*drain (to)*	
locking device		**VIDER**	[GEN]
VERROUILLER	[GEN]	*empty (to)*	
lock (to)		*void (to)*	
VERSION ALLONGÉE (D'UN APPAREIL)	[AER]	**VIDEUR, BASCULEUR ~**	[MT]
stretched jet		*tipper*	
VERTICAL	[GEN]	**VIEILLISSANT**	[GEN]
upright		*ageing*	
VÊTEMENTS, PORTANT DE ~	[GEN]	**VIEILLISSEMENT**	[GEN]
clothes rack		*ageing*	
VÉTÉRINAIRE (n.)	[GEN]	**VIGIE**	[AER]
vet		*control tower cab*	
veterinary surgeon		**VIGIE**	[MAR]
VÉTÉRINAIRE, SERVICE ~	[INTM]	*danger buoy*	
veterinary service		**VIGUEUR, EN ~**	[GEN]
VICE CACHÉ	[ASS]	*in force*	
hidden defect		**VIGUEUR, ENTRER EN ~**	[GEN]
VICE INHÉRENT	[ASS]	*come into effect (to)*	
inherent vice		*come into force (to)*	
VICE PROPRE (DES MARCHANDISES)	[ASS]	**VIGUEUR, EN ~**	[GEN]
inherent vice		*effective*	
VIDANGE (MOTEUR)	[INTM]	**VIOLATION (ex. D'UNE LOI,**	
oil change		**D'UN CONTRAT)**	[GEN]
VIDANGE, DISPOSITIF DE ~	[INTM]	*infringement*	
emptying device		**VIRAGE**	[INTM]
VIDANGE, HUILE DE ~	[INTM]	*bend*	
waste oil		*curve*	
VIDANGE, VANNE DE ~		*turn (US)*	
(SUR CONTENEUR CITERNE)	[CONT]	**VIS**	[GEN]
slippered outlet		*screw*	
VIDANGER (ex. UNE CUVE)	[GEN]	**VIS PLATINÉE**	[ROUT]
drain (to)		*contact point*	
VIDANGER EN VOL	[AER]	**VISA DE LA DOUANE**	[DN]
dump fuel (to)		*customs endorsement*	
jettison (to)		*customs stamp*	
VIDE	[GEN]	**VISER**	[DN]
void		*stamp (to)*	
		VISIBILITÉ	[GEN]
		visibility	

V

VISIBILITÉ, MAUVAISE ~ [GEN]

VISIBILITÉ, MAUVAISE ~ [GEN]
low visibility
VISITE, ÉCHELLE DE ~ [AER]
servicing steps
VISITE DES AÉRONEFS [DN]
rummaging of aircraft
VISITE DES BAGAGES [DN]
examination of baggage (US)
VISITER [DN]
inspect (to)
VISITER (UN NAVIRE, UN AVION) [DN]
rummage (to)
VISSER [GEN]
screw (to)
VISUALISATION, CONSOLE DE ~ [GEN]
visual display unit (VDU)
VITESSE [GEN]
speed
VITESSE, CHANGEMENT DE ~ [ROUT]
gearshift
VITESSE, CHANGER DE ~ [ROUT]
change gear (to)
VITESSE, COMPTEUR DE ~ [INTM]
speedometer
VITESSE, EXCÈS DE ~ [ROUT]
speeding
VITESSE, LEVIER DE ~ [ROUT]
gear lever
VITESSE, LIMITATION DE ~ [INTM]
speed limit
VITESSE, PASSER UNE ~ [ROUT]
engage a gear (to)
put into a gear (to)
VITESSE, PRENDRE DE LA ~ [INTM]
gather speed (to)
VITESSE DE CROISIÈRE [INTM]
cruising speed
VITESSE PAR RAPPORT AU SOL [AER]
ground speed
VITESSE RELATIVE [AER]
airspeed
VITESSES, BOÎTE DE ~ [ROUT]
gear box
VIVES-EAUX, MARÉE DE ~ [MAR]
spring tide
VIVRES [GEN]
provisions

VOIE [FER]
track
VOIE (DISTANCE ENTRE LES ROUES D'UN MÊME ESSIEU) [ROUT]
track
VOIE (SUR ROUTE, AUTOROUTE) [ROUT]
lane
VOIE, À DOUBLE ~ [FER]
double track
VOIE D'ÉVITEMENT [FER]
siding
VOIE DE CIRCULATION, FERMETURE DE ~ [ROUT]
lane closure
VOIE DE CROISEMENT [FER]
crossover
VOIE DE GARAGE [FER]
siding
stabling track
VOIE DE NAVIGATION [MAR]
sea lane
shipping lane
VOIE DE TRAMWAY [FER]
tramway
VOIE D'EAU (ex. FLEUVE, CANAL) [FLV]
inland waterway
VOIE D'EAU (SUR UN NAVIRE) [MAR]
leak
VOIE D'EAU, TRANSPORT PAR ~ [FLV]
inland navigation
inland waterway transport
VOIE DES QUAIS [FER]
dock siding
VOIE EXPRESS [ROUT]
clearway (Brit.)
expressway (Brit.)
throughway (US)
thruway (US)
VOIE FERRÉE [FER]
permanent way
VOIE NORMALE [FER]
standard gauge
VOIE PORTUAIRE [FER]
dock line
VOIE PUBLIQUE [ROUT]
thoroughfare
VOIE RAPIDE [ROUT]
expressway (Brit.)
speedway (US)

Transport – logistique Lexique		VOL INTÉRIEUR [AER]	

VOIE SANS ISSUE	[ROUT]	**VOL, RETARDER UN ~**	[AER]
cul-de-sac		*hold a flight (to)*	
dead-end		**VOL, SERVICE EN ~**	[AER]
no through road		*in-flight service*	
VOIE UNIQUE, À ~	[FER]	**VOL, SIMULATEUR DE ~**	[AER]
single track		*flight simulator*	
VOIES AÉRIENNES	[AER]	**VOL, TRAJECTOIRE DE ~**	[AER]
airways		*flight path*	
VOILE	[MAR]	**VOL À LA DEMANDE**	[AER]
sail		*non-scheduled flight*	
VOITURE	[FER]	**VOL À VUE**	[AER]
car (US)		*Visual Flight Rules (VFR)*	
carriage		**VOL AFFRÉTÉ**	[AER]
coach (Brit.)		*charter flight*	
VOITURE	[ROUT]	*non-scheduled flight*	
car		**VOL AUX INSTRUMENTS**	[AER]
VOITURE À BOGIE	[FER]	*Instrument Flight Rules (IFR)*	
bogie-carriage		**VOL COMPLET**	[AER]
VOITURE À DEUX ÉTAGES	[FER]	*booked-up flight*	
gallery car (US)		**VOL CONTINENTAL**	[AER]
VOITURE DE LOCATION	[ROUT]	*overland flight*	
hire car		**VOL COURT-COURRIER**	[AER]
rental car		*short-haul flight*	
VOITURE DE SOCIÉTÉ	[GEN]	**VOL D'APPORT**	[AER]
company car		*feeder flight*	
VOITURE PANORAMIQUE	[FER]	**VOL DE MISE EN PLACE**	[AER]
scenic car (US)		*deadhead flight*	
VOITURE PARTICULIÈRE	[ROUT]	**VOL DE RÉCEPTION**	[AER]
private car		*acceptance flight*	
VOITURIER	[INTM]	**VOL DE REMPLACEMENT**	[AER]
inland transit operator (US)		*alternate flight*	
VOL	[AER]	**VOL D'ENTRAÎNEMENT**	[AER]
flight		*training flight*	
VOL (ex. DANS UN LOCAL)	[GEN]	**VOL D'ESSAI**	[AER]
burglary		*test flight*	
VOL (ex. D'UN OBJET)	[GEN]	**VOL DIRECT**	[AER]
theft		*direct flight*	
VOL AFFRÉTÉ POUR UN SEUL		*non-stop flight*	
GROUPE OU ASSOCIATION	[AER]	*through flight*	
affinity charter		**VOL EN CORRESPONDANCE**	[AER]
VOL, ASSURANCE ~	[ASS]	*connecting flight*	
burglary insurance		*onward flight*	
theft insurance		**VOL INAUGURAL**	[AER]
VOL, PLAN DE ~	[AER]	*inaugural flight*	
flight plan		*maiden flight*	
VOL, RECALER UN ~	[AER]	**VOL INTÉRIEUR**	[AER]
reschedule (to)		*domestic flight*	

© Éditions d'Organisation

V — VOL LONG-COURRIER [AER] — Transport – logistique — Lexique

VOL LONG-COURRIER	[AER]	**VOLUME INTÉRIEUR**	[GEN]
long-haul flight		*interior capacity*	
VOL MOYEN-COURRIER	[AER]	**VOLUME INTÉRIEUR DISPONIBLE**	[INTM]
medium-haul flight		*unobstructed capacity*	
VOL, PILLAGE, DISPARITION	[ASS]	**VOLUMINEUX**	[GEN]
theft, pilferage, non delivery (TPND)		*bulky*	
VOL PLURI-ESCALES	[AER]	**VOYAGE**	[GEN]
multi-stage flight		*journey*	
VOL RECALÉ	[AER]	*trip*	
rescheduled flight		*voyage*	
VOL RÉGIONAL	[AER]	**VOYAGE, POLICE AU ~**	[MAR]
local flight		*voyage policy*	
VOL RÉGULIER	[AER]	**VOYAGE À FORFAIT**	[INTM]
scheduled flight		*package*	
VOL SANS ESCALE	[AER]	**VOYAGE À PRIX FORFAITAIRE**	[INTM]
non-stop flight		*package tour*	
through flight		**VOYAGE À VIDE**	[INTM]
VOL TOUT CARGO	[AER]	*empty run*	
all-cargo flight		**VOYAGE DE RETOUR**	[INTM]
VOLANT (D'UNE POUTRE)	[GEN]	*return journey*	
span		*return trip*	
VOLANT	[ROUT]	**VOYAGE EN CAR**	[ROUT]
steering wheel		*coach tour*	
VOLANT DE FREIN À MAIN	[FER]	**VOYAGER**	[INTM]
hand brake wheel		*travel (to)*	
VOLER	[AER]	**VOYAGEUR**	[INTM]
fly (to)		*passenger*	
VOLER À VITESSE DE CROISIÈRE	[AER]	*traveler (US)*	
cruise (to)		*traveller (Brit.)*	
VOLET	[AER]	**VOYAGISTE**	[GEN]
flap		*tour-operator*	
VOLET D'ATTERRISSAGE	[AER]	**VRAC (n.)**	[INTM]
landing flap		*bulk*	
VOLET D'AIR (ex. SUR REMORQUE FRIGORIFIQUE)	[ROUT]	**VRAC, ARTICLES EN ~**	[MT]
door vent		*loose articles*	
VOLET DE BORD DE FUITE	[AER]	**VRAC LIQUIDE**	[INTM]
trailing edge flap		*liquid bulk*	
VOLS, AGENT DES ~	[AER]	**VRAC SEC**	[INTM]
flight dispatcher		*dry bulk*	
VOLS, RÉGULATION DES ~	[AER]	**VRAQUIER**	[MAR]
flight dispatch		*bulk carrier*	
VOLUME	[GEN]	**VRAQUIER POLYVALENT**	[MAR]
capacity		*Universal Bulk Ship (UBS)*	
cubic capacity		**VUE D'ENSEMBLE**	[GEN]
volume		*overview*	
VOLUME D'ENCOMBREMENT	[CONT]		
displacement			

WAGON [FER]
car (US)
truck
van
wagon / waggon

WAGON À BASCULE [FER]
dump wagon
dumping car (US)
dumping truck (Brit.)
tip truck

WAGON À BOGIE [FER]
bogie wagon

WAGON À CULBUTAGE AUTOMATIQUE [FER]
self-dumping wagon
self-tipping car (US)

WAGON À CULBUTAGE LATÉRAL [FER]
side-dump car (US)
side-dump wagon
side-tipping truck

WAGON À DÉCHARGEMENT PAR BOUT [FER]
end-tipping wagon

WAGON À DOUBLE BASCULE [FER]
double side-tipping car (US)
double-side tipping wagon

WAGON À ESSIEUX [FER]
non-bogie wagon
two-axle wagon

WAGON À FOND MOBILE [FER]
bottom-dump car (US)
bottom-dump wagon
drop-bottom wagon

WAGON À MINERAI [FER]
ore wagon

WAGON À PLATE-FORME [FER]
flat car (US)

WAGON À QUATRE ESSIEUX [FER]
bogie wagon

WAGON À RESSORTS [FER]
spring wagon

WAGON À TRÉMIE [FER]
hopper wagon

WAGON-BAR [FER]
buffet car

WAGON-CARGO [FER]
high capacity wagon

WAGON-CITERNE [FER]
tanker wagon

WAGON COMPLET [FER]
wagonload

WAGON COUVERT [FER]
box wagon (Brit.)
boxcar (US)
closed wagon
covered wagon
house car (US)

WAGON CULBUTANT DANS TOUS LES SENS [FER]
universal tipping wagon

WAGON D'AUTOMOBILES [FER]
auto-carrier

WAGON DE GROUPAGE [FER]

WAGON DE GROUPAGE [FER]
less than truckload (LTT)

WAGON DE MARCHANDISES [FER]
freight car (US)
goods truck
goods wagon

WAGON DE PARTICULIER [FER]
privately owned wagon (PO)

WAGON DÉCOUVERT [FER]
open wagon

WAGON DOUBLE [FER]
double wagon

WAGON FERMÉ [FER]
box wagon (Brit.)
house car (US)

WAGON-FERRY (ADAPTÉ AUX OUVRAGES
D'ART BRITANNIQUES) [FER]
ferry wagon

WAGON-FOUDRE [FER]
tanker wagon

WAGON FRIGORIFIQUE [FER]
reefer wagon
refrigerated van
refrigerated wagon

WAGON ISOLÉ [FER]
single wagon

WAGON ISOTHERME [FER]
insulated wagon

WAGON-LIT [FER]
Pullman car
sleeper
sleeping car

WAGON P [FER]
PO wagon

WAGON PLAT [FER]
bolster
flat wagon

WAGON PLAT-GONDOLE [FER]
gondola car (US)
open truck (Brit.)

WAGON PLAT-GONDOLE
À DOUBLE TRÉMIE [FER]
double-hopper gondola car (US)
double-hopper open truck (Brit.)

WAGON PLAT POUR TRANSPORT
DE CONTENEURS [FER]
skeleton flat car (US)
skeleton flat truck (Brit.)

WAGON PLATE-FORME [FER]
platform wagon

WAGON PORTE-CONTENEURS [FER]
container car (US)
container wagon (Brit.)

WAGON POSTAL [FER]
mail car (US)
mail van

WAGON POUR TRANSPORT
DE BALLAST [FER]
ballast car (US)
ballast wagon (Brit.)

WAGON POUR TRANSPORT
DE VÉHICULES [FER]
car carrier wagon

WAGON PRIVÉ [FER]
private wagon

WAGON PRIVÉ (P) [FER]
privately owned wagon

WAGON-RESTAURANT [FER]
club car (US)
dining car
lounge car (US)
restaurant car (Brit.)

WAGON SANS RESSORTS [FER]
springless wagon

WAGON SE VIDANT SUR LE DEVANT [FER]
front-discharge wagon

WAGON SURBAISSÉ [FER]
low-loader wagon

WAGON-TAMPON (DE PROTECTION) [FER]
protection wagon

WAGON TOMBEREAU [FER]
gondola car (US)
open-top car (US)
open truck (Brit.)

WAGONNÉE [FER]
truckload

WAGONNET À BEC [FER]
scoop wagon

WAGONNET-PORTEUR [FER]
trolley / trolly

WAGONS, TRANSBORDEUR DE ~ [MT]
wagon tipper

WARRANT [INTM]
warehouse warrant

WARRANTER (DES MARCHANDISES) [INTM]
issue a warehouse warrant (to)

ZÉRO DÉFAUT	[LOG]	**ZONE DE CONSOLIDATION**	
zero defect		**DES COMMANDES**	[LOG]
ZÉRO DÉLAI	[LOG]	*staging and consolidation area*	
zero delay		**ZONE DE GUERRE**	[GEN]
ZÉRO PANNE	[LOG]	*war zone*	
zero failure		**ZONE DE PRÉPARATION**	
ZÉRO PAPIER	[LOG]	**DE COMMANDES**	[MT]
zero paper		*picking area*	
ZÉRO STOCK	[LOG]	**ZONE FRANCHE**	[DN]
zero inventory		*free zone*	
zero stock		**ZONE FRANCHE**	[INTM]
ZONE	[GEN]	*free trade area*	
area		**ZONE PIÉTONNE**	[ROUT]
		pedestrian precinct	

Français/Anglais

Sigles

ADAC avion à décollage et atterrissage courts [AER]
   Short Take-off and Landing (STOL)
ADAV avion à décollage et atterrissage verticaux [AER]
   Vertical Take-off and Landing (VTOL)
AECMA Association Européenne des Constructeurs de Matériel Aérospatial [GEN]
   European association of aerospace equipment manufacturers (TDA)
AELE Association Européenne de Libre Echange [GEN]
   European Free Trade Association (EFTA)
AFNOR Association Française de Normalisation [GEN]
   French standards institute (equiv. BSI)
AITA Association Internationale des Transporteurs Aériens [AER]
   International Air Transport Association (IATA)
AMDEC analyse des modes de défaillance, de leurs effets et de leur criticité [LS]
   failure mode, effects and criticality analysis (FMECA)
APC attestation de prise en charge du transitaire [INTM]
   forwarding agent certificate of receipt (FCR)
ASL analyse du soutien logistique [LS]
   logistic support analysis (LSA)
ASLOG Association Française pour la Logistique [LOG]
   French society of logisticians (tda)
ATT atterrissage tout temps [AER]
   all-weather capability
BAB bord à bord, de ~ [MAR]
   free in and out (F.I.O.)
BAE bon à enlever [ROUT]
   routing order
BAL bloc automatique à système lumineux [FER]
   block system

BIC Bureau International des Conteneurs [CONT]

Transport - logistique
Lexique

BIC Bureau International des Conteneurs [CONT]
International Container Bureau (ICB)

BRED Banque Européenne pour la Reconstruction et le Développement [GEN]
European Bank for Reconstruction and Development (EBRD)

CAO conception assistée par ordinateur [LS]
computer-aided design (CAD)

CBN calcul des besoins nets [LOG]
calculation of net needs (tda)

CCI Chambre de Commerce Internationale [GEN]
International Chamber of Commerce (ICC)

CD / D route départementale [ROUT]
B-class road (Brit.) (B)

CE Communauté Européenne [GEN]
European Community (EC)

CEE Communauté Économique Européenne [GEN]
European Economic Community (EEC)

CEN Comité Européen de Normalisation [GEN]
European Committee for Standardization

CFAO conception et fabrication assistées par ordinateur [LS]
computer-aided design and manufacturing (CAD-CAM)

CIM lettre de voiture ferroviaire (Convention Internationale concernant le transport de marchandises par chemin de fer) [FER]
rail consignment note
rail waybill

CMR lettre de voiture [ROUT]
CMR note
consignment note

CNC commande numérique par calculateur [LS]
computer numerical control (CNC)

COFACE Compagnie française d'assurance pour le commerce extérieur [ASS]
Exports Credits Guarantee Department

CRD centre régional de dédouanement [DN]
inland clearance depot

CREDOC crédit documentaire [INTM]
documentary credit

CT commission (au) transitaire [INTM]
forwarding agent's commision (F.A.C.)

CTC connaissement de transport combiné [INTM]
combined bill of lading

CX coefficient de pénétration dans l'air [INTM]
coefficient of drag (CD)

DAU Document Administratif Unique [DN]
Single Administrative Document (SAD)

DEPS dernier entré, premier sorti [LOG]
last in first out (LIFO)

DOM-TOM départements et territoires d'outre-mer [GEN]
French overseas departments and territories

Transport - logistique
Lexique

ITE INSTALLATION TERMINALE EMBRANCHÉE [FER]

EDI **échange de données informatisé** [LOG]
electronic data interchange (E.D.I.)

EQP **équivalent quarante pieds** [INTM]
forty equivalent unit (FEU)

ETC **entrepreneur de transport combiné** [INTM]
combined transport operator (CTO)

EVP **équivalent vingt pieds** [INTM]
twenty equivalent unit (T.E.U.)

FAH **fournisseur d'applications hébergées** [LOG]
application service provider (ASP)

FAP **franc d'avarie particulière** [MAR]
free of particular average (F.P.A.)

FERCAM **système FERCAM** [INTM]
rail transport of trailers

FERDOM **système FERDOM** [INTM]
road transport of wagons

FFOCT **Fédération Française des Organisateurs Commissionnaires
de Transport (équiv.)** [INTM]
Institute of Freight Forwarders (IFF)

FIATA **Fédération Internationale des Associations de Transitaires et Assimilés** [INTM]
International Federation of Freight Forwarders Associations

FMD **fiabilité, maintenabilité, disponibilité** [LS]
reliability, availability, maintainability (RAM)

FMDS **fiabilité, maintenabilité, disponibilité, sécurité** [LS]
reliability, availability, maintainability, safety (RAMS)

FMI **Fonds Monétaire International** [GEN]
International Monetary Fund (IMF)

GMAO **gestion de maintenance assistée par ordinateur** [LS]
computer-aided maintenance control

GNL **gaz naturel liquéfié** [GEN]
liquefied natural gas (LNG)

GPA **gestion partagée des approvisionnements** [LOG]
co-managed inventory (accord formel) (CMI)
vendor-managed inventory (accord tacite) (VMI)

GPAO **gestion de production assistée par ordinateur** [LOG]
computer-aided production control

GPL **gaz de pétrole liquéfié** [ROUT]
liquid petroleum gas (LPG)

GRC **gestion de la relation client** [LOG]
customer relationship management (CRM)

HC **conteneur hors-cotes** [CONT]
high cube (HC)

IDC **indicateur de déviation de cap** [AER]
Course Deviation Indicator (CDI)

ITE **installation terminale embranchée** [FER]
private siding

JAT juste à temps, le ~		[LOG]
just-in-time (JIT)		
KM/H kilomètres / heure		[INTM]
miles per hour (m.p.h.)		
LPS libre prestation de services		[INTM]
cabotage		
LTA lettre de transport aérien		[AER]
air consignment note (ACN)		
air waybill (AWB)		
MBA marge brute d'autofinancement		[GEN]
cash flow (CF)		
MCM montant compensatoire monétaire		[DN]
monetary compensatory amount (MCA)		
NGP nomenclature générale des produits		[INTM]
nomenclature of goods		
OACI Organisation de l'Aviation Civile Internationale		[AER]
International Civil Aviation Organization (ICAO)		
OTM opérateur de transport multimodal		[INTM]
Multimodal Transport Operator (M.T.O)		
P wagon privé		[FER]
privately owned wagon		
PAC Politique Agricole Commune		[GEN]
Common Agricultural Policy (CAP)		
PAO publication assistée par ordinateur		[GEN]
desk-top publishing (DTP)		
PDV point de vente		[GEN]
outlet		
point of sale (POS)		
PEPS premier entré, premier sorti		[LOG]
first in first out (FIFO)		
PGI progiciel de gestion intégrée		[LOG]
enterprise ressource planning (ERP)		
PME petites et moyennes entreprises		[GEN]
small and medium-sized enterprises		
PMV panneau à message variable		[INTM]
variable message sign (VMS)		
PNC personnel navigant commercial		[AER]
cabin crew		
flight attendants		
PNT personnel navigant technique		[AER]
cockpit crew		
flight crew		
PTAC poids total autorisé en charge		[ROUT]
gross laden weight		
PVD pays en voie de développement		[GEN]
developing country		
PVP portée visuelle de piste		[AER]
runway visual range (RVR)		

RA régime accéléré [FER]
fast goods service

RFC réaménagement (requête formulée par le client) [AER]
request for change (RFC)

RFF réseau ferré de France [FER]
Network Rail (equiv.) (since October 2002)
Railtrack (equiv.)

RN / N route nationale [ROUT]
A-class road (Brit) (A)

RO régime ordinaire [FER]
slow goods service

RSI retour sur investissement [GEN]
return on investment (ROI)

SA société anonyme [GEN]
incorporated company (US) (Inc.)
public limited company (PLC / plc)

SARL société anonyme à responsabilité limitée [GEN]
private limited company

SAV service après-vente [LS]
after-sales service

SCN spécification de changement notifié [AER]
master change (MC)
specification change notice (SCN)

SGDT système de gestion des données techniques [LOG]
technical data management system

SHC conteneur spécial hors-cotes [CONT]
super high cube (SHC)

SLI soutien logistique intégré [LS]
integrated logistic support (ILS)

SNCF Société Nationale des Chemins de Fer Français [FER]
French National Railway

SVC sans valeur commerciale [DN]
no commercial value (NCV)

TDC tarif douanier commun [DN]
common customs tariff (CCT)

TEP tonne équivalent pétrole [GEN]
ton oil equivalent (TOE)

TGV train à très grande vitesse [FER]
very high speed train

TIR Transit International Routier [ROUT]
TIR

TJB tonneau de jauge brute [MAR]
Gross Registered Ton (GRT)

TJN tonneau de jauge nette [MAR]
net tonnage

TPL tonne de port en lourd [MAR]
deadweight tonne (DWT)

TSS transport supersonique [AER]
   supersonic transport (SST)
TVA taxe sur la valeur ajoutée [GEN]
   value added tax (V.A.T)
UD union douanière [DN]
   customs union
UE Union Européenne [GEN]
   European Union (EU)
UTI unité de transport intermodal [FER]
   intermodal transport unit
VAL véhicule automatique léger [FER]
   automatic lightweight vehicle

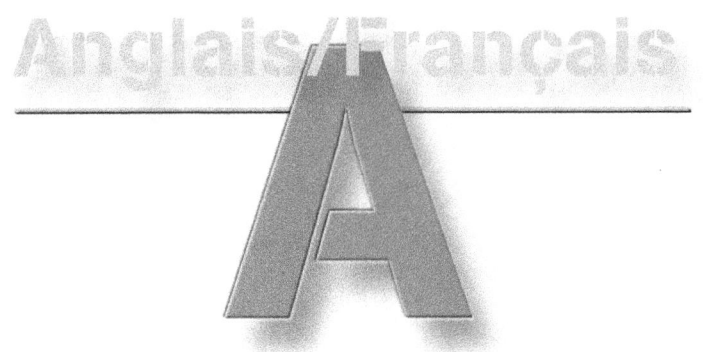

Anglais/Français

A-CLASS ROAD (BRIT) (A)	[ROUT]	**ACCESSIBILITY**	[GEN]
route nationale (RN / N)		*accessibilité*	
ABANDONMENT	[ASS]	**ACCESSIBLE**	[GEN]
délaissement		*accessible*	
ABOARD	[INTM]	**ACCESSORY**	[GEN]
à bord		*accessoire (n.)*	
ABROAD	[GEN]	**ACCIDENT**	[GEN]
étranger, à l'~		*accident*	
ABSOLUTE CEILING	[AER]	**ACCIDENT, NOTICE OF ~**	[ASS]
plafond théorique		*déclaration d'accident*	
ABSORBER, SHOCK ~	[INTM]	**ACCIDENT REPORT**	[ASS]
amortisseur		*constat*	
ACCELERATOR	[ROUT]	**ACCIDENTAL COLLISION**	[INTM]
accélérateur		*collision fortuite*	
ACCEPTANCE	[ASS]	**ACCIDENTAL EVENT**	[ASS]
acceptation de risques		*sinistre*	
ACCEPTANCE, PROOF OF ~	[INTM]	**ACCOMMODATE (TO)**	[GEN]
reçu (n.)		*contenir*	
ACCEPTANCE FLIGHT	[AER]		
vol de réception		*loger*	
		recevoir (ex. du fret, des passagers)	
ACCEPTANCE FOR CARRIAGE	[INTM]	**ACCOMMODATION EXPENSES**	[GEN]
acceptation au transport		*frais d'hébergement*	
ACCEPTED WEIGHED	[INTM]	**ACCOMMODATION LADDER**	[MAR]
pris avec pesage		*échelle de coupée*	
ACCESS	[GEN]	**ACCOMPANIED BAGGAGE**	[INTM]
accès		*bagages accompagnés*	
ACCESS TIME	[LOG]	**ACCOMPANIED TRAILER**	[INTM]
temps d'accès		*remorque accompagnée*	

© Éditions d'Organisation

ACCOMPANYING DOCUMENT [INTM]

Transport – logistique
Lexique

ACCOMPANYING DOCUMENT [INTM]	
bulletin d'accompagnement	
document d'accompagnement	
ACCOMPANYING LETTER [GEN]	
lettre d'accompagnement	
ACCOUNT [GEN]	
compte	
ACCOUNT, DISBURSEMENT ~ [MAR]	
compte d'escale	
ACCOUNT AND RISK OF SHIPPER, ON ~ [INTM]	
frais, risques et périls du chargeur, aux ~	
ACCOUNT OF CHARGES [INTM]	
note de frais	
ACCOUNTS [GEN]	
comptabilité	
ACCOUNTS DEPARTMENT [GEN]	
service financier	
ACCUMULATION [GEN]	
accumulation	
ACCURACY [GEN]	
précision	
ACCURATE [GEN]	
précis	
ACHIEVE (TO) [GEN]	
accomplir	
réaliser	
ACKNOWLEDGE RECEIPT (TO) [INTM]	
accuser réception	
ACKNOWLEDGEMENT [INTM]	
accusé de réception	
ACQUIRE (TO) [GEN]	
acquérir	
ACQUISITION [GEN]	
acquisition	
ACQUISITION [LS]	
études de faisabilité, de conception, de développement et de production	
ACQUISITION AND MANUFACTURING, RAPID ~ (RAM) [LS]	
processus d'acquisition et de fabrication rapides (TDA)	
ACT, TRANSPORT ~ (BRIT.) [GEN]	
Loi d'Orientation des Transports	
ACT OF GOD [ASS]	
Acte de Dieu	
cas de force majeure	

ACTIVITY BASED COSTING (ABC) [LOG]	
méthode d'analyse des coûts selon activités et ressources	
ACTIVITY BASED MANAGEMENT (ABM) [LOG]	
méthode de gestion fondée sur l'analyse des coûts par activité	
ACTUAL [GEN]	
réel (adj.)	
ACTUAL GROSS WEIGHT (AGW) [INTM]	
masse brute	
ACTUAL PAYLOAD [INTM]	
charge réelle	
ACTUAL TARE [INTM]	
tare nette	
ACTUAL VALUE [DN]	
valeur réelle	
ACTUAL WEIGHT (ACT.WT) [INTM]	
poids réel	
ACTUATOR [GEN]	
dispositif de commande	
AD VALOREM DUTY [DN]	
droit ad valorem	
ADDED VALUE [GEN]	
valeur ajoutée	
ADDITIONAL [GEN]	
supplémentaire	
ADDITIONAL CLAUSE [GEN]	
avenant	
ADDITIONAL OBSERVATIONS (ADOS) [GEN]	
remarques annexes	
ADDITIONAL PREMIUM [ASS]	
surprime	
ADDRESS [GEN]	
adresse (postale)	
ADDRESS [LOG]	
adresse (d'un article en entrepôt)	
ADDRESS, INSUFFICIENT ~ [GEN]	
adresse incomplète	
ADDRESS A PROBLEM (TO) [GEN]	
attaquer à un problème, s' ~	
ADDRESSEE [GEN]	
destinataire	
ADJUST A CLAIM (TO) [ASS]	
régler un sinistre	
ADJUST THE AVERAGE (TO) [MAR]	
établir la dispache	

ADJUSTABLE	[GEN]	**AFFIX CUSTOMS SEALS (TO)**	[DN]

ADJUSTABLE [GEN]
  ajustable
ADJUSTABLE RAMP [MT]
  rampe ajustable
ADJUSTED FOR SEASONAL
VARIATIONS [GEN]
  compte tenu des variations saisonnières
ADJUSTER, AVERAGE ~ [MAR]
  dispacheur
  répartiteur d'avarie
ADJUSTMENT, AVERAGE ~ [MAR]
  dispache d'avarie
ADMISSION, TEMPORARY ~ [DN]
  admission temporaire
ADMISSION INTO WAREHOUSE [DN]
  mise en entrepôt
ADVANCE, FIFTH WHEEL ~ [ROUT]
  avancée de sellette
ADVANCED PLANNING AND SCHEDULING
(APS) [LOG]
  système de planning des ressources de la « supply chain » (tda)
ADVANCED PROCUREMENT
AND LOGISTICS SYSTEM (APLS) [LOG]
  systèmes évolués d'achat et de logistique (tda)
ADVANTAGE [GEN]
  avantage
ADVICE [GEN]
  avis
  conseil(s)
ADVICE, DELIVERY ~ [INTM]
  avis de livraison
ADVICE NOTE [INTM]
  lettre d'avis
ADVICE OF ARRIVAL [INTM]
  avis d'arrivée
ADVISER, LOGISTICS ~ [LOG]
  conseil en logistique
ADVISING BANK [GEN]
  banque notificatrice
AERODROME [AER]
  aérodrome
AFFILIATE (US) [GEN]
  filiale
AFFINITY CHARTER [AER]
  vol affrété pour un seul groupe ou association

AFFIX CUSTOMS SEALS (TO) [DN]
  apposer des scellements douaniers
AFFREIGHTMENT [MAR]
  affrètement (accord pour transport de vrac sur navire choisi par le transporteur pendant une période donnée)
AFFREIGHTMENT, CONTRACT OF ~ [MAR]
  contrat de transport
AFT (adj. et adv.) [INTM]
  arrière (avion, navire)
AFT HOLD [AER]
  soute arrière
AFT HOLD [MAR]
  cale arrière
AFTER COMPARTMENT [AER]
  compartiment arrière
AFTER-SALES SERVICE [LS]
  service après-vente (SAV)
AGAINST ALL RISKS (AAR) [ASS]
  tous risques
AGEING [GEN]
  vieillissant
  vieillissement
AGENT [GEN]
  agent
AGENT, AVERAGE ~ [MAR]
  commissaire d'avarie
AGENT, BREAK BULK ~ [INTM]
  dégroupeur
AGENT, CHECK-IN ~ [AER]
  enregistreur
AGENT, COMMISSION ~ [INTM]
  commissionnaire
AGENT, CUSTOMS ~ [INTM]
  commissionnaire en douane
  déclarant en douane
AGENT, FORWARDING ~ [INTM]
  transitaire
AGENT, FREIGHT ~ [AER]
  agent de fret
AGENT, GATE ~ [AER]
  agent à l'embarquement
AGENT, GROUPAGE ~ [INTM]
  groupeur
AGENT, GROUPING ~ [INTM]
  groupeur

AGENT, INSURANCE ~ [ASS]

AGENT, INSURANCE ~ [ASS]
agent d'assurance

AGENT, LINER ~ [MAR]
agent de ligne
agent maritime

AGENT, PASSENGER SERVICE ~ [AER]
agent du passage

AGENT, RAMP ~ [AER]
agent de piste

AGENT, RAMP TRANSHIPMENT ~ [AER]
agent bord à bord

AGENT, ROAD HAULAGE ~ [ROUT]
affréteur routier

AGENT, SETTLING ~ [ASS]
agent payeur

AGENT, SHIP'S ~ [MAR]
agent maritime

AGENT, SHIPPING ~ [MAR]
agent maritime
consignataire de navires

AGENT, SOLE ~ [GEN]
agent exclusif

AGENT, UNDERWRITING ~ [ASS]
agent souscripteur

AGGREGATES [GEN]
agrégats

AGILE MANUFACTURING [LOG]
Entreprise Virtuelle

AGILITY [LOG]
aptitude à s'adapter pour une entre-
prise ou organisation (tda)

AGREEMENT [GEN]
accord

AGREEMENT, AIR TRANSPORT ~ [AER]
accord aérien

AGREEMENT, BILATERAL ~ [GEN]
accord bilatéral

AGREEMENT, BLOCK SPACE ~ [AER]
accord de réservation de capacité

AGREEMENT, BY PRIVATE ~ [GEN]
gré à gré, de ~

AGREEMENT, CODE-SHARING~ [AER]
accord de partage

AGREEMENT, GROUND HANDLING ~ [AER]
accord d'assistance en escale

AHEAD OF SCHEDULE [GEN]
en avance

AID, APPROACH ~ [AER]
aide à l'approche

AID, LANDING ~ [AER]
aide à l'atterrissage

AID, NAVIGATIONAL ~ [INTM]
aide à la navigation

AILERON [AER]
aileron

AIR (TO) [GEN]
aérer

AIR, COMPRESSED ~ [GEN]
air comprimé

AIR-BAG [CONT]
sac gonflable
(pour caler la marchandise)

AIR BRAKE [AER]
aérofrein

AIR-BRAKE [ROUT]
frein à air comprimé
frein pneumatique

AIR BROKER [AER]
courtier aérien

AIR CARGO [AER]
fret aérien
fret avionné

AIR CARGO TARIFF (THE) (TACT) [AER]
tarif IATA (le)

AIR CARRIER [AER]
transporteur aérien

AIR-CONDITIONING [GEN]
air conditionné

AIR CONSIGNMENT NOTE (ACN) [AER]
lettre de transport aérien (LTA)

AIR COOLED [ROUT]
refroidi par air

AIR CURRENT [AER]
courant atmosphérique

AIR DRAUGHT [MAR]
tirant d'air

AIR DROPPING [AER]
droppage
largage (mode de livraison
avec ou sans parachute)

AIR DUCT [GEN]
conduit d'aération

AIR DUCT, CEILING ~ [CONT]
conduit d'aération au plafond

Transport – logistique
Lexique

AIRCRAFT, NARROW-BODIED ~ [AER]

AIR DUCT, FLOOR ~ [CONT]
conduit d'aération au plancher

AIR FERRY [AER]
avion transbordeur

AIR FREIGHT [AER]
fret aérien

AIR HOSTESS [AER]
hôtesse de l'air

AIR INLET [CONT]
entrée d'air

AIR INTAKE [INTM]
admission d'air

AIR LANE [AER]
couloir aérien

AIR-MISS [AER]
quasi-collision

AIR OUTLET [CONT]
sortie d'air

AIR POCKET [AER]
trou d'air

AIR PRESSURE [GEN]
pression atmosphérique

AIR-ROUTE LICENSING [AER]
*autorisation d'exploiter
une ligne aérienne*

AIR SEA RESCUE [AER]
sauvetage en mer (par hélicoptère)

AIR SHOW [AER]
salon de l'aviation

AIR SLIDE [MT]
aéroglissière

AIR SLIDE FIFTH WHEEL [ROUT]
*sellette d'attelage
à réglage pneumatique*

AIR SUPPLY DUCT [CONT]
gaine de distribution d'air

AIR SUSPENSION [ROUT]
suspension pneumatique

AIR TERMINAL [AER]
*aérogare
terminal*

AIR-TO-GROUND COMMUNICATIONS [AER]
communications air-sol

AIR TRADE [AER]
commerce aérien

AIR TRAFFIC [AER]
trafic aérien

AIR TRAFFIC CONTROL (ATC) [AER]
contrôle aérien

AIR TRAFFIC CONTROL CENTRE (ATCC) [AER]
centre de contrôle aérien

AIR TRAFFIC CONTROLLER [AER]
*aiguilleur du ciel
contrôleur aérien*

AIR TRANSPORT [AER]
transport aérien

AIR WAYBILL (AWB) [AER]
lettre de transport aérien (LTA)

AIR WAYBILL, HOUSE ~ (HAWB) [AER]
*LTA de groupage
LTA transitaire*

AIR WAYBILL, MASTER ~ (MAWB) [AER]
LTA-mère

AIRBAG [ROUT]
sac gonflable ("airbag")

AIRBORNE [AER]
aéroporté

AIRCOOLER [CONT]
frigorifère

AIRCRAFT [AER]
*aéronef
appareil
avion*

AIRCRAFT, ALL-CARGO ~ [AER]
avion tout cargo

AIRCRAFT, CERTIFICATION OF ~ [AER]
délivrance du certificat de navigabilité

AIRCRAFT, CONVENTIONAL ~ [AER]
appareil conventionnel

AIRCRAFT, CORPORATE ~ (US) [AER]
avion d'affaires

AIRCRAFT, EXECUTIVE ~ (BRIT.) [AER]
avion d'affaires

AIRCRAFT, FOUR-ENGINED ~ [AER]
quadrimoteur (avion)

AIRCRAFT, TO GROUND AN ~ [AER]
immobiliser un appareil au sol

AIRCRAFT, HIGH CAPACITY ~ [AER]
gros porteur (avion)

AIRCRAFT, LONG RANGE ~ [AER]
long-courrier (avion)

AIRCRAFT, MEDIUM RANGE ~ [AER]
moyen-courrier (avion)

AIRCRAFT, NARROW-BODIED ~ [AER]
appareil conventionnel

A   AIRCRAFT, QUICK-CHANGE~ [AER]

Transport - logistique
Lexique

AIRCRAFT, QUICK-CHANGE~	[AER]	**AIRLINE MARKINGS**	[AER]
avion convertible		*indicatif de compagnie (sur l'appareil)*	
AIRCRAFT, RUMMAGING OF ~	[DN]	**AIRLINER**	[AER]
visite des aéronefs		*avion de ligne*	
AIRCRAFT, SHORT RANGE ~	[AER]	**AIRPIRACY**	[AER]
court-courrier (avion)		*piraterie aérienne*	
AIRCRAFT, STANDBY ~	[AER]	**AIRPLANE**	[AER]
appareil de réserve		*avion*	
AIRCRAFT, TANKER ~	[AER]	**AIRPORT**	[AER]
avion de ravitaillement		*aéroport*	
AIRCRAFT, THREE-ENGINED ~	[AER]	**AIRPORT, ALTERNATE ~**	[AER]
tri-moteur (avion)		*aéroport de dégagement*	
AIRCRAFT, TWIN-ENGINED ~	[AER]	**AIRPORT, CARGO ~**	[AER]
bi-moteur (avion)		*aéroport de fret*	
AIRCRAFT, WIDE-BODIED ~	[AER]	**AIRPORT, FREE ~**	[AER]
gros porteur (avion)		*aéroport franc*	
AIRCRAFT GATE	[AER]	**AIRPORT, TURNROUND ~**	[AER]
poste de trafic		*aéroport de bout de ligne*	
AIRCRAFT MANIFEST	[AER]	**AIRPORT CITY**	[AER]
manifeste aérien		*aéroville*	
AIRCRAFT ON GROUND (AOG)	[AER]	**AIRPORT FEE**	[AER]
avion immobilisé		*taxe aéroportuaire*	
AIRCRAFT PALLET	[AER]	**AIRPORT SERVICE CHARGE**	[AER]
palette avion		*redevance aéroportuaire*	
AIRCRAFT RESCUE AND FIRE FIGHTING VEHICLE (ARFF)	[AER]	**AIRPROOF**	[GEN]
véhicule pompiers		*étanche (à l'air)* *hermétique*	
AIRDROME (US)	[AER]	**AIRSHIP**	[AER]
aérodrome		*dirigeable (n.)*	
AIRFIELD	[AER]	**AIRSIDE**	[AER]
terrain d'aviation		*côté piste*	
AIRFRAME	[AER]	**AIRSPACE**	[AER]
cellule d'avion		*espace aérien*	
AIRFREIGHT FORWARDER	[AER]	**AIRSPEED**	[AER]
transitaire aérien		*vitesse relative*	
AIRLIFT	[AER]	**AIRSPEED INDICATOR**	[AER]
pont aérien		*badin*	
AIRLINE	[AER]	**AIRSTRIP**	[AER]
compagnie aérienne *ligne aérienne*		*piste d'atterrissage*	
AIRLINE, FEEDER ~	[AER]	**AIRTIGHT**	[GEN]
compagnie d'apport		*étanche (à l'air)* *hermétique*	
AIRLINE, HANDLING ~	[AER]	**AIRWAYS**	[AER]
compagnie assistante		*voies aériennes*	
AIRLINE, UNSCHEDULED ~	[AER]	**AIRWORTHINESS**	[AER]
compagnie charter		*état de navigabilité*	

AISLE [INTM]
allée centrale (ex. train, avion)

AISLE [LOG]
travée (dans un entrepôt)

AISLE SEAT [INTM]
siège couloir

AISLES, VERY NARROW ~ (VNA) [LOG]
allées très étroites (en entrepôt)

ALL-CARGO AIRCRAFT [AER]
avion tout cargo

ALL-CARGO FLIGHT [AER]
vol tout cargo

ALL-IN POLICY [ASS]
assurance tous risques

ALL-RISKS INSURANCE [ASS]
assurance tous risques

ALL-RISKS POLICY [ASS]
assurance tous risques

ALL-WEATHER CAPABILITY [AER]
atterrissage tout temps (ATT)

ALL-WEATHER CAPABILITY [INTM]
capacité tout temps

ALLIANCE, AIRLINE ~ [AER]
alliance aérienne

**ALLIED QUALITY ASSURANCE
PROCEDURE (AQAP)** [LS]
système assurance qualité de l'OTAN

ALLOCATE (TO) [GEN]
affecter (ex. des crédits)

ALLOCATION, SEAT ~ [AER]
attribution des sièges

ALLOTMENT [GEN]
*affectation
répartition*

ALLOTMENT [INTM]
allotissement (classement par lots)

ALLOWANCE, BAGGAGE ~ [AER]
franchise bagages

ALLOWANCE, CONTAINER ~ [CONT]
ristourne pour conteneur complet

ALLOWED TAKE-OFF WEIGHT [AER]
limitation utile

ALLOWED TRAFFIC LOAD [AER]
charge offerte

ALONGSIDE [GEN]
le long de

ALONGSIDE [MAR]
bord à bord

ALONGSIDE, TO COME ~ [MAR]
venir à quai

ALONGSIDE SHIP (A.S.) [MAR]
le long du bord

ALTER (TO) [GEN]
modifier

ALTERATION [GEN]
modification

ALTERNATE AIRPORT [AER]
aéroport de dégagement

ALTERNATE FLIGHT [AER]
vol de remplacement

ALTERNATOR [ROUT]
alternateur

ALTERNATOR INDICATOR [ROUT]
indicateur de charge (électrique)

ALTITUDE [AER]
altitude

AMBIENT TEMPERATURE [GEN]
température ambiante

AMELIORATE (TO) [GEN]
améliorer

AMEND (TO) [GEN]
amender

AMENDMENT [ASS]
avenant

AMENITIES [GEN]
aménagements (confort)

**AMERICAN NATIONAL STANDARDS
INSTITUTE (ANSI)** [GEN]
AFNOR (équiv.)

**AMERICAN STANDARDS ASSOCIATION
(ASA)** [GEN]
*organisme américain de
normalisation (équivalent AFNOR /
BSI)*

AMOUNT [GEN]
montant (quantité)

**AMOUNT, MONETARY COMPENSATORY ~
(MCA)** [DN]
*montant compensatoire
monétaire (MCM)*

AMOUNT OF THE QUOTA [DN]
montant contingentaire

ANALOGUE [GEN]
analogique

ANALYSE (TO) [GEN]

Transport – logistique
Lexique

ANALYSE (TO) [GEN]
analyser

ANALYSIS (plur. ~ ANALYSES) [GEN]
analyse

ANALYSIS, COST BENEFIT ~ [LOG]
étude du rapport coûts / avantages

ANALYSIS, LOGISTIC SUPPORT ~ (LSA) [LS]
analyse du soutien logistique (ASL)

ANALYSIS, OPTIMUM REPAIR LEVEL ~ (ORLA) [LS]
analyse du niveau optimum de réparation (tda)

ANALYSIS, SYSTEMS ~ [LOG]
analyse fonctionnelle

ANALYSIS, VARIANCE ~ [LS]
analyse d'écarts

ANALYSIS, VARIATION ~ [LS]
analyse d'écarts

ANCHOR [MAR]
ancre

ANCHOR (TO) [MAR]
ancrer

ANCHOR, BOWER ~ [MAR]
ancre de bossoir

ANCHOR, TO DROP ~ [MAR]
jeter l'ancre

ANCHOR, TO LIE AT ~ [MAR]
mouiller

ANCHOR, TO WEIGH ~ [MAR]
lever l'ancre

ANCHOR, RAIL ~ [FER]
anticheminant

ANCHOR, SEA ~ [MAR]
ancre flottante

ANCHOR, STOCKLESS ~ [MAR]
ancre sans jas

ANCHOR BUOY [MAR]
corps-mort

ANCHOR POINT [INTM]
point d'arrimage

ANCHOR STOCK [MAR]
jas

ANCHORAGE [MAR]
mouillage

ANCHORAGE DUES [MAR]
droits de mouillage

ANCHORING BERTH [MAR]
mouillage (emplacement)

ANCILLARY COST [GEN]
coût auxiliaire

ANCILLARY SERVICE [GEN]
service auxiliaire

ANIMAL HOSTEL [AER]
animalerie

ANNUL (TO) [ASS]
résilier

ANNUL (TO) [GEN]
annuler

ANTEDATE (TO) [GEN]
antidater

ANTI-ICING FLUID [AER]
liquide anti-givre

ANTICIPATE (TO) [GEN]
prévoir

ANTICLOCKWISE (BRIT.) [GEN]
sens inverse des aiguilles d'une montre, dans le ~

ANTIFREEZE [ROUT]
antigel

ANTILOCK BRAKING SYSTEM (ABS) [ROUT]
anti-blocage des roues, système ~

APERTURE [GEN]
ouverture

APERTURE FOR DRAINAGE [CONT]
ouverture d'écoulement

APERTURE FOR VENTILATION [CONT]
ouverture d'aération

APPARATUS [GEN]
appareil
engin

APPEAL [GEN]
recours

APPLIANCE, SAFETY ~ [GEN]
appareillage de sécurité

APPLIANCES, LIFTING ~ [MT]
matériels de levage

APPLICATION FORM [GEN]
formulaire de candidature
formulaire de demande

APPLICATION SERVICE PROVIDER (ASP) [LOG]
fournisseur d'applications hébergées (FAH)

Transport – logistique
Lexique

ASSESS (TO) [GEN]

A

APPLY A RATE (TO) [GEN]
appliquer un taux

APPLY FOR (TO) [GEN]
demander (ex. une autorisation)

APPROACH, GROUND-CONTROLLED ~ (GCA) [AER]
approche contrôlée par le sol

APPROACH AID [AER]
aide à l'approche

APPROACH GUIDANCE [AER]
guidage d'approche

APPROACH PATH [AER]
couloir d'approche

APPROACH TRANSPORT [INTM]
transport d'approche

APPROVAL [GEN]
agrément (par un organisme)

APPROVE (TO) [GEN]
agréer
certifier

APRON [AER]
aire de manœuvre
aire de stationnement des avions
aire de trafic

APRON CART [AER]
chariot de piste

APRON OCCUPANCY TIME [AER]
temps d'immobilisation au sol

AQUAPLANING [ROUT]
aquaplanage

AREA [GEN]
superficie
surface
zone

AREA, BUILT-UP ~ [ROUT]
agglomération (urbaine)

AREA, FREE TRADE ~ [INTM]
zone franche

AREA, HOLDING ~ [AER]
aire d'attente

AREA, PARKING ~ [AER]
piste de stationnement

AREA, PICKING ~ [MT]
zone de préparation de commandes

AREA, SUBURBAN ~ [GEN]
banlieue

ARM, WIPER ~ [INTM]
bras d'essuie-glace

ARM REST [INTM]
accoudoir

ARRANGE (TO) [GEN]
convenir (ex. d'une date)
disposer (organiser)

ARRANGEMENT [GEN]
disposition

ARRESTOR, LOAD ~ [MT]
antichute de charges

ARRIVAL [GEN]
arrivée

ARRIVAL, ADVICE OF ~ [INTM]
avis d'arrivée

ARRIVAL, ESTIMATED TIME OF ~ (ETA) [INTM]
heure / date prévue d'arrivée

ARRIVALS LOUNGE [AER]
salle d'arrivée

ARRIVE (TO) [GEN]
arriver

ARTERIAL ROAD [ROUT]
axe routier

ARTIC (fam.) [ROUT]
semi (remorque)

ARTICLES, LOOSE ~ [MT]
articles en vrac

ARTICULATED LORRY [ROUT]
semi-remorque

AS INSTRUCTED [GEN]
selon les instructions

AS REQUIRED [GEN]
à la demande

ASHORE [MAR]
à terre

ASPHALT [ROUT]
asphalte

ASSEMBLING TRUCK [MT]
chariot d'assemblage

ASSEMBLY [GEN]
assemblage
montage

ASSEMBLY, TAIL ~ [AER]
empennage

ASSEMBLY LINE [GEN]
chaîne de montage

ASSESS (TO) [GEN]
évaluer

© Éditions d'Organisation

ASSESS A PREMIUM (TO) [ASS] | Transport – logistique
Lexique

ASSESS A PREMIUM (TO) [ASS]
calculer une prime

ASSESS THE DAMAGE (TO) [ASS]
évaluer les dommages

ASSESSMENT [GEN]
évaluation

ASSET [GEN]
atout
avantage

ASSIGN (TO) [GEN]
affecter

ASSIGNMENT [GEN]
affectation (ex. du personnel)

ASSISTANCE, FIELD SERVICE ~ [LS]
assistance technique sur place

ASSISTANCE, OPERATIONAL ~ [LS]
assistance opérationnelle

ASSURANCE, MARINE ~ [MAR]
assurance maritime

ASSURANCE, QUALITY ~ [LOG]
assurance qualité

ASSURE (TO) [ASS]
assurer (maritime, vie)

AT THE EARLIEST [GEN]
au plus tôt

AT THE LATEST [GEN]
au plus tard

ATMOSPHERIC DISTURBANCES [GEN]
perturbations atmosphériques

ATTACHABLE-DETACHABLE AXLE [ROUT]
essieu déboîtable

ATTACHMENT [ASS]
prise d'effet d'une police

ATTACHMENT [GEN]
accessoire (n.)

ATTACHMENT OF RISK [ASS]
mise en risque

ATTENDANT SEAT [AER]
siège accompagnateur

ATTENDANTS, FLIGHT ~ [AER]
personnel navigant commercial (PNC)

AUGMENT (TO) [GEN]
augmenter

AUTHORITIES, PORT ~ [MAR]
autorités portuaires

AUTHORIZATION [GEN]
autorisation

AUTHORIZE (TO) [GEN]
autoriser
permettre

AUTO-CARRIER [FER]
wagon d'automobiles

AUTOMATE (TO) [GEN]
automatiser
robotiser

AUTOMATED
ELECTRIFIED MONORAIL (AEM) [MT]
monorail automatisé

AUTOMATED HANDLING [MT]
transitique

AUTOMATED PRODUCTION
TECHNOLOGY [LOG]
productique

AUTOMATED WAREHOUSE [LOG]
entrepôt automatisé
magasin de stockage automatisé

AUTOMATIC DIRECTION FINDER (ADF) [AER]
radiogoniomètre

AUTOMATIC FEEDING DEVICE [MT]
dispositif d'alimentation automatique

AUTOMATIC GEAR BOX [ROUT]
boîte automatique

AUTOMATIC GUIDED VEHICLE
SYSTEM (AGVs) [MT]
système automatique à chariots sans conducteur

AUTOMATIC GUIDED VEHICLES (AGVS) [MT]
chariots filoguidés

AUTOMATIC PILOT [AER]
pilote automatique

AUTOMATIC PILOTING SYSTEM [AER]
pilotage automatique

AUTOMATIC STORAGE
AND RETRIEVAL SYSTEM (AS / RS) [LOG]
*système de stockage
et déstockage automatique (tda)*

AUTOMATIC TERMINAL
INFORMATION SERVICE (ATIS) [AER]
service d'information automatique (tda)

AUTOMATIC TEST EQUIPMENT (ATE) [LS]
équipement de test automatique

Anglais/Français

B-CLASS ROAD (BRIT.) (B)	[ROUT]	**BACKLOG**	[GEN]
route départementale (CD / D)		*travail en retard*	
BACK (TO)	[FER]	**BACKREACH**	[MT]
refouler (un train)		*portée arrière*	
BACK FREIGHT	[INTM]	**BACKREST, LOAD ~**	[MT]
fret de retour		*dosseret (sur chariot élévateur)*	
BACK HAUL	[ROUT]	**BACKUP LIGHTS (US)**	[ROUT]
fret de retour		*feux de recul*	
BACK ORDERS	[LOG]	**BACKWARD MOVEMENT**	[GEN]
obligations (commandes client encore en entrepôt)		*mouvement vers l'arrière*	
		BADGE	[GEN]
BACK TO BACK CREDIT	[INTM]	*insigne (n.)*	
crédit documentaire adossé		**BAFFLE**	[INTM]
BACK TO FRONT	[GEN]	*brise-lames (dans un wagon ou un camion citernes)*	
sens devant derrière			
BACK-UP	[GEN]	**BAG**	[GEN]
renfort (en personnel)		*bagage, un ~*	
soutien		*sac*	
BACK UP (TO)	[ROUT]	**BAGGAGE (US)**	[GEN]
faire marche arrière		*bagages*	
BACKDATE (TO)	[ASS]	**BAGGAGE, ACCOMPANIED ~ (US)**	[INTM]
mettre en vigueur avec effet rétroactif		*bagages accompagnés*	
BACKDATE (TO)	[GEN]	**BAGGAGE, EXAMINATION OF ~ (US)**	[DN]
antidater		*visite des bagages*	
BACKDATED (adj.)	[GEN]	**BAGGAGE, HAND ~ (US)**	[INTM]
rétroactif, avec effet ~		*bagages à main*	
BACKLOAD / BACKLOADING	[INTM]	**BAGGAGE, HOLD ~**	[AER]
fret de retour		*bagages de soute*	

© Éditions d'Organisation

BAGGAGE, PIECE OF ~ (US)	[GEN]
bagage, un ~	
BAGGAGE, UNACCOMPANIED ~ (US)	[INTM]
bagages non accompagnés	
BAGGAGE ALLOWANCE	[AER]
franchise bagages	
BAGGAGE CLAIM	[AER]
livraison des bagages	
BAGGAGE CONVEYOR SYSTEM	[AER]
tapis roulant pour bagages	
BAGGAGE HANDLER	[AER]
bagagiste	
BAGGAGE LOADER	[AER]
bagagiste	
BAGGAGE RECLAIM	[AER]
livraison des bagages	
BAGGAGE ROOM	[AER]
consigne	
BAGGAGE SWITCH	[AER]
substitution de bagages	
BAGGING	[MT]
ensachage	
BALANCE	[AER]
centrage	
BALANCE	[GEN]
équilibre	
solde	
BALANCE CHART	[AER]
feuille de centrage	
BALANCE SHEET	[GEN]
bilan (comptable)	
BALANCED FULL TRAILER	[ROUT]
remorque semi-portée	
BALANCER, LOAD ~	[MT]
compensateur de charges	
BALE	[MT]
balle (de marchandises)	
BALE (TO)	[MT]
emballotter	
BALL BEARING	[GEN]
roulement à billes	
BALLAST	[INTM]
ballast	
lest	
BALLAST, ON ~	[MAR]
lège	
sur lest	
BALLAST, TO SAIL ON ~	[MAR]
naviguer sur lest	
BALLAST CAR (US)	[FER]
wagon pour transport de ballast	
BALLAST TANK	[MAR]
réservoir à lest	
BALLAST WAGON (BRIT.)	[FER]
wagon pour transport de ballast	
BAN (TO)	[GEN]
interdire	
BANK	[FLV]
berge	
rive	
BANK, ADVISING ~	[GEN]
banque notificatrice	
BANK, DATA ~	[GEN]
banque de données	
BANK, ISSUING ~	[GEN]
banque émettrice	
BANK DRAFT (B/D)	[GEN]
traite bancaire	
BAR	[CONT]
crémone	
BAR	[MAR]
barre (sable)	
BAR, LOAD ~	[MT]
palonnier	
BAR, LOCKING ~	[CONT]
barre de fermeture	
crémone de verrouillage	
BAR, SWING ~	[MT]
palonnier	
BAR, TOW ~	[INTM]
barre d'attelage	
BAR CODE	[LOG]
code barres	
BAR CODE IDENTIFICATION	[LOG]
identification automatique	
BAR CODE READER (BCR)	[LOG]
lecteur de code à barres	
BAR CODE SCANNER	[LOG]
lecteur de code à barres	
BAR-CODED	[LOG]
code barres, avec ~	
BAR CODING	[LOG]
encodage	

BARE-BOAT CHARTER [MAR]
affrètement en coque nue
BARE CHASSIS [INTM]
châssis nu
BARGE [FLV]
chaland
péniche
BARGE, HOPPER ~ [MAR]
marie-salope
BARGE, TANK ~ [FLV]
chaland citerne
BARGE BILL OF LADING [FLV]
connaissement de transport fluvial
BARGE-CARRYING SHIP [INTM]
navire porte péniche
BARGE HIRE [FLV]
loyer de gabares
BARGE RENT [FLV]
location de chaland
BARRATRY [MAR]
baraterie (dommages volontaires)
BARREL (bbl) [GEN]
baril de pétrole (159 l)
BARREL [GEN]
fût
tonneau
BARREL BUOY [MAR]
bouée tonne
BARRIER, CRASH ~ [ROUT]
glissière de sécurité
BARRIER, THAW ~ [ROUT]
barrière de dégel
BARRIERS, CUSTOMS ~ [DN]
barrières douanières
BARRIERS, TARIFF ~ [DN]
barrières douanières
BASCULE BRIDGE [ROUT]
pont basculant
BASE [FER]
patin (de rail)
BASE, DATA ~ (DB) [GEN]
base de données
BASE, HOME ~ [AER]
base d'affectation
BASE PLATE [GEN]
embase (ex. de palettier)

BASIC RATE [GEN]
tarif de référence
BASIC WEIGHT [AER]
masse de base
BASIN [MAR]
bassin
BASIN, CAREENING ~ [MAR]
bassin de carénage
BASIN, DOCKING ~ [MAR]
bassin de desserte
BASIN, LOCKED [MAR]
bassin à flot
BASIN, OUTER ~ [MAR]
avant-bassin
BASIN, TURNING ~ [MAR]
bassin d'évitage
bassin de manœuvre
BASIS, VALUATION ~ [DN]
base d'évaluation
BASKET [GEN]
panier
BASKET, TOTE ~ [MT]
bac de manutention
BASKET, WIREMESH ~ [MT]
panier de manutention en fil
BATCH [GEN]
lot (ex.de marchandises)
BATCH HANDLING [MT]
traitement par lots
BATTENS [CONT]
lattes de vaigrage
BATTERY [GEN]
batterie
BATTERY-POWERED VEHICLE [INTM]
véhicule électrique
BAY [AER]
position (dans une soute)
BAY [FER]
quai subsidiaire
BAY [FLV]
bief
BAY [LOG]
travée (dans un entrepôt)
BAY [MAR]
baie
golfe

BAY, DELIVERY ~ [ROUT]
  quai de livraison
BAY, HEAD ~ [FLV]
  bief d'amont
BAY, LOADING ~ [INTM]
  quai de chargement
BAY, PARKING ~ [ROUT]
  emplacement de stationnement
BAY, TAIL ~ [FLV]
  bief d'aval
BAY, WHEEL ~ [AER]
  logement de train d'atterrissage
BAY OF BISCAY [MAR]
  Golfe de Gascogne
BE INSURED WITH (TO) [ASS]
  assuré auprès de, être ~
BE SUBJECT TO (TO) [GEN]
  être assujetti à
BEACON [INTM]
  balise
BEACON, HOMING ~ [AER]
  balise de radioguidage
BEACON, LANDING ~ [AER]
  radiophare d'atterrissage
BEACON, NON DIRECTIONAL ~ (NDB) [AER]
  balise non directionnelle
BEAM [CONT]
  traverse
BEAM [GEN]
  faisceau (lumineux)
  poutre
  rayon (lumineux)
BEAM [LOG]
  lisse de casier
BEAM [MAR]
  bau
  largeur d'un navire
BEAM [ROUT]
  poutre (pièce centrale
  d'un essieu porteur)
BEAM, EXTREME ~ [MAR]
  largeur au fort
BEAM, LIFTING ~ [MT]
  palonnier
BEAM, MIDSHIP ~ [MAR]
  maître-bau
BEAM LINE [MAR]
  livet de pont

BEAMY SHIP [MAR]
  navire à larges baux
BEARER [GEN]
  porteur (ex. d'une traite)
BEARER BILL OF LADING [MAR]
  connaissement au porteur
BEARING [INTM]
  relevé de position
BEARING, BALL ~ [GEN]
  roulement à billes
BEARING PLATE [GEN]
  embase (ex. de palettier)
BED, CANAL ~ [FLV]
  radier (d'une écluse)
BED, FLAT ~ [INTM]
  plateau (ex. remorque)
BEHALF, ON SOMEBODY'S ~ [GEN]
  nom de quelqu'un, au ~
BEHIND SCHEDULE [GEN]
  en retard
BELL BUOY [MAR]
  bouée à cloche
BELLY AXLE [ROUT]
  essieu central
BELLY COMPARTMENT [AER]
  soute ventrale
BELLY TANK [AER]
  réservoir ventral
BELONGINGS [GEN]
  possessions
BELT [ROUT]
  courroie
BELT, COMMUTER ~ [GEN]
  grande banlieue
BELT, CONVEYOR ~ [MT]
  convoyeur à bande
  tapis roulant
  transporteur à bande
  transporteur à courroie
BELT, LIFTING ~ [MT]
  sangle
BELT, SAFETY ~ [AER]
  ceinture de sécurité
BELT, SEAT ~ [INTM]
  ceinture de sécurité

BILL OF LADING, CLAUSÉ ~ [MAR]

BELT CONVEYOR	[MT]	**BERTHAGE**	[MAR]
convoyeur à bande		*droits d'amarrage*	
tapis roulant		*mouillage (emplacement)*	
transporteur à bande		**BERTHING**	[MAR]
transporteur à courroie		*mouillage (action)*	
BELT CONVEYOR, PORTABLE ~		**BERTHING, DEEP WATER ~**	[MAR]
(GRASSHOPPER)	[MT]	*mouillage en eaux profondes*	
transporteur à courroie,		**BEST PRACTICE**	[LOG]
mobile (sauteuse)		*meilleures pratiques*	
BELT LOADER, CARGO ~	[MT]	**BEVERAGES**	[GEN]
convoyeur à bande		*boissons*	
BELTWAY (US)	[ROUT]	**BI-DIRECTIONAL**	[GEN]
périphérique (voie)		*bi-directionnel*	
BENCH, TEST ~	[LS]	**BI-MODAL**	[INTM]
banc d'essai		*bi-modal*	
BENCH TEST	[LS]	**BID**	[GEN]
essai en usine		*offre (en réponse à un appel d' ~)*	
BENCHMARK	[LOG]	**BILATERAL AGREEMENT**	[GEN]
base de référence		*accord bilatéral*	
test de performance		**BILGE**	[MAR]
BENCHMARKING	[LOG]	*eau de cale*	
mesure (au banc)		**BILL**	[GEN]
BEND	[INTM]	*facture*	
virage		**BILL (TO)**	[GEN]
BENEFICIAL OWNER	[MAR]	*facturer*	
propriétaire effectif		**BILL, DOCUMENTARY ~**	[GEN]
BENEFICIARY OF A POLICY	[ASS]	*traite documentaire*	
bénéficiaire d'une police		**BILL OF ENTRY**	[DN]
BENEFIT	[GEN]	*déclaration d'entrée*	
avantage		**BILL OF EXCHANGE**	[GEN]
BENEFITS	[ASS]	*lettre de change*	
garanties		**BILL OF HEALTH**	[INTM]
BENT	[GEN]	*certificat de santé*	
déformé (ex. conteneur)		**BILL OF LADING (B/L)**	[MAR]
BERTH	[INTM]	*connaissement*	
couchette		**BILL OF LADING**	[ROUT]
BERTH	[MAR]	*lettre de voiture (Canada)*	
poste à quai		**BILL OF LADING, BARGE ~**	[FLV]
poste d'accostage		*connaissement de transport fluvial*	
poste d'amarrage		**BILL OF LADING, BEARER ~**	[MAR]
poste de mouillage		*connaissement au porteur*	
BERTH (TO)	[MAR]	**BILL OF LADING, CHARTER-PARTY ~**	[MAR]
venir à poste		*connaissement pour marchandises*	
venir à quai		*transportées sous charte-partie*	
BERTH, CONTAINER ~	[INTM]	**BILL OF LADING, CLAUSÉ ~**	[MAR]
quai à conteneurs		*connaissement avec réserves*	
BERTH STATUS	[MAR]	*connaissement clausé*	
statut des quais (public ou privé)			

BILL OF LADING, CLEAN ~ [MAR]

Transport – logistique
Lexique

BILL OF LADING, CLEAN ~ [MAR]
connaissement net
connaissement non clausé
connaissement sans réserves

BILL OF LADING, COMBINED ~ [INTM]
connaissement de transport
combiné (C.T.C.)

**BILL OF LADING,
COMMON CARRIER ~** [INTM]
connaissement pour
tous modes de transport

BILL OF LADING CONSIGNED TO... ~ [MAR]
connaissement établi au nom de ...

BILL OF LADING, DIRECT ~ [MAR]
connaissement sans transbordement

BILL OF LADING, DIRTY ~ [MAR]
connaissement avec réserves
connaissement clausé

**BILL OF LADING, FIATA COMBINED
TRANSPORT ~ (FBL)** [INTM]
connaissement FIATA
pour transport combiné

BILL OF LADING, FORWARDER'S ~ [MAR]
connaissement émis par un transitaire

**BILL OF LADING,
FORWARDING AGENT'S ~** [MAR]
connaissement émis par un transitaire

BILL OF LADING, FOUL ~ [MAR]
connaissement avec réserves
connaissement clausé

**BILL OF LADING,
FREE ALONGSIDE SHIP ~** [MAR]
connaissement à embarquer
connaissement reçu à quai

BILL OF LADING, GROUPAGE ~ [MAR]
connaissement groupé

BILL OF LADING, HOMEWARD ~ [MAR]
connaissement établi
aux conditions "voyage de retour"

BILL OF LADING, HOUSE ~ [MAR]
connaissement émis par un transitaire

BILL OF LADING, INLAND ~ (US) [INTM]
connaissement pour tous modes
de transport terrestre aux USA

**BILL OF LADING,
INLAND WATERWAY ~** [FLV]
connaissement de transport fluvial

BILL OF LADING, LONG FORM ~ [MAR]
connaissement complet

BILL OF LADING, MASTER ~ [MAR]
connaissement principal

BILL OF LADING, NEGOTIABLE ~ [MAR]
connaissement négociable

BILL OF LADING, ON BOARD ~ [MAR]
connaissement à bord
connaissement embarqué

**BILL OF LADING,
RECEIVED FOR SHIPMENT ~** [MAR]
connaissement reçu
pour embarquement

BILL OF LADING, SHIPPED ~ [MAR]
connaissement à bord
connaissement embarqué

BILL OF LADING, SHORT FORM ~ [MAR]
connaissement abrégé

BILL OF LADING, STALE ~ [MAR]
connaissement périmé

BILL OF LADING, STRAIGHT ~ [MAR]
connaissement à personne dénommée

**BILL OF LADING,
THROUGH / TRANSPORT ~ (T.B.L)** [INTM]
connaissement complet
connaissement de bout en bout
connaissement direct (transport mixte)

BILL OF LADING, TO ORDER ~ [MAR]
connaissement à ordre

BILL OF LADING, TRUCK ~ (US) [INTM]
connaissement routier

BILL OF LADING, UNCLEAN ~ [MAR]
connaissement avec réserves
connaissement clausé

BILL OF SIGHT, ENTRY BY ~ [DN]
déclaration provisoire

BILL OF TONNAGE [MAR]
certificat de tonnage

BILLING, PORT ~ [MAR]
droits de port

BILLION (US) [GEN]
milliard

BILLS OF LADING, FULL SET OF ~ [MAR]
jeu complet de connaissements

BIMODAL TRANSPORT [INTM]
transport bimodal

BIN [LOG]
bac de stockage
casier

BIN, DROP-BOTTOM ~ [LOG]
bac à fond mobile

BITUMEN [ROUT]
  bitume
BLACK BOX [AER]
  boîte noire
BLACK-ICE [ROUT]
  verglas
BLADE [GEN]
  aube (ex. d'une turbine)
  pale
BLADE, WIPER ~ [INTM]
  balai (d'essuie-glace)
BLANKET POLICY [ASS]
  police en bloc
BLAST FENCE [AER]
  barrière anti-souffle
BLINK (TO) [GEN]
  clignoter
BLISTER PACK [LOG]
  emballage transparent
  habillage transparent
BLOCK (TO) [MT]
  caler
BLOCK, BRAKE ~ [INTM]
  patin de frein
  sabot de frein
BLOCK, ENGINE ~ [INTM]
  bloc-cylindres
BLOCK, PULLEY ~ [MT]
  moufle
BLOCK SPACE AGREEMENT [AER]
  accord de réservation de capacité
BLOCK STACKING [LOG]
  stockage de masse
BLOCK SYSTEM [FER]
  bloc automatique
  à système lumineux (BAL)
BLOCK TRAIN [FER]
  train-bloc
BLOCK TRAIN [INTM]
  train bloc porte-conteneurs
BLOCKADE [INTM]
  blocus
BLOCKADE, TO RUN THE ~ [INTM]
  forcer le blocus
BLOW-OUT [INTM]
  éclatement (d'un pneu)
BLOWER [MT]
  soufflante (n.)

BLOWING SYSTEM, INTERMITTENT ~ [MT]
  système discontinu par refoulement
BOARD [GEN]
  tableau
BOARD (TO) [INTM]
  embarquer (passagers)
  monter à bord
BOARD, FLIGHT INFORMATION ~ [AER]
  tableau d'affichage des vols
BOARD, ON ~ [INTM]
  à bord
BOARD CERTIFICATE [MAR]
  reçu de bord
BOARDING [INTM]
  embarquement
BOARDING BRIDGE [AER]
  passerelle
BOARDING CARD [AER]
  carte d'embarquement
BOARDING NUMBER (BN) [AER]
  numéro d'embarquement
BOARDING PASS [AER]
  carte d'embarquement
BOAT [MAR]
  bateau
BOAT, HYDROFOIL ~ [MAR]
  hydroptère
BOAT, PILOT ~ [MAR]
  bateau-pilote
BOAT, TUG ~ [MAR]
  remorqueur
  toueur
BOAT SHOW [MAR]
  salon de plaisance
BOATAGE [MAR]
  lamanage
BOATMAN [FLV]
  batelier
BOATSWAIN [MAR]
  maître d'équipage
BOBTAIL [ROUT]
  tracteur haut le pied
  (circulant sans semi-remorque)
BODILY INJURY [ASS]
  préjudice corporel
BODY [INTM]
  caisse (d'un véhicule, wagon...)

BODY [MAR]

Transport – logistique
Lexique

BODY	[MAR]
corps de navire	
BODY, DEMOUNTABLE ~	[ROUT]
caisse amovible	
BODY, END OF ~	[ROUT]
paroi d'about	
BODY, REGULATORY ~	[GEN]
organisme régulateur	
BODY BRACKET	[ROUT]
support de carrosserie	
BODY OF REGULATIONS	[GEN]
corpus réglementaire	
BODY SUPPORT	[ROUT]
support de carrosserie	
BODYWORK	[INTM]
carrosserie	
BOGEY	[FER]
bogie	
BOGIE	[FER]
bogie	
BOGIE	[ROUT]
train de roulement	
BOGIE, LOW TRACK FORCE ~	[FER]
bogie surbaissé	
BOGIE, SLIDING ~	[ROUT]
train roulant coulissant	
BOGIE-AXLE	[FER]
essieu de bogie	
BOGIE-CARRIAGE	[FER]
voiture à bogie	
BOGIE FRAME	[FER]
châssis de bogie	
BOGIE-LOCOMOTIVE	[FER]
locomotive à bogie	
BOGIE-PIN	[FER]
pivot du bogie	
BOGIE-TRUCK	[FER]
bogie	
BOGIE WAGON	[FER]
wagon à bogie	
wagon à quatre essieux	
BOGY	[FER]
bogie	
BOILER ROOM	[MAR]
chambre de chauffe	
BOLLARD	[MAR]
bitte d'amarrage	

BOLSTER	[CONT]
conteneur plate-forme (maxi-palette)	
plate-forme (conteneur plat maxi-palette)	
BOLSTER	[FER]
wagon plat	
BOLT	[GEN]
boulon	
verrou	
BOLT, FISHPLATE ~	[FER]
boulon d'éclisse	
BOLT, SWIVELLING ~	[INTM]
verrou pivotant	
BOMB HOAX	[GEN]
fausse alerte à la bombe	
BOMB SCARE	[GEN]
alerte à la bombe	
BONA FIDES	[GEN]
bonne foi	
BOND	[GEN]
caution	
BOND, AVERAGE ~	[MAR]
compromis d'avarie	
BOND, CUSTOMS ~	[DN]
soumission cautionnée	
BOND, IN ~	[DN]
sous douane	
BOND, OUT OF ~	[DN]
hors douane	
BOND, PERFORMANCE ~	[GEN]
garantie de bonne exécution	
BONDED	[DN]
sous douane	
BONDED STORE	[DN]
magasin sous douane	
BONDED WAREHOUSE	[DN]
entrepôt sous douane	
BONNET (BRIT.)	[ROUT]
capot	
BONUS	[GEN]
prime	
BONUS, NO CLAIMS ~	[ASS]
bonus	
BOOK (TO)	[INTM]
réserver	
BOOK, ORDER ~	[GEN]
carnet de commandes	

BOOK, REGISTRATION ~ [ROUT]
carte grise

BOOK AN ORDER (TO) [GEN]
enregistrer une commande

BOOK INVENTORY [LOG]
inventaire comptable

BOOKED-UP FLIGHT [AER]
vol complet

BOOKING [INTM]
réservation

BOOKING NOTE [INTM]
arrêté de fret
arrêté de réservation de fret
engagement de fret

BOOKLET [GEN]
livret

BOOM [MT]
flèche de grue

BOOM, FRONT ~ [MT]
avant-bec (sur portique)

BOOM, TELESCOPIC ~ [MT]
flèche télescopique

BOOST (TO) [GEN]
augmenter
relancer (ex. l'économie)
stimuler

BOOT (BRIT.) [ROUT]
coffre (d'une voiture)

BORDER [GEN]
frontière

BORDER, PRICE FREE ~ [INTM]
franco frontière

BORE (TO) [GEN]
percer (ex. un tunnel)

BOTH TO BLAME COLLISION CLAUSE [ASS]
clause de responsabilité réciproque
en cas d'abordage

BOTTLENECK [GEN]
goulet d'étranglement

BOTTLING [MT]
embouteillage (mise en bouteilles)

BOTTOM [GEN]
bas
fond

BOTTOM [MT]
bas (sur un emballage)

BOTTOM CROSS MEMBER [CONT]
traverse de plancher

BOTTOM-DUMP CAR (US) [FER]
wagon à fond mobile

BOTTOM-DUMP WAGON [FER]
wagon à fond mobile

BOTTOM END MEMBER [CONT]
traverse inférieure d'extrémité

BOTTOM FRONT CROSS MEMBER [CONT]
traverse inférieure avant

BOTTOM RAIL [CONT]
longeron inférieur

BOTTOM REAR CROSS MEMBER [CONT]
traverse inférieure arrière

BOTTOM SIDE RAIL [CONT]
longeron inférieur latéral

BOUND FOR [INTM]
à destination de
en partance pour

BOUNDARY [GEN]
frontière
limite

BOW [MAR]
avant (du navire)
étrave
proue

BOW, BULBOUS ~ [MAR]
avant à bulbe

BOW, CLIPPER ~ [MAR]
avant à guibre

BOW, ROOF ~ [CONT]
arceau (supportant la bâche
d'un conteneur à toit ouvrant)
raidisseur

BOW DOOR [MAR]
porte avant

BOW ROPE [MAR]
amarre de bout

BOW WAVE [MAR]
lame d'étrave

BOWER ANCHOR [MAR]
ancre de bossoir

BOWSER [ROUT]
camion-citerne

BOX [CONT]
conteneur

BOX [GEN]
boîte

BOX, BLACK ~ [AER]
boîte noire

BOX, CONTROL ~	[INTM]	**BRAKE, DISC ~**	[INTM]
armoire de commande		frein à disque	
BOX, GEAR ~	[ROUT]	**BRAKE, DRUM ~**	[ROUT]
boîte de vitesses		frein à tambour	
BOX, JOURNAL ~	[FER]	**BRAKE, SERVO-ASSISTED ~**	[ROUT]
boîte d'essieu		servo-frein	
BOX, SIGNAL ~	[FER]	**BRAKE, VACUUM ~**	[INTM]
poste d'aiguillage		frein à vide	
BOX, SLEEPER ~	[ROUT]	**BRAKE BLOCK**	[INTM]
module couchette		patin de frein	
BOX, STEERING ~	[ROUT]	sabot de frein	
boitier de direction		**BRAKE CYLINDER**	[INTM]
BOX, STRAIGHT ~	[CONT]	cylindre de frein	
conteneur ordinaire		**BRAKE DRUM**	[ROUT]
(sans accessoires sous le plancher)		tambour de frein	
BOX, TOTE ~	[MT]	**BRAKE FLUID**	[ROUT]
bac de stockage		liquide de freins	
BOX-PALLET	[LOG]	**BRAKE HORSE-POWER (B.H.P.)**	[ROUT]
caisse-palette		cheval effectif	
BOX-PALLET, METAL ~	[LOG]	**BRAKE LEVER**	[ROUT]
caisse-palette en tôle		levier de frein à main	
BOX-PALLET, WIRE-MESH ~	[LOG]	**BRAKE LIGHTS**	[ROUT]
caisse-palette en fil métallique		feux de stop	
BOX WAGON (BRIT.)	[FER]	**BRAKE LINING**	[INTM]
fourgon		garniture de freins	
wagon couvert		**BRAKE PAD**	[INTM]
wagon fermé		plaquette de frein	
BOXCAR (US)	[FER]	**BRAKE SHOE**	[INTM]
wagon couvert		mâchoire de frein	
BOXING	[MT]	**BRAKE VAN**	[FER]
emboxage		fourgon à frein	
BRACKET, BODY ~	[ROUT]	**BRAKING**	[INTM]
support de carrosserie		freinage	
BRACKET, LOCKING BAR ~	[CONT]	**BRANCH**	[GEN]
bride de came		succursale	
BRACKET, SPRING ~	[ROUT]	**BRANCH LINE**	[FER]
main de ressort		embranchement	
BRACKISH WATER	[MAR]	ligne secondaire	
eau saumâtre		**BRAND**	[GEN]
BRAKE	[INTM]	marque (d'un produit de	
frein		consommation)	
BRAKE (TO)	[INTM]	**BREADTH**	[GEN]
freiner		largeur	
BRAKE, AIR ~	[AER]	**BREAK**	[GEN]
aérofrein		interruption	
BRAKE, AIR ~	[ROUT]	pause	
frein pneumatique		rupture	

BREAK (TO) [GEN]
casser
BREAK BULK (TO) [INTM]
dégrouper
BREAK BULK AGENT [INTM]
dégroupeur
BREAK DOWN A CONTAINER (TO) [MT]
déconteneuriser
BREAK-EVEN POINT (BEP) [LOG]
point mort
seuil de rentabilité
BREAK LOAD [INTM]
rupture de charge
BREAK LOAD (TO) [INTM]
rupture de charge, faire une ~
BREAK LOADING [INTM]
rupture de charge
BREAK OF BULK [INTM]
rupture de charge
BREAK UP A SHIP (TO) [MAR]
déchirer un navire
BREAK UP A TRAIN (TO) [FER]
défaire un train
BREAK-UP VALUE [GEN]
valeur de récupération
BREAKABLE [GEN]
fragile
BREAKAGE [GEN]
casse
BREAKAGE OF CUSTOMS SEALS [DN]
rupture des scellements douaniers
BREAKBULK CARGO [INTM]
marchandises non unitisées
BREAKBULK SHIP [MAR]
navire conventionnel
BREAKDOWN [GEN]
ventilation (ex. des ventes)
BREAKDOWN [INTM]
panne
BREAKDOWN VAN (BRIT.) [ROUT]
dépanneuse
BREAKWATER [MAR]
brise-lames
BREATH TESTING [ROUT]
alcootest

BREATHALYSER ® [ROUT]
alcootest
éthylomètre
BRIDGE [GEN]
pont
BRIDGE [MAR]
passerelle (de commandement)
BRIDGE, BASCULE ~ [ROUT]
pont basculant
BRIDGE, BOARDING ~ [AER]
passerelle
BRIDGE, LAND ~ [INTM]
parcours terrestre entre
deux trajets maritimes
BRIDGE, LIFT ~ [ROUT]
pont levant
BRIDGE, MOVABLE ~ [ROUT]
pont mobile
BRIDGE, SWING ~ [ROUT]
pont tournant
BRIEF (TO) [GEN]
donner des instructions
BRIGADE, FIRE ~ [GEN]
sapeurs-pompiers
BRINE [GEN]
saumure
BRINGING [INTM]
transport
BRITISH STANDARDS
INSTITUTE (BSI) [GEN]
association britannique
de normalisation (equiv. AFNOR)
BROAD [GEN]
large
BROAD GAUGE [FER]
écartement large
BROADCAST (TO) [GEN]
diffuser (par radio)
BROKEN-CASE HANDLING [LOG]
reconditionnement des produits dont
l'emballage est endommagé
BROKER [GEN]
courtier
BROKER, AIR ~ [AER]
courtier aérien

BROKER, CUSTOMS ~ [INTM]   Transport – logistique
Lexique

BROKER, CUSTOMS ~ [INTM]
 agent en douane
 commissionnaire en douane
 courtier en douane
 déclarant en douane

BROKER, INSURANCE ~ [ASS]
 courtier en assurances

BROKERAGE [GEN]
 courtage

BROKERAGE CERTIFICATE [MAR]
 certificat de courtage

BROKING [GEN]
 courtage

BUBBLEWRAP [LOG]
 film à bulles

BUCKET [MT]
 godet

BUCKET, CLAMSHELL ~ [MT]
 benne preneuse

BUCKET ELEVATOR [MT]
 élévateur à godets

BUCKET LOADER [MT]
 pelleteuse à godets

BUCKET-WHEEL [MT]
 roue-pelle

BUFFER [FER]
 butoir
 heurtoir
 tampon

BUFFER STOCK [LOG]
 stock tampon

BUFFET CAR [FER]
 wagon-bar

BUILD UP (TO) [LOG]
 constituer (ex. un conteneur complet, une palette)

BUILT-IN [GEN]
 incorporé

BUILT-IN TEST EQUIPMENT (BITE) [LS]
 équipement de test intégré

BUILT-UP AREA [ROUT]
 agglomération (urbaine)

BULB [GEN]
 ampoule

BULBOUS BOW [MAR]
 avant à bulbe

BULK [INTM]
 vrac (n.)

BULK, BREAK OF ~ [INTM]
 rupture de charge

BULK, TO BUY IN ~ [GEN]
 acheter en gros

BULK, DRY ~ [INTM]
 vrac sec

BULK, LIQUID ~ [INTM]
 vrac liquide

BULK CARRIER [MAR]
 vraquier

BULK CONTAINER [CONT]
 conteneur pour vrac

BULKHEAD [INTM]
 cloison écran
 cloison étanche

BULKY [GEN]
 encombrant
 volumineux

BULL RING [CONT]
 anneau de saisissage

BUMPER (BRIT.) [ROUT]
 pare-chocs

BUNDLE [MT]
 ballot

BUNK [INTM]
 couchette

BUNKER [MAR]
 soute

BUNKER ADJUSTMENT FACTOR (BAF) [MAR]
 frais de soute

BUNKER OIL [MAR]
 mazout lourd

BUNKERING [MAR]
 mise en soute du carburant
 soutage

BUOY [MAR]
 balise flottante
 bouée

BUOY, ANCHOR ~ [MAR]
 corps-mort

BUOY, BARREL ~ [MAR]
 bouée tonne

BUOY, BELL ~ [MAR]
 bouée à cloche

BUOY, CAN ~ [MAR]
 bouée conique

BUOY, CASK ~	[MAR]	**BUS STATION**	[ROUT]
bouée tonne		*gare routière*	
BUOY, DANGER ~	[MAR]	**BUSH**	[CONT]
vigie		*douille*	
BUOY, FAIRWAY ~	[MAR]	**BUSINESS CLASS**	[AER]
bouée de chenal		*classe affaires*	
BUOY, LEADING ~	[MAR]	**BUSINESS ENGINEERING**	[LOG]
bouée balise		*ingénierie*	
BUOY, LIFE ~	[MAR]	**BUSINESS PROCESS**	
bouée de sauvetage		**REENGINEERING (BPR)**	[LS]
BUOY, LIGHT ~	[MAR]	*ré-ingénierie des processus*	
bouée lumineuse		*de l'entreprise*	
BUOY, MOORING ~	[MAR]	**BUSINESS TO BUSINESS (B2B)**	[LOG]
corps-mort		*activité économique entre entreprises (tda)*	
BUOY, WHISTLE ~	[MAR]	**BUSINESS TO CONSUMER (B2C)**	[LOG]
bouée à sifflet		*activité économique entre entreprises*	
BURDEN	[MAR]	*et particuliers (tda)*	
jauge (capacité d'un navire)		**BUSINESS UNIT**	[LOG]
BURDEN, TON ~	[MAR]	*centre de profit*	
tonne de pontée		**BUTANE TANKER**	[MAR]
BURGLARY	[GEN]	*butanier*	
cambriolage		**BUY (TO)**	[GEN]
vol (ex. dans un local)		*acheter*	
BURGLARY INSURANCE	[ASS]	**BUY IN BULK (TO)**	[GEN]
assurance vol		*acheter en gros*	
BURLAP	[GEN]	**BUYER**	[GEN]
toile d'emballage		*acheteur*	
BURST TYRE	[INTM]	**BY-PASS**	[ROUT]
pneu éclaté		*rocade*	
BUS, DOUBLE-DECKER ~	[ROUT]	**BY-PASS (TO)**	[ROUT]
autobus à impériale		*contourner (ex. une ville)*	
BUS LANE	[GEN]	**BY PRIVATE AGREEMENT**	[GEN]
couloir d'autobus		*gré à gré, de ~*	
BUS SHELTER	[ROUT]	**BY-PRODUCT**	[GEN]
abri-bus		*dérivé (produit)*	
aubette		*sous-produit*	

Anglais/Français

C

CAB	[ROUT]	**CAB FORWARD**	[ROUT]
cabine de conduite		*cabine semi-avancée*	
taxi		**CAB INTERIOR**	[ROUT]
CAB, CLUB ~	[ROUT]	*habitacle*	
cabine longue		**CAB-OVER-ENGINE**	[ROUT]
CAB, CONTROL TOWER ~	[AER]	*cabine avancée*	
vigie		**CAB-OVER-ENGINE, LOW ~**	[ROUT]
CAB, CONVENTIONAL ~	[ROUT]	*cabine basse*	
cabine conventionnelle		**CAB-OVER-ENGINE NON SLEEPER**	[ROUT]
CAB, CREW ~	[ROUT]	*cabine avancée courte*	
cabine double		**CAB-OVER-ENGINE SLEEPER**	[ROUT]
CAB, HALF ~	[ROUT]	*cabine avancée longue*	
cabine étroite		**CABIN**	[AER]
CAB, HIGH ~	[ROUT]	*carlingue*	
cabine haute		**CABIN**	[INTM]
CAB, INTEGRAL		*cabine*	
SLEEPER CONVENTIONAL ~	[ROUT]	**CABIN CREW**	[AER]
cabine à couchette intégrée		*équipage commercial*	
CAB, SHORT CONVENTIONAL ~	[ROUT]	*personnel navigant commercial (PNC)*	
cabine semi-avancée		**CABINET, RACK ~**	[LOG]
CAB, TILT ~	[ROUT]	*coffre à tiroirs*	
cabine basculable		**CABINET, STORAGE ~**	[LOG]
CAB, TOP SLEEPER ~	[ROUT]	*armoire de stockage*	
cabine avancée courte avec		**CABLE-GRIP**	[MT]
couchette intégrée au-dessus		*tire-cable*	
du poste de conduite		**CABLE SHIP**	[MAR]
CAB ALONGSIDE ENGINE	[ROUT]	*câblier*	
cabine étroite		**CABOOSE (US)**	[FER]
CAB BEHIND ENGINE	[ROUT]	*fourgon de queue*	
cabine à capot long			

© Éditions d'Organisation

CABOTAGE [INTM]

Transport – logistique
Lexique

CABOTAGE [INTM]
cabotage
(routier, aérien, fluvial, maritime)
libre prestation de services (LPS)

CAGE, ROLL-ON ~ [MT]
roll conteneur

CAISSON [MAR]
bateau-porte

CALCULATE (TO) [GEN]
calculer

CALL [MAR]
escale

CALL (TO) [MAR]
faire escale

CALL, TO MAKE A ~ [INTM]
escale, faire ~

CALL, PORT OF ~ [MAR]
port d'escale

CALL FOR TENDERS [GEN]
appel d'offres

**CALS
IMPLEMENTATION PLAN (CALSIP)** [LS]
*plan de mise
en œuvre de CALS (tda)*

CAM END [CONT]
*pièce de verrouillage
(portes de conteneurs)*

CAM END GUIDE [CONT]
palier de crémone

CAM KEEPER [CONT]
auberon

CAMSHAFT [INTM]
arbre à cames

CAN [GEN]
*bidon
boîte de conserve*

CAN BUOY [MAR]
bouée conique

CANAL [FLV]
canal

CANAL BED [FLV]
radier (d'une écluse)

CANCEL (TO) [ASS]
résilier

CANCEL (TO) [GEN]
annuler

CANCELLATION [ASS]
résiliation

CANCELLATION [GEN]
annulation

CANISTER [GEN]
boîte métallique

CANNIBALIZE (TO) [GEN]
cannibaliser (prélever des pièces)

CANTILEVER [GEN]
porte-à-faux, en ~

CANTILEVER STORAGE [LOG]
stockage de charges longues

CANVAS [GEN]
toile

CANVASS (TO) [GEN]
*démarcher
prospecter*

CAP [GEN]
bouchon

CAP, CORNER ~ [FER]
chapeau d'angle

CAP, FILLER ~ [CONT]
bouchon de remplissage

CAP, HUB ~ [ROUT]
enjoliveur de roue

CAP, THREADED DUST ~ [CONT]
bouchon fileté

CAPABILITY, ALL-WEATHER ~ [AER]
atterrissage tout temps (ATT)

CAPABILITY, ALL-WEATHER ~ [INTM]
capacité tout temps

CAPACITY [GEN]
*capacité
contenance
volume*

CAPACITY, CARRYING ~ [INTM]
charge utile

CAPACITY, CUBIC ~ [GEN]
volume

CAPACITY, INTERIOR ~ [GEN]
volume intérieur

CAPACITY, LOAD ~ [INTM]
capacité de charge

CAPACITY, LOADING ~ [INTM]
capacité utile

CAPACITY, RATED ~ [INTM]
charge nominale

CAPACITY, SEATING ~ [INTM]
nombre de places assises

Transport – logistique
Lexique

CAR POOLING [ROUT]

CAPACITY, UNDER FLOOR ~ [AER]
capacité en soute

CAPACITY, UNOBSTRUCTED ~ [INTM]
volume intérieur disponible

CAPITAL EXPENDITURES [GEN]
dépenses d'investissement

CAPSIZE (TO) [MAR]
chavirer

CAPSTAN [MAR]
cabestan

CAPTAIN [AER]
commandant de bord

CAPTAIN [MAR]
capitaine
commandant

CAPTIVE CUSTOMER [LOG]
client captif

CAPTIVE WAREHOUSE [LOG]
entrepôt captif

CAR (US) [FER]
voiture
wagon

CAR [ROUT]
voiture

CAR, BALLAST ~ (US) [FER]
wagon pour transport de ballast

CAR, BOTTOM-DUMP ~ (US) [FER]
wagon à fond mobile

CAR, BUFFET ~ [FER]
wagon-bar

CAR, CLUB ~ (US) [FER]
wagon-restaurant

CAR, CONTAINER ~ (US) [FER]
wagon porte-conteneurs

CAR, DINING ~ [FER]
wagon-restaurant

CAR, DOUBLE-HOPPER GONDOLA ~ (US) [FER]
wagon plat-gondole à double trémie

CAR, DOUBLE SIDE-TIPPING ~ (US) [FER]
wagon à double bascule

CAR, DUMPING ~ (US) [FER]
wagon à bascule

CAR, FLAT ~ (US) [FER]
wagon à plate-forme

CAR, FREIGHT ~ (US) [FER]
wagon de marchandises

CAR, GALLERY ~ (US) [FER]
voiture à deux étages

CAR, GONDOLA ~ (US) [FER]
wagon plat-gondole
wagon tombereau

CAR, HOUSE ~ (US) [FER]
wagon couvert
wagon fermé

CAR, TO IMPOUND A ~ [ROUT]
mettre en fourrière

CAR, LOUNGE ~ (US) [FER]
wagon-restaurant

CAR, MAIL ~ (US) [FER]
wagon postal

CAR, OPEN-TOP ~ (US) [FER]
wagon tombereau

CAR, POWER ~ (US) [FER]
motrice (n.)

CAR, PRIVATE ~ [ROUT]
voiture particulière

CAR, PULLMAN ~ [FER]
wagon-lit

CAR, RENTAL ~ [ROUT]
voiture de location

CAR, RESTAURANT ~ (BRIT.) [FER]
wagon-restaurant

CAR, SCENIC ~ (US) [FER]
voiture panoramique

CAR, SELF-TIPPING ~ (US) [FER]
wagon à culbutage automatique

CAR, SIDE-DUMP ~ (US) [FER]
wagon à culbutage latéral

CAR, SKELETON FLAT ~ (US) [FER]
wagon plat pour transport de conteneurs

CAR, SLEEPING ~ [FER]
wagon-lit

CAR, STOCK ~ (US) [FER]
bétaillère

CAR CARRIER WAGON [FER]
wagon pour transport de véhicules

CAR FERRY [INTM]
transbordeur

CAR PARK (BRIT.) [ROUT]
parking

CAR POOLING [ROUT]
covoiturage

© Éditions d'Organisation

C — CAR SHARING [ROUT]

Transport – logistique
Lexique

CAR SHARING	[ROUT]	**CARGO, REVENUE ~**	[AER]
covoiturage		*fret payant*	
CARBURETTOR	[ROUT]	**CARGO, SERVICE ~**	[AER]
carburateur		*fret service*	
CARD, GREEN ~ (BRIT.)	[ROUT]	**CARGO BELT LOADER**	[MT]
carte verte		*convoyeur à bande*	
CARD, RAIL ~	[FER]	**CARGO DOCUMENTS SATCHEL**	[AER]
abonnement, carte d' ~		*sacoche documents fret*	
CARD, SMART ~	[GEN]	**CARGO INSURANCE**	[ASS]
carte à mémoire		*assurance sur marchandises*	
CARD, TALLY ~	[INTM]	**CARGO INSURANCE**	[MAR]
feuille de pointage		*assurance sur facultés*	
CARD HOLDER	[INTM]	**CARGO LINER**	[MAR]
abonné		*navire de charge régulier*	
CARD INDEX	[GEN]	**CARGO MANIFEST**	[INTM]
fichier		*manifeste de fret*	
CARDBOARD	[GEN]	**CARGO POLICY**	[MAR]
carton (matière)		*police sur facultés*	
CARDBOARD, CORRUGATED ~	[GEN]	**CARGO PREFERENCE**	[MAR]
carton ondulé		*préférence de pavillon*	
CAREENING BASIN	[MAR]	**CARGO SHARING**	[MAR]
bassin de carénage		*répartition des cargaisons*	
CARGO	[INTM]	**CARGO SHIP**	[MAR]
cargaison		*cargo*	
CARGO	[MAR]	**CARGO TERMINAL**	[AER]
facultés		*aérogare de fret*	
CARGO, AIR ~	[AER]	**CARNET, TIR ~**	[ROUT]
fret aérien		*carnet TIR*	
fret avionné		**CAROUSEL, VERTICAL ~**	[LOG]
CARGO, BREAKBULK ~	[INTM]	*casier noria*	
marchandises non unitisées		*noria*	
CARGO, DECK ~	[MAR]	*stockeur rotatif*	
pontée		**CAROUSEL / CARROUSEL**	[MT]
CARGO, DRY ~	[INTM]	*carrousel*	
marchandises sèches		**CARRIAGE**	[FER]
CARGO, GENERAL ~	[INTM]	*voiture*	
marchandises diverses		**CARRIAGE**	[INTM]
CARGO, NON-REVENUE ~	[AER]	*transport*	
fret gratuit		**CARRIAGE, ACCEPTANCE FOR ~**	[INTM]
CARGO, PIECE OF ~	[INTM]	*acceptation au transport*	
article transporté		**CARRIAGE, INLAND ~**	[INTM]
CARGO, TO RESTRAIN ~	[MT]	*transport intérieur*	
arrimer la marchandise		**CARRIAGE, LAND ~**	[INTM]
(ex. dans un conteneur)		*transport terrestre*	
CARGO, RESTRICTED ~	[AER]	**CARRIAGE, MOTOR ~ (BRIT.)**	[FER]
fret réglementé		*motrice (n.)*	

Transport – logistique
Lexique

CASK [GEN]

CARRIAGE, THROUGH ~ [INTM]
transport de bout en bout

CARRIAGE BY PIPELINE [GEN]
transport par conduite

CARRIAGE FORWARD [INTM]
port dû

CARRIAGE INSURANCE PAID TO... (CIP) [INTM]
port payé assurance comprise, jusqu'à ...

CARRIAGE PAID (C/P) [INTM]
port payé

CARRIAGE PAID TO (CPT) [INTM]
port payé jusqu'à...

CARRIAGEWAY [ROUT]
chaussée

CARRIAGEWAY, DUAL ~ [ROUT]
route à quatre voies

CARRIER [INTM]
transporteur

CARRIER, AIR ~ [AER]
transporteur aérien

CARRIER, BULK ~ [MAR]
vraquier

CARRIER, COMBINATION ~ [MAR]
navire mixte (ex. OBO, PROBO)

CARRIER, COMMON ~ [ROUT]
entreprise de transport public
transporteur pour compte d'autrui

CARRIER, CONTAINER ~ [MAR]
navire porte-conteneurs

CARRIER, FLAG ~ [AER]
compagnie nationale

CARRIER, FRUIT ~ [MAR]
navire fruitier

CARRIER, METHANE ~ [MAR]
méthanier

CARRIER, ORE ~ [MAR]
minéralier

CARRIER, PRIVATE ~ [ROUT]
transporteur pour compte propre

CARRIER, PURE CAR ~ (PCC) [MAR]
navire pour transport de voitures

CARRIER, PURE CAR / TRUCK ~ (PCTC) [MAR]
navire pour transport
de voitures et camions neufs

CARRIER, STRADDLE ~ [MT]
chariot cavalier

CARRIER HAULAGE [INTM]
transport terrestre effectué
par le transporteur maritime

CARRY (TO) [INTM]
transporter

CARRY IN STOCK (TO) [LOG]
avoir en stock

CARRY OUT (TO) [GEN]
effectuer (ex. des formalités)
exécuter (ex. un ordre)

CARRYING [INTM]
transport

CARRYING CAPACITY [INTM]
charge utile

CARRYING COST [LOG]
coût de possession du stock

CART [MT]
chariot

CART, APRON ~ [AER]
chariot de piste

CART, HANDLING ~ [MT]
chariot de manutention

CARTAGE (BRIT.) [ROUT]
camionnage
transport

CARTAGE CONTRACTOR [ROUT]
entrepreneur de transport routier

CARTEL [GEN]
cartel

CARTER [ROUT]
transporteur

CARTON [MT]
carton (emballage)

CASE [GEN]
caisse

CASH AND CARRY [GEN]
payer-prendre

CASH DEPOSIT [GEN]
consignation en espèces

CASH FLOW (CF) [GEN]
marge brute
d'autofinancement (M.B.A.)

CASH-ON-DELIVERY (COD) [INTM]
contre-remboursement

CASH WITH ORDER (CWO) [GEN]
paiement à la commande

CASK [GEN]
fût (en bois)

CASK BUOY	[MAR]
bouée tonne	
CAST OFF (TO)	[MAR]
larguer les amarres	
CASTER / CASTOR	[MT]
galet pivotant	
roue à tige	
roulette	
CASTING, CORNER ~	[CONT]
coin ISO	
pièce de coin	
CASUALTY	[ASS]
sinistre	
CASUALTY	[INTM]
accident de personne	
accidenté (n.)	
CATALYTIC CONVERTER	[ROUT]
pot catalytique	
CATAMARAN	[MAR]
catamaran	
CATENARY	[FER]
caténaire	
CATER (TO)	[INTM]
avitailler	
CATERER	[INTM]
entreprise d'avitaillement	
CATERING	[INTM]
armement hôtelier	
avitaillement	
CATERING VEHICLE	[AER]
camion commissariat	
CATERPILLAR-MOUNTED	[MT]
sur chenilles	
CATTLE TRUCK	[INTM]
bétaillère	
CATWALK	[GEN]
passerelle (wagon, conteneur-citerne, camion-citerne...)	
CAUSE AN OBSTRUCTION (TO)	[ROUT]
créer un embouteillage	
CAUSEWAY	[MAR]
chaussée (artificielle)	
CEILING, ABSOLUTE ~	[AER]
plafond théorique	
CEILING, SERVICE ~	[AER]
plafond pratique	
CEILING AIR DUCT	[CONT]
conduit d'aération au plafond	

CEILING AND VISIBILITY OK (CAVOK)	[AER]
plafond et visibilité OK	
CELL	[GEN]
cellule (ex. sur navire porte conteneurs)	
CELL	[LOG]
alvéole (de stockage)	
CELLULAR SHIP	[MAR]
navire cellulaire	
CENTER (US)	[GEN]
centre	
CENTER DIVIDER STRIP (US)	[ROUT]
terre-plein	
CENTIMETRE, CUBIC ~ (C.C.)	[GEN]
centimètre cube	
CENTRAL EUROPEAN COUNTRIES	[GEN]
pays de l'Est	
CENTRAL PROCESSING UNIT (CPU)	[GEN]
unité centrale (ordinateur)	
CENTRAL RESERVATION (BRIT.)	[ROUT]
terre-plein	
CENTRE (BRIT.)	[GEN]
centre	
CENTRE, TRAIN OPERATING ~ (TOC)	[FER]
centre de traitement ferroviaire	
CENTRE OF GRAVITY	[GEN]
centre de gravité	
CEREALS	[GEN]
céréales	
CERTIFICATE	[GEN]
attestation	
certificat	
CERTIFICATE, BOARD ~	[MAR]
reçu de bord	
CERTIFICATE, BROKERAGE ~	[MAR]
certificat de courtage	
CERTIFICATE, CLEARANCE ~	[MAR]
congé de navigation	
lettre de mer	
CERTIFICATE, INSURANCE ~	[ASS]
attestation d'assurance	
CERTIFICATE, INSURANCE ~ (I/C)	[ASS]
certificat d'assurance	
CERTIFICATE, MOVEMENT ~	[DN]
certificat de circulation des marchandises	
CERTIFICATE, PHYTOPATHOLOGICAL ~	[DN]
certificat phytopathologique	

CHARGE, FREE OF ~ [GEN]

CERTIFICATE, SAFETY MANAGEMENT ~ [MAR]
certificat de gestion de la sécurité

CERTIFICATE, SANITARY ~ [INTM]
certificat de salubrité

CERTIFICATE OF COMPLIANCE [GEN]
certificat de conformité

CERTIFICATE OF HEALTH [GEN]
certificat sanitaire

CERTIFICATE OF ORIGIN (C/O) [DN]
certificat d'origine

**CERTIFICATE OF PROFESSIONAL
COMPETENCE (CPC)** [ROUT]
attestation de capacité

**CERTIFICATE OF RECEIPT,
FORWARDING AGENT ~ (FCR)** [INTM]
*attestation de prise en charge
du transitaire (APC)*

CERTIFICATE OF REGISTRY [INTM]
acte de nationalité

CERTIFICATE OF SURVEY [ASS]
certificat d'inspection

**CERTIFICATE OF TRANSPORT,
FORWARDER ~ (F.C.T.)** [INTM]
certificat de transport

CERTIFICATION [GEN]
*certification
homologation*

CERTIFICATION, SHIPPER'S ~ [AER]
attestation de l'expéditeur

CERTIFICATION OF AIRCRAFT [AER]
*délivrance du certificat
de navigabilité*

**CERTIFIED PROFESSIONAL
LOGISTICIAN (CPL)** [LOG]
*diplôme professionnel
de logisticien (tda)*

CERTIFY (TO) [GEN]
*certifier
homologuer*

CESSATION OF RISK [ASS]
fin du risque

CHAIN [GEN]
chaîne

CHAIN, SUPPLY ~ [LOG]
chaîne logistique

CHAIN CONVEYOR [MT]
*convoyeur à chaine
transporteur à chaîne*

CHAIR, SLIDE ~ [FER]
coussinet de glissement

CHANDLER, SHIP ~ [MAR]
approvisionneur de la marine

CHANDLER, SHIP'S ~ [MAR]
approvisionneur de la marine

CHANGE (TO) [GEN]
changer

CHANGE, CREW ~ [AER]
*relève d'équipage
rotation d'équipage*

CHANGE, LAST MINUTE ~ (LMC) [AER]
rectification de dernière minute

CHANGE, MASTER ~ (MC) [AER]
*spécification de changement
notifié (SCN)*

CHANGE, OIL ~ [INTM]
vidange (moteur)

CHANGE, REQUEST FOR ~ (RFC) [AER]
*réaménagement
(requête formulée par le client) (RFC)*

CHANGE GEAR (TO) [ROUT]
changer de vitesse

CHANNEL (TO) [LOG]
canaliser

CHANNEL [MAR]
chenal

CHANNEL, GREEN ~ [DN]
circuit vert

CHANNEL, RADIO ~ [INTM]
canal radio

CHANNEL, RED ~ [DN]
circuit rouge

CHANNEL TUNNEL [INTM]
tunnel sous la Manche

CHARACTERISTICS [GEN]
caractéristiques

CHARGE [GEN]
*prix (d'un service)
redevance*

CHARGE (TO) [GEN]
*payer, faire ~
taxer*

CHARGE, AIRPORT SERVICE ~ [AER]
redevance aéroportuaire

CHARGE, FREE OF ~ [GEN]
gratuit

CHARGE, PERSON IN ~	[GEN]
responsable (n.)	
CHARGE, WEIGHT ~	[INTM]
taxation au poids	
CHARGE HAND	[GEN]
chef d'équipe	
CHARGEABLE WEIGHT	[INTM]
poids taxable	
CHARGES	[GEN]
frais (n.)	
CHARGES, ACCOUNT OF ~	[INTM]
note de frais	
CHARGES, CONTAINER DETENTION ~	[CONT]
frais de surestaries	
CHARGES, CUSTOMARY ~	[INTM]
frais conformes aux usages locaux	
CHARGES, FREE OF (ALL) ~	[INTM]
franco de tous frais	
CHARGES, HANDLING ~	[INTM]
frais de manutention	
CHARGES, LANDING ~	[MAR]
frais de débarquement	
CHARGES, LCL ~	[CONT]
frais d'empotage / dépotage (groupage)	
CHARGES, LIGHTERAGE ~	[MAR]
frais d'allège	
CHARGES, PORT ~	[MAR]
frais portuaires	
CHARGES, SCHEDULE OF ~	[GEN]
barême des prix	
CHARGES, TAPERING ~	[INTM]
tarif dégressif	
CHARGES, TERMINAL HANDLING ~ (THC)	[CONT]
frais de manutention au terminal frais de passage portuaire	
CHARGES, WAGON DEMURRAGE ~	[FER]
frais de stationnement d'un wagon	
CHARGES, WHARFAGE ~	[MAR]
droits de quai	
CHARGES PREPAID (CH.PPD)	[INTM]
franco de tous frais	
CHART	[GEN]
graphique (n.) tableau	
CHART	[INTM]
carte (marine, aéronautique)	
CHART	[ROUT]
disque (du chronotachygraphe)	
CHART, BALANCE ~	[AER]
feuille de centrage	
CHART, FAULT DIAGNOSIS ~	[LS]
arbre de pannes	
CHART, FLOW ~	[LOG]
arborescence des flux diagramme des flux	
CHART, LOADING ~	[AER]
plan de soute	
CHART, MANAGEMENT ~	[LOG]
tableau de bord	
CHART, ORGANIZATION ~	[GEN]
organigramme	
CHART, PERFORMANCE ~	[LOG]
tableau de bord	
CHART, SEATING ~	[AER]
plan de cabine	
CHART, TROUBLESHOOTING ~	[LS]
arbre de test	
CHART, WEATHER ~	[GEN]
carte météorologique	
CHARTER (TO)	[INTM]
affréter (prendre à fret) noliser	
CHARTER, ADVANCE BOOKING ~	[INTM]
affrètement à réservation anticipée	
CHARTER, AFFINITY ~	[AER]
vol affrété pour un seul groupe ou association	
CHARTER, BARE-BOAT ~	[MAR]
affrètement en coque nue	
CHARTER, COMMON PURPOSE ~	[INTM]
affrètement à but commun	
CHARTER, FORWARD ~	[MAR]
affrètement à terme	
CHARTER, SINGLE ENTITY ~	[AER]
affrètement par un seul organisme	
CHARTER, SPLIT ~	[AER]
affrètement partiel	
CHARTER, SPOT ~	[MAR]
affrètement spot	
CHARTER, TIME ~	[MAR]
affrètement à temps	

CHARTER, VOYAGE ~	[MAR]
affrètement au voyage	
CHARTER FLIGHT	[AER]
vol affrété	
CHARTER OPERATOR	[AER]
compagnie charter	
CHARTER-PARTY (C/P)	[MAR]
charte-partie	
contrat d'affrètement maritime	
CHARTER-PARTY, DEMISE ~	[MAR]
charte-partie de longue durée	
CHARTER-PARTY, TIME ~	[MAR]
charte-partie à temps	
CHARTER-PARTY, TRIP ~	[MAR]
charte-partie au voyage	
CHARTER-PARTY, VOYAGE ~	[MAR]
charte-partie au voyage	
CHARTER-PARTY BILL OF LADING	[MAR]
connaissement pour marchandises transportées sous charte-partie	
CHARTERER	[INTM]
affréteur (qui prend en location)	
CHARTERING	[INTM]
affrètement	
CHASSIS	[INTM]
châssis	
CHASSIS, BARE ~	[INTM]
châssis nu	
CHASSIS, FIXED ~	[INTM]
châssis porte-conteneur (à essieux fixes)	
CHASSIS, GOOSENECK ~	[ROUT]
châssis à col de cygne	
CHASSIS, SKELETAL ~	[ROUT]
châssis porte-conteneur	
CHASSIS, YARD ~	[MT]
châssis porte-conteneur (utilisé au terminal)	
CHASSIS FRAME	[ROUT]
cadre de châssis	
CHECK	[GEN]
contrôle	
vérification	
CHECK (TO)	[GEN]
contrôler	
vérifier	
CHECK AND SIGN FOR (TO)	[LOG]
réceptionner (des marchandises)	

CHECK, RANDOM ~	[GEN]
contrôle par sondage	
CHECK, SPOT ~	[GEN]
contrôle par sondage	
CHECK BAGGAGE (TO)	[INTM]
enregistrer les bagages	
CHECK-IN (TO)	[AER]
enregistrer	
CHECK-IN AGENT	[AER]
enregistreur	
CHECK-IN COUNTER	[AER]
banque d'enregistrement	
CHECK-IN DESK	[AER]
banque d'enregistrement	
CHECK-LIST	[GEN]
liste de contrôle	
CHECK-RAIL	[FER]
contre-rail	
CHECKING-IN	[AER]
enregistrement	
CHECKING TEMPLATE	[GEN]
gabarit de vérification	
CHECKROOM (US)	[INTM]
consigne (à bagages)	
CHEMICAL GAS	[GEN]
gaz chimique	
CHEMICAL PRODUCT	[GEN]
produit chimique	
CHEMICALS	[GEN]
produits chimiques	
CHEMICALS,	
NON DANGEROUS ~ (NDC)	[INTM]
produits chimiques non dangereux	
CHEMICALS, POWDERED ~	[GEN]
produits chimiques pulvérulents	
CHICANE	[ROUT]
chicane	
CHIEF	[GEN]
chef	
CHILLED FOODS	[GEN]
aliments réfrigérés	
CHOCK	[INTM]
cale (de roue)	
CHOCK (TO)	[MT]
caler	

CHOKE [ROUT]
enrichisseur
starter

CHUNNEL [INTM]
tunnel sous la Manche

CHUTE [MT]
glissière
toboggan

CIF LANDED [MAR]
CIF débarqué

CIRCLE, QUALITY ~ [LOG]
cercle de qualité

CIRCUIT, SHORT ~ [GEN]
court-circuit

CIRCULATION, FREE ~ [DN]
libre pratique

CIRCULATION, FREE ~ [GEN]
libre circulation

CIRCUMSTANCES PREVENTING CARRIAGE [INTM]
empêchement au transport

CIVIL AVIATION AUTHORITY (CAA) [AER]
autorité régissant l'aviation civile britannique (tda)

CIVIL ENGINEERING STRUCTURE [INTM]
ouvrage d'art

CIVIL LIABILITY [ASS]
responsabilité civile

CLAIM [ASS]
demande d'indemnité

CLAIM [GEN]
demande de paiement

CLAIM (TO) [GEN]
réclamer

CLAIM, TO ADJUST A ~ [ASS]
régler un sinistre

CLAIM, BAGGAGE ~ [AER]
livraison des bagages

CLAIM, NOTICE OF ~ [ASS]
déclaration de sinistre

CLAIM, TO SUBSTANTIATE A ~ [ASS]
justifier une réclamation

CLAIM ADJUSTMENT FILE [MAR]
dispache

CLAIMANT [ASS]
réclamant (n.)

CLAIMS [ASS]
réclamations

CLAIMS DEPARTMENT [ASS]
service des sinistres

CLAIMS DEPARTMENT [GEN]
service des litiges

CLAMP [MT]
attache
pince

CLAMP, WHEEL ~ [ROUT]
sabot (de Denver)

CLAMSHELL BUCKET [MT]
benne preneuse

CLASP [CONT]
gâche

CLASS, BUSINESS ~ [AER]
classe affaires

CLASS, ECONOMY ~ [INTM]
classe économique

CLASS, FIRST ~ [INTM]
première classe

CLASS, TOURIST ~ [INTM]
classe touriste

CLASS RATE [INTM]
classe tarifaire

CLASSIFICATION SOCIETY [MAR]
société de classification

CLASSIFICATION YARD (US) [FER]
gare de triage

CLAUSE, ADDITIONAL ~ [GEN]
avenant

CLAUSE, BOTH TO BLAME COLLISION ~ [ASS]
clause de responsabilité réciproque en cas d'abordage

CLAUSE, RED ~ [GEN]
clause spéciale (permet d'avancer les fonds au bénéficiaire d'un CREDOC)

CLAUSE, WAIVER ~ [ASS]
clause de désistement

CLAUSÉ BILL OF LADING [MAR]
connaissement avec réserves
connaissement clausé

CLEAN (TO) [GEN]
nettoyer

CLEAN BILL OF LADING [MAR]
connaissement net
connaissement non clausé
connaissement sans réserves

CLOSED WAGON [FER]

CLEAN RECORD [GEN]
casier judiciaire vierge

CLEAN SIGNATURE [INTM]
signature sans réserves

CLEAR (TO) [GEN]
autoriser
dégager (ex. une route)

CLEAR FOR HOME USE (TO) [DN]
mettre à la consommation

CLEAR FOR TAKE-OFF (TO) [AER]
autoriser à décoller

CLEAR ON WHEELS (TO) [DN]
dédouaner sur véhicule

CLEAR PORT (TO) [MAR]
quitter le port

CLEAR THROUGH CUSTOMS (TO) [INTM]
dédouaner

CLEARANCE [GEN]
autorisation

CLEARANCE [INTM]
clairance
espace libre
(entre un véhicule et un obstacle)

CLEARANCE, AXLE ~ [ROUT]
hauteur à l'essieu

CLEARANCE, CUSTOMS ~ [DN]
dédouanement

CLEARANCE, GROUND ~ [INTM]
garde au sol

CLEARANCE, HEADROOM ~ [GEN]
espace libre en hauteur

CLEARANCE, OVERHEAD ~ [GEN]
hauteur libre

CLEARANCE, OVERHEAD ~ [MAR]
tirant d'air

CLEARANCE CERTIFICATE [MAR]
congé de navigation
lettre de mer

CLEARANCE INWARDS [DN]
dédouanement à l'importation

CLEARANCE LIGHTS [ROUT]
feux de gabarit

CLEARANCE OUTWARDS [DN]
dédouanement à l'exportation

CLEARED [DN]
dédouané

CLEARWAY (BRIT.) [ROUT]
voie express

CLERICAL WORK [GEN]
travail de bureau

CLERK [GEN]
employé de bureau

CLERK, SENIOR ~ [AER]
chef de file

CLERK, SENIOR ~ [GEN]
chef de bureau

CLERK, SHIPPING ~ [INTM]
commis de consignation

CLERK, TALLY ~ [INTM]
pointeur

CLERK, WATER ~ [MAR]
agent de consignation

CLEVIS, TOWING ~ [ROUT]
chape de dépannage

CLIENT [GEN]
client
mandant (n.)

CLIENTELE [GEN]
clientèle

CLIMATE-CONTROLLED [GEN]
climatisé

CLINKER [GEN]
mâchefer

CLIP [GEN]
attache

CLIP-ON GENERATOR SET [CONT]
groupe électrogène amovible
(pour conteneur frigo)

CLIP-ON REFRIGERATION UNIT [CONT]
groupe frigorifique amovible

CLIPPER BOW [MAR]
avant à guibre

CLOCKWISE [GEN]
sens des aiguilles d'une montre,
dans le ~

CLOSE-COUPLED TRAILER [ROUT]
remorque à attelage court

CLOSE DOWN (TO) [GEN]
fermer (ex. un aéroport)

CLOSE-OUT TIME [AER]
heure limite d'enregistrement

CLOSED CIRCUIT TELEVISION (CCTV) [GEN]
télévision en circuit fermé

CLOSED WAGON [FER]
wagon couvert

CLOSURE, LANE ~	[ROUT]	**COAST**	[MAR]
fermeture de voie de circulation		côte	
CLOTHES HANGER	[GEN]	**COASTAL NAVIGATION**	[MAR]
cintre		cabotage (navigation côtière)	
CLOTHES RACK	[GEN]	navigation côtière	
portant de vêtements		**COASTAL SHIPPING**	[MAR]
CLOVERLEAF CROSSOVER	[ROUT]	cabotage (navigation côtière)	
pont échangeur (autoroute)		**COASTER**	[MAR]
CLUB CAB	[ROUT]	caboteur	
cabine longue		**COATING, PROTECTIVE ~**	[GEN]
CLUB CAR (US)	[FER]	revêtement protecteur	
wagon-restaurant		**COCK**	[GEN]
CLUTCH	[ROUT]	robinet	
embrayage		**COCK, DRAIN ~**	[CONT]
CLUTCH, TO LET OUT THE ~	[ROUT]	robinet de conduite	
embrayer		**COCKPIT**	[AER]
CMR NOTE	[ROUT]	poste de pilotage	
lettre de voiture (CMR)		**COCKPIT CREW**	[AER]
CO-CONTRACTING PARTY	[ASS]	personnel navigant technique (PNT)	
co-contractant (n.)		**COCKPIT VOICE RECORDER (CVR)**	[AER]
CO-LOADED	[INTM]	boîte noire	
chargement mixte, à ~ (palette)		enregistreur de vol	
CO-MANAGED INVENTORY (CMI)	[LOG]	**CODE (TO)**	[GEN]
gestion partagée des approvisionnements (accord formel) (GPA)		coder	
		CODE, BAR ~	[LOG]
CO-PACKING	[LOG]	code barres	
conditionnement à façon		**CODE, COMMERCIAL ~**	[GEN]
CO-PILOT	[AER]	code de commerce	
co-pilote		**CODE, HIGHWAY ~**	[ROUT]
COACH (BRIT.)	[FER]	code de la route	
voiture		**CODE, LINER CONFERENCE ~**	[MAR]
COACH	[ROUT]	code de conduite des conférences maritimes	
autocar			
car		**CODE-CARD**	[GEN]
COACH OPERATOR	[ROUT]	carte à code	
autocariste		**CODE-SHARING AGREEMENT**	[AER]
COACH STATION	[ROUT]	accord de partage	
gare routière		**CODING, BAR ~**	[LOG]
COACH TOUR	[ROUT]	encodage	
voyage en car		**COEFFICIENT OF DRAG (CD)**	[INTM]
COACHWORK	[INTM]	coefficient de pénétration dans l'air (CX)	
carrosserie			
COAL	[GEN]	**COFFERDAM**	[FLV]
charbon		batardeau	
		palplanche	
COAMING	[MAR]	**COIL**	[MT]
hiloire		bobine (ex. feuilles d'acier)	

COMMISSION [GEN]

COIN-OPERATED TICKET MACHINE [INTM]
billetterie automatique

COINSURANCE [ASS]
coassurance

COKE [GEN]
coke

COLD ROOM [LOG]
chambre froide

COLD STORAGE [LOG]
stockage en chambre froide

COLD STORE [LOG]
chambre froide

COLLABORATIVE PLANNING, FORECASTING AND REPLENISHMENT (CPFR) [LOG]
approvisionnement partagé client-fournisseur en vision commune (tda)

COLLAPSIBLE CONTAINER [CONT]
conteneur démontable
conteneur repliable

COLLAR, PALLET ~ [MT]
rehausse pour palette

COLLATE (TO) [GEN]
collationner

COLLECT (TO) [GEN]
encaisser

COLLECT (TO) [INTM]
collecter (ex. des marchandises)
enlever (ex. des marchandises)
ramasser (ex. des marchandises)

COLLECT, FREIGHT ~ [INTM]
port dû

COLLECT DUTIES (TO) [DN]
percevoir des droits

COLLECTION [GEN]
encaissement

COLLECTION [INTM]
collecte
enlèvement
ramassage

COLLIER [MAR]
navire charbonnier

COLLISION [INTM]
collision

COLLISION [MAR]
abordage

COLLISION, ACCIDENTAL ~ [INTM]
collision fortuite

COLUMN, CONTROL ~ [AER]
manche de commande

COLUMN, STEERING ~ [ROUT]
colonne de direction

COMBI-AIRCRAFT [AER]
avion mixte

COMBINATION / COMBINED VESSEL (COMBO) [MAR]
navire mixte (marchandises en conteneurs ou non)

COMBINATION CARRIER [MAR]
navire mixte (ex. OBO, PROBO)

COMBINED BILL OF LADING [INTM]
connaissement de transport combiné (C.T.C.)

COMBINED TRANSPORT (CT) [INTM]
transport combiné

COMBINED TRANSPORT OPERATOR (CTO) [INTM]
entrepreneur de transport combiné (ETC)

COMBUSTION, SPONTANEOUS ~ [GEN]
combustion spontanée

COME ALONGSIDE (TO) [MAR]
venir à quai

COME INTO EFFECT (TO) [GEN]
entrer en vigueur

COME INTO FORCE (TO) [GEN]
entrer en vigueur

COMMENCEMENT OF RISK [ASS]
mise en risque

COMMERCE, ELECTRONIC ~ (EC) [LOG]
commerce électronique

COMMERCIAL CODE [GEN]
code de commerce

COMMERCIAL COURT [GEN]
tribunal de commerce

COMMERCIAL LAW [GEN]
droit commercial

COMMERCIAL VALUE, NO ~ (NCV) [DN]
sans valeur commerciale (SVC)

COMMISSION, FORWARDING AGENT'S ~ (F.A.C.) [INTM]
commission (au) transitaire (C.T.)

COMMISSARY (US) [INTM]
armement hôtelier

COMMISSION [GEN]
commission

COMMISSION [MAR]

COMMISSION [MAR]
armement

COMMISSION, FREIGHT ~ [INTM]
commission sur fret

COMMISSION A SHIP (TO) [MAR]
armer un navire

COMMISSION A STUDY (TO) [GEN]
commander une étude

COMMISSION AGENT [INTM]
commissionnaire

COMMIT ONESELF (TO) [GEN]
engager, s' ~

COMMITMENT [GEN]
engagement

COMMODITIES [GEN]
denrées
marchandises

COMMODITIES, HIGH-VALUE ~ [LOG]
marchandises à haute valeur ajoutée

COMMODITIES, LOW-VALUE ~ [LOG]
marchandises à faible valeur ajoutée

COMMON
AGRICULTURAL POLICY (CAP) [GEN]
Politique Agricole Commune (PAC)

COMMON CARRIER [ROUT]
entreprise de transport public
transporteur pour compte d'autrui

COMMON CARRIER BILL OF LADING [INTM]
connaissement pour tous modes
de transport

COMMON CUSTOMS TARIFF (CCT) [DN]
tarif douanier commun (TDC)

COMMON SOURCE DATABASE (CSDB) [LOG]
base de données commune (tda)

COMMUNICATIONS, AIR-TO-GROUND ~ [AER]
communications air-sol

COMMUNITY ORIGIN [DN]
origine communautaire

COMMUTE (TO) [INTM]
trajet régulier domicile-travail,
faire un ~

COMMUTER [INTM]
migrant journalier
navetteur

COMMUTING [INTM]
déplacement pendulaire

COMMUTER BELT [GEN]
grande banlieue

COMMUTER TRAIN [FER]
train de banlieue

COMPACT STORAGE [LOG]
stockage par accumulation

COMPANY [GEN]
entreprise

COMPANY,
INCORPORATED ~ (US) (INC.) [GEN]
société anonyme (S.A.)

COMPANY, INSURANCE ~ [ASS]
compagnie d'assurance

COMPANY, PRIVATE LIMITED ~ [GEN]
société anonyme
à responsabilité limitée (S.A.R.L.)

COMPANY,
PUBLIC LIMITED ~ (PLC / plc) [GEN]
société anonyme (S.A.)

COMPANY, SEA-RIVER ~ [INTM]
armement fluvio-maritime

COMPANY, SHIPPING ~ [MAR]
compagnie maritime

COMPANY, TRUCKING ~ (US) [ROUT]
entreprise de camionnage

COMPANY CAR [GEN]
voiture de société

COMPARTMENT, AFTER ~ [AER]
compartiment arrière

COMPARTMENT, BELLY ~ [AER]
soute ventrale

COMPARTMENT, FORWARD ~ [AER]
compartiment avant

COMPARTMENT,
OVERHEAD BAGGAGE ~ [AER]
compartiment de rangement cabine

COMPASS [GEN]
boussole

COMPASS [MAR]
compas

COMPENSATE (TO) [GEN]
compenser

COMPENSATION [ASS]
compensation
dédommagement
indemnité

COMPETE WITH (TO) [GEN]
concurrencer

COMPETENT JURISDICTION [ASS]
juridiction compétente

COMPETITION	[GEN]	**COMPROMISE**	[GEN]
concurrence		*compromis*	
COMPETITIVE	[GEN]	**COMPULSORY**	[GEN]
concurrenciel		*obligatoire*	
COMPETITIVENESS	[GEN]	**COMPUTATION**	[GEN]
compétitivité		*calcul*	
COMPETITOR	[GEN]	**COMPUTATION,**	
concurrent (n.)		**WEIGHT AND BALANCE ~**	[AER]
COMPLAIN (TO)	[GEN]	*centrage*	
plaindre, se ~		**COMPUTE (TO)**	[GEN]
COMPLAINT	[GEN]	*calculer*	
plainte		**COMPUTER**	[GEN]
réclamation		*ordinateur*	
COMPLETE	[GEN]	**COMPUTER, LAPTOP ~**	[GEN]
complet		*ordinateur portable*	
COMPLETE (TO)	[GEN]	**COMPUTER, ON-BOARD ~**	[INTM]
achever		*ordinateur embarqué*	
compléter (ex. un document)		**COMPUTER-AIDED ACQUISITION**	
terminer		**AND LOGISTIC SUPPORT**	
COMPLETE LOAD	[INTM]	**(CALS 2ND GENERATION) (CALS)**	[LS]
charge complète		*soutien et acquisition assistés*	
COMPLETION	[GEN]	*par ordinateur*	
achèvement		*(2e génération de CALS)*	
COMPLIANCE, CERTIFICATE OF ~	[GEN]	**COMPUTER-AIDED DESIGN (CAD)**	[LS]
certificat de conformité		*conception assistée*	
COMPLIANCE, DOCUMENT OF ~	[MAR]	*par ordinateur (CAO)*	
attestation de conformité		**COMPUTER-AIDED DESIGN**	
COMPLIANT WITH	[GEN]	**AND MANUFACTURING (CAD-CAM)**	[LS]
conforme à...		*conception et fabrication assistées*	
COMPLIMENTARY	[GEN]	*par ordinateur (CFAO)*	
gracieux, à titre ~		**COMPUTER-AIDED ENGINEERING**	[LS]
COMPLY WITH (TO)	[GEN]	*ingénierie assistée par ordinateur*	
conformer à, se ~		**COMPUTER-AIDED LOGISTIC SUPPORT**	
respecter (ex. une réglementation)		**(CALS 1ST GENERATION) (CALS)**	[LS]
COMPONENT	[GEN]	*intégration du soutien logistique*	
composant (n.)		*par l'informatique*	
COMPOUND (TO)	[GEN]	*(1re génération de CALS)*	
aggraver		**COMPUTER-AIDED LOGISTICS**	[LOG]
transiger		*logistique assistée par ordinateur*	
COMPREHENSIVE	[GEN]	**COMPUTER-AIDED**	
complet		**LOGISTICS MANAGEMENT**	[LOG]
exhaustif		*gestion informatisée de la logistique*	
global		**COMPUTER-AIDED**	
COMPREHENSIVE INSURANCE	[ASS]	**MAINTENANCE CONTROL**	[LS]
assurance multirisques		*gestion de maintenance assistée*	
COMPRESSED AIR	[GEN]	*par ordinateur (GMAO)*	
air comprimé		**COMPUTER-AIDED**	
		MANUFACTURING (CAM)	[LS]
		fabrication assistée par ordinateur	

COMPUTER-AIDED PICKING SYSTEM (CAPS) [LOG]

COMPUTER-AIDED PICKING SYSTEM (CAPS) [LOG]
système de préparation de commandes informatisé (tda)

COMPUTER-AIDED PRODUCTION CONTROL [LOG]
gestion de production assistée par ordinateur (GPAO)

COMPUTER CONTROL SYSTEM [GEN]
pilotage informatique

COMPUTER-INTEGRATED MANUFACTURING (CIM) [LS]
production informatisée
productique

COMPUTER-INTEGRATED MANUFACTURING, FLEXIBLE ~ (FCIM) [LS]
production informatisée flexible (tda)

COMPUTER-INTEGRATED MANUFACTURING AND ENGINEERING (CIME) [LS]
production et ingénierie informatisées (tda)

COMPUTER NUMERICAL CONTROL (CNC) [LS]
commande numérique par calculateur (CNC)

COMPUTERIZE (TO) [GEN]
informatiser

COMPUTERIZED DOCUMENTATION (COMDOC) [LOG]
documents informatisés

COMPUTERIZED WAREHOUSE [LOG]
entrepôt informatisé

CONCATENATE (TO) [GEN]
concaténer

CONCERN [GEN]
entreprise

CONCESSION [GEN]
concession

CONCESSION FARE [INTM]
billet à tarif réduit

CONCESSIONAIRE [GEN]
concessionnaire

CONCOURSE [AER]
hall

CONCRETE [GEN]
béton

CONCRETE LINKSPAN [MAR]
rampe en béton

CONCURRENT ENGINEERING (CE) [LS]
conception en parallèle
conception simultanée
ingénierie concourante
ingénierie intégrée
ingénierie simultanée
intégration des processus (traduction AFNOR)

CONDENSATION [GEN]
condensation

CONDITION [GEN]
état (ex. des marchandises)

CONDITIONS [GEN]
conditions de paiement

CONDITIONS, ROAD ~ [ROUT]
état des routes

CONDITIONS, SEATING ~ [AER]
répartition des passagers

CONDUCTOR (US) [FER]
chef de train

CONDUCTOR [ROUT]
receveur d'autobus

CONFERENCE [MAR]
conférence

CONFERENCE, FREIGHT ~ [MAR]
conférence de fret

CONFERENCE LINER [MAR]
navire de conférence

CONFERENCE RATE [MAR]
taux de la conférence

CONFERENCE TERMS (CT) [MAR]
conditions de la conférence

CONFIGURATION [GEN]
configuration

CONFIGURATION MANAGEMENT [LS]
gestion de configuration

CONFIRMED DOCUMENTARY CREDIT [INTM]
crédit documentaire confirmé

CONFORMITY [GEN]
conformité à...

CONGESTED [INTM]
encombré

CONGESTION [INTM]
encombrement (densité de trafic)

CONGESTION SURCHARGE [MAR]
surtaxe d'encombrement

Transport - logistique
Lexique

CONTAINER, BULK ~ [CONT]

CONNECT (TO) [INTM]
desservir
relier

CONNECTING FLIGHT [AER]
vol en correspondance

CONNECTING POINT [AER]
point de correspondance

CONNECTING ROD [FER]
bielle

CONNECTION [INTM]
correspondance
liaison

CONNECTION, ELECTRICAL ~ [ROUT]
tête d'accouplement
(sur semi-remorque)

CONNECTION, HOSE ~ [INTM]
durite

CONNECTION, INTERLINE ~ [AER]
correspondance inter-compagnies

CONNECTION, INTRALINE ~ [AER]
correspondance même compagnie

CONNECTION, PLANE TO PLANE ~ [AER]
correspondance bord à bord

CONNECTION, TARMAC ~ [AER]
correspondance bord à bord

CONNECTOR [LOG]
attache de palettier

CONSEQUENTIAL DAMAGE [ASS]
dommages indirects

CONSIGN (TO) [INTM]
expédier

CONSIGNEE [INTM]
consignataire
destinataire

CONSIGNEE'S RECEIPT [INTM]
récépissé au destinataire

CONSIGNMENT [INTM]
envoi
expédition

CONSIGNMENT, EXPRESS ~ [INTM]
envoi express

CONSIGNMENT, PART ~ [INTM]
expédition partielle

CONSIGNMENT NOTE [ROUT]
lettre de voiture (CMR)

CONSIGNMENT NOTE, AIR ~ (ACN) [AER]
lettre de transport aérien (LTA)

CONSIGNMENT NOTE, RAIL ~ [FER]
lettre de voiture ferroviaire (C.I.M.)

CONSIGNOR [INTM]
expéditeur

CONSIGNOR'S RECEIPT [INTM]
récépissé à l'expéditeur

CONSOLE [GEN]
console
pupitre

CONSOLIDATE (TO) [INTM]
grouper

CONSOLIDATED RAIL CORPORATION (CONRAIL) [FER]
compagnie ferroviaire américaine

CONSOLIDATION [INTM]
groupage

CONSOLIDATION PLATFORM [INTM]
plate-forme de groupage

CONSOLIDATOR [INTM]
groupeur

CONSTRAINT-BASED PLANNING (CBP) [LOG]
planification sous contraintes

CONSULAR FEES [INTM]
droits consulaires

CONSULAR INVOICE [INTM]
facture consulaire

CONSULTING SERVICES IN LOGISTICS [LOG]
conseil en logistique

CONSUME (TO) [GEN]
consommer

CONSUMER [GEN]
consommateur

CONSUMER GOODS [GEN]
biens de consommation

CONSUMPTION [GEN]
consommation

CONTACT POINT [ROUT]
vis platinée

CONTAIN (TO) [GEN]
contenir

CONTAINER [CONT]
boîte
conteneur

CONTAINER, TO BREAK DOWN A ~ [MT]
déconteneuriser

CONTAINER, BULK ~ [CONT]
conteneur pour vrac

CONTAINER, COLLAPSIBLE ~ [CONT]

CONTAINER, COLLAPSIBLE ~ [CONT]
   conteneur démontable
   conteneur repliable

CONTAINER, DOUBLE-DECK ~ [CONT]
   conteneur à double plancher

CONTAINER, DRY BULK FREIGHT ~ [CONT]
   conteneur à pulvérulents

CONTAINER, DRY FREIGHT ~ [CONT]
   conteneur pour marchandises sèches

CONTAINER, EURO-PALLET ~ [CONT]
   conteneur pour euro-palettes
   (2,50 m de large au lieu de 8 pieds)

CONTAINER, FLAT ~ [CONT]
   conteneur plate-forme

CONTAINER, FOLDING ~ [CONT]
   conteneur repliable

CONTAINER, GENERAL CARGO ~ [CONT]
   conteneur marchandises générales

CONTAINER, GENERAL PURPOSE ~ [CONT]
   conteneur d'usage général

CONTAINER, HALF / HALF HEIGHT ~ [CONT]
   conteneur demi-hauteur

CONTAINER, HARD TOP ~ [CONT]
   conteneur à toit amovible rigide

CONTAINER, HEATED ~ [CONT]
   conteneur calorifique

CONTAINER, HIGH CAPACITY ~ [CONT]
   conteneur grande capacité

CONTAINER, IGLOO ~ [AER]
   conteneur igloo

CONTAINER, INSULATED ~ [CONT]
   conteneur isotherme

CONTAINER, ISO LOGISTICS ~ [CONT]
   conteneur militaire

CONTAINER, JOINABLE ~ [CONT]
   conteneur assemblable

CONTAINER, LATTICE-SIDED ~ [CONT]
   conteneur à claire-voie

CONTAINER, LIVESTOCK ~ [CONT]
   conteneur à bestiaux

CONTAINER, NAMED CARGO ~ [CONT]
   conteneur spécial

CONTAINER, ODD ~ [CONT]
   conteneur non normalisé

CONTAINER, OPEN HARD TOP ~ [CONT]
   conteneur à toit amovible rigide

CONTAINER, OPEN SIDE ~ [CONT]
   conteneur à ouverture latérale

CONTAINER, OPEN SOFT TOP ~ [CONT]
   conteneur à toit bâché

CONTAINER, OPEN TOP ~ [CONT]
   conteneur à toit ouvert (bâchable)

CONTAINER, OPEN TOP TILTING ~ [CONT]
   conteneur à toit ouvert bennable

CONTAINER, OPEN WALL ~ [CONT]
   conteneur à parois ouvrantes

CONTAINER, PLATFORM ~ [CONT]
   conteneur plate-forme

CONTAINER, PRESSURIZED ~ [CONT]
   conteneur pressurisé

CONTAINER, REEFER ~ [CONT]
   conteneur frigorifique

CONTAINER, REFRIGERATED ~ [CONT]
   conteneur réfrigérant

CONTAINER, REGISTERED ~ [CONT]
   conteneur agréé

CONTAINER, ROLL ~ [MT]
   roll conteneur

CONTAINER, ROLL-TOP ~ [CONT]
   conteneur découvrable

CONTAINER, SKELETON ~ [CONT]
   conteneur à claire-voie

CONTAINER, STEEL ~ [CONT]
   conteneur en acier

CONTAINER, STRUCTURE OF ~ [CONT]
   ossature du conteneur

CONTAINER, TANK ~ [CONT]
   conteneur citerne

CONTAINER, TEMPERATURE-CONTROLLED ~ [CONT]
   conteneur à température dirigée

CONTAINER, THERMAL ~ [CONT]
   conteneur à température dirigée

CONTAINER, TILT ~ [CONT]
   conteneur type plate-forme
   (identique à "flat", mais avec
   ridelles rabattables)

CONTAINER, TUNNEL T.P.P.E. ~ [CONT]
   conteneur 35 ou 40 pieds à tunnel

CONTAINER, UNITIZED ~ [CONT]
   conteneur homogène

CONTAINER, VENTILATED ~ [CONT]
   conteneur ventilé

CONTAINER, WIRE ~ [CONT]
conteneur en fil

CONTAINER ALLOWANCE [CONT]
ristourne pour conteneur complet

CONTAINER BERTH [INTM]
quai à conteneurs

CONTAINER CAR (US) [FER]
wagon porte-conteneurs

CONTAINER CARRIER [MAR]
navire porte-conteneurs

CONTAINER DETENTION CHARGES [CONT]
frais de surestaries

CONTAINER DOLLY [MT]
chariot porte-conteneur

**CONTAINER EQUIPMENT
DATA EXCHANGE (CEDEX)** [CONT]
*échange de données sur
les équipements de conteneurs*

CONTAINER FREIGHT STATION (CFS)[CONT]
magasin de groupage

**CONTAINER INSPECTION
CRITERIA (CIC)** [CONT]
norme CIC

CONTAINER LOAD [CONT]
*chargement suffisant pour remplir
un conteneur*

CONTAINER LOAD, FULL ~ (FCL) [CONT]
conteneur complet

**CONTAINER LOAD,
LESS THAN ~ (LCL)** [CONT]
conteneur de groupage

CONTAINER LOADING [MT]
*chargement du conteneur
(sur son moyen de transport)*

**CONTAINER
ON FLAT CAR (US) (COFC)** [INTM]
conteneur sur wagon

CONTAINER SERVICE CHARGE (CSC)[CONT]
frais de manutention

CONTAINER SHIP [MAR]
navire porte-conteneurs

CONTAINER TERMINAL [CONT]
terminal à conteneurs

CONTAINER UNLOADING [MT]
*déchargement du conteneur
(de son moyen de transport)*

CONTAINER WAGON (BRIT .) [FER]
wagon porte-conteneurs

CONTAINER YARD (CY) [CONT]
terminal à conteneurs

CONTAINERIZATION [CONT]
conteneurisation

CONTAINERIZE (TO) [CONT]
conteneuriser

CONTAINERIZED HOLD [AER]
soute conteneurisée

CONTENTS [GEN]
contenu (n.)

CONTINENTAL GAUGE [FER]
gabarit continental

CONTINGENCY [GEN]
éventualité

CONTINUOUS [GEN]
continu

**CONTINUOUS ACQUISITION
AND LIFE CYCLE SUPPORT
(CALS 3RD GENERATION) (CALS)** [LS]
*permanence des processus
d'acquisition et de soutien pendant
la vie du produit
(3e génération de CALS)*

CONTINUOUS HANDLING [MT]
manutention continue

CONTINUOUS MONITORING [LOG]
contrôle permanent

**CONTINUOUS REPLENISHMENT
SYSTEM (CRP)** [LOG]
réapprovisionnement en continu

CONTINUOUS WELDING [GEN]
soudure continue

CONTRABAND [DN]
contrebande

CONTRACT [GEN]
contrat

CONTRACT OF AFFREIGHTMENT [MAR]
contrat de transport

CONTRACT OUT (TO) [GEN]
sous-traiter

CONTRACTING PARTY [ASS]
partie contractante

CONTRACTOR [GEN]
*donneur d'ordre
entrepreneur*

CONTRACTOR'S ALL RISKS POLICY [ASS]
police tous risques chantier

CONTRACTOR, CARTAGE ~ [ROUT]
  entrepreneur de transport routier
CONTRACTOR, HAULAGE ~ [ROUT]
  affréteur routier
  entrepreneur de transport routier
  entreprise de camionnage
CONTRACTOR, PRIME ~ [GEN]
  maître d'ouvrage
CONTRACTOR, REMOVAL ~ [INTM]
  déménageur
CONTRACTOR, SUB- ~ [GEN]
  sous-traitant
CONTRACTOR, SUB- ~ [ROUT]
  affrété (n.)
CONTRAFLOW [ROUT]
  circulation à contresens
  (sur autoroute)
CONTRIBUTION [ASS]
  cotisation
CONTROL, AIR TRAFFIC ~ (ATC) [AER]
  contrôle aérien
CONTROL, CURRENCY ~ [DN]
  contrôle des changes
CONTROL, FLOW ~ [LOG]
  contrôle des flux
  pilotage des flux
CONTROL, HANDS-ON ~ [GEN]
  contrôle direct
CONTROL, INVENTORY ~ [LOG]
  gestion des stocks
CONTROL, NUMERICAL ~ [LS]
  commande numérique
CONTROL, ON-LINE ~ [LOG]
  contrôle direct
CONTROL, QUALITY ~ [LOG]
  assurance qualité
  contrôle qualité
CONTROL, REMOTE ~ [GEN]
  télé-commande
CONTROL, STOCK ~ [LOG]
  gestion des stocks
CONTROL, TO TAKE ~ [GEN]
  prendre le contrôle
CONTROL BOX [INTM]
  armoire de commande
CONTROL CENTRE,
AIR TRAFFIC ~ (ATCC) [AER]
  centre de contrôle aérien

CONTROL COLUMN [AER]
  manche de commande
CONTROL LEVER [AER]
  manette de commande
CONTROL SURFACES [AER]
  gouvernes
CONTROL SYSTEM (BRIT.) [FER]
  régulation
CONTROL SYSTEM, COMPUTER ~ [GEN]
  pilotage informatique
CONTROL TOWER [AER]
  tour de contrôle
CONTROL TOWER CAB [AER]
  vigie
CONTROLLER, AIR TRAFFIC ~ [AER]
  aiguilleur du ciel
  contrôleur aérien
CONVENIENCE, FLAG OF ~ [MAR]
  pavillon de complaisance
CONVENIENT [GEN]
  pratique
CONVENTIONAL [GEN]
  classique
CONVENTIONAL AIRCRAFT [AER]
  appareil conventionnel
CONVENTIONAL CAB [ROUT]
  cabine conventionnelle
CONVERTER, CATALYTIC ~ [ROUT]
  pot catalytique
CONVERTER, PALLET ~ [MT]
  convertisseur pour palette
CONVEY (TO) [INTM]
  transporter
CONVEYANCE [INTM]
  transport
CONVEYANCE, MEANS OF ~ [INTM]
  moyen de transport
CONVEYANCE, MODE OF ~ [INTM]
  mode de transport
CONVEYING [INTM]
  transport
CONVEYOR, BELT ~ [MT]
  convoyeur à bande
  tapis roulant
  transporteur à bande
  transporteur à courroie

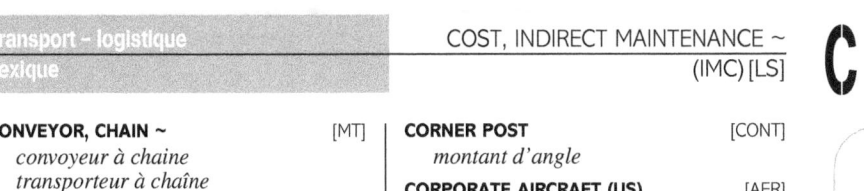

Transport - logistique
Lexique

COST, INDIRECT MAINTENANCE ~ (IMC) [LS]

CONVEYOR, CHAIN ~ [MT]	
convoyeur à chaine	
transporteur à chaîne	
CONVEYOR, GRAVITY ROLLER ~ [MT]	
convoyeur à rouleaux par gravité	
transporteur à rouleaux par gravité	
CONVEYOR, POWERED BELT ~ [MT]	
convoyeur à bande mécanisé	
CONVEYOR, ROLLER ~ [MT]	
convoyeur à rouleaux	
transporteur à rouleaux	
CONVEYOR, TELESCOPIC BELT ~ [MT]	
convoyeur à bande télescopique	
CONVEYOR, WHEEL ~ [MT]	
transporteur à roues	
CONVEYOR BELT [MT]	
convoyeur à bande	
tapis roulant	
transporteur à bande	
transporteur à courroie	
CONVEYOR SYSTEM, BAGGAGE ~ [AER]	
tapis roulant pour bagages	
CONVOY, PUSHED~ [FLV]	
convoi poussé	
COOLANT [INTM]	
produit de refroidissement	
COOLED, AIR ~ [ROUT]	
refroidi par air	
COOLER, OIL ~ [ROUT]	
radiateur d'huile	
COPY [GEN]	
double (n.)	
CORATE [AER]	
tarif spécial (fret)	
CORD [GEN]	
cordon	
CORN (BRIT.) [GEN]	
blé	
CORN (US) [GEN]	
maïs	
CORNER CAP [FER]	
chapeau d'angle	
CORNER CASTING [CONT]	
coin ISO	
pièce de coin	
CORNER FITTING [CONT]	
coin ISO	
pièce de coin	

CORNER POST [CONT]
montant d'angle

CORPORATE AIRCRAFT (US) [AER]
avion d'affaires

CORPORATE OWNER [MAR]
société propriétaire du navire

CORPORATION, CONSOLIDATED RAIL ~ (CONRAIL) [FER]
compagnie ferroviaire américaine

CORPORATION, NATIONAL RAILROAD PASSENGER ~ (AMTRAK) [FER]
compagnie ferroviaire américaine (passagers)

CORRECTIVE MAINTENANCE [LS]
maintenance corrective

CORRECTIVE MEASURE [LS]
action corrective

CORRIDOR [GEN]
couloir

CORRIDOR, FREIGHT ~ [FER]
couloir de fret

CORRIDOR, TELESCOPIC ~ [AER]
passerelle téléscopique

CORROSION [GEN]
corrosion

CORROSION PREVENTION [GEN]
protection contre la corrosion

CORROSIVE MATERIAL [GEN]
matière corrosive

CORRUGATED CARDBOARD [GEN]
carton ondulé

CORRUGATED IRON [GEN]
tôle ondulée

COST [GEN]
coût

COST, ANCILLARY ~ [GEN]
coût auxiliaire

COST, CARRYING ~ [LOG]
coût de possession du stock

COST, DIRECT MAINTENANCE ~ (DMC) [LS]
coût direct de maintenance

COST, HOLDING ~ [LOG]
coût de possession du stock

COST, INCREMENTAL ~ [LOG]
coût différentiel

COST, INDIRECT MAINTENANCE ~ (IMC) [LS]
coût indirect de maintenance

COST, LIFE CYCLE ~ (LCC) [LOG]

COST, LIFE CYCLE ~ (LCC)	[LOG]
coût global de possession	
COST, LIFE SUPPORT ~ (LSC)	[LS]
coût total de maintenance	
COST, ORDERING ~	[GEN]
coût de passation de commande	
COST, PER TRIP ~	[INTM]
coût au voyage	
COST, SET-UP ~	[LOG]
coût de lancement	
COST ANALYSIS,	
LIFE CYCLE ~ (LCCA)	[LOG]
analyse du coût global	
de possession (tda)	
COST AND FREIGHT (CFR)	[MAR]
Coût et Fret	
COST BENEFIT ANALYSIS	[LOG]
étude du rapport coûts / avantages	
COST EFFECTIVE	[GEN]
rentable	
COST EFFECTIVENESS	[GEN]
rentabilité	
COST, INSURANCE, FREIGHT (CIF)	[MAR]
Coût, Assurance et Fret	
COST OF OWNERSHIP	[LOG]
coût de possession (du stock)	
COST PRICE	[GEN]
prix de revient	
COSTING	[LOG]
évaluation des coûts	
COSTS, DEMURRAGE ~	[INTM]
frais d'immobilisation	
COSTS, OPERATIONAL ~	[GEN]
coûts d'exploitation	
COSTS, PORT ~	[MAR]
frais portuaires	
COSTS, SALVAGE ~	[ASS]
frais de sauvetage	
COUNTER, CHECK-IN ~	[AER]
banque d'enregistrement	
COUNTER, REV / REVOLUTION ~	[INTM]
compte-tours	
COUNTER, TICKET ~	[AER]
comptoir de vente de billets	
COUNTERBALANCED	
FORK LIFT TRUCK	[MT]
chariot élévateur à fourche,	
en porte-à-faux	

COUNTERCLOCKWISE (US)	[GEN]
sens inverse des aiguilles	
d'une montre, dans le ~	
COUNTERFOIL	[GEN]
souche (ex. de chèque, de quittance)	
talon (ex. de chèque, de quittance)	
COUNTERJIB	[MT]
contre-flèche	
COUNTERMEASURE	[GEN]
contre-mesure	
COUNTERWEIGHT	[GEN]
contrepoids	
COUNTRIES, CENTRAL EUROPEAN ~	[GEN]
pays de l'Est	
COUNTRY, DEVELOPING ~	[GEN]
pays en voie	
de développement (PVD)	
COUNTRY, EXPORTING ~	[GEN]
pays exportateur	
COUNTRY, INDUSTRIALISED ~	[GEN]
pays industrialisé	
COUNTRY, THIRD ~	[DN]
pays tiers	
COUNTRY OF DESTINATION	[INTM]
pays de destination	
COUNTRY OF ORIGIN	[DN]
pays d'origine	
COUPLE (TO)	[INTM]
atteler	
COUPLER	[CONT]
coupleur (pour assembler	
deux conteneurs 20 pieds)	
COUPLER	[INTM]
crochet d'attelage	
COUPLER, UPPER ~	[ROUT]
contre-sellette	
COUPLER HEAD	[FER]
tête d'attelage	
COUPLER KNUCKLE	[FER]
mâchoire d'attelage	
COUPLING	[GEN]
joint	
manchon	
raccord	
COUPLING	[INTM]
attelage	
COUPLING SYSTEM	[INTM]
dispositif d'attelage	

Transport – logistique
Lexique

CRANE OPERATOR [MT]

COURIER [ROUT]	
coursier	
COURSE DEVIATION INDICATOR (CDI) [AER]	
indicateur de déviation de cap (IDC)	
COURSE OF ACTION,	
TO EMBARK ON A ~ [GEN]	
entreprendre une action	
COURT, COMMERCIAL ~ [GEN]	
tribunal de commerce	
COVER [GEN]	
housse	
COVER (TO) [GEN]	
couvrir (ex. une distance, un risque...)	
COVER, INSURANCE ~ [ASS]	
couverture d'assurance	
COVER, OPEN ~ [ASS]	
police ouverte	
COVER, RADAR ~ [INTM]	
couverture radar	
COVER, UNDER ~ [GEN]	
sous abri	
COVER A DISTANCE (TO) [GEN]	
parcourir une distance	
COVERAGE [ASS]	
couverture	
COVERED STORAGE [LOG]	
stockage sous abri	
COVERED WAGON [FER]	
wagon couvert	
COVERING EQUIPMENT [MT]	
housseuse	
COVERING NOTE [ASS]	
police provisoire	
COWLING, ENGINE ~ [AER]	
capotage (d'un moteur)	
CRACK [GEN]	
fissure	
CRADLE [LOG]	
berceau gerbable praticable (n.)	
CRADLE, ENGINE ~ [AER]	
bâti moteur	
CRADLE, MAINTENANCE ~ [MT]	
élévateur de personnel, à nacelle	
CRAFT [MAR]	
embarcation	

CRAFT RISKS [MAR]	
risques d'allège	
CRANE [MT]	
grue	
CRANE, DECK ~ [MAR]	
grue de bord	
CRANE, GANTRY ~ [MT]	
portique	
CRANE, HAND-ROTATED ~ [MT]	
grue à rotation manuelle	
CRANE, JIB ~ [MT]	
grue potence	
CRANE, MULTIPLE STACKING ~ [MT]	
grue à empilage multiple	
CRANE, OVERHEAD ~ [MT]	
pont roulant	
CRANE, OVERHEAD STACKER ~ [MT]	
pont gerbeur	
CRANE, OVERHEAD TRAVELLING ~ [MT]	
pont roulant	
CRANE,	
OVERHEAD TRAVELLING STACKER ~ [MT]	
pont gerbeur	
CRANE, RAIL MOUNTED ~ [MT]	
grue montée sur rails	
CRANE, RETRIEVER ~ [MT]	
translateur butineur transtockeur	
CRANE, ROTARY ~ [MT]	
grue pivotante	
CRANE, STACKER ~ [MT]	
translateur butineur transtockeur	
CRANE, STRADDLE ~ [MT]	
portique roulant	
CRANE, T-LIFT ~ [MT]	
grue en T	
CRANE, TRAILER MOUNTED ~ [MT]	
grue montée sur roues	
CRANE, WORKSHOP ~ [MT]	
grue d'atelier	
CRANE FORK [MT]	
fourche suspendue	
CRANE LOAD [MAR]	
palanquée	
CRANE OPERATOR [MT]	
grutier	

© Éditions d'Organisation

CRANK [GEN]   Transport - logistique
                                                                    Lexique

CRANK [GEN]
  manivelle
CRASH BARRIER [ROUT]
  glissière de sécurité
CRASH LANDING [AER]
  atterrissage en catastrophe
CRASH TEST [INTM]
  essai de choc
CRATE [INTM]
  cageot
  caisse à claire-voie
  harasse
CRATE (TO) [MT]
  emballer en cageots
CRATE TRUCK [MT]
  chariot caisses
CREDIT [GEN]
  crédit
CREDIT, BACK TO BACK ~ [INTM]
  crédit documentaire adossé
CREDIT, DOCUMENTARY ~ [INTM]
  crédit documentaire (CREDOC)
CREDIT, LETTER OF ~ (L/C) [GEN]
  lettre de crédit
CREDIT INSURANCE [ASS]
  assurance crédit
CREDIT NOTE [GEN]
  note de crédit
CREDIT STATUS [GEN]
  solvabilité
CREW [INTM]
  équipage
  équipe
CREW, CABIN ~ [AER]
  équipage commercial
  personnel navigant commercial (PNC)
CREW, COCKPIT ~ [AER]
  personnel navigant technique (PNT)
CREW, FLIGHT ~ [AER]
  personnel navigant technique (PNT)
CREW, GROUND ~ [AER]
  personnel de piste
CREW, RELIEF ~ [INTM]
  équipage de relève
CREW AND MANNING DIVISION [MAR]
  service de l'armement
CREW CAB [ROUT]
  cabine double

CREW CHANGE [AER]
  relève d'équipage
  rotation d'équipage
CREW MANIFEST [MAR]
  rôle d'équipage
CREW SHUTTLE BUS [AER]
  navette équipage
CREW'S EFFECTS [INTM]
  effets personnels des membres
  de l'équipage
CRITICAL PATH [LS]
  chemin critique
CRITICALITY [LS]
  criticité
CROSS (TO) [GEN]
  croiser
  franchir
  traverser
CROSS-CHANNEL [INTM]
  trans-Manche
CROSS-CHECK (TO) [GEN]
  contre-vérifier
CROSS MEMBER [CONT]
  traverse
CROSS MEMBER, FRAME ~ [ROUT]
  traverse
CROSS RAIL [CONT]
  traverse d'extrémité supérieure
CROSS-TIE (US) [FER]
  traverse
CROSS-TRADE [MAR]
  trafic tiers
CROSSDOCKING [LOG]
  passage d'une arrivée en plate-forme
  avec affectation immédiate à une
  expédition (tda)
CROSSING [GEN]
  croisement
  traversée
CROSSING, GRADE ~ (US) [FER]
  passage à niveau
CROSSING, LEVEL ~ (BRIT.) [FER]
  passage à niveau
CROSSING, PEDESTRIAN ~ [ROUT]
  passage piéton
CROSSING, ZEBRA ~ [ROUT]
  passage piéton

CROSSOVER [FER]
voie de croisement

CROSSOVER [ROUT]
pont routier (croisement par ~)

CROSSOVER, CLOVERLEAF ~ [ROUT]
pont échangeur (autoroute)

CROSSROADS (a ~) [ROUT]
carrefour

CROSSWIND [INTM]
vent traversier

CROSSWISE [INTM]
sens de la largeur, dans le ~

CRUDE (OIL) [GEN]
brut (pétrole)

CRUISE (TO) [AER]
voler à vitesse de croisière

CRUISE [MAR]
croisière

CRUISING SPEED [INTM]
vitesse de croisière

CRUSHPROOF [GEN]
résistant à l'écrasement

CUBE [CONT]
capacité cubique du conteneur

CUBE, HIGH ~ (HC) [CONT]
conteneur hors-cotes (HC)

CUBE, SUPER HIGH ~ (SHC) [CONT]
conteneur spécial hors-cotes (SHC)

CUBIC [GEN]
cube (adj.)
cubique

CUBIC CAPACITY [GEN]
volume

CUBIC CENTIMETRE (C.C.) [GEN]
centimètre cube

CUBIC FOOT (cu.ft) [GEN]
mètre cube, 0,028 ~

CUBIC METRE [GEN]
mètre cube

CUL-DE-SAC [ROUT]
voie sans issue

CURB (US) [ROUT]
bordure de trottoir

CURRENCY [GEN]
devise
monnaie nationale

CURRENCY ADJUSTMENT FACTOR (CAF) [INTM]
correctif de change

CURRENCY CONTROL [DN]
contrôle des changes

CURRENT [GEN]
actuel

CURRENT, AIR ~ [AER]
courant atmosphérique

CURRENT VALUE [GEN]
valeur vénale

CURTAIL (TO) [GEN]
réduire

CURTAINSIDER [ROUT]
remorque type Tautliner

CURVE [INTM]
virage

CUSHIONING [GEN]
rembourrage

CUSTODY STORAGE [LOG]
stockage protégé

CUSTOMARY CHARGES [INTM]
frais conformes aux usages locaux

CUSTOMARY RIGHTS [DN]
droits coutumiers

CUSTOMER [GEN]
client

CUSTOMER RELATIONSHIP MANAGEMENT (CRM) [LOG]
gestion de la relation client (GRC)

CUSTOMIZATION [GEN]
personnalisation

CUSTOMIZE (TO) [GEN]
personnaliser
(ex. un produit, un service)

CUSTOMIZED PACKAGING [LOG]
conditionnement à façon

CUSTOMS [DN]
douane
douanier (adj.)

CUSTOMS, TO CLEAR THROUGH ~ [INTM]
dédouaner

CUSTOMS, TO DEFRAUD ~ [DN]
frauder en douane

CUSTOMS AGENT [INTM]
commissionnaire en douane
déclarant en douane

CUSTOMS BARRIERS [DN]

Transport - logistique
Lexique

CUSTOMS BARRIERS [DN]
barrières douanières

CUSTOMS BOND [DN]
soumission cautionnée

CUSTOMS BROKER [INTM]
agent en douane
commissionnaire en douane
courtier en douane
déclarant en douane

CUSTOMS CLEARANCE [DN]
dédouanement

CUSTOMS CUTTER [DN]
vedette (garde-côtes)

CUSTOMS DECLARANT [INTM]
déclarant en douane

CUSTOMS DECLARATION [DN]
déclaration en douane

CUSTOMS DUTIES, LIABLE TO ~ [DN]
assujetti à des droits de douane
passible de droits de douane

CUSTOMS DUTY [DN]
droits de douane

CUSTOMS ENDORSEMENT [DN]
visa de la douane

CUSTOMS ENTRY [DN]
déclaration en douane

CUSTOMS FORMALITIES [DN]
formalités douanières

CUSTOMS FRAUD [DN]
fraude douanière

CUSTOMS INVOICE [DN]
facture de douane

CUSTOMS LAW [DN]
loi douanière

CUSTOMS OFFICE [DN]
bureau de douane

CUSTOMS OFFICER [DN]
douanier

CUSTOMS PROCEDURE [DN]
régime douanier

CUSTOMS PROCEDURE, SIMPLIFIED ~ [DN]
procédure douanière simplifiée

CUSTOMS REGULATIONS [DN]
réglementation douanière

CUSTOMS SEAL [DN]
plomb de douane
scellement douanier

CUSTOMS SEALS, TO AFFIX ~ [DN]
apposer des scellements douaniers

CUSTOMS SLIP [DN]
fiche de douane

CUSTOMS STAMP [DN]
visa de la douane

CUSTOMS STATION [DN]
bureau de douane

CUSTOMS UNION [DN]
union douanière (UD)

CUSTOMS VALUE [DN]
valeur en douane

CUSTOMS WAREHOUSE [DN]
entrepôt de douane

CUT-RATE [INTM]
tarif spécial

CUTTER, CUSTOMS ~ [DN]
vedette (garde-côtes)

CUTTER, REVENUE ~ [DN]
vedette (garde-côtes)

CUTTING [FER]
tranchée

CYCLE, LIFE ~ [LS]
cycle de vie (d'un produit)

CYLINDER [INTM]
cylindre

CYLINDER, BRAKE ~ [INTM]
cylindre de frein

CYLINDER HEAD [INTM]
culasse

Anglais/Français — D

DAILY	[GEN]		**DAMAGE IN TRANSIT**	[INTM]
journalier			*avarie en cours de route*	
quotidien			**DAMAGE VALUE**	[ASS]
DAM	[FLV]		*valeur à l'état avarié*	
barrage			**DAMAGED**	[INTM]
DAMAGE	[ASS]		*avarié (navire, marchandise)*	
dommages			**DAMAGES**	[ASS]
DAMAGE	[GEN]		*dommages et intérêts*	
dégâts			**DAMP**	[GEN]
détérioration			*humide*	
DAMAGE	[INTM]		*humidité*	
avarie			**DAMPNESS**	[GEN]
DAMAGE (TO)	[GEN]		*humidité*	
endommager			**DANGER**	[GEN]
DAMAGE, TO ASSESS THE ~	[ASS]		*danger*	
évaluer les dommages			**DANGER BUOY**	[MAR]
DAMAGE, CONSEQUENTIAL ~	[ASS]		*vigie*	
dommages indirects			**DANGEROUS**	[GEN]
DAMAGE, HIDDEN ~	[ASS]		*dangereux*	
avarie occulte			**DANGEROUS GOODS (DG)**	[INTM]
DAMAGE, SWEAT ~	[ASS]		*marchandises dangereuses*	
dégâts occasionnés par la buée			**DASH-BOARD**	[ROUT]
DAMAGE, WET ~	[ASS]		*tableau de bord*	
mouille (la)			**DATA**	[GEN]
DAMAGE BY FRESH WATER	[ASS]		*données (n.)*	
dommages par eau douce			**DATA, TO ENTER ~**	[GEN]
DAMAGE BY SEA WATER	[ASS]		*saisir des données*	
dommages par eau de mer			**DATA, TO KEY IN ~**	[GEN]
			saisir des données	

DATA BANK	[GEN]	
banque de données		
DATA BASE (DB)	[GEN]	
base de données		
DATA INTERCHANGE, ELECTRONIC ~ (E.D.I.)	[LOG]	
échange de données informatisées (E.D.I.)		
DATA PLATE	[CONT]	
plaque de marquage		
DATA PROCESSING (DP)	[GEN]	
informatique		
DATA PROCESSING, ELECTRONIC ~ (EDP)	[GEN]	
informatique		
DATA TERMINAL, RADIO ~ (RDT)	[ROUT]	
terminal radio embarqué		
DATA TRANSFER	[LOG]	
transmission de données		
DATABASE, COMMON SOURCE ~ (CSDB)	[LOG]	
base de données commune (tda)		
DATABASE, INTEGRATED ~	[LS]	
base de données intégrées		
DATE, DUE ~	[GEN]	
date d'échéance		
DATE, EXPIRY ~	[GEN]	
date de péremption		
DATE, OUT OF ~	[GEN]	
périmé		
DATE OF ISSUE	[GEN]	
date d'émission		
DATE OF PAYMENT	[GEN]	
date d'échéance		
DATE STAMP	[GEN]	
tampon dateur		
DAY SHIFT	[GEN]	
équipe de jour		
DAY TRIP	[INTM]	
aller-retour dans la journée		
DAYLIGHT SAVING TIME	[GEN]	
heure d'été		
DAYS, WORKING ~	[GEN]	
jours ouvrables		
DDP EXCLUSIVE OF VAT AND / OR TAXES	[INTM]	
DDP à l'exclusion de la TVA et / ou de toute autre taxe		

DDU CLEARED	[INTM]	
DDU dédouané		
DE-ICE (to)	[INTM]	
dégivrer		
DE-ICING	[INTM]	
dégivrage		
DEAD AXLE	[ROUT]	
essieu porteur		
DEAD-END	[ROUT]	
voie sans issue		
DEAD FREIGHT	[MAR]	
faux fret		
fret sur le vide		
DEAD SLOW	[INTM]	
au pas		
DEADHEAD FLIGHT	[AER]	
vol de mise en place		
DEADHEADING (DHD)	[AER]	
mise en place des équipages		
DEADLINE	[GEN]	
dernier délai		
DEADWEIGHT	[INTM]	
poids mort		
DEADWEIGHT	[MAR]	
port en lourd		
DEADWEIGHT TONNAGE	[MAR]	
tonnage réel		
DEADWEIGHT TONNE (DWT)	[MAR]	
tonne de port en lourd (TPL)		
DEAL, PACKAGE ~	[GEN]	
achat forfaitaire		
DEBIT	[GEN]	
débit		
DEBIT NOTE (D/N)	[GEN]	
note de débit		
DEBUG (TO)	[GEN]	
déboguer		
DECAL	[CONT]	
étiquette (collée à la paroi du conteneur)		
DECAL, ISO ~	[CONT]	
marquage ISO		
DECISION MAKER	[GEN]	
décideur		
DECK	[INTM]	
étage (ex. autobus)		
pont (navire, avion)		

Transport – logistique
Lexique

DEFINITION, DOCUMENT TYPE ~
(DTD) [LS]

DECK, DOUBLE ~	[INTM]
à deux étages	
DECK, FLIGHT ~	[AER]
poste de pilotage	
DECK, LOWER ~	[INTM]
pont inférieur	
DECK, MAIN ~	[INTM]
pont principal	
DECK, SINGLE ~	[INTM]
étage, à un seul ~	
DECK, TONNAGE ~	[MAR]
pont de tonnage	
DECK, TRAILER ~	[MAR]
entrepont (pour camions)	
DECK, UPPER ~	[INTM]
pont supérieur	
DECK CARGO	[MAR]
pontée	
DECK CRANE	[MAR]
grue de bord	
DECKLOAD	[MAR]
pontée	
DECLARANT, CUSTOMS ~	[INTM]
déclarant en douane	
DECLARATION, CUSTOMS ~	[DN]
déclaration en douane	
DECLARATION, NO VALUE ~ (NVD)	[INTM]
déclaration de valeur, pas de ~	
DECLARED VALUE	[DN]
valeur déclarée	
DECLINE ANY RESPONSIBILITY (TO)	[GEN]
décliner toute responsabilité	
DECLUTCH (TO)	[ROUT]
débrayer	
DECONSOLIDATE (TO)	[INTM]
dégrouper	
DECONSOLIDATION	[INTM]
dégroupage	
DECONSOLIDATION PLATFORM	[INTM]
plate-forme d'éclatement	
plate-forme de dégroupage	
DECREASE	[GEN]
diminution	
DECREASE (TO)	[GEN]
diminuer	
DEDICATED	[GEN]
spécialisé (équipement)	

DEDICATED RAIL LINK	[FER]
liaison ferroviaire propre	
(ex. pour un aéroport)	
DEDUCTIBLE	[MAR]
franchise	
DEEP	[GEN]
profond	
DEEP-DRAUGHT SHIP	[MAR]
navire à grand tirant d'eau	
DEEP-FREEZE (TO)	[GEN]
surgeler	
DEEP FROZEN	[GEN]
surgelé	
DEEP SEA (adj.)	[MAR]
haute mer	
hauturier	
long cours	
DEEP SEA VESSEL (DSV)	[MAR]
navire long-courrier	
DEEP SHELVING	[LOG]
rayonnage profond	
DEEP WATER BERTHING	[MAR]
mouillage en eaux profondes	
DEEP WATER PORT	[MAR]
port en eaux profondes	
DEEP WATERLINE	[MAR]
ligne de flottaison en charge	
DEEPLOADER	[ROUT]
camion surbaissé	
DEFECT	[GEN]
défaut	
DEFECT, HIDDEN ~	[ASS]
vice caché	
DEFECT, ZERO ~	[LOG]
zéro défaut	
DEFECTIVE	[GEN]
défectueux	
DEFENCE,	
MINISTRY OF ~ (BRIT.) (MOD)	[GEN]
Ministère de la Défense	
DEFENSE,	
DEPARTMENT OF ~ (US) (DOD)	[GEN]
Ministère de la Défense	
DEFER (TO)	[GEN]
différer	
DEFINITION, DOCUMENT TYPE ~ (DTD)	[LS]
définition technique de document	
(modèle codé en SGML)	

© Éditions d'Organisation

259

DEFLECTOR, WIND ~ [ROUT]

DEFLECTOR, WIND ~	[ROUT]	**DELIVERY, HOME ~**	[ROUT]
déflecteur		livraison à domicile	
DEFORMATION	[GEN]	**DELIVERY, NIGHT ~**	[ROUT]
déformation		livraison de nuit	
DEFRAUD CUSTOMS (TO)	[DN]	**DELIVERY, OVERNIGHT ~**	[INTM]
frauder en douane		livraison jour B	
DEFROSTER, WINDSCREEN ~	[INTM]	**DELIVERY, PARCEL(S) ~**	[INTM]
dégivreur de pare-brise		messagerie(s)	
DEFUELLING	[AER]	**DELIVERY, PART ~**	[INTM]
reprise de carburant		livraison partielle	
DEGASSING	[MAR]	**DELIVERY, PROOF OF ~ (POD)**	[INTM]
dégazage		preuve de livraison	
DELAY	[GEN]	**DELIVERY ADVICE**	[INTM]
retard		avis de livraison	
DELAY (TO)	[GEN]	**DELIVERY BAY**	[ROUT]
retarder		quai de livraison	
DELAY, HOLDING ~	[AER]	**DELIVERY NOTE**	[INTM]
retard cause attente		avis de livraison	
DELAY, ZERO ~	[LOG]	bon de livraison	
zéro délai		bordereau de livraison	
DELAY IN DELIVERY	[INTM]	bulletin de livraison	
retard de livraison		**DELIVERY ORDER (D/O)**	[INTM]
DELETE (TO)	[GEN]	bon de livraison	
supprimer		**DELIVERY ROUND**	[ROUT]
DELIVER (TO)	[INTM]	tournée de livraison	
livrer		**DELIVERY TIME**	[INTM]
DELIVERED AT FRONTIER (DAF)	[INTM]	délai de livraison	
rendu frontière		**DELIVERY VAN**	[ROUT]
DELIVERED DUTY PAID (DDP)	[INTM]	camionnette	
rendu droits acquittés		**DELIVERY WITH RESERVES**	[INTM]
DELIVERED DUTY UNPAID (DDU)	[INTM]	livraison sous réserve	
rendu droits non acquittés		**DEMAND,**	
DELIVERED EX QUAY (DEQ)	[MAR]	**MAXIMUM REASONABLE ~ (MRD)**	[LOG]
rendu à quai		demande maximale	
DELIVERED EX SHIP (DES)	[MAR]	raisonnablement prévisible	
rendu ex ship		**DEMAND, PAYABLE ON ~**	[GEN]
DELIVERY	[INTM]	payable sur demande	
livraison		**DEMAND, SUPPLY AND ~**	[GEN]
DELIVERY, DELAY IN ~	[INTM]	offre (l') et la demande	
retard de livraison		**DEMISE CHARTER-PARTY**	[MAR]
DELIVERY, DOOR-TO-DOOR ~	[ROUT]	charte-partie de longue durée	
livraison porte à porte		**DEMIST (TO)**	[INTM]
DELIVERY, EXPRESS ~	[INTM]	désembuer	
livraison express		**DEMOUNTABLE BODY**	[ROUT]
DELIVERY, HINDRANCE TO ~	[INTM]	caisse amovible	
empêchement à la livraison		**DEMURRAGE**	[MAR]
		surestaries	

DEMURRAGE, GOODS IN ~	[MAR]	**DEPARTMENT**	
marchandises en souffrance		**OF DEFENSE (US) (DOD)**	[GEN]
(sur le quai)		Ministère de la Défense	
DEMURRAGE COSTS	[INTM]	**DEPARTURE**	[INTM]
frais d'immobilisation		départ	
DENSE TRAFFIC	[ROUT]	**DEPARTURE,**	
circulation dense		**ESTIMATED TIME OF ~ (ETD)**	[INTM]
DENSITY	[GEN]	heure / date prévue de départ	
densité		**DEPARTURE LOUNGE**	[AER]
DENT	[CONT]	salle de départ	
enfoncement (sur un conteneur)		**DEPLANE (TO)**	[AER]
DEPART (TO)	[GEN]	débarquer (passagers)	
partir		**DEPLETION, FUEL ~**	[AER]
DEPARTMENT	[GEN]	consommation de carburant en vol	
service (d'une entreprise)		**DEPLOYMENT,**	
DEPARTMENT, ACCOUNTS ~	[GEN]	**QUALITY FUNCTION ~ (QFD)**	[LS]
service financier		mise en œuvre	
DEPARTMENT, CLAIMS ~	[ASS]	de la fonction qualité (tda)	
service des sinistres		**DEPOSIT**	[GEN]
DEPARTMENT, CLAIMS ~	[GEN]	arrhes	
service des litiges		caution	
DEPARTMENT, DESPATCH ~	[INTM]	consignation	
service des expéditions		**DEPOSIT (TO)**	[GEN]
DEPARTMENT, FORWARDING ~	[INTM]	déposer	
service des expéditions		**DEPOSIT, CASH ~**	[GEN]
service transit		consignation en espèces	
DEPARTMENT, IMPORT ~	[GEN]	**DEPOSITORY, FURNITURE ~**	[LOG]
service import		garde-meubles	
DEPARTMENT, INWARD FREIGHT ~	[GEN]	**DEPOT**	[FER]
service import		dépôt	
DEPARTMENT, LEGAL ~	[GEN]	**DEPOT (US)**	[FER]
service du contentieux		gare	
DEPARTMENT, LOGISTICS ~	[LOG]	**DEPOT**	[LOG]
service logistique		dépôt	
DEPARTMENT, OUTWARD FREIGHT ~	[GEN]	entrepôt	
service export		magasin	
DEPARTMENT, PACKING ~	[GEN]	**DEPOT, GOODS ~ (US)**	[FER]
service emballage		gare de marchandises	
DEPARTMENT, PROCUREMENT ~	[GEN]	**DEPOT, INLAND CLEARANCE ~**	[DN]
service des achats		centre régional	
DEPARTMENT,		de dédouanement (CRD)	
PRODUCTION CONTROL ~	[LOG]	**DEPOT, INLAND RAIL CLEARANCE ~**	[DN]
service ordonnancement		dédouanement intérieur	
DEPARTMENT,		ferroviaire, bureau de ~	
RESEARCH AND DEVELOPMENT ~	[GEN]	**DEPRECIATION**	[GEN]
bureau d'études		amortissement (comptable)	
DEPARTMENT, SHIPCHANDLING ~	[MAR]	dépréciation	
service approvisionnement			

© Éditions d'Organisation

DEPRECIATION, PERCENTAGE OF ~ [ASS]

DEPRECIATION, PERCENTAGE OF ~ [ASS]
bonification
dépréciation
réfaction

DEPRIVATION [ASS]
dépossession

DEPTH [GEN]
profondeur

DEQ DUTIES ON BUYER'S ACCOUNT [MAR]
DEQ droits à la charge de l'acheteur

DERAIL (TO) [FER]
dérailler

DERAILMENT [FER]
déraillement

DEREGULATION [INTM]
déréglementation

DERRICK [MT]
mât de charge

DERRICK, FLOATING ~ [MT]
mât de charge flottant

DERRICK, HEAVY LIFT~ [MT]
bigue

DERRICK, JUMBO~ [MT]
bigue

DERRICKING TIME [MT]
temps de relevage (sur portique)

DERV (DIESEL-ENGINED ROAD VEHICLE) [ROUT]
gas-oil

DESIGN [GEN]
conception

DESIGN, COMPUTER-AIDED ~ (CAD) [LS]
conception assistée
par ordinateur (CAO)

DESIGN, SYSTEMS ~ [LS]
analyse organique
conception de systèmes

DESIGN AND MANUFACTURING, COMPUTER-AIDED ~ (CAD-CAM) [LS]
conception et fabrication assistées
par ordinateur (CFAO)

DESIGN ENGINEERING [LS]
ingénierie de conception

DESIGN FOR MANUFACTURABILITY (DFM) [LS]
faisabilité industrielle intégrée
à la conception

DESIGN OFFICE [GEN]
bureau d'études

DESK, CHECK-IN ~ [AER]
banque d'enregistrement

DESK-TOP PUBLISHING (DTP) [GEN]
publication assistée
par ordinateur (PAO)

DESPATCH (TO) [INTM]
expédier

DESPATCH, PLACE OF ~ [INTM]
lieu d'expédition

DESPATCH DEPARTMENT [INTM]
service des expéditions

DESTINATION, COUNTRY OF ~ [INTM]
pays de destination

DESTINATION, PORT OF ~ [MAR]
port de destination

DESTINATION STATION [FER]
gare destinataire

DESTROY (TO) [GEN]
détruire

DESTUFF (TO) [CONT]
dépoter

DESTUFFING [CONT]
dépotage

DETACHABLE [GEN]
amovible

DETERIORATE (TO) [GEN]
avarier

DETERIORATION THROUGH WETTING [ASS]
dégâts occasionnés par la mouille

DETOUR (TO) [INTM]
dévier

DETRAIN (TO) (US) [FER]
descendre du train

DEVAN (TO) [CONT]
dépoter

DEVANNING [CONT]
dépotage

DEVELOPING COUNTRY [GEN]
pays en voie
de développement (PVD)

DEVIATION, STANDARD ~ [LOG]
écart-type

DEVIATION CLAUSE [ASS]
déroutement (clause de ~)

DEVICE [GEN]
dispositif

Transport – logistique
Lexique

DISC BRAKE [INTM] **D**

DEVICE, AUTOMATIC FEEDING ~ [MT]
dispositif d'alimentation automatique

DEVICE, EMPTYING ~ [INTM]
dispositif de vidange

DEVICE, FILLING ~ [INTM]
dispositif de remplissage

DEVICE, GRIPPING ~ [MT]
accessoire de préhension

DEVICE, LASHING ~ [MT]
dispositif d'arrimage

DEVICE, LEVELLING ~ [MT]
appareil d'élévation de charges

DEVICE, LOAD LIMITING ~ [MT]
limiteur de charge

DEVICE, LOCKING ~ [GEN]
dispositif de verrouillage

DEVICE, RETARDING ~ [MT]
*limitateur de vitesse
(sur un convoyeur à bande)*

DEVICE, UNIT LOAD ~ (ULD) [AER]
unité de charge

DEW POINT [GEN]
point de condensation

DIAGNOSIS [GEN]
diagnostic

DIAL [GEN]
cadran

DIAMETER [GEN]
diamètre

DIESEL [INTM]
diesel

DIESEL-ELECTRIC LOCOMOTIVE [FER]
locomotive diesel-électrique

DIESEL-POWERED [INTM]
motricité diesel, à ~

DIFFERENCE, TIME ~ [GEN]
décalage horaire

DIGIT [GEN]
chiffre (de 0 à 9)

DIGITAL [GEN]
numérique

**DIMENSIONS,
INTERNAL UNOBSTRUCTED ~** [INTM]
dimensions intérieures libres

DIMENSIONS, OVERALL EXTERNAL ~ [INTM]
*dimensions d'encombrement
hors tout*

DINING CAR [FER]
wagon-restaurant

DIP HEADLIGHTS (TO) [ROUT]
mettre en feux de croisement (se)

DIPPED HEADLIGHTS [ROUT]
feux de croisement

DIPPING HOLE [CONT]
trou de sonde (conteneur citerne)

DIPSTICK [GEN]
*jauge (pour mesurer un niveau
de liquide)*

DIRECT BILL OF LADING [MAR]
*connaissement
sans transbordement*

DIRECT FLIGHT [AER]
vol direct

DIRECT MAINTENANCE COST (DMC) [LS]
coût direct de maintenance

DIRECT NUMERICAL CONTROL (DNC) [LS]
commande numérique directe

**DIRECTION FINDER,
AUTOMATIC ~ (ADF)** [AER]
radiogoniomètre

DIRECTION INDICATOR [ROUT]
*clignotant (n.)
indicateur de direction*

DIRECTIONS FOR USE [GEN]
notice (d'utilisation)

DIRTY BILL OF LADING [MAR]
*connaissement avec réserves
connaissement clausé*

DIRTY SHIP [MAR]
navire transporteur de produits "noirs"

DISABLED [GEN]
handicapé

DISBURSEMENT [GEN]
débours

DISBURSEMENT ACCOUNT [MAR]
compte d'escale

DISC [ROUT]
disque (du chronotachygraphe)

DISC, THERMOGRAPH ~ [CONT]
*disque (enregistrement de
température sur un conteneur réfrigéré)*

DISC BRAKE [INTM]
frein à disque

© Éditions d'Organisation

DISC DRIVE [GEN]

DISC DRIVE [GEN]
lecteur de disquette

DISCARD (TO) [GEN]
mettre au rebut

DISCHARGE (TO) [INTM]
décharger

DISCHARGE, PRESSURE ~ [INTM]
déchargement pulsé

**DISCHARGE,
TERMINAL HANDLING ~ (THD)** [CONT]
déchargement au terminal

DISCONTINUE (TO) [GEN]
*arrêter (ex. un service)
cesser (ex. un service)
interrompre (ex. une série)*

DISCOUNT [GEN]
*escompte
rabais
réduction
remise
ristourne*

DISCOUNTED TICKET (US) [INTM]
tarif spécial

DISCREPANCY [GEN]
irrégularité (ex. dans des chiffres)

DISEMBARK (TO) [INTM]
débarquer (passagers)

DISK / DISC [GEN]
disquette

DISK / DISC, HARD ~ [GEN]
disque dur

DISMANTLE (TO) [GEN]
démonter

DISMOUNT (TO) [GEN]
démonter

DISMOUNTABLE [GEN]
démontable

DISMOUNTABLE SIDE [CONT]
paroi démontable

DISPATCH (TO) [INTM]
expédier

DISPATCH, FLIGHT ~ [AER]
régulation des vols

**DISPATCH OF GOODS,
INSTRUCTIONS FOR THE ~ (IDG)** [AER]
déclaration d'expédition

DISPATCHER, FLIGHT ~ [AER]
*agent d'opérations
agent des vols*

DISPATCHING (US) [FER]
régulation

DISPENSE WITH (TO) [GEN]
supprimer (se passer de)

DISPENSER (BRIT.) [GEN]
distributeur automatique

DISPLACEMENT [CONT]
volume d'encombrement

DISPLACEMENT [MAR]
déplacement

DISPLACEMENT LIGHT [MAR]
déplacement lège

DISPLACEMENT LOADED [MAR]
déplacement en charge

DISPLAY (TO) [GEN]
afficher

DISPLAY, HEAD-UP ~ (HUD) [AER]
collimateur de pilotage

DISPOSABLE PALLET [LOG]
*palette jetable
palette perdue*

DISPOSAL [GEN]
*destruction
disposition
mise au rebut*

DISPOSAL OF, TO HOLD AT THE ~ [GEN]
tenir à la disposition de

DISPOSE OF (TO) [GEN]
*débarrasser de, se ~
disposition, avoir à ~*

DISPUTE [GEN]
conflit

DISPUTE (TO) [GEN]
contester

DISQUALIFICATION FROM DRIVING [ROUT]
retrait de permis de conduire

DISTANCE [GEN]
distance

DISTANCE, TO COVER A ~ [GEN]
parcourir une distance

**DISTANCE MEASURING
EQUIPMENT (DME)** [AER]
*appareillage de mesure
de la distance*

DISTANCE TABLE [INTM]
tableau des distances

DISTRIBUTE (TO) [GEN]
répartir ("dispatcher")

DISTRIBUTION [GEN]
répartition ("dispatching")
DISTRIBUTION, LOAD ~ [AER]
centrage
DISTRIBUTION, PHYSICAL ~ [LOG]
distribution physique
DISTRIBUTION CENTRE [LOG]
plate-forme
DISTRIBUTION OF WEIGHTS [AER]
répartition des masses par soute
**DISTRIBUTION REQUIREMENT
PLANNING (DRP)** [LOG]
*planification des besoins et ressources
des distributions*
DISTRIBUTOR [GEN]
concessionnaire
DISTRIBUTOR [ROUT]
allumeur
DISTURBANCES, ATMOSPHERIC ~ [GEN]
perturbations atmosphériques
DIVERGE (TO) [INTM]
séparer, se ~ (ex. deux autoroutes)
DIVERSION [INTM]
déviation
DIVERT (TO) [GEN]
dévier (ex. la circulation)
DIVERT (TO) [INTM]
*dérouter
détourner (d'un itinéraire)*
DIVERTER, SCANNER-OPERATED ~ [MT]
*aiguillage électronique
(sur un convoyeur)*
DIVIDE (TO) [GEN]
*diviser
séparer*
DIVIDER NET [MT]
filet de séparation
DIVISION, CREW AND MANNING ~ [MAR]
service de l'armement
DO NOT STORE IN A DAMP PLACE [MT]
craint l'humidité (sur un emballage)
DOCK [MAR]
*bassin
cale
darse
forme
quai*
DOCK (TO) [MAR]
venir à quai

DOCK, DRY ~ [MAR]
*bassin de radoub
cale sèche
forme de radoub*
DOCK, FLOATING ~ [MAR]
dock flottant
DOCK, GRAVING ~ [MAR]
bassin de radoub
DOCK, INNER ~ [MAR]
arrière-bassin
DOCK, LOADING ~ [INTM]
quai de chargement
DOCK, TIDAL ~ [MAR]
*bassin d'échouage (soumis
aux fluctuations de la marée)*
DOCK, WET ~ [MAR]
*bassin à flot
cale à flot*
DOCK DUES [MAR]
droits de bassin
DOCK LEVELLER [ROUT]
quai ajustable
DOCK LINE [FER]
voie portuaire
DOCK-SIDE TRACTOR [MT]
tracteur portuaire
DOCK SIDING [FER]
voie des quais
DOCK WORKER [MAR]
*débardeur
docker*
DOCKAGE [MAR]
droits de bassin
DOCKER [MAR]
débardeur
DOCKER [MAR]
docker
DOCKET [GEN]
*bordereau
bulletin*
DOCKING BASIN [MAR]
bassin de desserte
DOCKSIDE [MAR]
long du quai (le)
DOCKYARD [MAR]
chantier naval
DOCKYARD, NAVAL ~ [MAR]
arsenal maritime

DOCUMENT, ACCOMPANYING ~ [INTM]

DOCUMENT, ACCOMPANYING ~ [INTM]
bulletin d'accompagnement
document d'accompagnement

DOCUMENT, REGISTRATION ~ [ROUT]
carte grise

DOCUMENT, SINGLE TRANSPORT ~ [DN]
titre de transport unique

DOCUMENT,
SINGLE ADMINISTRATIVE ~ (SAD) [DN]
Document Administratif Unique (DAU)

DOCUMENT FREIGHT (TO) [INTM]
établir les documents de transport

DOCUMENT OF COMPLIANCE [MAR]
attestation de conformité

DOCUMENT OF TITLE [GEN]
titre de propriété

DOCUMENT TYPE DEFINITION (DTD) [LS]
définition technique de document
(modèle codé en SGML)

DOCUMENTARY BILL [GEN]
traite documentaire

DOCUMENTARY CREDIT [INTM]
crédit documentaire (CREDOC)

DOCUMENTARY CREDIT,
CONFIRMED ~ [INTM]
crédit documentaire confirmé

DOCUMENTARY CREDIT,
IRREVOCABLE ~ [INTM]
crédit documentaire irrévocable

DOCUMENTARY CREDIT,
REVOLVING ~ [INTM]
crédit documentaire renouvelable

DOCUMENTARY CREDIT,
TRANSFERABLE ~ [INTM]
crédit documentaire transférable

DOCUMENTARY DRAFT [GEN]
traite documentaire

DOCUMENTARY EVIDENCE OF ORIGIN [DN]
preuves documentaires de l'origine

DOCUMENTATION [GEN]
documents

DOCUMENTATION,
COMPUTERIZED ~ (COMDOC) [LOG]
documents informatisés

DOCUMENTS, FORGERY OF ~ [GEN]
falsification de documents

DOCUMENTS, SHIPPING ~ [INTM]
documents d'expédition

DOCUMENTS, SUPPORTING ~ [GEN]
pièces justificatives

DOCUMENTS, TRANSPORTATION ~ [INTM]
documents de transport

DOCUMENTS AGAINST
ACCEPTANCE (D/A) [GEN]
documents contre acceptation

DOCUMENTS AGAINST
PAYMENT (D/P) [GEN]
documents contre paiement

DOLLY [MT]
socle roulant

DOLLY [ROUT]
diabolo
train porteur (à sellette)

DOLLY, CONTAINER ~ [MT]
chariot porte-conteneur

DOLLY, JEEP ADAPTOR ~ [ROUT]
diabolo tracté

DOLLY, PALLET ~ [MT]
chariot porte-palette

DOLLY, TRANSFER ~ [MT]
chariot de transfert

DOLLY WHEEL [ROUT]
béquille

DOLPHIN [MAR]
duc d'albe

DOMESTIC [INTM]
intérieur (sur le territoire national)

DOMESTIC FLIGHT [AER]
vol intérieur

DOMESTIC TRAFFIC [INTM]
transport intérieur

DOOR, BOW ~ [MAR]
porte avant

DOOR, END ~ [ROUT]
porte en bout

DOOR, SIDE ~ [GEN]
porte latérale

DOOR, STERN ~ [MAR]
porte arrière

DOOR HEADER [CONT]
coiffe d'extrémité

DOOR MIRROR [ROUT]
rétroviseur extérieur

DOOR STOP [GEN]
butée de porte

DOOR TIEBACK	[INTM]		**DOUBLE TRACK**	[FER]
attache de porte			à double voie	
DOOR-TO-DOOR	[INTM]		**DOUBLE WAGON**	[FER]
domicile-domicile			wagon double	
porte à porte			**DOUBLES**	[ROUT]
DOOR-TO-DOOR	[MAR]		train double	
bout en bout			**DOWN**	[MT]
DOOR-TO-DOOR DELIVERY	[ROUT]		bas (sur un emballage)	
livraison porte à porte			**DOWN TIME (DT)**	[LS]
DOOR-TO-PIER	[INTM]		temps d'immobilisation	
porte à quai, de ~			temps de défaillance	
DOOR VENT	[ROUT]		**DOWN TIME DUE TO LOGISTICS (DTL)**	[LS]
volet d'air			durée d'immobilisation due	
(ex. sur remorque frigorifique)			à la logistique	
DOTTED LINE	[ROUT]		**DOWNLINE STATION**	[AER]
ligne discontinue			escale en aval	
DOUBLE DECK	[INTM]		**DOWNRIVER**	[FLV]
à deux étages			en aval	
DOUBLE-DECK CONTAINER	[CONT]		**DOWNSIZING**	[GEN]
conteneur à double plancher			compression (de personnel)	
DOUBLE-DECKER	[INTM]		**DOWNSTREAM**	[FLV]
à deux étages			en aval	
DOUBLE-DECKER BUS	[ROUT]		**DOWNSTREAM TRAFFIC**	[FLV]
autobus à impériale			avalant	
DOUBLE FACE PALLET	[LOG]		**DRAFT (US)**	[MAR]
palette double face			enfoncement	
palette réversible			tirant d'eau	
DOUBLE-HOPPER			**DRAFT, BANK ~**	[GEN]
GONDOLA CAR (US)	[FER]		traite bancaire	
wagon plat-gondole à double trémie			**DRAFT, DOCUMENTARY ~**	[GEN]
DOUBLE-HOPPER			traite documentaire	
OPEN TRUCK (BRIT.)	[FER]		**DRAFT, SIGHT ~**	[GEN]
wagon plat-gondole à double trémie			traite à vue	
DOUBLE HULL	[MAR]		**DRAFT PROJECT**	[LOG]
double coque			avant-projet	
DOUBLE OSCILLATING FIFTH WHEEL	[ROUT]		**DRAG, COEFFICIENT OF ~ (CD)**	[INTM]
sellette d'attelage à double oscillation			coefficient de pénétration	
DOUBLE-PARK (TO)	[ROUT]		dans l'air (CX)	
stationner en double file			**DRAGLINE**	[MT]
DOUBLE RAIL	[GEN]		pelle à benne traînante	
birail			**DRAIN (TO)**	[GEN]
DOUBLE ROAD TRAIN	[ROUT]		vidanger (ex. une cuve)	
train double			vider (ex. une cuve)	
DOUBLE SIDE-TIPPING CAR (US)	[FER]		**DRAIN COCK**	[CONT]
wagon à double bascule			robinet de conduite	
DOUBLE-SIDE TIPPING WAGON	[FER]		**DRAINAGE**	[GEN]
wagon à double bascule			drainage	
			écoulement	

DRAINAGE, APERTURE FOR ~ [CONT]
ouverture d'écoulement

DRAUGHT (BRIT.) [MAR]
enfoncement
profondeur de carène
tirant d'eau

DRAUGHT, AIR ~ [MAR]
tirant d'air

DRAUGHT, LIGHT ~ [MAR]
tirant d'eau en lège

DRAUGHT, LOAD ~ [MAR]
calaison
tirant d'eau en charge

DRAWBACK [DN]
remboursement des frais de douane

DRAWBACK [GEN]
inconvénient

DRAWBAR [ROUT]
barre d'attelage
timon

DRAWBAR, RAISABLE ~ [ROUT]
timon relevable

DRAWBAR PULL [ROUT]
force de tractage

DRAWBAR TRACTOR [ROUT]
porteur remorqueur

DRAWEE [GEN]
tiré (accepteur d'une traite)

DRAWER [GEN]
tireur (ex. d'une traite)

DRAWER STORAGE [LOG]
stockage en tiroirs

DREDGE (TO) [MAR]
draguer

DREDGER [MAR]
dragueur
marie-salope

DREDGER, MUD ~ [MAR]
marie-salope

DREDGING [MAR]
approfondissement
dragage

DRIFT (TO) [MAR]
dériver

DRIVE (TO) [INTM]
conduire
transporter (passagers)

DRIVE, DISC ~ [GEN]
lecteur de disquette

DRIVE, FRONT-WHEEL ~ [ROUT]
traction

DRIVE, LEFT HAND ~ (adj.) [ROUT]
conduite à gauche (véhicule à ~)

DRIVE, REAR-WHEEL ~ [ROUT]
propulsion

DRIVE, RIGHT HAND ~ (adj.) [ROUT]
conduite à droite (véhicule à ~)

DRIVE AXLE [ROUT]
essieu moteur

DRIVE-IN STORAGE [LOG]
stockage par accumulation

DRIVE-ON / DRIVE-OFF (DO-DO) [INTM]
roulage (entrée et sortie
des véhicules du ferry
par leurs propres moyens)

DRIVE-THROUGH STORAGE [LOG]
stockage par accumulation

DRIVE WHEELS [INTM]
roues motrices

DRIVEN AXLE [ROUT]
essieu moteur
pont moteur

DRIVER [FER]
agent de conduite
mécanicien (conducteur du train)

DRIVER [INTM]
conducteur

DRIVER, LORRY ~ [ROUT]
camionneur
chauffeur routier
routier (n.)

DRIVERLESS TRACTOR [MT]
chariot sans conducteur

DRIVER'S LICENSE (US) [ROUT]
permis de conduire

DRIVING [INTM]
conduite

DRIVING, DISQUALIFICATION FROM ~ [ROUT]
retrait de permis de conduire

DRIVING LICENCE (BRIT.) [ROUT]
permis de conduire

DRIVING LICENCE, TO REVOKE A ~ [ROUT]
retirer un permis de conduire

DRIVING TIME [ROUT]
temps de conduite

DRIVING UNDER THE INFLUENCE (DUI) [ROUT]
conduite en état d'ivresse

DROMEDARY TRACTOR [ROUT]
tracteur dromadaire

DROP ANCHOR (TO) [MAR]
jeter l'ancre

DROP-BOTTOM BIN [LOG]
bac à fond mobile

DROP-BOTTOM WAGON [FER]
wagon à fond mobile

DROP SIDE [INTM]
paroi rabattable

DROPPING, AIR ~ [AER]
droppage
largage (mode de livraison avec ou sans parachute)

DRUM [GEN]
bidon
fût (en métal)

DRUM (TO) [MT]
enfûter

DRUM, BRAKE ~ [ROUT]
tambour de frein

DRUM BRAKE [ROUT]
frein à tambour

DRY BULK [INTM]
vrac sec

DRY BULK FREIGHT CONTAINER [CONT]
conteneur à pulvérulents

DRY CARGO [INTM]
marchandises sèches

DRY DOCK [MAR]
bassin de radoub
cale sèche
forme de radoub

DRY FREIGHT CONTAINER [CONT]
conteneur pour marchandises sèches

DRY ICE [GEN]
carboglace

DRY LEASE [AER]
location sans équipage

DRY OPERATING WEIGHT [AER]
masse de base corrigée

DRY VAN [CONT]
conteneur toutes marchandises non liquides

DUAL AXLE [ROUT]
essieu tandem

DUAL CARRIAGEWAY [ROUT]
route à quatre voies

DUCT [GEN]
conduit
gaine

DUCT, AIR ~ [GEN]
conduit d'aération

DUCT, AIR SUPPLY ~ [CONT]
gaine de distribution d'air

DUCT, RETURN AIR ~ [CONT]
gaine de reprise d'air

DUE [GEN]
dû
échu
exigible

DUE (TO BE) [GEN]
prévu, être ~

DUE, TO FALL ~ [GEN]
venir à échéance

DUE DATE [GEN]
date d'échéance

DUES, ANCHORAGE ~ [MAR]
droits de mouillage

DUES, DOCK ~ [MAR]
droits de bassin

DUES, HARBOUR ~ [MAR]
droits de port

DUES, PILOTAGE ~ [MAR]
frais de pilotage

DUES, PORT ~ [MAR]
droits de port

DUES, PORTERAGE ~ [MAR]
droits de main-d'œuvre

DUES, QUAY ~ [MAR]
droits de quai

DUES, TONNAGE ~ [MAR]
droits de tonnage

DUMP (TO) [INTM]
décharger (par gravité)

DUMP, FUEL ~ [INTM]
dépôt de carburant

DUMP FUEL (TO) [AER]
vidanger en vol

DUMP TRUCK	[ROUT]	**DUTY**	[DN]
camion benne		*taxe*	
DUMP WAGON	[FER]	**DUTY, AD VALOREM ~**	[DN]
wagon à bascule		*droit ad valorem*	
DUMPING, FUEL ~	[AER]	**DUTY, CUSTOMS ~**	[DN]
largage de carburant		*droits de douane*	
DUMPING CAR (US)	[FER]	**DUTY, EXCISE ~**	[DN]
wagon à bascule		*droits d'accise*	
DUMPING TRUCK (BRIT.)	[FER]	*taxe à la consommation*	
wagon à bascule		**DUTY, EXEMPTION FROM ~**	[DN]
DUNNAGE	[INTM]	*admission en franchise*	
calage		**DUTY, HEAVY ~ (adj.)**	[GEN]
fardage		*résistant*	
DUPLICATE (TO)	[GEN]	*utilisation intensive, à ~*	
reproduire (un document)		**DUTY, INLAND ~**	[INTM]
DUPLICATE, IN ~	[GEN]	*droits intérieurs*	
double exemplaire, en ~		**DUTY, TO LEVY A ~**	[DN]
DUSK	[GEN]	*prélever une taxe*	
crépuscule		**DUTY, SPECIFIC ~**	[DN]
DUST	[GEN]	*droit spécifique*	
poussière		**DUTY-FREE**	[DN]
DUSTPROOF	[GEN]	*franchise, en ~*	
anti-poussière		**DUTY-FREE SHOP**	[INTM]
DUTIABLE	[DN]	*boutique hors taxes*	
taxable		**DUTY OFFICER**	[INTM]
DUTIABLE GOODS	[DN]	*chef de permanence*	
marchandises passibles de droits		**DUTY PAID PRICE**	[DN]
DUTIABLE VALUE	[DN]	*prix dédouané*	
valeur en douane		**DYKE**	[FLV]
DUTIABLE WEIGHT	[DN]	*levée*	
poids imposable		**DYKE**	[MAR]
DUTIES	[DN]	*digue*	
droits		**DYNAMIC STORAGE**	[LOG]
DUTIES, TO COLLECT ~	[DN]	*stockage dynamique*	
percevoir des droits		**DYNAMOMETER**	[MT]
		dynamomètre	

Anglais/Français

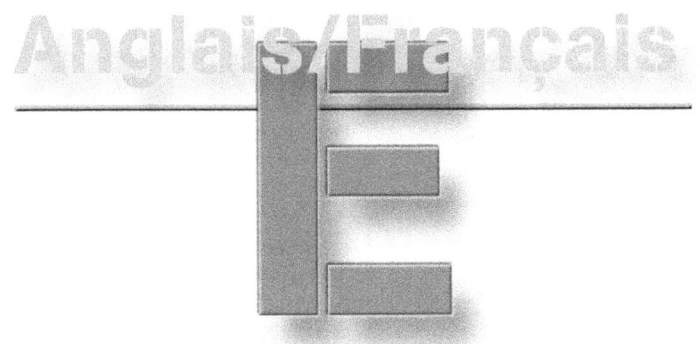

EARLIEST, AT THE ~	[GEN]	**EFFECT, TO COME INTO ~**	[GEN]
au plus tôt		*entrer en vigueur*	
EASTBOUND	[INTM]	**EFFECTIVE**	[GEN]
en direction de l'est		*vigueur, en ~*	
EBB	[MAR]	**EFFECTIVE, COST ~**	[GEN]
jusant		*rentable*	
reflux		**EFFECTS, CREW'S ~**	[INTM]
EBB TIDE	[MAR]	*effets personnels des membres*	
marée descendante		*de l'équipage*	
ECHO, RADAR ~	[INTM]	**EFFICIENCY**	[GEN]
écho radar		*efficacité*	
ECONOMIC	[GEN]	**EFFICIENT**	[GEN]
économique		*efficace*	
ECONOMIC ORDER QUANTITY (EOQ)	[LOG]	**EFFICIENT CONSUMER RESPONSE (ECR)**	[LOG]
quantité économique			
d'approvisionnement		*efficacité et réactivité au service*	
ECONOMICAL	[GEN]	*du consommateur (tda)*	
économique (peu coûteux)		**ELBOW ROOM**	[INTM]
ECONOMIES OF SCALE	[GEN]	*espace aux coudes*	
économies d'échelle		**ELECTRIC CHAIN HOIST**	[MT]
ECONOMY CLASS	[INTM]	*palan électrique à chaîne*	
classe économique		**ELECTRIC-POWERED**	[INTM]
EDGE	[GEN]	*motricité électrique, à ~*	
bord		**ELECTRIC-POWERED VEHICLE**	[INTM]
EDGE, LEADING ~	[AER]	*véhicule électrique*	
bord d'attaque		**ELECTRIC WIRE-ROPE HOIST**	[MT]
EDGE, TRAILING ~	[AER]	*palan électrique à cable*	
bord de fuite		**ELECTRICAL CONNECTION**	[ROUT]
EFFECT (TO)	[GEN]	*tête d'accouplement*	
effectuer (ex. des formalités)		*(sur semi-remorque)*	

ELECTRICAL POWER UNIT [GEN]
groupe électrogène

ELECTRIFIED MILEAGE [FER]
kilométrage électrifié

ELECTRONIC COMMERCE (EC) [LOG]
commerce électronique

**ELECTRONIC DATA
INTERCHANGE (E.D.I.)** [LOG]
échange de données informatisé
(E.D.I.)

**ELECTRONIC DATA INTERCHANGE
STANDARD FOR ADMINISTRATION,
COMMERCE AND TRANSPORT (EDIFACT)**[LS]
norme EDI pour le commerce,
l'administration et le transport (tda)

ELECTRONIC DATA PROCESSING (EDP) [GEN]
informatique

ELECTRONIC GUIDANCE [INTM]
guidage électronique

ELECTRONIC HIGHWAY [LOG]
autoroute électronique (échange
de données informatisées)

ELECTRONIC LIBRARY SYSTEM (ELS) [LOG]
système d'informations sans papier

ELECTRONIC MAIL [LOG]
courrier électronique

ELEVATING FIFTH WHEEL [ROUT]
sellette d'attelage élévatrice

ELEVATOR [AER]
gouvernail de profondeur

ELEVATOR, BUCKET ~ [MT]
élévateur à godets

ELEVATOR, LOAD ~ [MT]
monte-charge

EMBANKMENT [FER]
remblai
talus

EMBARGO [GEN]
embargo

EMBARK (TO) [INTM]
embarquer

**EMBARK ON A COURSE OF ACTION
(TO)** [GEN]
entreprendre une action

EMERGENCY [GEN]
urgence

EMERGENCY EXIT [GEN]
sortie de secours

EMERGENCY SLIDE [AER]
toboggan (évacuation d'urgence)

EMPLANE (TO) [AER]
embarquer (passagers)

EMPLOYEE [GEN]
employé (n.)

EMPLOYER [GEN]
employeur

EMPTY (TO) [GEN]
vider

EMPTY RUN [INTM]
retour à vide
voyage à vide

EMPTYING DEVICE [INTM]
dispositif de vidange

EN ROUTE [INTM]
en cours de route

END [GEN]
extrémité

END (TO) [GEN]
terminer

END DOOR [ROUT]
porte en bout

END FRAME [CONT]
cadre d'extrémité

END-LOADING RAMP [ROUT]
quai en bout

END OF BODY [ROUT]
paroi d'about

END-TIPPING WAGON [FER]
wagon à déchargement par bout

END USER [GEN]
client final

END WALL [INTM]
paroi d'extrémité (ex.conteneurs)

END WALL [ROUT]
paroi d'about

ENDORSE (TO) [GEN]
endosser (ex. un chèque)

ENDORSEMENT [ASS]
avenant

ENDORSEMENT OF ORDER [ASS]
clause à ordre

ENDORSEMENT, CUSTOMS ~ [DN]
visa de la douane

ENFORCE (TO) [GEN]
faire respecter (ex. une loi)

Transport - logistique
Lexique

ENTERPRISE RESSOURCE PLANNING
(ERP) [LOG]

ENGAGE A GEAR (TO) [ROUT]
passer une vitesse

ENGINE [FER]
locomotive

ENGINE [GEN]
moteur

ENGINE, FOUR-STROKE ~ [ROUT]
moteur à quatre temps

ENGINE, INJECTION ~ [ROUT]
moteur à injection

ENGINE, INTERNAL COMBUSTION ~ [ROUT]
moteur à explosion

ENGINE, JET ~ [AER]
moteur à réaction

ENGINE, NATURALLY ASPIRATED ~ [ROUT]
moteur atmosphérique

ENGINE, RACK ~ [FER]
locomotive à crémaillère

ENGINE, SHUNTING ~ (BRIT.) [FER]
locomotive de manœuvre

ENGINE, SWITCH ~ (US) [FER]
locomotive de manœuvre

ENGINE, TURBO-CHARGED ~ [ROUT]
moteur à turbo-compresseur

ENGINE BLOCK [INTM]
bloc-cylindres

ENGINE COWLING [AER]
capotage (d'un moteur)

ENGINE CRADLE [AER]
bâti moteur

ENGINE PYLON [AER]
pylône du moteur

ENGINE ROOM [MAR]
salle des machines

ENGINEER (US) [FER]
mécanicien (conducteur du train)

ENGINEER [GEN]
ingénieur

ENGINEER, FLIGHT ~ [AER]
mécanicien navigant

ENGINEER, SYSTEMS ~ [LOG]
ingénieur système

ENGINEERING, BUSINESS ~ [LOG]
ingénierie

ENGINEERING, COMPUTER-AIDED ~ [LS]
ingénierie assistée par ordinateur

ENGINEERING, CONCURRENT ~ (CE) [LS]
conception en parallèle
conception simultanée
ingénierie concourante
ingénierie intégrée
ingénierie simultanée
intégration des processus (traduction AFNOR)

ENGINEERING, DESIGN ~ [LS]
ingénierie de conception

ENGINEERING, MAINTENANCE ~ [LS]
ingénierie de maintenance

ENGINEERING, SYSTEMS ~ [LS]
architecture des systèmes

ENGINEERING, SYSTEMS ~ (SE) [LS]
ingénierie système

ENGINEERING SERVICES [INTM]
entretien mécanique

ENGLISH GAUGE [FER]
gabarit anglais

ENHANCE (TO) [GEN]
améliorer

ENQUIRE (TO) [GEN]
faire une recherche (sur qch.)
renseigner (sur qch.), se ~

ENQUIRY [GEN]
demande (de renseignements)
enquête

ENSURE (TO) [GEN]
assurer (ex. la sécurité)
garantir (ex. une qualité de service)

ENTER (TO) [GEN]
entrer

ENTER DATA (TO) [GEN]
saisir des données

ENTER FOR WAREHOUSING (TO) [DN]
déclarer sous le régime d'entrepôt douanier

ENTER SERVICE (TO) [GEN]
entrer en service

ENTERPRISE [GEN]
entreprise

ENTERPRISES, SMALL AND MEDIUM-SIZED ~ [GEN]
petites et moyennes entreprises (PME)

ENTERPRISE RESSOURCE PLANNING (ERP) [LOG]
progiciel de gestion intégrée (PGI)

ENTITY, LEGAL ~	[GEN]
personne morale	
ENTRY	[DN]
déclaration	
ENTRY	[GEN]
entrée	
saisie (entrée de données informatiques)	
ENTRY, BILL OF ~	[DN]
déclaration d'entrée	
ENTRY, CUSTOMS ~	[DN]
déclaration en douane	
ENTRY, FORK LIFT ~	[MT]
passage de fourche	
ENTRY, PERFECT ~	[DN]
déclaration définitive	
ENTRY, PORT OF ~	[MAR]
port douanier	
ENTRY BY BILL OF SIGHT	[DN]
déclaration provisoire	
ENTRY OF GOODS	[DN]
déclaration de marchandises	
EQUIP (TO)	[GEN]
équiper	
EQUIP A SHIP (TO)	[MAR]
armer un navire	
EQUIPMENT	[GEN]
installations	
EQUIPMENT, AUTOMATIC TEST ~ (ATE)	[LS]
équipement de test automatique	
EQUIPMENT, GROUND ~	[AER]
équipement au sol	
EQUIPMENT, HEAVY HANDLING ~	[MT]
équipement pour grosse manutention	
EQUIPMENT, LEVELLING ~	[MT]
appareil de mise à niveau	
EQUIPMENT DAMAGE REPORT (EDR)	[CONT]
rapport d'avarie (sur le conteneur)	
EQUIPMENT INTERCHANGE RECEIPT (EIR)	[CONT]
lettre d'interchange	
ERASE (TO)	[GEN]
effacer	
ERGONOMICS	[GEN]
ergonomie	
ERRORS AND OMISSIONS EXCEPTED (E.& O.E.)	[GEN]
sauf erreur ou omission	
ERRORS EXCEPTED (E.E.)	[GEN]
sauf erreur	
ESCALATOR	[GEN]
escalier mécanique	
ESSENTIAL	[GEN]
indispensable	
ESSENTIAL HEALTH AND SAFETY (EH&S)	[LOG]
hygiène et sécurité	
ESTABLISH THE WHEREABOUTS (TO)	[GEN]
situer (ex. un colis, un véhicule)	
ESTIMATE	[GEN]
devis	
évaluation	
ESTIMATE (TO)	[GEN]
estimer	
évaluer	
ESTIMATED TIME OF ARRIVAL (ETA)	[INTM]
heure / date prévue d'arrivée	
ESTIMATED TIME OF DEPARTURE (ETD)	[INTM]
heure / date prévue de départ	
EURO-PALLET CONTAINER	[CONT]
conteneur pour euro-palettes (2,50 m de large au lieu de 8 pieds)	
EUROCONTROL	[AER]
contrôle aérien européen	
EUROPEAN AIR TRAFFIC CONTROL HARMONISATION AND INTEGRATION PROJECT (EATCHIP)	[AER]
projet d'harmonisation et d'intégration du contrôle aérien européen (tda)	
EUROPEAN ASSOCIATION OF AEROSPACE EQUIPMENT MANUFACTURERS (tda)	[GEN]
Association Européenne des Constructeurs de Matériel Aérospatial (AECMA)	
EUROPEAN BANK FOR RECONSTRUCTION AND DEVELOPMENT (EBRD)	[GEN]
Banque Européenne pour la Reconstruction et le Développement (BRED)	
EUROPEAN CALS INDUSTRY GROUP (EUCIG)	[LS]
groupement industriel européen CALS (tda)	
EUROPEAN CIVIL AVIATION CONFERENCE (ECAC)	[AER]
conférence de l'aviation civile européenne (tda)	

Transport – logistique
Lexique

EXPENDABLES [LOG]

EUROPEAN COMMITTEE
FOR STANDARDIZATION [GEN]
Comité Européen de Normalisation (CEN)
EUROPEAN COMMUNITY (EC) [GEN]
Communauté Européenne (CE)
EUROPEAN CURRENCY UNIT (ECU) [GEN]
unité monétaire européenne
EUROPEAN
ECONOMIC COMMUNITY (EEC) [GEN]
Communauté Économique Européenne (CEE)
EUROPEAN
FREE TRADE ASSOCIATION (EFTA) [GEN]
Association Européenne de Libre Echange (AELE)
EUROPEAN SOCIETY OF CONCURRENT
ENGINEERING (ESOCE) [LS]
association européenne de l'ingénierie concourante (tda)
EUROPEAN UNION (EU) [GEN]
Union Européenne (UE)
EVEN [GEN]
pair (chiffre)
régulier (uniforme)
EVENT [GEN]
événement
EVENT, ACCIDENTAL ~ [ASS]
sinistre
EVENTUALITY [GEN]
éventualité
EVIDENCE [GEN]
pièce à conviction
preuve
EVIDENCE OF ORIGIN,
DOCUMENTARY ~ [DN]
preuves documentaires de l'origine
EX QUAY [INTM]
à quai (incoterm)
EX QUAY DUTIES
ON BUYER'S ACCOUNT [INTM]
à quai non dédouanné
EX-WORKS (EXW) [INTM]
départ usine
EX-WORKS LOADED [INTM]
départ usine chargé
EXAMINATION OF BAGGAGE (US) [DN]
visite des bagages
EXCEPTIONAL TRANSPORT [ROUT]
transport exceptionnel

EXCESS [GEN]
excédent
excès
EXCESS, IN ~ [GEN]
trop, en ~
EXCHANGE [GEN]
change (monétaire)
EXCHANGE, BILL OF ~ [GEN]
lettre de change
EXCHANGE, PRODUCT DATA ~ [LS]
échange de données produit (tda)
EXCHANGE, RATE OF ~ [GEN]
taux de change
EXCISE DUTY [DN]
droits d'accise
taxe à la consommation
EXCLUDE (TO) [GEN]
exclure
EXCLUDED [GEN]
non compris
EXECUTIVE AIRCRAFT (BRIT.) [AER]
avion d'affaires
EXEMPT FROM LEVY [DN]
franchise de prélèvement, en ~
EXEMPTION FROM DUTY [DN]
admission en franchise
EXHAUST FUMES [ROUT]
gaz d'échappement
EXHAUST MANIFOLD [ROUT]
collecteur d'échappement
EXHAUST-PIPE [ROUT]
tuyau d'échappement
EXHAUST STACK [ROUT]
cheminée d'échappement
EXHAUST VALVE [INTM]
soupape d'échappement
EXIT [GEN]
sortie
EXIT, EMERGENCY ~ [GEN]
sortie de secours
EXPANSION SPACE [FER]
jeu de dilatation
EXPECTATION [LOG]
espérance mathématique
EXPEDITE (TO) [GEN]
expédier (ex. une tâche)
EXPENDABLES [LOG]
consommables, les ~

EXPENDITURE [GEN]

EXPENDITURE	[GEN]
dépense	
EXPENDITURES, CAPITAL ~	[GEN]
dépenses d'investissement	
EXPENSES, ACCOMMODATION ~	[GEN]
frais d'hébergement	
EXPENSES, TRAVEL ~	[GEN]
frais de déplacement	
EXPERIENCE FEEDBACK	[LS]
retour d'expérience	
EXPERTISE	[GEN]
compétence	
EXPERT'S REPORT	[ASS]
expertise	
rapport d'expert	
EXPIRE (TO)	[ASS]
venir à expiration	
EXPIRY DATE	[GEN]
date de péremption	
EXPLOIT (TO)	[GEN]
exploiter (tirer le maximum de)	
EXPLOITATION	[GEN]
exploitation (mise en valeur)	
EXPLOSIVE MATTER	[GEN]
matière explosible	
EXPLOSIVES	[GEN]
explosifs	
EXPORT	[INTM]
exportation	
EXPORT (TO)	[INTM]
exporter	
EXPORTS CREDITS GUARANTEE DEPARTMENT	[ASS]
Compagnie française d'assurance pour le commerce extérieur (équiv.) (COFACE)	
EXPORT LICENCE	[INTM]
licence d'exportation	
EXPORT PACKING	[MT]
emballage type maritime	
EXPORT PERMIT	[INTM]
licence d'exportation	
EXPORTER	[INTM]
exportateur	
EXPORTING COUNTRY	[GEN]
pays exportateur	
EXPRESS	[INTM]
exprès	
express	

EXPRESS CONSIGNMENT	[INTM]
envoi express	
EXPRESS DELIVERY	[INTM]
livraison express	
EXPRESS PARCEL SERVICE	[INTM]
service express	
EXPRESS TRAIN	[FER]
train rapide	
EXPRESSWAY (BRIT.)	[ROUT]
voie express	
voie rapide	
EXPRESSWAY (US)	[ROUT]
autoroute	
EXTEND (TO)	[GEN]
prolonger	
proroger	
EXTENDER, FORK ~	[MT]
rallonge de bras de fourche	
EXTENSION	[GEN]
poste téléphonique	
prolongation	
prorogation	
EXTENSION, TAIL PIPE ~	[ROUT]
embout	
(de tuyau d'échappement)	
EXTINGUISHER, FIRE ~	[GEN]
extincteur	
EXTRA	[GEN]
supplément	
supplémentaire	
sus, en ~	
EXTRA FREIGHT	[INTM]
sur-fret	
EXTREME BEAM	[MAR]
largeur au fort	
EXTREME WIDTH	[MAR]
largeur au fort	
EYE	[GEN]
œilleton	
EYE, LIFTING ~	[MT]
œilleton de levage	
EYE, SECURING ~	[CONT]
œilleton d'arrimage	
EYE, TOW ~	[ROUT]
œil de remorquage	
EYE RING	[CONT]
pontet	
EYELET	[INTM]
œillet (ex. de bâche)	

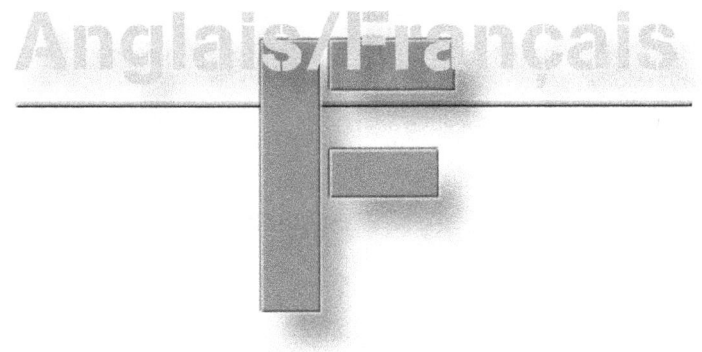

Anglais/Français

FABRICS [GEN]
étoffes
tissus
FACILITATOR, TRANSPORT ~ [INTM]
auxiliaire de transport
FACILITIES [GEN]
installations
**FACTOR,
BUNKER ADJUSTMENT ~ (BAF)** [MAR]
frais de soute
**FACTOR,
CURRENCY ADJUSTMENT ~ (CAF)** [INTM]
correctif de change
FACTOR, LOAD ~ [AER]
coefficient de remplissage
FACTOR, LOW-LOAD ~ [AER]
facteur de sous-charge
FACTORY [GEN]
usine
FACTORY OUTLET [GEN]
magasin d'usine
FACTUAL REPORT [ASS]
procès-verbal d'avarie
FAILURE [GEN]
défaillance (ex. mécanique)
manquement
(ex. à des engagements)
FAILURE, SYSTEMS ~ [LS]
dysfonctionnement de système

FAILURE, ZERO ~ [LOG]
zéro panne
**FAILURE MODE
AND EFFECT ANALYSIS (FMEA)** [LS]
*étude des pannes
et de leurs effets (tda)*
**FAILURE MODE, EFFECTS AND
CRITICALITY ANALYSIS (FMECA)** [LS]
*analyse des modes de défaillance,
de leurs effets et de leur criticité
(AMDEC)*
FAILURE RATE [LS]
taux de défaillance
taux de dysfonctionnement
FAIR AVERAGE QUALITY [INTM]
qualité courante
FAIR WEAR AND TEAR [GEN]
usure normale
FAIRWAY [MAR]
chenal
passe
FAIRWAY BUOY [MAR]
bouée de chenal
FAITH, GOOD ~ [GEN]
bonne foi
FALL DUE (TO) [GEN]
venir à échéance
FAN [GEN]
ventilateur

F — FAN JET [AER] — Transport – logistique / Lexique

FAN JET [AER]
réacteur à double flux

FARE [INTM]
prix (du titre de transport passagers)

FARE, CONCESSION ~ [INTM]
billet à tarif réduit

FARM, TANK ~ [INTM]
dépôt de carburant

FARM PRODUCTS (US) [GEN]
produits agricoles

FAST, TO MAKE ~ [MT]
arrimer

FAST GOODS SERVICE [FER]
Fretexpress
régime accéléré (R.A.)

FASTEN (TO) [GEN]
attacher
fixer

FASTENER [MT]
attache

FASTENING [GEN]
dispositif de fermeture
verrouillage

FATHOM [MAR]
brasse (1m 829)

FAULT [GEN]
défaut

FAULT DIAGNOSIS CHART [LS]
arbre de pannes

FAULTY [GEN]
défectueux

FEASIBILITY [LOG]
faisabilité

FEATURES [GEN]
caractéristiques

FEDERAL AVIATION ADMINISTRATION (US) (FAA) [AER]
direction de l'aviation civile (tda)

FEDERAL MARITIME COMMISSION (US) (F.M.C.) [MAR]
commission fédérale maritime (tda)

FEDERAL RAILROAD ADMINISTRATION (US) (FRA) [FER]
organisme ferroviaire fédéral (tda)

FEDERATION OF NATIONAL ASSOCIATIONS OF SHIP BROKERS AND AGENTS (FONASBA) [MAR]
fédération des associations nationales des courtiers et agents maritimes (tda)

FEE [GEN]
droits
honoraires
taxe

FEE, AIRPORT ~ [AER]
taxe aéroportuaire

FEE, LANDING ~ [AER]
taxe à l'atterrissage

FEED (TO) [GEN]
alimenter
approvisionner

FEEDBACK [GEN]
retour d'information

FEEDBACK, EXPERIENCE ~ [LS]
retour d'expérience

FEEDER, MECHANICAL ~ [MT]
distributeur mécanique

FEEDER, ROTARY ~ [MT]
écluse rotative

FEEDER AIRLINE [AER]
compagnie d'apport

FEEDER FLIGHT [AER]
vol d'apport

FEEDER LINE [INTM]
ligne secondaire
(qui alimente un réseau principal)

FEEDER SERVICE [INTM]
service secondaire
(qui alimente un réseau principal)

FEEDER VESSEL [MAR]
navire d'apport

FEES, CONSULAR ~ [INTM]
droits consulaires

FEES, SURVEY ~ [ASS]
honoraires d'expertise

FENCE, BLAST ~ [AER]
barrière anti-souffle

FENDER (US) [ROUT]
pare-chocs

FERROUS ORES [GEN]
minerais ferreux

FERRY [AER]
vol de positionnement ou
repositionnement (vol sans passagers)

FERRY (TO) [INTM]
transborder

FERRY, AIR ~ [AER]
avion transbordeur

FERRY, CAR ~ [INTM]
transbordeur

FERRY, TRAIN ~ [INTM]
transbordeur

FERRY-BOAT [INTM]
transbordeur

FERRY WAGON [FER]
wagon-ferry (adapté
aux ouvrages d'art britanniques)

FERTILIZER [GEN]
engrais

**FIATA COMBINED TRANSPORT BILL
OF LADING (FBL)** [INTM]
connaissement FIATA
pour transport combiné

FIBRE, WOOD ~ [GEN]
fibre de bois

FIELD PERSONNEL [GEN]
opérationnels, les ~

FIELD SERVICE ASSISTANCE [LS]
assistance technique sur place

FIFTH WHEEL [ROUT]
coupleur
sellette d'attelage

FIFTH WHEEL, AIR SLIDE ~ [ROUT]
sellette d'attelage
à réglage pneumatique

**FIFTH WHEEL,
DOUBLE OSCILLATING ~** [ROUT]
sellette d'attelage
à double oscillation

FIFTH WHEEL, ELEVATING ~ [ROUT]
sellette d'attelage élévatrice

FIFTH WHEEL, FIXED ~ [ROUT]
sellette d'attelage fixe

FIFTH WHEEL, LIFTING ~ [ROUT]
sellette d'attelage élévatrice

FIFTH WHEEL, MANUAL SLIDE ~ [ROUT]
sellette d'attelage à réglage manuel

FIFTH WHEEL, SLIDING ~ [ROUT]
sellette d'attelage réglable

FIFTH WHEEL ADVANCE [ROUT]
avancée de sellette

FIGURE [GEN]
chiffre (ex. statistiques...)

FILE [GEN]
dossier

FILE A FLIGHT PLAN (TO) [AER]
déposer un plan de vol

FILL IN / UP / OUT A FORM (TO) [GEN]
remplir un formulaire

FILL UP (TO) [INTM]
faire le plein

FILLER CAP [CONT]
bouchon de remplissage

FILLING DEVICE [INTM]
dispositif de remplissage

FILLING RATE [INTM]
taux de remplissage

FILLING STATION [ROUT]
station service

FILM, PLASTIC ~ [MT]
film plastique

FILTER [GEN]
filtre

FIN [AER]
dérive
empennage

FIN, STABILIZER ~ [MAR]
aileron de stabilisateur

FINANCIAL STATUS [GEN]
solvabilité

FINANCIAL YEAR [GEN]
année fiscale

FINE (n.) [GEN]
amende
contravention

FINED, TO BE ~ [GEN]
avoir une amende
avoir une contravention

FINE-TUNE (TO) [GEN]
régler avec précision
(ex. un moteur)

FINGER [AER]
passerelle

FINISHED PRODUCT [GEN]
produit fini

FIRE [GEN]
incendie

F — FIRE BRIGADE [GEN] / Transport - logistique Lexique

FIRE BRIGADE [GEN]	
sapeurs-pompiers	
FIRE EXTINGUISHER [GEN]	
extincteur	
FIRE-FIGHTING SERVICE [AER]	
service anti-incendie	
FIREPROOF [GEN]	
ignifugé	
FIRM [GEN]	
entreprise	
FIRST AID [GEN]	
premiers soins	
FIRST CLASS [INTM]	
première classe	
FIRST IN FIRST OUT (FIFO) [LOG]	
premier entré, premier sorti (PEPS)	
FIRST MATE [MAR]	
second (commandant en ~)	
FIRST OFFICER [AER]	
co-pilote	
FISHPLATE [FER]	
éclisse	
FISHPLATE BOLT [FER]	
boulon d'éclisse	
FISSILE MATERIAL [GEN]	
matière fissible	
FIT-IN TRUCK [MT]	
chariot emboîtable	
FIT OUT A SHIP (TO) [MAR]	
armer un navire	
FITTING [GEN]	
accessoire (n.)	
FITTING, CORNER ~ [CONT]	
coin ISO	
pièce de coin	
FITTING, STACKING ~ [CONT]	
dispositif de blocage des conteneurs à bord d'un navire	
FITTING, TOP ~ [CONT]	
pièce de saisissage	
FITTING OUT [MAR]	
armement	
FITTING-UP [GEN]	
aménagement	
FITTINGS [GEN]	
équipements	

FITTINGS, SPECIAL ~ [GEN]	
équipements spéciaux	
FIXED BED TRAILER [ROUT]	
remorque plateau fixe	
FIXED CHASSIS [INTM]	
châssis porte conteneur (à essieux fixes)	
FIXED FIFTH WHEEL [ROUT]	
sellette d'attelage fixe	
FIXED FLATRACK [CONT]	
conteneur plat à extrémités fixes	
FIXED LINK [INTM]	
lien fixe	
FIXED-PATH SYSTEM [MT]	
système de circulation à trajectoire fixe (entrepôt)	
FIXED PLANT [LOG]	
matériel fixe	
FIXED PRICE SUPPORT [LS]	
soutien à prix fixe	
FIXED SEQUENCE [MT]	
séquence fixe, à ~	
FIXING [INTM]	
calage	
FIXTURE [LOG]	
installation fixe	
FLAG [MAR]	
pavillon	
FLAG, TO FLY A ~ [MAR]	
battre pavillon	
FLAG, TO SAIL UNDER A ~ [MAR]	
naviguer sous pavillon	
FLAG CARRIER [AER]	
compagnie nationale	
FLAG MONOPOLY [MAR]	
monopole de pavillon	
FLAG OF CONVENIENCE [MAR]	
pavillon de complaisance	
FLAGGING OUT [MAR]	
dépavillonnement	
FLAMEPROOF [GEN]	
antidéflagrant	
FLAMEPROOF HOIST [MT]	
palan antidéflagrant	
FLAMMABLE (US) [GEN]	
inflammable	

Transport – logistique
Lexique

FLIGHT, LONG-HAUL ~ [AER]

FLAMMABLE MATERIAL (US) [GEN]
matière inflammable
FLANGE [FER]
patin (de rail)
FLAP [AER]
volet
FLAP, LANDING ~ [AER]
volet d'atterrissage
FLAP, MUD ~ [ROUT]
bavette garde-boue
FLAP, TRAILING EDGE ~ [AER]
volet de bord de fuite
FLASH POINT [GEN]
point d'éclair
FLASHING LIGHTS [INTM]
feux clignotants
FLAT BED [INTM]
plateau (ex. remorque)
FLAT CAR (US) [FER]
wagon à plate-forme
FLAT CAR,
CONTAINER ON ~ (US) (COFC) [INTM]
conteneur sur wagon
FLAT CAR,
TRAILER ON ~ (US) (TOFC) [INTM]
remorque sur wagon
FLAT CONTAINER [CONT]
conteneur plate-forme
FLAT RATE [GEN]
forfait
tarif forfaitaire
FLAT TYRE [INTM]
pneu à plat
pneu crevé
FLAT WAGON [FER]
wagon plat
FLATAINER [CONT]
conteneur plate-forme
FLATRACK, FIXED ~ [CONT]
conteneur plat à extrémités fixes
FLATRACK, FOLDING ~ [CONT]
conteneur plat à extrémités repliables
FLEET [INTM]
flotte (avions, navires)
FLEET [ROUT]
parc (de véhicules)

FLEET, MERCHANT ~ [MAR]
flotte de commerce
FLEX / FLEXI / FLEXIBLE TIME [GEN]
horaires flexibles
FLEXI VAN [CONT]
conteneur flexi van (transformable en remorque routière)
FLEXIBILITY [GEN]
adaptabilité
flexibilité
FLEXIBLE COMPUTER-INTEGRATED
MANUFACTURING (FCIM) [LS]
production informatisée flexible (tda)
FLEXIBLE-PATH SYSTEM [MT]
système de circulation à trajectoire aléatoire (entrepôt)
FLEXIBLE SKIRT [MAR]
jupe souple (sur aéroglisseurs)
FLIGHT [AER]
vol
FLIGHT, ACCEPTANCE ~ [AER]
vol de réception
FLIGHT, ALL-CARGO ~ [AER]
vol tout cargo
FLIGHT, ALTERNATE ~ [AER]
vol de remplacement
FLIGHT, BOOKED-UP ~ [AER]
vol complet
FLIGHT, CHARTER ~ [AER]
vol affrété
FLIGHT, CONNECTING ~ [AER]
vol en correspondance
FLIGHT, DEADHEAD ~ [AER]
vol de mise en place
FLIGHT, DIRECT ~ [AER]
vol direct
FLIGHT, DOMESTIC ~ [AER]
vol intérieur
FLIGHT, FEEDER ~ [AER]
vol d'apport
FLIGHT, TO HOLD A ~ [AER]
retarder un vol
FLIGHT, INAUGURAL ~ [AER]
vol inaugural
FLIGHT, LOCAL ~ [AER]
vol régional
FLIGHT, LONG-HAUL ~ [AER]
vol long-courrier

FLIGHT, MAIDEN ~	[AER]	**FLIGHT PATH**	[AER]
vol inaugural		*trajectoire de vol*	
FLIGHT, MEDIUM-HAUL ~	[AER]	**FLIGHT PERSONNEL**	[AER]
vol moyen-courrier		*personnel navigant*	
FLIGHT, MULTI-STAGE ~	[AER]	**FLIGHT PLAN**	[AER]
vol pluri-escales		*plan de vol*	
FLIGHT, NON-SCHEDULED ~	[AER]	**FLIGHT PLAN, TO FILE A ~**	[AER]
vol affrété		*déposer un plan de vol*	
FLIGHT, NON-STOP ~	[AER]	**FLIGHT RECEPTIONIST**	[AER]
vol direct		*agent d'accueil*	
vol sans escale		**FLIGHT SIMULATOR**	[AER]
FLIGHT, ONWARD ~	[AER]	*simulateur de vol*	
vol en correspondance		**FLOAT TRACTOR**	[ROUT]
FLIGHT, OVERLAND ~	[AER]	*tracteur pour transport lourd*	
vol continental		**FLOATER POLICY**	[ASS]
FLIGHT, RESCHEDULED ~	[AER]	*police flottante*	
vol recalé		**FLOATER POLICY INSURANCE**	[ASS]
FLIGHT, SCHEDULED ~	[AER]	*assurance flottante*	
vol régulier		**FLOATING DERRICK**	[MT]
FLIGHT, SHORT-HAUL ~	[AER]	*mât de charge flottant*	
vol court-courrier		**FLOATING DOCK**	[MAR]
FLIGHT, TEST ~	[AER]	*dock flottant*	
vol d'essai		**FLOATING PLATFORM**	[MAR]
FLIGHT, THROUGH ~	[AER]	*ponton*	
vol direct		**FLOATING POLICY**	[ASS]
vol sans escale		*police à alimenter*	
FLIGHT, TRAINING ~	[AER]	*police flottante*	
vol d'entraînement		**FLOATING POLICY INSURANCE**	[ASS]
FLIGHT ATTENDANTS	[AER]	*assurance flottante*	
personnel navigant		**FLOOD**	[MAR]
commercial (PNC)		*crue (inondation)*	
FLIGHT CREW	[AER]	**FLOOD TIDE**	[MAR]
personnel navigant technique (PNT)		*marée montante*	
FLIGHT DATA RECORDER (FDR)	[AER]	**FLOODING**	[GEN]
boîte noire		*inondation*	
enregistreur de vol		**FLOOR**	[GEN]
FLIGHT DECK	[AER]	*plancher*	
poste de pilotage		**FLOOR**	[MAR]
FLIGHT DISPATCH	[AER]	*varangue*	
régulation des vols		**FLOOR, HARDWOOD ~**	[GEN]
FLIGHT DISPATCHER	[AER]	*plancher en bois dur*	
agent d'opérations		**FLOOR, SOFTWOOD ~**	[GEN]
agent des vols		*plancher en bois tendre*	
FLIGHT ENGINEER	[AER]	**FLOOR AIR DUCT**	[CONT]
mécanicien navigant		*conduit d'aération au plancher*	
FLIGHT INFORMATION BOARD	[AER]	**FLOORLOAD LIMITATION**	[INTM]
tableau d'affichage des vols		*résistance plancher*	

Transport – logistique
Lexique

FOOT PASSENGER [MAR]

FLOTSAM [MAR]
épave (débris flottants)

FLOW [GEN]
flux

FLOW [LOG]
débit

FLOW, CASH ~ (CF) [GEN]
*marge brute
d'autofinancement (M.B.A.)*

FLOW, INFORMATION ~ [LOG]
flux informatifs

FLOW, PHYSICAL ~ [LOG]
flux physique

FLOW, TO REVERSE A ~ [LOG]
inverser un flux

FLOW, STEADY ~ [GEN]
flux régulier

FLOW, WORK ~ [LOG]
déroulement des opérations

FLOW CHART [LOG]
*arborescence des flux
diagramme des flux*

FLOW CONTROL [LOG]
*contrôle des flux
pilotage des flux*

FLOW MONITORING [LOG]
*contrôle des flux
pilotage des flux*

FLOW PATTERN [LOG]
modèle de flux

FLUID, ANTI-ICING ~ [AER]
liquide anti-givre

FLUID, BRAKE ~ [ROUT]
liquide de freins

FLUSH WELDING [GEN]
*soudure meulée et polie
(ex. conteneur citerne)*

FLY (TO) [AER]
*transporter
voler*

FLY A FLAG (TO) [MAR]
battre pavillon

FLY-BY-WIRE [AER]
commandes de vol électriques

FLYER, FREQUENT ~ [AER]
passager régulier

FLYOVER (BRIT.) [ROUT]
*autopont
toboggan*

FLYOVER RIGHTS [AER]
droits de survol

FOAM [GEN]
neige carbonique

FOB STOWED [MAR]
FOB arrimé

FOG [GEN]
brouillard

FOG LIGHTS [ROUT]
phares antibrouillard

FOIL, FRONT ~ [MAR]
aile avant (sur hydroptère)

FOIL, REAR ~ [MAR]
aile arrière (sur hydroptère)

FOIL, SUBMERGED ~ [MAR]
aile immergée (sur hydroptère)

FOLDING CONTAINER [CONT]
conteneur repliable

FOLDING FLATRACK [CONT]
conteneur plat à extrémités repliables

FOLDING LOCK [CONT]
verrou rabattable

FOLLOW-UP [GEN]
*relance (de la clientèle)
suivi (n.)*

FOLLOW UP (TO) [GEN]
*relancer (la clientèle)
suivre (ex. un dossier)*

FOLLOW-UP INVOICE [GEN]
facture de rappel

FOODS, CHILLED ~ [GEN]
aliments réfrigérés

FOODSTUFFS [GEN]
denrées alimentaires

FOODSTUFFS, LIQUID ~ [GEN]
denrées alimentaires liquides

FOODSTUFFS, PERISHABLE ~ [GEN]
denrées périssables

FOOT, CUBIC ~ (cu.ft) [GEN]
mètre cube, 0,028 ~

FOOT-BRAKE [ROUT]
pédale de frein

FOOT PASSENGER [MAR]
piéton (passager sans véhicule)

© Éditions d'Organisation

FOOT REST [INTM]

Transport – logistique
Lexique

FOOT REST	[INTM]	**FORK, CRANE ~**	[MT]
repose-pieds		*fourche suspendue*	
FOOTBRIDGE	[FER]	**FORK EXTENDER**	[MT]
passerelle (pour traverser la voie)		*rallonge de bras de fourche*	
FOOTER, FORTY ~	[CONT]	**FORK LIFT ENTRY**	[MT]
conteneur 40 pieds		*passage de fourche*	
FOOTER, TWENTY ~	[CONT]	**FORK LIFT POCKET**	[MT]
conteneur 20 pieds		*passage de fourche*	
FOR OWN ACCOUNT	[INTM]	**FORK LIFT TRUCK (FLT)**	[MT]
pour compte propre		*chariot élévateur à fourche*	
FORBID (TO)	[GEN]	**FORK LIFT TRUCK, COUNTERBALANCED ~**	[MT]
interdire		*chariot élévateur à fourche, en porte-à-faux*	
FORCE, TO COME INTO ~	[GEN]		
entrer en vigueur		**FORK LIFT TRUCK, RETRACTABLE ~**	[MT]
FORCE, IN ~	[GEN]	*chariot à fourche rétractable*	
en vigueur		**FORK LIFT TRUCK, VARIABLE REACH ~**	[MT]
FORCE, TASK ~	[GEN]	*chariot élévateur à portée variable*	
groupe de travail		**FORK LIFT TRUCK OPERATOR**	[MT]
FORCE, WORK ~	[GEN]	*cariste*	
main-d'œuvre		**FORK LIFT TRUCK WITH SWIVELLING MAST**	[MT]
FORCED VENTILATION	[GEN]	*chariot tridirectionnel*	
aération forcée		**FORK-LIFTER**	[MT]
ventilation forcée		*chariot élévateur à fourche*	
FORE	[GEN]	**FORM**	[GEN]
avant (adj.)		*formulaire*	
FORE AND AFT GANGWAY	[MAR]	**FORM, APPLICATION ~**	[GEN]
passavant		*formulaire de candidature*	
FORECAST	[GEN]	*formulaire de demande*	
prévision		**FORM, TO FILL IN / UP / OUT A ~**	[GEN]
FORECAST, WEATHER ~	[GEN]	*remplir un formulaire*	
prévisions météorologiques		**FORMAL**	[GEN]
FORECAST ORDERS	[LOG]	*officiel (adj.)*	
commandes prévisionnelles		**FORMALITIES**	[GEN]
FOREIGN OBJECT	[GEN]	*formalités*	
corps étranger		**FORMALITIES, CUSTOMS ~**	[DN]
FORELAND	[INTM]	*formalités douanières*	
avant pays		**FORMALIZE (TO)**	[GEN]
FOREMAN	[GEN]	*formaliser*	
chef d'équipe		**FORMAT**	[GEN]
contremaître		*format*	
FORFEITURE	[DN]	**FORMULATE (TO)**	[GEN]
confiscation		*formuler*	
FORGERY OF DOCUMENTS	[GEN]	**FORTNIGHT**	[GEN]
falsification de documents		*quinze jours*	
FORK	[MT]	**FORTY EQUIVALENT UNIT (FEU)**	[INTM]
fourche		*équivalent quarante pieds (EQP)*	

FORTY FOOTER	[CONT]		**FOUL BILL OF LADING**	[MAR]
conteneur 40 pieds			*connaissement avec réserves*	
FORWARD (TO)	[INTM]		*connaissement clausé*	
expédier			**FOUR-ENGINED AIRCRAFT**	[AER]
FORWARD AXLE	[ROUT]		*quadrimoteur (avion)*	
essieu avant			**FOUR STAR PETROL (BRIT.)**	[ROUT]
FORWARD CHARTER	[MAR]		*super (essence)*	
affrètement à terme			**FOUR-STROKE ENGINE**	[ROUT]
FORWARD COMPARTMENT	[AER]		*moteur à quatre temps*	
compartiment avant			**FOUR-WAY ENTRY PALLET**	[LOG]
FORWARD HOLD	[AER]		*palette à quatre entrées*	
soute avant			*palette AS*	
FORWARD HOLD	[MAR]		*palette européenne*	
cale avant			**FOUR-WHEEL-DRIVE (FWD)**	[ROUT]
FORWARD MOVEMENT	[GEN]		*4x4*	
mouvement vers l'avant			**FOURTH PARTY LOGISTICS (4 PL)**	[LOG]
FORWARDER, AIRFREIGHT ~	[AER]		*coordinateur des flux (tda)*	
transitaire aérien			**FRAGILE**	[GEN]
FORWARDER, FREIGHT ~	[INTM]		*fragile*	
transitaire			**FRAME**	[CONT]
FORWARDER CERTIFICATE			*cadre (pour transformer*	
OF TRANSPORT (F.C.T.)	[INTM]		*un conteneur en semi-remorque)*	
certificat de transport			*membrure*	
FORWARDER'S BILL OF LADING	[MAR]		**FRAME**	[GEN]
connaissement émis			*armature (structure)*	
par un transitaire			*cadre*	
FORWARDING AGENT	[INTM]		**FRAME**	[LOG]
commissionnaire			*échelle de casier*	
transitaire			**FRAME, BOGIE ~**	[FER]
FORWARDING AGENT CERTIFICATE			*châssis de bogie*	
OF RECEIPT (FCR)	[INTM]		**FRAME, CHASSIS ~**	[ROUT]
attestation de prise en charge			*cadre de châssis*	
du transitaire (APC)			**FRAME, END ~**	[CONT]
FORWARDING AGENT'S BILL			*cadre d'extrémité*	
OF LADING	[MAR]		**FRAME, GRIPPING ~**	[MT]
connaissement émis			*cadre de préhension mécanique*	
par un transitaire			*(sur portique)*	
FORWARDING AGENT'S			**FRAME CROSS MEMBER**	[ROUT]
COMMISSION (F.A.C.)	[INTM]		*traverse*	
commission (au) transitaire (C.T.)			**FRAME RAIL**	[ROUT]
FORWARDING DEPARTMENT	[INTM]		*longeron*	
service des expéditions			**FRANCE, MAINLAND ~**	[GEN]
service transit			*France continentale*	
FORWARDING POINT	[INTM]		**FRANCHISE**	[GEN]
point d'expédition			*franchise*	
FORWARDING STATION	[FER]		**FRANCHISEE**	[GEN]
gare expéditrice			*franchisé*	

FRANCHISING [GEN]

Transport - logistique
Lexique

FRANCHISING [GEN]
franchisage

FRANCHISING DIRECTOR (BRIT.) [FER]
directeur des franchises (Brit.)

FRANCHISOR [GEN]
franchiseur

FRANCO [INTM]
franco (de port)

FRAUD, CUSTOMS ~ [DN]
fraude douanière

FREE [GEN]
gratuit
libre (non occupé)

FREE [INTM]
franco (de port)

FREE ALONGSIDE SHIP (FAS) [MAR]
franco le long du navire

FREE ALONGSIDE SHIP BILL OF LADING [MAR]
connaissement à embarquer
connaissement reçu à quai

FREE-CARRIER (FCA) [INTM]
franco-transporteur

FREE CIRCULATION [DN]
libre pratique

FREE CIRCULATION [GEN]
libre circulation

FREE IN (F.I.) [MAR]
bord à sous palan, de ~

FREE IN AND OUT (F.I.O.) [MAR]
bord à bord, de ~ (B.A.B.)
fret bord

FREE IN AND OUT STOWED (F.I.O.S.) [MAR]
bord arrimé

FREE IN LINER OUT (FILO) [MAR]
franco chargement, et déchargement aux conditions des lignes régulières

FREE OF (ALL) CHARGES [INTM]
franco de tous frais

FREE OF CHARGE [GEN]
gratuit

FREE OF PARTICULAR AVERAGE (F.P.A.) [MAR]
franc d'avarie particulière (F.A.P.)

FREE OF PARTICULAR AVERAGE UNLESS [MAR]
franc d'avarie particulière sauf...

FREE ON BOARD (FOB) [MAR]
franco bord

FREE OUT (F.O.) [MAR]
sous palan à bord, de ~

FREE PORT [MAR]
port franc

FREE-STANDING TANK [MAR]
réservoir indépendant
(ex. sur un méthanier)

FREE TO CUSTOMER'S PREMISES [INTM]
franco domicile

FREE TRADE [GEN]
libre échange

FREE TRADE AREA [INTM]
zone franche

FREE ZONE [DN]
zone franche

FREEDOM OF THE AIR [AER]
liberté de l'air

FREEWAY [FER]
corridor de fret international (tda)

FREEWAY (US) [ROUT]
autoroute

FREEZABLE [GEN]
gel, qui craint le ~

FREEZE (TO) [GEN]
congeler
geler

FREEZING [GEN]
congélation

FREIGHT [INTM]
frais de port
fret

FREIGHT (TO) [MAR]
fréter (donner à fret)

FREIGHT, AIR ~ [AER]
fret aérien

FREIGHT, BACK ~ [INTM]
fret de retour

FREIGHT, DEAD ~ [MAR]
faux fret
fret sur le vide

FREIGHT, TO DOCUMENT ~ [INTM]
établir les documents de transport

FREIGHT, EXTRA ~ [INTM]
sur-fret

FREIGHT, HOME ~ [INTM]
fret de retour

FREIGHT, OCEAN ~ [MAR]
fret au long cours

Transport - logistique / Lexique

FROM UNDER THE SHIP'S TACKLE TO UNDER THE SHIP'S TACKLE [MAR]

FREIGHT, PREPAID ~ [INTM]
port payé

FREIGHT, RETURN ~ [INTM]
fret de retour

FREIGHT, SENSITIVE ~ [INTM]
fret sensible

FREIGHT, THROUGH ~ [INTM]
fret à forfait

FREIGHT AGENT [AER]
agent de fret

FREIGHT ALL KINDS RATE (FAK) [MAR]
taux forfaitaire maritime

FREIGHT CAR (US) [FER]
wagon de marchandises

FREIGHT COLLECT [INTM]
port dû

FREIGHT COMMISSION [INTM]
commission sur fret

FREIGHT CONFERENCE [MAR]
conférence de fret

FREIGHT CORRIDOR [FER]
couloir de fret

FREIGHT FORWARDER [INTM]
transitaire

FREIGHT HOUSE (US) [FER]
gare de marchandises

FREIGHT INSURANCE [ASS]
assurance fret

FREIGHT MANIFEST [INTM]
manifeste (n.)

FREIGHT NOTE [INTM]
facture de fret

FREIGHT PAID [INTM]
port payé

FREIGHT PAYABLE AT DESTINATION (FPAD) [INTM]
fret payable à destination

FREIGHT RATE [INTM]
tarif marchandises

FREIGHT RELEASE [INTM]
reçu de paiement du fret

FREIGHT SPACE [INTM]
espace de fret

FREIGHT STATION, CONTAINER ~ (CFS) [CONT]
magasin de groupage

FREIGHT TON [MAR]
tonneau d'affrètement
tonneau de fret
tonneau de jauge
tonneau de mer
tonneau de portée en lourd

FREIGHT YARD [FER]
gare de marchandises

FREIGHTAGE [INTM]
cargaison
fret
transport

FREIGHTAGE [MAR]
affrètement

FREIGHTER [AER]
avion cargo

FREIGHTER [MAR]
cargo
fréteur (qui donne en location)
navire de charge

FREIGHTER, ROAD ~ [ROUT]
affréteur routier

FREIGHTLINER [FER]
train-bloc

FREIGHTLINER [INTM]
train bloc porte-conteneurs

FREIGHTWAY, RAIL~ [FER]
corridor

FRENCH OVERSEAS DEPARTMENTS AND TERRITORIES [GEN]
départements et territoires d'outre-mer (DOM-TOM)

FRENCH STANDARDS INSTITUTE (EQUIV. BSI) [GEN]
Association Française de Normalisation (AFNOR)

FREQUENCY [GEN]
fréquence
périodicité

FREQUENT FLYER [AER]
passager régulier

FRESH WATER [MAR]
eau douce

FRESH WATER, DAMAGE BY ~ [ASS]
dommages par eau douce

FROG [FER]
croisement de voies

FROM UNDER THE SHIP'S TACKLE TO UNDER THE SHIP'S TACKLE [MAR]
sous palan à sous palan, de ~

© Éditions d'Organisation

FRONT AXLE [ROUT]

FRONT AXLE [ROUT]
essieu avant

FRONT BOOM [MT]
avant-bec (sur portique)

FRONT-DISCHARGE WAGON [FER]
wagon se vidant sur le devant

FRONT DRIVING AXLE [ROUT]
essieu moto-directeur

FRONT FOIL [MAR]
aile avant (sur hydroptère)

FRONT HEADER [CONT]
traverse supérieure avant

FRONT SILL [CONT]
traverse inférieure avant

FRONT WALL [INTM]
panneau avant (conteneurs, semi-remorques...)

FRONT-WHEEL DRIVE [ROUT]
traction

FRONTIER [GEN]
frontière

FRONTIER, INTERNAL ~ [DN]
frontière intérieure

FRONTIER STATION [FER]
gare de frontière

FROZEN [GEN]
congelé

FROZEN, DEEP ~ [GEN]
surgelé

FRUIT CARRIER [MAR]
navire fruitier

FUEL [GEN]
carburant

FUEL, AVIATION ~ [AER]
kérosène

FUEL, TO DUMP ~ [AER]
vidanger en vol

FUEL, JET ~ [AER]
carburéacteur
kérosène

FUEL, TAKE-OFF ~ [AER]
carburant au décollage

FUEL, TAXI ~ [AER]
carburant de roulage

FUEL, TRIP ~ [AER]
délestage
(carburant consommé en vol)

FUEL DEPLETION [AER]
consommation de carburant en vol

FUEL DUMP [INTM]
dépôt de carburant

FUEL DUMPING [AER]
largage de carburant

FUEL-EFFICIENT [INTM]
économe en carburant

FUEL INDEX [AER]
index carburant

FUEL INDICATOR [INTM]
indicateur de niveau de carburant

FUEL OIL [GEN]
fioul

FUEL SUPPLIER [GEN]
pétrolier (fournisseur)

FUEL TRUCK (US) [ROUT]
camion-citerne

FUEL UP (TO) [AER]
faire le plein de carburant

FULFILLMENT [LOG]
mise en production d'une commande

FULL [GEN]
complet
plein

FULL CONTAINER LOAD (FCL) [CONT]
conteneur complet

FULL LOAD [INTM]
charge complète

FULL SET OF BILLS OF LADING [MAR]
jeu complet de connaissements

FULL-TIME [GEN]
temps plein, à ~

FULL TRAILER [ROUT]
remorque

FULL WEIGHT AND CAPACITY (FWC) [CONT]
conteneur rempli en poids et en volume

FULLY COMPREHENSIVE INSURANCE [ASS]
assurance tous risques

FULLY LADEN [INTM]
plein (véhicule)

FULLY REPAIRABLE [LS]
entièrement réparable

Transport – logistique
Lexique

FUSELAGE [AER]

FUMES [GEN]
émanations
gaz toxiques
vapeurs toxiques
FUMES, EXHAUST ~ [ROUT]
gaz d'échappement
FUNGIBLE [GEN]
fongible
FUNNEL (TO) [GEN]
canaliser
FUNNEL [MAR]
cheminée de navire

FURNITURE DEPOSITORY [LOG]
garde-meubles
FURNITURE REMOVER [INTM]
déménageur
FURNITURE STORE [LOG]
garde-meubles
FUSE [GEN]
fusible
FUSELAGE [AER]
carlingue
fuselage

Anglais/Français

G

GAIN	[GEN]	**GANTRY, SURFACE ROBOTIZED ~**	[MT]
gain		*robot portique de surface*	
GAIN (TO)	[GEN]	**GANTRY, TWIN-GIRDER ~**	[MT]
gagner (temps, argent)		*portique à poutres jumelées*	
GALLERY CAR (US)	[FER]	**GANTRY, WORKSHOP ~**	[MT]
voiture à deux étages		*portique d'atelier*	
GALLEY	[AER]	**GANTRY CRANE**	[MT]
office		*portique*	
GALLON (BRIT.)	[GEN]	**GANTRY CRANE, TRAVELLING ~**	[MT]
litres, 4,546 ~		*portique mobile*	
GALLON (US)	[GEN]	**GARBLED MESSAGE**	[GEN]
litres, 3,785 ~		*message brouillé*	
GANGWAY	[AER]	**GAS (US)**	[ROUT]
escabeau passagers		*essence*	
GANGWAY	[GEN]	**GAS-FREEING**	[MAR]
passage		*dégazage*	
GANGWAY	[MAR]	**GAS, CHEMICAL ~**	[GEN]
coupée (n.)		*gaz chimique*	
passerelle			
GANGWAY, FORE AND AFT ~	[MAR]	**GAS, LIQUEFIED ~**	[GEN]
passavant		*gaz liquide*	
GANTRY	[MT]	**GAS, LIQUEFIED NATURAL ~ (LNG)**	[GEN]
portique		*gaz naturel liquéfié (GNL)*	
GANTRY, LIGHTWEIGHT ~	[MT]	**GAS, LIQUID PETROLEUM ~ (LPG)**	[ROUT]
portique léger		*gaz de pétrole liquéfié (GPL)*	
GANTRY, LINEAR ROBOTIZED ~	[MT]	**GAS, NATURAL ~**	[GEN]
robot portique linéaire		*gaz naturel*	
GANTRY, RAILWAY ~	[MT]	**GASES, TOXIC ~**	[GEN]
portique ferroviaire		*gaz toxiques*	

GASKET [GEN]

GASKET	[GEN]
joint	
GASOLINE (US)	[ROUT]
essence	
GATE	[AER]
porte d'embarquement	
GATE, AIRCRAFT ~	[AER]
poste de trafic	
GATE, LEVEL CROSSING ~	[FER]
barrière de passage à niveau lisse	
GATE, SLUICE ~	[FLV]
vanne d'écluse	
GATE AGENT	[AER]
agent à l'embarquement	
GATEWAY	[GEN]
porte	
GATEWAY, INTERNATIONAL ~	[AER]
aéroport international	
GATHER SPEED (TO)	[INTM]
prendre de la vitesse	
GAUGE	[FER]
écartement des voies	
GAUGE	[INTM]
gabarit (du véhicule)	
gabarit de chargement	
jauge	
GAUGE, BROAD ~	[FER]
écartement large	
GAUGE, CONTINENTAL ~	[FER]
gabarit continental	
GAUGE, ENGLISH ~	[FER]
gabarit anglais	
GAUGE, NARROW ~	[FER]
écartement étroit	
GAUGE, OUT OF ~	[INTM]
hors gabarit (pour un véhicule)	
GAUGE, PRESSURE ~	[INTM]
manomètre	
GAUGE, STANDARD ~	[FER]
voie normale	
GAUGE, TRACK ~	[FER]
écartement des voies	
GAUGE, WIDE ~	[FER]
écartement large	
GEAR, TO CHANGE ~	[ROUT]
changer de vitesse	
GEAR, TO ENGAGE A ~	[ROUT]
passer une vitesse	
GEAR, HANDLING ~	[MT]
équipements de manutention	
GEAR, LANDING ~	[AER]
train d'atterrissage	
GEAR, LANDING ~	[ROUT]
béquille	
GEAR, LOADING ~	[MT]
appareil de levage	
GEAR, TO PUT INTO A ~	[ROUT]
passer une vitesse	
GEAR, RUNNING ~	[ROUT]
train de roulement	
train roulant (essieux, fusées, roues et pneus)	
GEAR BOX	[ROUT]
boîte de vitesses	
GEAR BOX, AUTOMATIC ~	[ROUT]
boîte automatique	
GEAR LEVER	[ROUT]
levier de vitesse	
GEARSHIFT	[ROUT]
changement de vitesse	
GENERAL AGREEMENT ON TARIFFS AND TRADE (GATT)	[DN]
accord général sur les tarifs douaniers et le commerce	
GENERAL AVERAGE (G.A.)	[MAR]
avarie commune	
GENERAL CARGO	[INTM]
marchandises diverses	
GENERAL CARGO CONTAINER	[CONT]
conteneur marchandises générales	
GENERAL CARGO RATE (GCR)	[AER]
tarif général	
GENERAL-PURPOSE (adj.)	[GEN]
polyvalent	
tous usages	
GENERAL PURPOSE CONTAINER	[CONT]
conteneur d'usage général	
GENERATOR, MAIN ~	[FER]
génératrice principale	
GENERATOR SET	[GEN]
groupe électrogène	
GENERATOR SET, CLIP-ON ~	[CONT]
groupe électrogène amovible (pour conteneur frigo)	

GET UNDER WAY (TO) [MAR]
appareiller

GIRDER [CONT]
carlingue

GIRDER [GEN]
poutre

GIVE NOTICE (TO) [GEN]
donner un préavis

GLASS, SPLINTERPROOF ~ [ROUT]
verre sécurité

GLASS WOOL [GEN]
laine de verre

GLASSFIBRE [GEN]
fibre de verre

**GLASSFIBRE REINFORCED
POLYESTER (G.R.P)** [GEN]
plastique armé

GLIDER KIT [ROUT]
châssis-cabine de remplacement

GLOBAL [GEN]
global

GLOBAL LOGISTICS [LOG]
logistique globale

**GLOBAL ORBITING NAVIGATION
SATELLITE SYSTEM (GLONASS)** [AER]
*système d'aide à la navigation
par satellite (tda)*

GLOBAL POSITIONING SYSTEM (GPS) [INTM]
*système de positionnement mondial
par satellite*

GO ON STRIKE (TO) [GEN]
grève, se mettre en ~

GO THROUGH A RED LIGHT (TO) [ROUT]
brûler un feu rouge

GONDOLA [LOG]
gondole (ex. dans un supermarché)

GONDOLA CAR (US) [FER]
*wagon plat-gondole
wagon tombereau*

GOOD FAITH [GEN]
bonne foi

GOODS [GEN]
marchandises

GOODS, CONSUMER ~ [GEN]
biens de consommation

GOODS, DANGEROUS ~ (DG) [INTM]
marchandises dangereuses

GOODS, DUTIABLE ~ [DN]
marchandises passibles de droits

GOODS, ENTRY OF ~ [DN]
déclaration de marchandises

GOODS, HAZARDOUS ~ [INTM]
marchandises dangereuses

GOODS, HEAVY ~ [INTM]
pondéreux (n.)

GOODS, INCOMING ~ [INTM]
marchandises à l'arrivée

GOODS, MANUFACTURED ~ [GEN]
produits manufacturés

GOODS, MOVEMENT OF ~ [INTM]
circulation des marchandises

GOODS, NOMENCLATURE OF ~ [INTM]
*nomenclature générale
des produits (NGP)*

GOODS, PERISHABLE ~ [GEN]
marchandises périssables

GOODS, UNCLEARED ~ [DN]
marchandises non dédouanées

GOODS DEPOT (US) [FER]
gare de marchandises

GOODS IN DEMURRAGE [MAR]
*marchandises en souffrance
(sur le quai)*

GOODS LIFT [MT]
monte-charge

GOODS TRAIN [FER]
train de marchandises

GOODS TRUCK [FER]
wagon de marchandises

GOODS WAGON [FER]
wagon de marchandises

GOODS YARD [FER]
gare de marchandises

GOOSENECK [ROUT]
col de cygne

GOOSENECK CHASSIS [ROUT]
châssis à col de cygne

GOOSENECK PLATE [CONT]
tôle col de cygne

GRAB [MT]
*benne preneuse
grappin*

GRAB (TO) [MT]
saisir (par pinces)

GRADE CROSSING (US) [FER]	
passage à niveau	
GRADIENT [ROUT]	
côte	
GRADIENTS [FER]	
pentes et rampes	
GRAIN [GEN]	
céréales	
GRAIN SHIP [MAR]	
navire céréalier	
GRANT [GEN]	
subvention	
GRANT (TO) [GEN]	
accorder (ex. une permission, une subvention...)	
GRAPH [GEN]	
graphique (n.)	
GRAPNEL [MAR]	
grappin	
GRASP (TO) [MT]	
saisir	
GRATING [GEN]	
caillebotis	
GRAVEL [GEN]	
gravier	
GRAVING DOCK [MAR]	
bassin de radoub	
GRAVITY, CENTRE OF ~ [GEN]	
centre de gravité	
GRAVITY FEED TANK [ROUT]	
réservoir en charge	
GRAVITY FLOW RACK [LOG]	
transcasier	
GRAVITY ROLLER CONVEYOR [MT]	
convoyeur à rouleaux par gravité	
transporteur à rouleaux par gravité	
GRAVITY SHUNTING [FER]	
débranchement par gravité	
GRAVITY STORAGE [LOG]	
stockage transcasier	
GRAVITY UNLOADING [INTM]	
déchargement par gravité	
GREASE [GEN]	
graisse	
GREASE (TO) [GEN]	
graisser	

GREEN CARD (BRIT.) [ROUT]	
carte verte	
GREEN CHANNEL [DN]	
circuit vert	
GREENWICH MEAN TIME (GMT) [GEN]	
heure GMT	
GRILL [ROUT]	
calandre	
GRIP [MT]	
préhenseur	
GRIP (TO) [MT]	
saisir	
GRIP, HANDLING ~ [MT]	
poignée de manutention	
GRIPPING DEVICE [MT]	
accessoire de préhension	
GRIPPING FRAME [MT]	
cadre de préhension mécanique (sur portique)	
GROOVE [GEN]	
rainure	
GROOVED RAIL [CONT]	
rail à ornière	
GROSS [GEN]	
brut	
GROSS LADEN WEIGHT [ROUT]	
poids total autorisé en charge (PTAC)	
GROSS PRICE [GEN]	
prix brut	
GROSS REGISTERED TON (GRT) [MAR]	
tonneau de jauge brute (tjb)	
GROSS TON [GEN]	
tonne longue (1016 kg.)	
GROSS TON [MAR]	
tonneau de jauge	
GROSS WEIGHT (GW) [INTM]	
poids brut	
GROUND [GEN]	
sol (extérieur)	
GROUND AN AIRCRAFT (TO) [AER]	
immobiliser un appareil au sol	
GROUND CLEARANCE [INTM]	
garde au sol	
GROUND-CONTROLLED APPROACH (GCA) [AER]	
approche contrôlée par le sol	

GROUND CREW	[AER]	**GUARANTEE (TO)**		[GEN]
personnel de piste		*garantir*		
GROUND EQUIPMENT	[AER]	**GUARANTEE VOUCHER**		[DN]
équipement au sol		*titre de garantie*		
GROUND HANDLING AGREEMENT	[AER]	**GUARANTOR**		[GEN]
accord d'assistance en escale		*garant*		
GROUND LIGHT	[AER]	**GUARD (BRIT.)**		[FER]
balise		*chef de train*		
GROUND MARKINGS	[AER]	**GUARD, OVERHEAD ~**		[MT]
balisage (marquage au sol)		*toit de protection*		
GROUND POWER UNIT (GPU)	[AER]	*(sur un chariot élévateur)*		
groupe électrogène de parc		**GUARD'S VAN (BRIT.)**		[FER]
GROUND RECEPTIONIST	[AER]	*fourgon de queue*		
agent d'accueil		*fourgon du chef de train*		
GROUND SPEED	[AER]	**GUEST PASSENGER (GP)**		[AER]
vitesse par rapport au sol		*passager gratuit (personnel de la compagnie)*		
GROUND STAFF	[AER]	**GUIDANCE, APPROACH ~**		[AER]
personnel au sol (rampants)		*guidage d'approche*		
GROUND STORAGE	[CONT]	**GUIDANCE, ELECTRONIC ~**		[INTM]
stockage à terre		*guidage électronique*		
GROUND TRANSPORTATION (US)	[INTM]	**GUIDE, CAM END ~**		[CONT]
transport terrestre		*palier de crémone*		
GROUND VEHICLE	[AER]	**GUIDE, LOCKING BAR ~**		[CONT]
véhicule au sol		*bride de tube*		
GROUNDAGE	[MAR]	**GUIDE, ROD ~**		[INTM]
droits de mouillage		*guide de crémone*		
GROUP (TO)	[INTM]	**GUIDE RAIL**		[FER]
grouper		*contre-rail*		
GROUPAGE	[INTM]	**GUIDE STRIP**		[GEN]
groupage		*réglette*		
GROUPAGE AGENT	[INTM]	**GUMMED PAPER**		[GEN]
groupeur		*papier gommé*		
GROUPAGE BILL OF LADING	[MAR]	**GUSSET**		[ROUT]
connaissement groupé		*gousset d'angle*		
GROUPING AGENT	[INTM]	**GUST**		[GEN]
groupeur		*rafale (de vent)*		
GROWTH	[GEN]	**GUTTER**		[GEN]
croissance		*gouttière*		
GUARANTEE	[GEN]	**GUTTER**		[ROUT]
garantie		*caniveau*		

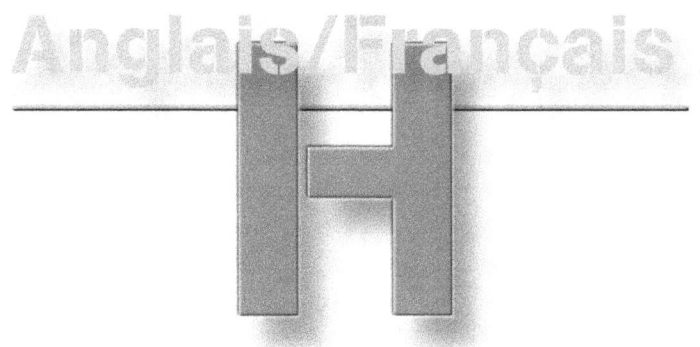

HAIL	[GEN]	**HAND-OPERATED LIFTING WINCH**	[MT]
grêle		*treuil à bras de levage*	
HAILSTONE	[GEN]	**HAND-OPERATED PULLEY BLOCK**	[MT]
grêlon		*palan à bras*	
HALF-AXLE	[ROUT]	**HAND-OPERATED PULLING WINCH**	[MT]
demi-essieu		*treuil à bras de halage*	
HALF / HALF HEIGHT CONTAINER	[CONT]	**HAND-OPERATED STACKER**	[MT]
conteneur demi-hauteur		*gerbeur à déplacement manuel*	
HALF CAB	[ROUT]	**HAND-ROTATED CRANE**	[MT]
cabine étroite		*grue à rotation manuelle*	
HALL	[GEN]	**HAND TRUCK**	[MT]
hall		*diable*	
HAND, CHARGE ~	[GEN]	**HANDBOOK**	[GEN]
chef d'équipe		*manuel (d'utilisation)*	
HAND, ON ~	[LOG]	**HANDLE**	[GEN]
disponible (ex. stock)		*poignée*	
HAND BAGGAGE (US)	[INTM]	**HANDLE (TO)**	[GEN]
bagages à main		*occuper de, s' ~*	
HAND-BRAKE	[ROUT]	**HANDLE (TO)**	[INTM]
frein à main		*traiter (ex. des passagers...)*	
HAND BRAKE WHEEL	[FER]	**HANDLE (TO)**	[MT]
volant de frein à main		*manutentionner*	
HAND IN A PARCEL (TO)	[INTM]	**HANDLE CATCH RETAINER**	[CONT]
déposer un colis		*retenue de levier*	
HAND LUGGAGE	[INTM]	**HANDLE WITH CARE**	[MT]
bagages à main		*fragile (sur un emballage)*	
HAND-OPERATED LIFT	[MT]	**HANDLE WITH CARE (TO)**	[MT]
élévation manuelle		*manipuler avec précaution*	

© Éditions d'Organisation

HANDLER [MT]

Transport - logistique
Lexique

HANDLER [MT]	
manutentionnaire	
HANDLER, BAGGAGE ~ [AER]	
bagagiste	
HANDLER, RAMP ~ [AER]	
manutentionnaire de piste	
HANDLER, SHED ~ [AER]	
manutentionnaire d'entrepôt	
HANDLING [AER]	
assistance	
(d'une compagnie par une autre)	
HANDLING [GEN]	
maniement (ex. d'un outil)	
HANDLING [MT]	
manutention	
HANDLING, AUTOMATED ~ [MT]	
transitique	
HANDLING, BATCH ~ [MT]	
traitement par lots	
HANDLING, CONTINUOUS ~ [MT]	
manutention continue	
HANDLING, HANDS-OFF ~ [MT]	
manutention automatique	
HANDLING, HORIZONTAL ~ [MT]	
manutention horizontale	
HANDLING, INTERMEDIATE ~ [INTM]	
rupture de charge	
HANDLING, MARK FOR ~ [CONT]	
repère de manutention	
HANDLING, MECHANICAL ~ [MT]	
manutention lourde	
manutention mécanique	
HANDLING, VERTICAL ~ [MT]	
manutention verticale	
HANDLING AIRLINE [AER]	
compagnie assistante	
HANDLING CART [MT]	
chariot de manutention	
HANDLING CHARGES [INTM]	
frais de manutention	
HANDLING GEAR [MT]	
équipements de manutention	
HANDLING GRIP [MT]	
poignée de manutention	
HANDRAIL [GEN]	
main-courante	
rampe	

HANDS-OFF HANDLING [MT]
manutention automatique
HANDS-ON CONTROL [GEN]
contrôle direct
HANDY [GEN]
pratique
HANGAR [AER]
hangar
HANGARAGE [AER]
capacité d'accueil en hangar
HANGER, CLOTHES ~ [GEN]
cintre
HANGING GARMENT TRANSPORT [INTM]
transport de vêtements sur cintres
HARBOUR [MAR]
port (site géographique)
HARBOUR, INNER ~ [MAR]
arrière-port
HARBOUR, OUTER ~ [MAR]
avant-port
HARBOUR DUES [MAR]
droits de port
HARBOUR MASTER [MAR]
capitaine de port
HARBOUR MASTER'S OFFICE [MAR]
capitainerie
HARBOUR STATION [FER]
gare maritime
HARD DISK / DISC [GEN]
disque dur
HARD SHOULDER (US) [ROUT]
accotement stabilisé
HARD STANDING [INTM]
surface
(ex. pour stockage de conteneurs)
HARD TOP CONTAINER [CONT]
conteneur à toit amovible rigide
HARD VERGE (BRIT.) [ROUT]
accotement stabilisé
HARDWARE [GEN]
matériel informatique
HARDWOOD [GEN]
bois dur
HARDWOOD FLOOR [GEN]
plancher en bois dur
HARMONIZE (TO) [GEN]
harmoniser

HASP	[GEN]
fermoir	
moraillon	
HATCH	[GEN]
trappe	
HATCH	[MAR]
écoutille	
HATCH, LOADING ~	[INTM]
trappe de chargement	
HATCH, UNDER ~	[MAR]
en cale	
HATCH-COAMING	[MAR]
hiloire de panneau	
surbau	
HATCHBACK	[ROUT]
bicorps	
HATCHCOVER	[MAR]
panneau de cale	
HAUL (TO)	[FER]
tirer	
HAUL, BACK ~	[ROUT]
fret de retour	
HAUL, LONG ~	[ROUT]
longue distance	
HAUL, MEDIUM ~	[ROUT]
moyenne distance	
HAUL, SHORT ~	[ROUT]
courte distance	
HAULAGE (BRIT.)	[ROUT]
transport	
HAULAGE, CARRIER ~	[INTM]
transport terrestre effectué	
par le transporteur maritime	
HAULAGE, PUBLIC ~	[ROUT]
transport privé	
(pour compte d'autrui)	
HAULAGE, MERCHANT ~	[INTM]
transport terrestre effectué	
par le chargeur (et non par le	
transporteur maritime)	
HAULAGE CONTRACTOR	[ROUT]
affréteur routier	
entrepreneur de transport routier	
entreprise de camionnage	
HAULAGE DEPOT	[ROUT]
gare routière	
HAULIER	[ROUT]
transporteur	
HAWSER	[MAR]
amarre	
cable de remorque	
HAZARD	[GEN]
danger	
HAZARD ANALYSIS CRITICAL CONTROL	
POINT (HACCP)	[LOG]
analyse des dangers points critiques	
pour leur maîtrise	
HAZARDOUS	[GEN]
dangereux	
HAZARDOUS GOODS	[INTM]
marchandises dangereuses	
HAZARDOUS MATERIALS (HAZMATS)	[INTM]
matières dangereuses	
HEAD	[FER]
champignon (d'un rail)	
HEAD	[GEN]
chef	
HEAD, COUPLER ~	[FER]
tête d'attelage	
HEAD, CYLINDER ~	[INTM]
culasse	
HEAD BAY	[FLV]
bief d'amont	
HEAD FOR (TO)	[GEN]
diriger vers, se ~	
HEAD-UP DISPLAY (HUD)	[AER]
collimateur de pilotage	
HEADBOARD	[CONT]
hayon (sur conteneur	
type plate-forme)	
HEADER, DOOR ~	[CONT]
coiffe d'extrémité	
HEADER, FRONT ~	[CONT]
traverse supérieure avant	
HEADING	[AER]
cap	
HEADING	[GEN]
en-tête	
HEADING, TARIFF ~	[DN]
position tarifaire	
HEADLAMPS	[ROUT]
feux de route	
phares (de véhicule)	
HEADLIGHT HOUSING SHELL	[ROUT]
boîtier de phare	

H — HEADLIGHTS [ROUT]

Transport – logistique
Lexique

HEADLIGHTS [ROUT]
feux de route
phares (de véhicule)

HEADLIGHTS, TO DIP ~ [ROUT]
mettre en feux de croisement (se)

HEADLIGHTS, DIPPED ~ [ROUT]
feux de croisement

HEADROOM [GEN]
hauteur libre
tirant d'air

HEADROOM, LOW ~ [ROUT]
hauteur limitée

HEADROOM, MAXIMUM ~ [ROUT]
hauteur limite
(sur panneau de signalisation)

HEADROOM CLEARANCE [GEN]
espace libre en hauteur

HEADWAY [FER]
distance entre deux trains

HEADWIND [INTM]
vent contraire

HEADWIND [MAR]
vent debout

HEALTH, BILL OF ~ [INTM]
certificat de santé

HEALTH, CERTIFICATE OF ~ [GEN]
certificat sanitaire

HEALTH, PUBLIC ~ [GEN]
salubrité publique

HEALTH AND SAFETY, ESSENTIAL ~ (EH&S) [LOG]
hygiène et sécurité

HEARSE [ROUT]
corbillard
fourgon mortuaire

HEATED CONTAINER [CONT]
conteneur calorifique

HEATING [GEN]
chauffage

HEATPROOF [GEN]
résistant à la chaleur

HEAVY [GEN]
lourd

HEAVY DUTY (adj.) [GEN]
résistant
utilisation intensive, à ~

HEAVY GOODS [INTM]
pondéreux (n.)

HEAVY GOODS VEHICLE (HGV) [ROUT]
poids lourd (véhicule >3.5T)

HEAVY HANDLING EQUIPMENT [MT]
équipement pour grosse manutention

HEAVY LIFT [INTM]
colis lourd

HEAVY LIFT DERRICK [MT]
bigue

HEAVY LIFT SURCHARGE [INTM]
surtaxe pour colis lourd

HEAVY TRAFFIC [ROUT]
circulation dense

HEIGHT [GEN]
hauteur

HELICOPTER [AER]
hélicoptère

HELIPORT [AER]
héliport

HELISTOP [AER]
hélistation

HELM [MAR]
barre (timon)

HI-LIFT TRUCK [AER]
camion élévateur

HIDDEN DAMAGE [ASS]
avarie occulte

HIDDEN DEFECT [ASS]
vice caché

HIGH CAB [ROUT]
cabine haute

HIGH CAPACITY AIRCRAFT [AER]
gros porteur (avion)

HIGH CAPACITY CONTAINER [CONT]
conteneur grande capacité

HIGH CAPACITY WAGON [FER]
wagon-cargo

HIGH COST PART [LOG]
pièce à haute valeur ajoutée

HIGH CUBE (HC) [CONT]
conteneur hors-cotes (HC)

HIGH-LIFT [MT]
grande levée, à ~

HIGH-PERFORMANCE (adj.) [GEN]
performant

HIGH RISE STORAGE [LOG]
stockage sur grande hauteur

Transport – logistique
Lexique

HOLD A FLIGHT (TO) [AER]

HIGH SEAS [MAR]	
haute mer	
HIGH SPEED TRAIN (BRIT.) (HST) [FER]	
train rapide électrique	
HIGH TIDE [MAR]	
marée haute	
HIGH-VALUE COMMODITIES [LOG]	
marchandises à haute valeur ajoutée	
HIGH WATER [MAR]	
pleine mer (n.)	
HIGHWAY (BRIT.) [ROUT]	
route	
HIGHWAY (US) [ROUT]	
autoroute	
HIGHWAY, ELECTRONIC ~ [LOG]	
autoroute électronique	
(échange de données informatisées)	
HIGHWAY, INFORMATION ~ [LOG]	
autoroute électronique	
(échange de données informatisées)	
HIGHWAY CODE [ROUT]	
code de la route	
HIJACK (TO) [INTM]	
détourner (pirater)	
HIJACKING [AER]	
piraterie aérienne	
HIJACKING [INTM]	
détournement	
(d'un véhicule par la force)	
HINDRANCE [GEN]	
obstacle	
HINDRANCE TO DELIVERY [INTM]	
empêchement à la livraison	
HINGE [GEN]	
charnière	
HINGE PIN [GEN]	
axe de charnière	
HINTERLAND [INTM]	
arrière-pays portuaire	
HIRE (TO) [INTM]	
louer (à court terme)	
HIRE, BARGE ~ [FLV]	
loyer de gabares	
HIRE CAR (BRIT.) [GEN]	
voiture de location	
HISTORY [GEN]	
historique (n.)	

HIT AND RUN OFFENCE [ROUT]	
délit de fuite	
HITCH (TO) [INTM]	
accrocher (ex. une remorque)	
HITCH, TECHNICAL ~ [INTM]	
incident technique	
HOAX, BOMB ~ [GEN]	
fausse alerte à la bombe	
HOIST [MT]	
monte-charge	
palan	
HOIST (TO) [MT]	
hisser	
lever	
HOIST, ELECTRIC CHAIN ~ [MT]	
palan électrique à chaîne	
HOIST, ELECTRIC WIRE-ROPE ~ [MT]	
palan électrique à cable	
HOIST, FLAMEPROOF ~ [MT]	
palan antidéflagrant	
HOIST, PNEUMATIC ~ [MT]	
palan pneumatique	
HOLD [AER]	
soute	
HOLD (TO) [GEN]	
contenir	
HOLD [MAR]	
cale	
HOLD [MT]	
prise	
HOLD, AFT ~ [AER]	
soute arrière	
HOLD, AFT ~ [MAR]	
cale arrière	
HOLD, CONTAINERIZED ~ [AER]	
soute conteneurisée	
HOLD, FORWARD ~ [AER]	
soute avant	
HOLD, FORWARD ~ [MAR]	
cale avant	
HOLD, LOWER ~ [AER]	
soute inférieure	
HOLD, UPPER ~ [AER]	
soute supérieure	
HOLD A FLIGHT (TO) [AER]	
retarder un vol	

© Éditions d'Organisation

HOLD A LICENCE (TO) [ROUT]

Transport – logistique
Lexique

HOLD A LICENCE (TO) [ROUT]
détenir un permis

HOLD AT THE DISPOSAL OF (TO) [GEN]
tenir à la disposition de

HOLD BAGGAGE [AER]
bagages de soute

HOLD-UP [GEN]
retard

HOLD-UP [INTM]
embouteillage

HOLD YARD [FER]
faisceau d'attente

HOLDER, PLACARD ~ [CONT]
porte-étiquettes (sur conteneur)

HOLDER, POLICY ~ [ASS]
assuré, l' ~

HOLDING, ROAD ~ [ROUT]
tenue de route

HOLDING AREA [AER]
aire d'attente

HOLDING COST [LOG]
coût de possession du stock

HOLDING DELAY [AER]
retard cause attente

HOLDING PATTERN [AER]
circuit d'attente
hippodrome

HOLE [GEN]
trou

HOLE, DIPPING ~ [CONT]
trou de sonde (conteneur citerne)

HOME BASE [AER]
base d'affectation

HOME DELIVERY [ROUT]
livraison à domicile

HOME FREIGHT [INTM]
fret de retour

HOME PORT [MAR]
port d'attache

HOME WATERS [MAR]
eaux territoriales

HOME USE, TO CLEAR FOR ~ [DN]
mettre à la consommation

HOMEWARD BILL OF LADING [MAR]
connaissement établi
aux conditions «voyage de retour»

HOMING [AER]
ralliement
retour à la base

HOMING BEACON [AER]
balise de radioguidage

HOMING VECTOR [AER]
cap de ralliement

HONEYCOMB [LOG]
nid d'abeilles

HOOD (US) [ROUT]
capot

HOOK [MT]
crochet

HOOK, PINTLE ~ [ROUT]
crochet d'attelage

HOOK, TOW ~ [ROUT]
crochet de remorquage

HOOK UP (TO) [INTM]
accrocher (ex. une remorque)

HOOK UP (TO) [INTM]
atteler

HOOKING POINT [CONT]
point d'accrochage

HOPPER BARGE [MAR]
marie-salope

HOPPER WAGON [FER]
wagon à trémie

HORIZONTAL HANDLING [MT]
manutention horizontale

HORIZONTAL STABILIZER [AER]
stabilisateur

HORIZONTAL TAKE-OFF
AND LANDING (HOTOL) [AER]
avion à décollage
et atterrissage horizontal

HORN [ROUT]
avertisseur (klaxon)

HORSE-POWER (4500 KILOGRAMMETRES /
MINUTE) (H.P.) [INTM]
puissance en chevaux

HORSE-POWER, BRAKE ~ (B.H.P.) [ROUT]
cheval effectif

HOSE CONNECTION [INTM]
durite

HOSTEL, ANIMAL ~ [AER]
animalerie

HOSTESS, AIR ~ [AER]
hôtesse de l'air

Transport – logistique
Lexique

HYDROFOIL BOAT [MAR]

HOUR, OFF-PEAK ~ [INTM]
heure creuse
HOUR, PEAK ~ [INTM]
heure de pointe
HOUR, RUSH ~ [INTM]
heure de pointe
HOUSE, FREIGHT ~ (US) [FER]
gare de marchandises
HOUSE AIR WAYBILL (HAWB) [AER]
LTA de groupage
LTA transitaire
HOUSE BILL OF LADING [MAR]
connaissement émis par un transitaire
HOUSE CAR (US) [FER]
wagon couvert
wagon fermé
HOUSE TO HOUSE (HH) [INTM]
domicile à domicile, de ~
HOUSE TO PIER (HP) [INTM]
domicile à quai, de ~
HOUSEBOAT [FLV]
coche de plaisance
HOUSING [GEN]
boîtier de protection
(d'un mécanisme)
HOUSING SHELL, HEADLIGHT ~ [ROUT]
boîtier de phare
HOVERCRAFT [MAR]
aéroglisseur
HUB [INTM]
moyeu
pivot
plaque tournante
plate-forme
HUB CAP [ROUT]
enjoliveur de roue
HUBS AND SPOKES [INTM]
système de concentration
et de rayonnement (fret, passagers)

HUG THE COAST (TO) [MAR]
serrer la côte
HULL [MAR]
coque
corps de navire
HULL, DOUBLE ~ [MAR]
double coque
HULL INSURANCE [MAR]
assurance sur corps
HULL POLICY [MAR]
police sur corps
HUMAN REMAINS [INTM]
dépouille mortelle
HUMP [FER]
bosse (pour triage des trains)
butte (pour triage des trains)
HUMP, ROAD ~ [ROUT]
dos d'âne
ralentisseur
HUNDREDWEIGHT (BRIT.) (CWT) [GEN]
poids équivalent à 50,8 kg
HUNT FOR (TO) [GEN]
chercher
HUSBANDING [MAR]
gérance d'un navire
HUSH KIT [AER]
dispositif pour réduire le bruit
des réacteurs
HYDRAULIC [GEN]
hydraulique
HYDRAULIC RAMP [MT]
pont élévateur
HYDROCARBONS [GEN]
hydrocarbures
HYDROFOIL BOAT [MAR]
hydroptère

Anglais/Français

I BEAM FRONT AXLE	[ROUT]	**IGNITION KEY**	[ROUT]
essieu avant rigide		*clef de contact*	
I OWE YOU (N'EXISTE QUE		**IGNITION TIMING**	[ROUT]
SOUS FORME DE SIGLE) (IOU)	[GEN]	*avance à l'allumage*	
reconnaissance de dette		**ILLEGIBLE**	[GEN]
ICE	[GEN]	*illisible*	
glace		**IMPLEMENT (TO)**	[GEN]
ICE, DRY ~	[GEN]	*exécuter (ex. un contrat)*	
carboglace		*mettre en œuvre*	
ICE, RIME ~	[INTM]	**IMPLEMENTATION**	[GEN]
givre		*mise en œuvre*	
ICING	[INTM]	**IMPORT**	[INTM]
givre		*importation*	
IDENTIFICATION	[GEN]	**IMPORT (TO)**	[INTM]
identification		*importer*	
IDENTIFICATION, BAR CODE ~	[LOG]	**IMPORT DEPARTMENT**	[GEN]
identification automatique		*service import*	
IDENTIFY (TO)	[GEN]	**IMPORTATION, TEMPORARY ~**	[DN]
identifier		*admission temporaire*	
IDLE	[GEN]	**IMPORTER**	[INTM]
au repos (machines)		*importateur*	
IDLE TIME	[LS]	**IMPOUND (TO)**	[GEN]
temps-mort (arrêt machine)		*confisquer*	
IDLING	[ROUT]	**IMPOUND A CAR (TO)**	[ROUT]
ralenti (moteur)		*mettre en fourrière*	
IGLOO CONTAINER	[AER]	**IMPROVE (TO)**	[GEN]
conteneur igloo		*améliorer*	
IGNITION	[ROUT]	**IMPROVEMENT**	[GEN]
allumage		*amélioration*	

IN BOND	[DN]	INCLUDED, INSURANCE ~	[ASS]
sous douane		*assurance comprise*	
IN BOND PRICES	[INTM]	INCLUSIVE PRICE	[GEN]
prix sous douane		*prix global*	
IN-CAB INFORMATION	[ROUT]	INCLUSIVE TERMS	[GEN]
information embarquée		*tout compris*	
IN DUPLICATE	[GEN]	INCOME	[GEN]
double exemplaire, en ~		*revenu (n.)*	
IN EXCESS	[GEN]	INCOMING	[INTM]
trop, en ~		*à l'arrivée*	
IN-FLIGHT SERVICE	[AER]	INCOMING GOODS	[INTM]
service en vol		*marchandises à l'arrivée*	
IN FORCE	[GEN]	INCOMING INSPECTION	[LS]
en vigueur		*contrôle d'entrée*	
IN-HOUSE TRAINING	[GEN]	INCONVENIENCE	[GEN]
formation interne		*inconvénient*	
IN ORDER	[GEN]	INCORPORATED COMPANY (US) (INC.)	[GEN]
en règle		*société anonyme (S.A.)*	
IN-PLANT	[GEN]	INCOTERMS	[INTM]
intra (sur le lieu de travail)		*incotermes*	
IN TRANSIT	[DN]	INCREASE	[GEN]
en transit		*augmentation*	
IN TRANSIT	[INTM]	INCREASE (TO)	[GEN]
en cours de route		*augmenter*	
IN TRIPLICATE	[GEN]	INCREMENTAL COST	[LOG]
triple exemplaire, en ~		*coût différentiel*	
IN USE	[GEN]	INCUR (TO)	[GEN]
en fonctionnement		*encourir*	
INAUGURAL FLIGHT	[AER]	INDEMNIFY (TO)	[ASS]
vol inaugural		*indemniser*	
INBOARD	[INTM]	INDEMNITY	[ASS]
intérieur, à l' ~		*compensation*	
INBOUND	[INTM]	*indemnité*	
à l'arrivée		INDEPENDENT	[GEN]
INBOUND LOGISTICS	[LOG]	*indépendant*	
logistique amont		INDEX (plur. INDEXES)	[GEN]
INCH (TO)	[INTM]	*index*	
riper (une cargaison)		INDEX (plur. INDICES)	[GEN]
INCHING	[INTM]	*indice (ratio)*	
déplacement centimètre par centimètre		INDEX, CARD ~	[GEN]
ripage		*fichier*	
INCLINED SLIDE	[MT]	INDEX, FUEL ~	[AER]
plan incliné		*index carburant*	
INCLUDE (TO)	[GEN]	INDICATOR	[GEN]
comprendre		*indicateur*	
inclure		INDICATOR, AIRSPEED ~	[AER]
		badin	

INLAND CLEARANCE DEPOT [DN]

INDICATOR, ALTERNATOR ~ [ROUT]
indicateur de charge (électrique)

INDICATOR, DIRECTION ~ [ROUT]
clignotant (n.)
indicateur de direction

INDICATOR, FUEL ~ [INTM]
indicateur de niveau de carburant

INDICATOR, OIL ~ [INTM]
indicateur de niveau d'huile

INDICATOR, PERFORMANCE ~ [LOG]
tableau de bord

INDICATOR, TEMPERATURE ~ [ROUT]
thermomètre d'eau

INDIRECT MAINTENANCE COST (IMC) [LS]
coût indirect de maintenance

INDIVISIBLE LOAD [INTM]
masse indivisible

INDIVISIBLE MASS [INTM]
masse indivisible

INDOOR STORAGE [LOG]
stockage couvert

INDUSTRIAL INJURY [ASS]
accident du travail

INDUSTRIALISED COUNTRY [GEN]
pays industrialisé

INDUSTRY [GEN]
industrie

INDUSTRY, SERVICE ~ [GEN]
tertiaire, le ~

INDUSTRY, SHIPBUILDING ~ [MAR]
construction navale

INDUSTRY STEERING GROUP (ISG) [GEN]
comité de pilotage de projets (tda)

INFLAMMABLE (BRIT.) [GEN]
inflammable

INFLAMMABLE MATERIAL (BRIT.) [GEN]
matière inflammable

INFLATE (TO) [GEN]
gonfler (ex. un pneu)

INFORMATION [GEN]
informations
renseignements

INFORMATION, IN-CAB ~ [ROUT]
information embarquée

INFORMATION, ON-BOARD ~ [INTM]
information embarquée

INFORMATION FLOW [LOG]
flux informatifs

INFORMATION HIGHWAY [LOG]
autoroute électronique (échange de données informatisées)

INFORMATION TECHNOLOGY (IT) [GEN]
informatique
technologie de l'information

INFRA-RED [GEN]
infra-rouge

INFRA-RED BEAM SYSTEM [GEN]
système de photocommande

INFRASTRUCTURE [GEN]
infrastructure

INFRASTRUCTURE MAINTENANCE COMPANY (BRIT.) (IMC) [FER]
société de maintenance
de l'infrastructure (tda) (Brit.)

INFRINGEMENT [GEN]
infraction (à un règlement)
violation (ex. d'une loi, d'un contrat)

INHERENT VICE [ASS]
vice inhérent
vice propre (des marchandises)

INJECTION ENGINE [ROUT]
moteur à injection

INJECTION PUMP [ROUT]
pompe d'injection

INJURED PERSON [GEN]
accidenté (n.)
blessé (n.)

INJURIES, PERSONAL ~ [ASS]
dommages corporels

INJURY [GEN]
blessure

INJURY, BODILY ~ [ASS]
préjudice corporel

INJURY, INDUSTRIAL ~ [ASS]
accident du travail

INLAND [INTM]
intérieur (sur le territoire national)

INLAND BILL OF LADING (US) [INTM]
connaissement pour tous modes
de transport terrestre aux USA

INLAND CARRIAGE [INTM]
transport intérieur

INLAND CLEARANCE DEPOT [DN]
centre régional de dédouanement
(CRD)

INLAND DUTY [INTM]

INLAND DUTY [INTM]
droits intérieurs

INLAND NAVIGATION [FLV]
transport par voie d'eau

INLAND PORT [FLV]
port fluvial

INLAND RAIL CLEARANCE DEPOT [DN]
dédouanement intérieur ferroviaire, bureau de ~

INLAND RULES [INTM]
règles des conférences (pour pré et post-acheminement)

INLAND TRAFFIC [INTM]
transport intérieur

INLAND TRANSIT OPERATOR (US) [INTM]
voiturier

INLAND TRANSPORT [INTM]
transport intérieur

INLAND WATERWAY [FLV]
voie d'eau (ex. fleuve, canal)

INLAND WATERWAY BILL OF LADING [FLV]
connaissement de transport fluvial

INLAND WATERWAY INSURANCE [ASS]
assurance fluviale

INLAND WATERWAY TRANSPORT [FLV]
batellerie
transport fluvial
transport par voie d'eau

INLET, AIR ~ [CONT]
entrée d'air

INLET VALVE [INTM]
soupape d'admission

INNER DOCK [MAR]
arrière-bassin

INNER HARBOUR [MAR]
arrière-port

INNER TUBE [ROUT]
chambre à air

INOCULATION [GEN]
vaccination

INPUT (TO) [GEN]
entrer (des données)

INQUIRY [GEN]
demande (de renseignements)
enquête

INSHORE PILOT [MAR]
lamaneur

INSHORE PILOTAGE [MAR]
lamanage

INSIDE LENGTH OF FLOOR [INTM]
longueur intérieure utilisable

INSPECT (TO) [DN]
visiter

INSPECT (TO) [GEN]
inspecter

INSPECTION, INCOMING ~ [LS]
contrôle d'entrée

INSPECTION, ROUTINE ~ [GEN]
vérification périodique

INSPECTION SYSTEM, X-RAY ~ [AER]
contrôle aux rayons X

INSTALL (TO) [GEN]
installer

INSTALLATION, TIME SINCE ~ (TSI) [LS]
durée depuis installation

INSTALLATIONS [GEN]
installations

INSTALLERS [LOG]
transiticiens et ensembliers

INSTITUTE OF FREIGHT FORWARDERS (IFF) [INTM]
Fédération Française des Organisateurs Commissionnaires de Transport (équiv.) (FFOCT)

INSTRUCTED, AS ~ [GEN]
selon les instructions

INSTRUCTIONS, LOADING ~ [AER]
plan de chargement

INSTRUCTIONS, ROUTING ~ [INTM]
prescription d'itinéraire

INSTRUCTIONS FOR THE DISPATCH OF GOODS (IDG) [AER]
déclaration d'expédition

INSTRUCTIONS FOR USE [GEN]
mode d'emploi

INSTRUMENT FLIGHT RULES (IFR) [AER]
vol aux instruments

INSTRUMENT LANDING SYSTEM (ILS) [AER]
système d'atterrissage aux instruments (tda)

INSTRUMENT PANEL [AER]
tableau de bord

INSUFFICIENT ADDRESS [GEN]
adresse incomplète

INSULATE (TO)	[GEN]	
isoler (thermiquement / phoniquement)		
INSULATED CONTAINER	[CONT]	
conteneur isotherme		
INSULATED WAGON	[FER]	
wagon isotherme		
INSULATION	[GEN]	
isolation		
INSURANCE	[ASS]	
assurance		
INSURANCE, ALL-RISKS ~	[ASS]	
assurance tous risques		
INSURANCE, BURGLARY ~	[ASS]	
assurance vol		
INSURANCE, CARGO ~	[ASS]	
assurance sur marchandises		
INSURANCE, CARGO ~	[MAR]	
assurance sur facultés		
INSURANCE, COMPREHENSIVE ~	[ASS]	
assurance multirisques		
INSURANCE, FLOATER POLICY ~	[ASS]	
assurance flottante		
INSURANCE, FLOATING POLICY ~	[ASS]	
assurance flottante		
INSURANCE, FREIGHT ~	[ASS]	
assurance fret		
INSURANCE,		
FULLY COMPREHENSIVE ~	[ASS]	
assurance tous risques		
INSURANCE, HULL ~	[MAR]	
assurance sur corps		
INSURANCE, INLAND WATERWAY ~	[ASS]	
assurance fluviale		
INSURANCE, LEGAL PROTECTION ~	[ASS]	
assurance défense et recours		
INSURANCE, MARINE ~	[MAR]	
assurance maritime		
INSURANCE, MOTOR VEHICLE ~	[ASS]	
assurance véhicules à moteur		
INSURANCE, OPERATING LOSS ~	[ASS]	
assurance perte d'exploitation		
INSURANCE,		
PROFESSIONAL LIABILITY ~	[ASS]	
assurance responsabilité professionnelle		
INSURANCE, TERM ~	[ASS]	
assurance temporaire		
INSURANCE, THEFT ~	[ASS]	
assurance vol		
INSURANCE, THIRD-PARTY ~	[ASS]	
assurance au tiers		
INSURANCE, WEATHER ~	[ASS]	
assurance mauvais temps		
INSURANCE AGENT	[ASS]	
agent d'assurance		
INSURANCE BROKER	[ASS]	
courtier en assurances		
INSURANCE CERTIFICATE	[ASS]	
attestation d'assurance		
INSURANCE CERTIFICATE (I/C)	[ASS]	
certificat d'assurance		
INSURANCE COMPANY	[ASS]	
compagnie d'assurance		
INSURANCE COVER	[ASS]	
couverture d'assurance		
INSURANCE INCLUDED	[ASS]	
assurance comprise		
INSURANCE POLICY	[ASS]	
police d'assurance		
INSURANCE POLICY,		
TO TAKE OUT AN ~	[ASS]	
contracter une assurance		
INSURANCE PREMIUM	[ASS]	
prime d'assurance		
INSURANCE RATE	[ASS]	
tarif d'assurance		
INSURE (TO)	[ASS]	
assurer		
INSURED	[ASS]	
assuré, l' ~		
INSURED PARTY	[ASS]	
assuré, l' ~		
INSURED WITH, TO BE ~	[ASS]	
assuré auprès de, être ~		
INSURER	[ASS]	
assureur		
INSURER, LEADING~	[MAR]	
apériteur		
INTAKE, AIR ~	[INTM]	
admission d'air		
INTEGRAL SLEEPER		
CONVENTIONAL CAB	[ROUT]	
cabine à couchette intégrée		

INTEGRATED DATABASE	[LS]	**INTERIM INVOICE (US)**	[GEN]
base de données intégrées		facture pro-forma	
INTEGRATED LOGISTIC SUPPORT (ILS)	[LS]	**INTERIOR CAPACITY**	[GEN]
soutien logistique intégré (SLI)		volume intérieur	
INTEGRATED LOGISTIC SYSTEM (ILS)	[LOG]	**INTERIOR TRAFFIC**	[INTM]
système logistique intégré		trafic interne	
INTEGRATED LOGISTICS	[LOG]	**INTERLINE CONNECTION**	[AER]
gestion intégrée des flux logistique intégrée		correspondance inter-compagnies	
INTEGRATED PRODUCT DEVELOPMENT (IPD)	[LOG]	**INTERMEDIATE**	[GEN]
développement intégré d'un produit (tda)		intermédiaire (adj.)	
		INTERMEDIATE CAPACITY TRANSIT SYSTEM (ICTS)	[FER]
INTEGRATED SUPPLY CHAIN	[LOG]	système de transport à capacité moyenne	
chaîne logistique intégrée (tda)			
INTEGRATED SYSTEMS	[LS]	**INTERMEDIATE HANDLING**	[INTM]
systèmes intégrés		rupture de charge	
INTEGRATED TRANSPORT	[INTM]	**INTERMEDIATE WAREHOUSING**	[LOG]
transport intégré		entreposage entre-deux	
INTEGRATOR	[INTM]	**INTERMITTENT**	[GEN]
intégrateur		discontinu	
INTEGRATOR, SYSTEMS ~	[LOG]	**INTERMITTENT BLOWING SYSTEM**	[MT]
ensemblier		système discontinu par refoulement	
INTENDED FOR	[GEN]	**INTERMODAL TRANSPORT**	[INTM]
destiné à		transport intermodal	
INTER-CITY	[INTM]	**INTERMODAL TRANSPORT UNIT (ITU)**	[INTM]
inter-urbain		unité de transport intermodal (UTI)	
INTER-CITY (BRIT.)	[FER]		
service Inter-City (desserte rapide de grandes villes)		**INTERNAL COMBUSTION ENGINE**	[ROUT]
		moteur à explosion	
INTER-CITY 125 (BRIT.)	[FER]	**INTERNAL FRONTIER**	[DN]
train Inter-City à motricité diesel		frontière intérieure	
INTER-CITY 225 (BRIT.)	[FER]	**INTERNAL TRAFFIC**	[INTM]
train Inter-City à motricité électrique		trafic interne	
INTER-CONFERENCE COMMITTEE (I.C.C.)	[MAR]	**INTERNAL UNOBSTRUCTED DIMENSIONS**	[INTM]
comité inter conférences (tda)		dimensions intérieures libres	
INTERACTIVE ELECTRONIC TECHNICAL MANUALS (IETM)	[LS]	**INTERNATIONAL AIR TRANSPORT ASSOCIATION (IATA)**	[AER]
documentique		Association Internationale des Transporteurs Aériens (AITA)	
INTERCHANGE, TECHNICAL DATA ~ (TDI)	[LS]		
échange de données techniques		**INTERNATIONAL ASSOCIATION OF CLASSIFICATION SOCIETIES (IACS)**	[MAR]
INTERCHANGEABLE	[GEN]	association internationale des sociétés de classification	
amovible			
INTERFACE	[GEN]		
interface			

INVOICE (TO) [GEN]

INTERNATIONAL ASSOCIATION OF INDEPENDENT TANKER OWNERS (INTERTANKO) [MAR]
association internationale des propriétaires de pétroliers indépendants (tda)

INTERNATIONAL CHAMBER OF COMMERCE (ICC) [GEN]
Chambre de Commerce Internationale (CCI)

INTERNATIONAL CHAMBER OF SHIPPING (I.C.S.) [MAR]
Chambre Internationale de la Marine Marchande

INTERNATIONAL CIVIL AVIATION ORGANIZATION (ICAO) [AER]
Organisation de l'Aviation Civile Internationale (OACI)

INTERNATIONAL COMMERCIAL TERMS (INCOTERMS) [INTM]
incotermes

INTERNATIONAL CONTAINER BUREAU (ICB) [CONT]
bureau international des conteneurs (BIC)

INTERNATIONAL FEDERATION OF FREIGHT FORWARDERS ASSOCIATIONS [INTM]
Fédération Internationale des Associations de Transitaires et Assimilés (FIATA)

INTERNATIONAL GATEWAY [AER]
aéroport international

INTERNATIONAL MONETARY FUND (IMF) [GEN]
Fonds Monétaire International (FMI)

INTERNATIONAL ROAD TRANSPORT UNION (IRU) [ROUT]
syndicat international des transporteurs routiers (tda)

INTERNATIONAL SAFETY MANAGEMENT (ISM) [MAR]
code ISM (norme qualité mise en place par l'Organisation Maritime Internationale)

INTERNATIONAL STANDARDIZATION ORGANIZATION (ISO) [GEN]
organisation internationale de normalisation

INTERNATIONAL UNION OF MARINE INSURANCE (IUMI) [MAR]
Union Internationale d'Assurance Transport

INTEROPERABILITY [FER]
interopérabilité

INTRA-COMMUNITY TREATMENT [DN]
régime communautaire

INTRALINE CONNECTION [AER]
correspondance même compagnie

INTRAPLANT RAILROAD (US) [FER]
réseau ferroviaire interne (à l'entreprise)

INVALIDITY [ASS]
nullité

INVENTORIES, TO WORK DOWN ~ [LOG]
écouler des stocks

INVENTORY [LOG]
inventaire
stock

INVENTORY, BOOK ~ [LOG]
inventaire comptable

INVENTORY, PERPETUAL ~ [LOG]
inventaire perpétuel

INVENTORY, ROTATING ~ [LOG]
inventaire tournant

INVENTORY, TO TAKE ~ [LOG]
faire l'inventaire

INVENTORY, ZERO ~ [LOG]
zéro stock

INVENTORY CONTROL [LOG]
gestion des stocks

INVENTORY POLICY [LOG]
politique de stockage

INVESTIGATE (TO) [GEN]
enquêter

INVESTIGATION [GEN]
enquête

INVESTMENT, RETURN ON ~ (ROI) [GEN]
retour sur investissement (RSI)

INVITATION FOR TENDERS [GEN]
appel d'offres

INVITATION TO TENDER [GEN]
appel d'offres

INVOICE [GEN]
facture

INVOICE (TO) [GEN]
facturer

INVOICE, CONSULAR ~	[INTM]	**ISM CODE**	[MAR]
facture consulaire		code international de la gestion de la sécurité	
INVOICE, CUSTOMS ~	[DN]		
facture de douane		**ISO DECAL**	[CONT]
INVOICE, FOLLOW-UP ~	[GEN]	marquage ISO	
facture de rappel		**ISO LOGISTICS CONTAINER**	[CONT]
INVOICE, INTERIM ~ (US)	[GEN]	conteneur militaire	
facture pro-forma		**ISSUANCE**	[GEN]
INVOICE, PRO-FORMA ~	[GEN]	émission (ex. d'un document)	
facture pro-forma		**ISSUE**	[GEN]
INWARD	[INTM]	problème (à débattre)	
à l'arrivée		**ISSUE (TO)**	[GEN]
à l'import		émettre (ex. un document)	
INWARD FREIGHT DEPARTMENT	[GEN]	**ISSUE, DATE OF ~**	[GEN]
service import		date d'émission	
INWARD PROCESSING	[DN]	**ISSUE A WAREHOUSE WARRANT (TO)**	[INTM]
perfectionnement actif		warranter (des marchandises)	
INWARDS, CLEARANCE ~	[DN]	**ISSUING BANK**	[GEN]
dédouanement à l'importation		banque émettrice	
IRON	[GEN]	**ITEM**	[GEN]
fer		article	
IRON, CORRUGATED ~	[GEN]	**ITEM**	[LOG]
tôle ondulée		référence (dans un stock)	
IRON HIGHWAY (US)	[INTM]	**ITEM, RECOVERABLE ~**	[LS]
autoroute ferroviaire		article récupérable	
IRREVOCABLE DOCUMENTARY CREDIT	[INTM]	**ITEM, REPAIRABLE ~**	[LS]
crédit documentaire irrévocable		article réparable	
		ITEMIZED LIST	[GEN]
		liste détaillée	

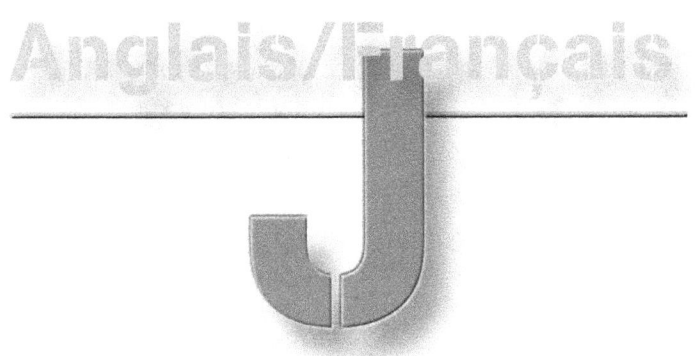

J

JACK	[MT]
vérin	
JACK	[ROUT]
cric	
JACK LEG	[ROUT]
béquille	
JACKET, LIFE ~	[INTM]
gilet de sauvetage	
JAM (TO)	[GEN]
coincer	
JAM, TRAFFIC ~	[ROUT]
embouteillage	
JAPAN INDUSTRIAL STANDARDS (JIS)	[GEN]
normes industrielles japonaises	
JAWS	[MT]
mâchoires	
JEEP ADAPTOR DOLLY	[ROUT]
diabolo tracté	
JERK	[GEN]
secousse	
JERRYCAN	[GEN]
bidon	
JET	[AER]
avion à réaction	
JET	[INTM]
gicleur	

JET, FAN ~	[AER]
réacteur à double flux	
JET, JUMBO ~	[AER]
gros porteur (avion)	
JET, STRETCHED ~	[AER]
version allongée (d'un appareil)	
JET ENGINE	[AER]
moteur à réaction	
JET FUEL	[AER]
carburéacteur	
kérosène	
JET LAG	[AER]
décalage horaire	
JET LAGGED (TO BE)	[AER]
souffrir du décalage horaire	
JET PLANE	[AER]
avion à réaction	
JET STREAM	[AER]
courant-jet	
JETSAM	[MAR]
épave (débris échoués)	
JETTISON (TO)	[AER]
larguer (le carburant)	
vidanger en vol	
JETTISON (TO)	[MAR]
jeter par dessus bord	

JETTY [MAR]

JETTY	[MAR]
appontement	
débarcadère	
digue	
embarcadère	
jetée	
môle	
JETWAY	[AER]
passerelle	
JIB	[MT]
flèche de grue	
JIB CRANE	[MT]
grue potence	
JIB CRANE, LORRY-MOUNTED ~	[MT]
grue potence sur camion	
JIB CRANE, STOCKYARD ~	[MT]
grue de parc	
JOIN (TO)	[GEN]
rejoindre	
JOINABLE CONTAINER	[CONT]
conteneur assemblable	
JOINT OWNER	[MAR]
quirataire	
JOINT OWNERSHIP	[MAR]
quirat	
JOINT STATION	[FER]
gare commune	
(exploitée par deux réseaux)	
JOINT VENTURE	[GEN]
co-entreprise	
JOINTLY	[GEN]
en commun	
JOLT	[GEN]
secousse	
JOURNAL	[ROUT]
fusée	
JOURNAL BOX	[FER]
boîte d'essieu	

JOURNEY	[GEN]
voyage	
JOURNEY, RETURN ~	[INTM]
voyage de retour	
JOYSTICK	[AER]
manche à balai	
manche de commande	
JUGGERNAUT	[ROUT]
mastodonte (gros camion)	
JUMBO	[INTM]
grande capacité, de ~	
JUMBO DERRICK	[MT]
bigue	
JUMBO JET	[AER]
gros porteur (avion)	
JUMBO TRAILER	[ROUT]
remorque grande capacité	
JUMBOIZE (TO)	[MAR]
allonger (un navire)	
JUMP THE LIGHTS (TO)	[ROUT]
brûler un feu rouge	
JUMPSEAT	[AER]
siège service	
JUMPSEAT	[GEN]
strapontin	
JUNCTION	[INTM]
jonction	
JUNCTION	[ROUT]
carrefour	
JURISDICTION, COMPETENT ~	[ASS]
juridiction compétente	
JUST-IN-TIME (JIT)	[LOG]
flux tendus	
flux tirés	
juste à temps, le ~ (JAT)	
JUST-IN-TIME DELIVERY	[LOG]
livraison synchrone	
JUST IN TIME OF KNOWLEDGE (JITK)	[LOG]
Juste à Temps des Connaissances	

KANBAN	[LOG]
kanban (méthode japonaise du JAT)	
KEEL	[MAR]
quille	
KEELSON	[MAR]
carlingue	
KEEP DRY	[MT]
craint l'humidité (sur un emballage)	
KEEP IN A COOL PLACE	[MT]
craint la chaleur (sur un emballage)	
stocker au frais	
KEEP TO THE LEFT	[ROUT]
gardez la gauche	
KEEP UPRIGHT	[MT]
ne pas stocker à plat	
(sur un emballage)	
KEEPER, CAM ~	[CONT]
auberon	
KEEPER, LIGHTHOUSE ~	[MAR]
gardien de phare	
KEEPER, WAREHOUSE ~	[LOG]
entrepositaire	
KEEPING, STOCK ~	[LOG]
tenue des stocks	
KERB (BRIT.)	[ROUT]
bordure de trottoir	
KEROSENE	[AER]
kérosène	

KEY	[GEN]
clef	
touche (ex. d'un clavier)	
KEY, IGNITION ~	[ROUT]
clef de contact	
KEY-IN DATA (TO)	[GEN]
saisir des données	
KEYBOARD	[GEN]
clavier	
KING-PIN	[FER]
pivot central	
KING-PIN	[ROUT]
cheville d'attelage	
KING-PIN, TRAILER ~	[ROUT]
pivot d'attelage	
KING-PIN TYPE AXLE	[ROUT]
avant-train tournant	
KIT, GLIDER ~	[ROUT]
châssis-cabine de remplacement	
KITTING	[LOG]
méthode d'approvisionnement regroupant des composants à assembler (tda)	
KNEE SUPPORT	[MT]
corbeau	
perroquet	
KNOCKDOWN	[GEN]
démontable	
KNOT	[INTM]
nœud (1,852 km / h)	

KNOW-HOW [GEN]
savoir-faire

KNUCKLE, COUPLER ~ [FER]
mâchoire d'attelage

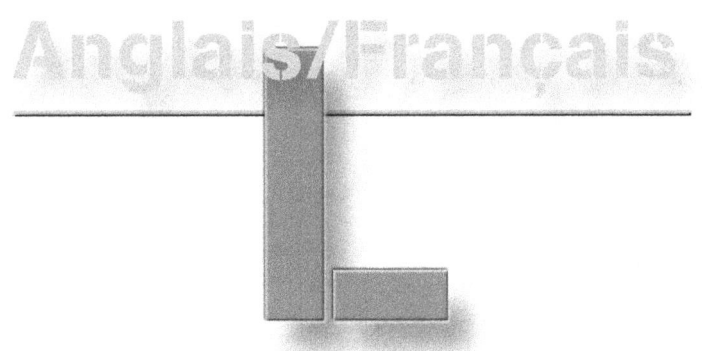

Anglais/Français

LABEL	[GEN]	**LAG, JET ~**	[AER]
étiquette		*décalage horaire*	
LABEL (TO)	[GEN]	**LAG, TIME ~**	[GEN]
étiqueter		*décalage (entre deux opérations)*	
LABELLING	[GEN]	**LAMINATED WOOD**	[GEN]
étiquetage		*laméllé collé*	
LABOUR	[GEN]	**LAND (TO)**	[AER]
main-d'œuvre		*atterrir*	
LACK	[GEN]	**LAND (TO)**	[MAR]
manque		*débarquer*	
LACK (TO)	[GEN]	**LAND BRIDGE**	[INTM]
manquer de ...		*parcours terrestre entre deux trajets maritimes*	
LADDER	[GEN]	**LAND CARRIAGE**	[INTM]
échelle		*transport terrestre*	
LADDER, ACCOMMODATION ~	[MAR]	**LANDFILL**	[GEN]
échelle de coupée		*remblai*	
LADDER, STEP ~	[GEN]	**LAND SIDE**	[AER]
escabeau		*côté ville*	
LADEN	[INTM]	**LANDING**	[AER]
chargé		*atterrissage*	
LADEN, FULLY ~	[INTM]	**LANDING, CRASH ~**	[AER]
plein (véhicule)		*atterrissage en catastrophe*	
LADING (obsolescent)	[INTM]	**LANDING AID**	[AER]
cargaison		*aide à l'atterrissage*	
charge		**LANDING BEACON**	[AER]
chargement		*radiophare d'atterrissage*	
LAG	[GEN]	**LANDING CHARGES**	[MAR]
retard		*frais de débarquement*	

LANDING FEE	[AER]	**LANE CLOSURE**	[ROUT]
taxe à l'atterrissage		fermeture de voie de circulation	
LANDING FLAP	[AER]	**LAPSE (TO)**	[ASS]
volet d'atterrissage		venir à expiration	
LANDING GEAR	[AER]	**LAPTOP COMPUTER**	[GEN]
train d'atterrissage		ordinateur portable	
LANDING GEAR	[ROUT]	**LASH (TO)**	[MT]
béquille		arrimer	
LANDING GEAR, TO LOWER THE ~	[AER]	**LASHING**	[MT]
sortir le train		arrimage	
LANDING GEAR, NOSE ~	[AER]	**LASHING DEVICE**	[MT]
train avant		dispositif d'arrimage	
LANDING GEAR, TO RETRACT THE ~	[AER]	**LASHING RING**	[AER]
rentrer le train		pion d'arrimage	
LANDING GEAR SUPPORT	[INTM]	**LASHING RING**	[INTM]
béquille relevable (semi-remorques, conteneurs flexi-van)		anneau de saisissage	
		LAST IN FIRST OUT (LIFO)	[LOG]
		dernier entré, premier sorti (DEPS)	
LANDING LIGHTS	[AER]	**LAST MINUTE CHANGE (LMC)**	[AER]
phares d'atterrissage		rectification de dernière minute	
LANDING STRIP	[AER]	**LATCH**	[GEN]
piste d'atterrissage		loquet	
LANDING WEIGHT (LAW)	[AER]	**LATECOMER**	[GEN]
masse à l'atterrissage		retardataire (n.)	
LANDING WEIGHT LIMITATION	[AER]	**LATEST, AT THE ~**	[GEN]
limitation à l'atterrissage		au plus tard	
LANDSLIDE	[GEN]	**LATTICE-SIDED CONTAINER**	[CONT]
éboulement		conteneur à claire-voie	
LANE	[GEN]	**LAUNCH (TO)**	[GEN]
allée		lancer (ex.un navire, un produit...)	
LANE	[ROUT]	**LAUNCH**	[MAR]
voie (sur route, autoroute)		canot	
LANE, AIR ~	[AER]	chaloupe	
couloir aérien		vedette	
LANE, BUS ~	[GEN]	**LAW**	[GEN]
couloir d'autobus		droit (le)	
LANE, SEA ~	[MAR]	loi	
couloir de navigation		**LAW, COMMERCIAL ~**	[GEN]
couloir maritime		droit commercial	
voie de navigation		**LAW, CUSTOMS ~**	[DN]
LANE, TO SERVICE A ~	[MT]	loi douanière	
servir une allée		**LAW, MERCANTILE ~**	[GEN]
LANE, SHIPPING ~	[MAR]	droit commercial	
couloir de navigation		**LAWSUIT**	[GEN]
voie de navigation		poursuite judiciaire	
LANE, TOLL ~	[ROUT]	**LAY (TO)**	[GEN]
couloir de péage		poser	

LAY-BY [ROUT]
*aire de stationnement
(sur bas-côté)
refuge*

LAY-DAYS [MAR]
*estaries
jours de planche
staries*

LAYER [GEN]
couche

LAYING, TRACK ~ [FER]
pose des rails

LAYOUT [GEN]
*agencement
configuration*

LAYOUTS [ASS]
débours

LCL CHARGES [CONT]
*frais d'empotage / dépotage
(groupage)*

LEAD-FREE PETROL [ROUT]
essence sans plomb

LEAD LOGISTICS PROVIDER (LLP) [LOG]
*opérateur et coordinateur des flux
(tda)*

LEAD TIME [LOG]
*délai d'exécution
(ex. d'une commande)
délai de mise en production
délai de réalisation
délai de réapprovisionnement
temps de latence*

LEADING BUOY [MAR]
bouée balise

LEADING EDGE [AER]
bord d'attaque

LEADING INSURER [MAR]
apériteur

LEAF (plur. LEAVES) [FLV]
vantail (porte d'écluse)

LEAK [GEN]
fuite

LEAK [MAR]
voie d'eau (sur un navire)

LEAKAGE [ASS]
coulage

LEAKPROOF [GEN]
étanche

LEAN MANUFACTURING SYSTEM [LOG]
*système de production en ligne
(automobiles)*

LEASE (TO) [GEN]
louer à bail

LEASE, DRY ~ [AER]
location sans équipage

LEASE, OPERATING ~ [GEN]
bail d'exploitation

LEASE, WET ~ [AER]
location avec équipage

LEASING [INTM]
location (à long terme)

LEAVE (TO) [GEN]
partir

LEFT, KEEP TO THE ~ [ROUT]
gardez la gauche

LEFT HAND DRIVE (adj.) [ROUT]
conduite à gauche (véhicule à ~)

LEFT-LUGGAGE [INTM]
consigne (à bagages)

LEFT-LUGGAGE LOCKER [INTM]
consigne automatique

LEG [INTM]
étape (d'un parcours)

LEG, JACK ~ [ROUT]
béquille

LEG ROOM [INTM]
espace pour les jambes

LEGAL DEPARTMENT [GEN]
service du contentieux

LEGAL ENTITY [GEN]
personne morale

LEGAL PERSON [GEN]
personne morale

LEGAL PROTECTION INSURANCE [ASS]
assurance défense et recours

LEGAL YEAR [GEN]
année civile

LEGS, SHEAR ~ [MT]
bigue

LENGTH [GEN]
longueur

LENGTH, INSIDE ~ OF FLOOR [INTM]
longueur intérieure utilisable

LENGTH OF UNDERFRAME [CONT]
longueur de châssis (d'un conteneur)

LENGTH OVERALL (L.O.A.) [INTM]

LENGTH OVERALL (L.O.A.) *longueur hors-tout*	[INTM]
LENGTHWAYS *sens de la longueur, dans le ~*	[GEN]
LENGTHWISE *sens de la longueur, dans le ~*	[GEN]
LESS THAN CONTAINER LOAD (LCL) *conteneur de groupage*	[CONT]
LESS THAN TRUCKLOAD (LTT) *wagon de groupage*	[FER]
LESSEE *preneur à bail*	[GEN]
LESSOR *bailleur*	[GEN]
LETTER, ACCOMPANYING ~ *lettre d'accompagnement*	[GEN]
LETTER, REGISTERED ~ *lettre recommandée*	[GEN]
LETTER OF CREDIT (L/C) *lettre de crédit*	[GEN]
LETTER OF INSTRUCTION, SHIPPER'S ~ (SLI) *déclaration d'expédition*	[AER]
LEVEE *levée*	[FLV]
LEVEL *niveau*	[GEN]
LEVEL (TO) *niveler*	[GEN]
LEVEL, LOWER ~ *tête aval (d'une écluse)*	[FLV]
LEVEL, MINIMUM STOCK ~ *niveau de référence*	[LOG]
LEVEL, REORDER ~ *niveau d'alerte* *niveau de référence*	[LOG]
LEVEL, SAFETY ~ *niveau de sécurité*	[LOG]
LEVEL, UPPER ~ *tête amont (d'une écluse)*	[FLV]
LEVEL CROSSING (BRIT.) *passage à niveau*	[FER]
LEVEL CROSSING GATE *barrière de passage à niveau lisse*	[FER]
LEVEL CROSSING SIGN *croix de Saint-André (sur passage à niveau)*	[FER]
LEVELLER, DOCK ~ *quai ajustable*	[ROUT]
LEVELLING DEVICE *appareil d'élévation de charges*	[MT]
LEVELLING EQUIPMENT *appareil de mise à niveau*	[MT]
LEVELLING PLATFORM *pont de liaison*	[ROUT]
LEVER *levier*	[GEN]
LEVER *poignée (ex. ouverture d'un conteneur, d'une remorque)*	[INTM]
LEVER, BRAKE ~ *levier de frein à main*	[ROUT]
LEVER, CONTROL ~ *manette de commande*	[AER]
LEVER, GEAR ~ *levier de vitesse*	[ROUT]
LEVER, POINT ~ *levier de commande à main (sur un aiguillage)*	[FER]
LEVER, ROCKING ~ *palonnier*	[MT]
LEVER, SELECTOR ~ *levier de boîte automatique*	[ROUT]
LEVY, EXEMPT FROM ~ *franchise de prélèvement, en ~*	[DN]
LEVY A DUTY (TO) *prélever une taxe*	[DN]
LIABILITY *responsabilité (légale)*	[GEN]
LIABILITY, CIVIL ~ *responsabilité civile*	[ASS]
LIABILITY, LIMITED ~ *responsabilité limitée*	[GEN]
LIABILITY, PROFESSIONAL ~ *responsabilité professionnelle*	[ASS]
LIABILITY, THIRD-PARTY ~ *responsabilité civile*	[ASS]
LIABLE TO CUSTOMS DUTIES *assujetti à des droits de douane* *passible de droits de douane*	[DN]
LIBRARY SYSTEM, ELECTRONIC ~ (ELS) *système d'informations sans papier*	[LOG]
LICENCE *licence*	[GEN]

Transport – logistique
Lexique

LIFTING TONGS [MT]

LICENCE, DRIVING ~ (BRIT.)	[ROUT]	**LIFT (TO)**	[MT]
permis de conduire		*lever*	
LICENCE, EXPORT ~	[INTM]	**LIFT, GOODS ~**	[MT]
licence d'exportation		*monte-charge*	
LICENCE, TO HOLD A ~	[ROUT]	**LIFT, HAND-OPERATED ~**	[MT]
détenir un permis		*élévation manuelle*	
LICENCE, OPERATOR'S ~	[ROUT]	**LIFT, HEAVY ~**	[INTM]
capacité de transport		*colis lourd*	
LICENCE A VEHICLE FOR USE (TO)	[ROUT]	**LIFT, POWER-OPERATED ~**	[MT]
passer un véhicule aux Mines		*élévation motorisée*	
LICENSE, DRIVER'S ~ (US)	[ROUT]	**LIFT, TAIL ~**	[ROUT]
permis de conduire		*hayon élévateur*	
LICENSE PLATE (US)	[ROUT]	**LIFT, TAILBOARD ~**	[ROUT]
plaque minéralogique		*hayon élévateur*	
LICENSING, AIR-ROUTE ~	[AER]	**LIFT AXLE**	[ROUT]
autorisation d'exploiter une ligne aérienne		*essieu relevable*	
LID	[GEN]	**LIFT BRIDGE**	[ROUT]
couvercle		*pont levant*	
LIE AT ANCHOR (TO)	[MAR]	**LIFT HERE**	[MT]
mouiller		*lever ici (sur un emballage)*	
LIFE, SERVICE ~	[LOG]	**LIFT-ON / LIFT-OFF (LO-LO)**	[MT]
durée de vie (utilisation)		*manutention verticale*	
LIFE, SHELF ~	[LOG]	**LIFT TABLE**	[MT]
durée de vie (en stockage)		*table élévatrice*	
LIFE BUOY	[MAR]	**LIFTGATE (US)**	[ROUT]
bouée de sauvetage		*hayon élévateur*	
LIFE CYCLE	[LS]	**LIFTING**	[INTM]
cycle de vie (d'un produit)		*enlèvement (ex. des marchandises)*	
LIFE CYCLE COST (LCC)	[LOG]	**LIFTING**	[MT]
coût global de possession		*levage*	
LIFE CYCLE COST ANALYSIS (LCCA)	[LOG]	**LIFTING APPLIANCES**	[MT]
analyse du coût global de possession (tda)		*matériels de levage*	
LIFE JACKET	[INTM]	**LIFTING BEAM**	[MT]
gilet de sauvetage		*palonnier*	
LIFE RAFT	[INTM]	**LIFTING BELT**	[MT]
radeau de sauvetage		*sangle*	
LIFE SPAN	[GEN]	**LIFTING EYE**	[MT]
durée de vie		*œilleton de levage*	
LIFE SUPPORT COST (LSC)	[LS]	**LIFTING FIFTH WHEEL**	[ROUT]
coût total de maintenance		*sellette d'attelage élévatrice*	
LIFEBOAT	[MAR]	**LIFTING MAGNET**	[MT]
canot de sauvetage		*électro-aimant de levage électroporteur*	
LIFT (TO)	[INTM]	**LIFTING PLATFORM**	[MT]
enlever (ex. des marchandises)		*plate-forme élévatrice*	
		LIFTING TONGS	[MT]
		palonnier	

© Éditions d'Organisation

LIFTING UNIT, VACUUM ~ [MT]

LIFTING UNIT, VACUUM ~ [MT]
ventouse (de levage)

LIGHT / LIGHTWEIGHT [GEN]
léger (poids)

LIGHT [INTM]
léger (ex. véhicule à faible capacité)

LIGHT, DISPLACEMENT ~ [MAR]
déplacement lège

LIGHT, GROUND ~ [AER]
balise

LIGHT, WARNING ~ [INTM]
lampe témoin

LIGHT BUOY [MAR]
bouée lumineuse

LIGHT DRAUGHT [MAR]
tirant d'eau en lège

LIGHT GOODS VEHICLE (LGV) [ROUT]
camion < 3.5T

LIGHT-PEN [GEN]
crayon optique
photostyle

LIGHT TRAFFIC [ROUT]
circulation fluide

LIGHT WATERLINE [MAR]
ligne de flottaison lège

LIGHTER [MAR]
acon / accon
allège
barge
gabare / gabarre

LIGHTER ABOARD SHIP (L.A.S.H.) [MAR]
porte barges

LIGHTERAGE CHARGES [MAR]
frais d'allège

LIGHTHOUSE [MAR]
phare

LIGHTHOUSE KEEPER [MAR]
gardien de phare

LIGHTING [GEN]
éclairage

LIGHTNING STRIKE [GEN]
grève surprise

LIGHTS, BACKUP ~ (US) [ROUT]
feux de recul

LIGHTS, BRAKE ~ [ROUT]
feux de stop

LIGHTS, CLEARANCE ~ [ROUT]
feux de gabarit

LIGHTS, FLASHING ~ [INTM]
feux clignotants

LIGHTS, FOG ~ [ROUT]
phares antibrouillard

LIGHTS, TO JUMP THE ~ [ROUT]
brûler un feu rouge

LIGHTS, LANDING ~ [AER]
phares d'atterrissage

LIGHTS, NAVIGATION ~ [INTM]
feux de navigation

LIGHTS, PARKING ~ [ROUT]
feux de stationnement

LIGHTS, RED MARKER ~ [ROUT]
feux de gabarit rouges

LIGHTS, REVERSING ~ [ROUT]
feux de recul

LIGHTS, TAXI ~ [AER]
phares de roulement

LIGHTS, TRAFFIC ~ [ROUT]
feux de circulation

LIGHTS, WARNING ~ [ROUT]
feux de détresse

LIGHTSHIP [MAR]
bateau-feu
bateau-phare

LIGHTWEIGHT AUTOMATIC VEHICLE [FER]
véhicule automatique léger (VAL)

LIGHTWEIGHT GANTRY [MT]
portique léger

LIME [GEN]
chaux

LIMIT, LOAD ~ [INTM]
limite de charge

LIMIT, SPEED ~ [INTM]
limitation de vitesse

LIMITATION, FLOORLOAD ~ [INTM]
résistance plancher

LIMITATION, LANDING WEIGHT ~ [AER]
limitation à l'atterrissage

LIMITATION, TAKE-OFF WEIGHT ~ [AER]
limitation au décollage

LIMITATION, TAXI WEIGHT ~ [AER]
limitation à la mise en route

LIMITATION, ZERO FUEL WEIGHT ~ [AER]
limitation sans carburant

LIMITED (LTD) [GEN]
société anonyme (équiv.)

Transport – logistique
Lexique

LINKSPAN, TWO-TIER ~ [MAR]

LIMITED LIABILITY [GEN]
responsabilité limitée
LINE [GEN]
file
ligne
LINE (TO) [GEN]
revêtir intérieurement
(ex. un conteneur)
LINE, ASSEMBLY ~ [GEN]
chaîne de montage
LINE, BEAM ~ [MAR]
livet de pont
LINE, BRANCH ~ [FER]
embranchement
ligne secondaire
LINE, DOCK ~ [FER]
voie portuaire
LINE, DOTTED ~ [ROUT]
ligne discontinue
LINE, FEEDER ~ [INTM]
ligne secondaire
(qui alimente un réseau principal)
LINE, LOAD ~ [MAR]
ligne de charge
LINE, MAIN ~ [FER]
grande ligne
LINE, MEMBER ~ [MAR]
ligne membre (d'une conférence)
LINE, MOORING ~ [MAR]
amarre
LINE, PLIMSOLL ~ [MAR]
ligne de flottaison en charge
LINE, PRODUCT ~ [GEN]
ligne de produits
LINE, SHIPPING ~ [MAR]
compagnie de navigation
ligne maritime
LINE, SOLID ~ [ROUT]
ligne continue
LINE, TRUNK ~ [FER]
grande ligne
LINE, TRUNK ~ [INTM]
ligne principale
LINE-HAUL (US) [FER]
transport de marchandises
de bout en bout
LINE-HAUL TRACTOR (US) [ROUT]
tracteur de ligne

LINE MAINTENANCE [AER]
entretien en escale
LINE OF STOCK [LOG]
ligne de stock
LINE REPLACEABLE UNIT (LRU) [LS]
composé échangeable sur site
LINEAR ROBOTIZED GANTRY [MT]
robot portique linéaire
LINER [MAR]
navire de ligne
LINER, CARGO ~ [MAR]
navire de charge régulier
LINER, CONFERENCE ~ [MAR]
navire de conférence
LINER AGENT [MAR]
agent de ligne
agent maritime
LINER CONFERENCE CODE [MAR]
code de conduite des conférences
maritimes
LINER IN FREE OUT (LIFO) [MAR]
chargement aux conditions des lignes
régulières et franco déchargement
LINER SERVICE [MAR]
ligne régulière
LINER TERMS [MAR]
conditions des lignes régulières
LINING [GEN]
revêtement intérieur
LINING, BRAKE ~ [INTM]
garniture de freins
LINK [GEN]
maillon
LINK [INTM]
liaison
LINK (TO) [INTM]
connecter
desservir
relier
LINK, FIXED ~ [INTM]
lien fixe
LINKSPAN [MAR]
pont-passerelle mobile
LINKSPAN, CONCRETE ~ [MAR]
rampe en béton
LINKSPAN, TWO-TIER ~ [MAR]
pont-passerelle à deux niveaux

LIQUEFIED [GEN]

LIQUEFIED [GEN]
liquéfié

LIQUEFIED GAS [GEN]
gaz liquide

LIQUEFIED NATURAL GAS (LNG) [GEN]
gaz naturel liquéfié (GNL)

LIQUID [GEN]
liquide (n. et adj.)

LIQUID BULK [INTM]
vrac liquide

LIQUID FOODSTUFFS [GEN]
denrées alimentaires liquides

LIQUID PETROLEUM GAS (LPG) [ROUT]
gaz de pétrole liquéfié (GPL)

LIST (TO) [GEN]
énumérer
faire la liste
lister

LIST (TO) [MAR]
donner de la bande
gîter

LIST, ITEMIZED ~ [GEN]
liste détaillée

LIST, LOADING ~ [INTM]
liste de chargement

LIST, PACKING ~ [INTM]
liste de colisage

LIST, PICKING ~ [MT]
liste à servir

LIST, PRICE ~ [GEN]
tarif

LITIGATION [GEN]
litige

LIVE ANIMALS REGULATIONS (LAR) [AER]
réglementation pour le transport d'animaux vivants

LIVE AXLE [ROUT]
essieu moteur
pont moteur

LIVE LEG [AER]
vol avec passagers (contraire de ferry)

LIVE RAIL [FER]
rail sous tension

LIVE ROLLER [MT]
galet de translation

LIVE STORAGE [LOG]
stockage dynamique

LIVERY [ROUT]
couleurs de l'entreprise (sur un camion)

LIVESTOCK [GEN]
animaux vivants

LIVESTOCK CONTAINER [CONT]
conteneur à bestiaux

LIVESTOCK TRUCK [INTM]
bétaillère

LLOYD'S REGISTER OF SHIPPING [MAR]
registre de la Lloyd

LOAD [INTM]
charge
chargement (contenu)

LOAD (TO) [INTM]
charger

LOAD, AXLE ~ [ROUT]
charge à l'essieu

LOAD, BREAK ~ [INTM]
rupture de charge

LOAD, TO BREAK ~ [INTM]
rupture de charge, faire une ~

LOAD, COMPLETE ~ [INTM]
charge complète

LOAD, CONTAINER ~ [CONT]
chargement suffisant pour remplir un conteneur

LOAD, CRANE ~ [MAR]
palanquée

LOAD, FULL ~ [INTM]
charge complète

LOAD, INDIVISIBLE ~ [INTM]
masse indivisible

LOAD, OVERSIZED ~ [INTM]
chargement hors gabarit

LOAD, PALLET ~ [LOG]
palette complète

LOAD, PART ~ [INTM]
chargement partiel

LOAD, STATIC ~ [CONT]
effort statique

LOAD, SUPERIMPOSED ~ [CONT]
charge de gerbage

LOAD, TOTAL TRAFFIC ~ [AER]
charge transportée

Transport - logistique
Lexique

LOADING LIST [INTM]

LOAD, UNIT ~ [INTM]
charge isolée
charge unitaire
unité de charge

LOAD ARRESTOR [MT]
antichute de charges

LOAD BACKREST [MT]
dosseret (sur chariot élévateur)

LOAD BALANCER [MT]
compensateur de charges

LOAD BAR [MT]
palonnier

LOAD CAPACITY [INTM]
capacité de charge

LOAD DISTRIBUTION [AER]
centrage

LOAD DRAUGHT [MAR]
calaison
tirant d'eau en charge

LOAD ELEVATOR [MT]
monte-charge

LOAD FACTOR [AER]
coefficient de remplissage

LOAD LIMIT [INTM]
limite de charge

LOAD LIMITING DEVICE [MT]
limiteur de charge

LOAD LINE [MAR]
ligne de charge

LOAD MASTER [AER]
chef chargeur

LOAD MESSAGE (LDM) [AER]
télégramme de chargement

LOAD PLANNING [AER]
ordonnancement

LOAD SHEET [AER]
état de charge (document)
feuille de chargement

LOAD WATERLINE [MAR]
ligne de flottaison en charge

LOADED, DISPLACEMENT ~ [MAR]
déplacement en charge

LOADED PREMIUM [ASS]
malus

LOADER, BAGGAGE ~ [AER]
bagagiste

LOADER, BUCKET ~ [MT]
pelleteuse à godets

LOADER, PALLET ~ [MT]
palettiseur

LOADER, SHIP ~ [MT]
appareil de chargement de navires
à fonctionnement continu

LOADER, SIDE ~ [MT]
chariot pour manutention latérale

LOADER, VEHICLE ~ [MT]
chargeur de véhicule (engin)

LOADING [INTM]
chargement

LOADING, BREAK ~ [INTM]
rupture de charge

LOADING, CONTAINER ~ [MT]
chargement du conteneur
(sur son moyen de transport)

LOADING, PIECEMEAL ~ [INTM]
chargement au coup par coup

LOADING, SIDE ~ [INTM]
chargement latéral

LOADING, STERN ~ [MAR]
chargement par l'arrière

LOADING, TAIL ~ [AER]
chargement par l'arrière

LOADING,
TERMINAL HANDLING ~ (THL) [CONT]
chargement au terminal

LOADING, TILTED ~ [AER]
chargement fret incliné

LOADING, UPRIGHT ~ [AER]
chargement fret debout

LOADING BAY [INTM]
quai de chargement

LOADING CAPACITY [INTM]
capacité utile

LOADING CHART [AER]
plan de soute

LOADING DOCK [INTM]
quai de chargement

LOADING GEAR [MT]
appareil de levage

LOADING HATCH [INTM]
trappe de chargement

LOADING INSTRUCTIONS [AER]
plan de chargement

LOADING LIST [INTM]
liste de chargement

LOADING MAST [MT]
mât de charge

LOADING PLATFORM [INTM]
quai de chargement

LOADING RAMP [AER]
aire de chargement

LOADING RAMP [INTM]
quai de chargement

LOADING SPACE [INTM]
espace disponible
pour le chargement

LOADING SURFACE [INTM]
surface de chargement

LOADING TACKLE [MT]
appareil de levage

LOCAL FLIGHT [AER]
vol régional

LOCAL TIME [GEN]
heure locale

LOCAL TRACTOR (US) [ROUT]
tracteur courte distance

LOCATE (TO) [GEN]
localiser

LOCATION [GEN]
emplacement
localisation
situation (géographique)

LOCATION (US) [LOG]
adresse (d'un article en entrepôt)

LOCK [FLV]
écluse

LOCK [GEN]
serrure

LOCK (TO) [GEN]
fermer à clef
verrouiller

LOCK, FOLDING ~ [CONT]
verrou rabattable

LOCK, PASSING THROUGH A ~ [FLV]
bassinée
éclusée

LOCK, POINT ~ [FER]
verrou d'aiguille

LOCK, TWIST ~ [CONT]
verrou tournant
(s'adaptant aux coins de conteneurs)

LOCK-CHAMBER [FLV]
sas (d'une écluse)

LOCK-KEEPER [FLV]
éclusier

LOCKED BASIN [MAR]
bassin à flot

LOCKER, LEFT-LUGGAGE ~ [INTM]
consigne automatique

LOCKING BAR [CONT]
barre de fermeture
crémone de verrouillage

LOCKING BAR BRACKET [CONT]
bride de came

LOCKING BAR GUIDE [CONT]
bride de tube

LOCKING DEVICE [GEN]
dispositif de verrouillage

LOCKING THROUGH [FLV]
bassinée
éclusée

LOCOMOTIVE, DIESEL-ELECTRIC ~ [FER]
locomotive diesel-électrique

LOCOMOTIVE / LOCO [FER]
locomotive

LOG (TO) [GEN]
enregistrer
(ex. dans un livre de bord)

LOG [MAR]
loch

LOG CARRIER [MAR]
grumier

LOGBOOK [AER]
carnet de vol

LOGBOOK [MAR]
livre de bord

LOGBOOK [ROUT]
carnet de route
carte grise

LOGISTIC [LOG]
logistique (adj.)

LOGISTIC PROCESS [LS]
processus logistique

LOGISTIC SERVICE [LOG]
service logistique (prestation externalisée)

LOGISTIC SUPPORT ANALYSIS (LSA) [LS]
analyse du soutien logistique (ASL)

LOGISTIC SUPPORT
ANALYSIS RECORD (LSAR) [LS]
*enregistrement de l'analyse
du soutien logistique*

LOGISTIC UNIT [LS]
composé logistique

LOGISTICIAN [LOG]
logisticien

LOGISTICS [LOG]
logistique (n.)

LOGISTICS, COMPUTER-AIDED ~ [LOG]
logistique assistée par ordinateur

LOGISTICS, GLOBAL ~ [LOG]
logistique globale

LOGISTICS, INBOUND ~ [LOG]
logistique amont

LOGISTICS, INTEGRATED ~ [LOG]
*gestion intégrée des flux
logistique intégrée*

LOGISTICS, OUTBOUND ~ [LOG]
logistique aval

LOGISTICS, PRODUCTION ~ [LOG]
logistique de production

LOGISTICS, REVERSE ~ [LOG]
*logistique de la récupération
et du recyclage*

LOGISTICS, SUPPORT ~ [LS]
logistique de soutien

LOGISTICS ADVISER [LOG]
conseil en logistique

LOGISTICS DEPARTMENT [LOG]
service logistique

**LOGISTICS MANAGEMENT
COMPUTER-AIDED ~** [LOG]
gestion informatisée de la logistique

LOGISTICS MANAGER [LOG]
directeur logistique

LONG DISTANCE TRACTOR (US) [ROUT]
tracteur grand routier

LONG FORM BILL OF LADING [MAR]
connaissement complet

LONG HAUL [ROUT]
longue distance

LONG-HAUL FLIGHT [AER]
vol long-courrier

LONG-HAUL TRAIN [FER]
train de grande ligne (marchandises)

LONG RANGE AIRCRAFT [AER]
long-courrier (avion)

LONG TON (L.T.) [GEN]
tonne longue (1016 kg)

LONGSHOREMAN (US) [MAR]
*débardeur
docker*

LONGWAYS ON [GEN]
sens de la longueur, dans le ~

LOOK FOR (TO) [GEN]
chercher

LOOP [GEN]
boucle

LOOP (TO) [GEN]
faire une boucle

LOOSE [GEN]
desserré

LOOSE ARTICLES [MT]
articles en vrac

LOOSEN (TO) [GEN]
desserrer

LORRY [ROUT]
*camion
camion porteur*

LORRY, ARTICULATED ~ [ROUT]
semi-remorque

LORRY, TANKER ~ [ROUT]
camion-citerne

LORRY DRIVER [ROUT]
*camionneur
chauffeur routier
routier (n.)*

LORRY-MOUNTED JIB CRANE [MT]
grue potence sur camion

LOSE (TO) [GEN]
perdre

LOSS [GEN]
perte

LOSS, NOTIFICATION OF ~ [INTM]
déclaration de perte

LOSS, PARTIAL ~ [INTM]
perte partielle

LOSS, TOTAL ~ [INTM]
perte totale

LOSS IN WEIGHT [ROUT]
freinte (de route)

LOSS OF TRACTION [FER]
perte d'adhérence

LOSS PREVENTION	[MAR]	**LOW TRACK FORCE BOGIE**	[FER]
prévention		*bogie surbaissé*	
LOST	[GEN]	**LOW-VALUE COMMODITIES**	[LOG]
perdu		*marchandises*	
LOST AND FOUND (US)	[INTM]	*à faible valeur ajoutée*	
objets trouvés		**LOW VISIBILITY**	[GEN]
LOST PROPERTY (BRIT.)	[INTM]	*mauvaise visibilité*	
objets trouvés		**LOW WATER**	[MAR]
LOST WITH ALL HANDS	[MAR]	*étiage*	
perdu corps et biens		**LOWER**	[GEN]
LOT, PARKING ~ (US)	[ROUT]	*inférieur (niveau)*	
parking		**LOWER DECK**	[INTM]
LOUNGE, ARRIVALS ~	[AER]	*pont inférieur*	
salle d'arrivée		**LOWER HOLD**	[AER]
LOUNGE, DEPARTURE ~	[AER]	*soute inférieure*	
salle de départ		**LOWER LEVEL**	[FLV]
LOUNGE, MOBILE ~	[AER]	*tête aval (d'une écluse)*	
salon mobile		**LOWER THE LANDING GEAR (TO)**	[AER]
LOUNGE, VIP ~	[AER]	*sortir le train*	
salon d'honneur		**LUBRICANT**	[GEN]
LOUNGE CAR (US)	[FER]	*lubrifiant*	
wagon-restaurant		**LUBRICATE (TO)**	[GEN]
LOW CAB-OVER-ENGINE	[ROUT]	*lubrifier*	
cabine basse		**LUGGAGE (BRIT.)**	[GEN]
LOW HEADROOM	[ROUT]	*bagages*	
hauteur limitée		**LUGGAGE, HAND ~**	[INTM]
LOW-LIFT	[MT]	*bagages à main*	
petite levée, à ~		**LUGGAGE, PIECE OF ~ (BRIT.)**	[GEN]
LOW-LOAD FACTOR	[AER]	*bagage, un ~*	
facteur de sous-charge		**LUGGAGE RACK**	[FER]
LOW-LOADER	[INTM]	*porte-bagages*	
surbaissé (véhicule)		**LUMBER**	[GEN]
LOW-LOADER TRAILER	[ROUT]	*bois de charpente*	
remorque surbaissée		**LUMP SUM**	[GEN]
LOW-LOADER WAGON	[FER]	*forfait*	
wagon surbaissé		*montant forfaitaire*	
LOW TIDE	[MAR]	**LUMP SUM RATE**	[GEN]
marée basse		*tarif forfaitaire*	

MACHINE,
NUMERICALLY-CONTROLLED ~ [LS]
  machine à commande numérique
MACHINE, PALLETIZING ~ [MT]
  palettiseur
MACHINE,
STORAGE AND RETRIEVAL ~ (S/R) [MT]
  transtockeur
MACHINE, VENDING ~ (US) [GEN]
  distributeur automatique
MAGNET, LIFTING ~ [MT]
  électro-aimant de levage
  électroporteur
MAIDEN FLIGHT [AER]
  vol inaugural
MAIL [GEN]
  courrier
MAIL, ELECTRONIC ~ [LOG]
  courrier électronique
MAIL CAR (US) [FER]
  wagon postal
MAIL VAN [FER]
  wagon postal
MAIN [GEN]
  principal
MAIN DECK [INTM]
  pont principal
MAIN GENERATOR [FER]
  génératrice principale

MAIN LINE [FER]
  grande ligne
MAIN ROAD [ROUT]
  route principale
MAIN WHEELS [AER]
  train principal
MAINLAND FRANCE [GEN]
  France continentale
MAINTAINABILITY [LS]
  maintenabilité
MAINTENANCE [GEN]
  entretien
  maintenance
MAINTENANCE, CORRECTIVE ~ [LS]
  maintenance corrective
MAINTENANCE, LINE ~ [AER]
  entretien en escale
MAINTENANCE, PREVENTIVE ~ [LS]
  maintenance préventive
MAINTENANCE,
RELIABILITY-CENTERED ~ (RCM) [LS]
  maintenance centrée sur la fiabilité
MAINTENANCE, ROUTINE ~ [LS]
  maintenance courante
MAINTENANCE, SCHEDULED ~ [LS]
  maintenance programmée
MAINTENANCE,
TOTAL PRODUCTIVE ~ (TPM) [LS]
  maintenance totale des équipements
  de production (tda)

MAINTENANCE CONTROL, COMPUTER-AIDED ~ [LS]

Transport – logistique
Lexique

MAINTENANCE CONTROL, COMPUTER-AIDED ~ [LS]	
gestion de maintenance assistée par ordinateur (GMAO)	
MAINTENANCE CRADLE [MT]	
élévateur de personnel, à nacelle	
MAINTENANCE ENGINEERING [LS]	
ingénierie de maintenance	
MAIZE (BRIT.) [GEN]	
maïs	
MAKE [ROUT]	
marque (d'un véhicule)	
MAKE A CALL (TO) [INTM]	
escale, faire ~	
MAKE CHECKS ON A SELECTIVE BASIS (TO) [DN]	
vérifier par épreuves	
MAKE FAST (TO) [MT]	
arrimer	
MAKE OUT TO THE ORDER OF... (TO) [GEN]	
établir au nom de...	
MAKE PROVISION FOR (TO) [GEN]	
pourvoir à	
MAKE TO ORDER (TO) (MTO) [LOG]	
fabriquer à la commande	
MAKE TO STOCK (TO) (MTS) [LOG]	
fabriquer pour du stock	
MAKE-UP [FER]	
composition (d'un train)	
MAKE UP A TRAIN (TO) [FER]	
composer un train	
MALFUNCTION [GEN]	
dysfonctionnement	
MAN ALOFT TRUCK [MT]	
chariot à conducteur porté	
MAN-DOWN TRUCK [MT]	
chariot à conducteur à pied	
MAN-UP TRUCK [MT]	
chariot à conducteur porté	
MANAGE (TO) [GEN]	
gérer	
MANAGEMENT [GEN]	
gestion	
management	
MANAGEMENT, CONFIGURATION ~ [LS]	
gestion de configuration	
MANAGEMENT, PRODUCTION ~ [LOG]	
gestion de production	

MANAGEMENT, PROJECT ~ [LOG]	
conduite de projet	
management de projet	
MANAGEMENT, RISKS ~ [LS]	
management des risques	
MANAGEMENT, SUPPLY ~ [LOG]	
gestion de l'approvisionnement	
MANAGEMENT, THIRD-PARTY INVENTORY ~ [LOG]	
gestion des stocks pour compte	
MANAGEMENT, TOTAL QUALITY ~ (TQM) [LOG]	
contrôle total de qualité	
MANAGEMENT CHART [LOG]	
tableau de bord	
MANAGEMENT SYSTEM, TECHNICAL DATA ~ [LOG]	
système de gestion des données techniques (SGDT)	
MANAGEMENT TOOL [LOG]	
outil de gestion	
MANAGER, LOGISTICS ~ [LOG]	
directeur logistique	
MANAGER, PROGRAMME ~ [LOG]	
directeur de programme	
MANAGER, PROJECT ~ [GEN]	
chef de projet	
maître d'œuvre	
MANAGER, STATION ~ [AER]	
chef d'escale	
MANAGING OWNER [MAR]	
armateur gérant	
MANDATOR [GEN]	
mandant (n.)	
MANDATORY [GEN]	
obligatoire	
MANEUVER / MANŒUVER / MANŒUVRE (TO) [INTM]	
manœuvrer	
MANHOLE [GEN]	
trou d'homme	
MANIFEST [INTM]	
manifeste (n.)	
MANIFEST, AIRCRAFT ~ [AER]	
manifeste aérien	
MANIFEST, CARGO ~ [INTM]	
manifeste de fret	

MANIFEST, CREW ~	[MAR]	**MAP, STREET ~**	[ROUT]
rôle d'équipage		plan urbain	
MANIFEST, FREIGHT ~	[INTM]	**MARINE, MERCHANT ~ (US)**	[MAR]
manifeste (n.)		marine marchande	
MANIFEST, SHIP'S ~	[MAR]	**MARINE ASSURANCE**	[MAR]
manifeste (n.)		assurance maritime	
MANIFOLD, EXHAUST ~	[ROUT]	**MARINE INSURANCE**	[MAR]
collecteur d'échappement		assurance maritime	
MANIPULATOR, UNIVERSAL ~	[MT]	**MARINE RISK**	[MAR]
manipulateur universel		risque de mer	
MANNED STATION	[FER]	**MARITIME RISK**	[MAR]
gare habitée		risque de mer	
MANOEUVERABILITY	[INTM]	**MARITIME TRANSPORT**	[MAR]
maniabilité (d'un véhicule)		transport maritime	
MANPOWER	[GEN]	**MARK, BENCH ~**	[LOG]
main-d'œuvre		base de référence	
MANUAL PALLET TRUCK	[MT]	**MARK FOR HANDLING**	[CONT]
transpalette à main		repère de manutention	
MANUAL SLIDE FIFTH WHEEL	[ROUT]	**MARK-UP**	[GEN]
sellette d'attelage à réglage manuel		marge (de bénéfice)	
MANUFACTURABILITY,		**MARKET,**	
DESIGN FOR ~ (DFM)	[LS]	**SINGLE EUROPEAN ~ (S.E.M.)**	[GEN]
faisabilité industrielle intégrée à la conception		Marché Unique	
MANUFACTURE (TO)	[GEN]	**MARKETING**	[GEN]
fabriquer		mercatique	
MANUFACTURED GOODS	[GEN]	**MARKING**	[GEN]
produits manufacturés		marquage	
MANUFACTURED PRODUCT	[GEN]	**MARKINGS, AIRLINE ~**	[AER]
produit fini		indicatif de compagnie (sur l'appareil)	
MANUFACTURER	[GEN]	**MARKINGS, GROUND ~**	[AER]
fabricant		balisage	
MANUFACTURING,		**MARKS**	[GEN]
COMPUTER-AIDED ~ (CAM)	[LS]	marques	
fabrication assistée par ordinateur		**MARSHAL (TO)**	[INTM]
MANUFACTURING,		trier	
COMPUTER-INTEGRATED ~ (CIM)	[LS]	(ex. des wagons, des conteneurs...)	
production informatisée productique		**MARSHALLING YARD (BRIT.)**	[FER]
MANUFACTURING AND ENGINEERING,		gare de triage	
COMPUTER-INTEGRATED ~ (CIME)	[LS]	**MASS, INDIVISIBLE ~**	[INTM]
production et ingénierie informatisées (tda)		masse indivisible	
MANUFACTURING RESOURCES		**MAST**	[GEN]
PLANNING (MRP II)	[LOG]	mât	
management des ressources de la production (tda)		**MAST, LOADING ~**	[MT]
		mât de charge	
MAP, ROAD ~	[ROUT]	**MAST, ROTATING ~**	[MT]
carte routière		mât rotatif	

© Éditions d'Organisation

MAST, TELESCOPIC ~	[MT]
mât télescopique	
MAST, TOWER ~	[MT]
tour (d'une grue)	
MASTER	[MAR]
capitaine	
commandant	
MASTER, HARBOUR ~	[MAR]
capitaine de port	
MASTER, LOAD ~	[AER]
chef chargeur	
MASTER, STATION ~	[FER]
chef de gare	
MASTER AIR WAYBILL (MAWB)	[AER]
LTA-mère	
MASTER BILL OF LADING	[MAR]
connaissement principal	
MASTER CHANGE (MC)	[AER]
spécification de changement notifié (SCN)	
MASTER MARINER	[MAR]
capitaine au long cours	
MASTER PLAN	[GEN]
plan directeur	
schéma directeur	
MASTHEAD	[MAR]
tête de mât	
MATCH (TO)	[GEN]
apparier	
assortir	
MATCHING	[GEN]
adéquation	
MATE, FIRST ~	[MAR]
second (commandant en ~)	
MATERIAL, CORROSIVE ~	[GEN]
matière corrosive	
MATERIAL, FISSILE ~	[GEN]
matière fissible	
MATERIAL, FLAMMABLE ~ (US)	[GEN]
matière inflammable	
MATERIAL, INFLAMMABLE ~ (BRIT.)	[GEN]
matière inflammable	
MATERIAL, OXIDIZING ~	[GEN]
matière oxydante	
MATERIAL, RADIOACTIVE ~	[GEN]
matière radioactive	
MATERIAL, RAW ~	[GEN]
matière première	

MATERIAL REQUIREMENTS PLANNING (MRP)	[LOG]
méthode de calcul des besoins nets en production (tda)	
MATERIALS, HAZARDOUS ~ (HAZMATS)	[INTM]
matières dangereuses	
MATE'S RECEIPT (M / R)	[MAR]
billet de bord	
bon de chargement	
reçu de bord	
MATTER, EXPLOSIVE ~	[GEN]
matière explosible	
MAXIMIZE (TO)	[LOG]
maximiser	
MAXIMUM DISTANCE BETWEEN ENDS OF FORE AND AFT HOLDS (EOFAH)	[MAR]
distance maximale entre les extrémités des cales avant et arrière	
MAXIMUM GROSS WEIGHT (MGW)	[INTM]
masse brute maximale	
MAXIMUM HEADROOM	[ROUT]
hauteur limite	
(sur panneau de signalisation)	
MAXIMUM OUTREACH OF EQUIPMENT	[MT]
portée avant maximale	
des engins de manutention	
MAXIMUM REASONABLE DEMAND (MRD)	[LOG]
demande maximale raisonnablement prévisible	
MEAN	[GEN]
moyen (adj.)	
MEAN CYCLE BETWEEN UNSCHEDULED REMOVALS (MCUR)	[LS]
cycle moyen entre démontages non programmés	
MEAN HIGH WATER NEAP TIDE (MHWNT)	[MAR]
hauteur d'eau moyenne à marée haute en période de mortes-eaux	
MEAN HIGH WATER SPRING TIDE (MHWST)	[MAR]
hauteur d'eau moyenne à marée haute en période de vives-eaux	
MEAN LOW WATER NEAP TIDE (MLWNT)	[MAR]
hauteur d'eau moyenne à marée basse en période de mortes-eaux	

MERCHANT MARINE (US) [MAR]

**MEAN LOW WATER
SPRING TIDE (MLWST)** [MAR]
*hauteur d'eau moyenne à marée
basse en période de vives-eaux*

**MEAN TIME BEFORE UNSCHEDULED
REMOVALS (MTBUR)** [LS]
*temps moyen avant démontages
non programmés*

**MEAN TIME
BETWEEN FAILURES (MTBF)** [LS]
*temps moyen de bon fonctionnement
temps moyen entre défaillances*

**MEAN TIME
BETWEEN REMOVALS (MTBR)** [LS]
temps moyen entre démontages

**MEAN TIME BETWEEN
UNSCHEDULED REMOVALS (MTUR)** [LS]
*temps moyen entre démontages
non programmés*

MEAN TIME TO EXCHANGE (MTTE) [LS]
temps moyen d'échange

MEAN TIME TO FAILURE (MTTF) [LS]
temps moyen avant défaillance

MEAN TIME TO REPAIR (MTTR) [LS]
temps moyen de réparation

MEAN UP TIME (MUT) [LS]
temps moyen de bon fonctionnement

MEANS [GEN]
moyen (n.)

MEANS OF CONVEYANCE [INTM]
moyen de transport

MEANS OF TRANSPORTATION [INTM]
moyen de transport

MEASURE, CORRECTIVE ~ [LS]
action corrective

MEASUREMENT TON [MAR]
*tonne d'arrimage
tonne d'encombrement*

MEASUREMENTS [GEN]
dimensions

MEASUREMENTS, OVERALL ~ [INTM]
gabarit (encombrement)

MECHANIC [INTM]
mécanicien

MECHANICAL [GEN]
mécanique (adj.)

MECHANICAL FEEDER [MT]
distributeur mécanique

MECHANICAL HANDLING [MT]
*manutention lourde
manutention mécanique*

MEDICINES [GEN]
médicaments

MEDIUM HAUL [ROUT]
moyenne distance

MEDIUM-HAUL FLIGHT [AER]
vol moyen-courrier

MEDIUM RANGE AIRCRAFT [AER]
moyen-courrier (avion)

MEET (TO) [GEN]
*faire face (ex. à des engagements)
répondre (ex. à des exigences)*

MEMBER, BOTTOM CROSS ~ [CONT]
traverse de plancher

MEMBER, BOTTOM END ~ [CONT]
traverse inférieure d'extrémité

MEMBER, BOTTOM FRONT CROSS ~ [CONT]
traverse inférieure avant

MEMBER, BOTTOM REAR CROSS ~ [CONT]
traverse inférieure arrière

MEMBER, CROSS ~ [CONT]
traverse

MEMBER, STRUCTURAL ~ [CONT]
membrure métallique

MEMBER LINE [MAR]
ligne membre (d'une conférence)

MERCANTILE LAW [GEN]
droit commercial

MERCHANDISE [GEN]
marchandises

MERCHANDISER [GEN]
marchandiseur

MERCHANDISING [GEN]
marchandisage

MERCHANT [GEN]
*marchand
négociant*

MERCHANT FLEET [MAR]
flotte de commerce

MERCHANT HAULAGE [INTM]
*transport terrestre effectué
par le chargeur (et non par le
transporteur maritime)*

MERCHANT MARINE (US) [MAR]
marine marchande

MERCHANT NAVY (BRIT.)	[MAR]	**MIDSHIP BEAM**	[MAR]
marine marchande		maître-bau	
MERCHANT SEAMAN	[MAR]	**MILE**	[GEN]
marin de la marine marchande		mille (1609,34 m)	
MERCHANT SHIP	[MAR]	**MILE, NAUTICAL ~**	[INTM]
navire marchand		mille marin (1852 m)	
MERCHANTMAN	[MAR]	**MILEAGE**	[INTM]
navire marchand		kilométrage	
MERGE (TO)	[GEN]	**MILEAGE, ELECTRIFIED ~**	[FER]
fusionner		kilométrage électrifié	
MERGE (TO)	[INTM]	**MILES PER GALLON (MPG)**	[ROUT]
rejoindre, se ~		litres au cent	
(ex. deux autoroutes)		**MILES PER HOUR (M.P.H.)**	[INTM]
MERGER	[GEN]	kilomètres / heure (km/h)	
fusion (d'entreprises)		**MILESTONE**	[GEN]
MESH, WIRE ~	[GEN]	date historique	
grillage		**MILESTONE**	[ROUT]
MESSAGE, GARBLED ~	[GEN]	borne kilométrique	
message brouillé		**MILITARY STANDARDS (US) (MIL-STD)**	[LS]
MESSAGE, LOAD ~ (LDM)	[AER]	normes pour les données	
télégramme de chargement		de soutien logistique intégré (tda)	
MESSAGING	[LOG]	**MINERAL**	[GEN]
messagerie électronique		mineral (adj. et n.)	
MESSENGER	[ROUT]	**MINIMIZE (TO)**	[LOG]
coursier		minimiser	
METAL BOX-PALLET	[LOG]	**MINIMUM CONNECTING TIME**	[AER]
caisse-palette en tôle		temps de correspondance minimal	
METAL STRAP	[MT]	**MINIMUM STOCK LEVEL**	[LOG]
feuillard		niveau de référence	
METAL STRAPPING	[MT]	**MINISTRY OF DEFENCE (BRIT.) (MOD)**	[GEN]
cerclage		Ministère de la Défense	
METHANE CARRIER	[MAR]	**MINISTRY OF TRANSPORT**	
méthanier		**TEST (BRIT.) (M.O.T. TEST)**	[ROUT]
METHODS,		contrôle technique (périodique)	
QUANTITATIVE ANALYSIS ~	[LOG]	**MINIVAN**	[ROUT]
méthodes d'analyse quantitative		monospace	
METRE, CUBIC ~	[GEN]	**MIRROR, DOOR ~**	[ROUT]
mètre cube		rétroviseur extérieur	
METRIC TONNE	[GEN]	**MIRROR, REAR VIEW ~**	[ROUT]
tonne métrique		rétroviseur	
MICROWAVE LANDING SYSTEM (MLS)	[AER]	**MIRROR, WING ~**	[ROUT]
système d'atterrissage		rétroviseur d'aile	
par micro-ondes (tda)		**MISCELLANEOUS**	[GEN]
MIDDLE SEAT	[INTM]	divers	
siège central		**MISCONNECTION**	[AER]
MIDDLEMAN	[GEN]	correspondance manquée	
intermédiaire (n.)			

MISDIRECTED	[INTM]		**MODULABLE**	[GEN]
dévoyé			*flexible*	
mal acheminé			**MODULAR**	[GEN]
MISHAP	[GEN]		*modulaire*	
contretemps			**MOISTURE**	[GEN]
MISLAID PARCEL	[INTM]		*humidité*	
colis égaré			**MOLE**	[MAR]
MISLAY (TO)	[INTM]		*brise-lames*	
égarer (ex. un colis)			*digue*	
MISREPRESENTATION	[ASS]		*môle*	
fausse déclaration			**MONETARY**	
MISROUTED	[INTM]		**COMPENSATORY AMOUNT (MCA)**	[DN]
mal acheminé			*montant compensatoire monétaire (MCM)*	
MISS (TO)	[GEN]		**MONITOR**	[GEN]
manquer			*écran de contrôle*	
MISSING	[GEN]		*moniteur*	
manquant (adj.)			**MONITOR (TO)**	[GEN]
MISSING PACKAGE	[INTM]		*contrôler*	
manquant (n.)			**MONITORING, CONTINUOUS ~**	[LOG]
MISSING PARCEL	[INTM]		*contrôle permanent*	
manquant (n.)			**MONITORING, FLOW ~**	[LOG]
MIST	[GEN]		*contrôle des flux*	
brume			*pilotage des flux*	
MISTAGGING	[INTM]		**MONOPOLY**	[GEN]
mauvais étiquetage			*monopole*	
MIX(ED) AIRCRAFT	[AER]		**MONOPOLY, FLAG ~**	[MAR]
avion combiné			*monopole de pavillon*	
MIXED POLICY	[MAR]		**MONORAIL**	[GEN]
police au temps et au voyage			*monorail*	
MIXED SEA AND LAND RISKS	[MAR]		**MONORAIL,**	
risques mixtes maritimes et terrestres			**AUTOMATED ELECTRIFIED ~ (AEM)**	[MT]
MOBILE	[GEN]		*monorail automatisé*	
mobile			**MONTHLY**	[GEN]
MOBILE LOUNGE	[AER]		*mensuel*	
salon mobile			**MOOR (TO)**	[MAR]
MOBILE STORAGE	[LOG]		*amarrer*	
stockage mobile			*mouiller*	
MOCK-UP	[GEN]		**MOORING**	[MAR]
maquette			*corps-mort*	
MODE OF CONVEYANCE	[INTM]		*mouillage (sur corps-mort)*	
mode de transport			**MOORING**	[MT]
MODEL, SEQUENCING ~	[LOG]		*ancrage*	
méthode d'ordonnancement			*arrimage*	
MODELLING	[LOG]		*fixation*	
modélisation			**MOORING BUOY**	[MAR]
MODIFIABLE, USER ~	[LOG]		*corps-mort*	
modifiable par l'utilisateur			**MOORING LINE**	[MAR]
			amarre	

MOORING POST *duc d'albe*	[MAR]	**MOVEMENT CERTIFICATE** *certificat de circulation des marchandises*	[DN]
MOTHER SHIP *navire mère*	[MAR]	**MOVEMENT OF GOODS** *circulation des marchandises*	[INTM]
MOTION TIME STANDARDS (MTS) *standards de temps du mouvement*	[LOG]	**MOVING** *transport*	[INTM]
MOTIVE POWER *énergie motrice*	[INTM]	**MUD** *boue*	[GEN]
MOTOR, POINT ~ *moteur d'aiguille*	[FER]	**MUD DREDGER** *marie-salope*	[MAR]
MOTOR CARRIAGE (BRIT.) *motrice (n.)*	[FER]	**MUD FLAP** *bavette garde-boue*	[ROUT]
MOTOR SHIP (MS) *navire à moteur (diesel)*	[MAR]	**MUDGUARD** *bavette*	[ROUT]
MOTOR VEHICLE INSURANCE *assurance véhicules à moteur*	[ASS]	**MUFFLE (TO)** *assourdir (un bruit) étouffer (un bruit)*	[GEN]
MOTOR VESSEL (MV) *navire à moteur (diesel)*	[MAR]	**MUFFLER (US)** *pot d'échappement silencieux (n.)*	[ROUT]
MOTORWAY (BRIT.) *autoroute*	[ROUT]	**MULE, YARD ~** *tracteur de manœuvre*	[MT]
MOTORWAY SERVICES *aire de service*	[ROUT]	**MULTI-STAGE FLIGHT** *vol pluri-escales*	[AER]
MOVABLE *mobile*	[GEN]	**MULTIDIRECTIONAL TRAVELLING TRUCK** *chariot à déplacement multidirectionnel*	[MT]
MOVABLE BRIDGE *pont mobile*	[ROUT]	**MULTIMODAL TRANSPORT OPERATOR (M.T.O)** *opérateur de transport multimodal (O.T.M.)*	[INTM]
MOVE (TO) *déplacer*	[GEN]		
MOVE (TO) *transporter*	[INTM]	**MULTIPLE DEEP STORAGE** *stockage sur plusieurs rangs*	[LOG]
MOVE HOUSE (TO) *déménager*	[ROUT]	**MULTIPLE STACKING CRANE** *grue à empilage multiple*	[MT]
MOVEMENT, BACKWARD ~ *mouvement vers l'arrière*	[GEN]	**MULTIPURPOSE (adj.)** *polyvalent tous usages*	[GEN]
MOVEMENT, FORWARD ~ *mouvement vers l'avant*	[GEN]		
MOVEMENT, SIDEWAYS ~ *mouvement latéral*	[GEN]	**MUNITIONS** *munitions*	[GEN]

NAIL [GEN]
clou
NAMED CARGO CONTAINER [CONT]
conteneur spécial
NARROW-AISLE TRUCK [MT]
chariot pour allées étroites
NARROW-BODIED AIRCRAFT [AER]
appareil conventionnel
NARROW GAUGE [FER]
écartement étroit
**NATIONAL INSTITUTE FOR STANDARDS
AND TECHNOLOGY (US) (NIST)** [GEN]
*institut national des normes
et de la technologie (tda)*
**NATIONAL RAILROAD PASSENGER
CORPORATION (AMTRAK)** [FER]
*compagnie ferroviaire américaine
(passagers)*
NATIONWIDE [GEN]
national
NATURAL GAS [GEN]
gaz naturel
NATURALLY ASPIRATED ENGINE [ROUT]
moteur atmosphérique
NAUTICAL MILE [INTM]
mille marin (1852 m)
NAVAL DOCKYARD [MAR]
arsenal maritime
NAVIGABLE [MAR]
navigable

NAVIGATION, COASTAL ~ [MAR]
*cabotage (navigation côtière)
navigation côtière*
NAVIGATION, INLAND ~ [FLV]
transport par voie d'eau
NAVIGATION, SHORT SEA ~ [MAR]
navigation côtière
NAVIGATION AND RANGING (NAVAR) [AER]
système de contrôle aérien
NAVIGATION LIGHTS [INTM]
feux de navigation
NAVIGATIONAL AID [INTM]
aide à la navigation
NAVY, MERCHANT ~ (BRIT.) [MAR]
marine marchande
NEAP TIDE [MAR]
marée de mortes-eaux
**NEAP TIDE,
MEAN HIGH WATER ~ (MHWNT)** [MAR]
*hauteur d'eau moyenne à marée
haute en période de mortes-eaux*
**NEAP TIDE,
MEAN LOW WATER ~ (MLWNT)** [MAR]
*hauteur d'eau moyenne à marée
basse en période de mortes-eaux*
NEED [GEN]
besoin
NEED (TO) [GEN]
avoir besoin de

NEGOTIABLE [GEN]
négociable

NEGOTIABLE BILL OF LADING [MAR]
connaissement négociable

NEGOTIATE (TO) [GEN]
négocier

NEST (TO) [MT]
emboîter (les uns dans les autres)

NET [GEN]
net

NET [MT]
filet

NET, DIVIDER ~ [MT]
filet de séparation

NET, STRAP ~ [MT]
filet à sangles

NET ALL IN [GEN]
tout compris

NET PRICE [GEN]
prix net

NET REGISTERED TONNAGE (NRT) [MAR]
jauge nette

NET TON [GEN]
tonne courte (907,18 kg.)

NET TONNAGE [MAR]
tonneau de jauge nette (TJN)

NET WEIGHT (N.W.) [GEN]
poids net

NETWORK [GEN]
réseau

NETWORK RAIL [FER]
gestionnaire de l'infrastructure ferroviaire britannique (à partir d'octobre 2002)

NEUTRAL [ROUT]
point mort

NEXT DAY SERVICE [INTM]
service express
service jour A jour B

NICHE [GEN]
niche

NIGHT DELIVERY [ROUT]
livraison de nuit

NIGHT SHIFT [GEN]
équipe de nuit

NIPPER [MT]
pince

NIPPER SHOE [MT]
sabot de pince

NO CLAIMS BONUS [ASS]
bonus

NO COMMERCIAL VALUE (NCV) [DN]
sans valeur commerciale (SVC)

NO CURE NO PAY [MAR]
pas de résultat, pas de paiement

NO-DEDICATION STORAGE [LOG]
stockage banalisé

NO ENTRY [GEN]
accès interdit

NO PARKING [ROUT]
stationnement interdit

NO-SHOW PASSENGER [AER]
défaillant (passager qui ne se présente pas au départ)

NO THOROUGHFARE [ROUT]
rue barrée

NO THROUGH ROAD [ROUT]
voie sans issue

NO VALUE DECLARATION (NVD) [INTM]
déclaration de valeur, pas de ~

NO VALUE DECLARED (NVD) [DN]
sans valeur déclarée

NO WAITING [ROUT]
stationnement interdit

NOISE [GEN]
bruit

NOMENCLATURE [GEN]
nomenclature

NOMENCLATURE OF GOODS [INTM]
nomenclature générale des produits (NGP)

NON-BOGIE WAGON [FER]
wagon à essieux

NON-CONFERENCE OPERATOR [MAR]
compagnie hors-conférence

NON DANGEROUS CHEMICALS (NDC) [INTM]
produits chimiques non dangereux

NON DIRECTIONAL BEACON (NDB) [AER]
balise non directionnelle

NON-DRIVEN AXLE [ROUT]
essieu porteur

NON-FLAMMABLE (US) [GEN]
ininflammable

NON-INFLAMMABLE (BRIT.)	[GEN]	**NOTCHBACK**	[ROUT]
ininflammable		*tricorps*	
NON-POWERED AXLE	[ROUT]	**NOTE, ADVICE ~**	[INTM]
essieu porteur		*lettre d'avis*	
NON PROPORTIONAL TREATY	[MAR]	**NOTE, BOOKING ~**	[INTM]
traité non proportionnel		*engagement de fret*	
NON-REVENUE CARGO	[AER]	**NOTE, CMR ~**	[ROUT]
fret gratuit		*lettre de voiture ~ (CMR)*	
NON-REVENUE PASSENGER	[AER]	**NOTE, CONSIGNMENT ~**	[ROUT]
passager gratuit (free miles)		*lettre de voiture (CMR)*	
NON-SCHEDULED FLIGHT	[AER]	**NOTE, COVERING ~**	[ASS]
vol à la demande		*police provisoire*	
vol affrété		**NOTE, CREDIT ~**	[GEN]
NON-STOP FLIGHT	[AER]	*note de crédit*	
vol direct		**NOTE, DEBIT ~ (D/N)**	[GEN]
vol sans escale		*note de débit*	
NON-STOP SERVICE	[GEN]	**NOTE, DELIVERY ~**	[INTM]
service 24h sur 24		*avis de livraison*	
NON-STOP TRAIN	[FER]	*bon de livraison*	
train direct		*bordereau de livraison*	
NON-TRUNK ROAD	[ROUT]	*bulletin de livraison*	
route départementale (CD / D)		**NOTE, FREIGHT ~**	[INTM]
route secondaire		*facture de fret*	
NON VESSEL OPERATOR		**NOTE, PROMISSORY ~ (P/N)**	[GEN]
COMMON CARRIER (NVOCC)	[INTM]	*billet à ordre*	
armateur de papier		**NOTE, SHIPMENT ~**	[INTM]
armateur sans navire		*bordereau d'expédition*	
NONREPAIRABLE	[LS]	**NOTE, SHIPPING ~**	[MAR]
non réparable		*permis d'embarquement*	
NORM	[GEN]	**NOTICE**	[GEN]
norme		*avis (le document)*	
NORTHBOUND	[INTM]	*préavis*	
en direction du nord		**NOTICE (TO)**	[GEN]
NOSE	[AER]	*remarquer*	
nez (de l'avion)		**NOTICE, TO GIVE ~**	[GEN]
NOSE HEAVY	[AER]	*donner un préavis*	
centré avant		**NOTICE,**	
NOSE IN (TO)	[AER]	**SPECIFICATION CHANGE ~ (SCN)**	[AER]
approcher, s' ~		*spécification de changement*	
NOSE IN POSITIONING	[AER]	*notifié (SCN)*	
positionnement avant		**NOTICE OF ACCIDENT**	[ASS]
NOSE LANDING GEAR	[AER]	*déclaration d'accident*	
train avant		**NOTICE OF CLAIM**	[ASS]
NOSE OUT POSITIONING	[AER]	*déclaration de sinistre*	
positionnement arrière		**NOTIFICATION OF LOSS**	[INTM]
NOSEWHEEL	[AER]	*déclaration de perte*	
train avant			

NOTIFICATION TO CAPTAIN (NOTOC)
[AER]

Transport - logistique
Lexique

NOTIFICATION TO CAPTAIN (NOTOC) [AER]
*notification au commandant de bord
(avis de transport de matières
dangereuses)*

NOTIFY (TO) [GEN]
notifier

NOZZLE [AER]
tuyère

NOZZLE [GEN]
ajutage

NOZZLE [INTM]
pistolet (de pompe à essence)

NUISANCE [GEN]
nuisance

NULL AND VOID [GEN]
nul et non avenu

NULLIFY (TO) [GEN]
rendre nul et non avenu

NULLITY [ASS]
nullité

NUMBER [GEN]
*nombre
numéro*

NUMBER, BOARDING ~ (BN) [AER]
numéro d'embarquement

NUMBER, PART ~ (PN) [LOG]
référence (d'une pièce)

NUMBER, REGISTRATION ~ [ROUT]
numéro minéralogique

NUMBER, SERIAL ~ [GEN]
numéro de série

NUMBER, TOLL FREE ~ [GEN]
numéro vert

NUMBER PLATE (BRIT.) [ROUT]
plaque minéralogique

NUMBERING [GEN]
*comptage
numérotage*

NUMERICAL CONTROL [LS]
commande numérique

**NUMERICAL CONTROL,
COMPUTER ~ (CNC)** [LS]
*commande numérique
par calculateur (CNC)*

**NUMERICAL CONTROL,
DIRECT ~ (DNC)** [LS]
commande numérique directe

NUMERICALLY CONTROLLED MACHINE [LS]
machine à commande numérique

NUT [GEN]
écrou

Anglais/Français

OBJECT, FOREIGN ~ [GEN]
corps étranger

OBSERVATIONS, ADDITIONAL ~ (ADOS) [GEN]
remarques annexes

OBSERVE (TO) [GEN]
respecter (ex. une réglementation)

OBSOLESCENCE [GEN]
obsolescence

OBSOLETE [GEN]
obsolète

OBSTACLE [GEN]
obstacle

OBSTRUCTION [GEN]
obstruction

OBSTRUCTION, TO CAUSE AN ~ [ROUT]
créer un embouteillage

OBVERSE [MT]
face avant

OCCUPATION [GEN]
profession

OCEAN FREIGHT [MAR]
fret au long cours

OCEAN-GOING VESSEL [MAR]
navire de haute mer

OCEAN PORT [MAR]
port océanique

ODD [GEN]
impair (chiffre)

ODD CONTAINER [CONT]
conteneur non normalisé

ODD SIZE [GEN]
dimension non courante

ODOMETER [INTM]
*compteur kilométrique
odomètre*

OFF-LOAD (TO) [INTM]
décharger

OFF-PEAK HOUR [INTM]
heure creuse

OFF-PEAK PERIOD [INTM]
période creuse

OFFENCE [GEN]
*délit
infraction*

OFFENCE, HIT AND RUN ~ [ROUT]
délit de fuite

OFFER [GEN]
offre

OFFICE, CUSTOMS ~ [DN]
bureau de douane

OFFICE, DESIGN ~ [GEN]
bureau d'études

OFFICE, HARBOUR MASTER'S ~ [MAR]
capitainerie

OFFICE, SORTING ~ [GEN]
bureau de tri

O

OFFICE OF PASSENGER RAIL FRANCHISING (BRIT.) (OPRAF) [FER]

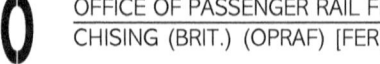

OFFICE OF PASSENGER RAIL FRANCHISING (BRIT.) (OPRAF)	[FER]
bureau de franchise service voyageurs (tda)	
OFFICER, CUSTOMS ~	[DN]
douanier	
OFFICER, DUTY ~	[INTM]
chef de permanence	
OFFICER, FIRST ~	[AER]
co-pilote	
OFFICIAL	[GEN]
officiel (adj.)	
officiel (un ~)	
OFFICIALDOM	[GEN]
bureaucratie	
OFFSET (TO)	[GEN]
compenser (ex. des pertes)	
OFFSHORE	[MAR]
au large	
OIL	[GEN]
huile	
pétrole	
OIL, BUNKER ~	[MAR]
mazout lourd	
OIL, FUEL ~	[GEN]
fioul	
OIL, REFINED ~	[GEN]
pétrole raffiné	
OIL, WASTE ~	[INTM]
huile de vidange	
OIL CHANGE	[INTM]
vidange (moteur)	
OIL COOLER	[ROUT]
radiateur d'huile	
OIL EQUIVALENT, TON ~ (TOE)	[GEN]
tonne équivalent pétrole (TEP)	
OIL INDICATOR	[INTM]
indicateur de niveau d'huile	
OIL PRODUCTS / BULK / CRUDE OIL CARRIER (PROBO)	[MAR]
pétrolier / vraquier	
OIL RIG	[MAR]
plate-forme pétrolière	
OIL SEEDS	[GEN]
oléagineux	
OIL SUMP	[ROUT]
carter	

OIL TANKER	[MAR]
pétrolier	
OILPAN (US)	[ROUT]
carter	
ON A SPACE AVAILABLE BASIS	[AER]
places disponibles, dans la limite des ~	
ON ACCOUNT AND RISK OF SHIPPER	[INTM]
frais, risques et périls du chargeur, aux ~	
ON BOARD	[INTM]
à bord	
ON BOARD BILL OF LADING	[MAR]
connaissement à bord	
connaissement embarqué	
ON-BOARD COMPUTER	[INTM]
ordinateur embarqué	
ON-BOARD INFORMATION	[INTM]
information embarquée	
ON HAND	[LOG]
disponible (ex. stock)	
ON HAND, ORDERS ~	[LOG]
commandes fermes	
ON HAND, STOCK ~	[LOG]
existant physique	
stock disponible	
stock réel	
ON-LINE CONTROL	[LOG]
contrôle direct	
ON-LOAD (TO)	[INTM]
charger	
ON ORDER, STOCK ~	[LOG]
attendus (réapprovisionnement non encore livré à l'entrepôt)	
ON RAMP	[ROUT]
bretelle d'accès	
ON-SITE	[GEN]
sur place	
ON SOMEBODY'S BEHALF	[GEN]
nom de quelqu'un, au ~	
ON STANDBY	[GEN]
en attente	
ON-STREET PARKING	[ROUT]
stationnement sur la voie publique	
ON-THE-JOB TRAINING	[GEN]
formation sur site	
ON THE WAY	[INTM]
en cours de route	

ONE-BOX [ROUT]
monocorps

ONE-STOP SHOP [FER]
guichet unique

ONE-WAY PALLET [LOG]
palette à simple entrée

ONE-WAY TICKET [INTM]
aller-simple

ONE-WAY TRAFFIC [ROUT]
sens unique

ONWARD FLIGHT [AER]
vol en correspondance

OPEN COVER [ASS]
police ouverte

OPEN HARD TOP CONTAINER [CONT]
conteneur à toit amovible rigide

OPEN HERE [MT]
ouvrir ici (sur un emballage)

OPEN POLICY [ASS]
police d'abonnement
police flottante

OPEN REGISTRY (OR) [MAR]
libre immatriculation

OPEN SEAS [MAR]
haute mer

OPEN SIDE CONTAINER [CONT]
conteneur à ouverture latérale

OPEN SKIES [AER]
libéralisation de l'espace aérien

OPEN SOFT TOP CONTAINER [CONT]
conteneur à toit bâché

OPEN THE THROTTLE (TO) [INTM]
mettre les gaz

OPEN THIS SIDE [MT]
ouvrir de ce côté (sur un emballage)

OPEN TICKET [AER]
billet ouvert

OPEN TOP (OT) [INTM]
toit ouvert, à ~

OPEN-TOP CAR (US) [FER]
wagon tombereau

OPEN TOP CONTAINER [CONT]
conteneur à toit ouvert (bâchable)

OPEN TOP TILTING CONTAINER [CONT]
conteneur à toit ouvert bennable

OPEN TOP TRAILER [ROUT]
remorque à toit ouvert (bâchable)

OPEN TRUCK (BRIT.) [FER]
wagon plat-gondole
wagon tombereau

OPEN WAGON [FER]
wagon découvert

OPEN WALL CONTAINER [CONT]
conteneur à parois ouvrantes

OPENING ROOF [CONT]
toit ouvrant

OPERATE (TO) [GEN]
faire fonctionner (ex. une machine)
fonctionner

OPERATE (TO) [INTM]
exploiter (ex. une ligne)

OPERATING LEASE [GEN]
bail d'exploitation

OPERATING LOSS INSURANCE [ASS]
assurance perte d'exploitation

OPERATING WEIGHT [AER]
masse en opérations

OPERATION [GEN]
exploitation (ex. service d' ~)
opération

OPERATIONAL [GEN]
opérationnel

OPERATIONAL ASSISTANCE [LS]
assistance opérationnelle

OPERATIONAL COSTS [GEN]
coûts d'exploitation

OPERATIONAL STOP [AER]
escale technique

OPERATIVE [GEN]
opérateur

OPERATOR [GEN]
opérateur
standardiste

OPERATOR, CHARTER ~ [AER]
compagnie charter

OPERATOR, COACH~ [ROUT]
autocariste

OPERATOR, COMBINED TRANSPORT ~ (CTO) [INTM]
entrepreneur
de transport combiné (ETC)

OPERATOR, CRANE ~ [MT]
grutier

OPERATOR, FORK LIFT TRUCK ~ [MT]
cariste

OPERATOR, INLAND TRANSIT~ (US)
[INTM]

OPERATOR, INLAND TRANSIT~ (US)	[INTM]
voiturier	
OPERATOR, NON-CONFERENCE ~	[MAR]
compagnie hors-conférence	
OPERATOR'S LICENCE	[ROUT]
capacité de transport	
OPTICAL CHARACTER RECOGNITION (OCR)	[LOG]
lecture optique des caractères	
OPTIMIZE (TO)	[LOG]
optimiser	
OPTIMUM REPAIR LEVEL ANALYSIS (ORLA)	[LS]
analyse du niveau optimum de réparation (tda)	
OPTIONAL	[GEN]
facultatif	
ORBITAL ROAD	[ROUT]
périphérique (voie)	
ORDER	[GEN]
commande	
ORDER (TO)	[GEN]
commander	
ORDER, TO BOOK AN ~	[GEN]
enregistrer une commande	
ORDER, DELIVERY ~ (D/O)	[INTM]
bon de livraison	
ORDER, IN ~	[GEN]
en règle	
ORDER, OUT OF ~	[GEN]
hors service	
ORDER, TO PLACE AN ~	[GEN]
passer une commande	
ORDER, PURCHASE ~	[GEN]
ordre d'achat	
ORDER, ROUTING ~	[ROUT]
bon à enlever (BAE)	
ORDER, ROUTING ~ (R/O)	[ROUT]
bon d'enlèvement	
ORDER, RUNNING ~	[ROUT]
état de fonctionnement	
état de marche	
ORDER, SHIPPING ~	[MAR]
bon d'embarquement	
ORDER BOOK	[GEN]
carnet de commandes	
ORDER OF, TO MAKE OUT TO THE ~	[GEN]
établir au nom de...	
ORDER PICKING	[MT]
butinage	
préparation de commandes	
ORDER POINT	[LOG]
seuil de réapprovisionnement	
ORDER PREPARATION	[MT]
préparation de commandes	
ORDER PROCESSING	[LOG]
traitement de commandes	
ORDERING COST	[GEN]
coût de passation de commande	
ORDERS, BACK ~	[LOG]
obligations (commandes client encore en entrepôt)	
ORDERS, FORECAST ~	[LOG]
commandes prévisionnelles	
ORDERS ON HAND	[LOG]
commandes fermes	
ORE	[GEN]
minerai	
ORE / BULK / OILER (OBO)	[MAR]
minéralier / vraquier / pétrolier	
ORE / OILER (O/O)	[MAR]
minéralier / pétrolier	
ORE CARRIER	[MAR]
minéralier	
ORE WAGON	[FER]
wagon à minerai	
ORES, FERROUS ~	[GEN]
minerais ferreux	
ORGANIZATION	[GEN]
organisation	
ORGANIZATION CHART	[GEN]
organigramme	
ORGANIZE (TO)	[GEN]
organiser	
ORIGIN, CERTIFICATE OF ~ (C/O)	[DN]
certificat d'origine	
ORIGIN, COMMUNITY ~	[DN]
origine communautaire	
ORIGIN, COUNTRY OF ~	[DN]
pays d'origine	
OUNCE (oz)	[GEN]
once (28,35 g)	
OUT OF BOND	[DN]
hors douane	

OUT OF DATE [GEN]
périmé

OUT OF GAUGE [INTM]
hors gabarit (pour un véhicule)

OUT OF ORDER [GEN]
hors service

OUT OF PROFILE [INTM]
hors gabarit (ex. colis)

OUT OF STOCK [LOG]
rupture de stock, en ~

OUTBOUND [INTM]
en partance

OUTBOUND LOGISTICS [LOG]
logistique aval

OUTDOOR STORAGE [LOG]
stockage en plein air

OUTER BASIN [MAR]
avant-bassin

OUTER HARBOUR [MAR]
avant-port

OUTGOING [INTM]
en partance

OUTLET [GEN]
point de vente

OUTLET, AIR ~ [CONT]
sortie d'air

OUTLET, FACTORY~ [GEN]
magasin d'usine

OUTLET, SLIPPERED ~ [CONT]
*vanne de vidange
(sur conteneur citerne)*

OUTLET VALVE [INTM]
soupape d'échappement

OUTPUT [GEN]
*production
rendement*

OUTREACH [MT]
portée avant

**OUTREACH OF EQUIPMENT,
MAXIMUM ~** [MT]
*portée avant maximale
des engins de manutention*

OUTSIDE WAREHOUSE [LOG]
entrepôt extérieur (en location)

OUTSIDER [MAR]
hors conférence

OUTSIZE [INTM]
hors gabarit (ex. colis)

OUTSOURCING [LOG]
externalisation

OUTWARD [GEN]
à l'exportation

OUTWARD [INTM]
en partance

OUTWARD FREIGHT DEPARTMENT [GEN]
service export

OUTWARD PROCESSING [DN]
perfectionnement passif

OUTWARDS, CLEARANCE ~ [DN]
dédouanement à l'exportation

OVEN, SPRAY BAKE ~ [INTM]
cabine de peinture

OVERALL [GEN]
*global
hors-tout*

OVERALL, LENGTH ~ (L.O.A.) [INTM]
longueur hors-tout

OVERALL EXTERNAL DIMENSIONS [INTM]
*dimensions d'encombrement
hors tout*

OVERALL MEASUREMENTS [INTM]
gabarit (encombrement)

OVERBOOKING [AER]
surréservation

OVERCAPACITY [LOG]
surcapacité

OVERCHARGE (TO) [GEN]
surtaxer

OVERDUE [INTM]
en retard

OVERFLIGHT [AER]
survol

OVERHAUL [GEN]
révision complète

OVERHAUL (TO) [GEN]
réviser (ex. machine, véhicule...)

OVERHAUL, TIME SINCE ~ (TSO) [LS]
durée depuis rénovation

OVERHAULS, TIME BETWEEN ~ (TBO) [LS]
temps entre les révisions

**OVERHEAD
BAGGAGE COMPARTMENT** [AER]
compartiment de rangement cabine

OVERHEAD CLEARANCE [GEN]
hauteur libre

OVERHEAD CLEARANCE	[MAR]	tirant d'air
OVERHEAD CRANE	[MT]	pont roulant
OVERHEAD GUARD	[MT]	toit de protection (sur un chariot élévateur)
OVERHEAD PALLET STORER AND RETRIEVER	[MT]	distributeur aérien de palettes
OVERHEAD STACKER CRANE	[MT]	pont gerbeur
OVERHEAD TRAVELLING CRANE	[MT]	pont roulant
OVERHEAD TRAVELLING STACKER CRANE	[MT]	pont gerbeur
OVERHEAD WIRE	[FER]	caténaire
OVERHEADS	[GEN]	frais généraux
OVERLAND FLIGHT	[AER]	vol continental
OVERLAND TRANSPORT	[INTM]	transport terrestre
OVERLOAD	[INTM]	surcharge
OVERNIGHT	[INTM]	jour au lendemain, du ~
OVERNIGHT, TO RUN ~	[INTM]	rouler de nuit
OVERNIGHT DELIVERY	[INTM]	livraison jour B
OVERNIGHT SERVICE	[INTM]	service express service jour A jour B
OVERNIGHT TRAIN	[FER]	train de nuit
OVERNITE (US)	[INTM]	jour au lendemain, du ~
OVERPASS (US)	[ROUT]	toboggan
OVERQUOTE (TO)	[GEN]	surcoter
OVERSEAS	[INTM]	outre-mer
OVERSEAS (BRIT.)	[INTM]	étranger, à l' ~
OVERSIZED LOAD	[INTM]	chargement hors gabarit
OVERSTOCK (TO)	[LOG]	surstocker
OVERTAKE (TO)	[GEN]	dépasser
OVERTAKE (TO)	[ROUT]	doubler
OVERTIME	[GEN]	heures supplémentaires
OVERTIME, TO WORK ~	[GEN]	heures supplémentaires, faire des ~
OVERVIEW	[GEN]	vue d'ensemble
OVERWEIGHT	[INTM]	surcharge
OWN ACCOUNT, FOR ~	[INTM]	pour compte propre
OWN SITE	[INTM]	site propre
OWNED, PRIVATELY ~	[GEN]	privé (ex. entreprise)
OWNER, BENEFICIAL ~	[MAR]	propriétaire effectif
OWNER, CORPORATE ~	[MAR]	société propriétaire du navire
OWNER, MANAGING ~	[MAR]	armateur gérant
OWNER, TRUE ~	[MAR]	propriétaire réel
OWNER'S RISK, AT ~ (O.R.)	[INTM]	risques et périls du destinataire, aux ~
OWNERSHIP	[GEN]	possession (le fait d'être propriétaire)
OWNERSHIP, COST OF ~	[LOG]	coût de possession
OXIDIZING MATERIAL	[GEN]	matière oxydante

Anglais/Français

PACK (TO)	[CONT]		**PACKAGING, CUSTOMIZED~**	[LOG]
empoter			*conditionnement à façon*	
PACK	[GEN]		**PACKER**	[MT]
paquet			*emballeur*	
PACK (TO)	[MT]		**PACKING**	[CONT]
emballer (sous carton, toile)			*empotage*	
PACK, BLISTER ~	[LOG]		**PACKING**	[MT]
emballage transparent			*emballage*	
habillage transparent			**PACKING, EXPORT ~**	[MT]
PACK, TO VACUUM ~	[LOG]		*emballage type maritime*	
emballer sous vide			**PACKING DEPARTMENT**	[GEN]
PACKAGE	[GEN]		*service emballage*	
colis			**PACKING LIST**	[INTM]
contrat global			*liste de colisage*	
paquet			**PAD, BRAKE ~**	[INTM]
PACKAGE (TO)	[GEN]		*plaquette de frein*	
conditionner			**PADDING**	[GEN]
PACKAGE	[INTM]		*rembourrage*	
voyage à forfait			**PADDLE (OF A LOCK-GATE)**	[FLV]
PACKAGE, MISSING ~	[INTM]		*vannelle (d'une porte d'écluse)*	
manquant (n.)			**PAGER**	[GEN]
PACKAGE, SINGLE ~	[INTM]		*bip (appareil de radio-message)*	
mono-colis			**PAINTSHOP**	[INTM]
PACKAGE DEAL	[GEN]		*atelier de peinture*	
achat forfaitaire			**PALLET**	[LOG]
PACKAGE TOUR	[INTM]		*palette*	
voyage à prix forfaitaire			**PALLET, AIRCRAFT ~**	[AER]
PACKAGING	[GEN]		*palette avion*	
conditionnement				

PALLET, DISPOSABLE ~ [LOG]

PALLET, DISPOSABLE ~ [LOG] *palette jetable* *palette perdue*	**PALLETIZER** [MT] *palettiseur*
PALLET, DOUBLE FACE ~ [LOG] *palette double face* *palette réversible*	**PALLETIZING MACHINE** [MT] *palettiseur*
	PAN, TOTE ~ [MT] *bac de manutention*
PALLET, FOUR-WAY ENTRY ~ [LOG] *palette à quatre entrées* *palette AS* *palette européenne*	**PANAMAX** [MAR] *panamax (navire au gabarit du canal de Panama : 32,30 m de large)*
	PANEL [GEN] *panneau*
PALLET, ONE-WAY ~ [LOG] *palette à simple entrée*	**PANEL, INSTRUMENT ~** [AER] *tableau de bord*
PALLET, RETURNABLE ~ [LOG] *palette consignée*	**PANEL, SLIDING ~** [INTM] *panneau coulissant*
PALLET, STACKING ~ [LOG] *caisse-palette*	**PANEL, WALL ~** [CONT] *paroi*
PALLET, WING ~ [LOG] *palette à ailes*	**PANTOGRAPH** [FER] *pantographe*
PALLET COLLAR [MT] *rehausse pour palette*	**PAPER, GUMMED ~** [GEN] *papier gommé*
PALLET CONVERTER [MT] *convertisseur pour palette*	**PAPER, ZERO ~** [LOG] *zéro papier*
PALLET DOLLY [MT] *chariot porte-palette*	**PAPERWORK** [GEN] *paperasserie*
PALLET LOAD [LOG] *palette complète*	**PARALLEL POSITIONING** [AER] *positionnement parallèle*
PALLET LOADER [MT] *palettiseur*	**PARCEL** [GEN] *colis*
PALLET PLACE [LOG] *position palette*	**PARCEL, TO HAND IN A ~** [INTM] *déposer un colis*
PALLET STACKER [MT] *chariot élévateur à fourche recouvrante*	**PARCEL, MISLAID ~** [INTM] *colis égaré*
PALLET STORER AND RETRIEVER [MT] *empileur et distributeur de palettes*	**PARCEL, MISSING ~** [INTM] *manquant (n.)*
PALLET STORER AND RETRIEVER, OVERHEAD ~ [MT] *distributeur aérien de palettes*	**PARCEL(S) DELIVERY** [INTM] *messagerie(s)*
PALLET TRUCK [MT] *transpalette*	**PARCEL(S) SERVICE** [INTM] *messagerie(s)*
PALLET TRUCK, POWER-DRIVEN ~ [MT] *transpalette automotrice*	**PARK (TO)** [INTM] *stationner*
PALLET UNLOADER [MT] *dépalettiseur*	**PARK, CAR ~ (BRIT.)** [ROUT] *parking*
PALLETIZABLE [LOG] *palettisable*	**PARKING** [INTM] *stationnement*
PALLETIZE (TO) [LOG] *palettiser*	**PARKING, NO ~** [ROUT] *stationnement interdit*

Transport – logistique
Lexique

PATH, TRAIN~ [FER]

PARKING, ON-STREET ~ [ROUT]
stationnement sur la voie publique

PARKING AREA [AER]
piste de stationnement

PARKING BAY [ROUT]
emplacement de stationnement

PARKING LIGHTS [ROUT]
feux de stationnement

PARKING LOT (US) [ROUT]
parking

PARKING SLOT [INTM]
place de stationnement

PART [GEN]
partiel
pièce (mécanique)

PART, HIGH COST ~ [LOG]
pièce à haute valeur ajoutée

PART CONSIGNMENT [INTM]
expédition partielle

PART DELIVERY [INTM]
livraison partielle

PART LOAD [INTM]
chargement partiel

PART NUMBER (PN) [LOG]
référence (d'une pièce)

PART SHIPMENT [INTM]
expédition partielle

PART-TIME [GEN]
mi-temps
temps partiel, à ~

PARTIAL LOSS [INTM]
perte partielle

PARTIALLY REPAIRABLE [LS]
partiellement réparable

PARTICULAR AVERAGE (P.A.) [MAR]
avarie particulière

PARTICULAR AVERAGE UNLESS, FREE OF ~ [MAR]
franc d'avarie particulière sauf...

PARTITION [GEN]
cloison

PARTNERSHIP [GEN]
partenariat
société de personnes

PARTS, SPARE ~ [GEN]
pièces de rechange
pièces détachées

PARTY, CO-CONTRACTING ~ [ASS]
co-contractant (n.)

PARTY, CONTRACTING ~ [ASS]
partie contractante

PARTY, INSURED ~ [ASS]
assuré, l' ~

PASS, BOARDING ~ [AER]
carte d'embarquement

PASSAGEWAY [GEN]
couloir
passage

PASSENGER (PAX) [AER]
passager

PASSENGER [INTM]
passager (n.)
voyageur

PASSENGER, FOOT ~ [MAR]
piéton (passager sans véhicule)

PASSENGER, NO-SHOW ~ [AER]
défaillant (passager
qui ne se présente pas au départ)

PASSENGER, NON-REVENUE ~ [AER]
passager gratuit

PASSENGER, REVENUE ~ [AER]
passager payant

PASSENGER, STANDBY ~ [AER]
passager sans garantie

PASSENGER-MILES [AER]
km-passagers

PASSENGER SERVICE [AER]
service passage

PASSENGER SERVICE AGENT [AER]
agent du passage

PASSENGER TRAFFIC [INTM]
trafic de voyageurs

PASSENGER TRANSFER VEHICLE [AER]
transbordeur

PATH [FER]
sillon

PATH, APPROACH ~ [AER]
couloir d'approche

PATH, CRITICAL ~ [LS]
chemin critique

PATH, FLIGHT ~ [AER]
trajectoire de vol

PATH, TRAIN~ [FER]
sillon

PATRON [GEN]

Transport – logistique
Lexique

PATRON	[GEN]	**PENDING**	[GEN]
client (attitré)		*souffrance, en ~ (ex. une affaire)*	
PATRONAGE	[GEN]	**PENDULAR TRAIN**	[FER]
clientèle		*train pendulaire*	
PATTERN	[GEN]	**PER TRIP COST**	[INTM]
modèle		*coût au voyage*	
schéma		**PERFECT ENTRY**	[DN]
PATTERN, FLOW ~	[LOG]	*déclaration définitive*	
modèle de flux		**PERFORM (TO)**	[GEN]
PATTERN, HOLDING ~	[AER]	*effectuer (ex. des formalités)*	
circuit d'attente		**PERFORMANCE BOND**	[GEN]
PAVEMENT (BRIT.)	[ROUT]	*garantie de bonne exécution*	
trottoir		**PERFORMANCE CHART**	[LOG]
PAVEMENT (US)	[ROUT]	*tableau de bord*	
chaussée		**PERFORMANCE INDICATOR**	[LOG]
PAY TRAIN	[FER]	*tableau de bord*	
train avec recette embarquée		**PERILS OF THE SEAS**	[MAR]
PAYABLE ON DEMAND	[GEN]	*fortunes de mer*	
payable sur demande		**PERIMETER**	[GEN]
PAYEE	[GEN]	*périmètre*	
bénéficiaire (ex. d'un chèque)		**PERIOD**	[GEN]
PAYLOAD	[AER]	*délai*	
charge marchande		**PERIOD, OFF-PEAK ~**	[INTM]
PAYLOAD	[INTM]	*période creuse*	
charge utile		**PERIOD, PEAK ~**	[INTM]
PAYLOAD, ACTUAL ~	[INTM]	*période de pointe*	
charge réelle		**PERIOD, REST ~**	[ROUT]
PAYMENT, DATE OF ~	[GEN]	*temps de repos*	
date d'échéance		**PERIOD, TRANSITIONAL ~**	[GEN]
PAYMENT, TERMS OF ~	[GEN]	*période transitoire*	
conditions de paiement		**PERISHABLE FOODSTUFFS**	[GEN]
PEAK HOUR	[INTM]	*denrées périssables*	
heure de pointe		**PERISHABLE GOODS**	[GEN]
PEAK PERIOD	[INTM]	*marchandises périssables*	
période de pointe		**PERISHABLES**	[GEN]
PEDAL	[INTM]	*périssables (n.)*	
pédale		**PERMANENT WAY**	[FER]
PEDESTRIAN	[GEN]	*voie ferrée*	
piéton		**PERMISSION**	[GEN]
PEDESTRIAN-CONTROLLED TRACTOR	[MT]	*autorisation*	
tracteur à conducteur à pied		**PERMIT**	[GEN]
PEDESTRIAN CROSSING	[ROUT]	*autorisation (document)*	
passage piéton		*licence*	
PEDESTRIAN PRECINCT	[ROUT]	*permis*	
zone piétonne		**PERMIT (TO)**	[GEN]
PENALTY	[GEN]	*autoriser*	
pénalité		*permettre*	

PERMIT, EXPORT ~	[INTM]		**PHYSICAL DISTRIBUTION**	[LOG]
licence d'exportation			distribution physique	
PERPETUAL INVENTORY	[LOG]		**PHYSICAL FLOW**	[LOG]
inventaire perpétuel			flux physique	
PERSON, INJURED ~	[GEN]		**PHYTOPATHOLOGICAL CERTIFICATE**	[DN]
accidenté (n.)			certificat phytopathologique	
blessé (n.)			**PICK UP (TO)**	[INTM]
PERSON, LEGAL ~	[GEN]		collecter (ex. des marchandises)	
personne morale			ramasser (ex. des marchandises)	
PERSON IN CHARGE	[GEN]		**PICK UP PLATE**	[ROUT]
responsable (n.)			contre-sellette	
PERSONAL INJURIES	[ASS]		**PICKER**	[MT]
dommages corporels			préparateur de commandes	
PERSONNEL	[GEN]		**PICKING, ORDER ~**	[MT]
personnel (n.)			butinage	
PERSONNEL, FIELD ~	[GEN]		préparation de commandes	
opérationnels, les ~			**PICKING AREA**	[MT]
PERSONNEL, FLIGHT ~	[AER]		zone de préparation de commandes	
personnel navigant			**PICKING LIST**	[MT]
PERSONNEL, RAMP ~	[AER]		liste à servir	
personnel de piste			**PICKING SYSTEM,**	
PERSONNEL, SEA-GOING ~	[MAR]		**COMPUTER-AIDED ~ (CAPS)**	[LOG]
personnel navigant			système de préparation	
PERSONNEL, SEASONAL ~	[GEN]		de commandes informatisé (tda)	
personnel saisonnier			**PICKUP**	[INTM]
PERSONNEL, SUPERVISORY ~	[GEN]		collecte	
personnel d'encadrement			**PICKUP, TICKET ~**	[AER]
PETROL (BRIT.)	[ROUT]		retrait des billets	
essence			**PIECE OF BAGGAGE (US)**	[GEN]
PETROL, FOUR STAR ~ (BRIT.)	[ROUT]		bagage, un ~	
super (essence)			**PIECE OF CARGO**	[INTM]
PETROL, LEAD-FREE ~	[ROUT]		article transporté	
essence sans plomb			**PIECE OF LUGGAGE (BRIT.)**	[GEN]
PETROL, TWO STAR ~ (BRIT.)	[ROUT]		bagage, un ~	
ordinaire (essence)			**PIECEMEAL LOADING**	[INTM]
PETROL, UNLEADED ~	[ROUT]		chargement au coup par coup	
essence sans plomb			**PIER**	[INTM]
PETROLEUM	[GEN]		jetée (port, aérogare)	
pétrole			**PIER**	[MAR]
PHARMACEUTICAL PRODUCTS	[GEN]		appontement	
produits pharmaceutiques			débarcadère	
PHASE (TO)	[GEN]		embarcadère	
procéder par étapes			quai	
PHASE IN (TO)	[GEN]		**PIER TO HOUSE (PH)**	[INTM]
introduire progressivement			quai à domicile, de ~	
PHASE OUT (TO)	[GEN]		**PIER TO PIER (PP)**	[MAR]
éliminer progressivement			quai à quai, de ~	

PIGEON-HOLE	[GEN]	**PIPELINE**	[GEN]
casier		gazoduc	
PIGEON-HOLE RACKING	[LOG]	oléoduc	
stockage en casiers		**PIPELINE, CARRIAGE BY ~**	[GEN]
stockage nid d'abeilles		transport par conduite	
PIGGY-BACK (US)	[INTM]	**PISTON**	[INTM]
ferroutage		piston	
transport kangourou		**PISTON-RING**	[INTM]
PIGGY-BACK (TO)	[INTM]	segment de piston	
ferrouter		**PITCH (TO)**	[INTM]
PILE (TO)	[MT]	tanguer	
gerber		**PLACARD HOLDER**	[CONT]
PILE-PLANK	[FLV]	porte-étiquettes (sur conteneur)	
palplanche		**PLACE**	[GEN]
PILE-UP	[ROUT]	lieu	
carambolage		**PLACE, PALLET ~**	[LOG]
PILFERAGE	[ASS]	position palette	
chapardage		**PLACE AN ORDER (TO)**	[GEN]
coulage		passer une commande	
pillage		**PLACE OF DESPATCH**	[INTM]
PILOT	[INTM]	lieu d'expédition	
pilote		**PLAN, FLIGHT ~**	[AER]
PILOT, AUTOMATIC ~	[AER]	plan de vol	
pilote automatique		**PLAN, MASTER ~**	[GEN]
PILOT BOAT	[MAR]	plan directeur	
bateau-pilote		schéma directeur	
PILOT IN COMMAND	[AER]	**PLANE**	[AER]
commandant de bord		avion	
PILOT SCHEME	[GEN]	**PLANE, JET ~**	[AER]
projet pilote		avion à réaction	
PILOTAGE	[INTM]	**PLANE, TAXI ~**	[AER]
pilotage		avion taxi	
PILOTAGE DUES	[MAR]	**PLANE TO PLANE CONNECTION**	[AER]
frais de pilotage		correspondance bord à bord	
PILOTHOUSE	[MAR]	**PLANK**	[GEN]
timonerie		planche	
PIN, HINGE ~	[GEN]	**PLANKING**	[CONT]
axe de charnière		pièce intercalaire	
PIN, TOW ~	[ROUT]	**PLANNING**	[GEN]
goupille de dépannage		planification	
PINPOINT (TO)	[GEN]	programmation	
déterminer avec précision		**PLANNING, LOAD ~**	[AER]
PINTLE	[GEN]	ordonnancement	
gond		**PLANNING, MANUFACTURING**	
PINTLE HOOK	[ROUT]	**RESOURCES ~ (MRP II)**	[LOG]
crochet d'attelage		management des ressources de la production (tda)	

PLANNING,
MATERIAL REQUIREMENTS ~ (MRP) [LOG]
*méthode de calcul des besoins
en production (tda)*

PLANT [GEN]
*équipement (d'usine)
usine*

PLANT, FIXED ~ [LOG]
matériel fixe

PLASTIC FILM [MT]
film plastique

PLASTIC SHEETING [MT]
film plastique

PLATE [GEN]
plaque

PLATE, BASE ~ [GEN]
embase (ex. de palettier)

PLATE, BEARING ~ [GEN]
embase (ex. de palettier)

PLATE, DATA ~ [CONT]
plaque de marquage

PLATE, GOOSENECK ~ [CONT]
tôle col de cygne

PLATE, LICENSE ~ (US) [ROUT]
plaque minéralogique

PLATE, NUMBER ~ (BRIT.) [ROUT]
plaque minéralogique

PLATE, PICK UP ~ [ROUT]
contre-sellette

PLATE, THRESHOLD ~ [CONT]
tôle de seuil

PLATE, TIE ~ (US) [FER]
selle de rail

PLATE, TIR ~ [ROUT]
plaque Transit International Routier

PLATE, UPPER ~ [ROUT]
contre-sellette

PLATFORM [FER]
quai (de gare)

PLATFORM, CONSOLIDATION ~ [INTM]
plate-forme de groupage

PLATFORM, DECONSOLIDATION ~ [INTM]
*plate-forme d'éclatement
plate-forme de dégroupage*

PLATFORM, FLOATING ~ [MAR]
ponton

PLATFORM, LEVELLING ~ [ROUT]
pont de liaison

PLATFORM, LIFTING ~ [MT]
plate-forme élévatrice

PLATFORM, LOADING ~ [INTM]
quai de chargement

PLATFORM CONTAINER [CONT]
conteneur plate-forme

PLATFORM TRUCK [MT]
chariot porteur

**PLATFORM TRUCK
WITH END MEMBER(S)** [MT]
chariot à dosseret(s)

**PLATFORM TRUCK WITH SIDE
MEMBER(S)** [MT]
chariot à ridelle(s)

**PLATFORM TRUCK
WITH STEERING TILLER** [MT]
chariot à timon de manœuvre

PLATFORM WAGON [FER]
wagon plate-forme

PLIMSOLL LINE [MAR]
ligne de flottaison en charge

PLUG [GEN]
fiche (de courant)

PLUG, SPARK / SPARKING ~ [INTM]
bougie (d'allumage)

PLUG IN (TO) [GEN]
brancher

PLY (TO) [INTM]
faire la navette

PLYWOOD [GEN]
contreplaqué

PNEUMATIC [GEN]
pneumatique (adj.)

PNEUMATIC HOIST [MT]
palan pneumatique

PO WAGON [FER]
wagon P

POCKET, AIR ~ [AER]
trou d'air

POCKET, FORK LIFT ~ [MT]
passage de fourche

POCKET, STAKE ~ [INTM]
gaine de rancher

POINT, ANCHOR ~ [INTM]
point d'arrimage

POINT, BREAK-EVEN ~ (BEP) [LOG]
*point mort
seuil de rentabilité*

POINT, CONNECTING ~ [AER]

Transport – logistique
Lexique

POINT, CONNECTING ~	[AER]	POLICY, CARGO ~	[MAR]
point de correspondance		police sur facultés	
POINT, CONTACT ~	[ROUT]	POLICY, CONTRACTOR'S ALL RISKS ~	[ASS]
vis platinée		police tous risques chantier	
POINT, DEW ~	[GEN]	POLICY, FLOATER ~	[ASS]
point de condensation		police flottante	
POINT, FLASH ~	[GEN]	POLICY, FLOATING ~	[ASS]
point d'éclair		police à alimenter	
POINT, FORWARDING ~	[INTM]	police flottante	
point d'expédition		POLICY, HULL ~	[MAR]
POINT, HOOKING ~	[CONT]	police sur corps	
point d'accrochage		POLICY, INSURANCE ~	[ASS]
POINT, ORDER ~	[LOG]	police d'assurance	
seuil de réapprovisionnement		POLICY, INVENTORY ~	[LOG]
POINT, SECURING ~	[MT]	politique de stockage	
point de fixation		POLICY, MIXED ~	[MAR]
POINT LEVER	[FER]	police au temps et au voyage	
levier de commande à main		POLICY, OPEN ~	[ASS]
(sur un aiguillage)		police d'abonnement	
POINT LOCK	[FER]	police flottante	
verrou d'aiguille		POLICY, TO SURRENDER A ~	[ASS]
POINT MOTOR	[FER]	résilier une police	
moteur d'aiguille		POLICY, TIME ~	[MAR]
POINT OF SALE (POS)	[GEN]	police à temps	
point de vente (PDV)		police à terme	
POINTS (BRIT.)	[FER]	POLICY, VOYAGE ~	[MAR]
aiguilles		police au voyage	
POINTSMAN (BRIT.)	[FER]	POLICY HOLDER	[ASS]
aiguilleur		assuré, l' ~	
POISONOUS	[GEN]	POLICY-MAKER	[GEN]
toxique		décideur	
POLE TRAILER	[ROUT]	POLLUTANTS	[GEN]
semi-remorque à poutre télescopique		polluants (n.)	
POLICEMAN, SLEEPING ~	[ROUT]	POLLUTE (TO)	[GEN]
gendarme couché		polluer	
POLICY	[ASS]	POLLUTION	[GEN]
police		pollution	
POLICY	[GEN]	POOL (TO)	[GEN]
politique (une)		mettre en commun	
POLICY, ALL-IN ~	[ASS]	(ex. des informations, des ressources...)	
assurance tous risques		POOL, CAR ~	[ROUT]
POLICY, ALL-RISKS ~	[ASS]	covoiturage	
assurance tous risques		PORT	[INTM]
POLICY, BENEFICIARY OF A ~	[ASS]	babord	
bénéficiaire d'une police		port (site industriel)	
POLICY, BLANKET ~	[ASS]	PORT, TO CLEAR ~	[MAR]
police en bloc		quitter le port	

POWER, MOTIVE ~ [INTM]

PORT, DEEP WATER ~ [MAR]
port en eaux profondes

PORT, FREE ~ [MAR]
port franc

PORT, HOME ~ [MAR]
port d'attache

PORT, INLAND ~ [FLV]
port fluvial

PORT, OCEAN ~ [MAR]
port océanique

PORT, RIVERINE ~ [FLV]
port fluvial

PORT, SEA ~ [MAR]
port de mer

PORT, TRADING ~ [MAR]
port de commerce

PORT AUTHORITIES [MAR]
autorités portuaires

PORT BILLING [MAR]
droits de port

PORT CHARGES [MAR]
frais portuaires

PORT COSTS [MAR]
frais portuaires

PORT DUES [MAR]
droits de port

PORT OF CALL [MAR]
port d'escale

PORT OF DESTINATION [MAR]
port de destination

PORT OF ENTRY [MAR]
port douanier

PORT OF REGISTRY [MAR]
port d'attache

PORT OF SAILING [MAR]
port de départ

PORTABLE [GEN]
portable

**PORTABLE BELT CONVEYOR
(GRASSHOPPER)** [MT]
*transporteur à courroie, mobile
(sauterelle)*

PORTAGE [INTM]
port (transport)
portage

PORTERAGE [INTM]
factage

PORTERAGE DUES [MAR]
droits de main-d'œuvre

PORTHOLE [MAR]
hublot

POSITION (TO) [GEN]
mettre en place

POSITION, STOCK ~ [LOG]
état du stock

POSITIONING [AER]
mise en place des équipages

POSITIONING [CONT]
*positionnement (acheminement
du conteneur vide pour empotage)*

POSITIONING, NOSE IN ~ [AER]
positionnement avant

POSITIONING, NOSE OUT ~ [AER]
positionnement arrière

POSITIONING, PARALLEL ~ [AER]
positionnement parallèle

POSSIBILITY [GEN]
éventualité

POST [GEN]
montant (n.)
poteau

POST, CORNER ~ [CONT]
montant d'angle

POST, MOORING ~ [MAR]
duc d'albe

POST, SIDE ~ [CONT]
raidisseur de paroi

POST-CARRIAGE [INTM]
post-acheminement

POSTPONE (TO) [GEN]
différer
remettre (à plus tard)

POSTPONEMENT [LOG]
gestion logistique retardée

POTHOLE [ROUT]
nid de poule

POUND (lb) [GEN]
livre (0,453 kg)

POUND [ROUT]
fourrière

POWDERED CHEMICALS [GEN]
produits chimiques pulvérulents

POWER, MOTIVE ~ [INTM]
énergie motrice

POWER CAR (US) *motrice (n.)*	[FER]	PREMISES, FREE TO CUSTOMER'S ~ *franco domicile*	[INTM]
POWER-DRIVEN *motorisé*	[GEN]	PREMIUM *prime*	[ASS]
POWER-DRIVEN PALLET TRUCK *transpalette automotrice*	[MT]	PREMIUM (US) *super (essence)*	[ROUT]
POWER-OPERATED *motorisé*	[GEN]	PREMIUM, ADDITIONAL ~ *surprime*	[ASS]
POWER-OPERATED LIFT *élévation motorisée*	[MT]	PREMIUM, TO ASSESS A ~ *calculer une prime*	[ASS]
POWER-OPERATED TRUCK *chariot automoteur*	[MT]	PREMIUM, INSURANCE ~ *prime d'assurance*	[ASS]
POWER STATION *centrale électrique*	[GEN]	PREMIUM, LOADED ~ *malus*	[ASS]
POWER STEERING *direction assistée*	[ROUT]	PREPACKAGED *pré-conditionné*	[MT]
POWER UNIT, AUXILIARY ~ (APU) *groupe auxiliaire de bord*	[AER]	PREPACKED *pré-emballé*	[MT]
POWER UNIT, GROUND ~ (GPU) *groupe électrogène de parc*	[AER]	PREPAID *franco (de port)*	[INTM]
POWERED AXLE *essieu moteur* *pont moteur*	[ROUT]	PREPAID, CHARGES ~ (CH.PPD) *franco de tous frais*	[INTM]
POWERED BELT CONVEYOR *convoyeur à bande mécanisé*	[MT]	PREPAID FREIGHT *port payé*	[INTM]
POWERED SLEWING *rotation motorisée, à ~*	[MT]	PREPARATION, ORDER ~ *préparation de commandes*	[MT]
POWERPLANT *groupe moteur*	[INTM]	PRESSURE *pression*	[GEN]
PRE-CARRIAGE *pré-acheminement*	[INTM]	PRESSURE, AIR ~ *pression atmosphérique*	[GEN]
PRECINCT *enceinte (n.)*	[GEN]	PRESSURE, TYRE ~ *pression des pneus*	[INTM]
PRECINCT, PEDESTRIAN ~ *zone piétonne*	[ROUT]	PRESSURE DISCHARGE *déchargement pulsé*	[INTM]
PRECISE *précis*	[GEN]	PRESSURE GAUGE *manomètre*	[INTM]
PRECISION *précision*	[GEN]	PRESSURIZATION *pressurisation*	[GEN]
PREDICTION, RELIABILITY ~ *fiabilité prévisionnelle*	[LS]	PRESSURIZED *pressurisé*	[GEN]
PREFERENCE, CARGO~ *préférence de pavillon*	[MAR]	PRESSURIZED CONTAINER *conteneur pressurisé*	[CONT]
PREFERENTIAL RATE *taux préférentiel*	[GEN]	PREVENT (TO) *empêcher*	[GEN]
PREMISES *locaux (n.)*	[GEN]	PREVENTION, CORROSION ~ *protection contre la corrosion*	[GEN]

Transport – logistique
Lexique

PROCUREMENT (US) [GEN]

PREVENTION, LOSS ~	[MAR]
prévention	
PREVENTIVE MAINTENANCE	[LS]
maintenance préventive	
PRICE	[GEN]
prix	
PRICE (TO)	[GEN]
fixer un prix	
PRICE, COST ~	[GEN]
prix de revient	
PRICE, DUTY PAID ~	[DN]
prix dédouané	
PRICE, GROSS ~	[GEN]
prix brut	
PRICE, INCLUSIVE ~	[GEN]
prix global	
PRICE, NET ~	[GEN]
prix net	
PRICE FREE BORDER	[INTM]
franco frontière	
PRICE LIST	[GEN]
tarif	
PRICE-QUALITY RATIO	[GEN]
rapport qualité-prix	
PRICES, IN BOND ~	[INTM]
prix sous douane	
PRICING	[INTM]
tarification	
PRIME CONTRACTOR	[GEN]
maître d'ouvrage	
PRINCIPAL (n.)	[GEN]
commettant (n.)	
donneur d'ordre	
mandant (n.)	
PRINTED-CIRCUIT	[GEN]
circuit imprimé	
PRINTER	[GEN]
imprimante	
PRINTOUT	[GEN]
listage	
listing	
PRIOR TO (DEPARTURE)	[INTM]
avant (le départ)	
PRIORITY	[GEN]
priorité	
PRIVATE	[GEN]
privé	

PRIVATE CAR	[ROUT]
voiture particulière	
PRIVATE CARRIER	[ROUT]
transporteur pour compte propre	
PRIVATE LIMITED COMPANY	[GEN]
société anonyme	
à responsabilité limitée (S.A.R.L.)	
PRIVATE SIDING	[FER]
embranchement particulier	
(obsolète)	
installation terminale embranchée	
(I.T.E.)	
PRIVATE WAGON	[FER]
wagon privé	
PRIVATELY OWNED	[GEN]
privé (ex. entreprise)	
PRIVATELY OWNED WAGON (PO)	[FER]
wagon de particulier	
wagon privé (P)	
PRIVATELY RUN	[GEN]
privé (ex. entreprise)	
PRO-FORMA INVOICE	[GEN]
facture pro-forma	
PROCEDURE	[GEN]
démarche (processus à suivre)	
procédure	
PROCEDURE, CUSTOMS ~	[DN]
régime douanier	
PROCESS (TO)	[GEN]
traiter	
transformer (ex. des produits)	
PROCESS, LOGISTIC ~	[LS]
processus logistique	
PROCESS, SEQUENTIAL ~	[LS]
processus séquentiel	
PROCESSING, INWARD ~	[DN]
perfectionnement actif	
PROCESSING, ORDER ~	[LOG]
traitement de commandes	
PROCESSING, OUTWARD ~	[DN]
perfectionnement passif	
PROCESSING, WORD ~	[GEN]
traitement de texte	
PROCESSING SYSTEM,	
TOTAL OPERATIONS ~ (TOPS)	[FER]
système de gestion informatisé	
PROCUREMENT (US)	[GEN]
acquisition	

© Éditions d'Organisation

P — PROCUREMENT DEPARTMENT [GEN]

PROCUREMENT DEPARTMENT [GEN]	
service des achats	
PRODUCE [GEN]	
produits agricoles	
PRODUCE (TO) [GEN]	
produire	
PRODUCT [GEN]	
produit (industriel)	
PRODUCT, CHEMICAL ~ [GEN]	
produit chimique	
PRODUCT, FINISHED ~ [GEN]	
produit fini	
PRODUCT, MANUFACTURED ~ [GEN]	
produit fini	
PRODUCT, SEMI-MANUFACTURED ~ [GEN]	
produit semi-fini	
PRODUCT DATA EXCHANGE [LS]	
échange de données produit (tda)	
PRODUCT LINE [GEN]	
ligne de produits	
PRODUCT-TO-MARKET TIME [LOG]	
délai entre conception et commercialisation (tda)	
PRODUCTION [GEN]	
production	
PRODUCTION CONTROL, COMPUTER-AIDED ~ [LOG]	
gestion de production assistée par ordinateur (GPAO)	
PRODUCTION CONTROL DEPARTMENT [LOG]	
service ordonnancement	
PRODUCTION LOGISTICS [LOG]	
logistique de production	
PRODUCTION MANAGEMENT [LOG]	
gestion de production	
PRODUCTIVITY [GEN]	
productivité	
rendement	
PRODUCTS, FARM ~ (US) [GEN]	
produits agricoles	
PRODUCTS, PHARMACEUTICAL ~ [GEN]	
produits pharmaceutiques	
PROFESSIONAL LIABILITY [ASS]	
responsabilité professionnelle	
PROFESSIONAL LIABILITY INSURANCE [ASS]	
assurance responsabilité professionnelle	

PROFILE, OUT OF ~ [INTM]	
hors gabarit (ex. colis)	
PROFIT [GEN]	
bénéfice	
PROFITABILITY [GEN]	
rentabilité	
PROFITABLE [GEN]	
rentable	
PROGRAM (US) [GEN]	
programme	
PROGRAMME [GEN]	
programme	
PROGRAMME EVALUATION AND REVIEW TECHNIQUES (PERT) [LOG]	
méthode PERT	
techniques d'évaluation et de révision des programmes	
PROGRAMME MANAGER [LOG]	
directeur de programme	
PROHIBIT (TO) [GEN]	
interdire	
PROHIBITION [GEN]	
interdiction	
prohibition	
PROJECT, DRAFT ~ [LOG]	
avant-projet	
PROJECT MANAGEMENT [LOG]	
conduite de projet	
management de projet	
PROJECT MANAGER [GEN]	
chef de projet	
maître d'œuvre	
PROMISSORY NOTE (P/N) [GEN]	
billet à ordre	
PRONG [MT]	
dent de fourche	
PROOF [GEN]	
preuve	
PROOF OF ACCEPTANCE [INTM]	
reçu (n.)	
PROOF OF DELIVERY (POD) [INTM]	
preuve de livraison	
PROOF OF RECEIPT [INTM]	
accusé de réception	
PROP [AER]	
hélice	
PROPEL (TO) [GEN]	
propulser	

PROPELLER	[INTM]
hélice	
PROPELLER SHAFT	[MAR]
arbre d'hélice	
PROPULSION	[GEN]
propulsion	
PROTECTION WAGON	[FER]
wagon-tampon (de protection)	
PROTECTIVE COATING	[GEN]
revêtement protecteur	
PROVIDE (TO)	[GEN]
fournir	
PROVIDER, SERVICE ~	[GEN]
prestataire de service	
PROVISION	[GEN]
approvisionnement	
disposition (d'une loi)	
PROVISION (TO)	[GEN]
approvisionner	
PROVISION FOR, TO MAKE ~	[GEN]
pourvoir à	
PROVISION OF A SERVICE	[GEN]
prestation de service	
PROVISIONING	[AER]
armement	
PROVISIONING	[GEN]
approvisionnement	
PROVISIONS	[GEN]
vivres	
PROW	[MAR]
proue	
PUBLIC	[GEN]
public	
PUBLIC HAULAGE	[ROUT]
transport privé	
(pour compte d'autrui)	
PUBLIC HEALTH	[GEN]
salubrité publique	
PUBLIC LIMITED COMPANY	
(PLC / plc)	[GEN]
société anonyme (S.A.)	
PUBLIC TRANSPORT	[INTM]
transports en commun	
PUBLICLY-OWNED	[GEN]
nationalisé	
PULL (TO)	[GEN]
tirer	

PULL, DRAWBAR ~	[ROUT]
force de tractage	
PULL IN (TO)	[FER]
entrer en gare	
PULL OUT (TO)	[FER]
démarrer (train)	
PULL OUT (TO)	[ROUT]
déboîter	
PULL ROD	[FER]
tringle de commande	
(sur un aiguillage)	
PULLEY	[MT]
poulie	
PULLEY BLOCK	[MT]
moufle	
PULLEY BLOCK, HAND-OPERATED ~	[MT]
palan à bras	
PULLMAN CAR	[FER]
wagon-lit	
PULP, WOOD ~	[GEN]
pâte à papier	
PULVERULENT (adj.)	[GEN]
pulvérulent	
PUMP	[GEN]
pompe	
PUMP, INJECTION ~	[ROUT]
pompe d'injection	
PUNCH (TO)	[INTM]
composter	
PUNCTURE	[INTM]
crevaison	
PUP TRAILER	[ROUT]
remorque valise	
(dernier véhicule d'un train double)	
PURCHASE (TO)	[GEN]
acheter	
PURCHASE ORDER	[GEN]
ordre d'achat	
PURE CAR / TRUCK CARRIER (PCTC)	[MAR]
navire pour transport de voitures et camions neufs	
PURE CAR CARRIER (PCC)	[MAR]
navire pour transport de voitures neuves	
PURPOSE-BUILT	[GEN]
construit spécialement	
PURSER	[AER]
chef de cabine	

PURSER [MAR]
commissaire de bord

PUSH (TO) [GEN]
pousser

PUSH BACK (TO) [AER]
refouler (faire reculer l'appareil)

PUSH-BACK VEHICLE [AER]
pousseur d'avions

PUSH-BUTTON [MT]
commande automatique, à ~

PUSHED CONVOY [FLV]
convoi poussé

PUSHER [FLV]
pousseur

PUSHER AXLE [ROUT]
essieu médian

PUT AWAY [LOG]
mise en stock

PUT INTO A GEAR (TO) [ROUT]
passer une vitesse

PYLON, ENGINE ~ [AER]
pylône du moteur

QUALITY, FAIR AVERAGE ~	[INTM]	**QUAY**	[MAR]
qualité courante		*appontement*	
QUALITY, TOTAL ~	[LOG]	*quai*	
qualité totale		**QUAY**	[ROUT]
QUALITY ASSURANCE	[LOG]	*quai (de chargement)*	
assurance qualité		**QUAY DUES**	[MAR]
QUALITY CIRCLE	[LOG]	*droits de quai*	
cercle de qualité		**QUAY RENT**	[MAR]
QUALITY CONTROL	[LOG]	*droits de quai*	
assurance qualité		**QUAY TO QUAY**	[MAR]
contrôle qualité		*quai à quai, de ~*	
QUALITY FUNCTION		**QUAYAGE**	[MAR]
DEPLOYMENT (QFD)	[LS]	*droits de bassin*	
mise en œuvre		*droits de quai*	
de la fonction qualité (tda)		**QUAYSIDE**	[MAR]
QUANTITATIVE ANALYSIS METHODS	[LOG]	*bord du quai*	
méthodes d'analyse quantitative		**QUERY**	[GEN]
QUANTITY, ECONOMIC ORDER ~		*demande (de renseignements)*	
(EOQ)	[LOG]	**QUERY A COMPUTER (TO)**	[GEN]
quantité économique		*interroger un ordinateur*	
d'approvisionnement		**QUICK-CHANGE AIRCRAFT**	[AER]
QUARANTINE	[GEN]	*avion convertible*	
quarantaine		**QUICK-FROZEN**	[GEN]
QUARTER	[GEN]	*surgelé*	
trimestre		**QUOTA**	[GEN]
QUARTER	[MAR]	*contingentement*	
quart de brasse (457 mm)		*quota*	
QUARTERLY	[GEN]	**QUOTA, AMOUNT OF THE ~**	[DN]
trimestriel		*montant contingentaire*	

QUOTA, NON-INSURED ~ [ASS]
découvert

QUOTATION [GEN]
cotation
prix
tarif

QUOTE (TO) [GEN]
coter
fixer un prix

RACK	[LOG]	**RADAR COVER**	[INTM]
palettier		*couverture radar*	
RACK, CLOTHES ~	[GEN]	**RADAR ECHO**	[INTM]
portant de vêtements		*écho radar*	
RACK, GRAVITY FLOW ~	[LOG]	**RADAR SCAN**	[INTM]
transcasier		*balayage radar*	
RACK, LUGGAGE ~	[FER]	**RADAR SCANNER**	[INTM]
porte-bagages		*antenne de radar*	
RACK, STORAGE ~ (S/R)	[LOG]	**RADAR SCOPE**	[INTM]
rayonnage de stockage		*écran radar*	
RACK CABINET	[LOG]	**RADIAL TYRE**	[ROUT]
coffre à tiroirs		*pneu à carcasse radiale*	
RACK RAILWAY	[FER]	**RADIO CHANNEL**	[INTM]
chemin de fer à crémaillère		*canal radio*	
RACK TRUCK	[MT]	**RADIO DATA TERMINAL (RDT)**	[ROUT]
chariot à glissière		*terminal radio embarqué*	
RACKING, PIGEON-HOLE ~	[LOG]	**RADIO MESSAGE SERVICE**	[INTM]
stockage nids d'abeilles		*radiomessagerie*	
RACKING, SINGLE-DEPTH ~	[LOG]	**RADIO REMOTE CONTROL**	[GEN]
stockage latéral		*radiocommande*	
RADAR	[INTM]	**RADIOACTIVE MATERIAL**	[GEN]
radar		*matière radioactive*	
RADAR,		**RADIOALTIMETER**	[AER]
SECONDARY SURVEILLANCE ~ (SSR)	[AER]	*radioaltimètre*	
surveillance radar secondaire (tda)		**RADOME**	[INTM]
RADAR, TO TRACK BY ~	[INTM]	*radôme (carter d'antenne de radar)*	
suivre au radar		**RAFT, LIFE ~**	[INTM]
RADAR, WEATHER ~	[AER]	*radeau de sauvetage*	
radar météorologique			

RAIL [CONT]

Transport – logistique
Lexique

RAIL *longeron*	[CONT]
RAIL *rail*	[FER]
RAIL *bastingage*	[MAR]
RAIL, BOTTOM ~ *longeron inférieur*	[CONT]
RAIL, BOTTOM SIDE ~ *longeron inférieur latéral*	[CONT]
RAIL, CROSS ~ *traverse d'extrémité supérieure*	[CONT]
RAIL, DOUBLE ~ *birail*	[GEN]
RAIL, FRAME ~ *longeron*	[ROUT]
RAIL, GROOVED ~ *rail à ornière*	[CONT]
RAIL, GUIDE ~ *contre-rail*	[FER]
RAIL, LIVE ~ *rail sous tension*	[FER]
RAIL, SHIP'S ~ *bastingage*	[MAR]
RAIL, TOP ~ *longeron supérieur*	[CONT]
RAIL, TOP SIDE ~ *longeron supérieur latéral*	[CONT]
RAIL, WELDED ~ *rail soudé*	[FER]
RAIL / RAILWAY TRANSPORT *transport ferroviaire*	[FER]
RAIL ANCHOR *anticheminant*	[FER]
RAIL AXIS *axe de traverse*	[CONT]
RAIL CARD *carte d'abonnement*	[FER]
RAIL CONSIGNMENT NOTE *lettre de voiture ferroviaire (C.I.M.)*	[FER]
RAIL FREIGHTWAY *corridor*	[FER]
RAIL LINK, DEDICATED ~ *liaison ferroviaire propre (ex. pour un aéroport)*	[FER]
RAIL-MOUNTED *rails, sur ~*	[MT]
RAIL MOUNTED CRANE *grue montée sur rails*	[MT]
RAIL REGULATOR (BRIT.) *régulateur (Brit.)*	[FER]
RAIL-ROAD TRANSPORT (BRIT.) *ferroutage* *transport kangourou*	[INTM]
RAIL TRANSPORT OF TRAILERS *système FERCAM (FERCAM)*	[INTM]
RAIL USERS' CONSULTATIVE COMMITTEE (BRIT.) *comité consultatif des usagers du rail (tda)*	[FER]
RAIL WAYBILL *lettre de voiture ferroviaire (C.I.M.)*	[FER]
RAILCAR *autorail*	[FER]
RAILHEAD *terminal ferroviaire*	[FER]
RAILROAD (US) *chemin de fer*	[FER]
RAILROAD, INTRAPLANT ~ (US) *réseau ferroviaire interne (à l'entreprise)*	[FER]
RAILROAD TRANSPORT (US) *transport ferroviaire*	[FER]
RAILTRACK *gestionnaire de l'infrastructure ferroviaire britannique (jusqu'en 2002)*	[FER]
RAILWAY (BRIT.) *chemin de fer*	[FER]
RAILWAY GANTRY *portique ferroviaire*	[MT]
RAILWAY UNDERTAKING *entreprise ferroviaire*	[FER]
RAIN *pluie*	[GEN]
RAISABLE DRAWBAR *timon relevable*	[ROUT]
RAISABLE DRIVER'S STATION TRUCK *chariot à poste de conduite élevable*	[MT]
RAISED FRONT AXLE *essieu avant surélevé*	[ROUT]
RAISED STORAGE *stockage en mezzanine*	[LOG]
RAMJET *statoréacteur*	[AER]

RAMP [AER]
piste de stationnement
RAMP [FER]
crocodile
RAMP [GEN]
rampe
RAMP, ADJUSTABLE ~ [MT]
rampe ajustable
RAMP, END-LOADING ~ [ROUT]
quai en bout
RAMP, HYDRAULIC ~ [MT]
pont élévateur
RAMP, LOADING ~ [AER]
aire de chargement
RAMP, LOADING ~ [INTM]
quai de chargement
RAMP, ON ~ [ROUT]
bretelle d'accès
RAMP AGENT [AER]
agent de piste
RAMP HANDLER [AER]
manutentionnaire de piste
RAMP PERSONNEL [AER]
personnel de piste
RAMP TRANSHIPMENT [AER]
bord à bord
RAMP TRANSHIPMENT AGENT [AER]
agent bord à bord
RANDOM [GEN]
aléatoire
RANDOM CHECK [GEN]
contrôle par sondage
RANDOM STORAGE [LOG]
stockage aléatoire
stockage banalisé
RANGE [GEN]
distance
gamme (de produits)
rayon d'action
RANGE, RUNWAY VISUAL ~ (RVR) [AER]
portée visuelle de piste (PVP)
RANGE FROM X % TO Y % (TO) [GEN]
aller de x % à y %
**RAPID ACQUISITION
AND MANUFACTURING (RAM)** [LS]
*processus d'acquisition
et de fabrication rapides (tda)*

RAPID TRANSIT SYSTEM [FER]
*système de transport rapide
(sur rail)*
RATE [GEN]
tarif
taux
RATE [LOG]
débit
RATE, TO APPLY A ~ [GEN]
appliquer un taux
RATE, BASIC ~ [GEN]
tarif de référence
RATE, CLASS ~ [INTM]
classe tarifaire
RATE, CONFERENCE ~ [MAR]
taux de la conférence
RATE, FAILURE ~ [LS]
taux de défaillance
taux de dysfonctionnement
RATE, FILLING ~ [INTM]
taux de remplissage
RATE, FLAT ~ [GEN]
forfait
tarif forfaitaire
RATE, FREIGHT ~ [INTM]
tarif marchandises
RATE, FREIGHT ALL KINDS ~ (FAK) [MAR]
taux forfaitaire maritime
RATE, GENERAL CARGO ~ (GCR) [AER]
tarif général
RATE, INSURANCE ~ [ASS]
tarif d'assurance
RATE, LUMP SUM ~ [GEN]
tarif forfaitaire
RATE, PREFERENTIAL ~ [GEN]
taux préférentiel
RATE, REDUCED ~ [INTM]
tarif réduit
RATE, SPECIAL COMMODITY ~ (SCR) [AER]
tarif spécial (fret)
RATE, THROUGH ~ [INTM]
tarif de bout en bout
tarif direct
tarif forfaitaire
RATE, TURNOVER ~ [LOG]
taux de rotation (ex. des stocks)
RATE, UNIFORM ~ [GEN]
tarif forfaitaire

RATE, ZERO ~	[GEN]	**REAR WINDOW**	[ROUT]
taux nul		lunette arrière	
RATE OF EXCHANGE	[GEN]	**REBATE**	[GEN]
taux de change		réduction	
RATED CAPACITY	[INTM]	ristourne	
charge nominale		**RECEIPT**	[GEN]
RATIO	[GEN]	quittance	
rapport (quotient)		récépissé	
ratio		reçu (n.)	
RATIO, PRICE-QUALITY ~	[GEN]	**RECEIPT, CONSIGNEE'S ~**	[INTM]
rapport qualité-prix		récépissé au destinataire	
RAW MATERIAL	[GEN]	**RECEIPT, CONSIGNOR'S ~**	[INTM]
matière première		récépissé à l'expéditeur	
RE-ROUTE (TO)	[INTM]	**RECEIPT,**	
modifier un itinéraire		**EQUIPMENT INTERCHANGE ~ (EIR)**	[CONT]
réacheminer		lettre d'interchange	
REACH	[FLV]	**RECEIPT, MATE'S ~ (M / R)**	[MAR]
bief		billet de bord	
REACH	[MT]	bon de chargement	
portée (d'un engin de manutention)		reçu de bord	
REACH STACKER	[MT]	**RECEIPT, PROOF OF ~**	[INTM]
chariot gerbeur (à allonge)		accusé de réception	
REACH TRUCK, RETRACTABLE FORK ~	[MT]	**RECEIPT, WAREHOUSE ~**	[INTM]
chariot à fourche rétractable		récépissé d'entrepôt	
REACH TRUCK, RETRACTABLE MAST ~	[MT]	**RECEIPT, WHARFINGER'S ~**	[MAR]
chariot à mât rétractable		bon de quai	
READER, BAR CODE ~ (BCR)	[LOG]	**RECEIVE (TO)**	[GEN]
lecteur de code à barres		recevoir	
READINESS	[LOG]	**RECEIVED FOR SHIPMENT BILL OF LADING**	[MAR]
disponibilité		connaissement reçu	
READY	[GEN]	pour embarquement	
prêt (adj.)		**RECEIVING YARD**	[FER]
READY AVAILABILITY	[LOG]	faisceau de réception	
disponibilité totale (tda)		**RECEPTION**	[GEN]
REAL-TIME	[GEN]	accueil	
temps réel		**RECEPTION**	[LOG]
REAR	[GEN]	réception (ex. des marchandises)	
arrière		**RECEPTIONIST**	[GEN]
REAR FOIL	[MAR]	hôtesse d'accueil	
aile arrière (sur hydroptère)		**RECEPTIONIST, FLIGHT ~**	[AER]
REAR SILL	[CONT]	agent d'accueil	
traverse inférieure arrière		**RECEPTIONIST, GROUND ~**	[AER]
REAR VIEW MIRROR	[ROUT]	agent d'accueil	
rétroviseur		**RECLAIM, BAGGAGE ~**	[AER]
REAR-WHEEL DRIVE	[ROUT]	livraison des bagages	
propulsion		**RECLINING**	[GEN]
		inclinable	

RECOGNITION, OPTICAL CHARACTER ~ (OCR) [LOG]
lecture optique des caractères

RECOMMENDED SPARE PARTS LIST (RSPL) [LS]
liste des pièces de rechange recommandées

RECORD (TO) [GEN]
enregistrer

RECORD, CLEAN ~ [GEN]
casier judiciaire vierge

RECORD, LOGISTIC SUPPORT ANALYSIS ~ (LSAR) [LS]
enregistrement de l'analyse du soutien logistique

RECORDER, TEMPERATURE ~ [GEN]
enregistreur de température

RECORDS [GEN]
archives

RECOURSE [GEN]
recours

RECOVERABLE ITEM [LS]
article récupérable

RECOVERY [ASS]
recours

RED CHANNEL [DN]
circuit rouge

RED CLAUSE [GEN]
clause spéciale (permet d'avancer les fonds au bénéficiaire d'un CREDOC)

RED LIGHT, TO GO THROUGH A ~ [ROUT]
brûler un feu rouge

RED MARKER LIGHTS [ROUT]
feux de gabarit rouges

RED ROUTE [ROUT]
axe rouge

RED TAPE [GEN]
paperasserie

REDIRECT (TO) [INTM]
faire suivre

REDUCE (TO) [GEN]
réduire

REDUCED RATE [INTM]
tarif réduit

REDUCTION [GEN]
réduction

REDUNDANT [GEN]
redondant

REEFER CONTAINER [CONT]
conteneur frigorifique

REEFER SHIP [MAR]
navire frigorifique

REEFER WAGON [FER]
wagon frigorifique

REEL [MT]
bobine
dévidoir
touret

REEL CARRIER TRAILER [ROUT]
remorque porte tourets

REFINED OIL [GEN]
pétrole raffiné

REFINERY [GEN]
raffinerie

REFORWARD (TO) [INTM]
ré-expédier

REFORWARDING [INTM]
réexpédition

REFRIGERATE (TO) [GEN]
réfrigérer

REFRIGERATED CONTAINER [CONT]
conteneur réfrigérant

REFRIGERATED STORAGE [LOG]
stockage réfrigéré

REFRIGERATED VAN [FER]
wagon frigorifique

REFRIGERATED WAGON [FER]
wagon frigorifique

REFRIGERATING UNIT [GEN]
groupe froid
groupe frigorifique

REFRIGERATION UNIT, CLIP-ON ~ [CONT]
groupe frigorifique amovible

REFRIGERATOR ROOM [AER]
chambre froide

REFRIGERATOR SHIP [MAR]
navire frigorifique

REFUEL (TO) [INTM]
ravitailler en carburant

REFUELLING [INTM]
ravitaillement en carburant

REFUELLING STOP [AER]
escale technique

REFUND	[GEN]
remboursement	
ristourne	
REFUND (TO)	[GEN]
rembourser	
REFURBISH (TO)	[GEN]
rénover	
REGISTER / REGISTERED TONNAGE	[MAR]
jauge de douane	
jauge de registre	
jauge officielle	
tonnage de jauge	
tonnage net	
REGISTER OF SHIPPING, LLOYD'S ~	[MAR]
registre de la Lloyd	
REGISTER TON	[MAR]
tonneau d'affrètement	
tonneau de jauge internationale	
(2,831 m3)	
tonneau de registre	
REGISTERED CONTAINER	[CONT]
conteneur agréé	
REGISTERED LETTER	[GEN]
lettre recommandée	
REGISTRATION	[GEN]
enregistrement	
REGISTRATION	[GEN]
inscription	
REGISTRATION	[INTM]
immatriculation	
REGISTRATION BOOK	[ROUT]
carte grise	
REGISTRATION DOCUMENT	[ROUT]
carte grise	
REGISTRATION NUMBER	[ROUT]
numéro minéralogique	
REGISTRY, CERTIFICATE OF ~	[INTM]
acte de nationalité	
REGISTRY, PORT OF ~	[MAR]
port d'attache	
REGULAR (US)	[ROUT]
ordinaire (essence)	
REGULATION	[GEN]
réglementation	
REGULATIONS, BODY OF ~	[GEN]
corpus réglementaire	
REGULATIONS, CUSTOMS ~	[DN]
réglementation douanière	

REGULATIONS, LIVE ANIMALS ~ (LAR)	[AER]
réglementation pour le transport	
d'animaux vivants	
REGULATORY BODY	[GEN]
organisme régulateur	
REINSURANCE	[ASS]
réassurance	
REINSURE (TO)	[ASS]
réassurer	
REINSURER	[ASS]
réassureur	
REJECT	[LS]
rebut	
RELATED TO	[GEN]
relatif à	
RELAY	[GEN]
relai	
RELEASE, FREIGHT ~	[INTM]
reçu de paiement du fret	
RELEVANT	[GEN]
pertinent	
significatif	
RELIABILITY	[LOG]
fiabilité	
RELIABILITY AND MAINTAINABILITY (R&M)	[LS]
fiabilité et maintenabilité	
RELIABILITY, AVAILABILITY, MAINTAINABILITY (RAM)	[LS]
fiabilité, maintenabilité, disponibilité (FMD)	
RELIABILITY, AVAILABILITY, MAINTAINABILITY, SAFETY (RAMS)	[LS]
fiabilité, maintenabilité, disponibilité, sécurité (FMDS)	
RELIABILITY-CENTERED MAINTENANCE (RCM)	[LS]
maintenance centrée sur la fiabilité	
RELIABILITY PREDICTION	[LS]
fiabilité prévisionnelle	
RELIABLE	[GEN]
fiable	
RELIEF AIRPORT	[AER]
aéroport de délestage	
RELIEF CREW	[INTM]
équipage de relève	
RELIEF ROUTE	[INTM]
itinéraire de délestage	

REMAIN (TO)	[GEN]	**REPACK (TO)**	[MT]
rester		*réemballer*	
REMAINS, HUMAN ~	[INTM]	**REPACKAGING**	[MT]
dépouille mortelle		*reconditionnement*	
REMOTE	[GEN]	**REPAIR**	[GEN]
à distance		*réparation*	
REMOTE CONTROL	[GEN]	**REPAIR (TO)**	[GEN]
télé-commande		*réparer*	
REMOTE CONTROL, RADIO ~	[GEN]	**REPAIR, UNDER ~**	[GEN]
radiocommande		*réparation, en ~*	
REMOULD	[ROUT]	**REPAIRABLE, FULLY ~**	[LS]
pneu rechappé		*entièrement réparable*	
REMOVABLE	[GEN]	**REPAIRABLE, PARTIALLY ~**	[LS]
démontable		*partiellement réparable*	
REMOVAL	[INTM]	**REPAIRABLE ITEM**	[LS]
déménagement		*article réparable*	
REMOVAL CONTRACTOR	[INTM]	**REPLACE (TO)**	[GEN]
déménageur		*remplacer*	
REMOVAL OF WRECK	[MAR]	**REPLACEMENT**	[GEN]
retirement		*remplacement*	
REMOVE (TO)	[GEN]	**REPLENISH (TO)**	[LOG]
enlever (ôter)		*réapprovisionner*	
REMOVER, FURNITURE ~	[INTM]	*réassortir*	
déménageur		**REPLENISHMENT**	[LOG]
RENT	[CONT]	*réapprovisionnement*	
déchirure (sur un conteneur, une bâche...)		*réassortiment*	
		REPORT	[GEN]
RENT	[GEN]	*rapport*	
loyer		**REPORT (TO)**	[GEN]
RENT (TO)	[GEN]	*faire un rapport*	
louer		*présenter, se ~ (pour rendre compte)*	
RENT, BARGE ~	[FLV]	*signaler*	
location de chaland		**REPORT, ACCIDENT ~**	[ASS]
RENT, QUAY ~	[MAR]	*constat*	
droits de quai		**REPORT,**	
RENTAL	[GEN]	**EQUIPMENT DAMAGE ~ (EDR)**	[CONT]
location		*rapport d'avarie (sur le conteneur)*	
loyer		**REPORT, EXPERT'S ~**	[ASS]
RENTAL, TRUCK ~	[ROUT]	*expertise*	
location de véhicules industriels		*rapport d'expert*	
RENTAL CAR	[ROUT]	**REPORT, FACTUAL ~**	[ASS]
voiture de location		*procès-verbal d'avarie*	
REORDER LEVEL	[LOG]	**REPORT, SURVEY ~**	[ASS]
niveau d'alerte		*rapport d'expertise*	
niveau de référence		**REPORT, SURVEY ~**	[MAR]
REP (FAM.)	[GEN]	*constat d'avarie*	
représentant (de commerce)		**REPORT, TRAIN CONSIST ~**	[FER]
		feuille de composition (du train)	

REPORT, WEATHER ~ [GEN]
bulletin météorologique

REPORTING TIME [AER]
heure de présentation

REPOSITIONING [AER]
retour à la base (équipage ou appareil pour un autre vol)

REPRESENTATIVE [GEN]
représentant (de commerce)

REQUEST [GEN]
demande

REQUEST FOR CHANGE (RFC) [AER]
réaménagement
(requête formulée par le client) (RFC)

REQUIRE (TO) [GEN]
nécessiter

REQUIRED, AS ~ [GEN]
à la demande

REQUIREMENT [GEN]
exigence
nécessité

REROUTE (TO) [INTM]
dérouter

RESCHEDULE (TO) [AER]
recaler un vol

RESCHEDULED FLIGHT [AER]
vol recalé

RESCUE, AIR SEA ~ [AER]
sauvetage en mer (par hélicoptère)

RESEARCH [GEN]
recherche (étude)

**RESEARCH
AND DEVELOPMENT (R & D)** [GEN]
recherche et développement

**RESEARCH AND DEVELOPMENT
DEPARTMENT** [GEN]
bureau d'études

RESEARCH INTO (TO) [GEN]
faire une étude

RESERVATION [ASS]
réserve

RESERVATION [INTM]
réservation

RESERVATION, CENTRAL ~ (BRIT.) [ROUT]
terre-plein

RESERVE (TO) [INTM]
réserver

RESERVE, UNDER USUAL ~ (UUR) [GEN]
sauf bonne fin

RESERVES, DELIVERY WITH ~ [INTM]
livraison sous réserve

RESPONSIBILITY [GEN]
responsabilité

RESPONSIBILITY, TO DECLINE ANY ~ [GEN]
décliner toute responsabilité

RESPONSIBLE [GEN]
responsable (adj.)

RESPONSIVE [GEN]
réactif (adj.)

REST [GEN]
repos

REST, ARM ~ [INTM]
accoudoir

REST, FOOT ~ [INTM]
repose-pieds

REST PERIOD [ROUT]
temps de repos

RESTAURANT CAR (BRIT.) [FER]
wagon-restaurant

RESTOCK (TO) [LOG]
réapprovisionner
réassortir

RESTOCKING [LOG]
réapprovisionnement
réassortiment

RESTRAIN CARGO (TO) [MT]
arrimer la marchandise
(ex. dans un conteneur)

RESTRICT (TO) [GEN]
limiter

RESTRICTED CARGO [AER]
fret réglementé

RESTRICTION [GEN]
restriction

RESTRICTION OF TRAFFIC [INTM]
limitation de circulation

RETAIL [GEN]
vente au détail

RETAILER [GEN]
détaillant

RETAINER, HANDLE CATCH ~ [CONT]
retenue de levier

RETARDER [FER]
retardateur

Transport – logistique
Lexique

REVOLUTIONS PER MINUTE (R.P.M.)
[INTM]

RETARDER [ROUT]
ralentisseur (dispositif embarqué)

RETARDING DEVICE [MT]
*limitateur de vitesse
(sur un convoyeur à bande)*

RETRACT THE LANDING GEAR (TO) [AER]
rentrer le train

RETRACTABLE [GEN]
escamotable

RETRACTABLE FORK LIFT TRUCK [MT]
chariot à fourche rétractable

RETRACTABLE FORK REACH TRUCK [MT]
chariot à fourche rétractable

RETRACTABLE MAST REACH TRUCK [MT]
chariot à mât rétractable

RETREAD [ROUT]
pneu rechappé

RETRIEVAL [GEN]
*extraction (ex. d'un stock
ou d'une banque de données)*

RETRIEVAL [MT]
sortie du stock

RETRIEVE (TO) [GEN]
récupérer (un objet)

RETRIEVE (TO) [MT]
aller chercher en stock

RETRIEVER CRANE [MT]
*translateur butineur
transtockeur*

RETURN [GEN]
retour

RETURN (TO) [GEN]
revenir

RETURN [INTM]
aller-retour (billet)

RETURN AIR DUCT [CONT]
gaine de reprise d'air

RETURN FREIGHT [INTM]
fret de retour

RETURN JOURNEY [INTM]
voyage de retour

RETURN ON INVESTMENT (ROI) [GEN]
retour sur investissement (RSI)

RETURN TRIP [INTM]
voyage de retour

RETURNABLE PALLET [LOG]
palette consignée

RETURNED (RETD) [INTM]
retourné (colis)

RETURNS [INTM]
retours (marchandises)

REV / REVOLUTION COUNTER [INTM]
compte-tours

REVAMP (TO) [GEN]
améliorer

REVENUE [GEN]
*recette (financière)
revenu (n.)*

REVENUE CARGO [AER]
fret payant

REVENUE CUTTER [DN]
vedette (garde-côtes)

REVENUE EARNING [GEN]
rentable

REVENUE PASSENGER [AER]
passager payant

**REVENUE
PER PASSENGER MILE (RPM)** [AER]
revenu par km passager

REVERSE [ROUT]
marche arrière

REVERSE (TO) [ROUT]
faire marche arrière

REVERSE A FLOW (TO) [LOG]
inverser un flux

REVERSE LOGISTICS [LOG]
*logistique de la récupération
et du recyclage*

REVERSE THRUST [AER]
inversion de la poussée

REVERSING LIGHTS [ROUT]
feux de recul

REVIEW (TO) [GEN]
examiner

REVOCABLE DOCUMENTARY CREDIT [INTM]
crédit documentaire révocable

REVOCATION [GEN]
*annulation (ex. d'une décision)
retrait (ex. d'un permis)*

REVOKE (TO) [GEN]
annuler (ex. une décision)

REVOKE A DRIVING LICENCE (TO) [ROUT]
retirer un permis de conduire

REVOLUTIONS PER MINUTE (R.P.M.) [INTM]
tours minute

© Éditions d'Organisation

REVOLVE (TO) [GEN]	**RING ROAD (BRIT.)** [ROUT]
pivoter	périphérique (voie)
REVOLVING DOCUMENTARY CREDIT [INTM]	**RIP** [GEN]
crédit documentaire renouvelable	déchirure
RIDE (n.) [INTM]	**RIP (TO)** [GEN]
trajet (distance parcourue)	déchirer
RIDE SHARING [ROUT]	**RISE IN THE WATER LEVEL** [MAR]
covoiturage	crue
RIDER-CONTROLLED TRACTOR [MT]	**RISK** [GEN]
tracteur à conducteur porté	risque
RIG [MAR]	**RISK, ATTACHMENT OF ~** [ASS]
gréement	mise en risque
RIG, OIL ~ [MAR]	**RISK, CESSATION OF ~** [ASS]
plate-forme pétrolière	fin du risque
RIGGING [MAR]	**RISK, COMMENCEMENT OF ~** [ASS]
gréage	mise en risque
RIGHT HAND DRIVE (adj.) [ROUT]	**RISK, MARINE ~** [MAR]
conduite à droite (véhicule à ~)	risque de mer
RIGHT OF WAY [ROUT]	**RISK, MARITIME ~** [MAR]
priorité (code de la route)	risque de mer
RIGHTS, FLYOVER ~ [AER]	**RISK, SEA ~** [MAR]
droits de survol	risque de mer
RIGHTS, TRAFFIC ~ [AER]	**RISK, SHORE ~** [MAR]
droits de trafic	risque de séjour à terre
RIGID (n.) [ROUT]	**RISK, TO UNDERWRITE A ~** [ASS]
camion porteur	assurer un risque
RIM [ROUT]	réassurer contre un risque, se ~
jante	**RISKS, CRAFT ~** [MAR]
RIME ICE [INTM]	risques d'allège
givre	**RISKS, MIXED SEA AND LAND ~** [MAR]
RING [GEN]	risques mixtes maritimes
anneau	et terrestres
RING, BULL ~ [CONT]	**RISKS, WAR ~ (W.R.)** [MAR]
anneau de saisissage	risques de guerre
RING, EYE ~ [CONT]	**RISKS, WRECK ~** [MAR]
pontet	risques de naufrage
RING, LASHING ~ [AER]	**RISKS MANAGEMENT** [LS]
pion d'arrimage	management des risques
RING, LASHING ~ [INTM]	**RISKS OF THE SEAS** [MAR]
anneau de saisissage	fortunes de mer
RING, SECURING ~ [INTM]	**RISKS OF TRANSIT** [ASS]
anneau d'arrimage	risques ordinaires
RING, TIE-DOWN ~ [AER]	**RIVER** [FLV]
anneau d'arrimage	fleuve
RING, TOW ~ [ROUT]	rivière
anneau d'attelage	**RIVER AND CANAL CRAFT** [FLV]
	batellerie

RIVERINE PORT	[FLV]	**ROAD TRANSPORT**	[ROUT]
port fluvial		*transport routier*	
RIVET	[GEN]	**ROAD TRANSPORT OF WAGONS**	[INTM]
rivet		*système FERDOM (FERDOM)*	
RO-RO VESSEL	[MAR]	**ROAD WORKS**	[ROUT]
navire roulier		*travaux (sur la voie publique)*	
ROAD	[ROUT]	**ROADS**	[MAR]
route		*rade*	
ROAD, ARTERIAL ~	[ROUT]	**ROADWAY**	[ROUT]
axe routier		*chaussée*	
ROAD, MAIN ~	[ROUT]	**ROADWORTHINESS**	[ROUT]
route principale		*état de rouler*	
ROAD, NON-TRUNK ~	[ROUT]	**ROADWORTHY**	[ROUT]
route départementale		*bon état de marche, en ~*	
route secondaire		**ROBOT**	[MT]
ROAD, ORBITAL ~	[ROUT]	*robot*	
périphérique (voie)		**ROBOTICS**	[GEN]
ROAD, RING ~ (BRIT.)	[ROUT]	*robotique*	
périphérique (voie)		**ROCKER**	[ROUT]
ROAD, SIDE ~	[ROUT]	*culbuteur*	
route secondaire		**ROCKING LEVER**	[MT]
ROAD, SLIP ~	[ROUT]	*palonnier*	
bretelle d'accès		**ROD, CONNECTING ~**	[FER]
ROAD, TRUNK ~	[ROUT]	*bielle*	
grand axe		**ROD, PULL ~**	[FER]
route nationale		*tringle de commande*	
ROAD CONDITIONS	[ROUT]	*(sur un aiguillage)*	
état des routes		**ROD, TRACK ~**	[ROUT]
ROAD FREIGHTER	[ROUT]	*bielle*	
affréteur routier		**ROD GUIDE**	[INTM]
ROAD HAULAGE AGENT	[ROUT]	*guide de crémone*	
affréteur routier		**ROLL CONTAINER**	[MT]
ROAD HOLDING	[ROUT]	*roll conteneur*	
tenue de route		**ROLL-ON / ROLL-OFF (RO-RO)**	[INTM]
ROAD HUMP	[ROUT]	*roulage (sur un ferry, manutention*	
dos d'âne		*horizontale par tracteur spécial)*	
ralentisseur		**ROLL-ON CAGE**	[MT]
ROAD MAP	[ROUT]	*roll conteneur*	
carte routière		**ROLL-TOP CONTAINER**	[CONT]
ROAD-RAIL	[INTM]	*conteneur découvrable*	
route-rail (combitrans)		**ROLLER, LIVE ~**	[MT]
ROAD-RAILER	[INTM]	*galet de translation*	
semi-rail (remorque sur bogies)		**ROLLER CONVEYOR**	[MT]
ROAD SIGN	[ROUT]	*convoyeur à rouleaux*	
panneau de signalisation		*transporteur à rouleaux*	
ROAD TRAIN	[ROUT]	**ROLLERS, SILL ~**	[AER]
train routier		*roulettes de seuil*	

ROLLING	[INTM]
roulis	
ROLLING ROAD	[INTM]
autoroute ferroviaire	
route roulante	
ROLLING STOCK	[FER]
matériel roulant	
ROLO-SHIP (ROLO)	[MAR]
navire RO-RO / LO-LO	
ROOF	[GEN]
toit	
ROOF, OPENING ~	[CONT]
toit ouvrant	
ROOF BOW	[CONT]
arceau (supportant la bâche d'un conteneur à toit ouvrant)	
ROOF BOW	[CONT]
raidisseur	
ROOF STRENGTH	[CONT]
résistance du toit	
ROOM	[GEN]
espace	
ROOM, BAGGAGE ~	[AER]
consigne	
ROOM, BOILER ~	[MAR]
chambre de chauffe	
ROOM, COLD ~	[LOG]
chambre froide	
ROOM, ELBOW ~	[INTM]
espace aux coudes	
ROOM, ENGINE ~	[MAR]
salle des machines	
ROOM, LEG ~	[INTM]
espace pour les jambes	
ROOM, REFRIGERATOR ~	[AER]
chambre froide	
ROPE	[GEN]
cordage	
corde	
ROPE, BOW ~	[MAR]
amarre de bout	
ROSCO (ROLLING STOCK COMPANY)	[FER]
société de location de matériel roulant (tda)	
ROSTER	[GEN]
tableau de service	
ROT (TO)	[GEN]
pourrir	

ROTA	[GEN]
tableau de service	
ROTARY CRANE	[MT]
grue pivotante	
ROTARY FEEDER	[MT]
écluse rotative	
ROTATE (TO)	[GEN]
faire tourner	
ROTATING INVENTORY	[LOG]
inventaire tournant	
ROTATING MAST	[MT]
mât rotatif	
ROTATING STORAGE	[LOG]
stockage rotatif	
ROTATION	[GEN]
rotation	
ROTTEN	[GEN]
pourri	
ROTTING	[ASS]
pourrissement	
ROUND, DELIVERY ~	[ROUT]
tournée de livraison	
ROUND DOWN (TO)	[GEN]
arrondir à l'unité inférieure	
ROUND OFF (TO)	[GEN]
arrondir (un chiffre)	
ROUND THE CLOCK SERVICE	[GEN]
service 24h sur 24	
ROUND-THE-WORLD CONTAINER SERVICE	[MAR]
tour du monde conteneur	
ROUND TRIP (US)	[INTM]
aller-retour (billet)	
ROUND UP (TO)	[GEN]
arrondir à l'unité supérieure	
ROUNDABOUT	[ROUT]
rond-point	
ROUTE	[INTM]
itinéraire	
ligne (parcours fixe)	
route (aérienne, maritime)	
ROUTE (TO)	[INTM]
acheminer	
fixer un itinéraire	
ROUTE, EN ~	[INTM]
en cours de route	
ROUTE, RED ~	[ROUT]
axe rouge	

ROUTINE INSPECTION [GEN]
vérification périodique
ROUTINE MAINTENANCE [LS]
maintenance courante
ROUTING [INTM]
routage
ROUTING INSTRUCTIONS [INTM]
prescription d'itinéraire
ROUTING ORDER (R/O) [ROUT]
bon à enlever (BAE)
bon d'enlèvement
ROW [GEN]
rangée
travée
ROYAL MAIL (BRIT.) [GEN]
Poste (la)
RUBBER-TYRED [INTM]
pneumatiques, sur ~
RUDDER [AER]
gouvernail de direction
RUDDER [INTM]
gouvernail
RULE [GEN]
règle
règlement
RULES, INLAND ~ [INTM]
règles des conférences
(pour pré et post-acheminement)
RULING [GEN]
décision (ex. de justice)
RUMMAGE (TO) [DN]
visiter (un navire, un avion)
RUMMAGING OF AIRCRAFT [DN]
visite des aéronefs
RUN (TO) [GEN]
diriger (une entreprise)
fonctionner
gérer
rouler

RUN [INTM]
parcours
trajet
RUN, PRIVATELY ~ [GEN]
privé (ex. entreprise)
RUN IN (TO) [ROUT]
roder (un moteur)
RUN OUT OF (TO) [GEN]
manquer de
RUN OVERNIGHT (TO) [INTM]
rouler de nuit
RUN THE BLOCKADE (TO) [INTM]
forcer le blocus
RUNAWAY SWITCH [FER]
aiguille de déraillement
RUNAWAY TRUCK [ROUT]
camion fou
RUNNING, EMPTY ~ [INTM]
voyage à vide
RUNNING GEAR [ROUT]
train de roulement
train roulant
(essieux, fusées, roues et pneus)
RUNNING-IN [ROUT]
rodage
RUNNING ORDER [ROUT]
état de fonctionnement
état de marche
RUNWAY [AER]
piste d'atterrissage
piste d'envol
RUNWAY VISUAL RANGE (RVR) [AER]
portée visuelle de piste (PVP)
RUSH HOUR [INTM]
heure de pointe
RUST [GEN]
rouille
RUST (TO) [GEN]
rouiller
RUSTPROOF [GEN]
anti-rouille

Anglais/Français

S

SACK	[MT]		**SAIL (TO)**	[MAR]
sac (emballage)			naviguer	
SACKING	[MT]		partir	
ensachage			**SAIL ON BALLAST (TO)**	[MAR]
SAFE (adj.)	[GEN]		naviguer sur lest	
sûr (sans danger)			**SAIL UNDER A FLAG (TO)**	[MAR]
SAFE (n.)	[GEN]		naviguer sous pavillon	
coffre-fort			**SAILING**	[MAR]
SAFETY	[GEN]		départ	
sécurité (protection contre les accidents)			**SAILING, PORT OF ~**	[MAR]
			port de départ	
SAFETY APPLIANCE	[GEN]		**SALE**	[GEN]
appareillage de sécurité			vente	
SAFETY BELT	[AER]		**SALES AND OPERATIONS PLANNING (SOP)**	[LOG]
ceinture de sécurité			processus de gestion des ressources à partir de la demande prévisionnelle (tda)	
SAFETY LEVEL	[LOG]			
niveau de sécurité				
SAFETY MANAGEMENT CERTIFICATE	[MAR]		**SALT WATER**	[MAR]
certificat de gestion de la sécurité			eau salée	
SAFETY STOCK	[LOG]		**SALVAGE**	[ASS]
stock de sécurité			objets sauvés (après naufrage, incendie) sauvetage (navire, marchandises)	
SAID TO CONTAIN	[INTM]			
dit contenir				
SAID TO WEIGH	[INTM]		**SALVAGE (TO)**	[ASS]
dit peser			sauver (un navire ou des biens) après naufrage ou incendie	
SAIL	[MAR]			
voile			**SALVAGE**	[MAR]
			prime de sauvetage	

© Éditions d'Organisation

SALVAGE COSTS [ASS]

Transport – logistique
Lexique

SALVAGE COSTS	[ASS]	**SCANNER, RADAR ~**	[INTM]
frais de sauvetage		*antenne de radar*	
SALVAGE VALUE	[GEN]	**SCANNER-OPERATED DIVERTER**	[MT]
valeur de récupération		*aiguillage électronique*	
valeur résiduelle		*(sur un convoyeur)*	
SALVOR / SALVER	[ASS]	**SCARE, BOMB ~**	[GEN]
sauveteur (maritime)		*alerte à la bombe*	
SAMPLE	[GEN]	**SCENIC CAR (US)**	[FER]
échantillon		*voiture panoramique*	
SAMPLE (TO)	[GEN]	**SCHEDULE**	[GEN]
échantillonner		*calendrier (planning)*	
SAND	[GEN]	*horaire (planning)*	
sable		*plan (horaire)*	
SAND (TO)	[INTM]	*programme (planning)*	
sabler		**SCHEDULE (TO)**	[GEN]
SAND SHOE	[ROUT]	*programmer*	
sabot (sur béquille		**SCHEDULE**	[INTM]
de semi-remorque)		*indicateur horaire*	
SANDBLASTING	[GEN]	**SCHEDULE, AHEAD OF ~**	[GEN]
décapage (au sable)		*en avance*	
SANDBOX	[FER]	**SCHEDULE, BEHIND ~**	[GEN]
jette-sable		*en retard*	
SANITARY CERTIFICATE	[INTM]	**SCHEDULE OF CHARGES**	[GEN]
certificat de salubrité		*barême des prix*	
SANITIZATION	[GEN]	**SCHEDULED FLIGHT**	[AER]
désinfection		*vol régulier*	
SATCHEL, CARGO DOCUMENTS ~	[AER]	**SCHEDULED MAINTENANCE**	[LS]
sacoche documents fret		*maintenance programmée*	
SATCHEL, TRAFFIC DOCUMENTS ~	[AER]	**SCHEDULED SERVICE**	[INTM]
sacoche transport		*ligne régulière*	
SATELLITE	[GEN]	**SCHEDULING**	[LOG]
satellite		*ordonnancement*	
SAVE (TO)	[GEN]	**SCHEME, PILOT ~**	[GEN]
économiser		*projet pilote*	
SCAFFOLDING WINCH	[MT]	**SCOOP WAGON**	[FER]
treuil d'échafaudage		*wagonnet à bec*	
SCALE	[GEN]	**SCOPE, RADAR ~**	[INTM]
échelle (de mesure)		*écran radar*	
SCALE, ECONOMIES OF ~	[GEN]	**SCOW**	[FLV]
économies d'échelle		*chaland*	
SCAN (TO)	[GEN]	**SCRAP**	[GEN]
lire (ex. un code à barres)		*ferraille*	
SCAN, RADAR ~	[INTM]	**SCRAP (TO)**	[GEN]
balayage radar		*envoyer à la ferraille*	
SCANNER, BAR CODE ~	[LOG]	**SCREEN (TO)**	[AER]
lecteur de code à barres		*contrôler (ex. passagers, bagages)*	
		SCREEN	[GEN]
		écran	

Transport – logistique
Lexique

SEASONAL VARIATION [GEN]

SCREEN, TOUCH ~	[GEN]	**SEAFRONT**	[MAR]
écran tactile		*front de mer*	
SCREENING, SECURITY ~	[AER]	**SEAL (TO)**	[INTM]
contrôle de sécurité		*plomber*	
SCREW	[GEN]	*sceller*	
vis		**SEAL, CUSTOMS ~**	[DN]
SCREW (TO)	[GEN]	*plomb de douane*	
visser		*scellement douanier*	
SCREW	[MAR]	**SEALING**	[INTM]
hélice		*plombage*	
SEA ANCHOR	[MAR]	**SEALING TAPE**	[CONT]
ancre flottante		*bande adhésive (raccord provisoire)*	
SEA-BORNE TRADE	[MAR]	**SEAMAN**	[MAR]
commerce maritime		*marin (n.)*	
SEA-GOING PERSONNEL	[MAR]	**SEAMAN, MERCHANT ~**	[MAR]
personnel navigant		*marin de la marine marchande*	
SEA-GOING VESSEL	[MAR]	**SEAPLANE**	[AER]
navire de mer		*hydravion*	
SEA LANE	[MAR]	**SEARCH**	[GEN]
couloir de navigation		*fouille*	
couloir maritime		*recherche (ex. d'un colis perdu)*	
rail maritime		**SEARCH (TO)**	[GEN]
voie de navigation		*fouiller*	
SEA PORT	[MAR]	**SEARCH FOR (TO)**	[GEN]
port de mer		*chercher*	
SEA RISK	[MAR]	*rechercher*	
risque de mer		**SEAS, HIGH ~**	[MAR]
SEA-RIVER COMPANY	[INTM]	*haute mer*	
armement fluvio-maritime		**SEAS, OPEN ~**	[MAR]
SEA TRANSPORT	[MAR]	*haute mer*	
transport maritime		**SEAS, PERILS OF THE ~**	[MAR]
SEA TRIAL	[MAR]	*fortunes de mer*	
essai en mer		**SEAS, RISKS OF THE ~**	[MAR]
SEA WATER	[MAR]	*fortunes de mer*	
eau de mer		**SEASON TICKET**	[INTM]
SEA WATER, DAMAGE BY ~	[ASS]	*abonnement*	
dommages par eau de mer		*carte forfaitaire*	
SEA WAYBILL (SWB)	[MAR]	**SEASON TICKET HOLDER**	[INTM]
lettre de transport maritime		*abonné*	
SEABEE	[MAR]	**SEASONAL**	[GEN]
navire gigogne		*saisonnier (adj.)*	
SEABOARD	[MAR]	**SEASONAL PERSONNEL**	[GEN]
littoral		*personnel saisonnier*	
SEAFARERS	[MAR]	**SEASONAL VARIATION**	[GEN]
gens de mer		*variation saisonnière*	
marins (n.)			
SEAFREIGHT	[MAR]		
fret maritime			

© Éditions d'Organisation

SEASONAL VARIATIONS, ADJUSTED FOR ~ [GEN]
compte tenu
des variations saisonnières

SEAT [GEN]
siège

SEAT [INTM]
place assise

SEAT, AISLE ~ [INTM]
siège couloir

SEAT, ATTENDANT ~ [AER]
siège accompagnateur

SEAT, MIDDLE ~ [INTM]
siège central

SEAT, WINDOW ~ [AER]
siège hublot

SEAT, WINDOW ~ [FER]
place fenêtre

SEAT ALLOCATION [AER]
attribution des sièges

SEAT BELT [INTM]
ceinture de sécurité

SEAT KILOMETRES OFFERED (SKO) [AER]
sièges kilomètres offerts

SEATER, AN X ~ [INTM]
moyen de transport à X places

SEATING CAPACITY [INTM]
nombre de places assises

SEATING CHART [AER]
plan de cabine

SEATING CONDITIONS [AER]
répartition des passagers

SEAWAY [MAR]
route maritime

SEAWORTHINESS [MAR]
état de navigabilité

SECONDARY SURVEILLANCE RADAR (SSR) [AER]
surveillance radar secondaire (tda)

SECRETARY OF STATE FOR TRANSPORT (BRIT.) [GEN]
Ministre des Transports

SECTION [FER]
section (1,5 km)

SECURE (TO) [GEN]
préserver
protéger

SECURE (TO) [MT]
arrimer
attacher

SECURING [MT]
arrimage

SECURING EYE [CONT]
œilleton d'arrimage

SECURING POINT [MT]
point de fixation

SECURING RING [INTM]
anneau d'arrimage

SECURITY [GEN]
garantie (ex. bancaire)
sécurité (protection contre le crime, le terrorisme...)
sûreté

SECURITY SCREENING [AER]
contrôle de sécurité

SEEDS, OIL ~ [GEN]
oléagineux

SEGMENT [FER]
tronçon

SEGMENTATION [GEN]
segmentation

SEIZE (TO) [GEN]
saisir

SEIZURE [GEN]
saisie (ex. marchandises, navires...)

SELECT (TO) [GEN]
choisir

SELECTION [GEN]
choix

SELECTIVE BASIS, TO MAKE CHECKS ON A ~ [DN]
vérifier par épreuves

SELECTIVE STRIKE [GEN]
grève perlée

SELECTOR LEVER [ROUT]
levier de boîte automatique

SELF-CONTAINED [GEN]
autonome (ex. appareil)

SELF-DUMPING WAGON [FER]
wagon à culbutage automatique

SELF-FINANCING [GEN]
autofinancement

SELF-HEATING [GEN]
auto-échauffement, à ~

Transport – logistique
Lexique

SERVICE, PASSENGER ~ [AER]

SELF-PROPELLED [INTM]
automoteur (adj.)

SELF-PROPELLING [INTM]
automoteur (adj.)

SELF-SEALING [GEN]
auto-étanche

SELF-STEERING AXLE [ROUT]
essieu autovireur

SELF-TIPPING CAR (US) [FER]
wagon à culbutage automatique

SELF-TRACKING AXLE [ROUT]
essieu autovireur

SEMI-FINISHED [GEN]
semi-fini

SEMI-MANUFACTURED PRODUCT [GEN]
produit semi-fini

SEMI-RAIL [INTM]
combirail
semi-rail (remorque sur bogies)

SEMI-TRAILER [ROUT]
semi-remorque

SEND (TO) [GEN]
envoyer

SEND (TO) [INTM]
expédier

SENDER [INTM]
expéditeur

SENIOR CLERK [AER]
chef de file

SENIOR CLERK [GEN]
chef de bureau

SENSITIVE FREIGHT [INTM]
fret sensible

SENSOR [GEN]
capteur

SEQUENCE [GEN]
séquence

SEQUENCE, FIXED ~ [MT]
séquence fixe, à ~

SEQUENCE, VARIABLE ~ [MT]
séquence variable, à ~

SEQUENCING [LOG]
découpage (mise en séquence)
phasage

SEQUENCING MODEL [LOG]
méthode d'ordonnancement

SEQUENTIAL [LOG]
séquentiel

SEQUENTIAL PROCESS [LS]
processus séquentiel

SERIAL NUMBER [GEN]
numéro de série

SERVE (TO) [INTM]
desservir

SERVICE [GEN]
prestation

SERVICE (TO) [GEN]
entretenir (ex. machine, véhicule...)

SERVICE [INTM]
desserte

SERVICE (TO) [LS]
assurer le service après-vente de ...

SERVICE, AFTER-SALES ~ [LS]
service après-vente (SAV)

SERVICE, ANCILLARY ~ [GEN]
service auxiliaire

SERVICE, TO ENTER ~ [GEN]
entrer en service

SERVICE, EXPRESS PARCEL ~ [INTM]
service express

SERVICE, FAST GOODS ~ [FER]
Fretexpress
régime accéléré (R.A.)

SERVICE, FEEDER ~ [INTM]
service secondaire
(qui alimente un réseau principal)

SERVICE, FIRE-FIGHTING ~ [AER]
service anti-incendie

SERVICE, IN-FLIGHT ~ [AER]
service en vol

SERVICE, LINER ~ [MAR]
ligne régulière

SERVICE, NEXT DAY ~ [INTM]
service express
service jour A jour B

SERVICE, NON-STOP ~ [GEN]
service 24h sur 24

SERVICE, OVERNIGHT ~ [INTM]
service express
service jour A jour B

SERVICE, PARCEL(S) ~ [INTM]
messagerie(s)

SERVICE, PASSENGER ~ [AER]
service passage

© Éditions d'Organisation

SERVICE, PROVISION OF A ~ *prestation de service*	[GEN]	SET UP (TO) *créer (une société) installer installer, s' ~ mettre en place*	[GEN]
SERVICE, ROUND THE CLOCK ~ *service 24h sur 24*	[GEN]		
SERVICE, SCHEDULED ~ *ligne régulière*	[INTM]	SET-UP COST *coût de lancement*	[LOG]
SERVICE, SLOW GOODS ~ *régime ordinaire (R.O.)*	[FER]	SETTLE (TO) *régler (ex. une facture, un litige...)*	[GEN]
SERVICE, TWENTY-FOUR HOUR ~ *service 24h sur 24*	[GEN]	SETTLEMENT *règlement (d'un litige, d'une facture)*	[GEN]
SERVICE, VETERINARY ~ *service vétérinaire*	[INTM]	SETTLING AGENT *agent payeur*	[ASS]
SERVICE, TO WITHDRAW FROM ~ *retirer du service*	[GEN]	SHAFT *arbre de transmission*	[INTM]
SERVICE A LANE (TO) *servir une allée*	[MT]	SHAFT, PROPELLER ~ *arbre d'hélice*	[MAR]
SERVICE CARGO *fret service*	[AER]	SHALLOW *peu profond*	[GEN]
SERVICE CEILING *plafond pratique*	[AER]	SHALLOW-DRAUGHT SHIP *navire à faible tirant d'eau*	[MAR]
SERVICE CHARGE, CONTAINER ~ (CSC) *frais de manutention*	[CONT]	SHALLOW WATER *eau maigre*	[MAR]
SERVICE INDUSTRY *tertiaire, le ~*	[GEN]	SHAPE *forme*	[GEN]
SERVICE LIFE *durée de vie (utilisation)*	[LOG]	SHARE *part quote-part*	[GEN]
SERVICE PROVIDER *prestataire de service*	[GEN]	SHEAR LEGS *bigue*	[MT]
SERVICES, ENGINEERING ~ *entretien mécanique*	[INTM]	SHEAVE *réa*	[MT]
SERVICING *entretien courant (ex. machine, véhicule...)*	[GEN]	SHED *hangar*	[GEN]
		SHED HANDLER *manutentionnaire d'entrepôt*	[AER]
SERVICING STEPS *échelle de visite*	[AER]	SHEET *feuille*	[GEN]
SERVO-ASSISTED BRAKE *servo-frein*	[ROUT]	SHEET (TO) *bâcher*	[INTM]
SET (OF COACHES) *rame*	[FER]	SHEET, BALANCE ~ *bilan (comptable)*	[GEN]
SET, GENERATOR ~ *groupe électrogène*	[GEN]	SHEET, LOAD ~ *état de charge (document) feuille de chargement*	[AER]
SET A TARGET (TO) *fixer un objectif*	[GEN]		
SET-UP *organisation (agencement)*	[GEN]	SHEET, SPECIFICATION ~ *fiche technique*	[GEN]

SHEET, TALLY ~	[INTM]		**SHIFT WORK**	[GEN]
feuille de pointage			travail posté	
SHEET, TRIM ~	[AER]		**SHIFTING**	[INTM]
feuille de centrage			désarrimage (cargaison)	
SHEETING	[INTM]		ripage	
bâchage			**SHIP (TO)**	[INTM]
SHEETING, PLASTIC ~	[MT]		expédier	
film plastique			transporter	
SHELF (plur. SHELVES)	[GEN]		**SHIP**	[MAR]
étagère			bâtiment	
SHELF	[LOG]		navire	
gondole (ex. dans un supermarché)			**SHIP, ALONGSIDE ~ (A.S.)**	[MAR]
SHELF LIFE	[LOG]		le long du bord	
durée de vie (en stockage)			**SHIP, BARGE-CARRYING ~**	[INTM]
SHELF TRUCK	[MT]		navire porte péniche	
chariot à étagères			**SHIP, BEAMY ~**	[MAR]
SHELLPLATING	[CONT]		navire à larges baux	
bordé extérieur			**SHIP, TO BREAK UP A ~**	[MAR]
SHELTER	[GEN]		déchirer un navire	
abri			**SHIP, BREAKBULK ~**	[MAR]
SHELTER (TO)	[GEN]		navire conventionnel	
abriter			**SHIP, CABLE ~**	[MAR]
SHELTER, BUS ~	[ROUT]		câblier	
abri-bus			**SHIP, CARGO ~**	[MAR]
aubette			cargo	
SHELVE (TO)	[LOG]		**SHIP, CELLULAR ~**	[MAR]
stocker en étagères			navire cellulaire	
SHELVING, DEEP ~	[LOG]		**SHIP, TO COMMISSION A ~**	[MAR]
rayonnage profond			armer un navire	
SHELVING, STORAGE ~	[LOG]		**SHIP, CONTAINER ~**	[MAR]
étagères de stockage			navire porte-conteneurs	
SHIFT	[GEN]		**SHIP, DEEP-DRAUGHT ~**	[MAR]
changement			navire à grand tirant d'eau	
décalage			**SHIP, DIRTY~**	[MAR]
déplacement			navire transporteur de produits "noirs"	
équipe (de relais)			**SHIP, TO EQUIP A ~**	[MAR]
SHIFT (TO)	[GEN]		armer un navire	
changer			**SHIP, TO FIT OUT A ~**	[MAR]
déplacer			armer un navire	
déplacer, se ~			**SHIP, GRAIN ~**	[MAR]
modifier, se ~			navire céréalier	
SHIFT (TO)	[INTM]		**SHIP, MERCHANT ~**	[MAR]
désarrimer, se ~ (cargaison)			navire marchand	
riper (une cargaison)			**SHIP, MOTHER ~**	[MAR]
SHIFT, DAY ~	[GEN]		navire mère	
équipe de jour			**SHIP, MOTOR ~ (MS)**	[MAR]
SHIFT, NIGHT ~	[GEN]		navire à moteur (diesel)	
équipe de nuit				

SHIP, REEFER ~	[MAR]
navire frigorifique	
SHIP, REFRIGERATOR ~	[MAR]
navire frigorifique	
SHIP, SHALLOW-DRAUGHT ~	[MAR]
navire à faible tirant d'eau	
SHIP, STEAM ~ (SS)	[MAR]
navire à vapeur	
SHIP, TANKER ~ (T/S)	[MAR]
navire citerne	
SHIP, TRAMP ~	[MAR]
navire de tramping	
SHIP CHANDLER	[MAR]
approvisionneur de la marine	
SHIP LOADER	[MT]
appareil de chargement de navires à fonctionnement continu	
SHIPBROKER	[MAR]
courtier maritime	
SHIPBUILDING INDUSTRY	[MAR]
construction navale	
SHIPCHANDLING	[MAR]
approvisionnement	
SHIPCHANDLING DEPARTMENT	[MAR]
service approvisionnement	
SHIPMENT	[INTM]
envoi	
expédition	
SHIPMENT, PART ~	[INTM]
expédition partielle	
SHIPMENT, SHORT ~	[INTM]
chargement incomplet	
SHIPMENT, SPOT ~	[INTM]
expédition ponctuelle	
SHIPMENT NOTE	[INTM]
bordereau d'expédition	
SHIPOWNER	[MAR]
armateur (ou son représentant, ex. le capitaine)	
propriétaire de navire	
SHIPPED BILL OF LADING	[MAR]
connaissement à bord	
connaissement embarqué	
SHIPPER	[INTM]
chargeur	
expéditeur	
SHIPPER'S CERTIFICATION	[AER]
attestation de l'expéditeur	
SHIPPER'S LETTER OF INSTRUCTION (SLI)	[AER]
déclaration d'expédition	
SHIPPING	[MAR]
navigation	
navires	
transport maritime	
SHIPPING, COASTAL ~	[MAR]
cabotage (navigation côtière)	
SHIPPING AGENT	[MAR]
agent maritime	
consignataire de navires	
SHIPPING CLERK	[INTM]
commis de consignation	
SHIPPING COMPANY	[MAR]
compagnie maritime	
SHIPPING DOCUMENTS	[INTM]
documents d'expédition	
SHIPPING LANE	[MAR]
couloir de navigation	
voie de navigation	
SHIPPING LINE	[MAR]
compagnie de navigation	
ligne maritime	
SHIPPING NOTE	[MAR]
permis d'embarquement	
SHIPPING ORDER	[MAR]
bon d'embarquement	
SHIPPING TON	[MAR]
tonneau d'affrètement	
SHIP'S AGENT	[MAR]
agent maritime	
SHIP'S CHANDLER	[MAR]
approvisionneur de la marine	
SHIP'S MANIFEST	[MAR]
manifeste (n.)	
SHIP'S RAIL	[MAR]
bastingage	
SHIP'S SWEAT	[MAR]
buée de cale	
SHIPWRECK	[MAR]
naufrage	
SHIPYARD	[MAR]
chantier naval	
SHOCK ABSORBER	[INTM]
amortisseur	
SHOCK-ABSORBING	[GEN]
anti-choc	

Transport - logistique
Lexique

SHUTTLE (TO) [INTM]

SHOCKPROOF [GEN]
résistant aux chocs

SHOE, BRAKE ~ [INTM]
mâchoire de frein

SHOE, NIPPER ~ [MT]
sabot de pince

SHOE, SAND ~ [ROUT]
sabot
(sur béquille de semi-remorque)

SHOP [GEN]
atelier

SHOP, DUTY-FREE ~ [INTM]
boutique hors taxes

SHOP, TAX-FREE ~ [INTM]
boutique hors taxes

SHOP REPLACEABLE UNIT (SRU) [LS]
composé échangeable en atelier

SHOPPING CENTRE [GEN]
centre commercial

SHORE RISK [MAR]
risque de séjour à terre

SHORELINE [MAR]
littoral

SHORT, TO BE X PARCELS ~ [INTM]
manquants, avoir x ~

SHORT CIRCUIT [GEN]
court-circuit

SHORT CONVENTIONAL CAB [ROUT]
cabine semi-avancée

SHORT FORM BILL OF LADING [MAR]
connaissement abrégé

SHORT HAUL [ROUT]
courte distance

SHORT-HAUL FLIGHT [AER]
vol court-courrier

SHORT HAUL TRACTOR (US) [ROUT]
tracteur courte distance

SHORT-LANDING [MAR]
marchandise manquante

SHORT RANGE AIRCRAFT [AER]
court-courrier (avion)

SHORT SEA NAVIGATION [MAR]
navigation côtière

SHORT SHIPMENT [INTM]
chargement incomplet

**SHORT TAKE-OFF
AND LANDING (STOL)** [AER]
avion à décollage
et atterrissage courts (ADAC)

SHORT TON [GEN]
tonne courte (907,18 kg.)

SHORTAGE [GEN]
pénurie

SHORTAGE, STOCK ~ [LOG]
rupture de stock

SHORTAGES [INTM]
manquants

SHORTEN (TO) [GEN]
raccourcir
réduire

SHORTSHIPPED [INTM]
omis au chargement

SHOULDER, HARD ~ (US) [ROUT]
accotement stabilisé

SHOULDER, SOFT ~ (US) [ROUT]
accotement non stabilisé

SHRINK (TO) [GEN]
rétrécir

SHRINK-WRAP [MT]
film thermorétractable

SHRINK-WRAP (TO) [MT]
emballer sous film plastique
thermorétractable
filmer (une palette)

SHRINK-WRAPPING [MT]
emballage par rétraction
filmage (d'une palette)

SHRINKAGE [GEN]
rétrécissement

SHUNT (TO) [FER]
aiguiller

SHUNTER [MT]
tracteur de manœuvre

SHUNTING [FER]
aiguillage

SHUNTING, GRAVITY ~ [FER]
débranchement par gravité

SHUNTING ENGINE (BRIT.) [FER]
locomotive de manœuvre

SHUTTLE [INTM]
navette

SHUTTLE (TO) [INTM]
faire la navette

© Éditions d'Organisation

SHUTTLE BUS, CREW ~ [AER]
navette équipage

SIDE [GEN]
côté

SIDE, DISMOUNTABLE ~ [CONT]
paroi démontable

SIDE, DROP ~ [INTM]
paroi rabattable

SIDE, LAND ~ [AER]
côté ville

SIDE, SLATTED ~ [INTM]
ridelle

SIDE DOOR [GEN]
porte latérale

SIDE-DUMP CAR (US) [FER]
wagon à culbutage latéral

SIDE-DUMP WAGON [FER]
wagon à culbutage latéral

SIDE LOADER [MT]
chariot pour manutention latérale

SIDE LOADING [INTM]
chargement latéral

SIDE-LOADING TRUCK [MT]
chariot à prise latérale

SIDE POST [CONT]
raidisseur de paroi

SIDE ROAD [ROUT]
route secondaire

SIDE SET TRUCK [MT]
chariot à prise latérale

SIDE STORAGE [LOG]
stockage latéral

SIDE-TIPPING TRUCK [FER]
wagon à culbutage latéral

SIDE-WALL [FLV]
bajoyer (d'une écluse)

SIDE WALL [INTM]
paroi latérale

SIDE WALL STRENGTH [CONT]
résistance de paroi latérale

SIDELIGHTS [ROUT]
feux de position

SIDEWALK (US) [ROUT]
trottoir

SIDEWAYS [GEN]
latéral
latéralement

SIDEWAYS MOVEMENT [GEN]
mouvement latéral

SIDING [FER]
voie d'évitement
voie de garage

SIDING, DOCK ~ [FER]
voie des quais

SIDING, PRIVATE ~ [FER]
embranchement particulier
(obsolète)
installation terminale
embranchée (I.T.E.)

SIGHT DRAFT [GEN]
traite à vue

SIGN, LEVEL CROSSING ~ [FER]
croix de Saint-André
(sur passage à niveau)

SIGN, ROAD ~ [ROUT]
panneau de signalisation

SIGN, VARIABLE MESSAGE ~ (VMS) [INTM]
panneau à message variable (PMV)

SIGNAL, WARNING ~ [ROUT]
feux de détresse

SIGNAL BOX [FER]
poste d'aiguillage

SIGNALLING [GEN]
signalisation

SIGNALS, TRAFFIC ~ [ROUT]
feux de circulation

SIGNATURE, CLEAN ~ [INTM]
signature sans réserves

SIGNPOST [ROUT]
poteau indicateur

SILENCER (BRIT.) [ROUT]
pot d'échappement
silencieux (n.)

SILL [CONT]
traverse inférieure

SILL, FRONT ~ [CONT]
traverse inférieure avant

SILL, REAR ~ [CONT]
traverse inférieure arrière

SILL ROLLERS [AER]
roulettes de seuil

SILO [GEN]
silo

SILO TRUCK [ROUT]
camion-silo

SILTING [MAR]
ensablement
envasement

SIMPLIFIED CUSTOMS PROCEDURE [DN]
procédure douanière simplifiée

SIMULATOR, FLIGHT ~ [AER]
simulateur de vol

SINGLE ADMINISTRATIVE DOCUMENT (SAD) [DN]
Document Administratif Unique (DAU)

SINGLE AXLE [ROUT]
essieu simple

SINGLE DECK [INTM]
étage, à un seul ~

SINGLE-DEPTH RACKING [LOG]
stockage latéral

SINGLE ENTITY CHARTER [AER]
affrètement par un seul organisme

SINGLE EUROPEAN MARKET (S.E.M.) [GEN]
Marché Unique

SINGLE MINUTE EXCHANGE DIE (SYSTEM) (SMED) [LS]
technique de changement rapide d'outils (tda)

SINGLE MODE (adj.) [INTM]
monomodal

SINGLE PACKAGE [INTM]
mono-colis

SINGLE TICKET [INTM]
aller-simple

SINGLE TRACK [FER]
à voie unique

SINGLE TRANSPORT DOCUMENT [DN]
titre de transport unique

SINGLE WAGON [FER]
wagon isolé

SINK (TO) [MAR]
couler
sombrer

SIREN [GEN]
sirène

SIT-IN STRIKE [GEN]
grève sur le tas

SITE [GEN]
chantier
emplacement
site

SITE (TO) [LOG]
implanter (choisir un site)

SITING [LOG]
implantation (choix d'un site)

SIZE [GEN]
format
taille

SIZE (TO) [GEN]
calibrer
dimensionner

SIZE, ODD ~ [GEN]
dimension non courante

SIZING [GEN]
calibrage
dimensionnement

SKELETAL CHASSIS [ROUT]
châssis porte-conteneur

SKELETON CONTAINER [CONT]
conteneur à claire-voie

SKELETON FLAT CAR (US) [FER]
wagon plat pour transport de conteneurs

SKELETON FLAT TRUCK (BRIT.) [FER]
wagon plat pour transport de conteneurs

SKELETON TRAILER [ROUT]
remorque squelette
(pour transport de conteneurs)

SKID [INTM]
patin

SKID [LOG]
palette sur patins

SKID (TO) [ROUT]
déraper

SKIFF [MAR]
bachot

SKILL [GEN]
compétence

SKIMMER [MAR]
aéroglisseur

SKIP [MT]
benne

SKIRT [CONT]
jupe (sur conteneur flexi-van)

SKIRT, FLEXIBLE ~ [MAR]
jupe souple (sur aéroglisseurs)

SKYJACK (TO) [AER]
détourner (pirater)

SKYJACKING [AER]
détournement
(d'un avion par la force)
piraterie aérienne

SLACK [GEN]
desserré

SLACK TIME [INTM]
heure creuse

SLACK WATER [MAR]
étale de la marée

SLAT, WING ~ [AER]
bec de bord d'attaque

SLATTED SIDE [INTM]
ridelle

SLEEPER [FER]
wagon-lit

SLEEPER (BRIT.) [FER]
traverse

SLEEPER BOX [ROUT]
module couchette

SLEEPING CAR [FER]
wagon-lit

SLEEPING POLICEMAN [ROUT]
gendarme couché

SLEET [GEN]
neige fondue

SLEW (TO) [MT]
faire pivoter
pivoter

SLEWING, POWERED ~ [MT]
rotation motorisée, à ~

SLIDE (TO) [GEN]
glisser

SLIDE, AIR ~ [MT]
aéroglissière

SLIDE, EMERGENCY ~ [AER]
toboggan (évacuation d'urgence)

SLIDE, INCLINED ~ [MT]
plan incliné

SLIDE CHAIR [FER]
coussinet de glissement

SLIDING [GEN]
coulissant

SLIDING BOGIE [ROUT]
train roulant coulissant

SLIDING FIFTH WHEEL [ROUT]
sellette d'attelage réglable

SLIDING PANEL [INTM]
panneau coulissant

SLIGHT [GEN]
léger (faible)

SLING [INTM]
élingue

SLIP A WAGON (TO) [FER]
dételer en marche

SLIP ROAD [ROUT]
bretelle d'accès

SLIPPERED OUTLET [CONT]
vanne de vidange
(sur conteneur citerne)

SLOPE [GEN]
pente

SLOT [GEN]
fente

SLOT [AER]
créneau

SLOT [LOG]
emplacement (dans un entrepôt)

SLOT [MAR]
cellule sur navire porte-conteneurs
(= 1EVP)

SLOT, PARKING ~ [INTM]
place de stationnement

SLOT, VACANT ~ [LOG]
emplacement disponible

SLOW [GEN]
lent

SLOW, DEAD ~ [INTM]
au pas

SLOW DOWN (TO) [INTM]
ralentir

SLOW GOODS SERVICE [FER]
régime ordinaire (R.O.)

SLUICE [FLV]
écluse
vanne

SLUICE GATE [FLV]
vanne d'écluse

SLUSH [GEN]
neige fondante

SMALL AND MEDIUM SIZED ENTERPRISES [GEN]
petites et moyennes entreprises (PME)

SMART CARD [GEN]
carte à mémoire

Transport – logistique
Lexique

SPARE PARTS LIST, RECOMMENDED ~ (RSPL) [LS]

SMOKE [GEN]
fumée
SMUGGLE (TO) [DN]
passer en fraude
SNOW [GEN]
neige
SNOWDRIFT [GEN]
congère
SNOWSTORM [GEN]
tempête de neige
SOCIETY [GEN]
association
SOCIETY
OF LOGISTICS ENGINEERS (SOLE) [LOG]
association des ingénieurs en logistique
SOCK, WIND ~ [AER]
manche à air
SOCKET [GEN]
prise de courant
SOFT SHOULDER (US) [ROUT]
accotement non stabilisé
SOFT VERGE (BRIT.) [ROUT]
accotement non stabilisé
SOFTWARE [GEN]
logiciel
SOFTWOOD [GEN]
bois tendre
SOFTWOOD FLOOR [GEN]
plancher en bois tendre
SOLE AGENT [GEN]
agent exclusif
SOLEPLATE (BRIT.) [FER]
selle de rail
SOLID LINE [ROUT]
ligne continue
SOLO [ROUT]
porteur remorqueur (utilisé sans remorque)
SOLVE (TO) [GEN]
résoudre
solutionner
SOLVENT [GEN]
solvant
SOPHISTICATED [GEN]
perfectionné
SORT (TO) [GEN]
trier (ex. le courrier)

SORTATION [GEN]
tri
SORTING [GEN]
tri
triage
SORTING OFFICE [GEN]
bureau de tri
SOUND-PROOFED [GEN]
isolé phoniquement
SOUND-PROOFING [GEN]
isolation phonique
SOURCING [LOG]
approvisionnement
SOUTHBOUND [INTM]
en direction du sud
SPACE [GEN]
espace
SPACE, EXPANSION ~ [FER]
jeu de dilatation
SPACE, FREIGHT ~ [INTM]
espace de fret
SPACE, LOADING ~ [INTM]
espace disponible pour le chargement
SPACE AVAILABLE BASIS, ON A ~ [AER]
places disponibles, dans la limite des ~
SPACER [INTM]
entretoise d'écartement
SPACING [GEN]
écartement
espacement
SPAN [GEN]
envergure
portée (entre deux appuis)
volant (d'une poutre)
SPAN [MT]
portée (d'un engin de manutention)
SPAN (TO) [MT]
chevaucher (ex. grue à portique)
SPAN, LIFE ~ [GEN]
durée de vie
SPARE PARTS [GEN]
pièces de rechange
pièces détachées
SPARE PARTS LIST,
RECOMMENDED ~ (RSPL) [LS]
liste des pièces de rechange recommandées

© Éditions d'Organisation

SPARE WHEEL	[ROUT]	**SPIT**	[FLV]
roue de secours		*péniche*	
SPARES	[GEN]	*(d'un port en lourd moyen de 300 T)*	
pièces détachées		**SPLINTERPROOF GLASS**	[ROUT]
SPARK	[GEN]	*verre sécurité*	
étincelle		**SPLIT (TO)**	[GEN]
SPARK / SPARKING PLUG	[INTM]	*fractionner*	
bougie (d'allumage)		*scinder*	
SPECIAL COMMODITY RATE (SCR)	[AER]	**SPLIT AXLE**	[ROUT]
tarif spécial (fret)		*demi-essieu*	
SPECIAL FITTINGS	[GEN]	**SPLIT CHARTER**	[AER]
équipements spéciaux		*affrètement partage*	
SPECIFIC DUTY	[DN]	*affrètement partiel*	
droit spécifique		**SPOIL**	[GEN]
SPECIFICATION		*déblai*	
CHANGE NOTICE (SCN)	[AER]	**SPOIL (TO)**	[GEN]
spécification de changement		*gâcher*	
notifié (SCN)		**SPOILAGE**	[ASS]
SPECIFICATION SHEET	[GEN]	*avarie*	
fiche technique		**SPOILER**	[AER]
SPECIFICATIONS	[GEN]	*déporteur*	
cahier des charges (production)		**SPOILT**	[GEN]
caractéristiques		*avarié*	
spécifications		**SPOKE**	[GEN]
SPEED	[GEN]	*rayon (d'une roue)*	
vitesse		**SPOKES, HUBS AND ~**	[INTM]
SPEED, CRUISING ~	[INTM]	*système de concentration*	
vitesse de croisière		*et de rayonnement (fret, passagers)*	
SPEED, TO GATHER ~	[INTM]	**SPONTANEOUS COMBUSTION**	[GEN]
prendre de la vitesse		*combustion spontanée*	
SPEED, GROUND ~	[AER]	**SPOT (TO)**	[GEN]
vitesse par rapport au sol		*repérer*	
SPEED LIMIT	[INTM]	**SPOT CHARTER**	[MAR]
limitation de vitesse		*affrètement spot*	
SPEEDING	[ROUT]	**SPOT CHECK**	[GEN]
excès de vitesse		*contrôle par sondage*	
SPEEDOMETER	[INTM]	**SPOT SHIPMENT**	[INTM]
compteur de vitesse		*expédition ponctuelle*	
SPEEDWAY (US)	[ROUT]	**SPOT TRAIN**	[FER]
autoroute		*train sauvage*	
voie rapide		*train spontané*	
SPIKE	[FER]	**SPOT WELDING**	[GEN]
crampon		*soudure par points*	
SPILL (TO)	[GEN]	**SPOTLIGHT**	[GEN]
renverser (poudre, liquide)		*projecteur*	
SPILLAGE	[GEN]	**SPRAY BAKE OVEN**	[INTM]
déversement (accidentel)		*cabine de peinture*	

SPREAD, AXLE ~	[ROUT]	**STACKER, PALLET ~**	[MT]
écartement des essieux		chariot élévateur à fourche recou-	
SPREADER	[MT]	vrante	
palonnier		**STACKER, REACH ~**	[MT]
SPRING	[GEN]	chariot gerbeur (à allonge)	
ressort		**STACKER CRANE**	[MT]
SPRING BRACKET	[ROUT]	translateur butineur	
main de ressort		transtockeur	
SPRING TIDE	[MAR]	**STACKER-RETRIEVER**	[MT]
marée de vives-eaux		translateur butineur	
SPRING TIDE,		**STACKER-RETRIEVER (S/R)**	[MT]
MEAN HIGH WATER ~ (MHWST)	[MAR]	transtockeur	
hauteur d'eau moyenne à marée		**STACKING**	[LOG]
haute en période de vives-eaux		gerbage	
SPRING TIDE,		**STACKING, BLOCK ~**	[LOG]
MEAN LOW WATER ~ (MLWST)	[MAR]	stockage de masse	
hauteur d'eau moyenne à marée		**STACKING FITTING**	[CONT]
basse en période de vives-eaux		dispositif de blocage	
SPRING WAGON	[FER]	des conteneurs à bord d'un navire	
wagon à ressorts		**STACKING PALLET**	[LOG]
SPRINGLESS WAGON	[FER]	caisse-palette	
wagon sans ressorts		**STACKING STILLAGE**	[LOG]
SPUR	[FER]	berceau gerbable	
embranchement		praticable (n.)	
STABILIZER	[MAR]	**STACKING TRUCK**	[MT]
stabilisateur de roulis		gerbeur	
STABILIZER, HORIZONTAL ~	[AER]	**STAFF**	[GEN]
stabilisateur		personnel (n.)	
STABILIZER FIN	[MAR]	**STAFF, GROUND ~**	[AER]
aileron de stabilisateur		personnel au sol (rampants)	
STABLING TRACK	[FER]	**STAFF TURNOVER**	[GEN]
voie de garage		rotation du personnel	
STACK	[INTM]	**STAFFING**	[GEN]
cheminée (camions, navires, usines)		dotation en personnel	
STACK (TO)	[AER]	**STAGING AND CONSOLIDATION AREA**	[LOG]
mettre les avions en circuit d'attente		zone de consolidation des commandes (tda)	
STACK (TO)	[MT]	**STAIN**	[GEN]
gerber		tache	
STACK, EXHAUST ~	[ROUT]	**STAIN (TO)**	[GEN]
cheminée d'échappement		souiller	
STACKABLE	[LOG]	tacher	
gerbable		**STAINLESS STEEL**	[GEN]
STACKER	[MT]	acier inoxydable	
gerbeur		**STAKE**	[INTM]
STACKER, HAND-OPERATED ~	[MT]	rancher	
gerbeur à déplacement manuel		**STAKE POCKET**	[INTM]
		gaine de rancher	

STALE BILL OF LADING [MAR]
connaissement périmé

STALL [AER]
stalle (conteneur pour chevaux)

STALL (TO) [INTM]
caler (pour un moteur)

STAMP (TO) [DN]
viser

STAMP, CUSTOMS ~ [DN]
visa de la douane

STAMP, DATE ~ [GEN]
tampon dateur

STANCHION [INTM]
rancher

STAND [LOG]
pupitre (pour stockage
de marchandises planes)

STAND (FOR BARRELS) [LOG]
chantier (support de tonneaux)

STANDARD [GEN]
norme

STANDARD (adj.) [GEN]
normalisé

STANDARD DEVIATION [LOG]
écart-type

**STANDARD FOR THE EXCHANGE
OF PRODUCT DATA (STEP)** [LS]
norme (ISO 10303) pour l'échange
de données fabrication (tda)

STANDARD GAUGE [FER]
voie normale

**STANDARD GENERALIZED MARKUP
LANGUAGE (SGML)** [LS]
standard international (ISO 8879)
pour les données de documentique
(tda)

STANDARD TIME [GEN]
heure légale

STANDARDIZATION [GEN]
normalisation

STANDARDIZE (TO) [GEN]
normaliser

**STANDARDS, MILITARY ~
(US) (MIL-STD)** [LS]
normes pour les données
de soutien logistique intégré (tda)

STANDARDS, MOTION TIME ~ (MTS) [LOG]
standards de temps du mouvement

STANDARDS, TIME ~ [LOG]
temps élémentaires
temps standards

STANDBY, ON ~ [GEN]
en attente

STANDBY AIRCRAFT [AER]
appareil de réserve

STANDBY PASSENGER [AER]
passager sans garantie

STANDING, HARD ~ [INTM]
surface (ex. pour stockage
de conteneurs)

STAPLE [GEN]
agrafe

STAPLE (TO) [MT]
agrafer

STARBOARD [INTM]
tribord

START (TO) [GEN]
démarrer

STARTER [INTM]
démarreur

STATE [GEN]
état

STATE-OF-THE-ART [GEN]
état de l'art
ultra moderne

STATEMENT [GEN]
déclaration

STATIC LOAD [CONT]
effort statique

STATIC STORAGE [LOG]
stockage statique

STATION [FER]
gare

STATION [GEN]
poste de travail

STATION, CUSTOMS ~ [DN]
bureau de douane

STATION, DESTINATION ~ [FER]
gare destinataire

STATION, DOWNLINE ~ [AER]
escale en aval

STATION, FILLING ~ [ROUT]
station service

STATION, FORWARDING ~ [FER]
gare expéditrice

STATION, FRONTIER ~	[FER]	**STEEL**	[GEN]
gare de frontière		*acier*	
STATION, HARBOUR ~	[FER]	**STEEL, STAINLESS ~**	[GEN]
gare maritime		*acier inoxydable*	
STATION, JOINT ~	[FER]	**STEEL CONTAINER**	[CONT]
gare commune		*conteneur en acier*	
(exploitée par deux réseaux)		**STEER (TO)**	[INTM]
STATION, MANNED ~	[FER]	*diriger (un véhicule)*	
gare habitée		**STEERABLE**	[INTM]
STATION, POWER ~	[GEN]	*orientable (ex. roue, véhicule)*	
centrale électrique		**STEERABLE AXLE**	[ROUT]
STATION, TRANSFER ~	[AER]	*essieu orientable*	
escale de correspondance		**STEERING**	[ROUT]
STATION, UNMANNED ~	[FER]	*direction (système de ~)*	
gare automatique		**STEERING, POWER ~**	[ROUT]
STATION, UPLINE ~	[AER]	*direction assistée*	
escale en amont		**STEERING AXLE**	[ROUT]
STATION, WORK ~	[GEN]	*essieu directeur*	
poste de travail		**STEERING BOX**	[ROUT]
STATION MANAGER	[AER]	*boitier de direction*	
chef d'escale		**STEERING COLUMN**	[ROUT]
STATION MASTER	[FER]	*colonne de direction*	
chef de gare		**STEERING GROUP, INDUSTRY ~ (ISG)**	[GEN]
STATISTICS	[GEN]	*comité de pilotage de projets (tda)*	
statistiques		**STEERING WHEEL**	[ROUT]
STATUS	[GEN]	*volant*	
état		**STEM**	[MAR]
position		*étrave*	
situation		*proue*	
statut		**STENCIL (TO)**	[GEN]
STATUS, BERTH ~	[MAR]	*marquer au pochoir*	
statut des quais (public ou privé)		**STEP / STEPS**	[INTM]
STATUS, CREDIT ~	[GEN]	*marchepied*	
solvabilité		**STEP LADDER**	[GEN]
STATUS, FINANCIAL ~	[GEN]	*escabeau*	
solvabilité		**STEPS**	[AER]
STEADY	[GEN]	*passerelle*	
stable		**STEPS, SERVICING ~**	[AER]
STEADY (TO)	[GEN]	*échelle de visite*	
stabiliser		**STERN**	[MAR]
STEADY FLOW	[GEN]	*arrière (du navire)*	
flux régulier		*poupe*	
STEADYING	[INTM]	**STERN DOOR**	[MAR]
calage		*porte arrière*	
STEAM	[GEN]	**STERN LOADING**	[MAR]
vapeur		*chargement par l'arrière*	
STEAM SHIP (SS)	[MAR]		
navire à vapeur			

STEVEDORE	[MAR]	**STOCK, TO TAKE ~**	[LOG]
aconier / acconier (zone med.)		faire l'inventaire	
arrimeur		**STOCK, ZERO ~**	[LOG]
débardeur		zéro stock	
docker		**STOCK CAR (US)**	[FER]
entrepreneur de manutention		bétaillère	
manutentionnaire		**STOCK CONTROL**	[LOG]
stevedore (zone atlantique)		gestion des stocks	
STEVEDORING	[MAR]	**STOCK KEEPING**	[LOG]
aconage / acconage		tenue des stocks	
manutention		**STOCK KEEPING UNIT (SKU)**	[LOG]
STEWARD	[INTM]	référence article + adresse	
steward		**STOCK ON HAND**	[LOG]
STEWARDESS	[AER]	existant physique	
hôtesse de l'air		stock disponible	
STICK	[AER]	stock réel	
manche de commande		**STOCK ON ORDER**	[LOG]
STICKER	[GEN]	attendus (réapprovisionnement	
étiquette autocollante		non encore livré à l'entrepôt)	
STILLAGE	[LOG]	**STOCK POSITION**	[LOG]
plate-forme (support)		état du stock	
STILLAGE, STACKING ~	[LOG]	**STOCK SHORTAGE**	[LOG]
berceau gerbable		rupture de stock	
praticable (n.)		**STOCK THREE DEEP (TO)**	[LOG]
STITCH WELDING	[GEN]	stocker sur trois rangs	
soudure en chaînette		**STOCK TRANSACTION**	[LOG]
STOCK	[LOG]	mouvement de stock	
stock		**STOCK TURNOVER**	[LOG]
STOCK (TO)	[LOG]	rotation des stocks	
stocker		**STOCKING**	[LOG]
STOCK, ANCHOR ~	[MAR]	stockage	
jas		**STOCKLESS ANCHOR**	[MAR]
STOCK, AVAILABLE ~	[LOG]	ancre sans jas	
stock théorique		**STOCKOUT**	[LOG]
disponible potentiel logistique		rupture d'approvisionnement	
(existants physiques + attendus		**STOCKPILE**	[LOG]
– obligations)		stock	
STOCK, BUFFER ~	[LOG]	**STOCKPILING**	[LOG]
stock tampon		constitution de stocks	
STOCK, LINE OF ~	[LOG]	**STOCKS**	[MAR]
ligne de stock		tins	
STOCK, OUT OF ~	[LOG]	**STOCKTAKE**	[LOG]
rupture de stock, en ~		inventaire	
STOCK, ROLLING ~	[FER]	**STOCKTAKING**	[LOG]
matériel roulant		inventaire	
STOCK, SAFETY ~	[LOG]	**STOCKYARD JIB CRANE**	[MT]
stock de sécurité		grue de parc	
STOCK, SURPLUS ~	[LOG]		
stock excédentaire			

Transport - logistique
Lexique

STORER AND RETRIEVER, PALLET ~ [MT]

STOP	[GEN]	**STORAGE, LIVE ~**	[LOG]
butée		*stockage dynamique*	
STOP	[INTM]	**STORAGE, MOBILE ~**	[LOG]
arrêt		*stockage mobile*	
STOP, DOOR ~	[GEN]	**STORAGE, MULTIPLE DEEP ~**	[LOG]
butée de porte		*stockage sur plusieurs rangs*	
STOP, OPERATIONAL ~	[AER]	**STORAGE, NO-DEDICATION ~**	[LOG]
escale technique		*stockage banalisé*	
STOP, REFUELLING ~	[AER]	**STORAGE, OUTDOOR ~**	[LOG]
escale technique		*stockage en plein air*	
STOP, TECHNICAL ~	[AER]	**STORAGE, RAISED ~**	[LOG]
escale technique		*stockage en mezzanine*	
STOPOVER	[AER]	**STORAGE, RANDOM ~**	[LOG]
escale		*stockage aléatoire*	
STOPPING TRAIN	[FER]	*stockage banalisé*	
train omnibus		**STORAGE, REFRIGERATED ~**	[LOG]
STORABLE	[LOG]	*stockage réfrigéré*	
stockable		**STORAGE, ROTATING ~**	[LOG]
STORAGE	[LOG]	*stockage rotatif*	
stockage		**STORAGE, SIDE ~**	[LOG]
STORAGE, CANTILEVER ~	[LOG]	*stockage latéral*	
stockage de charges longues		**STORAGE, STATIC ~**	[LOG]
STORAGE, COLD ~	[LOG]	*stockage statique*	
stockage en chambre froide		**STORAGE**	
STORAGE, COMPACT ~	[LOG]	**AND RETRIEVAL MACHINE (S/R)**	[MT]
stockage par accumulation		*transtockeur*	
STORAGE, COVERED ~	[LOG]	**STORAGE CABINET**	[LOG]
stockage sous abri		*armoire de stockage*	
STORAGE, CUSTODY ~	[LOG]	**STORAGE RACK (S/R)**	[LOG]
stockage protégé		*rayonnage de stockage*	
STORAGE, DRAWER ~	[LOG]	**STORAGE SHELVING**	[LOG]
stockage en tiroirs		*étagères de stockage*	
STORAGE, DRIVE-IN ~	[LOG]	**STORE**	[LOG]
stockage par accumulation		*magasin*	
STORAGE, DRIVE-THROUGH ~	[LOG]	**STORE (TO)**	[LOG]
stockage par accumulation		*stocker*	
STORAGE, DYNAMIC ~	[LOG]	**STORE, BONDED ~**	[DN]
stockage dynamique		*magasin sous douane*	
STORAGE, GRAVITY ~	[LOG]	**STORE, COLD ~**	[LOG]
stockage transcasier		*chambre froide*	
STORAGE, GROUND ~	[CONT]	**STORE, FURNITURE ~**	[LOG]
stockage à terre		*garde-meubles*	
STORAGE, HIGH RISE ~	[LOG]	**STORE-KEEPER**	[LOG]
stockage sur grande hauteur		*magasinier*	
STORAGE, INDOOR ~	[LOG]	**STORER AND RETRIEVER, PALLET ~**	[MT]
stockage couvert		*empileur et distributeur de palettes*	

© Éditions d'Organisation

STORM	[GEN]	**STRENGTH, ROOF ~**	[CONT]
orage		*résistance du toit*	
tempête		**STRENGTH, SIDE WALL ~**	[CONT]
STOW (TO)	[MT]	*résistance de paroi latérale*	
arrimer		**STRENGTHEN (TO)**	[GEN]
STOWAGE	[MT]	*renforcer*	
arrimage		**STRETCH (TO)**	[GEN]
STRADDLE CARRIER	[MT]	*étendre, s' ~*	
chariot cavalier		*étirer, s' ~*	
STRADDLE CRANE	[MT]	**STRETCH**	[INTM]
portique roulant		*tronçon (ex. de route)*	
STRADDLE TRUCK	[MT]	**STRETCH-WRAPPING**	[MT]
chariot cavalier		*emballage sous film*	
STRAIGHT BILL OF LADING	[MAR]	*filmage (d'une palette)*	
connaissement		**STRETCHED JET**	[AER]
à personne dénommée		*version allongée (d'un appareil)*	
STRAIGHT BOX	[CONT]	**STRIKE**	[GEN]
conteneur ordinaire		*grève*	
(sans accessoires sous le plancher)		**STRIKE, TO GO ON ~**	[GEN]
STRAIGHT TRUCK (US)	[ROUT]	*grève, se mettre en ~*	
camion porteur		**STRIKE, LIGHTNING ~**	[GEN]
STRAIT(S)	[MAR]	*grève surprise*	
détroit		**STRIKE, SELECTIVE ~**	[GEN]
STRANDED	[MAR]	*grève perlée*	
échoué		**STRIKE, SIT-IN ~**	[GEN]
STRAP	[MT]	*grève sur le tas*	
sangle		**STRIKE, TOKEN ~**	[GEN]
STRAP (TO)	[MT]	*grève d'avertissement*	
cercler		**STRIKE, WILDCAT ~**	[GEN]
STRAP, METAL ~	[MT]	*grève sauvage*	
feuillard		**STRIKES, RIOTS,**	
STRAP NET	[MT]	**AND CIVIL COMMOTIONS (SR&CC)**	[ASS]
filet à sangles		*grèves, émeutes,*	
STRAPPING, METAL ~	[MT]	*mouvements populaires*	
cerclage		**STRING OF BARGES**	[FLV]
STREAM	[GEN]	*train de péniches*	
courant (air, eau)		**STRINGER, WEB ~**	[CONT]
STREAM, JET ~	[AER]	*serre*	
courant-jet		**STRIP (TO)**	[CONT]
STREAMLINING	[LOG]	*dépoter*	
rationalisation (d'une procédure)		**STRIP, CENTER DIVIDER ~ (US)**	[ROUT]
STREET MAP	[ROUT]	*terre-plein*	
plan urbain		**STRIP, GUIDE ~**	[GEN]
STREETCAR (US)	[FER]	*réglette*	
tramway / tram		**STRIP, LANDING ~**	[AER]
STRENGTH	[GEN]	*piste d'atterrissage*	
force		**STRIP, TURN-OFF ~**	[AER]
		piste de dégagement	

STRIP DOWN (TO) [GEN]
démonter (ex. un moteur)
STRIPPING [CONT]
dépotage
STRUCTURAL MEMBER [CONT]
membrure métallique
STRUCTURE, CIVIL ENGINEERING ~ [INTM]
ouvrage d'art
STRUCTURE OF CONTAINER [CONT]
ossature du conteneur
STRUT [GEN]
entretoise
STRUT [MAR]
béquille (d'hydroptère)
STUB AXLE [ROUT]
demi-essieu
STUDY, TO COMMISSION A ~ [GEN]
commander une étude
STUFF (TO) [CONT]
empoter
STUFFING [CONT]
empotage
SUB-CONTRACTOR [GEN]
sous-traitant
SUB-CONTRACTOR [ROUT]
affrété (n.)
SUBCONTRACT (TO) [GEN]
sous-traiter
SUBCONTRACTING [GEN]
sous-traitance
SUBFRAME [ROUT]
berceau de carrosserie
SUBJECT TO, TO BE ~ [GEN]
être assujetti à
SUBLET (TO) [INTM]
sous-fréter
SUBMERGED FOIL [MAR]
aile immergée (sur hydroptère)
SUBSIDIARY (adj.) [GEN]
subsidiaire
SUBSIDIARY (BRIT.) [GEN]
filiale
SUBSIDISE (TO) [GEN]
subventionner
SUBSIDY [GEN]
subvention

SUBSONIC [AER]
subsonique
SUBSTANDARD [GEN]
inférieur aux normes
SUBSTANTIATE A CLAIM (TO) [ASS]
justifier une réclamation
SUBSTITUTE [GEN]
produit de remplacement
SUBSTRUCTURE [GEN]
infrastructure
SUBURBAN AREA [GEN]
banlieue
SUBURBS [GEN]
banlieue
SUBWAY (US) [FER]
métro
SUBWAY [GEN]
passage souterrain
SUCTION [GEN]
aspiration
SUITABLE [GEN]
adéquat
SUITCASE [GEN]
valise
SUM, LUMP ~ [GEN]
forfait
montant forfaitaire
SUMMIT LEVEL (of a canal) [FLV]
bief de partage des eaux
SUMP, OIL ~ [ROUT]
carter
SUN VISOR [ROUT]
pare-soleil
SUPER HIGH CUBE (SHC) [CONT]
conteneur spécial hors-cotes (SHC)
SUPERIMPOSED LOAD [CONT]
charge de gerbage
SUPERSONIC TRANSPORT (SST) [AER]
transport supersonique (TSS)
SUPERSTRUCTURE [MAR]
accastillage
SUPERVISION [GEN]
contrôle
SUPERVISOR [AER]
chef de groupe

S — SUPERVISOR [GEN] — Transport – logistique / Lexique

SUPERVISOR [GEN]
agent de maîtrise
superviseur

SUPERVISORY PERSONNEL [GEN]
personnel d'encadrement

SUPPLIER [GEN]
fournisseur

SUPPLIER, FUEL ~ [GEN]
pétrolier (fournisseur)

SUPPLY [GEN]
approvisionnement

SUPPLY (TO) [GEN]
approvisionner
fournir

SUPPLY AND DEMAND [GEN]
offre (l') et la demande

SUPPLY CHAIN [LOG]
chaîne logistique
logistique globale (concept de ~)

SUPPLY CHAIN, INTEGRATED ~ [LOG]
chaîne logistique intégrée (tda)

SUPPLY CHAIN MANAGEMENT (SCM) [LOG]
gestion globale des ressources

SUPPLY MANAGEMENT [LOG]
gestion de l'approvisionnement

SUPPORT [GEN]
appui
soutien

SUPPORT, BODY ~ [ROUT]
support de carrosserie

SUPPORT, FIXED PRICE ~ [LS]
soutien à prix fixe

SUPPORT, LANDING GEAR ~ [INTM]
béquille relevable (semi-remorques, conteneurs flexi-van)

SUPPORT, THROUGH-LIFE ~ [LS]
soutien logistique pendant la durée de vie (tda)

SUPPORT, TRAILER ~ [ROUT]
béquille

SUPPORT LOGISTICS [LS]
logistique de soutien

SUPPORTABILITY [LS]
supportabilité (tda)

SUPPORTING DOCUMENTS [GEN]
pièces justificatives

SURCHARGE [GEN]
surtaxe

SURCHARGE, CONGESTION ~ [MAR]
surtaxe d'encombrement

SURCHARGE, HEAVY LIFT ~ [INTM]
surtaxe pour colis lourd

SURFACE, LOADING ~ [INTM]
surface de chargement

SURFACE ROBOTIZED GANTRY [MT]
robot portique de surface

SURFACE TRANSPORT [INTM]
transport de surface

SURFACES, CONTROL ~ [AER]
gouvernes

SURGE [GEN]
augmentation inattendue

SURGEON, VETERINARY ~ [GEN]
vétérinaire (n.)

SURPLUS STOCK [LOG]
stock excédentaire

SURRENDER A POLICY (TO) [ASS]
résilier une police

SURVEILLANCE [GEN]
surveillance

SURVEY [GEN]
étude

SURVEY, CERTIFICATE OF ~ [ASS]
certificat d'inspection

SURVEY FEES [ASS]
honoraires d'expertise

SURVEY REPORT [ASS]
rapport d'expertise

SURVEY REPORT [MAR]
constat d'avarie

SURVEYOR [ASS]
expert

SURVEYOR, AVERAGE ~ [MAR]
commissaire d'avarie

SUSPENSION [GEN]
suspension

SUSPENSION, AIR ~ [ROUT]
suspension pneumatique

SWAPBODY [INTM]
caisse mobile

SWEAT, SHIP'S ~ [MAR]
buée de cale

SWEAT DAMAGE [ASS]
dégâts occasionnés par la buée

Transport - logistique
Lexique

SYSTEMS INTEGRATOR [LOG]

SWELL	[MAR]
houle	
SWIFT	[GEN]
rapide	
SWING BAR	[MT]
palonnier	
SWING BRIDGE	[ROUT]
pont tournant	
SWITCH (TO) (US)	[FER]
aiguiller	
SWITCH	[GEN]
interrupteur	
SWITCH, BAGGAGE ~	[AER]
substitution de bagages	
SWITCH, RUNAWAY ~	[FER]
aiguille de déraillement	
SWITCH, WIPER ~	[INTM]
commande d'essuie-glace	
SWITCH ENGINE (US)	[FER]
locomotive de manœuvre	
SWITCH OFF (TO)	[GEN]
éteindre	
SWITCH ON (TO)	[GEN]
allumer	
SWITCHES (US)	[FER]
aiguilles	
SWITCHING (US)	[FER]
aiguillage	
SWITCHING YARD (US)	[FER]
gare de triage	
SWITCHMAN (US)	[FER]
aiguilleur	
SWIVEL (TO)	[GEN]
pivoter	
SWIVELLING BOLT	[INTM]
verrou pivotant	
SWIVELLING MAST, FORK LIFT TRUCK WITH ~	[MT]
chariot tridirectionnel	
SWOPBODY	[INTM]
caisse mobile	

SWOPTANK	[INTM]
caisse mobile citerne	
SYNCHRONIZE (TO)	[LOG]
synchroniser	
SYSTEM, AUTOMATIC PILOTING ~	[AER]
pilotage automatique	
SYSTEM, BLOCK ~	[FER]
bloc automatique	
à système lumineux (BAL)	
SYSTEM, CONTROL ~ (BRIT.)	[FER]
régulation	
SYSTEM, COUPLING ~	[INTM]
dispositif d'attelage	
SYSTEM, FIXED-PATH ~	[MT]
système de circulation	
à trajectoire fixe (entrepôt)	
SYSTEM, FLEXIBLE-PATH ~	[MT]
système de circulation	
à trajectoire aléatoire (entrepôt)	
SYSTEM, INFRA-RED BEAM ~	[GEN]
système de photocommande	
SYSTEM, THREE SHIFT ~	[GEN]
trois-huit, les ~	
SYSTEMS, INTEGRATED ~	[LS]
systèmes intégrés	
SYSTEMS ANALYSIS	[LOG]
analyse fonctionnelle	
SYSTEMS DESIGN	[LS]
analyse organique	
conception de systèmes	
SYSTEMS ENGINEER	[LOG]
ingénieur système	
SYSTEMS ENGINEERING	[LS]
architecture des systèmes	
SYSTEMS ENGINEERING (SE)	[LS]
ingénierie système	
SYSTEMS FAILURE	[LS]
dysfonctionnement de système	
SYSTEMS INTEGRATOR	[LOG]
ensemblier	

Anglais/Français

T-LIFT CRANE [MT]
grue en T

TABLE, DISTANCE ~ [INTM]
tableau des distances

TABLE, LIFT ~ [MT]
table élévatrice

TACHOGRAPH [ROUT]
chronotachygraphe
mouchard

TACHOMETER [INTM]
compte-tours

TACKLE [MT]
agrès
palan

TACKLE, LOADING ~ [MT]
appareil de levage

TAG [GEN]
étiquette

TAG (TO) [GEN]
étiqueter

TAG AXLE [ROUT]
essieu porteur trainard

TAIL [AER]
queue (de l'avion)

TAIL ASSEMBLY [AER]
empennage

TAIL BAY [FLV]
bief d'aval

TAIL HEAVY [AER]
centré arrière

TAIL LIFT [ROUT]
hayon élévateur

TAIL-LIGHTS [ROUT]
feux arrières

TAIL LOADING [AER]
chargement par l'arrière

TAIL PIPE EXTENSION [ROUT]
embout (de tuyau d'échappement)

TAIL UNIT [AER]
empennage

TAILBACK [ROUT]
bouchon (longueur du ~)

TAILBOARD LIFT [ROUT]
hayon élévateur

TAILOR (TO) [GEN]
adapter
(ex. aux besoins, à la clientèle)

TAILPLANE [AER]
stabilisateur

TAILWIND [INTM]
vent arrière

TAKE DELIVERY OF (TO) [LOG]
réceptionner (des marchandises)

TAKE INVENTORY (TO) [LOG]
faire l'inventaire

TAKE-OFF [AER]
décollage

© Éditions d'Organisation

TAKE-OFF (TO)	[AER]	TANK CONTAINER	[CONT]
décoller		conteneur citerne	
TAKE-OFF, TO CLEAR FOR ~	[AER]	TANK FARM	[INTM]
autoriser à décoller		dépôt de carburant	
TAKE-OFF FUEL	[AER]	TANK TOP	[CONT]
carburant au décollage		plafond de ballast	
TAKE-OFF WEIGHT (TOW)	[AER]	TANK TRUCK	[ROUT]
masse au décollage		camion-citerne	
TAKE-OFF WEIGHT, ALLOWED ~	[AER]	TANKER (BRIT.)	[ROUT]
limitation utile		camion-citerne	
TAKE-OFF WEIGHT LIMITATION	[AER]	TANKER, BUTANE ~	[MAR]
limitation au décollage		butanier	
TAKE ON (TO)	[INTM]	TANKER, OIL ~	[MAR]
prendre (ex. du frêt, des passagers)		pétrolier	
TAKE OUT A INSURANCE POLICY (TO)	[ASS]	TANKER, WINE ~	[MAR]
contracter une assurance		pinardier	
TAKE CONTROL (TO)	[GEN]	TANKER AIRCRAFT	[AER]
prendre le contrôle		avion de ravitaillement	
TAKE STOCK (TO)	[LOG]	TANKER LORRY	[ROUT]
faire l'inventaire		camion-citerne	
TALLY CARD	[INTM]	TANKER SHIP (T/S)	[MAR]
feuille de pointage		navire citerne	
TALLY CLERK	[INTM]	TANKER WAGON	[FER]
pointeur		wagon-citerne	
		wagon-foudre	
TALLY SHEET	[INTM]	TAPE, RED ~	[GEN]
feuille de pointage		paperasserie	
TAMPER-PROOF	[GEN]	TAPE, SEALING ~	[CONT]
inviolable (ex. un système de sécurité)		bande adhésive (raccord provisoire)	
TANDEM AXLE	[ROUT]	TAPERING CHARGES	[INTM]
essieu tandem		tarif dégressif	
TANK	[GEN]	TARE	[INTM]
citerne		tare	
réservoir			
		TARE, ACTUAL ~	[INTM]
TANK, BALLAST ~	[MAR]	tare nette	
réservoir à lest		TARE WEIGHT (T.W.)	[INTM]
TANK, BELLY ~	[AER]	tare (ex. poids du conteneur à vide)	
réservoir ventral		TARGET, TO SET A ~	[GEN]
TANK, FREE-STANDING ~	[MAR]	fixer un objectif	
réservoir indépendant		TARIFF	[DN]
(ex. sur un méthanier)		tarif douanier	
TANK, GRAVITY FEED ~	[ROUT]	TARIFF	[GEN]
réservoir en charge		tarif	
TANK, VACUUM FEED ~	[ROUT]	TARIFF, AIR CARGO ~ (THE) (TACT)	[AER]
réservoir à exhausteur		tarif IATA (le)	
TANK BARGE	[FLV]	TARIFF, COMMON CUSTOMS ~ (CCT)	[DN]
chaland citerne		tarif douanier commun (TDC)	

TARIFF BARRIERS	[DN]	**TEAMSTER (US)**	[ROUT]
barrières douanières		*chauffeur routier*	
TARIFF HEADING	[DN]	**TEAMWORK**	[GEN]
position tarifaire		*travail d'équipe*	
TARIFF WALLS	[DN]	**TEAR**	[GEN]
barrières douanières		*déchirure*	
TARIFFING	[INTM]	**TEAR (TO)**	[GEN]
tarification		*déchirer*	
TARING	[GEN]	**TECHNICAL DATA INTERCHANGE (TDI)**	[LS]
tarage		*échange de données techniques*	
TARMAC CONNECTION	[AER]	**TECHNICAL**	
correspondance bord à bord		**DATA MANAGEMENT SYSTEM**	[LOG]
TARPAULIN / TARP	[GEN]	*système de gestion*	
bâche		*des données techniques (SGDT)*	
TASK FORCE	[GEN]	**TECHNICAL HITCH**	[INTM]
groupe de travail		*incident technique*	
TAUTLINER	[ROUT]	**TECHNICAL STOP**	[AER]
Tautliner (semi-remorque		*escale technique*	
découvrable pour chargement latéral)		**TECHNOLOGY,**	
TAX	[GEN]	**AUTOMATED PRODUCTION ~**	[LOG]
impôt		*productique*	
redevance		**TECHNOLOGY, INFORMATION ~ (IT)**	[GEN]
taxe		*informatique*	
TAX (TO)	[GEN]	*technologie de l'information*	
taxer		**TECHNOLOGY TRANSFER (TT)**	[LS]
TAX-FREE SHOP	[INTM]	*transfert de technologie*	
boutique hors taxes		**TELEMANIPULATOR**	[MT]
TAXI (TO)	[AER]	*télémanipulateur*	
rouler		**TELEPRINTER**	[GEN]
TAXI FUEL	[AER]	*téléscripteur*	
carburant de roulage		**TELESCOPIC**	[GEN]
TAXI-IN	[AER]	*télescopique*	
roulage à l'arrivée		**TELESCOPIC BELT CONVEYOR**	[MT]
TAXI LIGHTS	[AER]	*convoyeur à bande télescopique*	
phares de roulement		**TELESCOPIC BOOM**	[MT]
TAXI-OUT	[AER]	*flèche télescopique*	
roulage au départ		**TELESCOPIC CORRIDOR**	[AER]
TAXI PLANE	[AER]	*passerelle téléscopique*	
avion taxi		**TELESCOPIC MAST**	[MT]
TAXI WEIGHT LIMITATION	[AER]	*mât télescopique*	
limitation à la mise en route		**TELEVISION, CLOSED CIRCUIT ~**	[GEN]
TAXIING	[AER]	*télévision en circuit fermé*	
roulage		**TELEX**	[GEN]
TAXIWAY	[AER]	*télex*	
piste de roulage		**TEMPERATURE, AMBIENT ~**	[GEN]
TEAM	[GEN]	*température ambiante*	
équipe			

TEMPERATURE-CONTROLLED CONTAINER [CONT]

Transport – logistique
Lexique

TEMPERATURE-CONTROLLED CONTAINER [CONT]
conteneur à température dirigée

TEMPERATURE INDICATOR [ROUT]
thermomètre d'eau

TEMPERATURE RECORDER [GEN]
enregistreur de température

TEMPERATURE-SENSITIVE [INTM]
sensible à la température
thermosensible

TEMPLATE, CHECKING ~ [GEN]
gabarit de vérification

TEMPORARY ADMISSION [DN]
admission temporaire

TEMPORARY IMPORTATION [DN]
admission temporaire

TENDER [GEN]
soumission

TENDER, INVITATION TO ~ [GEN]
appel d'offres

TENDER FOR (TO) [GEN]
soumissionner

TENDERS, CALL FOR ~ [GEN]
appel d'offres

TENDERS, INVITATION FOR ~ [GEN]
appel d'offres

TERM INSURANCE [ASS]
assurance temporaire

TERMINAL [AER]
aérogare

TERMINAL [INTM]
terminal (n.)
terminus

TERMINAL, AIR ~ [AER]
aérogare
terminal

TERMINAL, CARGO ~ [AER]
aérogare de fret

TERMINAL, CONTAINER ~ [CONT]
terminal à conteneurs

TERMINAL, RAIL ~ [FER]
chantier

TERMINAL HANDLING CHARGES (THC) [CONT]
frais de manutention au terminal
frais de passage portuaire

TERMINAL HANDLING DISCHARGE (THD) [CONT]
déchargement au terminal

TERMINAL HANDLING LOADING (THL) [CONT]
chargement au terminal

TERMINATE (TO) [ASS]
dénoncer (un contrat)
résilier

TERMINATE (TO) [GEN]
terminer

TERMINUS [INTM]
terminus

TERMS [GEN]
conditions de paiement

TERMS, CONFERENCE ~ (CT) [MAR]
conditions de la conférence

TERMS, INCLUSIVE ~ [GEN]
tout compris

TERMS, LINER ~ [MAR]
conditions des lignes régulières

TERMS OF PAYMENT [GEN]
conditions de paiement

TERRITORIAL WATERS [MAR]
eaux territoriales

TEST [GEN]
épreuve
essai
test

TEST (TO) [GEN]
éprouver
essayer
tester

TEST, BENCH ~ [LS]
essai en usine

TEST, CRASH ~ [INTM]
essai de choc

TEST, MINISTRY OF TRANSPORT ~ (BRIT.) (M.O.T. TEST) [ROUT]
contrôle technique (périodique)

TEST BENCH [LS]
banc d'essai

TEST FLIGHT [AER]
vol d'essai

TESTABILITY [LS]
testabilité

TEXTILES [GEN]
textiles

Transport – logistique
Lexique

THAW (TO) [GEN]
dégeler

THAW BARRIER [ROUT]
barrière de dégel

THEFT [GEN]
vol (ex. d'un objet)

THEFT INSURANCE [ASS]
assurance vol

**THEFT, PILFERAGE,
NON DELIVERY (TPND)** [ASS]
vol, pillage, disparition

THERMAL CONTAINER [CONT]
conteneur à température dirigée

THERMOGRAPH DISC [CONT]
disque (enregistrement de température
sur un conteneur réfrigéré)

THIRD COUNTRY [DN]
pays tiers

THIRD-PARTY [GEN]
tiers (tierce personne)

THIRD-PARTY INSURANCE [ASS]
assurance au tiers

**THIRD-PARTY INVENTORY
MANAGEMENT** [LOG]
gestion des stocks pour compte

THIRD-PARTY LIABILITY [ASS]
responsabilité civile

THIRD PARTY LOGISTICS (3 PL) [LOG]
opérateur physique des flux

THIS SIDE UP [MT]
haut (sur un emballage)

THOROUGHFARE [ROUT]
voie publique

THOROUGHFARE, NO ~ [ROUT]
rue barrée

THOUSAND MILLION (BRIT.) [GEN]
milliard

THREAD [GEN]
filetage

THREADED DUST CAP [CONT]
bouchon fileté

THREE-ENGINED AIRCRAFT [AER]
tri-moteur (avion)

THREE SHIFT SYSTEM [GEN]
trois-huit, les ~

THRESHOLD PLATE [CONT]
tôle de seuil

TICKET [INTM]

THROTTLE [INTM]
accélérateur

THROTTLE, TO OPEN THE ~ [INTM]
mettre les gaz

**THROUGH /
TRANSPORT BILL OF LADING** [INTM]
connaissement direct
(transport mixte)

THROUGH BILL OF LADING (T.B.L) [MAR]
connaissement complet
connaissement direct

THROUGH CARRIAGE [INTM]
transport de bout en bout

THROUGH FLIGHT [AER]
vol direct
vol sans escale

THROUGH FREIGHT [INTM]
fret à forfait

THROUGH-LIFE SUPPORT [LS]
soutien logistique pendant
la durée de vie (tda)

THROUGH RATE [INTM]
tarif de bout en bout
tarif direct
tarif forfaitaire

THROUGH ROAD, NO ~ [ROUT]
voie sans issue

THROUGH TRAFFIC [ROUT]
trafic de passage
(ex. dans une ville)

THROUGHPUT [GEN]
débit

THROUGHPUT COST [LOG]
coût d'entreposage associé
aux flux (tda)

THROUGHWAY (US) [ROUT]
voie express

THRUST [AER]
poussée (d'un réacteur)

THRUST, REVERSE ~ [AER]
inversion de la poussée

THRUWAY (US) [ROUT]
voie express

TICK OFF (TO) [GEN]
cocher (ex. des noms sur une liste)
pointer (sur une liste)

TICKET [INTM]
billet (titre de transport)

TICKET	[ROUT]	**TIER**	[LOG]
contravention		*niveau (ex. d'une organisation,*	
TICKET, DISCOUNTED ~ (US)	[INTM]	*d'un système)*	
tarif spécial		**TIER**	[MAR]
TICKET, ONE-WAY ~	[INTM]	*plan d'arrimage*	
aller-simple		**TILT (US)**	[GEN]
TICKET, OPEN ~	[AER]	*bâche*	
billet ouvert		**TILT (TO)**	[GEN]
TICKET, SEASON ~	[INTM]	*basculer*	
abonnement		*faire basculer*	
TICKET, SINGLE ~	[INTM]	*incliner*	
aller-simple		*incliner, s' ~*	
TICKET COUNTER	[AER]	**TILT CAB**	[ROUT]
comptoir de vente de billets		*cabine basculable*	
TICKET MACHINE, COIN-OPERATED ~	[INTM]	**TILT CONTAINER**	[CONT]
billetterie automatique		*conteneur type plate-forme*	
TICKET PICKUP	[AER]	*(identique à "flat", mais avec*	
retrait des billets		*ridelles rabattables)*	
TIDAL DOCK	[MAR]	**TILT TRAILER**	[ROUT]
bassin d'échouage (soumis		*savoyarde*	
aux fluctuations de la marée)		**TILTED LOADING**	[AER]
TIDE	[MAR]	*chargement fret incliné*	
marée		**TIMBER**	[GEN]
TIDE, EBB ~	[MAR]	*bois (non préparé)*	
marée descendante		**TIMBER-COAT**	[LOG]
TIDE, FLOOD ~	[MAR]	*trinqueballe*	
marée montante		**TIME**	[GEN]
TIDE, HIGH ~	[MAR]	*délai*	
marée haute		*heure*	
TIDE, LOW ~	[MAR]	**TIME, ACCESS ~**	[LOG]
marée basse		*temps d'accès*	
TIDE, NEAP ~	[MAR]	**TIME, APRON OCCUPANCY ~**	[AER]
marée de mortes-eaux		*temps d'immobilisation au sol*	
TIDE, SPRING ~	[MAR]	**TIME, CLOSE-OUT ~**	[AER]
marée de vives-eaux		*heure limite d'enregistrement*	
TIE (US)	[FER]	**TIME, DAYLIGHT SAVING ~**	[GEN]
traverse		*heure d'été*	
TIE-BAR (US)	[FER]	**TIME, DELIVERY ~**	[INTM]
entretoise (de traverse)		*délai de livraison*	
TIE-DOWN RING	[AER]	**TIME, DERRICKING ~**	[MT]
anneau d'arrimage		*temps de relevage (sur portique)*	
TIE PLATE (US)	[FER]	**TIME, DOWN ~ (DT)**	[LS]
selle de rail		*temps d'immobilisation*	
TIEBACK, DOOR ~	[INTM]	**TIME, DOWN ~**	[LS]
attache de porte		*temps de défaillance*	
		TIME, DRIVING ~	[ROUT]
		temps de conduite	

TIME, FLEX / FLEXI / FLEXIBLE ~ [GEN]
horaires flexibles

TIME, IDLE ~ [LS]
temps-mort (arrêt machine)

TIME, LEAD ~ [LOG]
*délai d'exécution
(ex. d'une commande)
délai de mise en production
délai de réalisation
délai de réapprovisionnement
temps de latence*

TIME, LOCAL ~ [GEN]
heure locale

TIME, MINIMUM CONNECTING ~ [AER]
temps de correspondance minimal

TIME, PART ~ [GEN]
temps partiel, à ~

TIME, PRODUCT-TO-MARKET ~ [LOG]
*délai entre conception
et commercialisation (tda)*

TIME, REPORTING ~ [AER]
heure de présentation

TIME, SLACK ~ [INTM]
heure creuse

TIME, STANDARD ~ [GEN]
heure légale

TIME, TRANSIT ~ (T/T) [MAR]
délai de mer

TIME, TURNAROUND ~ (TAT) [INTM]
temps d'immobilisation

TIME, TURNROUND ~ [INTM]
temps de rotation

TIME, UP ~ (UT) [LS]
durée de bon fonctionnement

TIME BETWEEN OVERHAULS (TBO) [LS]
temps entre les révisions

TIME CHARTER [MAR]
affrètement à temps

TIME CHARTER-PARTY [MAR]
charte-partie à temps

TIME DIFFERENCE [GEN]
décalage horaire

TIME LAG [GEN]
décalage (entre deux opérations)

TIME POLICY [MAR]
*police à temps
police à terme*

TIME SINCE INSTALLATION (TSI) [LS]
durée depuis installation

TIME SINCE OVERHAUL (TSO) [LS]
durée depuis rénovation

TIME STANDARDS [LOG]
*temps élémentaires
temps standards*

TIME-TO-MARKET [LOG]
*délai entre conception
et commercialisation (tda)*

TIME ZONE [GEN]
fuseau horaire

TIMELY [GEN]
opportun

TIMETABLE [GEN]
*emploi du temps
horaire (planning)*

TIMETABLE [INTM]
indicateur horaire

TIMING, IGNITION ~ [ROUT]
avance à l'allumage

TIN [GEN]
boîte de conserve

TIP, WING ~ [AER]
saumon d'aile

TIP TRUCK [FER]
wagon à bascule

TIPPER [MT]
*basculeur présentoir
basculeur videur*

TIPPER [ROUT]
camion benne

TIPPER, WAGON ~ [MT]
transbordeur de wagons

TIR [ROUT]
Transit International Routier (TIR)

TIR CARNET [ROUT]
carnet TIR

TIR PLATE [ROUT]
plaque Transit International Routier

TIRE (US) [INTM]
pneu

TITLE, DOCUMENT OF ~ [GEN]
titre de propriété

TO ORDER BILL OF LADING [MAR]
connaissement à ordre

TOILET TRUCK [AER]
camion vide-toilettes

TOKEN STRIKE	[GEN]	**TONNAGE, BILL OF ~**	[MAR]
grève d'avertissement		*certificat de tonnage*	
TOLL	[ROUT]	**TONNAGE, DEADWEIGHT ~**	[MAR]
péage		*tonnage réel*	
TOLL FREE NUMBER	[GEN]	**TONNAGE, NET ~**	[MAR]
numéro vert		*tonneau de jauge nette (TJN)*	
TOLL LANE	[ROUT]	**TONNAGE, NET REGISTERED ~ (NRT)**	[MAR]
couloir de péage		*jauge nette*	
TON, FREIGHT ~	[MAR]	**TONNAGE,**	
tonneau d'affrètement		**REGISTER / REGISTERED ~**	[MAR]
tonneau de fret		*jauge de douane*	
tonneau de jauge		*jauge de registre*	
tonneau de mer		*jauge officielle*	
tonneau de portée en lourd		*tonnage de jauge*	
TON, GROSS ~	[GEN]	*tonnage net*	
tonne longue (1016 kg.)		**TONNAGE, UNDERDECK ~**	[MAR]
TON, GROSS ~	[MAR]	*tonnage sous le pont*	
tonneau de jauge		**TONNAGE DECK**	[MAR]
TON, LONG ~ (L.T.)	[GEN]	*pont de tonnage*	
tonne longue (1016 kg.)		**TONNAGE DUES**	[MAR]
TON, MEASUREMENT ~	[MAR]	*droits de tonnage*	
tonne d'arrimage		**TONNE, DEADWEIGHT ~ (DWT)**	[MAR]
tonne d'encombrement		*tonne de port en lourd (TPL)*	
TON, NET ~	[GEN]	**TONNE, METRIC ~**	[GEN]
tonne courte (907,18 kg.)		*tonne métrique*	
TON, REGISTER ~	[MAR]	**TONNE-KILOMETRE**	[INTM]
tonneau d'affrètement		*tonne kilométrique*	
tonneau de jauge internationale		**TOOL, MANAGEMENT ~**	[LOG]
(2,831 m3)		*outil de gestion*	
tonneau de registre		**TOP**	[MT]
TON, SHIPPING ~	[MAR]	*haut (sur un emballage)*	
tonneau d'affrètement		**TOP, OPEN ~ (OT)**	[INTM]
TON, SHORT ~	[GEN]	*toit ouvert, à ~*	
tonne courte (907,18 kg.)		**TOP, TANK ~**	[CONT]
TON BURDEN	[MAR]	*plafond de ballast*	
tonne de pontée		**TOP FITTING**	[CONT]
TON-MILE	[INTM]	*pièce de saisissage*	
tonne millénaire		**TOP RAIL**	[CONT]
TON OIL EQUIVALENT (TOE)	[GEN]	*longeron supérieur*	
tonne équivalent pétrole (TEP)		**TOP SIDE RAIL**	[CONT]
TONGS	[MT]	*longeron supérieur latéral*	
pinces		**TOP SLEEPER CAB**	[ROUT]
TONGS, LIFTING ~	[MT]	*cabine avancée courte*	
palonnier		*avec couchette intégrée au-dessus*	
TONGUE	[ROUT]	*du poste de conduite*	
flèche		**TOP-UP**	[INTM]
TONNAGE	[MAR]	*complément de plein*	
jauge (capacité d'un navire)			
tonnage			

TORQUE [INTM]
couple (d'un moteur)

TOTAL LOSS [INTM]
perte totale

**TOTAL OPERATIONS
PROCESSING SYSTEM (TOPS)** [FER]
système de gestion informatisé

**TOTAL PRODUCTIVE
MAINTENANCE (TPM)** [LS]
*maintenance totale
des équipements de production (tda)*

TOTAL QUALITY [LOG]
qualité totale

TOTAL QUALITY MANAGEMENT (TQM) [LOG]
contrôle total de qualité

TOTAL TRAFFIC LOAD [AER]
charge transportée

TOTE BASKET [MT]
bac de manutention

TOTE BOX [MT]
bac de stockage

TOTE PAN [MT]
bac de manutention

TOUCH DOWN [AER]
touchée

TOUCH SCREEN [GEN]
écran tactile

TOUR, COACH ~ [ROUT]
voyage en car

TOUR, PACKAGE ~ [INTM]
voyage à prix forfaitaire

TOUR-OPERATOR [GEN]
voyagiste

TOURIST CLASS [INTM]
classe touriste

TOW (TO) [INTM]
remorquer

TOW AWAY (TO) [ROUT]
mettre en fourrière

TOW BAR [INTM]
barre d'attelage

TOW EYE [ROUT]
œil de remorquage

TOW HOOK [ROUT]
crochet de remorquage

TOW PIN [ROUT]
goupille de dépannage

TOW RING [ROUT]
anneau d'attelage

TOW TRACTOR [AER]
tracteur de piste

TOW-TRUCK (US) [ROUT]
dépanneuse

TOW TUG [AER]
tracteur d'avions

TOWABLE [INTM]
tractable

TOWAGE [INTM]
remorquage

TOWBARLESS [INTM]
sans barre d'attelage

TOWER, CONTROL ~ [AER]
tour de contrôle

TOWER MAST [MT]
tour (d'une grue)

TOWING [INTM]
remorquage

TOWING CLEVIS [ROUT]
chape de dépannage

TOXIC GASES [GEN]
gaz toxiques

TRACE (TO) [LOG]
*retrouver (ex. un manquant)
suivre la trace
tracer*

TRACEABLE [LOG]
*retrouvable
traçable*

TRACER [INTM]
fiche de recherche

TRACING [LOG]
*traçage (tda)
suivi logistique, étape par étape
d'une commande*

TRACK [FER]
voie

TRACK (TO) [LOG]
suivre (ex. un envoi)

TRACK [ROUT]
*voie (distance entre les roues
d'un même essieu)*

TRACK, DOUBLE ~ [FER]
à double voie

TRACK, SINGLE ~ [FER]
à voie unique

TRACK, STABLING ~	[FER]	TRACTOR, LONG DISTANCE ~ (US)	[ROUT]
voie de garage		*tracteur grand routier*	
TRACK BY RADAR (TO)	[INTM]	TRACTOR, PEDESTRIAN-CONTROLLED ~	[MT]
suivre au radar		*tracteur à conducteur à pied*	
TRACK GAUGE	[FER]	TRACTOR, RIDER-CONTROLLED ~	[MT]
écartement des voies		*tracteur à conducteur porté*	
TRACK LAYING	[FER]	TRACTOR, SHORT HAUL ~ (US)	[ROUT]
pose des rails		*tracteur courte distance*	
TRACK RENEWAL COMPANY (BRIT.) (TRC)	[FER]	TRACTOR, TOW ~	[AER]
société de renouvellement de la voie (Brit.) (tda)		*tracteur de piste*	
		TRACTOR, YARD ~	[MT]
TRACK ROD	[ROUT]	*tracteur de manœuvre*	
bielle		*tracteur portuaire*	
TRACKABLE	[LOG]	TRADE	[GEN]
traquable (tda)		*commerce*	
TRACKED VEHICLE	[ROUT]	TRADE, AIR ~	[AER]
véhicule à chenilles		*commerce aérien*	
TRACKING	[LOG]	TRADE, FREE ~	[GEN]
suivi en temps réel d'un flux physique et d'informations traquage (tda)		*libre échange*	
		TRADE, SEA-BORNE ~	[MAR]
		commerce maritime	
TRACKS	[CONT]	TRADE-OFF (US)	[GEN]
bandes métalliques (pour l'arrimage à l'intérieur du conteneur)		*compromis*	
		TRADE UNION	[GEN]
		syndicat	
TRACTION	[GEN]	TRADE WINDS	[MAR]
traction		*vents alizés*	
TRACTION, LOSS OF ~	[FER]	TRADER	[GEN]
perte d'adhérence		*commerçant*	
TRACTOR	[MT]	*marchand*	
chariot tracteur		*négociant*	
TRACTOR	[ROUT]	TRADING PORT	[MAR]
tracteur		*port de commerce*	
TRACTOR, DOCK-SIDE ~	[MT]	TRAFFIC	[INTM]
tracteur portuaire		*circulation*	
TRACTOR, DRAWBAR ~	[ROUT]	*trafic*	
porteur remorqueur		TRAFFIC, AIR ~	[AER]
TRACTOR, DRIVERLESS ~	[MT]	*trafic aérien*	
chariot sans conducteur		TRAFFIC, DENSE ~	[ROUT]
TRACTOR, DROMEDARY ~	[ROUT]	*circulation dense*	
tracteur dromadaire		TRAFFIC, DOMESTIC ~	[INTM]
TRACTOR, FLOAT ~	[ROUT]	*transport intérieur*	
tracteur pour transport lourd		TRAFFIC, HEAVY ~	[ROUT]
TRACTOR, LINE-HAUL ~ (US)	[ROUT]	*circulation dense*	
tracteur de ligne		TRAFFIC, INLAND ~	[INTM]
TRACTOR, LOCAL ~ (US)	[ROUT]	*transport intérieur*	
tracteur courte distance		TRAFFIC, INTERIOR ~	[INTM]
		trafic interne	

Transport - logistique
Lexique

TRAIN, TO BREAK UP A ~ [FER]

TRAFFIC, INTERNAL ~ [INTM]
trafic interne

TRAFFIC, LIGHT ~ [ROUT]
circulation fluide

TRAFFIC, ONE-WAY ~ [ROUT]
sens unique

TRAFFIC, PASSENGER ~ [INTM]
trafic de voyageurs

TRAFFIC, RESTRICTION OF ~ [INTM]
limitation de circulation

TRAFFIC, THROUGH ~ [ROUT]
trafic de passage (ex. dans une ville)

TRAFFIC, TWO-WAY ~ [ROUT]
circulation à double sens

TRAFFIC CALMING MEASURES [ROUT]
*mesures de ralentissement
de la circulation urbaine (tda)*

TRAFFIC DOCUMENTS SATCHEL [AER]
sacoche transport

TRAFFIC ISLAND [ROUT]
refuge pour piétons

TRAFFIC JAM [ROUT]
embouteillage

TRAFFIC LIGHTS [ROUT]
feux de circulation

TRAFFIC LOAD, ALLOWED ~ [AER]
charge offerte

TRAFFIC RIGHTS [AER]
droits de trafic

TRAFFIC SIGN [ROUT]
panneau indicateur

TRAFFIC SIGNALS [ROUT]
feux de circulation

TRAILER [ROUT]
remorque

TRAILER, ACCOMPANIED ~ [INTM]
remorque accompagnée

TRAILER, BALANCED FULL ~ [ROUT]
remorque semi-portée

TRAILER, CLOSE-COUPLED ~ [ROUT]
remorque à attelage court

TRAILER, FIXED BED ~ [ROUT]
remorque plateau fixe

TRAILER, FULL ~ [ROUT]
remorque

TRAILER, JUMBO ~ [ROUT]
remorque grande capacité

TRAILER, LOW-LOADER ~ [ROUT]
remorque surbaissée

TRAILER, OPEN TOP ~ [ROUT]
remorque à toit ouvert (bâchable)

TRAILER, POLE ~ [ROUT]
*semi-remorque
à poutre télescopique*

TRAILER, PUP ~ [ROUT]
*remorque valise
(dernier véhicule d'un train double)*

TRAILER, REEL CARRIER ~ [ROUT]
remorque porte-tourets

TRAILER, SKELETON ~ [ROUT]
*remorque squelette
(pour transport de conteneurs)*

TRAILER, TILT ~ [ROUT]
savoyarde

TRAILER, UNACCOMPANIED ~ [INTM]
remorque non-accompagnée

TRAILER, WAGON CARRYING ~ [INTM]
remorque porte-wagon

TRAILER DECK [MAR]
entrepont (pour camions)

TRAILER KING-PIN [ROUT]
pivot d'attelage

TRAILER MOUNTED CRANE [MT]
grue montée sur roues

TRAILER ON FLAT CAR (US) (TOFC) [INTM]
remorque sur wagon

TRAILER SUPPORT [ROUT]
béquille

TRAILERS, RAIL TRANSPORT OF ~ [INTM]
système FERCAM (FERCAM)

TRAILING AXLE [ROUT]
essieu porteur trainard

TRAILING EDGE [AER]
bord de fuite

TRAILING EDGE FLAP [AER]
volet de bord de fuite

TRAIN [INTM]
train

TRAIN, BLOCK ~ [FER]
train-bloc

TRAIN, BLOCK ~ [INTM]
train bloc porte-conteneurs

TRAIN, TO BREAK UP A ~ [FER]
défaire un train

TRAIN, COMMUTER ~	[FER]	**TRAM**	[FER]
train de banlieue		*tramway / tram*	
TRAIN, DOUBLE ROAD ~	[ROUT]	**TRAMCAR (BRIT.)**	[FER]
train double		*tramway / tram*	
TRAIN, GOODS ~	[FER]	**TRAMP SHIP**	[MAR]
train de marchandises		*navire de tramping*	
TRAIN, LONG-HAUL ~	[FER]	**TRAMPING**	[MAR]
train de grande ligne (marchandises)		*cabotage (navigation côtière)*	
TRAIN, TO MAKE UP A ~	[FER]	*navigation sans itinéraire fixe*	
composer un train		*navigation vagabonde*	
		transport maritime à la demande	
TRAIN, NON-STOP ~	[FER]	**TRAMWAY**	[FER]
train direct		*voie de tramway*	
TRAIN, OVERNIGHT ~	[FER]	**TRANSACTION, STOCK ~**	[LOG]
train de nuit		*mouvement de stock*	
TRAIN, PAY ~	[FER]	**TRANSFER**	[GEN]
train avec recette embarquée		*transfert*	
TRAIN, PENDULAR~	[FER]	**TRANSFER**	[INTM]
train pendulaire		*correspondance*	
TRAIN, ROAD ~	[ROUT]	**TRANSFER (TO)**	[INTM]
train routier		*transborder*	
TRAIN, SPOT ~	[FER]	**TRANSFER, DATA ~**	[LOG]
train sauvage		*transmission de données*	
train spontané		**TRANSFER, TECHNOLOGY ~ (TT)**	[LS]
TRAIN, STOPPING ~	[FER]	*transfert de technologie*	
train omnibus		**TRANSFER DOLLY**	[MT]
TRAIN CONSIST REPORT	[FER]	*chariot de transfert*	
feuille de composition (du train)		**TRANSFER STATION**	[AER]
TRAIN FERRY	[INTM]	*escale de correspondance*	
transbordeur		**TRANSFER TRUCK**	[MT]
TRAIN OPERATING CENTRE (TOC)	[FER]	*chariot transbordeur*	
centre de traitement ferroviaire		**TRANSFERABLE DOCUMENTARY CREDIT**	[INTM]
TRAIN OPERATING COMPANY (BRIT.) (TOC)	[FER]	*crédit documentaire transférable*	
compagnie d'exploitation de trains (Brit.) (tda)		**TRANSHIP (TO)**	[INTM]
		transborder	
TRAIN PATH	[FER]	**TRANSHIPMENT**	[INTM]
sillon		*transbordement*	
TRAINING	[GEN]	**TRANSHIPMENT, RAMP ~**	[AER]
formation (ex. professionnelle)		*bord à bord*	
TRAINING, IN-HOUSE ~	[GEN]	**TRANSHIPPING**	[INTM]
formation interne		*transbordement*	
TRAINING, ON-THE-JOB ~	[GEN]	**TRANSIT (US)**	[INTM]
formation sur site		*transport*	
TRAINING FLIGHT	[AER]	**TRANSIT, IN ~**	[DN]
vol d'entraînement		*en transit*	
TRAINLOAD	[FER]	**TRANSIT, IN ~**	[INTM]
train complet		*en cours de route*	

Transport - logistique
Lexique

TRAY [LOG]

TRANSIT SYSTEM,
INTERMEDIATE CAPACITY ~ (ICTS) [FER]
système de transport
à capacité moyenne

TRANSIT SYSTEM, RAPID ~ [FER]
système de transport rapide
(sur rail)

TRANSIT TIME (T/T) [MAR]
délai de mer

TRANSITIONAL PERIOD [GEN]
période transitoire

TRANSMISSION [GEN]
transmission

TRANSPONDER [AER]
transpondeur

TRANSPORT [INTM]
transport

TRANSPORT (TO) [INTM]
transporter

TRANSPORT, AIR ~ [AER]
transport aérien

TRANSPORT, APPROACH ~ [INTM]
transport d'approche

TRANSPORT, BIMODAL ~ [INTM]
transport bimodal

TRANSPORT, COMBINED ~ (CT) [INTM]
transport combiné

TRANSPORT, HANGING GARMENT ~ [INTM]
transport de vêtements sur cintres

TRANSPORT, INLAND ~ [INTM]
transport intérieur

TRANSPORT, INLAND WATERWAY ~ [FLV]
transport fluvial
transport par voie d'eau

TRANSPORT, INTEGRATED ~ [INTM]
transport intégré

TRANSPORT, INTERMODAL ~ [INTM]
transport intermodal

TRANSPORT, MARITIME ~ [MAR]
transport maritime

TRANSPORT, OVERLAND ~ [INTM]
transport terrestre

TRANSPORT, PUBLIC ~ [INTM]
transports en commun

TRANSPORT, RAIL / RAILWAY ~ [FER]
transport ferroviaire

TRANSPORT, RAIL-ROAD ~ (BRIT.) [INTM]
ferroutage
transport kangourou

TRANSPORT, RAILROAD ~ (US) [FER]
transport ferroviaire

TRANSPORT, ROAD ~ [ROUT]
transport routier

TRANSPORT, SEA ~ [MAR]
transport maritime

TRANSPORT, SUPERSONIC ~ (SST) [AER]
transport supersonique (TSS)

TRANSPORT, SURFACE ~ [INTM]
transport de surface

TRANSPORT ACT (BRIT.) [GEN]
Loi d'Orientation des Transports

TRANSPORT FACILITATOR [INTM]
auxiliaire de transport

TRANSPORT OPERATOR,
MULTIMODAL ~ (M.T.O) [INTM]
opérateur de transport
multimodal (O.T.M.)

TRANSPORT TELEMATICS [INTM]
service télématique transport

TRANSPORTATION (US) [INTM]
transport

TRANSPORTATION, GROUND ~ (US) [INTM]
transport terrestre

TRANSPORTATION, MEANS OF ~ [INTM]
moyen de transport

TRANSPORTATION DOCUMENTS [INTM]
documents de transport

TRAP [GEN]
trappe

TRAVEL (TO) [INTM]
voyager

TRAVEL EXPENSES [GEN]
frais de déplacement

TRAVELATOR [GEN]
trottoir mécanique

TRAVELER (US) [INTM]
voyageur

TRAVELLER (BRIT.) [INTM]
voyageur

TRAVELLING GANTRY CRANE [MT]
portique mobile

TRAY [LOG]
clayette

© Éditions d'Organisation

TRAY-LIFT TRUCK	[MT]	**TRUCK**	[MT]
chariot à plateau		*chariot*	
TREAD	[ROUT]	**TRUCK (US)**	[ROUT]
bande de roulement		*camion*	
chape (d'un pneu)		**TRUCK, ASSEMBLING ~**	[MT]
TREATMENT, INTRA-COMMUNITY ~	[DN]	*chariot d'assemblage*	
régime communautaire		**TRUCK, CATTLE ~**	[INTM]
TREATY, NON PROPORTIONAL ~	[MAR]	*bétaillère*	
traité non proportionnel		**TRUCK, CRATE ~**	[MT]
TREND	[GEN]	*chariot caisses*	
tendance		**TRUCK,**	
TRI-AXLE	[ROUT]	**DOUBLE-HOPPER OPEN ~ (BRIT.)**	[FER]
essieu tridem		*wagon plat-gondole à double trémie*	
TRIAL, SEA ~	[MAR]	**TRUCK, DUMP ~**	[ROUT]
essai en mer		*camion benne*	
TRIBUTARY	[FLV]	**TRUCK, DUMPING ~ (BRIT.)**	[FER]
affluent		*wagon à bascule*	
TRIM	[AER]	**TRUCK, FIT-IN ~**	[MT]
centrage		*chariot emboîtable*	
TRIM (TO)	[AER]	**TRUCK, FORK LIFT ~ (FLT)**	[MT]
centrer		*chariot élévateur à fourche*	
TRIM SHEET	[AER]	**TRUCK, FUEL ~ (US)**	[ROUT]
feuille de centrage		*camion-citerne*	
TRIP	[GEN]	**TRUCK, GOODS ~**	[FER]
voyage		*wagon de marchandises*	
TRIP, RETURN ~	[INTM]	**TRUCK, HAND ~**	[MT]
voyage de retour		*diable*	
TRIP, ROUND ~ (US)	[INTM]	**TRUCK, HI-LIFT ~**	[AER]
aller-retour (billet)		*camion élévateur*	
TRIP CHARTER-PARTY	[MAR]	**TRUCK, LIVESTOCK ~**	[INTM]
charte-partie au voyage		*bétaillère*	
TRIP FUEL	[AER]	**TRUCK, MAN ALOFT ~**	[MT]
délestage		*chariot à conducteur porté*	
(carburant consommé en vol)		**TRUCK, MAN-DOWN ~**	[MT]
TRIPLICATE, IN ~	[GEN]	*chariot à conducteur à pied*	
triple exemplaire, en ~		**TRUCK, MAN-UP ~**	[MT]
TROLLEY	[MT]	*chariot à conducteur porté*	
chariot		**TRUCK, MANUAL PALLET ~**	[MT]
TROLLEY / TROLLY	[FER]	*transpalette à main*	
wagonnet-porteur		**TRUCK,**	
TROUBLESHOOTING	[LS]	**MULTIDIRECTIONAL TRAVELLING ~**	[MT]
localisation d'une panne		*chariot à déplacement*	
TROUBLESHOOTING CHART	[LS]	*multidirectionnel*	
arbre de test		**TRUCK, NARROW-AISLE ~**	[MT]
TRUCK	[FER]	*chariot pour allées étroites*	
wagon		**TRUCK, OPEN ~ (BRIT.)**	[FER]
		wagon plat-gondole	
		wagon tombereau	

TRUCK, PALLET ~	[MT]	**TRUCK RENTAL**	[ROUT]
transpalette		*location de véhicules industriels*	
TRUCK, PLATFORM ~	[MT]	**TRUCKAGE (US)**	[ROUT]
chariot porteur		*camionnage*	
TRUCK, POWER-OPERATED ~	[MT]	**TRUCKER (US)**	[ROUT]
chariot automoteur		*chauffeur routier*	
TRUCK, RACK ~	[MT]	*transporteur*	
chariot à glissière		**TRUCKING (US)**	[ROUT]
TRUCK,		*camionnage*	
RAISABLE DRIVER'S STATION ~	[MT]	**TRUCKING COMPANY (US)**	[ROUT]
chariot à poste de conduite élevable		*entreprise de camionnage*	
TRUCK, RUNAWAY ~	[ROUT]	**TRUCKLOAD**	[FER]
camion fou		*wagonnée*	
TRUCK, SHELF ~	[MT]	**TRUCKLOAD, LESS THAN ~ (LTT)**	[FER]
chariot à étagères		*wagon de groupage*	
TRUCK, SIDE-LOADING ~	[MT]	**TRUE OWNER**	[MAR]
chariot à prise latérale		*propriétaire réel*	
TRUCK, SIDE SET ~	[MT]	**TRUNK**	[GEN]
chariot à prise latérale		*malle*	
TRUCK, SIDE-TIPPING ~	[FER]	**TRUNK (US)**	[ROUT]
wagon à culbutage latéral		*coffre (d'une voiture)*	
TRUCK, SILO ~	[ROUT]	**TRUNK LINE**	[FER]
camion-silo		*grande ligne*	
TRUCK, SKELETON FLAT ~ (BRIT.)	[FER]	**TRUNK LINE**	[INTM]
wagon plat pour transport de conteneurs		*ligne principale*	
		TRUNK ROAD	[ROUT]
TRUCK, STACKING ~	[MT]	*grand axe*	
gerbeur		*route nationale*	
TRUCK, STRADDLE ~	[MT]	**TRY (TO)**	[GEN]
chariot cavalier		*essayer*	
TRUCK, STRAIGHT ~ (US)	[ROUT]	**TUBE**	[FER]
camion porteur		*métro (londonien)*	
TRUCK, TANK ~	[ROUT]	**TUBE, INNER ~**	[ROUT]
camion-citerne		*chambre à air*	
TRUCK, TIP ~	[FER]	**TUBELESS (adj.)**	[ROUT]
wagon à bascule		*chambre à air, sans ~*	
TRUCK, TOILET ~	[AER]	**TUG, TOW ~**	[AER]
camion vide-toilettes		*tracteur d'avions*	
TRUCK, TRANSFER ~	[MT]	**TUG BOAT**	[MAR]
chariot transbordeur		*remorqueur*	
TRUCK, TRAY-LIFT ~	[MT]	*toueur*	
chariot à plateau		**TUNE UP (TO)**	[INTM]
TRUCK, TURRET ~	[MT]	*régler un moteur*	
chariot tridirectionnel		**TUNING**	[INTM]
TRUCK BILL OF LADING (US)	[INTM]	*réglage d'un moteur*	
connaissement routier		**TUNNEL, WIND ~**	[GEN]
		soufflerie d'essai	

TUNNEL T.P.P.E. CONTAINER [CONT]

Transport – logistique
Lexique

TUNNEL T.P.P.E. CONTAINER [CONT]	
conteneur 35 ou 40 pieds à tunnel	
TURBINE [INTM]	
turbine	
TURBO-CHARGED ENGINE [ROUT]	
moteur à turbo-compresseur	
TURBO-CHARGER [INTM]	
turbo-compresseur	
TURBOFAN [AER]	
turboréacteur (à double flux)	
TURBOJET [AER]	
turboréacteur (à simple flux)	
TURBOPROP [AER]	
turbopropulseur	
TURBULENCE [AER]	
turbulence	
TURN (US) [INTM]	
virage	
TURN-OFF STRIP [AER]	
piste de dégagement	
TURN UPSIDE DOWN (TO) [GEN]	
mettre sens dessus dessous	
TURNAROUND TIME (TAT) [INTM]	
temps d'immobilisation	
TURNING BASIN [MAR]	
bassin d'évitage	
bassin de manœuvre	
TURNKEY [GEN]	
clefs en main	
TURNOVER (OF AIRCRAFT) [AER]	
rotation (des avions)	
TURNOVER [GEN]	
chiffre d'affaires	
TURNOVER, STAFF ~ [GEN]	
rotation du personnel	
TURNOVER, STOCK ~ [LOG]	
rotation des stocks	
TURNOVER RATE [LOG]	
taux de rotation (ex. des stocks)	
TURNPIKE (US) [ROUT]	
autoroute à péage	
TURNROUND [INTM]	
rotation	
TURNROUND AIRPORT [AER]	
aéroport de bout de ligne	

TURNROUND TIME [INTM]	
temps de rotation	
TURNTABLE [INTM]	
plaque tournante	
TURRET TRUCK [MT]	
chariot tridirectionnel	
TWEEN-DECKS [MAR]	
entrepont	
TWENTY EQUIVALENT UNIT (T.E.U.) [INTM]	
équivalent vingt pieds (E.V.P.)	
TWENTY FOOTER [CONT]	
conteneur 20 pieds	
TWENTY-FOUR HOUR SERVICE [GEN]	
service 24h sur 24	
TWIN (adj.) [GEN]	
jumelé	
TWIN-ENGINED AIRCRAFT [AER]	
bi-moteur (avion)	
TWIN-GIRDER GANTRY [MT]	
portique à poutres jumelées	
TWIST LOCK [CONT]	
verrou tournant	
(s'adaptant aux coins de conteneurs)	
TWO-AXLE WAGON [FER]	
wagon à essieux	
TWO STAR PETROL (BRIT.) [ROUT]	
ordinaire (essence)	
TWO-TIER LINKSPAN [MAR]	
pont-passerelle à deux niveaux	
TWO-WAY [GEN]	
double sens, à ~	
TWO-WAY TRAFFIC [ROUT]	
circulation à double sens	
TYPE [GEN]	
type	
TYRE (BRIT.) [INTM]	
pneu	
TYRE, BURST ~ [INTM]	
pneu éclaté	
TYRE, FLAT ~ [INTM]	
pneu à plat	
TYRE, RADIAL ~ [ROUT]	
pneu à carcasse radiale	
TYRE PRESSURE [INTM]	
pression des pneus	

UK CALS INDUSTRY COUNCIL (UKCIC)	[LS]	**UNDER REPAIR**	[GEN]
groupement industriel britannique CALS (tda)		*réparation, en ~*	
ULLAGE	[INTM]	**UNDER USUAL RESERVE (UUR)**	[GEN]
vide (maintenu pour permettre l'expansion du liquide transporté)		*sauf bonne fin*	
		UNDERBODY	[ROUT]
		soubassement	
ULTRA LARGE CRUDE CARRIER (ULCC)	[MAR]	**UNDERCARRIAGE**	[AER]
superpétrolier (> 300.000 TPL)		*train d'atterrissage*	
UNACCOMPANIED BAGGAGE	[INTM]	**UNDERCARRIAGE**	[INTM]
bagages non accompagnés		*châssis nu*	
UNACCOMPANIED TRAILER	[INTM]	**UNDERDECK TONNAGE**	[MAR]
remorque non-accompagnée		*tonnage sous le pont*	
UNCLAIMED	[GEN]	**UNDERESTIMATE (TO)**	[GEN]
non réclamé		*sous-estimer*	
UNCLEAN BILL OF LADING	[MAR]	**UNDERFRAME**	[INTM]
connaissement avec réserves connaissement clausé		*châssis nu*	
		UNDERFRAME, LENGTH OF ~	[CONT]
UNCLEARED GOODS	[DN]	*longueur de châssis (d'un conteneur)*	
marchandises non dédouanées			
UNCOUPLE (TO)	[INTM]	**UNDERGROUND (BRIT.)**	[FER]
dételer		*métro*	
UNDELIVERED	[INTM]	**UNDERLOAD**	[AER]
en souffrance		*charge résiduelle*	
UNDER COVER	[GEN]	**UNDERPASS (BRIT.)**	[GEN]
sous abri		*passage souterrain*	
UNDER FLOOR CAPACITY	[AER]	**UNDERQUOTE (TO)**	[GEN]
capacité en soute		*sous-coter*	
UNDER HATCH	[MAR]	**UNDERSTOCK (TO)**	[LOG]
en cale		*sous-stocker*	

UNDERTAKING [GEN]
engagement
entreprise

UNDERTAKING, RAILWAY ~ [FER]
entreprise ferroviaire

UNDERWRITE (TO) [ASS]
réassurer
souscrire

UNDERWRITE A RISK (TO) [ASS]
assurer un risque
réassurer contre un risque, se ~

UNDERWRITER [ASS]
assureur

UNDERWRITING AGENT [ASS]
agent souscripteur

UNIFORM RATE [GEN]
tarif forfaitaire

UNION, CUSTOMS ~ [DN]
union douanière (UD)

UNION, TRADE ~ [GEN]
syndicat

UNIT, CENTRAL PROCESSING ~ (CPU) [GEN]
unité centrale (ordinateur)

UNIT, ELECTRICAL POWER ~ [GEN]
groupe électrogène

UNIT, FORTY EQUIVALENT ~ (FEU) [INTM]
équivalent quarante pieds (EQP)

UNIT, LOGISTIC ~ [LS]
composé logistique

UNIT, REFRIGERATING ~ [GEN]
groupe froid

UNIT, REFRIGERATION ~ [GEN]
groupe frigorifique

UNIT, SHOP REPLACEABLE ~ (SRU) [LS]
composé échangeable en atelier

UNIT, TAIL ~ [AER]
empennage

UNIT,
TWENTY EQUIVALENT ~ (T.E.U.) [INTM]
équivalent vingt pieds (E.V.P.)

UNIT, VISUAL DISPLAY ~ (VDU) [GEN]
console de visualisation

UNIT,
INTERMODAL TRANSPORT ~ (ITU) [INTM]
unité de transport intermodal

UNIT LOAD [INTM]
charge isolée
charge unitaire
unité de charge

UNIT LOAD DEVICE (ULD) [AER]
unité de chargement

UNITIZE (TO) [INTM]
unitiser

UNITIZED CONTAINER [CONT]
conteneur homogène

UNIVERSAL BULK SHIP (UBS) [MAR]
vraquier polyvalent

UNIVERSAL MANIPULATOR [MT]
manipulateur universel

UNIVERSAL TIPPING WAGON [FER]
wagon culbutant
dans tous les sens

UNLEADED PETROL [ROUT]
essence sans plomb

UNLOAD (TO) [INTM]
décharger

UNLOADER, PALLET ~ [MT]
dépalettiseur

UNLOADING, CONTAINER ~ [MT]
déchargement du conteneur
(de son moyen de transport)

UNLOADING, GRAVITY ~ [INTM]
déchargement par gravité

UNMANNED STATION [FER]
gare automatique

UNOBSTRUCTED CAPACITY [INTM]
volume intérieur disponible

UNOFFICIAL [GEN]
officieux

UNPACK (TO) [CONT]
dépoter

UNPACK (TO) [MT]
déballer

UNPACKED [GEN]
non emballé

UNPACKING [CONT]
dépotage

UNREPAIRABLE [LS]
non réparable

UNSCHEDULED AIRLINE [AER]
compagnie charter

UNSTEADY [GEN]
instable

UNSTUFF (TO)	[CONT]	**UPRIGHT**	[GEN]
dépoter		*debout*	
UNSTUFFING	[CONT]	*montant (n.)*	
dépotage		*vertical*	
UNSUITABLE	[GEN]	**UPRIGHT LOADING**	[AER]
inadéquat		*chargement fret debout*	
UP	[MT]	**UPRIVER**	[FLV]
haut (sur un emballage)		*en amont*	
UP TIME (UT)	[LS]	**UPSIDE DOWN**	[GEN]
durée de bon fonctionnement		*à l'envers*	
UPDATE (TO)	[GEN]	**UPSIDE DOWN, TO TURN ~**	[GEN]
mettre à jour		*mettre sens dessus dessous*	
UPGRADE (TO)	[GEN]	**UPSTREAM**	[FLV]
améliorer		*en amont*	
UPGRADING	[AER]	**URBAN**	[GEN]
surclassement		*urbain*	
UPGRADING	[GEN]	**URBAN MASS TRANSIT (US)**	[INTM]
amélioration		*transports urbains*	
UPHOLSTERY	[INTM]	**USE (TO)**	[GEN]
sellerie		*utiliser*	
UPKEEP	[GEN]	**USE, DIRECTIONS FOR ~**	[GEN]
entretien		*notice (d'utilisation)*	
UPLINE STATION	[AER]	**USE, IN ~**	[GEN]
escale en amont		*en fonctionnement*	
UPPER	[GEN]	**USE, INSTRUCTIONS FOR ~**	[GEN]
supérieur (niveau)		*mode d'emploi*	
UPPER COUPLER	[ROUT]	**USE NO HOOKS**	[MT]
contre-sellette		*pas de manutention aux crocs (sur un emballage)*	
UPPER DECK	[INTM]	**USER**	[INTM]
pont supérieur		*usager*	
UPPER HOLD	[AER]	**USER, END ~**	[GEN]
soute supérieure		*client final*	
UPPER LEVEL	[FLV]	**USER MODIFIABLE**	[LOG]
tête amont (d'une écluse)		*modifiable par l'utilisateur*	
UPPER PLATE	[ROUT]	**UTILIZATION**	[GEN]
contre-sellette		*utilisation*	
		UTILIZE (TO)	[GEN]
		utiliser	

Anglais/Français

VACANT SLOT	[LOG]	**VALUE, BREAK-UP ~**	[GEN]
emplacement disponible		*valeur de récupération*	
VACCINATION	[GEN]	**VALUE, CURRENT ~**	[GEN]
vaccination		*valeur vénale*	
VACUUM BRAKE	[INTM]	**VALUE, CUSTOMS ~**	[DN]
frein à vide		*valeur en douane*	
VACUUM FEED TANK	[ROUT]	**VALUE, DAMAGE ~**	[ASS]
réservoir à exhausteur		*valeur à l'état avarié*	
VACUUM LIFTING UNIT	[MT]	**VALUE, DECLARED ~**	[DN]
ventouse (de levage)		*valeur déclarée*	
VACUUM PACK (TO)	[LOG]	**VALUE, DUTIABLE ~**	[DN]
emballer sous vide		*valeur en douane*	
VALID	[GEN]	**VALUE, SALVAGE ~**	[GEN]
valable (ex. un document)		*valeur de récupération*	
valide (ex. pièce d'identité)		*valeur résiduelle*	
VALIDATION	[GEN]	**VALUE ADDED TAX (V.A.T)**	[GEN]
validation		*taxe sur la valeur ajoutée (T.V.A.)*	
VALUABLES	[GEN]	**VALUE DECLARED, NO ~ (NVD)**	[DN]
marchandises de valeur		*sans valeur déclarée*	
VALUATION	[GEN]	**VALUE FOR MONEY**	[GEN]
évaluation		*rapport qualité-prix*	
VALUATION BASIS	[DN]	**VALVE**	[GEN]
base d'évaluation		*clapet*	
VALUE	[GEN]	*robinet*	
valeur		*soupape*	
VALUE, ACTUAL ~	[DN]	**VALVE, EXHAUST ~**	[INTM]
valeur réelle		*soupape d'échappement*	
VALUE, ADDED ~	[GEN]	**VALVE, INLET ~**	[INTM]
valeur ajoutée		*soupape d'admission*	

V — VALVE, OUTLET ~ [INTM]

Transport – logistique
Lexique

VALVE, OUTLET ~ [INTM]
 soupape d'échappement
VAN [CONT]
 conteneur
VAN (TO) [CONT]
 empoter
VAN [FER]
 wagon
VAN [INTM]
 fourgon
VAN, BRAKE ~ [FER]
 fourgon à frein
VAN, BREAKDOWN ~ (BRIT.) [ROUT]
 dépanneuse
VAN, DELIVERY ~ [ROUT]
 camionette
VAN, DRY ~ [CONT]
 conteneur toutes marchandises non liquides
VAN, FLEXI ~ [CONT]
 conteneur flexi-van (transformable en remorque routière)
VAN, GUARD'S ~ [FER]
 fourgon du chef de train
VAN, GUARD'S ~ (BRIT.) [FER]
 fourgon de queue
VAN, MAIL ~ [FER]
 wagon postal
VAN, REFRIGERATED ~ [FER]
 wagon frigorifique
VANNING [CONT]
 empotage
VARIABLE MESSAGE SIGN (VMS) [INTM]
 panneau à message variable (PMV)
VARIABLE REACH FORK LIFT TRUCK [MT]
 chariot élévateur à portée variable
VARIABLE SEQUENCE [MT]
 séquence variable, à ~
VARIANCE ANALYSIS [LS]
 analyse d'écarts
VARIATION, SEASONAL ~ [GEN]
 variation saisonnière
VARIATION ANALYSIS [LS]
 analyse d'écarts
VECTOR, HOMING ~ [AER]
 cap de ralliement

VEHICLE [GEN]
 véhicule
VEHICLE, BATTERY-POWERED ~ [INTM]
 véhicule électrique
VEHICLE, CATERING ~ [AER]
 camion commissariat
VEHICLE, ELECTRIC-POWERED ~ [INTM]
 véhicule électrique
VEHICLE, GROUND ~ [AER]
 véhicule au sol
VEHICLE, PASSENGER TRANSFER ~ [AER]
 transbordeur
VEHICLE, PUSH-BACK ~ [AER]
 pousseur d'avions
VEHICLE, TRACKED ~ [ROUT]
 véhicule à chenilles
VEHICLE LOADER [MT]
 chargeur de véhicule (engin)
VEHICLES, AUTOMATIC GUIDED ~ (AGVS) [MT]
 chariots filoguidés
VENDER / VENDOR [GEN]
 vendeur
VENDOR-MANAGED INVENTORY (VMI) [LOG]
 gestion partagée des approvisionnements (accord tacite) (GPA)
VENDING MACHINE (US) [GEN]
 distributeur automatique
VENT [INTM]
 orifice d'aération
 prise d'air
VENT, DOOR ~ [ROUT]
 volet d'air
 (ex. sur remorque frigorifique)
VENTILATED CONTAINER [CONT]
 conteneur ventilé
VENTILATION [GEN]
 aération
VENTILATION, APERTURE FOR ~ [CONT]
 ouverture d'aération
VENTILATION, FORCED ~ [GEN]
 aération forcée
 ventilation forcée
VENTILATOR [GEN]
 aérateur
VENTURE, JOINT ~ [GEN]
 co-entreprise

VERGE, HARD ~ (BRIT.)	[ROUT]	
accotement stabilisé		
VERGE, SOFT ~ (BRIT.)	[ROUT]	
accotement non stabilisé		
VERSATILITY	[GEN]	
adaptabilité		
VERTICAL CAROUSEL	[LOG]	
casier noria		
noria		
stockeur rotatif		
VERTICAL HANDLING	[MT]	
manutention verticale		
VERTICAL TAKE-OFF AND LANDING (VTOL)	[AER]	
avion à décollage et atterrissage verticaux (ADAV)		
VERY IMPORTANT PERSON (VIP)	[GEN]	
personnalité		
VERY LARGE CRUDE CARRIER (VLCC)	[MAR]	
superpétrolier (entre 150.000 et 299.990 TPL)		
VERY NARROW AISLES (VNA)	[LOG]	
allées très étroites (en entrepôt)		
VESSEL	[MAR]	
bâtiment		
navire		
VESSEL, COMBINATION / COMBINED ~ (COMBO)	[MAR]	
navire mixte (marchandises en conteneurs ou non)		
VESSEL, DEEP SEA ~ (DSV)	[MAR]	
navire long-courrier		
VESSEL, FEEDER ~	[MAR]	
navire d'apport		
VESSEL, MOTOR ~ (MV)	[MAR]	
navire à moteur (diesel)		
VESSEL, OCEAN-GOING ~	[MAR]	
navire de haute mer		
VESSEL, RO-RO ~	[MAR]	
navire roulier		
VESSEL, SEA-GOING ~	[MAR]	
navire de mer		
VET	[GEN]	
vétérinaire (n.)		
VETERINARY SERVICE	[INTM]	
service vétérinaire		
VETERINARY SURGEON	[GEN]	
vétérinaire (n.)		
VIABLE	[GEN]	
rentable		
VICE, INHERENT ~	[ASS]	
vice inhérent		
vice propre (des marchandises)		
VICTIM	[GEN]	
accidenté (n.)		
VICTUAL (TO)	[MAR]	
ravitailler (en provisions)		
VIP LOUNGE	[AER]	
salon d'honneur		
VISIBILITY	[GEN]	
visibilité		
VISIBILITY, LOW ~	[GEN]	
mauvaise visibilité		
VISOR, SUN ~	[ROUT]	
pare-soleil		
VISUAL DISPLAY UNIT (VDU)	[GEN]	
console de visualisation		
VISUAL FLIGHT RULES (VFR)	[AER]	
vol à vue		
VOID	[GEN]	
nul (ex. un contrat)		
vide		
VOID (TO)	[GEN]	
rendre nul		
vider		
VOLUME	[GEN]	
capacité		
contenance		
volume		
VOUCHER	[GEN]	
bon (n.)		
VOUCHER, GUARANTEE ~	[DN]	
titre de garantie		
VOYAGE	[MAR]	
voyage		
VOYAGE CHARTER	[MAR]	
affrètement au voyage		
VOYAGE CHARTER-PARTY	[MAR]	
charte-partie au voyage		
VOYAGE POLICY	[MAR]	
police au voyage		

Anglais/Français

WAGES [GEN]
salaire

WAGON / WAGGON [FER]
wagon

WAGON, BALLAST ~ (BRIT.) [FER]
wagon pour transport de ballast

WAGON, BOGIE ~ [FER]
wagon à bogie
wagon à quatre essieux

WAGON, BOTTOM-DUMP ~ [FER]
wagon à fond mobile

WAGON, BOX ~ (BRIT.) [FER]
fourgon
wagon couvert
wagon fermé

WAGON, CAR CARRIER ~ [FER]
wagon pour transport de véhicules

WAGON, CLOSED ~ [FER]
wagon couvert

WAGON, CONTAINER ~ (BRIT.) [FER]
wagon porte-conteneurs

WAGON, COVERED ~ [FER]
wagon couvert

WAGON, DOUBLE ~ [FER]
wagon double

WAGON, DOUBLE-SIDE TIPPING ~ [FER]
wagon à double bascule

WAGON, DROP-BOTTOM ~ [FER]
wagon à fond mobile

WAGON, DUMP ~ [FER]
wagon à bascule

WAGON, END-TIPPING ~ [FER]
wagon à déchargement par bout

WAGON, FERRY ~ [FER]
wagon-ferry (adapté aux ouvrages d'art britanniques)

WAGON, FLAT ~ [FER]
wagon plat

WAGON, FRONT-DISCHARGE ~ [FER]
wagon se vidant sur le devant

WAGON, GOODS ~ [FER]
wagon de marchandises

WAGON, HIGH CAPACITY ~ [FER]
wagon-cargo

WAGON, HOPPER ~ [FER]
wagon à trémie

WAGON, INSULATED ~ [FER]
wagon isotherme

WAGON, LOW-LOADER ~ [FER]
wagon surbaissé

WAGON, NON-BOGIE ~ [FER]
wagon à essieux

WAGON, OPEN ~ [FER]
wagon découvert

WAGON, ORE ~ [FER]
wagon à minerai

WAGON, PLATFORM ~ [FER]
wagon plate-forme

WAGON, PO ~ [FER]

Transport – logistique
Lexique

WAGON, PO ~ [FER]
wagon P

WAGON, PRIVATE ~ [FER]
wagon privé

WAGON, PRIVATELY OWNED ~ (PO) [FER]
wagon de particulier
wagon privé (P)

WAGON, PROTECTION ~ [FER]
wagon-tampon (de protection)

WAGON, REEFER ~ [FER]
wagon frigorifique

WAGON, REFRIGERATED ~ [FER]
wagon frigorifique

WAGON, SCOOP ~ [FER]
wagonnet à bec

WAGON, SELF-DUMPING ~ [FER]
wagon à culbutage automatique

WAGON, SIDE-DUMP ~ [FER]
wagon à culbutage latéral

WAGON, SINGLE ~ [FER]
wagon isolé

WAGON, TO SLIP A ~ [FER]
dételer en marche

WAGON, SPRING ~ [FER]
wagon à ressorts

WAGON, SPRINGLESS ~ [FER]
wagon sans ressorts

WAGON, TANKER ~ [FER]
wagon-citerne
wagon-foudre

WAGON, TWO-AXLE ~ [FER]
wagon à essieux

WAGON, UNIVERSAL TIPPING ~ [FER]
wagon culbutant
dans tous les sens

WAGON CARRYING TRAILER [INTM]
remorque porte-wagon

WAGON DEMURRAGE CHARGES [FER]
frais de stationnement d'un wagon

WAGON TIPPER [MT]
transbordeur de wagons

WAGONLOAD [FER]
wagon complet

WAGONS, ROAD TRANSPORT OF ~ [INTM]
système FERDOM (FERDOM)

WAITING, NO ~ [ROUT]
stationnement interdit

WAITING LIMITS [ROUT]
temps de stationnement autorisé

WAIVER CLAUSE [ASS]
clause de désistement

WAKE [MAR]
houache
sillage

WALKIE-TALKIE [GEN]
talkie-walkie

WALKWAY [MAR]
passerelle

WALL, END ~ [INTM]
paroi d'extrémité (ex.conteneurs)

WALL, END ~ [ROUT]
paroi d'about

WALL, FRONT ~ [INTM]
panneau avant (conteneurs,
semi-remorques...)

WALL, SIDE ~ [INTM]
paroi latérale

WALL PANEL [CONT]
paroi

WALLS, TARIFF ~ [DN]
barrières douanières

WAR RISKS (W.R.) [MAR]
fortunes de guerre
risques de guerre

WAR RISKS AND ALLIED PERILS [MAR]
risques de guerre et assimilés

WAR RISKS ONLY (W.R.O.) [MAR]
risques de guerre seulement

WAR ZONE [GEN]
zone de guerre

WAREHOUSE [LOG]
entrepôt

WAREHOUSE, ADMISSION INTO ~ [DN]
mise en entrepôt

WAREHOUSE, AUTOMATED ~ [LOG]
entrepôt automatisé
magasin de stockage automatisé

WAREHOUSE, BONDED ~ [DN]
entrepôt sous douane

WAREHOUSE, CAPTIVE ~ [LOG]
entrepôt captif

WAREHOUSE, COMPUTERIZED ~ [LOG]
entrepôt informatisé

WAREHOUSE, CUSTOMS ~ [DN]
entrepôt de douane

WAREHOUSE, OUTSIDE ~	[LOG]		**WASHER, WINDSCREEN ~**	[INTM]

WAREHOUSE, OUTSIDE ~ [LOG]
entrepôt extérieur (en location)

WAREHOUSE KEEPER [LOG]
entrepositaire

**WAREHOUSE MANAGEMENT SYSTEM
(WMS)** [LOG]
progiciel de gestion d'entrepôt

WAREHOUSE RECEIPT [INTM]
récépissé d'entrepôt

WAREHOUSE TO WAREHOUSE [INTM]
magasin à magasin, de ~

WAREHOUSE WARRANT [INTM]
*bulletin de dépôt
certificat d'entrepôt
warrant*

**WAREHOUSE WARRANT,
TO ISSUE A ~** [INTM]
warranter (des marchandises)

WAREHOUSEMAN [LOG]
magasinier

WAREHOUSING [LOG]
entreposage

WAREHOUSING, TO ENTER FOR ~ [DN]
*déclarer sous le régime
d'entrepôt douanier*

WAREHOUSING, INTERMEDIATE ~ [LOG]
entreposage entre-deux

WARNING [GEN]
avertissement

WARNING LIGHT [INTM]
lampe témoin

WARNING LIGHTS [ROUT]
feux de détresse

WARNING SIGNAL [ROUT]
feux de détresse

WARRANT (TO) [GEN]
garantir

WARRANT, WAREHOUSE ~ [INTM]
*bulletin de dépôt
certificat d'entrepôt
warrant*

WARRANTOR [GEN]
garant

WARRANTY [GEN]
garantie

WASH [MAR]
houache

WASHER, WINDSCREEN ~ [INTM]
lave-glace

WASHING OVERBOARD [MAR]
*enlèvement de marchandises
par une lame de mer*

WASTE [GEN]
*déchet(s)
gâchis
gaspillage*

WASTE (adj.) [GEN]
perdu (gâché)

WASTE (TO) [GEN]
*gâcher
gaspiller*

WASTE OIL [INTM]
huile de vidange

WATER, BRACKISH ~ [MAR]
eau saumâtre

WATER, FRESH ~ [MAR]
eau douce

WATER, SALT ~ [MAR]
eau salée

WATER, SEA ~ [MAR]
eau de mer

WATER, SHALLOW ~ [MAR]
eau maigre

WATER, SLACK ~ [MAR]
étale de la marée

WATER CLERK [MAR]
agent de consignation

WATERLINE [MAR]
ligne de flottaison

WATERLINE, DEEP ~ [MAR]
ligne de flottaison en charge

WATERLINE, LIGHT ~ [MAR]
ligne de flottaison lège

WATERLINE, LOAD ~ [MAR]
ligne de flottaison en charge

**WATERLINE TO TOP
OF HATCH COAMING (WLTOHC)** [MAR]
*distance maximale entre l'écoutille
et la ligne de flottaison*

WATERMAN [FLV]
batelier

WATERPROOF [GEN]
étanche (à l'eau)

WATERS, TERRITORIAL ~ [MAR]
eaux territoriales

WATERTIGHT	[GEN]	**WEB STRINGER**	[CONT]
étanche (à l'eau)		*serre*	
WATERTIGHTNESS	[GEN]	**WEDGE**	[INTM]
étanchéité		*cale en bois*	
WATERWAY, INLAND ~	[FLV]	*coin (de calage)*	
voie d'eau (ex. fleuve, canal)		**WEDGE (TO)**	[MT]
WAVE, BOW ~	[MAR]	*caler*	
lame d'étrave		**WEDGING**	[INTM]
WAY, TO GET UNDER ~	[MAR]	*calage*	
appareiller		**WEEKLY**	[GEN]
WAY, ON THE ~	[INTM]	*hebdomadaire*	
en cours de route		**WEIGH (TO)**	[GEN]
WAY, PERMANENT ~	[FER]	*peser*	
voie ferrée		**WEIGH ANCHOR (TO)**	[MAR]
WAY OUT	[GEN]	*lever l'ancre*	
sortie		**WEIGH-BRIDGE**	[ROUT]
WAYBILL (WB)	[ROUT]	*pont à bascule*	
feuille de route		**WEIGHED, ACCEPTED ~**	[INTM]
lettre de voiture		*pris avec pesage*	
WAYBILL, AIR ~ (AWB)	[AER]	**WEIGHING**	[GEN]
lettre de transport aérien (LTA)		*pesage*	
WAYBILL, RAIL ~	[FER]	**WEIGHT**	[GEN]
lettre de voiture ferroviaire (C.I.M.)		*masse*	
WAYBILL, SEA ~ (SWB)	[MAR]	**WEIGHT (WT)**	[GEN]
lettre de transport maritime		*poids*	
WEAKNESS	[GEN]	**WEIGHT, ACTUAL ~ (ACT.WT)**	[INTM]
faiblesse		*poids réel*	
WEAR	[GEN]	**WEIGHT, ACTUAL GROSS ~ (AGW)**	[INTM]
usure		*masse brute*	
WEAR AND TEAR, FAIR ~	[GEN]	**WEIGHT, AXLE ~**	[ROUT]
usure normale		*poids à l'essieu*	
WEAR OUT (TO)	[GEN]	**WEIGHT, BASIC ~**	[AER]
user		*masse de base*	
WEATHER CHART	[GEN]	**WEIGHT, CHARGEABLE ~**	[INTM]
carte météorologique		*poids taxable*	
WEATHER FORECAST	[GEN]	**WEIGHT, DRY OPERATING ~**	[AER]
prévisions météorologiques		*masse de base corrigée*	
WEATHER INSURANCE	[ASS]	**WEIGHT, DUTIABLE ~**	[DN]
assurance mauvais temps		*poids imposable*	
WEATHER RADAR	[AER]	**WEIGHT, GROSS ~ (GW)**	[INTM]
radar météorologique		*poids brut*	
WEATHER REPORT	[GEN]	**WEIGHT, GROSS LADEN ~**	[ROUT]
bulletin météorologique		*poids total accepté*	
WEATHERPROOF	[GEN]	*en charge (PTAC)*	
étanche		**WEIGHT, LANDING ~ (LAW)**	[AER]
WEB	[INTM]	*masse à l'atterrissage*	
âme (ex. d'un longeron, d'un rail)			

WEIGHT, LOSS IN ~ [ROUT]
  freinte (de route)
WEIGHT, MAXIMUM GROSS ~ (MGW) [INTM]
  masse brute maximale
WEIGHT, NET ~ (N.W.) [GEN]
  poids net
WEIGHT, OPERATING ~ [AER]
  masse en opérations
WEIGHT, TAKE-OFF ~ (TOW) [AER]
  masse au décollage
WEIGHT, ZERO FUEL ~ (ZFW) [AER]
  masse sans carburant
WEIGHT AND BALANCE COMPUTATION [AER]
  centrage
WEIGHT CHARGE [INTM]
  taxation au poids
WEIGHT EMPTY [AER]
  masse à vide
WEIGHTS, DISTRIBUTION OF ~ [AER]
  répartition des masses par soute
WELDED RAIL [FER]
  rail soudé
WELDING [GEN]
  soudure
WELDING, CONTINUOUS ~ [GEN]
  soudure continue
WELDING, FLUSH ~ [GEN]
  *soudure meulée et polie
  (ex. conteneur-citerne)*
WELDING, SPOT ~ [GEN]
  soudure par points
WELDING, STITCH ~ [GEN]
  soudure en chaînette
WESTBOUND [INTM]
  en direction de l'ouest
WET DAMAGE [ASS]
  mouille (la)
WET DOCK [MAR]
  *bassin à flot
  cale à flot*
WET LEASE [AER]
  location avec équipage
WETTING [ASS]
  mouille (la)
**WETTING,
DETERIORATION THROUGH ~** [ASS]
  dégâts occasionnés par la mouille

WHARF (plur. WHARVES) [MAR]
  quai
WHARFAGE [MAR]
  droits de quai
WHARFAGE CHARGES [MAR]
  droits de quai
WHARFINGER [MAR]
  maître de quai
WHARFINGER'S RECEIPT [MAR]
  bon de quai
WHARFMASTER [MAR]
  maître de quai
WHEAT [GEN]
  blé
WHEEL [INTM]
  roue
WHEEL, DOLLY ~ [ROUT]
  béquille
WHEEL, HAND BRAKE ~ [FER]
  volant de frein à main
WHEEL, SPARE ~ [ROUT]
  roue de secours
WHEEL, STEERING ~ [ROUT]
  volant
WHEEL-BASE [ROUT]
  empattement
WHEEL BAY [AER]
  logement de train d'atterrissage
WHEEL CLAMP [ROUT]
  sabot (de Denver)
WHEEL CONVEYOR [MT]
  transporteur à roues
WHEELCHAIR (WHLCH) [INTM]
  fauteuil roulant
WHEELHOUSE [MAR]
  timonerie
WHEELS, TO CLEAR ON ~ [DN]
  dédouaner sur véhicule
WHEELS, DRIVE ~ [INTM]
  roues motrices
WHEELS, MAIN ~ [AER]
  train principal
**WHEREABOUTS,
TO ESTABLISH THE ~** [GEN]
  situer (ex. un colis, un véhicule)
WHISTLE BUOY [MAR]
  bouée à sifflet

WHITE GOODS	[GEN]	**WINDOW, REAR ~**	[ROUT]
produits blancs		*lunette arrière*	
WHOLESALE	[GEN]	**WINDOW SEAT**	[AER]
vente en gros		*siège hublot*	
WHOLESALER	[GEN]	**WINDOW SEAT**	[FER]
grossiste		*place fenêtre*	
WIDE	[GEN]	**WINDS, TRADE ~**	[MAR]
large		*vents alizés*	
WIDE-BODIED AIRCRAFT	[AER]	**WINDSCREEN (BRIT.)**	[INTM]
gros porteur (avion)		*pare-brise*	
WIDE GAUGE	[FER]	**WINDSCREEN DEFROSTER**	[INTM]
écartement large		*dégivreur de pare-brise*	
WIDE SPREAD TANDEM AXLE	[ROUT]	**WINDSCREEN WASHER**	[INTM]
essieu tandem		*lave-glace*	
à grand écartement		**WINDSCREEN WIPER**	[INTM]
WIDE TRACK AXLE	[ROUT]	*essuie-glace*	
essieu à voie large		**WINDSHIELD (US)**	[INTM]
WIDTH	[GEN]	*pare-brise*	
largeur		**WINDSHIELD WIPER (US)**	[INTM]
WIDTH, EXTREME ~	[MAR]	*essuie-glace*	
largeur au fort		**WINE TANKER**	[MAR]
WILDCAT STRIKE	[GEN]	*pinardier*	
grève sauvage		**WING**	[GEN]
WIN-WIN	[LOG]	*aile*	
gagnant-gagnant		**WING MIRROR**	[ROUT]
WINCH	[MT]	*rétroviseur d'aile*	
tire-fort		**WING PALLET**	[LOG]
treuil		*palette à ailes*	
WINCH, HAND-OPERATED LIFTING ~	[MT]	**WING SLAT**	[AER]
treuil à bras de levage		*bec de bord d'attaque*	
WINCH, HAND-OPERATED PULLING ~	[MT]	**WING TIP**	[AER]
treuil à bras de halage		*saumon d'aile*	
WINCH, SCAFFOLDING ~	[MT]	**WINGLET**	[AER]
treuil d'échafaudage		*ailette*	
WIND DEFLECTOR	[ROUT]	**WIPER, WINDSCREEN ~**	[INTM]
déflecteur		*essuie-glace*	
WIND SOCK	[AER]	**WIPER, WINDSHIELD ~ (US)**	[INTM]
manche à air		*essuie-glace*	
WIND TUNNEL	[GEN]	**WIPER ARM**	[INTM]
soufflerie d'essai		*bras d'essuie-glace*	
WINDLASS	[MAR]	**WIPER BLADE**	[INTM]
guindeau		*balai (d'essuie-glace)*	
WINDOW	[AER]	**WIPER SWITCH**	[INTM]
hublot		*commande d'essuie-glace*	
WINDOW	[GEN]	**WIRE**	[GEN]
fenêtre		*fil de fer*	
		fil électrique	

WIRE, OVERHEAD ~	[FER]
caténaire	
WIRE CONTAINER	[CONT]
conteneur en fil	
WIRE-GUIDED	[MT]
filoguidé	
WIRE MESH	[GEN]
grillage	
WIRE-MESH BOX-PALLET	[LOG]
caisse-palette en fil métallique	
WIREMESH BASKET	[MT]
panier de manutention en fil	
WIRING	[GEN]
cablage	
WITH PARTICULAR AVERAGE (W.P.A.)	[MAR]
avec avarie particulière	
WITHDRAW FROM SERVICE (TO)	[GEN]
retirer du service	
WITHIN X DAYS	[GEN]
délai de X jours, dans un ~	
WOOD, LAMINATED ~	[GEN]
lamellé collé	
WOOD FIBRE	[GEN]
fibre de bois	
WOOD PULP	[GEN]
pâte à papier	
WOOL	[GEN]
laine	
WOOL, GLASS ~	[GEN]
laine de verre	
WORD PROCESSING	[GEN]
traitement de texte	
WORK (TO)	[GEN]
fonctionner	
travailler	
WORK, CLERICAL ~	[GEN]
travail de bureau	
WORK, SHIFT ~	[GEN]
travail posté	
WORK DOWN INVENTORIES (TO)	[LOG]
écouler des stocks	
WORK FLOW	[LOG]
déroulement des opérations	

WORK FORCE	[GEN]
main-d'œuvre	
WORK IN HAND	[GEN]
travail en cours	
WORK IN PROCESS (WIP)	[LOG]
en-cours	
WORK OVERTIME (TO)	[GEN]
heures supplémentaires, faire des ~	
WORK-SHEET	[LOG]
feuille d'opérations	
WORK STATION	[GEN]
poste de travail	
WORK TO RULE (TO)	[GEN]
faire la grève du zèle	
WORKING DAYS	[GEN]
jours ouvrables	
WORKLOAD	[GEN]
charge de travail	
plan de charge (de travail)	
WORKS	[GEN]
usine	
WORKS, ROAD ~	[ROUT]
travaux (sur la voie publique)	
WORKSHOP	[GEN]
atelier	
WORKSHOP CRANE	[MT]
grue d'atelier	
WORKSHOP GANTRY	[MT]
portique d'atelier	
WORLDWIDE	[GEN]
mondial	
WRAP (TO)	[MT]
emballer (sous papier, film)	
WRECK	[MAR]
épave	
WRECK, REMOVAL OF ~	[MAR]
retirement	
WRECK RISKS	[MAR]
risques de naufrage	
WRECKAGE	[INTM]
débris (après accident)	
WRONG WAY ROUND, THE ~	[GEN]
sens devant derrière	

Anglais/Français

X-RAY INSPECTION SYSTEM [AER]
contrôle aux rayons X

Anglais/Français

YARD	[FER]	**YARD MULE**	[MT]
chantier		*tracteur de manœuvre*	
YARD, CLASSIFICATION ~ (US)	[FER]	**YARD TRACTOR**	[MT]
gare de triage		*tracteur de manœuvre*	
YARD, CONTAINER ~ (CY)	[CONT]	*tracteur portuaire*	
terminal à conteneurs		**YARDMASTER (US)**	[FER]
YARD, FREIGHT ~	[FER]	*chef de triage*	
gare de marchandises		**YARDSTICK**	[GEN]
YARD, GOODS ~	[FER]	*critère d'évaluation*	
gare de marchandises		**YEAR, FINANCIAL ~**	[GEN]
YARD, HOLD ~	[FER]	*année fiscale*	
faisceau d'attente		**YEAR, LEGAL ~**	[GEN]
YARD, MARSHALLING ~ (BRIT.)	[FER]	*année civile*	
gare de triage		**YEARLY**	[GEN]
YARD, RECEIVING ~	[FER]	*annuel*	
faisceau de réception		**YOKE**	[AER]
YARD, SWITCHING ~ (US)	[FER]	*manche de commande*	
gare de triage		**YORK-ANTWERP RULES (Y/A)**	[MAR]
YARD CHASSIS	[MT]	*règles de York et d'Anvers*	
châssis porte-conteneur (utilisé au terminal)			

Anglais/Français

ZEBRA CROSSING	[ROUT]	**ZERO PAPER**	[LOG]
passage piéton		*zéro papier*	
ZERO DEFECT	[LOG]	**ZERO RATE**	[GEN]
zéro défaut		*taux nul*	
ZERO DELAY	[LOG]	**ZERO STOCK**	[LOG]
zéro délai		*zéro stock*	
ZERO FAILURE	[LOG]	**ZONE, FREE ~**	[DN]
zéro panne		*zone franche*	
ZERO FUEL WEIGHT (ZFW)	[AER]	**ZONE, TIME ~**	[GEN]
masse sans carburant		*fuseau horaire*	
ZERO FUEL WEIGHT LIMITATION	[AER]	**ZONE, WAR ~**	[GEN]
limitation sans carburant		*zone de guerre*	
ZERO INVENTORY	[LOG]		
zéro stock			

Anglais/Français

Sigles

3 PLthird party logistics [LOG]
opérateur physique des flux

4 PLfourth party logistics [LOG]
coordinateur des flux

AA-class road (Brit) [ROUT]
route nationale (RN / N)

AARagainst all risks [ASS]
tous risques

ABCactivity based costing [LOG]
méthode d'analyse des coûts selon activités et ressources

ABMactivity based management [LOG]
méthode de gestion fondée sur l'analyse des coûts par activité

ABSantilock braking system [ROUT]
anti-blocage des roues, système ~

ACNair consignment note [AER]
lettre de transport aérien (LTA)

ACTWTactual weight [INTM]
poids réel

ADFautomatic direction finder [AER]
radiogoniomètre

ADOSadditional observations [GEN]
remarques annexes

AEMautomated electrified monorail [MT]
monorail automatisé

AGVsautomatic guided vehicles [MT]
chariots filoguidés

AGVSautomatic guided vehicle system [MT]
système automatique à chariots sans conducteur

© Éditions d'Organisation

AGW actual gross weight [INTM]
masse brute

AMD average monthly demand [LOG]
demande moyenne mensuelle

AMTRAK National Railroad Passenger Corporation [FER]
compagnie ferroviaire américaine (passagers)

ANSI American National Standards Institute [GEN]
AFNOR (équiv.)

AOG aircraft on ground [AER]
avion immobilisé

APLS advanced procurement and logistics system [LOG]
systèmes évolués d'achat et de logistique (tda)

APS avanced planning and scheduling [LOG]
système de planning des ressources de la « supply chain » (tda)

APU auxiliary power unit [AER]
groupe auxiliaire de bord

AQAP Allied Quality Assurance Procedure [LS]
système assurance qualité de l'OTAN

ARF Aircraft rescue and fire-fighting vehicle [AER]
véhicule pompiers

AS alongside ship [MAR]
le long du bord

AS / RS automatic storage and retrieval system [LOG]
système de stockage et déstockage automatique (tda)

ASA American Standards Association [GEN]
organisme américain de normalisation (équivalent AFNOR / BSI)

ASP application service provider [LOG]
fournisseur d'applications hébergées (FAH)

ATB automatic ticket and boarding pass [AER]
billet et carte d'embarquement automatiques (tda)

ATC air traffic control [AER]
contrôle aérien

ATCC air traffic control centre [AER]
centre de contrôle aérien

ATE automatic test equipment [LS]
équipement de test automatique

ATIS Automatic Terminal Information Service [AER]
service d'information automatique (tda)

ATO Available to Order [LOG]
garantie contractuelle qu'une commande auprès d'un fournisseur pourra être honorée (tda)

ATP Available to Promise [LOG]
garantie contractuelle de livraison d'un produit promis à un client (tda)

AWB air waybill [AER]
lettre de transport aérien (LTA)

B B-class road (Brit.) [ROUT]
route départementale (CD / D)

B2B business to business [LOG]
    activité économique entre entreprises (tda)

B2C business to consumer [LOG]
    activité économique entre entreprises et particuliers (tda)

BAF bunker adjustment factor [MAR]
    frais de soute

BBL   **barrel** [GEN]
    baril de pétrole (159 l)

BCR bar code reader [LOG]
    lecteur de code à barres

B/D bank draft [GEN]
    traite bancaire

BEP break-even point [LOG]
    seuil de rentabilité

BHP brake horse-power [ROUT]
    cheval effectif

BITE built-in test equipment [LS]
    équipement de test intégré

B/L bill of lading [MAR]
    connaissement

BN boarding number [AER]
    numéro d'embarquement

BPR business process reengineering [LS]
    ré-ingénierie des processus de l'entreprise

BSI British Standards Institute [GEN]
    association britannique de normalisation (equiv. AFNOR)

CAA Civil Aviation Authority [AER]
    autorité régissant l'aviation civile britannique (tda)

CAD computer-aided design [LS]
    conception assistée par ordinateur (CAO)

CAD-CAM computer-aided design and manufacturing [LS]
    conception et fabrication assistées par ordinateur (CFAO)

CAF currency adjustment factor [INTM]
    correctif de change

CALS computer-aided acquisition and logistic support (CALS 2nd generation) [LS]
    soutien et acquisition assistés par ordinateur (2e génération de CALS)

CALS computer-aided logistic support (CALS 1st generation) [LS]
    intégration du soutien logistique par l'informatique (1re génération de CALS)

CALS continuous acquisition and life cycle support (CALS 3rd generation) [LS]
    permanence des processus d'acquisition et de soutien pendant la vie du produit (3e génération de CALS)

CALSIP CALS implementation plan [LS]
    plan de mise en oeuvre de CALS (tda)

CAM computer-aided manufacturing [LS]
    fabrication assistée par ordinateur

CAP Common Agricultural Policy [GEN]
Politique Agricole Commune (PAC)

CAPS computer-aided picking system [LOG]
système de préparation de commandes informatisé (tda)

CAVOK ceiling and visibility OK [AER]
plafond et visibilité OK

CBP constraint-based planning [LOG]
planification sous contraintes

CC cubic centimetre [GEN]
centimètre cube

CCT common customs tariff [DN]
tarif douanier commun (TDC)

CCTV closed circuit television [GEN]
télévision en circuit fermé

CD coefficient of drag [INTM]
coefficient de pénétration dans l'air (CX)

CDI Course Deviation Indicator [AER]
indicateur de déviation de cap (IDC)

CE concurrent engineering [LS]
conception en parallèle
conception simultanée
ingénierie concourante
ingénierie intégrée
ingénierie simultanée
intégration des processus (traduction AFNOR)

CEDEX Container Equipment Data Exchange [CONT]
échange de données sur les équipements de conteneurs

CF cash flow [GEN]
marge brute d'autofinancement (M.B.A.)

CFR Cost and Freight [MAR]
Coût et Fret

CFS container freight station [CONT]
magasin de groupage

CH.PPD charges prepaid [INTM]
franco de tous frais

CIC Container Inspection Criteria [CONT]
norme CIC

CIF Cost, Insurance, Freight [MAR]
Coût, Assurance et Fret

CIM computer-integrated manufacturing [LS]
production informatisée
productique

CIME computer-integrated manufacturing and engineering [LS]
production et ingénierie informatisées (tda)

CIP Carriage Insurance Paid to... [INTM]
port payé assurance comprise, jusqu'à ...

CMI co-managed inventory [LOG]
gestion partagée des approvisionnements (accord formel) (GPA)

CNC computer numerical control [LS]
  commande numérique par calculateur (CNC)

C/O certificate of origin [DN]
  certificat d'origine

COD   **cash-on-delivery** [INTM]
  contre-remboursement

COFC container on flat car (US) [INTM]
  conteneur sur wagon

COMBO combination / combined vessel [MAR]
  navire mixte (marchandises en conteneurs ou non)

COMDOC computerized documentation [LOG]
  documents informatisés

CONRAIL Consolidated Rail Corporation [FER]
  compagnie ferroviaire américaine

C/P Carriage Paid [INTM]
  port payé

C/P   **charter-party** [MAR]
  charte-partie
  contrat d'affrètement maritime

CPC Certificate of Professional Competence [ROUT]
  attestation de capacité

CPFR collaborative planning, forecasting and replenishment [LOG]
  approvisionnement partagé client-fournisseur en vision commune (tda)

CPL Certified Professional Logistician [LOG]
  diplôme professionnel de logisticien (tda)

CPT Carriage Paid To [INTM]
  port payé jusqu'à...

CPU central processing unit [GEN]
  unité centrale (ordinateur)

CRM customer relationship management [LOG]
  gestion de la relation client (GRC)

CRP Continuous Replenishment System [LOG]
  réapprovisionnement en continu

CSC container service charge [CONT]
  frais de manutention

CSDB common source database [LOG]
  base de données commune (tda)

CT combined transport [INTM]
  transport combiné

CT conference terms [MAR]
  conditions de la conférence

CTO combined transport operator [INTM]
  entrepreneur de transport combiné (ETC)

CU.FT cubic foot [GEN]
  mètre cube, 0,028 ~

CVR cockpit voice recorder [AER]
    boîte noire
    enregistreur de vol

CWO cash with order [GEN]
    paiement à la commande

CWT hundredweight (Brit.) [GEN]
    poids équivalent à 50,8 kg

CY container yard [CONT]
    terminal à conteneurs

D/A documents against acceptance [GEN]
    documents contre acceptation

DAF Delivered At Frontier [INTM]
    rendu frontière

DB data base [GEN]
    base de données

DDP Delivered Duty Paid [INTM]
    rendu droits acquittés

DDU Delivered Duty Unpaid [INTM]
    rendu droits non acquittés

DEQ Delivered Ex Quay [MAR]
    rendu à quai

DES Delivered Ex Ship [MAR]
    rendu ex ship

DFM design for manufacturability [LS]
    faisabilité industrielle intégrée à la conception

DG dangerous goods [INTM]
    marchandises dangereuses

DHD   deadheading [AER]
    mise en place des équipages

DMC direct maintenance cost [LS]
    coût direct de maintenance

DME Distance Measuring Equipment [AER]
    appareillage de mesure de la distance

D/N debit note [GEN]
    note de débit

DNC direct numerical control [LS]
    commande numérique directe

D/O delivery order [INTM]
    bon de livraison

DOD Department of Defense (US) [GEN]
    Ministère de la Défense

DO-DO drive-on / drive-off [INTM]
    roulage (entrée et sortie des véhicules du ferry par leurs propres moyens)

DP data processing [GEN]
    informatique

D/P documents against payment [GEN]
    documents contre paiement

Transport – logistique
Lexique

EEC EUROPEAN ECONOMIC COMMUNITY [GEN]

DRP distribution requirement planning [LOG]
　　planification des besoins et ressources des distributions
DSV deep sea vessel [MAR]
　　navire long-courrier
DT down time [LS]
　　temps d'immobilisation
　　temps de défaillance
DTD document type definition [LS]
　　définition technique de document (modèle codé en SGML)
DTL down time due to logistics [LS]
　　durée d'immobilisation due à la logistique
DTP desk-top publishing [GEN]
　　publication assistée par ordinateur (PAO)
DUI driving under the influence [ROUT]
　　conduite en état d'ivresse
DWT deadweight tonne [MAR]
　　tonne de port en lourd (TPL)
E & OE errors and omissions excepted [GEN]
　　sauf erreur ou omission
EATCHIP European Air Traffic Control Harmonisation and Integration Project [AER]
　　projet d'harmonisation et d'intégration du contrôle aérien européen (tda)
EBRD European Bank for Reconstruction and Development [GEN]
　　Banque européenne pour la Reconstruction et le Développement (BRED)
EC European Community [GEN]
　　communauté européenne (CE)
EC electronic commerce [LOG]
　　commerce électronique
ECAC European Civil Aviation Conference [AER]
　　conférence de l'aviation civile européenne (tda)
ECR Efficient Consumer Response [LOG]
　　efficacité et réactivité au service du consommateur (tda)
ECU European Currency Unit [GEN]
　　unité monétaire européenne
EDI electronic data interchange [LOG]
　　échange de données informatisé (E.D.I.)
**EDIFAC electronic data interchange standard for administration, commerce
and transport** [LS]
　　norme EDI pour le commerce, l'administration et le transport (tda)
EDP electronic data processing [GEN]
　　informatique
EDR equipment damage report [CONT]
　　rapport d'avarie (sur le conteneur)
EE errors excepted [GEN]
　　sauf erreur
EEC European Economic Community [GEN]
　　communauté économique européenne (CEE)

EFTA European Free Trade Association [GEN]
Association Européenne de Libre Echange (AELE)

EH&S Essential Health and Safety [LOG]
hygiène et sécurité

EIR equipment interchange receipt [CONT]
lettre d'interchange

ELS electronic library system [LOG]
système d'informations sans papier

EOFAH maximum distance between ends of fore and aft holds [MAR]
distance maximale entre les extrémités des cales avant et arrière

EOQ economic order quantity [LOG]
quantité économique d'approvisionnement

ERP enterprise ressource planning [LOG]
progiciel de gestion intégrée (PGI)

ESOCE European Society of Concurrent Engineering [LS]
association européenne de l'ingénierie concourante (tda)

ETA estimated time of arrival [INTM]
heure / date prévue d'arrivée

ETD estimated time of departure [INTM]
heure / date prévue de départ

EU European Union [GEN]
Union européenne (UE)

EUCIG European CALS industry group [LS]
groupement industriel européen CALS (tda)

EXW Ex-Works [INTM]
départ usine

FAA Federal Aviation Administration (US) [AER]
direction de l'aviation civile (tda)

FAC forwarding agent's commision [INTM]
commission (au) transitaire (C.T.)

FAK freight all kinds rate [MAR]
taux forfaitaire maritime

FAS Free Alongside Ship [MAR]
franco le long du navire

FBL FIATA combined transport bill of lading [INTM]
connaissement FIATA pour transport combiné

FCA Free-Carrier [INTM]
franco-transporteur

FCIM flexible computer-integrated manufacturing [LS]
production informatisée flexible (tda)

FCL full container load [CONT]
conteneur complet

FCR forwarding agent certificate of receipt [INTM]
attestation de prise en charge du transitaire (APC)

FCT forwarder certificate of transport [INTM]
certificat de transport

Transport – logistique
Lexique

GCA GROUND-CONTROLLED APPROACH [AER]

SIGLES

FDR flight data recorder [AER]
    boîte noire
    enregistreur de vol

FEU forty equivalent unit [INTM]
    équivalent quarante pieds (EQP)

FIfree in [MAR]
    bord à sous palan, de ~

FIFO first in first out [LOG]
    premier entré, premier sorti (PEPS)

FILO free in liner out [MAR]
    franco chargement, et déchargement aux conditions des lignes régulières

FIO free in and out [MAR]
    bord à bord, de ~ (B.A.B.)
    fret bord

FIOS free in and out stowed [MAR]
    bord arrimé

FLT fork lift truck [MT]
    chariot élévateur à fourche

FMC Federal Maritime Commission (US) [MAR]
    commission fédérale maritime (tda)

FMEA failure mode and effect analysis [LS]
    étude des pannes et de leurs effets (tda)

FMECA failure mode, effects and criticality analysis [LS]
    analyse des modes de défaillance, de leurs effets et de leur criticité (AMDEC)

FO free out [MAR]
    sous palan à bord, de ~

FOB Free On Board [MAR]
    franco bord

FONASBA Federation of National Associations of Ship Brokers and Agents [MAR]
    fédération des associations nationales des courtiers et agents maritimes (tda)

FPA free of particular average [MAR]
    franc d'avarie particulière (F.A.P.)

FPAD freight payable at destination [INTM]
    fret payable à destination

FRA Federal Railroad Administration (US) [FER]
    organisme ferroviaire fédéral (tda)

FWC full weight and capacity [CONT]
    conteneur rempli en poids et en volume

FWC   **four-wheel-drive** [ROUT]
    4x4

GA general average [MAR]
    avarie commune

GATT General Agreement on Tariffs and Trade [DN]
    accord général sur les tarifs douaniers et le commerce

GCA ground-controlled approach [AER]
    approche contrôlée par le sol

© Éditions d'Organisation

GCR GENERAL CARGO RATE [AER] — Transport - logistique / Lexique

GCR general cargo rate [AER]
tarif général

GLONASS Global Orbiting Navigation Satellite System [AER]
système d'aide à la navigation par satellite (tda)

GMT Greenwich Mean Time [GEN]
heure GMT

GP guest passenger [AER]
passager gratuit (personnel de la compagnie)

GPS global positioning system [INTM]
système de positionnement mondial par satellite

GPU ground power unit [AER]
groupe électrogène de parc

GRP glassfibre reinforced polyester [GEN]
plastique armé

GRT Gross Registered Ton [MAR]
tonneau de jauge brute (tjb)

GW gross weight [INTM]
poids brut

HACCP hazard analysis critical control point [LOG]
analyse des dangers points critiques pour leur maîtrise

HAWB house air waybill [AER]
LTA de groupage
LTA transitaire

HAZMATS hazardous materials [INTM]
matières dangereuses

HC high cube [CONT]
conteneur hors-cotes (HC)

HGV heavy goods vehicle [ROUT]
poids lourd (véhicule) >3.5T

HH house to house [INTM]
domicile à domicile, de ~

HOTOL Horizontal Take-off and Landing [AER]
avion à décollage et atterrissage horizontal

HP horse-power (4500 kilogrammetres / minute) [INTM]
puissance en chevaux

HP house to pier [INTM]
domicile à quai, de ~

HST High Speed Train (Brit.) [FER]
train rapide électrique

HUD head-up display [AER]
collimateur de pilotage

IACS International Association of Classification Societies [MAR]
Association Internationale des Sociétés de Classification

IATA International Air Transport Association [AER]
Association Internationale des Transporteurs Aériens (AITA)

I/C insurance certificate [ASS]
certificat d'assurance

ICAO International Civil Aviation Organization [AER]
   Organisation pour l'Aviation Civile Internationale (OACI)

ICB International Container Bureau [CONT]
   bureau international des conteneurs (BIC)

ICC International Chamber of Commerce [GEN]
   Chambre de Commerce Internationale (CCI)

ICC Inter-Conference Committee [MAR]
   comité inter conférences (tda)

ICS International Chamber of Shipping [MAR]
   Chambre Internationale de la Marine Marchande

ICTS intermediate capacity transit system [FER]
   système de transport à capacité moyenne

IDG instructions for the dispatch of goods [AER]
   déclaration d'expédition

IETM interactive electronic technical manuals [LS]
   documentique

IFF Institute of Freight Forwarders [INTM]
   Fédération Française des Organisateurs Commissionnaires de Transport (équiv.) (FFOCT)

IFR Instrument Flight Rules [AER]
   vol aux instruments

ILS Instrument Landing System [AER]
   système d'atterrissage aux instruments (tda)

ILS integrated logistic system [LOG]
   système logistique intégré

ILS integrated logistic support [LS]
   soutien logistique intégré (SLI)

IMC Infrastructure and Maintenance Company (Brit.) [FER]
   société de maintenance de l'infrastructure (tda)

IMC indirect maintenance cost [LS]
   coût indirect de maintenance

IMF International Monetary Fund [GEN]
   Fonds Monétaire International (FMI)

INC. incorporated company (US) [GEN]
   société anonyme (S.A.)

INCOTERMS International Commercial Terms [INTM]
   incotermes

INTERTANKO International Association of Independent Tanker Owners [MAR]
   association internationale des propriétaires de pétroliers indépendants (tda)

IOU I owe you (n'existe que sous forme de sigle) [GEN]
   reconnaissance de dette

IPD integrated product development [LOG]
   développement intégré d'un produit (tda)

IRU International Road Transport Union [ROUT]
   syndicat international des transporteurs routiers (tda)

ISG industry steering group [GEN]
   comité de pilotage de projets (tda)

ISM International Safety Management [MAR]
: code ISM (norme qualité mise en place par l'Organisation Maritime Internationale)

ISO International Standardization Organization [GEN]
: organisation internationale de normalisation

IT information technology [GEN]
: informatique
: technologie de l'information

ITU Intermodal Transport Unit [INTM]
: unité de transport intermodal (UTI)

IUMI International Union of Marine Insurance [MAR]
: Union Internationale d'Assurance Transport

JIS Japan Industrial Standards [GEN]
: normes industrielles japonaises

JIT just-in-time [LOG]
: flux tendus
: flux tirés
: juste à temps, le ~ (JAT)

JITK Just In Time of Knowledge [LOG]
: juste à temps des connaissances

LAR live animals regulations [AER]
: réglementation pour le transport d'animaux vivants

LASH Lighter Aboard Ship [MAR]
: porte-barges

LAW landing weight [AER]
: masse à l'atterrissage

LB pound [GEN]
: livre (0,453 kg)

L/C letter of credit [GEN]
: lettre de crédit

LCC life cycle cost [LOG]
: coût global de possession

LCCA life cycle cost analysis [LOG]
: analyse du coût global de possession (tda)

LCL less than container load [CONT]
: conteneur de groupage

LDM load message [AER]
: télégramme de chargement

LGV light goods vehicle [ROUT]
: camion < 3.5T

LIFO last in first out [LOG]
: dernier entré, premier sorti (DEPS)

LIFO liner in free out [MAR]
: chargement aux conditions des lignes régulières et franco déchargement

LLP lead logistics provider [LOG]
: opérateur et coordinateur des flux

LMC last minute change [AER]
: rectification de dernière minute

Transport – logistique	MLWNT MEAN LOW WATER NEAP TIDE
Lexique	[MAR]

LNG liquefied natural gas [GEN]
    gaz naturel liquéfié (GNL)

LOA length overall [INTM]
    longueur hors-tout

LO-LO lift-on / lift-off [MT]
    manutention verticale

LPG liquid petroleum gas [ROUT]
    gaz de pétrole liquéfié (GPL)

LRU line replaceable unit [LS]
    composé échangeable sur site

LSA logistic support analysis [LS]
    analyse du soutien logistique (ASL)

LSAR logistic support analysis record [LS]
    enregistrement de l'analyse du soutien logistique

LSC life support cost [LS]
    coût total de maintenance

LT long ton [GEN]
    tonne longue (1016 kg.)

LTD   Limited [GEN]
    société anonyme (équiv.)

LTT less than truckload [FER]
    wagon de groupage

M / R mate's receipt [MAR]
    billet de bord
    bon de chargement
    reçu de bord

MAWB master air waybill [AER]
    LTA-mère

MC master change [AER]
    spécification de changement notifié (SCN)

MCA monetary compensatory amount [DN]
    montant compensatoire monétaire (MCM)

MCUR mean cycle between unscheduled removals [LS]
    cycle moyen entre démontages non programmés

MGW maximum gross weight [INTM]
    masse brute maximale

MHWNT mean high water neap tide [MAR]
    hauteur d'eau moyenne à marée haute en période de mortes-eaux

MHWST mean high water spring tide [MAR]
    hauteur d'eau moyenne à marée haute en période de vives-eaux

MIL-STD military standards (US) [LS]
    normes pour les données de soutien logistique intégré (tda)

MLS Microwave Landing System [AER]
    système d'atterrissage par micro-ondes (tda)

MLWNT mean low water neap tide [MAR]
    hauteur d'eau moyenne à marée basse en période de mortes-eaux

MLWST mean low water spring tide [MAR]
    hauteur d'eau moyenne à marée basse en période de vives-eaux

MOD Ministry of Defence (Brit.) [GEN]
    Ministère de la Défense

MOT TEST Ministry of Transport test (Brit.) [ROUT]
    contrôle technique (périodique)

MPG miles per gallon [ROUT]
    litres au cent

MPH miles per hour [INTM]
    kilomètres / heure (km/h)

MRD maximum reasonable demand [LOG]
    demande maximale raisonnablement prévisible

MRP material requirements planning [LOG]
    méthode de calcul des besoins nets en production (tda)

MRP II manufacturing resources planning [LOG]
    management des ressources de la production (tda)

MS motor ship [MAR]
    navire à moteur (diesel)

MTBF mean time between failures [LS]
    temps moyen de bon fonctionnement
    temps moyen entre défaillances

MTBR mean time between removals [LS]
    temps moyen entre démontages

MTBUR mean time before unscheduled removals [LS]
    temps moyen avant démontages non programmés

MTO Multimodal Transport Operator [INTM]
    opérateur de transport multimodal (O.T.M.)

MTO make to order [LOG]
    fabriquer à la commande

MTS make to stock [LOG]
    fabriquer pour du stock

MTS motion time standards [LOG]
    standards de temps du mouvement

MTTE mean time to exchange [LS]
    temps moyen d'échange

MTTF mean time to failure [LS]
    temps moyen avant défaillance

MTTR mean time to repair [LS]
    temps moyen de réparation

MTUR mean time between unscheduled removals [LS]
    temps moyen entre démontages non programmés

MUT mean up time [LS]
    temps moyen de bon fonctionnement

MV motor vessel [MAR]
    navire à moteur (diesel)

NAVAR navigation and ranging [AER]
    système de contrôle aérien

NCV no commercial value [DN]
    sans valeur commerciale (SVC)

NDB non directional beacon [AER]
    balise non directionnelle

NDC non dangerous chemicals [INTM]
    produits chimiques non dangereux

NIST National Institute for Standards and Technology (US) [GEN]
    institut national des normes et de la technologie (tda)

NOTOC Notification to Captain [AER]
    notification au commandant de bord (avis de transport de matières dangereuses)

NRT net registered tonnage [MAR]
    jauge nette

NVD no value declared [DN]
    sans valeur déclarée

NVD no value declaration [INTM]
    déclaration de valeur, pas de ~

NVOCC Non Vessel Operator Common Carrier [INTM]
    armateur de papier
    armateur sans navire

NW net weight [GEN]
    poids net

OBO Ore / Bulk / Oiler [MAR]
    minéralier / vraquier / pétrolier

OCR optical character recognition [LOG]
    lecture optique des caractères

O/O Ore / Oiler [MAR]
    minéralier / pétrolier

OPRAF Office of Passenger Rail Franchising (Brit.) [FER]
    bureau de franchise service voyageurs (tda)

OR owner's risk, at ~ [INTM]
    risques et périls du destinataire, aux ~

OR open registry [MAR]
    libre immatriculation

ORLA optimum repair level analysis [LS]
    analyse du niveau optimum de réparation (tda)

OT open top [INTM]
    toit ouvert, à ~

OZ   ounce [GEN]
    once (28,35 g)

PA particular average [MAR]
    avarie particulière

PAX   passenger [AER]
    passager

PCC pure car carrier [MAR]
    navire pour transport de voitures neuves

PCTC pure car / truck carrier [MAR]
  navire pour transport de voitures et camions neufs

PERT programme evaluation and review techniques [LOG]
  méthode PERT
  techniques d'évaluation et de révision des programmes

PH pier to house [INTM]
  quai à domicile, de ~

PLC public limited company [GEN]
  société anonyme (S.A.)

P/N promissory note [GEN]
  billet à ordre

PN part number [LOG]
  référence (d'une pièce)

PO privately owned wagon [FER]
  wagon de particulier

POD proof of delivery [INTM]
  preuve de livraison

POS point of sale [GEN]
  point de vente (PDV)

PP pier to pier [MAR]
  quai à quai, de ~

PROBO Oil products / Bulk / Crude Oil Carrier [MAR]
  pétrolier / vraquier

QFD quality function deployment [LS]
  mise en oeuvre de la fonction qualité (tda)

R & D research and development [GEN]
  recherche et développement

RAM rapid acquisition and manufacturing [LS]
  processus d'acquisition et de fabrication rapides (tda)

RAM reliability, availability, maintainability [LS]
  fiabilité, maintenabilité, disponibilité (FMD)

RAMS reliability, availability, maintainability, safety [LS]
  fiabilité, maintenabilité, disponibilité, sécurité (FMDS)

RCM reliability-centered maintenance [LS]
  maintenance centrée sur la fiabilité

RDT Radio Data Terminal [ROUT]
  terminal radio embarqué

RETD   returned [INTM]
  retourné (colis)

RFC request for change [AER]
  réaménagement (requête formulée par le client) (RFC)

R&M reliability and maintainability [LS]
  fiabilité et maintenabilité

R/O routing order [ROUT]
  bon d'enlèvement

ROI return on investment [GEN]
  retour sur investissement (RSI)

Transport – logistique
Lexique

RO-LO	**RO-LO-ship** navire RO-RO / LO-LO	[MAR]
RO-RO	**roll-on / roll-off** roulage (sur un ferry, manutention horizontale par tracteur spécial)	[INTM]
ROSCO	**Rolling Stock Company (Brit.)** société de location de matériel roulant (tda)	[FER]
RPM	**revolutions per minute** tours minute	[INTM]
RPM	**revenue per passenger mile** revenu par km passager	[AER]
RSPL	**recommended spare parts list** liste des pièces de rechange recommandées	[LS]
RVR	**runway visual range** portée visuelle de piste (PVP)	[AER]
SAD	**Single Administrative Document** Document Administratif Unique (DAU)	[DN]
SCM	**Supply Chain Management** gestion globale des ressources	[LOG]
SCN	**specification change notice** spécification de changement notifié (SCN)	[AER]
SCR	**special commodity rate** tarif spécial (fret)	[AER]
SE	**systems engineering** ingénierie système	[LS]
SEM	**Single European Market** Marché Unique	[GEN]
SGML	**standard generalized markup language** standard international (ISO 8879) pour les données de documentique (tda)	[LS]
SHC	**super high cube** conteneur spécial hors-cotes (SHC)	[CONT]
SKO	**seat kilometres offered** sièges kilomètres offerts	[AER]
SKU	**stock keeping unit** référence article + adresse	[LOG]
SLI	**shipper's letter of instruction** déclaration d'expédition	[AER]
SMED	**single minute exchange die (system)** technique de changement rapide d'outils (tda)	[LS]
SOLE	**Society of Logistics Engineers** association des ingénieurs en logistique	[LOG]
SOP	**sales and operations planning** processus de gestion des ressources à partir de la demande prévisionnelle (tda)	[LOG]
S/R	**storage rack** rayonnage de stockage	[LOG]

S/R	**stacker-retriever**	[MT]
	transtockeur	
S/R storage and retrieval machine		[MT]
	transtockeur	
SR&CC strikes, riots, and civil commotions		[ASS]
	grèves, émeutes, mouvements populaires	
SRU shop replaceable unit		[LS]
	composé échangeable en atelier	
SS steam ship		[MAR]
	navire à vapeur	
SSR secondary surveillance radar		[AER]
	surveillance radar secondaire (tda)	
SST supersonic transport		[AER]
	transport supersonique (TSS)	
STEP standard for the exchange of product data		[LS]
	norme (ISO 10303) pour l'échange de données fabrication (tda)	
STOL Short Take-off and Landing		[AER]
	avion à décollage et atterrissage courts (ADAC)	
SWB sea waybill		[MAR]
	lettre de transport maritime	
TACT air cargo tariff (the)		[AER]
	tarif IATA (le)	
TAT turnaround time		[INTM]
	temps d'immobilisation	
TBL through bill of lading		[MAR]
	connaissement complet	
	connaissement direct	
TBO time between overhauls		[LS]
	temps entre les révisions	
TDI technical data interchange		[LS]
	échange de données techniques	
TEU twenty equivalent unit		[INTM]
	équivalent vingt pieds (E.V.P.)	
THC terminal handling charges		[CONT]
	frais de manutention au terminal	
	frais de passage portuaire	
THD terminal handling discharge		[CONT]
	déchargement au terminal	
THL terminal handling loading		[CONT]
	chargement au terminal	
TOC Train Operating Centre		[FER]
	centre de traitement ferroviaire	
TOC Train Operating Company (Brit.)		[FER]
	compagnie d'exploitation des trains (tda)	
TOE ton oil equivalent		[GEN]
	tonne équivalent pétrole (TEP)	

Transport – logistique
Lexique

TOFC trailer on flat car (US) [INTM]
remorque sur wagon

TOPS total operations processing system [FER]
système de gestion informatisé

TOW take-off weight [AER]
masse au décollage

TPM total productive maintenance [LS]
maintenance totale des équipements de production (tda)

TPND theft, pilferage, non delivery [ASS]
vol, pillage, disparition

TQM total quality management [LOG]
contrôle total de qualité

TRC Track Renewal Company (Brit.) [FER]
société de renouvellement de la voie (tda)

T/S tanker ship [MAR]
navire citerne

TSI time since installation [LS]
durée depuis installation

TSO time since overhaul [LS]
durée depuis rénovation

TT technology transfer [LS]
transfert de technologie

T/T transit time [MAR]
délai de mer

TW tare weight [INTM]
tare (ex. poids du conteneur à vide)

UBS Universal Bulk Ship [MAR]
vraquier polyvalent

UKCIC UK CALS Industry Council [LS]
groupement industriel britannique CALS (tda)

ULCC Ultra Large Crude Carrier [MAR]
superpétrolier (> 300.000 TPL)

ULD unit load device [AER]
unité de charge

UT up time [LS]
durée de bon fonctionnement

UUR under usual reserve [GEN]
sauf bonne fin

VAT value added tax [GEN]
taxe sur la valeur ajoutée (T.V.A.)

VDU visual display unit [GEN]
console de visualisation

VFR Visual Flight Rules [AER]
vol à vue

VIP Very Important Person [GEN]
personnalité

VLCC Very Large Crude Carrier [MAR]
superpétrolier (entre 150.000 et 299.990 TPL)

VMI vendor-managed inventory [LOG]
gestion partagée des approvisionnements (accord tacite) (GPA)

VMS variable message sign [INTM]
panneau à message variable (PMV)

VNA very narrow aisles [LOG]
allées très étroites (en entrepôt)

VTOL Vertical Take-off and Landing [AER]
avion à décollage et atterrissage verticaux (ADAV)

WB   **waybill** [ROUT]
feuille de route
lettre de voiture

WHLCH   **wheelchair** [INTM]
fauteuil roulant

WIP work in process [LOG]
en-cours

WLTOHC waterline to top of hatch coaming [MAR]
distance maximale entre l'écoutille et la ligne de flottaison

WMS warehouse management system [LOG]
progiciel de gestion d'entrepôt

WPA with particular average [MAR]
avec avarie particulière

WR war risks [MAR]
risques de guerre

WRO war risks only [MAR]
risques de guerre seulement

WT   **weight** [GEN]
poids

Y/A York-Antwerp rules [MAR]
règles de York et d'Anvers

ZFW zero fuel weight [AER]
masse sans carburant

www.ingramcontent.com/pod-product-compliance
Lightning Source LLC
Chambersburg PA
CBHW052048290426
44111CB00011B/1663